国家哲学社会科学成果文库

NATIONAL ACHIEVEMENTS LIBRARY
OF PHILOSOPHY AND SOCIAL SCIENCES

蒙古语喀喇沁土语社会语言学研究

宝玉柱　著

中国社会科学出版社

宝玉柱 （包玉柱，哈斯巴根），蒙古族，内蒙古赤峰市人。中央民族大学学报编审、蒙古语言文学系兼职教授、博士生导师，教育部留学回国人员科研启动基金评审专家。在国内外刊物及出版社发表论著110多篇（部）。代表性专著有《现代蒙古语动词句研究》《民族教育研究》《现代蒙古语正蓝旗土语音系研究》等。有论文被美国SSCI数据库收录，有多篇论文被CSSCI和人大报刊复印资料收录或转载。2006年至今主持国家社科基金一般项目1项、重点项目1项，国家自然科学基金子项目1项，985工程子项目1项。国家社科基金一般项目《蒙古语喀喇沁土语社会语言学研究》，于2013年9月结题，被鉴定为优秀，并入选2014年度《国家哲学社会科学成果文库》。

《国家哲学社会科学成果文库》
出版说明

为充分发挥哲学社会科学研究优秀成果和优秀人才的示范带动作用，促进我国哲学社会科学繁荣发展，全国哲学社会科学规划领导小组决定自 2010 年始，设立《国家哲学社会科学成果文库》，每年评审一次。入选成果经过了同行专家严格评审，代表当前相关领域学术研究的前沿水平，体现我国哲学社会科学界的学术创造力，按照"统一标识、统一封面、统一版式、统一标准"的总体要求组织出版。

全国哲学社会科学规划办公室

2011 年 3 月

目　　录

Contents

表目录

图目录

社会语言学研究要讲究方法论

——《蒙古语喀喇沁土语社会语言学研究》读后
戴庆厦

喜读玉柱教授的又一部新著《蒙古语喀喇沁土语社会语言学研究》，很有感触。语言研究一定要重视方法论问题，这一句是老生常谈，但在具体的语言研究实践中则不易做好。他在这一课题的研究中重视方法论，所以能够发掘一些新规律，解释一些未被认识的现象。这里我谈谈这部著作在方法论上的几个突出之处。

一　分析具体问题,坚持唯物史观

唯物史观是世界观的哲学基础，也是科学研究方法论的重要基础。社会语言学研究的重点是语言和社会因素的共变关系，因此必然会涉及语言使用者的社会背景、语言使用者之间相互交往的历史。所以，只有紧密结合语言的社会特点以及不同民族、不同人群的接触往来，才有可能认识语言的真正面貌。这一点，作者是有创见的。

例如，作者认为"喀喇沁"一词源于职业名称——北魏时期的宿卫军"曷剌真"。"喀喇沁"作为部落和职业名称，来自元代的钦察军及哈剌赤户；"喀喇沁"作为独立、统一的部落，形成于明代；在清代，"喀喇沁"为蒙古部落名兼行政区域名称。一言以蔽之，"喀喇沁"是从历史上演变下来的，必然要继续演变下去，不同时代政治经济环境中的生存适应是其演变的基础。北魏的"曷剌真"和喀喇沁之间的关系遥远，但有明显的几条线索纵贯其中，作者把它限于词源关系，这是一种谨慎的处理方法。元代的钦察军及哈剌赤户同喀喇沁的关系相对清楚一些，其中族源的混同，职业上的宿卫、屯田、牧业兼营和历史上的分布地域与喀喇沁部有明显的相似性。作者还对喀喇沁的氏族来源构成进行了分析。他认为，很多蒙古人取汉字为姓，是清代中期以后的事情，因此如果从蒙古族现有的汉姓研究蒙古族氏族部落构成，误差会很大，但是如果从蒙古族固有的氏族部落名或职业名着手研究，可靠度可能高一些。喀喇沁、土默特、鄂尔多斯和蒙古贞各部在历史上关系较近，因此其氏族构成有相似或相重叠的地方，也有彼此不同的地方，这在逻辑上是说得通的。"喀喇沁"从北魏的宫廷侍卫军在历史动荡中变成一个部落，又从部落分裂出元代兼宿卫、牧户一身的哈剌赤军或哈剌赤户，再经过明代的进一步分裂融合，终于形成后世的喀喇沁部落，"喀喇沁"一名也就演化为蒙古部落名兼行政区域名称。这一演化过程，符合民族部落发展的一般规律。

历史是人民的历史，而人民的生活是多彩多样的，所以除通史外，专业史或行业史也是历史的重要组成部分。专业史在考据的利用等方面可能没有专门民族史那样精确、到位，但专业史研究如果搞好了，可以成为民族史的有益补充或参考。据我所知，玉柱教授撰写这本著作时，花了许多时间和精力，重新通读二十五史，并对涉及北方民族的史料做了详尽的摘录。这是一个费力耗神的艰苦工作，但历史的眼光拓宽了作者的研究视野，这是显而易见的。

研究语言接触历史，应该重视代际间的语言变化和聚落之间的语言变化差异。语言的演变，个人的语言变化往往比代际间的语言变化更明显。在社会剧烈变化的时代，这种变化可能是跳跃式的。作者认为，喀喇沁部落从清代到 21 世纪 30 年代，历史不到 400 年，前 300 年是蒙汉语接触时期，后 100 年是蒙古语经过蒙古语单语、蒙汉双语，迅速过渡到汉语单语。共时平面上的语言模式转换速度是，城镇快于乡村，子女快于父母，干部快于农民和学生，尽管演变速度有差异，但演变趋势是一致的。一种语言一旦进入濒危期，语言传承就会出现断代。该研究的一个特点是，语言演变过程分析细致入微。作者认为民族村落社会对语言的保持具有关键作用，这一点与我们对南方民族所做的调查结论是一致的，即人口较少的村寨也可以很好地保存自己的语言社会。

二　对影响语言演变社会因素进行多角度分析

语言演变是一个社会复杂变量综合作用的结果。但是，在语言演变的特定阶段，有可能是一种或一组变量占主导地位。作者认为，影响语言转换速度的关键因素是民族接触模式，尤其是居住模式，其中，部落所处地理环境和村落具有重要意义；语言使用场域是影响语言使用模式转换的重要因素。他指出，在喀喇沁蒙汉杂居区，家庭是母语的激励源，社会是汉语的激励源。社区人员的实际语言能力，在一般情况下，接近两种语言使用率的折中值。地域社会经济文化的发展程度会影响语用模式的转换；职业对语言使用模式变化也有一定影响，汉语使用程度最高的是干部，其次是家长，教师最低。家庭语言中的年龄、等级和性别约束随场景发生变化，社会语言环境的影响首先体现在父亲和晚辈语言应用模式上，然后波及祖父母和母亲，逐步向家庭语言渗透。他还指出，教育对语言保持和应用具有重要意义，但如果社会环境汉化，学校语文教育最终抵挡不住来自社会的压力。异族通婚对语言模式的演变有重要影响，但不是决定的因素。语言转换和文化迁移不同步，语言选择和语言情感评价不一致，前者由人的社会发展和生存需求决定，后者由文化认同决定，这种不一致是自然的，不能把二者人为地对立起来。也就是说，不能用情感评价去判断和评价语言转换行为，也不能根据语言转换行为强行要求情感评价必须与之同步。这些结论都具有重要的学术价值和应用价值。

三　重视改进田野调查方法

田野调查有多种方法，常用的有观察法、入户调查、访谈法、问卷法等。另外，玉柱还十分注意搜集当地有关部门统计资料、本土研究人员成果和各种档案材料。他认为，田野调查一定要按事先精心准备的大纲和计划有步骤地进行，但是也要十分重视随机遇到的当地风俗人情、宗教仪式、婚礼葬礼和节庆假日活动，对民间收藏尤其要珍惜、爱护，并利用各种技术手段设法采集。有些资料看似和研究目标无关，但日后有可能显现出巨大的学术文化价值，如果错过是很可惜的。

他还认为，田野调查应注意利用多种技术手段的综合应用。当今做田野不比往日，不仅有先进的电脑设备，还有录音、摄像、摄影、翻拍、专业软件等许多现代化技术手段。作者在田野调查中不仅录制了大量的长篇语料，还拍摄搜集到了许多民间收藏的文献和档案资料，有些资料甚至是文物级的。所以说，调查人员如果没有多方面的专业素质和信息敏感度，就会和许多宝贵资源擦肩而过。这是长期做田野调查的一个共同的体验。丰厚的第一手资料不仅能够充实研究工作，而且资料本身就是一笔宝贵的文化资产，如能传承，对后世研究将产生巨大影响。

应该重视田野日志的写作。田野日志是田野工作的重要组成部分。我们的田野工作不仅要记录几千个词语、几百个句子，还要深入到语言使用者的社区，具体了解他们的日常生活、风俗习惯、宗教仪式、节庆活动、婚礼丧葬、禁忌礼仪等社会生活的方方面面。田野日志不仅有利于检查督促工作进度，还有利于为主要数据提供背景材料。田野调查如果没有田野日志，原调查人员一旦离世，剩下的只是一套光杆数据，利用起来很不方便。玉柱将其田野日志列入著作附录中，其作用是：①有利于了解整个研究过程。整个研究工作上下延续整整 25 年，如果没有田野日志，读者就无从了解这一漫长而艰巨的探索过程。在这 25 年当中，目标区的社会变化是巨大的，日志真实而生动地记录了这一变化。②有利于核实作者调查资料的来源。很多长篇语料是当地百姓的口述，体现的是"文化主体话语权"，也就是说，都是当地少数民族对本地区许多文化历史现象的亲自观察和口述。这一点和调查者的研究不一样，尽管调查者的研究是对当地文化的理性考察和认识升华，但它毕竟是第二位的，是由外人作出的，它再好也不能代替群众对自己历史和文化的朴素认识。③田野日志中的部分资料被作者利用，它和正文部分可以互证，可以作正文部分的旁征、反证和背景交代。④该著作附录中的田野日志有十几万字，都是从蒙古语录音资料翻译过来的，将来连同音标转写、语义标注一同出版，就可以成为一部绝好的隔行对照文本，对语言本体研究有重要利用价值。

从本世纪初开始，美国夏季语言研究院相继开发了一系列语言田野调查应用软件，《数据笔记本》就是其中之一。在该款软件中，用数据库的形式，将语言学家和人类学家所做的田野日志形式化、程式化了。作者的田野日志思路在此与世界先进科技的发展方向接轨。他从英语翻译汉化整个田野调查软件包的操作指南等文献（300 多万字），并为硕士生和博士生相继开设了田野调查新技术课程。这一举措，势必大大促进我们田野调查方法的更新和改进。

　　总之，我认为《蒙古语喀喇沁土语社会语言学研究》是一部有新意的著作，特别是在方法论上有其闪光之处。我在《中央民族大学学报》2013年第4期发表的题为《多角度、多方法才能深化中国少数民族语言研究——中国语言研究方法论刍议》的论文中提出："深化中国少数民族语言研究，要有多角度、多方法的宏观把握；必须辩证处理好'近'和'远'、'大'和'小'的关系；充分使用不同语言的'反观法'；必须重视语言接触关系的研究；要深入语言生活做广泛、持久的田野调查。"看来，我与玉柱是想到一起了。

　　是为序。

2014 年 2 月 24 日

于昆明

摘　　要

本著共分九章。第一章"绪言"，包括课题研究的目的、研究现状及意义、课题的设计思路和研究内容、研究方法，以及主要观点和创新点等内容。

第二章"喀喇沁蒙古族源流及氏族构成"，从不同角度论证"喀喇沁"一词源于职业名称——北魏时期的宫廷宿卫"曷剌真"；"喀喇沁"作为部落和职业名称，主要来自元代的钦察军及哈剌赤户；"喀喇沁"作为独立、统一的部落，形成于明代；在清代，"喀喇沁"为蒙古部落名兼行政区域名称。

第三章为"赤峰市喀喇沁旗蒙古族语言文字使用情况"。社会调查及问卷调查数据显示：喀喇沁旗蒙古族人口中，使用蒙古语言文字者的比例不到0.6%。1921—1936年出生的70—85岁年龄层次的人属于从蒙古语向蒙古语和汉语双语过渡的时代，时值民国时期；1938—1950年出生的55—68岁年龄层次的人属于双语并用时代，时间包括抗日战争、解放战争直到新中国成立；1951—1990年出生的17—55岁年龄层次的人属于转用汉语的时代。据推算，再过一代人，即30年左右，喀喇沁旗将不存在实质上使用蒙古族语言文字的人。

第四章为"赤峰市宁城县喀喇沁蒙古族语言使用情况"。社会调查及问卷调查数据显示：宁城县的蒙古语已进入濒危阶段。在濒危语言（方言）区，家庭是母语激励源，社会是汉语激励源，社区人员的实际语言能力，一般情况下，接近两种语言使用机率的折中值。语言模式转换的一般过程是，首先是双语得到发展，纯蒙古语的使用受抑制，汉语使用逐步扩大；其次是蒙古语从社会交际领域退出，双语使用率下降，汉语使用率稳步上升；最后是完全转用汉语。语言模式转换的速度，城镇快于乡村，子女快于父母，干部快于农民和学生。在濒危语言（方言）区，学校是母语、母文化保护的重要阵地，合并学校时，应分别对待，谨慎处理。

第五章为"辽宁省喀喇沁左翼蒙古族自治县蒙古族语言使用情况"。社会调查和问卷调查数据显示：喀喇沁左翼蒙古族自治县蒙古族人口中蒙古语使用者占全县蒙古族总人口的 15.9%，真正的使用者不足 10%。喀喇沁左翼蒙古族自治县蒙古族语言使用模式，在新中国成立前就从蒙古语单语过渡到蒙汉双语模式，从新中国成立初至 1979 年，再从蒙汉双语过渡到汉语单语模式。喀喇沁左翼蒙古族自治县蒙古语在使用上已出现断代，成为濒危土语。

第六章为"喀喇沁部的地理分布及人口移动对民族接触和语言接触的影响"。"自然村地名数据库"数据显示：移民对喀喇沁地区民族接触和民族构成模式的形成有重大影响，而民族接触和民族构成模式是影响语言接触、语言转用过程和进度的最重要的社会因素。平泉县移民开始早、规模大，蒙古族村落成为少数孤岛，在边缘孤岛中，蒙古语以蒙古族聚居的自然村为依托，不同程度地得以保存和传承。喀喇沁旗移民开始早，但受土地所有权限制，形成蒙汉杂居模式，程度逐渐加深，兼用、转用彼此的语言成为自然选择，汉族人口逐渐占优势，汉语替代蒙古语的趋势开始形成。宁城县的移民开始早，由于有清廷的支持和专门开发机构，移民可以大规模地、独立地建村并开发利用当地的土地和山林，居住模式是分离式的，蒙汉民族各保一方，杂居程度较低，蒙古族聚居村落较好地保存了蒙古语。喀喇沁左翼蒙古族自治县移民及其居住模式深受时局影响，在康熙之前蒙汉自然杂居，乾隆后汉族移民占优势，民国及新中国成立后出现一个调整过程，杂居程度加深，但不及喀喇沁旗。在蒙古族聚居的自然村中，蒙古语保留程度比喀喇沁旗好，但不如宁城县。

"自然村地名数据库"数据还显示，喀喇沁地区蒙古语自然村地名按词义分类，可包括自然地理式、氏族人名式、职业分工式、聚落计户式四种类型。自然地理式村名显示喀喇沁人以山地聚落为主；氏族人名式村名显示喀喇沁部由众多氏族融合而成；职业分工式村名显示喀喇沁地区曾经有过发达的畜牧业和狩猎、山林经营传统，农业及其他职业也逐步得到发展；聚落计户式村名显示，喀喇沁地区初期的蒙古村落以 3、5、7、8 户为主，规模很小。同名自然村名前加特定限定词，是自然村的横向扩展形式，以驻地核心村命名自然村上一级行政单位，是农村管理网络的纵向扩展形式。喀喇沁地区蒙古语地名的汉化有音译、音译加意译、意译加音译、意译、两名并行、改名等不同过程。地名演化是语言演变的一种。

第七章"喀喇沁地区蒙古族双语教育研究"认为，语言文字的使用深受国家制度的约束。特定语言在最大范围内的通行功能和国家政治权力相结合，便产生语言权威，体现在学校语言的选择及其安排顺序、国家对语言文字的规范上。语言文字教育与国家的教育制度和政策运行机制有密切关系。此外，语言教育同人口比例、分布及其变动，同居民对语言教育的经济支撑能力，以及受教育者对社会发展的期望值等，都有不可分割的密切联系。

第八章为"喀喇沁地区异族通婚对语言使用模式演变的影响"。异族通婚对语言模式的演变有重要影响，但不是决定的因素。异族通婚的影响，主要表现为汉族母亲将汉语带进家庭，并影响子女家庭语言模式。异族通婚家庭语言模式演变的决定因素是社会语言环境，其中工作语言和邻里语言是最重要的因素。蒙古语文教育对蒙古语的保持和应用具有重要意义，但如果社会环境的汉化趋势强劲，那么学校蒙古语文教育最终抵挡不住来自社会的压力。婚姻观和语言观演变的基础是社会实践。家庭中有异族通婚或异族通婚史，家庭成员在社会中多用汉语，一般会赞同或包容异族通婚、转用汉语。各种语言模式的家庭，不论有没有实践基础，都表示赞同使用双语，因为它是异族通婚家庭各方都能够接受的言语表达策略。

第九章为"总结与理论探索"。个案研究总结可以概括为：

（一）统一国家的建立和社会职业角色是氏族整合为部落的重要因素。

（二）民族接触的程度取决于民族之间的接触方式、地理位置和移民模式。

（三）土地所有权随民族间及民族内部阶级关系的变化而变化，命系黄土者才真正守护那份土地。

（四）人名、地名的汉化受语言演变和语言转用规律支配。

（五）语言使用模式类型及语言转换阶段及速度。

喀喇沁地区蒙古族语言使用模式分保持型、转用型、双语型三类。双语型进一步分为蒙古语濒危型、蒙古语衰弱型和蒙古语下滑型。

从喀喇沁建旗到 21 世纪 30 年代，一共不到 400 年，前 300 年，蒙汉语经过长时间的接触，蒙古语渐渐丧失优势地位，后 100 年，蒙古语经过蒙古语单语、蒙汉双语，迅速过渡到汉语单语。在整个喀喇沁地区，由于蒙古语的社会使用出现断代，蒙古语的濒危趋势已形成。

（六）影响语言转换速度的诸因素。

影响语言转换速度的关键因素是民族接触模式，尤其是居住模式。杂居程度深，兼用、转用彼此的语言是自然选择，随着汉族人口占优势，汉语替代蒙古语的趋势开始形成。居住模式是分离式的，杂居程度较低，蒙古族聚居村落较好地保存了蒙古语；喀喇沁地区蒙汉语言接触实践证明，影响并决定语言使用模式转换的关键因素首先不是使用者绝对人口的多寡，也不是使用者在总人口中所占的比例，而是居民社会中不同民族的居住模式和杂居、交往程度。一定人口规模的自然村是语言社会得以形成和保存的最基本的社会形态。

语言使用场域是影响语言使用模式转换的重要因素。在喀喇沁地区蒙汉杂居社区，家庭是母语激励源，社会是汉语激励源，社区人员的实际语言能力，在一般情况下，接近两种语言使用率的折中值。

地域社会经济文化发展程度影响语用模式的转换。从语言模式转换的速度看，城镇快于乡村，子女快于父母，干部快于农民和学生。

职业对语言使用模式变化有一定影响。在喀喇沁地区蒙古族现时语言中，汉语使用程度最高的是干部，其次是家长，教师最低。

家庭语言中的年龄、等级和性别约束随场景发生变化。事实证明，现时语言使用模式形成的决定性因素是社会语言环境，家庭语言随社会语言环境而发生变化。社会语言环境的影响首先体现在父亲和晚辈语言应用模式上，然后波及祖父母和母亲，逐步向家庭语言渗透。

（七）语言转换和文化迁移不等步，语言选择和语言情感评价不一致。

（八）语言教育与语言转换。

语言文字教育与国家的教育制度和政策运行机制有密切关系。语言文字的使用深受国家制度的约束。语言教育同人口比例、分布及其变动，同居民对语言教育的经济支撑能力，以及受教育者对社会发展的期望值等，都有不可分割的密切联系。本次研究发现，蒙古语文教育对蒙古语的保持和应用具有重要意义，但如果社会环境的汉化趋势强劲，那么学校蒙古语文教育最终将抵挡不住来自社会的压力。

（九）异族通婚与语言转换。

异族通婚对语言模式的演变有重要影响，但不是决定的因素。这一章还讨论了有关语言接触现象的几个基本理论问题。

Abstract

This book divided into nine chapters. Chapter one is *Introduction*, including *The Purpose of the Study*, *Previous Studies and Significance of the Subject*, *Task Design and Work Frame*, *Methods of the Research*, and *Main Points and Innovations*.

Chapter two *Origins of Haraqin Mongolian and its Clan Structures* demonstrates from different perspectives that "Haraqin" as a term comes from professional name of "Haraqin" —a garrison force in Northern Wei dynasty; "Haraqin" as a tribe name and career name, mainly comes from the Qin Chajun (a garrison force) and Haraqi in Yuan dynasty; "Haraqin" as an independent and unified tribe, was formed during the Ming dynasty; in the Qing dynasty, "Haraqin" became both the name of Mongolian tribe and the name of administrative region.

Chapter three is *Mongolian Language Appliance in Haraqin Banner Chifeng City*. The social surveys and questionnaire survey data showed that in total number of Mongolian population in Haraqin, the ratio of people who using Mongolian language and writing is under 0. 6%. People in 70 – 85 age group belongs to transition stage from Mongolian monolinguals to Mongolian and Chinese bilingualism, While people in 55 – 68 age group belongs to bilingualism. People in 17 – 55 age groups are Chinese monolinguals. According to calculating, after one generation, the users of Mongolian language and writing will be disappeared from Haraqin. The decisive factors influencing language switch are including political jurisdiction, economic development, and population moving, education, intermarry and so on.

Chapter four is *Language Appliance of Haraqin Mongolian in Ningcheng County Chifeng City*. The social surveys and questionnaire survey data showed that the Mongolian in Ningcheng County has already been in endangered status. In endangered language area, family is a driver source of mother tongue, while society is that of Han Chinese, in most case, the language ability of local people approaches the intermediate of the two. The general process of language switching is that, firstly, bilingualism is developed, while the use of Mongolian is restrained and the use of Han Chinese is extended step by step. Secondly, the Mongolian retreats from language use of society, and bilingualism is declined, while the use of Han Chinese goes up steady. Finally, completes the switch to the Han Chinese. The pace of language change is that townspeople faster than local people, children faster than their parents, and cadres faster than farmers and students. In endangered language area, local school is the important position for protecting mother tongue and culture, so the merge of local school must be treated differently and seriously.

Chapter five is *Mongolian Language Appliance in East Haraqin Liaoning Province*. The social surveys and questionnaire survey data showed that in total Mongolian population of East Haraqin, the users of the Mongolian account for 15. 9% , the real users may be less than 10% . In East Haraqin, language mode had been changed from the Mongolian monolingual mode to the Mongolian and Han bilingual mode before the New China was founded; from 1949 to 1979, the Mongolian and Han bilingual mode further changed into Han monolingual mode. In the younger generation of East Haraqin, the use of Mongolian has been stopped, and the Mongolian became an endangered dialect.

Chapter six is *An Impact of Geographical Distribution and Immigration on National Contact and Ethnic Composition Mode in Haraqin Area*. The data from "Database of Natural Village Names" showed that, Immigration has a major impact on national contact and the ethnic composition model, and in Haraqin area, national contacts and national composition model are the most important social factors affecting the progress of language contact and language switching process. In Pingquan County, large scale of immigration began early time of Qing, and Mongolian villages became a few islands, where Mongolians are preserved and inherited in some degrees because of the back up of these Mongolian villages. In Haraqin banner immigration also began earlier, but inhabited by Mongolian and Han with the restrictions of land ownership, and when the two nationalities live together for a long time, both, naturally select and use each other's languages. As time goes by Han Chinese population prevailed gradually, and the Chinese Mongolian language shifting trends begin to form. Ningcheng County of migrants began early, due to the support of the Qing court and specialized development agencies, migrants can be to build a large scale, independent villages and to exploit and utilize the local land and forests. They living mode is a separate type, where Mongolian and Han peoples lived in their own village, and the Mongolian language was saved better in Mongolian villages. In east Haraqin immigration and residential model effects by the current political situation, prior to the years of Kangxi naturally inhabited by Mongolian and Han Chinese, after the years of Qianlong, Han Chinese immigrants dominated, and after the Republic of China and the establishment of new China, the immigration process was adjusted, and the area inhabited by Mongolians and Han was enhanced. In Mongolian villages of east Haraqin, the Mongolian language was preserved batter than that of Haraqin, but not as good as Ningcheng County.

The data from "Database of Natural Village Names" also showed that (sorted by word meaning), Haraqin Mongolian village names may be divided into 4 types: Geographical village name type, clan or personal name type, vocational name type and family numbered type. By geographical village names, Haraqin people mainly have been belonged to the mountainous tribal society; By clan or personal name type of village names, Haraqin people were composed by many clans; By vocational village names, Haraqin people had had developed animal husbandry, hunting, and mountain nursery and planting, while agriculture and other industry had also been developed ; By family numbered type of village names, a village of Haraqin was rather small, of which 3, 5, 7, or 8 households included . To form the rural management network, village name is extended by plus some prefix to front of the village name, while upper − level of the administrative unit is named after the core village. The way of Haraqin Mongolian place name developed into Han − Chinese includes many different processes such as transliteration, transliteration plus free translation, free translation plus free translation, free translation, parallel name, rename, etc.. Evolution of geographical names is a type of language change.

Chapter seven is *Bilingual Education in Haraqin Mongolian Area* reaches a conclusion that language has no class nature, but the use of language and characters are bound by national system; Language authority is established by the unique function of language in common use and national power, which is embodied in language choice and position of teaching language in school and the national standardization of speech and symbols. Language authority may be turned to language hegemonies when it goes to extremes, especially in times political power is out of control. Language teaching is also related to national education and policy implementing system, population distribution and its change, residents financial condition and expected value of repayment in personal development.

Chapter eight is *An Influence of Intermarriage on Model Changes of Language Appliance in Haraqin Area.* The data of intermarriage showed that intermarriage has a major impact on language use model changes, but not the deciding factor. The major impact of intermarriage is that Han Chinese mothers bring Chinese into the family and thus influence the model of children's language use in the families. It is the language environment which determines the changes of language use model in intermarriage family, and the languages spoken in the work place or in the community are the most important factors. Mongolian language education is of great significance to maintain and apply Mongolian language, but if the strong trend of Chinese popularization has considerable momentum in the society, the Mongolian language education in schools, won't be able to reverse the trend ultimately. The changes of marriage or language views are based on the social practices. In those families with intermarriages or with a history of intermarriage, family members are more likely to use Chinese in the society and generally agree to or tolerate intermarriages and switching to Chinese. Most families with different models of language use, no matter with or without pratical bases, all agree to bilingualism, because it is the acceptable expression strategy to all sides in intermarriage families.

Chapter nine is *A Summary of the Case Studies and Theoretical Discussion.* The research conclusions in this book can be summarized as follows:

1. The establishment of nation and both social and occupational roles are of important factors in process of clans developed into tribes.

2. The extent of ethnic contact depends on contact way between peoples, geographical distribution, as well as the migration types.

3. Land ownership changes with changes of class relations. It is people who depending on the land really guard that piece of land.

4. Both people and place names are been changed under language change and language switching laws.

5. The type of language appliance mode and language switching stages and its speed.

Language models in Haraqin include: maintenance, switching, and bilingualism, and the bilingualism is further divided into three types: Mongolian endangered type, Mongolian weakened type, and Mongolian declined type.

From the building of Haraqin banner to the year of 2030, it is of less than 400 years. In former 300 years, Mongolian and Chinese languages experienced a long time contact, before Mongolian language gradually lost their dominance. In latter 100 years, the language appliance mode transferred rapidly from Mongolian monolingual, Mongolian Han bilingual to Han monolingual. In Haraqin region as a whole, since the Mongolian language social appliance has interrupted in generations, the endangered situation of Mongolian language has been formed.

6. The factors influencing the language switching speed.

The key factors affecting language switching process is a national contact model, in particular those living patterns, and when the two nationalities live together for a long time, both, naturally select and use each others languages. As time goes by Han Chinese population prevailed gradually, and the Chinese Mongolian language shifting trends begin to form. When their living mode is a separate type, that is, Mongolian and Han peoples lived in their own village, the Mongolian language was saved better in Mongolian villages.

The practice of Mongolian Han language contact in Haraqin has proved that the key factors in determining language switching mode are not the absolute population size, no the proportion of the total population, but the degree of different nationalities living, exchanging in a social area. Those villages with certain population size are the most fundamental formation of society for formation and preservation of a language community.

The language using fields are important factors that affect the language switching mode. In Mongolian and Han multinational area, family is a driver source of mother tongue, while society is that of Han Chinese, in most case, the language ability of local people approaches the intermediate of the two.

Economic and cultural development in local society affects the language switching mode. The pace of language change is that townspeople faster than local people, children faster than their parents, and cadres faster than farmers and students.

Professional has an impact on change of language appliance mode. In current Han language appliance of Mongolian people in Haraqin, cadres are the most, followed by parents, teachers are the minimum.

In family language, the restriction from age, grade and gender will changes between language performing places . It turns out that, it is the environment of society and language are the decisive factors for the formation of language appliance modes, family language changes with the social and linguistic background. The impact of the social and linguistic environment firstly appeared in the father – child language application mode, and then extended to grandparents and mother.

7. The changes of language and culture are not often in same step. People's language choice is often inconsistent with their language evaluation.

8. An impact of language education on language switching.

The appliance of language and characters are bound by national system; Language teaching is also related to national education and policy implementing system, population distribution and its change, residents financial condition and expected value of repayment in personal development.

The study shows that Mongolian language education is of great significance to maintain and apply Mongolian language, but if the strong trend of Chinese popularization has considerable momentum in the society, the Mongolian language education in schools, won't be able to reverse the trend ultimately.

9. An impact of intermarriage on language switching.

In this case study, intermarriage has a major impact on language use model changes, but not the deciding factor.

In this chapter some theoretical issues related to language contact has also been discussed.

第一章

绪　言

　　"蒙古语喀喇沁土语社会语言学研究"是国家社科基金一般项目，学科分类为"语言学与社会语言学"，于 2007 年 9 月立项，项目编号为 07BYY054。课题原计划完成于 2009 年 12 月，但主持人同时承担"985"工程"现代蒙古语参考语法"项目，两个课题同时并行，难度较大，因此将课题结题时间向后顺延两年。

一　课题研究的目的、研究现状及意义

（一）课题研究的目的

　　在历史上，喀喇沁部就其多数成员而言，应属右翼蒙古，在明嘉靖年间南下抵达独石口外牧区，是明清时代蒙古族中首先接触汉族的一个部落。喀喇沁部在清代政治上受宠，行政上被瓜分，经济上受蚕食；在民国，政治上受歧视，经济上被继续瓜分；在日伪时期，名义上得到统一，实际上丧失了自治权。喀喇沁旗是蒙古族近代学校教育、报刊、通信、交通、林业、矿业和民族民主思想的滥觞之地，对蒙古族近代历史和文化发展有重要影响。

　　后金天聪九年间，喀喇沁地区实行盟旗制度，距今 370 余年。喀喇沁蒙古族大约在民国时期从蒙古语单语过渡到蒙汉双语。以喀喇沁旗（右旗）为例，现有蒙古族人口中，1921—1936 年出生的 70—85 岁年龄层次的，属于从蒙古语向蒙汉双语过渡的时代，时值民国时期；1938—1950 年出生的 55—68 岁年龄层次的，属于双语并用的时代，时间包括抗日战争、解放战争直到新中国成立；1951—1990 年出生的 17—55 岁年龄层次的则属于转用

汉语的时代。

蒙古语喀喇沁土语已成为极度濒危土语，尽管在不同的喀喇沁地区濒危程度有所不同。以赤峰市喀喇沁旗为例，目前能够使用蒙古语言文字者不足500人；赤峰市宁城县的情况略好些，但能够使用蒙古语的人多居住在偏远山区，呈小聚居大分散状态，使用人口趋于高龄化；辽宁省喀喇沁左翼蒙古族自治县，除部分蒙古族聚居村落外，基本转用了汉语。据2006年的调查，在宁城县，能够完整述说传统故事传说的人只有5名，说书艺人只剩1名。据推算，再过一代人，即30年后，赤峰市喀喇沁旗将不存在实质上使用蒙古语言文字的人。也就是说，赤峰市喀喇沁旗的蒙古族从建旗到21世纪30年代不足400年的时间里，完成或即将完成从蒙古语转用汉语的过程，真正的语言转换过程仅用100年。这是语言接触和语言转用过程研究不可多得的典型个案。

课题研究的目的在于，通过对喀喇沁地区蒙古语使用情况的田野调查和对该土语区社会、历史、经济、文化环境的具体分析，说明对语言发展产生决定作用的社会因素及这些因素制约语言变化的具体过程和规律。

（二）本课题国内外相关研究概况

据作者建立的《蒙古语研究文献数据库》[①] 检索，涉及喀喇沁蒙古语的专门论著较少。其中，语音学研究成果有敖勒玛扎布的《关于喀喇沁土默特土语辅音 x》[②]，武·呼格吉勒图的《蒙古语喀喇沁土语语音系统》[③]《论喀喇沁土语语音系统》[④]，敖勒玛扎布的《论喀喇沁土默特土语中的 x 辅音的演变规律》[⑤]、曹道巴特尔的《喀喇沁蒙古语非词首音节短元音》（1999）、《喀喇沁土语短元音音位》（2001），哈斯巴特尔的《喀喇沁土语某些语音特点》[⑥]；词法研究成果有曹道巴特尔的《喀喇沁方言的词法学特征》[⑦]；词汇

---

① 该数据库收录近百年来（1909—2009）发表的蒙古语研究成果及相关领域成果。所谓"相关领域"，指的是与蒙古语有关的语族语言研究、阿尔泰语系语言研究和古文字研究。

② 敖勒玛扎布：《关于喀喇沁土默特土语辅音 x》，《蒙古语文》1986 年第 10 期。

③ 武·呼格吉勒图：《蒙古语喀喇沁土语语音系统》，《民族语文》1987 年第 4 期。

④ 武·呼格吉勒图：《论喀喇沁土语语音系统》，《蒙古学》1990 年第 1 期。

⑤ 敖勒玛扎布：《论喀喇沁土默特土语中的 x 辅音的演变规律》，《内蒙古大学学报》1991 年第4 期。

⑥ 哈斯巴特尔：《喀喇沁土语某些语音特点》，《内蒙古大学学报》2002 年第 4 期。

⑦ 曹道巴特尔：《喀喇沁方言的词法学特征》，《内蒙古社会科学》1998 年第 5 期。

研究成果有巴·查干的《解释〈哈喇沁婚礼〉中的一些名词术语与土语词汇》①，曹道巴特尔的《喀喇沁土语词汇结构》②，玛·乌尼乌兰的《额尔登特古斯先生在文学创作中结合使用了书面语与喀喇沁方言》③，巴·查干的《〈喀喇沁婚礼习俗〉中的部分名词术语问题》④；比较研究成果有曹道巴特尔的《蒙古语喀喇沁土语同蒙古书面语及标准语的比较研究》（1992，油印）、《喀喇沁、土默特方言复合元音析》⑤《喀喇沁土默特土语辅音ʤ、ʧ、ʃ》（2000）、《论喀喇沁、土默特口语中的长元音》⑥《喀喇沁与土默特蒙古语方言的舌尖辅音》⑦，阿拉腾图雅的《喀喇沁土默特土语研究概况》⑧，其日麦拉图的《喀喇沁——土默特方言与科尔沁方言的元音》⑨，何桂玲的《蒙古语科尔沁土语与喀喇沁土默特土语语气词比较》⑩；综合性研究成果有曹道巴特尔的《喀喇沁的起源、喀喇沁与其它部落及其方言的联系》⑪《喀喇沁蒙古语研究》⑫。

从社会语言学角度系统研究喀喇沁蒙古语的成果很少。喀喇沁左翼蒙古族自治县人民代表大会通过的《喀喇沁左翼蒙古族自治县自治条例》⑬《喀喇沁左翼蒙古族自治县蒙古语文工作条例》⑭和《喀喇沁左翼

①　巴·查干：《解释〈哈喇沁婚礼〉中的一些名词术语与土语词汇》，《蒙古语文》2002 年第 7 期。

②　曹道巴特尔：《喀喇沁土语词汇结构》，《蒙古语文》2003 年第 7 期。

③　玛·乌尼乌兰：《额尔登特古斯先生在文学创作中结合使用了书面语与喀喇沁方言》，《蒙古语文》2005 年第 7 期。

④　巴·查干：《〈喀喇沁婚礼习俗〉中的部分名词术语问题》，《蒙古语文》2005 年第 8 期。

⑤　曹道巴特尔：《喀喇沁、土默特方言复合元音析》，《内蒙古社会科学》2000 年第 1 期。

⑥　曹道巴特尔：《论喀喇沁、土默特口语中的长元音》，《蒙古语文》2000 年第 11 期。

⑦　曹道巴特尔：《喀喇沁与土默特蒙古语方言的舌尖辅音》，《蒙古语文》2004 年第 5 期。

⑧　阿拉腾图雅：《喀喇沁土默特土语研究概况》，《蒙古语文》2007 年第 12 期。

⑨　其日麦拉图：《喀喇沁——土默特方言与科尔沁方言的元音》，《内蒙古民族大学学报》2007 年第 4 期。

⑩　何桂玲：《蒙古语科尔沁土语与喀喇沁土默特土语语气词比较》，《蒙古语文》2008 年第 4 期。

⑪　曹道巴特尔：《喀喇沁的起源、喀喇沁与其它部落及其方言的联系》，《蒙古学研究》1999 年第 3 期。

⑫　曹道巴特尔：《喀喇沁蒙古语研究》，民族出版社 2007 年版。

⑬　喀喇沁左翼蒙古族自治县人民代表大会常务委员会：《喀喇沁左翼蒙古族自治县自治条例》，1988 年。

⑭　喀喇沁左翼蒙古族自治县人民代表大会：《喀喇沁左翼蒙古族自治县蒙古语文工作条例》，喀喇沁左翼蒙古族自治县政府网站，1998 年。

蒙古族自治县民族教育条例》① 从立法角度涉及喀喇沁蒙古语的使用问题。喀喇沁左翼蒙古族自治县蒙古语文办公室撰写的《喀喇沁县蒙古语文工作取得了成就》通报了本县蒙古语文使用情况②。巴音那木尔《河北省蒙古语文工作概述》一文主要涵盖河北省承德市和平泉县蒙古族语言使用问题，这部分蒙古族历史上属于喀喇沁中旗③。试莫勒的《喀喇沁克兴额与蒙文铅字印刷》论证了喀喇沁文人克兴额对蒙古文铅字印刷发展史作出的贡献④。

　　除上述研究成果外，在蒙古语亲属语言、方言土语论著，蒙古语综合性研究书籍、一般语法著作和介绍性文字中，有时也包括涉及喀喇沁蒙古语土语的内容，在此不一一举例。

　　本课题启动以来笔者发表的阶段性成果有《对内蒙古喀喇沁旗蒙古族语言文字使用情况的调查研究》⑤《宁城县喀喇沁蒙古语语言接触研究》⑥《喀喇沁旗蒙古族双语教育研究》⑦《喀喇沁左翼蒙古族自治县蒙古族语言使用情况》⑧、"A Study of Language Contact and Shift in Haraqin of Ningcheng County, Inner Mongolia"⑨、《异族通婚对语言使用模式演变的影响》⑩《喀喇沁地区蒙古语地名的社会语言学分析》⑪《移民对喀喇沁地区民族接触和民族构

---

① 喀喇沁左翼蒙古族自治县人民代表大会：《喀喇沁左翼蒙古族自治县民族教育条例》，喀喇沁左翼蒙古族自治县政府网站，1999 年。

② 喀喇沁左翼蒙古族自治县蒙古语文办公室：《喀喇沁县蒙古语文工作取得了成就》，《蒙古语文》1992 年第 12 期。

③ 巴音那木尔：《河北省蒙古语文工作概述》，《蒙古语文》1993 年第 10 期。

④ 试莫勒：《喀喇沁克兴额与蒙文铅字印刷》，《内蒙古师范大学学报》2006 年第 1 期。

⑤ 宝玉柱：《对内蒙古喀喇沁旗蒙古族语言文字使用情况的调查研究》，《民族教育研究》2007 年第 5 期。

⑥ 宝玉柱：《宁城县喀喇沁蒙古语语言接触研究》，《中国边疆民族研究》2008 年第 1 期。

⑦ 宝玉柱：《喀喇沁旗蒙古族双语教育研究》，《民族教育研究》2008 年第 6 期。

⑧ 宝玉柱：《喀喇沁左翼蒙古族自治县蒙古族语言使用情况》，《中央民族大学学报》2009 年第 6 期。

⑨ Bao Yuzhu, "A Study of Language Contact and Shift in Haraqin of Ningcheng County, Inner Mongolia", *Chinese Education and Society*, No. 11, 2008, pp. 71 – 93. （美国 SSCI 收录）

⑩ 宝玉柱：《异族通婚对语言使用模式演变的影响》，《西北民族大学学报》2010 年第 3 期。

⑪ 宝玉柱：《喀喇沁地区蒙古语地名的社会语言学分析》，《内蒙古民族大学学报》2012 年第 1 期。

成模式的影响》①《喀喇沁源流：北魏时期的曷刺真》②《关于语言接触几个基本理论问题的思考》③《喀喇沁部氏族构成分析》④《喀喇沁探源——元代宿卫与哈刺赤》⑤《"科尔沁"一词同鲜卑语的音义关联》⑥ 等。其中"A Study of Language Contact and Shift in Harqin of Ningcheng County, Inner Mongolia"被收入美国 SSCI 数据库。本书的主体部分是由这些阶段性成果构成的，但文字和内容有一些改动。

（三）课题研究的意义及价值

近年来，少数民族语言与汉语关系研究已取得丰硕成果，但蒙古语和汉语关系研究起始较晚，宝玉柱的《清代蒙古族社会转型及语言教育》一书详细研究了自明朝末年至清朝灭亡的几百年间蒙古语与汉语接触的过程及其社会文化背景。但一个大语言区的语言接触过程呈多种多样的复杂情况，要准确掌握语言接触的规律，就必须把样本区缩小，对特定语言区域内的典型的语言接触全过程进行全方位的、详细深入的研究。蒙古语喀喇沁土语符合这一样本选择要求。

根据戴庆厦教授的观点，语言分强势语言、衰变语言和濒危语言。衰变语言的特点是语言的主体部分仍在发展并保持一定范围内的功能强势，然而其边缘部分（方言）的功能开始衰弱，甚至可能出现濒危趋势。目前，中国境内的蒙古语已出现衰变趋势，其特点是，在蒙古族的主要聚居区，蒙古语在使用人口和功能上保持一定的优势，但在它的边缘地区以及某些方言土语区，使用者已转用汉语（如西土默特土语），某些方言土语已进入濒危期（如喀喇沁土语）。具体研究某一方言土语的衰变过程，可以清晰地显示影响语言变化的诸要素及其综合作用，因而在语言基础理论研究和应用研究中具有重大的学术价值。

---

① 宝玉柱：《移民对喀喇沁地区民族接触和民族构成模式的影响》，《中央民族大学学报》2012 年第 3 期。
② 宝玉柱：《喀喇沁源流：北魏时期的曷刺真》，《满语研究》2013 年第 1 期。
③ 宝玉柱：《关于语言接触几个基本理论问题的思考》，《民族高等教育研究》2013 年第 2 期。
④ 宝玉柱：《喀喇沁部氏族构成分析》，《内蒙古民族大学学报》2013 年第 3 期。
⑤ 宝玉柱：《喀喇沁探源——元代宿卫与哈刺赤》，《西北民族大学学报》2013 年第 5 期。
⑥ 宝玉柱：《"科尔沁"一词同鲜卑语的音义关联》，《满语研究》2014 年第 3 期。

此研究的理论意义是，通过具体的个案研究说明：（1）国家的政治统一和社会整合是长期的不间断的民族接触和语言接触的前提。（2）一般而言，在生产力落后、交通不发达的历史时期，自然经济地理对民族接触和语言接触有明显的制约作用，但特定的地理位置在特定的历史背景下，对民族接触和语言接触起促进作用，自然地理因素和社会因素是相互作用，共同发生作用的。（3）传统的社会语言学研究关注社会因素对语言结构变化的推动作用，但喀喇沁方言的社会语言学研究显示：在一定的社会历史条件下，特定的语言社会有可能不等母语在结构上发生重大变化，就转用其他语言。

此研究的应用价值在于：（1）一般讲，语言的衰变过程是从边缘地区向核心地区逐次推进的，因此，要保护核心地区的文化生态并发展其语言文字，就不能不特别关注边缘地区的语言衰变和濒危情况，并总结其内在的发展规律。（2）语言转用和语言态度的变化并非同步，一个民族的成员转用其他语言，并不等于他们不热爱、不珍惜自己的母语，并不说明他们自愿放弃这个语言。即使是语言兼用或语言转用既成事实的地区，语言文字政策或学校语言教育政策上的任何过激措施，都有可能激起民族社会和语言社会的强烈不满和愤恨，引起社会的动荡。（3）学校的语言教育，对延续一个语言社会具有举足轻重的作用，一种语言一旦放弃学校阵地，其断代过程就会加速。

二 课题的设计思路和研究内容

课题研究的具体思路是：从语言使用现状调查分析入手，描述蒙古语和汉语在特定方言区域内接触的全过程，划分语言接触的不同阶段、类型及其汉语对蒙古语的影响程度、影响渠道，分析社会因素对语言功能变化和结构变化的影响和规律，用具体、扎实、丰富的资料，详细说明语言发展同社会各因素的互动关系。

根据喀喇沁地区的政治、历史、地理等条件，把喀喇沁土语分为3个小样本区：喀喇沁右旗（在赤峰市，是内蒙古自治区的一部分，简称喀喇沁旗）；喀喇沁左旗（是辽宁省朝阳地区的一个蒙古族自治县）；喀喇沁中旗（赤峰市宁城县，河北省平泉县有一个自治乡）。对小样本区分若干点进行田野调查，从社会背景、语料、语言态度、学校教育、异族通婚等几个方面进行综合研究。

主要研究内容是：（1）喀喇沁部的历史渊源；（2）喀喇沁土语使用状况；（3）喀喇沁土语语言使用模式、发展阶段，及其同主要社会因素的关联；（4）语言态度研究；（5）语言转换速度及其影响因子分析；（6）语言接触及语言观的理论探索。

三 研究方法

（一）田野调查方法

语言学田野调查方法是本书最主要的研究方法，共进行 4 次。

第一次调查，自 1987 年 4 月 20 日至 1987 年 7 月 30 日。此次调查的目的有二，一是调查辽代碑文，重点是契丹文碑文；二是调查非民族自治地区民族问题。调查路线从承德市开始，沿内蒙古自治区和河北省、辽宁省交界地区，一直走到沈阳，返程经内蒙古自治区赤峰市北部几个旗县，共走访 23 个旗县，历 100 天。期间，调查河北省平泉县蒙和乌苏乡蒙和乌苏村、红花营子村、白池沟蒙古族自治乡蒙古营子村和章京营子村，辽宁省喀喇沁左翼蒙古族自治县公营子、大城子、白塔子乡，朝阳市乌兰和硕乡、贾家店乡，对喀喇沁地区语言接触问题和蒙古语使用问题产生浓厚的兴趣。在此次调查中，涉及喀喇沁蒙古族语言文化的主要收获是：

1. 调查了解河北省平泉县蒙和乌苏乡蒙和乌苏村喀喇沁蒙古族历史传说、风俗、民歌，对村民保存的喀喇沁蒙古族传统服饰进行拍摄，对当地喀喇沁民歌进行录音。在红花营子村获得喀喇沁蒙古族婚宴唱词抄本。

2. 在白池沟蒙古族自治乡蒙古营子村发现蒙藏经文 400 余种，发现一部完整的十五回本蒙古文《格斯尔》（上下两函，下函用竹笔抄写，有抄写年代、捐资人姓名、捐资数额等信息，弥足珍贵），并有幸获得赠送。

3. 在辽宁省喀喇沁左翼蒙古族自治县民族志办公室抄得武氏、王氏家谱。在县档案馆见到喀喇沁蒙古族左翼旗王印、扎兰印各一枚，并获得拓本。在县档案馆发现喀喇沁兀良哈氏王爷世袭家谱，在县政府宾馆抄写并拍照。

4. 在辽宁省图书馆发现用满文转写的喀喇沁蒙古语《初学指南》四册。

5. 在辽宁省档案馆查阅翁牛特、喀喇沁左右翼旗档案。档案中，宣统及以前的档案均用蒙古文书写，民国及以后的以汉文书写。蒙古文档案共有900 余种（可能不止此数），包括康熙、乾隆、同治、雍正、道光、光绪诸朝的文献，来往书信均属民国年间的。

第二次调查，自 2006 年 10 月 12 日至 25 日。本次调查的目的是为作者主持的"985 工程"子项目"现代蒙古语参考语法"搜集语料。调查从呼和浩特市开始，经正蓝旗、乌审旗、鄂托克前旗、鄂托克后旗、伊金霍洛旗、喀喇沁旗、宁城县、科尔沁左翼后旗，历时约 140 天。此次调查的主要收获是：

1. 语音和词汇调查。用基本词汇调查表（2500 词）调查正蓝旗（标准音点）、鄂尔多斯、喀喇沁、科尔沁 4 个土语的音系和词汇，并制作"蒙古语正蓝旗土语语音数据库"和"内蒙古方言南部 4 土语语音、词汇对比数据库"，对每个土语的每个词都制作音频文献，并插入数据库中。

2. 基本句子调查。根据 800 个标准句语料，调查、录音 4 种土语的基本句式，在录音前，800 个标准句语料经由当地土语使用者审查并改写。

3. 长篇语料调查。包括神话、传说、民间故事、民歌、说书等。对宁城县喀喇沁土语使用者进行全天（早 4 点半至晚 10 点，包括两个工作日和一个周末）跟踪录音，录音对象为当地蒙古族居民祖孙三代，用挂带录音笔的方法进行随机录音。这种方法对揭示双语场景变换规律和不同年龄语言使用者在不同社会场所中所采取的语言策略，有较好的方法论意义。

4. 搜集并拍摄 30 余种民间收藏的喀喇沁蒙古文文献。

5. 用问卷和个别访谈相结合的方法调查喀喇沁旗、宁城县蒙古语文使用状况（详见附录二 田野调查日志）。

第三次调查，2007 年 10 月 4—5 日，仅用两天，在宁城县存金沟乡拍摄民间收藏的文献资料。

第四次调查，2009 年 7 月 16 日—8 月 23 日。对赤峰市宁城县和辽宁省喀喇沁左翼自治县进行"异族通婚对语言使用模式的影响"调查，对喀喇沁左翼蒙古族自治县进行语言使用情况调查。此次调查的主要收获是：

1. 掌握异族通婚因素对语言使用模式转变的影响及其过程。

2. 补充调查并获得喀喇沁左翼蒙古族自治县语言使用情况数据。

3. 在喀喇沁左翼蒙古族自治县搜集并拍摄档案 74 份、地契 54 份、家谱 1 份（蒙古族于氏家谱，始自雍正九年）。

（二）问卷法与数据表调查

本课题使用的问卷是从通行的标准问卷改写而来，是针对特定的语言问题及其背景因素设计的封闭式问卷，包括被调查人背景信息、事实调查部分和情感调查部分。（见附录一）

数据调查表包括"语言使用调查文卷"、"民族人口统计表"、"学校授课语言调查表"、"蒙古语言文字使用情况普查表"、"机关蒙古语言文字使用情况普查表"、"不同民族通婚家庭语言使用情况调查表"共 6 种表格，由调查点所在地旗县政府部门提供或由政府部门协助调查。（见附录一）所有数据用微软 Excel2003 软件统计汇总和分析。

（三）访谈法

访谈调查是针对特定问题设置的。比如，针对民族学校的合并、民族人口数据的异常变动、问卷调查中的可疑数据等问题，都找当地居民或有关方面的领导进行访谈。被访者可以自由选择话题。被访者不愿透露姓名、不同意录音或拍照、不同意公开发表其谈话内容的，尊重其意愿。作者所作的田野调查日志是一种广义的面上的访谈调查，是对特定问题专门访谈的一种补充。访谈材料的用途主要有两种：一是作为长篇语料供文本分析用；二是作为语言接触社会历史背景的参考材料。访谈材料，除一部分有特殊附加条件的谈话外，其余部分全部根据谈话录音整理、翻译成文字资料。录音时间长度为 731 分钟，其中除说书、演唱等 195 分钟的内容外，其余部分汉文译文约有 13 万字，弥足珍贵。为保持谈话内容的原貌，对访谈文字，只做断句、分段等技术处理，对原话未作任何改动，有助于理解和上下文连贯的注解性文字都放入圆括弧中。详细内容见第二次调查田野工作日志。

（四）文献调查法

文献调查包括两个部分。一是搜集或查阅调查点所在地出版的旗县志、地名志、文史资料及其他相关史料；二是搜集调查所在地民间或档案馆收藏的文献资料，包括家谱、祭祀文书、经卷、地契文书、诉讼文书、来往文书、医书、婚宴唱词、故事演义抄本、辞书、教科书等。喀喇沁蒙古族地区同其他蒙古族地区的不同之处在于，喀喇沁蒙古族人民在漫长的艰苦岁月中，冒着生命危险，收藏并保存了大量的蒙古文文献抄本（详见附录三　田野采撷的第四部分：人民的珍藏）。为鼓励民间文献收藏和保护文献收藏人合法权益，作者对民间收藏文献的处置方法是，除收藏人决意赠送等特殊情况外（比如有些地区因语言转用，已经没有合适的继承人，等等），一般征得收藏人同意后，对文献进行拍摄，所拍摄的文献经数码技术处理后，向收藏人提供一个文献副本，原文献仍由收藏人保存。收藏人要求保密的，予以保密，随从人员事后通过恐吓等手段榨取民间收藏文献的，督促其归还非法收缴的文献。

文献调查中最艰苦的莫过于查阅历史资料。为完成本书相关章节的撰写，作者重新通读二十五史，并对涉及北方民族的内容进行摘录。工作量庞大，体力消耗几乎达到极限。

四　主要观点和创新点

1. 根据史料、姓氏构成等资料证明，"喀喇沁"一词源于职业名称——北魏时期的宿卫军"曷刺真"；"喀喇沁"作为部落和职业名称，主要来源于元代的钦察卫军及哈刺赤户；"喀喇沁"作为独立、统一的部落，形成于明代；在清代，"喀喇沁"为蒙古部落名兼行政区域名称。

2. 通过详细的语言文字使用调查数据，对喀喇沁地区蒙古族语言文字的使用类型、语言转用速度和使用现状进行了界定。

（1）语言使用类型。喀喇沁地区蒙古族语言使用类型分保持型、转用型、双语型三类。双语型进一步分为蒙古语濒危型、蒙古语衰弱型和蒙古语下滑型。

（2）语言转用速度。从历时发展脉络看，从清代到21世纪30年代一共不到400年，前300年是蒙汉语接触时期，后100年，蒙古语经过蒙古语单语、蒙汉双语，迅速过渡到汉语单语。共时平面上的语言模式转换速度是，城镇快于乡村，子女快于父母，干部快于农民和学生。

（3）语言使用现状界定。喀喇沁旗蒙古族语言文字使用已进入转用汉语的时代；宁城县的蒙古语已进入濒危阶段；喀喇沁左翼蒙古族自治县蒙古语在使用上已出现断代，并成为濒危土语。

3. 本书关注的影响语言转用的几个重要社会因素有：

（1）地理分布及人口移动对民族接触和语言接触有深刻影响。首先，喀喇沁地处战略咽喉地区和历代民族接触和民族融合地带。其次，满洲军队入关，通向中原的大路从此敞开，满洲军队和居民源源不断地进入内地，同时汉族移民开始北上，填补这里的人口分布真空和管理真空。清朝入关后，对喀喇沁部采取了种种限制措施，防御、分解、和亲、移民和分离旗县，是清廷对喀喇沁部采取的 5 条重要措施。这些措施和随之而来的大规模的移民和民族接触，都与喀喇沁部所处的特殊的地理位置有关。居住模式对语言使用模式的形成和转变有重大影响。蒙汉杂居，彼此语言的兼用、转用程度随杂居程度而逐渐加深；居住模式采取分离式，杂居程度较低，则蒙古族聚居村落能够较好地保存蒙古语。

（2）学校语言文字教育对语言使用模式的转换有重要影响。在语言文字使用和语言文字教育的关系上应注意三个维度：一是语言文字教育同国家制度的关系，语言文字的使用深受国家制度的约束。特定语言在最大范围内的通行功能和国家政治权力相结合，便产生语言权威，体现在学校语言的选择及其安排顺序、国家对语言文字的规范上。语言文字教育与国家的教育制度和政策运行机制有密切关系。政策随时局发生波动，时停时续，对上下连贯的语言文字教育带来致命的影响。事后，政策失误可以弥补，但已经断代的语言文字教育的损失，弥补却很困难，甚至根本无法弥补。二是语言文字教育同人口和家庭的关系。其中包括语言教育同人口比例、分布及其变动，同居民对语言教育的经济支撑能力，以及受教育者对社会发展的期望值等。三是语言文字教育同社会语言环境的关系。蒙古语文教育对蒙古语的保持和应用具有重要意义，但如果社会环境的汉化趋势强劲，那么学校蒙古语文教育最终抵挡不住来自社会的压力。

（3）异族通婚对语言模式的演变有重要影响，但不是决定的因素。异族通婚家庭语言模式演变的决定因素是社会语言环境，其中工作语言和邻里语言是最重要的因素。

（4）语言使用场域是影响语言使用模式转换的重要因素。在喀喇沁地区蒙汉杂居社区，家庭是母语激励源，社会是汉语激励源，社区人员的实际语言能力，在一般情况下，接近两种语言使用率的折中值。

（5）地域社会经济文化发展程度影响语用模式的转换。从语言模式转换的速度看，城镇快于乡村，子女快于父母，干部快于农民和学生。

（6）职业对语言使用模式变化有一定影响。在喀喇沁地区蒙古族现时语言中，汉语使用程度最高的是干部，其次是家长，教师最低。

（7）家庭语言中的年龄、等级和性别约束随场景发生变化。事实证明，现时语言使用模式形成的决定性因素是社会语言环境，家庭语言随社会语言环境而发生变化。社会语言环境的影响首先体现在父亲和晚辈语言应用模式上，然后波及祖父母和母亲。

（8）语言转换和文化迁移不同步，语言选择和情感评价不一致。

第二章

喀喇沁蒙古族源流及氏族构成

语言接触是一个历史过程，研究一个民族的语言接触史，不能不关注该语言使用者的历史。

"喀喇沁"一词源于职业名称——北魏时期的宿卫军"曷剌真"；"喀喇沁"作为部落和职业名称，主要来自元代的钦察军及哈剌赤户；"喀喇沁"作为独立、统一的部落，形成于明代；在清代，"喀喇沁"为蒙古部落名兼行政区域名称。

一　北魏时期的喀喇沁①

（一）北魏的宿卫制度与喀喇沁

"喀喇沁"一词最早出现于《南齐书》，《列传第三十八·魏虏》言："建武二年春，高宗遣镇南将军王广之出司州，右仆射沈文季出豫州，左卫将军崔慧景出徐州。宏自率众至寿阳，军中有黑毡行殿，容二十人坐，輦边皆三郎曷剌真，槊多白真毦，铁骑为群，前后相接。步军皆乌楯槊，缀接以黑虾蟆幡。"② 其中，"曷剌真"，指的是"卫士"。

"曷剌"按《广韵》音系，应转写为 ɣɑt tsʰĭe，实际读音为 ɣɑr tsʰĭe，相当于蒙古语"喀喇沁"的词根。由表1可知，汉字经常用以 - t 结尾的入声字记录突厥语以 - l、- r、- z 等辅音结尾的词。还有一种可能是，"曷剌真"为"曷剌真"的误写。"曷剌真"可转写为 ɣɑt lat tɕĭen，实际读音应为

---

① 原文《喀喇沁源流：北魏时期的曷剌真》，发表于《满语研究》2013 年第 1 期。
② （南朝梁）萧子显：《南齐书·列传第三十八·魏虏》，中华书局 1972 年版，第 993—994 页。

ɣɑr lat tçǐěn，其词根 ɣɑr lat 为名词，－lat 是构词兼复数附加成分。"三郎曷刺真"，史书又写作"三郎卫士"，其词义、发音和词所代表的职业性质，都表明"曷刺真"和"喀喇沁"在词源上有可能存在某种继承关系。

为"曷刺真"一词拟音时，我们之所以取《广韵》音系，是因为《广韵》较好地保存了《切韵》音系，而《切韵》为陆法言所作。陆法言是隋代人，出身代北，号步陆孤（bʰu lǐuk ku）氏，后魏孝文帝改为陆氏①。陆法言所处时代与北魏接近，因此《切韵》音系及其后续韵书《广韵》音系应该比较接近北魏时期汉语发音情况。另外，从唐代突厥碑文看，当时的汉语入声字经常用来记录突厥语以辅音结尾的音节，说明当时汉语入声字的节尾辅音发音依然比较清楚。见表1。

表1　　　　　　突厥碑文中辅音结尾音节同汉字记音之间的对应规律②

汉字记音	广韵	突厥文	对应规律
默啜	mək ʐǐwɐi	bö gu	不对应（1）
毗伽	bʰig gʰǐa	bil gä	不对应（1）
和田（不是入声）	ɣua dʰien	qor tan	不对应（1）
吐蕃	tʰu pǐwen	tü püt	不对应（2）
拔野古	bʰæt jǐa ku	ba yïr qu	不对应（1）（2）
室点密（可汗）	çǐt tiem mǐt（上声）	iš tä mi	不对应（1）（3）
党项	dʰaŋ ɣɔŋ（上声）	tan gut	不对应（2）
土拉（河）	tʰu lɒp	toɣ la	不对应（1）
骨利干（人）	kuət li gʰǐɐn	qu rï qan	不对应（1）
俟斤	dzʰǐə kǐən	ir kin	不对应（1）
别失八里	pǐɛt çʰǐt pæt lǐə	biš ba lïq	不对应，1、2 音节表示一个音节，3、4 音节不对应
失毕	çʰǐt pʰǐt	ša da pït	不对应，1 音节表示2个音节
莫贺	mɑk ɣa	ba ɣa	不对应，1 音节多入声尾

---

① 段锐超：《民族认同视野下的北朝语言文字认同研究》，《中央民族大学学报》2013 年第 3 期。

② 资料来自耿世民著《古代突厥文碑铭研究》，中央民族大学出版社 2005 年版。突厥文音标为拉丁音标，直接引自原著。《广韵》音标为国际音标，引自《汉典》www. zdic. net/，检索日期：2013 - 7 - 24。

续表

汉字记音	广韵	突厥文	对应规律
曲漫（山）	kʰɪwok muɑn	kög män	对应
设	çɪɛt	šad	对应
叶护	jɪɛp ɣu	yab ɣu	对应
大食	dʰɑi dʑʰɪək	tä zik	对应
粟特	sɪwok dʰək	sog daq	对应
梅禄	muɒi luk	bu yuruq	对应
莫离（人）	mɑk lĭe	bök li	对应
都督	tu tuok	tutuq	对应
拂林（人）	pʰɪuət lʰɪm（平声）	purum	对应（2），1 音节不对应
葛逻禄	kɑt lɑ luk	qarluq	对应（3），1、2 音节表示 1 个音节
暾欲谷	tʰuən jĭwok kuk	toñ u quq	对应（3），2 音节多出入声尾
阙特勒	kʰɪwet dʰək gʰɪən	kül tigin	替代，2、3 音节重叠
骨咄禄	kuot tuot luk	qut luɣ	对应，2 音节多出
塞（人）	sək	sa qa	对应，变成 1 音节
药罗葛	ŋɑt lɑ kɑt	yaghla ghar	替代
薛	sĭɛt	sir	替代
移涅（可汗）	jĭe net	I näl	替代
思结（人）	sĭə kiet	izgil	替代
阿跌（人）	a dʰiet	ä diz	替代
黠戛斯	ɣæt kæt sĭe	qïr qïz	替代（1），2、3 音节表示一个音节
达头（设）	dʰɑt dou	tarduš	替代（1），2 音节不对应
药利（特勒）	ŋɑt li	yol ligh	替代（1），2 音节不对应
突厥	dʰuət kĭuət	türk	替代（1），2 音节多入韵尾
颉跌利施	ɣiet dʰiet li çĭe	il tä riš	替代（1），3、4 音节表示一个音节
鞑靼	tʰɑt tçĭɛt	ta tar	替代（2），1 音节不对应
突骑施	dʰuət kĭe çĭe	tür keš	替代（1），2、3 音节表示一个音节

数据显示，汉字隋唐时期的音系比较好地记录了突厥语以辅音结尾的音节读音。

1. 以 p、t、k 结尾的入声韵和 m 韵尾，与突厥语 b、d、g、ɣ、q、k、m 节尾辅音对应。说明汉语隋唐音系的辅音韵尾不仅和声调有关系，而且其发音本身也比较清楚。

2. 汉语隋唐音系主要用节尾辅音 t，来记录突厥语的 gh、r、l、z 等节尾辅音，因为汉语节尾辅音中没有这些辅音，所以用读音接近的辅音 t 替代其发音。

3. 不对应的情况有以下几种：（1）将开音节记为闭音节。如，bögu ~ məkẓĭwɛi（默啜），bayïrqu ~ bʰæt ǰia ku（拔野古），ištämi ~ çʰĭt tiemmʰĭt（上声，室点密），qurïqan ~ kuɐt li gʰĭɛn（骨利干），biš balïq ~ pĭɛtçʰĭtpætlĭə（别失八里）。（2）将闭音节记为开音节。如，bilgä ~ bʰigʰĭɑ（毗伽），qor-tan ~ ɣuɑdʰien（和田），tüpüt ~ tʰupĭwen（吐蕃），bayïrqu ~ bʰætǰĭɑku（拔野古），tangut ~ dʰɑŋɣɔŋ（党项），toɣla ~ tʰuluɒp（土拉），irkin ~ dẓʰĭəkĭən（俟斤），bišbalïq ~ pĭɛtçʰĭtpætlʰə（别失八里）。其中，tüpüt ~ tʰupĭwen（吐蕃），tangut ~ dʰɑŋɣɔŋ（党项）是单数和复数记音不同。irkin ~ dẓʰĭəkĭən（俟斤），iltäriš ~ ɣietdʰietliçĭe（颉跌利施），因为突厥语词首高元音前经常出现吐气成分，干扰听音效果，因此汉字记录出现差异。

4. 两类记音的音节结构不同。（1）元音弱化。如，buyuruq ~ muɒi luk（梅禄），第二音节的 u 元音可能在听感上很弱，所以，如果记作 buy ruq，则与 muɒi luk 读音相近。（2）前音节尾音和后音节首音叠加造成的附加音节。如，qarluq ~ kɑt lɑ luk（葛逻禄），kültigin ~ kʰĭwet dʰək gʰĭɛn（阙特勤），qutluɣ ~ kuɒt tuɒt luk（骨咄禄）。（3）用两个音节记录某些带有特殊节尾辅音的音节。如，qïrqïz ~ ɣæt kæt sĭe（黠戛斯），iltäriš ~ ɣiet dʰiet li çĭe（颉跌利施），türkeš ~ dʰuɐt kĭe çĭe（突骑施），bišbalïq ~ pĭɛt çʰĭt pæt lĭə（别失八里）。在此可能涉及突厥语辅音 š 的特殊记音问题。（4）单数和复数后缀记录不同。如，türk ~ dʰuɐt kĭuɐt（突厥），可能是单复数后缀不同造成的记音差别，对北方民族的族名、部落名，汉语记音常取单数，而少数民族语则常取复数。

再来看看鲜卑语的“真”–ʧhin 附加成分的使用情况。见表 2。

表2　　　　　　　　　　鲜卑语"真"附加成分的使用情况

编号	汉字记音	词义	广韵汉字转写
1	直真	内左右	ɖʰɪə tɕʰɪn
2	乌矮真	外左右	ʔu ʔai tɕʰɪn
3	朴大真	檐衣人	puk dʰai tɕʰɪn
4	契害真	杀人者	kʰɪət ɣai tɕʰɪn
5	乞万真	通事人	kʰɪət mǐwen tɕʰɪn
6	折溃真	为主出受辞人	zǐɛt kǐwəi tɕʰɪn
7	咸真	诸州乘驿人	ɣem tɕʰɪn
8	附真	贵人作食人	bʰɪu tɕʰɪn
9	羊真	三公贵人	jǐaŋ tɕʰɪn
10	曷剌（刺）真	卫士	ɣat tsʰɪe（lat）tɕʰɪn
11	比德真	曹局文书吏	pi tək tɕʰɪn
12	可薄真	守门人	kʰɑ bʰuɑk tɕʰɪn
13	拂竹真	伪台乘驿贱人	pʰɪuət ʈǐuk tɕʰɪn

　　表中鲜卑语职业名称共计13条，带 – tɕʰɪn（即 – ʧhin）的有10条，占多数；带 –k tɕʰɪn（即 – kʧhin）的有3条，是少数。这一情况与蒙古语中名词多接 – ʧhin附加成分，动词多接 – kʧhin附加成分的情况相符。可以大胆地假设， – kʧhin附加成分中的 – k，最早可能是形动词词尾，类似现代蒙古语的 – x，它使前面的动词词根名物化，使之有可能后接 – ʧhin附加成分，以构成职业名称。 – ʧhin附加成分可以进一步分为 – ʧhi 和 – n 两个语素， – ʧhi 名物化能力略低，缀加 – ʧhi 的词，前面可以控制宾语，后面可以修饰名词，表示经常从事某种工作的人； – ʧhi 再缀加名词附加成分 – n，即可构成某种职业名称，这类词前面控制宾语，后面修饰名词的能力大大降低。词根"曷剌"缀加表示职业的附加成分"真"，在蒙古、突厥等语言构词法上是说得通的，说明该词与某种职业有关。

　　《魏书·志第十九·官氏九》记载："建国二年，初置左右近侍之职，无常员，或至百数，侍直禁中，传宣诏命。皆取诸部大人及豪族良家子弟仪貌端严，机辩才干者应选。又置内侍长四人，主顾问，拾遗应对，若今之侍中、散骑常侍也。其诸方杂人来附者，总谓之'乌丸'，各以多少称酋 、庶长，分为南北部，复置二部大人以统摄之。时帝弟觚监北部，子寔君监南部，分民而治，若古之二伯焉。太祖登国元年，因而不改，南北犹置大人，对治二部。是年置都统长，又置幢将及外朝大人官。其都统长领殿内之兵，直王宫；幢将员六人，主三郎卫士直宿禁中者。自侍中已下中散已上，皆统之，外朝大人，无常员。主受诏命，外使，出入禁中，国有大丧大礼皆与参知，随所典焉。"①

　　幢将，武职名，来自柔然军法：千人为军，军置将一人，百人为幢，幢置帅一人②，北魏用做禁卫军将领。初置时无常员，可多至百人，正好与柔然幢将领兵人数相符。左右近侍的职责是"侍直禁中，传宣诏命"。人员取自世家子弟，犹如质子军。《魏书·来大千传》："永兴初，袭爵，迁中散。至于朝贺之日，大千常著御铠，盘马殿前，朝臣莫不嗟叹。迁内幢将，典宿卫禁旅。"③《北史·秦王翰子仪》："（仪）弟道子，位下大夫。道子子洛，位羽林幢将。"④　可见，北魏王宫禁卫置都统长，领殿内之兵，下设幢将六人，主三郎卫士直宿禁中者，侍中以下中散以上官吏。"三郎"，有可能指车郎、户郎、骑郎之类。《汉书·百官公卿表》记载："郎中令，秦官，掌宫殿掖门户，有丞。武帝太初元年更名光禄勋。属官有大夫、郎、谒者……郎掌守门户，出充车骑，有议郎、中郎、侍郎、郎中，皆无员，多至千人。议郎、中郎秩比六百石，侍郎比四百石，郎中比三百石。中郎有五官、左、右三将，秩皆比二千石。郎中有车、户、骑三将，秩皆比千石。"⑤《后汉书》："凡郎官皆主更直执戟，宿卫诸殿门，出充车骑。唯议郎不在直中。"⑥　侍中、散骑常侍、中散大夫是幢将下属内侍长。所谓侍中，本来是皇帝侍从，出入宫廷，与闻朝政，西汉以后变为加官，文武大臣加上侍中之类名号，表明可入禁中受事。魏晋以后，权势之重比宰相。散骑常侍原来是皇帝的骑从，晋以后变为加官，品级根据其本官，在三品至四品之间，接近侍中。中

---

①　（北齐）魏收：《魏书·志第十九·官氏九》，中华书局 1974 年版，第 2971—2972 页。

②　（北齐）魏收：《魏书·列传第九十一·蠕蠕》，中华书局 1974 年版，第 1526 页。

③　（北齐）魏收：《魏书·列传第十八·来大千传》，中华书局 1974 年版，第 725 页。

④　（唐）李延寿：《北史·卷第十五·列传第三·魏诸宗室》，中华书局 1974 年版，第 565 页。

⑤　（汉）班固著，颜师古注：《汉书·卷十九上·百官公卿表第七上》，中华书局 1962 年版，第 727 页。

⑥　（南朝宋）范晔著，李贤等注：《后汉书·百官志二》，中华书局 1965 年版，第 3575 页。

散是中散大夫的简称，唐、宋为文散官，地位在正五品上。幢将可以统领侍中以下，中散以上官吏，可见其权势之大。

"曷刺真"骑兵持白槊，步兵持乌楯黑槊，举黑色虾蟆幡旗。黑色虾蟆幡，有可能代表二十八宿中的玄武像，包括"斗、牛、女、虚、危、室、壁"七星。"玄"表示黑色、北方、水、帝位，"武"表示龟蛇，属于甲类。在军阵，则表示布阵方位及其保护神，一般的顺序是前朱雀，后玄武，左青龙而右白虎。北魏战阵用蛤蟆车。《宋书·索虏传》记载："虏骑数百驰来围墙，墙内纳射，固墙死战。虏下马步进，短兵接，城上弓弩俱发，虏乃披散。虏遂填外堑，引高楼四所，虾蟆车二十乘，置长围内。……虏填三堑尽平，唯余子堑，虾蟆车所不及。"① 可见，蛤蟆车是一种攻防兼备的战车。北魏平城墓葬出土鳖甲形车，（见图1）所以，"蛤蟆"，指的就是鳖甲②。蒙古语"蛤蟆"叫做 melehei，"龟"叫做 yasutu melehei（带甲的蛤蟆），喀喇沁人叫做 altan melehei（金蛙），金蛙就是金龟。在喀喇沁婚俗中，在迎娶媳妇时，车中挂金蛙图，或由女亲家奉金蛙图坐于车中。车中金蛙图是布上绘制或缝制的，在金蛙腹部画十二属相图。后用铜镜代替③。鲜卑出土文物中有鳖甲绘画，在宁城发现的带把柄的小铜镜后面，竟然是代表二十八宿的四种兽像，其中，代表玄武的就是乌龟。在日伪时期，为修公路，拆除了喀喇沁中旗的鄂博，据目击者说，当时从鄂博废墟中挖出一大一小两只蛤蟆。虽属传说，但是将蛤蟆和鄂博联系起来，并将其神化，这在其他蒙古部落是极其少见的（参见田野日志 2006 年 10 月 16 日大城子鄂博、鄂博祭祀及其他见闻）。

北魏南北二部的设置，应该说是部族镇戍制度的开始。成员来自各部族及归附者，由各本部官吏统领，分南北二部，受帝室宗亲节制，谓之"乌丸"。

《魏书》记载："天兴……三年十月，置受恩、蒙养、长德、训士四官。受恩职比特进，无常员，有人则置，亲贵器望者为之。蒙养职比光禄大夫，无常员，取勤旧休闲者。长德职比中散大夫，无常员。训士职比谏议大夫，

---

① （南朝梁）沈约：《宋书·索虏传》，中华书局 1974 年版，第 2326 页。
② 王雁卿：《北魏司马金龙墓出土的釉陶毡帐模型》，《中国国家博物馆馆刊》2012 年第 4 期。
③ 内蒙古清格尔泰蒙古语言文化基金会：《喀喇沁蒙古婚礼风俗》，内蒙古人民出版社 2011 年版，第 5 页、第 19 页。

规讽时政，匡刺非违。"① 在北魏，这些都是加官。光禄大夫，秩比二千石，掌顾问应对。其职责与"往来东厢奏事，与闻朝政"的侍中相似；谏议大夫，掌谏诤议论，从四品，职责与"入则规谏过失，出则骑马散从，备皇帝顾问"的散骑常侍接近；中散大夫，掌论议政事，正五品。那么，"比特进"的"受恩"，就相当于幢将。"特进"，始设于西汉末。授予列侯中有特殊地位的人，位在三公下。"受恩"就是后来的"怯薛官"。"怯薛"，蒙古语，意为"受恩者"。

图 1   北魏龟甲车

资料来源：百度图片。

北魏太祖天兴初，皇帝出行，仪仗分大驾、法驾和小驾。小驾有属车十二乘，用于游宴离宫；法驾有属车三十六乘，用于巡狩、小祠；"大架，设五辂，建太常，属车八十一乘。平城令、代尹、司隶校尉、丞相奉引，太尉陪乘，太仆御从。轻车介士，千乘万骑，鱼丽雁行"。大驾用于军戎、大祠。齐人看见的是拓跋宏行军中的行宫，应该属于大驾。

黑毡行殿，就是车载穹庐。《南齐书》形容其形制为："以绳相交络，纽木枝枨，覆以青缯，形制平圆，下容百人坐，谓之为'伞'，一云'百子帐'也。"②2000 年，山西大同城东雁北师院北魏墓群出土 3 件毡帐模型，形制与此

---

① （北齐）魏收：《魏书·志第十九·官氏九》，中华书局 1974 年版，第 2972—2973 页。
② （南朝梁）萧子显：《南齐书·列传第三十八·魏虏》，中华书局 1972 年版，第 991 页。

相同。"毡帐模型底面呈圆形，穹隆顶，直径 24.6 厘米、高 18.2 厘米。顶部正中圆心部应该是天窗，涂着红彩，向下均匀放射 13 条红线，周壁又绘 9 个挽结的花形图案，表示木条（或柳条）制成的伞形支架，又以绳索绑缚，结扎，再用毡或其他织物覆盖其上。围壁中下部开门，门楣向前突出且宽于门框，上面彩绘 2 个红色门簪。毡帐外壁遍涂黑色"①。之所以说"伞"，是因为支撑屋顶的椽木条是围绕天窗向下呈放射性排列的（见图 2），椽木条的数量根据房屋大小多少不等。周壁由数个方格状柳条网环围而成，柳条网的节点用生牛皮筋扎结，可以折叠。这种穹庐，据其用途，大小不等，车载的大型穹庐是皇帝专用的行宫，可以在行军途中或扎营时，召开会议，接见使臣，宴请贵客，或用做皇帝寝殿。"幢"用来支撑天窗，数量不等，小屋可以不用幢柱。从天窗向下有马尾编制的绳索，不是用于开启天窗，而是用于固定房屋，防止被大风掀盖。元代有速古儿赤官，主服御，即管理皇宫的服饰和车马。"速古儿赤"直译为"伞人"，其词根在词源上有可能来自伞帐。

图 2　蒙古包顶部结构

资料来源：百度图片。

---

① 王雁卿：《北魏司马金龙墓出土的釉陶毡帐模型》，《中国国家博物馆馆刊》2012 年第 4 期。

　　到天赐二年，北魏将出行仪仗从大驾鱼丽雁行，改为方阵卤簿。"列步骑，内外为四重，列标建旌，通门四达，五色车旗各处其方。诸王导从在甲骑内，公在幢内，侯在步稍内，子在刀盾内，五品朝臣使列乘舆前两厢，官卑者先引。王公侯子车旒麾盖、信幡及散官构服，一皆纯黑。"[①] 这说明三个重要变化：一是宿卫从左右发展成左右前后，实际上就是环卫；二是宿卫由内而外分四层，即甲骑、幢将、步稍、刀盾，王公侯子处于不同的防卫层次；三是车旗分色，各处其位，王公侯子皆用纯黑色，五品以下官吏位于前驾和皮轩（用虎皮装饰的车），位卑者在前。幢将主四重卫之内的禁兵和王公侯子之卫，行军时甲骑在内，刀盾在外，形成一个完整严密的防卫体系。三郎曷刺真属于甲骑，在宿卫的内层，用纯黑色，因此属于皇帝的近侍扈从。《蒙古帐幕车》图中的蒙古皇帝行宫，大体上能够反映北魏皇宫宿卫阵容的基本结构，图中骑马持槊者为曷刺真，后面应有跟随而来的大队人马。

图 3　蒙古帐幕车

资料来源：百度图片。

　　喀喇沁婚俗仪仗中有首席亲家、掌印亲家和押车亲家。从家国一体的观

---

①　（北齐）魏收：《魏书·志第十三·礼四之四》，中华书局 1974 年版，第 2813—2814 页。

念看，押车亲家比车郎，掌印亲家比骑郎，首席亲家比户郎。掌印亲家实际上是掌礼官，在婚宴上代表首席亲家与对方对唱、酬对。

（二）北魏内廷宿卫名称与喀喇沁

在族源研究中，仅凭语音对应关系去界定某一名称，当然有一定的风险。在此，我们进一步研究鲜卑内廷其他官职的意义及其文化属性。

北魏官职多有鲜卑语称呼。《南齐书》记载："国中呼内左右为'直真'，外左右为'乌矮真'，曹局文书吏为'比德真'，檐衣人为'朴大真'，带仗人为'胡洛真'，通事人为'乞万真'，守门人为'可薄真'，伪台乘驿贱人为'拂竹真'，诸州乘驿人为'咸真'，杀人者为'契害真'，为主出受辞人为'折溃真'，贵人作食人为'附真'。三公贵人，通谓之'羊真'。……又有俟勤地何，比尚书；莫堤，比刺史；郁若，比二千石；受别官比诸侯。诸曹府有仓库，悉置比官，皆使通虏、汉语，以为传驿。"[1]

内左右为"直真"，可知其为近侍官。罗新认为："特勤、直勤和敕勤等名号，不是政治组织中的一种官称，而是社会结构下的一种身份。这一身份所反映的内容，相当于汉文中的'宗室'。"[2] "直勤"就是"直真"，是宫廷内近侍，宗室子弟入仕时往往补阙侍卫，因而是宗室近亲子弟走向宦途的重要渠道。契丹时期的郎君官，职能与此十分接近。关树东撰文指出："郎君，契丹语称舍利，自部落联盟时起，就是部落贵族子弟的一种荣誉称号，是贵族的身份性标志。辽朝时期，不仅契丹诸族帐、部落的贵族子弟称呼郎君，奚及二宰相府所辖诸部落，宫分贵族子弟，甚至少数渤海、汉族官僚贵族子弟也可称呼郎君。部分郎君被选入御帐承担御前祗候事务，即为祗候郎君，也称当直郎君，成为国家的正式官员。祗候郎君因具体祗候事务的不同，分属笔砚、牌印、裀褥、御盏、车舆等局，相应称笔砚（祗候）郎君、牌印（祗候）郎君等。护卫是辽朝皇帝的贴身侍卫。从现有的材料看，护卫的出身多为部落、族帐、宫分的贵族子弟。祗候郎君、护卫在御帐服务

---

① （南朝梁）萧子显：《南齐书·列传第二十一·魏虏》，中华书局 1972 年版，第 985 页。
② 罗新：《北魏直勤考》，《历史研究》2004 年第 5 期。

一定时间后，迁转御帐或朝廷内外的重要官职。"① 郎君，契丹小字中写作 shali 或 shali bahai，bahai 意为"儿子、小孩"，可以省略。郎君就是郎官、少年或年轻侍官，成年官吏本官加郎君，可显示其尊贵。"著帐郎君"，即"著帐郎官"，《辽史·国语解》云："卓帐，卓，立也。帐，毡庐也。"② 汉语"郎官"的本意是"站在廷廊中的官"，以此推理，shali 的意思是"廊"，蒙古语 shal，指地板，意思相近。在契丹小字中，"宗王"写作 qisen wang，可直译为"血亲王"，qisin 本意为"血"。契丹语"孝"，称作得失得本，亦写作赤失得本，其词根就是 qisin（血），可能在契丹人看来，事血亲便是孝。"得失得本或赤失得本"的古蒙古语对应词是 tihimdaguu，tihi 对应"得失"和"赤失"。- mdaguu 是形容词后缀，表示"勤于某事而形成的习惯或品格"。蒙古语的 tihi 又表示"祭祀"，契丹语的 qisin 用法与此相同，牺牲见血，是祭祀的本意。由此而知，"直真"就是"直勤"，后加表示职业的"真"，表示宗人，可拟音为 qikinqin。qisin 在蒙古语中对应 tikin，接近突厥语发音，因而"直勤"对应突厥语的"特勤"，也在情理之中。在语音演变史上，tikin 受辅音后高、前元音的影响，经过腭化后，变成了 qisin。

外左右为"乌矮真"。北魏宿卫军设南北二部，成员来自部族和归附者，统称"乌丸"。"乌矮真"有可能是由部族军组成的外围镇戍军。

带仗人为"胡洛真"。带仗人就是带仗左右，即带兵器的侍从。"胡洛真"，按《广韵》音系，应该发作 ɣu lɑk tɕʰĭn。第一和第三字都是平声，与蒙古语发音差别不大，但第二个字是入声，与蒙古语发音差别较大。第二个字的声母 l，经常转写北方民族语言的 r，对此似乎不需要做更多的解释。但是其韵母 ɑk，有可能表示当时鲜卑语的真实读音。- ɑktɕʰĭn 是表示职业后缀 - tɕʰĭn 的变体形式，前接动词词根。

北魏护卫之名"胡洛真"的词根 ɣu rɑk - 应该是动词，其基本意义是"圈、阻挡、禁止"，蒙古语动词 xɔri - "圈、阻挡、禁止、封"与此相当。

---

① 关树东：《辽朝的选官制度与社会结构》，张希清等主编：《10—13 世纪中国文化的碰撞与融合》，上海人民出版社 2006 年版。下载自 www. lsjyshi. cn/LJLW/20... 四史同堂：中国社会科学院历史研究所辽宋金元史学科，辽金史研究，论文选编，正文。下载日期：2012 年 8 月 11 日。

② （元）脱脱等：《辽史·国语解》，中华书局 1974 年版，第 1543 页。

与此相对称的不及物动词是 xʊra-"集结，汇集，积，淤"。蒙古语 xɔr 的"箭筒"意义是从动词的"圈、收集"等意义引申而来，同时词本身名词化，但词的语音形式却没有改变。因此在蒙古语中表示"带箭筒者"的意思时，在名词词根 xɔr 后直接缀加-tʃhin，构成 xɔr-tʃhin 一词。而鲜卑语"胡洛真"的词根 ɣu rak-保持其动词形态，因而后接-tʃhin，构成 ɣu lak tɕhʰɪn"带仗左右"一词。ɣu lak tɕhʰɪn 是《广韵》汉字转写，如转换成蒙古语转写，就会成为 xʊ rak-tʃhin，对应蒙古语的 xɔr-tʃhin 一词。xʊrak-tʃhin 可能还兼有"禁走、封禁"等附加意义，相当于蒙古语的 xɔrik-tʃhi 一词①。

"曷刺真"和"胡洛真"不是同一个词，前者为开、低元音词，后者为圆唇元音词，汉字的搭配使用在某种程度上可能暗示鲜卑语有元音和谐律。另外，前者词根为名词，后者词根为动词，因而缀加的附加成分也存在差异。

《南齐书·鱼复侯子响传》有"自选带仗左右六十人，皆有胆干"②之记载。"仗"是弓、矛、剑、戟等兵器的总称，元代宫廷宿卫火儿赤与此相当。《元史》"主弓矢……之事者，曰火儿赤"，"侍上带刀及弓矢者，曰云都赤、阔端赤"③。"殿内将军一人，凡殿内佩弓矢者、佩刀者、诸司御者皆属焉。如火儿赤、温都赤之类是也。""佩弓矢十人，国语曰火儿赤……佩宝刀十人，国语曰温都赤。"④ 有学者以为"阔端赤"是蒙古语 kotechi（意为向导者、侍从），韩儒林先生据元时的"阔端"（对音为 koton/kotan），将阔端赤拟音为 kotolchi/kotelchi⑤。其实，"阔端赤"可能是"阔瑞赤"之误。解释词语，应注意上下文，前面已明确交代"侍上带刀及弓矢者"，其中"云都赤"为"带刀者"，那么"阔端赤"肯定就是"带弓矢者"，应写为"阔瑞赤"，发音与"火儿赤"接近，意思相同，"云都赤"亦可以写作

① 宝玉柱：《"科尔沁"一词同鲜卑语的音义关联》，《满语研究》2014 年第 3 期。
② （南朝梁）萧子显：《南齐书·列传第三十八·鱼复侯子响传》，中华书局1972 年版，第 704 页。
③ （南朝明）宋濂：《元史·志第四十七·兵二·宿卫》，中华书局1976 年版，第 2524 页。
④ （南朝明）宋濂：《元史·志第三十·舆服三》，中华书局1976 年版，第 1998 页、第 2006 页。
⑤ 陈德芝：《韩儒林的元史研究》，原载《学林往事》下册，朝华出版社 2000 年，第 1011—1026 页。摘自：www. docin. com/p-246430... 陈得芝 韩儒林的元史研究—豆丁网，下载日期：2012 年 8 月 12 日。

"温都赤"。可见，元代的带仗人也有专门的统领官，与宿卫（怯薛歹）之人及诸门者（八剌哈赤）、户者（玉典赤）分工有所不同。我们从北魏大驾方阵卤簿的层次看到，第二层为铁骑幢将，持乌槊，第三层为步槊，第四层为刀盾，可见，从兵器上分类，外三层宿卫通称为"胡洛真"。持刀盾者，攻防兼备，处于外围，与犯禁者直接交手；持弓矢者，处于二线，以远射杀伤犯禁者；步槊在后，以长矛刺伤突入内禁者；铁甲机动于行宫与宿卫防线之间，同时监督、指挥外围作战。这种部署，符合古代兵器、兵法和布阵原理。

曹局文书吏为"比德真"。《元史》："必阇赤，译言典书记者。"① 元代早期，行祖宗祭享之礼时，遣必阇赤致祭。各卫及部院都有必阇赤官。

守门人为"可薄真"。《契丹国志》"刁奉使北语诗"有"看房贺跛支"（原注三十：如执政防阁）一句②，"贺跛支"即为"可薄真"。原注中的"防阁"是防阁将军的简称，属于侍从武官。在南北朝时期，朝廷禁卫官为直阁将军，值勤于殿阁，掌宿卫，北魏时从三品下，而诸王、都督、刺史侍从官为防阁将军，掌侍从左右，防卫斋阁。但北魏的"可薄真"指守门人，二者职责有所不同。元代的"玉典赤"意思与"可薄真"相同，只是用词不一样。《元史》记载："护尉，凡四十人，以户郎国语曰玉典赤……右阶之下，伍长凡六人，都点检一人，右点检一人，左点检一人。凡宿卫之人及诸门者、户者，皆属焉。如怯薛歹、八剌哈赤、玉典赤之类是也。"③ "怯薛者，犹言番直宿卫也……司阍者，曰八剌哈赤。"④ 说明"玉典赤"属于护卫，包括怯薛歹（番直宿卫）、门者（玉典赤）、户者（八剌哈赤）。"玉典赤"和"八剌哈赤"的区别在于前者守宫门，后者掌城门卫，属于内外之别。"八剌哈赤"的词根"八剌哈"来自突厥语，指城市，如"别失巴里"（Bishbaliq，五城）。

通事人为"乞万真"。元代的通事叫做"怯里马赤"，不仅各卫和有关

① （明）宋濂：《元史·志第二十五·祭祀三·宗庙上》，中华书局 1976 年版，第 1831 页。

② （宋）叶隆礼著，贾敬颜、林荣贵点校：《契丹国志·刁奉使北语诗》，上海古籍出版社 1985 年版。引自《象牙塔数字古籍系列》，www. 360doc. com/content... 契丹国志，2006 年 10 月。

③ （明）宋濂：《元史·志第三十·舆服三》，中华书局 1976 年版，第 1998 页。

④ （明）宋濂：《元史·志第四十七·兵二·宿卫》，中华书局 1976 年版，第 2524 页。

部门设有通事一职，还有宋代遗留的通事军。据《元史》记载："十六年……五月，淮西道宣慰司官昂吉儿请招谕亡宋通事军，俾属之麾下。初，亡宋多招纳北地蒙古人为通事军，遇之甚厚，每战皆列于前行，愿效死力。及宋亡，无所归。朝议欲编入版籍未暇也，人人疑惧，皆不自安。至是，昂吉儿请招集，列之行伍，以备征戍。"① 在词源上，"乞万真"和"怯里马赤"没有多大关系，二者属于近义词。"乞万真"这个词，目前只保留在喀喇沁和鄂尔多斯方言中，发音为 honjin。honjin 是婚宴司礼官，主要负责祝词、对唱问答等礼仪性工作，往往与 helemurqi（怯里马赤）一词交替使用。可见，两个词意思相近，在同族婚宴中彼此可以交换职能，但在古代，在同其他民族的交往中，honjin 有可能具有"通事"含义。

为主出受辞人为"折溃真"。喀喇沁方言中，婚礼献辞叫做 jorga 或 jorig②，意思为"志"（古文"志"和"识"通用，志者，记也，知也。"诗者，志之所在也。在心为志，发言为诗"）。一般蒙古语的 jorig，表示"胆气、志气"，但没有"献辞"一意。蒙古语的 jorig 是名词，是动词 jorihu（面向，致）的派生形式。在古蒙古语中，"折溃真"的对应形式是 oqigqi，oqig 意为"献辞"，由"折溃"首辅音前增加一个圆唇元音（根据元音和谐律，增元音暗示"折溃"的第一音节元音是圆唇元音）而成。在蒙古语中，借词的首辅音为浊辅音时，前面经常增生一个元音。如，Russia ~ oross（俄罗斯）、radio ~ arajio（收音机）。

檐衣人为"朴大真"。在喀喇沁婚俗中，男方娶媳妇时，首席亲家要带 boodagan 帽，据喀喇沁人自己解释，这是一种用水貂皮做的宽檐帽③。值得注意的是，在同一婚姻祝词中，这种帽子有三种不同的提法。第一次称作 boodagan malaga；第二次叫做 sarabqi malaga（大檐帽，遮阳帽）；第三次干脆用汉语，叫做"藤子帽"。说明对第一个词他们已经很不熟悉了，但婚姻祝词事关礼仪，不能随便改，也就这样传唱下来。"大檐帽"显得文绉绉的，最后用了汉语借词，尽管用词不同，但他们知道那是什么东西，

---

① （明）宋濂：《元史·志第四十六·兵一》，中华书局 1976 年版，第 2517 页。
② 内蒙古清格尔泰蒙古语言文化基金会：《喀喇沁蒙古婚礼风俗》，内蒙古人民出版社 2011 年版，第 14 页。
③ 同上书，第 17 页。

什么人在什么时候用。《元史》有这样一个有趣的记载："胡帽旧无前檐，帝因射日色炫目，以语后，后即益前檐。帝大喜，遂命为式。""胡帽"即圆帽，鄂尔多斯蒙古歌中经常出现。改过的帽子就是大檐帽，蒙古语叫borho，汉语叫礼帽。其实这个帽子远在北魏时期就存在。为忽必烈缝制帽子的皇后就是一代贤后、世祖昭睿顺圣皇后，名察必，弘吉剌氏。皇后还"拘诸旧弓弦练之，缉为绸，以为衣，其韧密比绫绮……又制一衣，前有裳无衽，后长倍于前，亦无领袖，缀以两襻，名曰比甲，以便弓马，时皆仿之"①。这种衣服类似坎肩，无袖，喀喇沁男女长袍外套就是这种衣服。由此看来，"朴大真"一职，可能类似于蒙古宫廷的速古儿赤官，负责管理皇宫的鞋帽服饰。

台乘驿贱人为"拂竹真"。蒙古语的 baguqa 与词根"拂竹"对应，但没有"乘驿"的含义。而在喀喇沁蒙古语中，baguqa 表示"落营的地方"。喀喇沁婚礼对唱中有一段"请向导"的内容，婚宴扎萨先介绍向导，然后向对方讨价，唱："我们的向导有讲究，大营落脚喜宴酬，小营歇脚品美酒。""拂竹真"（buguqaqin）应该是在此类驿站营地供职的小卒，蒙古语叫做 ulaqi。

诸州乘驿人为"咸真"。目前无法确切解释这个词，词根"咸"（ham）或许和契丹语的 am～yam（城、州）或蒙古语的 jam（站、路）对应。

杀人者为"契害真"。词根"契害"kitgai，蒙古语 hituga（刀子），hitugaqin 可以表示"刀斧手"。

贵人作食人为"附真"。《元史》中解释："主膳国语曰博儿赤。"②"亲烹饪以奉上饮食者，曰博尔赤。"③ 这个词更准确的翻译应该是"御厨"。在太庙祭祀中，由蒙古博儿赤行割牲之礼④。

三公贵人，通谓之"羊真"。类似国老。

俟勤地何，比尚书。尚书执掌文书奏章，"俟勤"irkin，突厥官名，"地何"，可能就是"特勤"，掌内典机要，处理邦交，参与军国大事。"俟勤地何"，可解为"大特勤"。

---

① （明）宋濂：《元史·列传第一·后妃一》，中华书局 1976 年版，第 2871—2872 页。
② （明）宋濂：《元史·志第三十·舆服三》，中华书局 1976 年版，第 1997 页。
③ （明）宋濂：《元史·志第四十七·兵二·宿卫》，中华书局 1976 年版，第 2524 页。
④ （明）宋濂：《元史·志第二十五·祭祀三·宗庙上》，中华书局 1976 年版，第 1831 页。

莫堤，比刺史。契丹语译作 puskun，《辽史·国语解》释作"蒲速碗，兴旺也"。辽代"永兴陵"的"兴"也用此字，其基本意思为"兴旺、上升"。蒙古语为 boshu（起立，升起）。满语为 mugden（升起，兴盛）。另一种可能是，与蒙古语的 mede（知）对应。契丹语有"敌烈麻都（掌礼官）"、"弭里马特本"（后升辛衮）、"麻都不"（县官之佐）"①。其中，"麻都、马特本"为"知县"的"知"。

郁若，比二千石。"郁"解为"二"，"若"有可能是"茗"的误写，表示"千"。在北方语言中，突厥语和满语的 ming、蒙古语的 mingga，读音都很接近，因此"千"不大可能有其他读法。数词表示品级时，量词中心语可以省略。如 minggatu（千夫长）。

受别官比诸侯。解读鲜卑文化，这是一个关键词。首先，担任此职者兼通汉语和鲜卑语，为官仓提供翻译，说明他们是鲜卑人，"诸曹府有仓库，悉置比官，皆使通虏、汉语，以为传驿"。在北方少数民族语言中，族名或语言名称后附加一定的构词成分，便能表示那个语言的翻译。如，mongolqilagqi（蒙古语翻译——现代用法）。那么，"受别官比诸侯"又是什么意思呢？

（三）鲜卑人的神兽及其演变

1. 神兽与分封

鲜卑人的图腾神，按照北魏初期的认识，应该就是牛。关于这一点《魏书》有明确的记录："太祖登国元年，即代王位于牛川，西向设祭，告天成礼。天兴元年，定都平城，即皇帝位，立坛兆告祭天地。祝曰：'皇帝臣珪敢用玄牡，昭告于皇天后土之灵。上天降命，乃眷我祖宗世王幽都……'群臣奏以国家继黄帝之后，宜为土德，故神兽如牛，牛土畜，又黄星显曜，其符也。于是始从土德，数用五，服尚黄，牺牲用白。"②"玄牡"是古代祭天地用的黑色公牛。"幽都"，泛指北方，在此指鲜卑人原先居住的石洞。《魏书》记载："魏先之居幽都也，凿石为祖宗之庙于乌洛侯国西北。自后

---

① （元）脱脱等：《辽史·第一百一十六卷·国语解》，中华书局 1974 年版，第 1537 页，第 1542—1543 页。

② （北齐）魏收：《魏书·志第十·礼四之一》，中华书局 1974 年版，第 2734 页。

南迁，其地隔远。真君中，乌洛侯国遣使朝献，云石庙如故，民常祈请，有神验焉。其岁，遣中书侍郎李敞诣石室，告祭天地，以皇祖先妣配……敞等既祭，斩桦木立之，以置牲体而还。后所立桦木生长成林，其民益神奉之。咸谓魏国感灵祇之应也。石室南距代京可四千余里。"①　"石室、石庙"，按鲜卑语应该读作 tuk sube（石洞、土庙）。sube 即"受别"，本意为"孔、洞、眼"。最早应该指山洞，随着山洞人向山下转移，转指"山口"。蒙古语"庙"叫做 sume。tuk buh（土牡牛）正是"拓跋"的本音，代表鲜卑母姓部落图腾，注意"以皇祖先妣配"一句。"置牲体"，指的是将祭祀用的牛埋葬于此地。北魏祭祀皇天先帝，"祭毕，燎牲体左于坛南巳地，从阳之义。其瘗地坛兆……"祭祀后土先妣，"祭毕，瘗牲体右于坛之北亥地，从阴也"②。突厥等民族，在祭祀后分配祭祀用肉时，不同部落、族人所分得的部位是不一样的（详见《史集》），这正是北方初民的分封之义。"燎牲体左右"，似乎暗示着，鲜卑祖先分得的祭肉，很有可能是牛的肋骨部分。"肋"蒙古语叫做 subege。喀喇沁婚俗有"看望姑娘"一节。正月去看望已出门的姑娘，父母带去的礼物中有一种叫作"肋骨份儿"。"份儿"叫做 ke-seg，原指整体的某一部分，后演变成 kesig③，即所得恩赐。喀喇沁婚礼使用整牲礼，整牲，蒙古语叫 sigusu，有绵羊、山羊和牛，也有猪，但不叫整牲，似乎有一定的区别。这很接近古代宴飨祭祀用的三牲（牛、羊、猪）。喀喇沁婚宴祝词人敬酒时唱："将这 sulde 天的圣水，献给我亲家的神威，呈上这穿割的福份儿，希求那珍重的婚许。"④　"穿割"，subegqilen，指的是割牲，像穿针眼那样（分割），或者像庖丁解牛，以其骨节文理，将祭牲一块一块地分解开来。从上句的 sulede 和下句的"穿眼"一词判断，这份祝词很有可能是从苏勒德祭祀祝词演变而来。鲜卑有"是贲（sibi）氏，后改为封氏"，姓氏中没有音译字，"封"应该是它的意译⑤。

---

①　同上书，第 2738—2739 页。
②　（北齐）魏收：《魏书·志第十·礼四之一》，中华书局 1974 年版，第 2734—2735 页。
③　内蒙古清格尔泰蒙古语言文化基金会：《喀喇沁蒙古婚礼风俗》，内蒙古人民出版社 2011 年版，第 20 页。
④　同上书，第 21 页。
⑤　（北齐）魏收：《魏书·志第十九·官氏九》，中华书局 1974 年版，第 3007 页。

"分份儿"，蒙古语叫做 hobidahu，在蒙古族家庭内部，原先吃肉时由长者进行"分份儿"，有些部位不给外人吃，有些部位不给孩子吃。这个习俗一直延续到"文化大革命"。"桦木……成林"，指的是灵山禁地的封禅之林，有成吉思汗大禁地之林、拓跋珪埋胞地榆林，等等。蒙古语"林"为 sigui，接近拓跋珪的字"涉归"的读音 siwgui。从名和字的互证关系，我们很快就能求出 siwgui 的含义。《说文解字》："圭，瑞玉也。上圆下方。公执桓圭，九寸；侯执信圭，伯执躬圭，皆七寸；子执谷璧，男执蒲璧，皆五寸。以封诸侯。从重土。楚爵有执圭。珪，古文圭从玉。古畦切。"段玉裁解释："瑞玉也。瑞者，以玉为信也。上圆下方。上圆下方，法天地也。故应劭曰：圭自然之形。阴阳之始也。桓圭以宫室之象为瑑饰。信圭为身圭，同躬圭皆象以人形为瑑饰。谷圭、蒲璧，皆以谷与蒲为瑑饰。天子封诸侯，诸侯守之以主其土田山川。故字从重土。"拓跋珪的"珪"是"桓圭"，其本义应为"宫室之象"，玉为石头之一种，因此"宫室"原来指"石室"，形状"上圆下方"，像穹庐（北魏墓已出土此类穹庐模型）。但 siwgui 的本义为"林"，因此最早的祭器有可能是用圣树制作的穹庐模型。鲜卑皇室祭祀用玉，就是圭。

喀喇沁人有拜树习俗。神树一般都是老榆树，而且往往都是独木，叫做 tangshi modo（参见田野日志 1987 年 4 月 28 日，4 月 29 日）。喀喇沁人的山林部禁很严，封山口（即 sube）多有哨所，喀喇沁右旗叫做卡伦（haragul），喀喇沁左旗叫做 onggod（禁地）。

以牛为神，以牛为姓（tuk buh，土牛），封王于牛川，都说明鲜卑人确实与牛有不解之缘。我们从牛字入手，来探索这一现象。"牛"，小篆写作半。清代陈昌治刻本《说文解字·卷二·牛部》"牛"字解："大牲也。牛，件也；件，事理也。象角头三、封尾之形。凡牛之属皆从牛。《语求切注》徐锴曰：件，若言物一件、二件也。封，高起也。"段玉裁注："事也。理也。事也者，谓能事其事也，牛任耕理也者，谓其文理可分析也。庖丁解牛。依乎天理。像角头三，封尾之形也。角头三者，谓上三岐者象两角与头为三也。牛角与头而三……封者，谓中画象封也。封者，肩甲坟起之处。字亦作犎。尾者，谓直画下垂像。"

    山西省晋源区王郭村一座北齐大型墓葬——娄睿墓中曾经出土一头陶牛①，
与河南省安阳县固岸东魏墓地出土的套在牛车中的牛完全一样②。见图4、图5。

图4   娄睿墓陶牛

图5   固岸鲜卑牛车

---

    ①   太原市文物考古研究所：《娄睿墓：印证北齐晋阳霸府地位》，太原新闻网，www. tynews. cn/
long……下载日期，2012年8月15日。
    ②   潘伟斌、聂凡、裴涛：《河南安阳固岸北朝墓地考古发掘的重要收获及认识》，www. cangcn. com/info/
kg……下载日期，2012年8月15日。

鲜卑牛的特点是两角比较直，脖颈下垂肉发达，类似颔囊，肩峰高出，体形健壮，很像驼鹿。鲜卑人用其肩峰，表示诸侯分封，肩峰下的肋骨部分，可能就是部落摊得的祭肉份儿。

"牛"的小篆很像成吉思汗大纛（苏勒德）。据说苏勒德的旗杆用神山中受过禅封的柏树制作，叫做"希利彼"。苏勒德对应上述小篆"牛"字的封尾那一横，有一圆盘，圆盘周围有 81 穿孔，用 81 匹公马的马鬃作垂缨。鲜卑人大纛的垂缨，有可能是用牛尾做成的。诸侯不同，所持垂缨的颜色也不同，成吉思汗有黑苏勒德，木华黎持白苏勒德。据说苏勒德是天上赐予人间的，这是一种神话。最初，制作和授予苏勒德，分封诸侯，主持人应该是女萨满。因此，"鲜卑只"表示神职，是神权的象征。《楚辞·大招》："小腰秀颈，若鲜卑只。"王逸注："鲜卑，衮带头也。"[1]《大招》是楚国大萨满屈原的招魂之作，他在召唤人所固有，然其时已堕落殆尽的美好精神及灵魂时，作为女性美的象征提到鲜卑只。这里的鲜卑只，从上下文看，只能是鲜卑族美丽神奇的女神，而不是衮带头。鲜卑郭落带是从鲜卑图腾神演变而来的衮带头。即将上述牛的小篆图向右旋转 90 度，就成为衮带头 ╪╞。左右两角变成带环，中间一角变成扣针，系带时，将带眼的皮带穿过带环，用扣针穿带眼扣住。带头形状和质料可能有各种变化，但是带环、扣针和带眼是基本要素。带头本身就是从神牛形象变来的。"郭落"，蒙古语 gorahi，是金属皮带头。旧军队的武装带，蒙古人用的马肚带，都用类似的带头。

sube，除"孔、洞、眼"等意思外，还表示女性器官。宁城县存金沟乡八家村东北山坡上的岩画生动地体现了这个关系。母亲的头部和隆鼻很像出土的鲜卑人形象，有一婴儿正从母亲生殖器爬出来，母亲生殖器有阴毛，实际上就是一个岩洞。母亲的腹部已被炸毁。喀喇沁人讲，岩画附近有高丽墓。见图 6、图 7、图 8。

---

① 屈原：《大招》，汉典古籍，地址：http://sc.zdic.net/，2012 年 8 月 14 日下载。

图6　母亲的头部

图7　刚从母亲生殖器脱离的婴儿

图8　母亲生殖器

契丹人的"再生礼"，就是从一个岩洞钻过去的过程，预示人的脱胎换骨，重新做人。这种习俗在蒙古人中一直存留到"文化大革命"。锡林郭勒盟白银锡勒牧场的塔林哈达就是用于这种习俗的岩洞。据说作孽之人将被夹在石缝中，脱光衣服才能通过。云冈石窟是鲜卑人回归母文化的一个过程，也是接受佛文化的过程。

siwgui 的本义为"林"，最初可能是木制神器，后变成玉圭。从此衍生出 sibege 一词，即家庭周围用树林束扎而成，阻止虎豹等猛禽侵入的栅栏。北方人叫做"杖子"，河北、辽东有很多以"杖子"命名的村庄，其名即源于此。sibege，也可以叫做藩篱。有一种草，也叫做 sibege "狼针草"，如针尖麦芒，对羊群危害大，秋天羊群一旦进入这种草地，整群羊就有可能被扎死。马喜欢吃这种草，先让马群过一遍，然后再放羊群，就可以消除危险。sibege 的另一个派生词，就是 sibuge，即锥子。从这一系列同族词，我们可以窥见"鲜卑"的本义。

2. "黄星显曜"与神祇的演变

在古代民族发展史中，任何一个动物形象一旦成为顶礼膜拜的图腾，就意味着它已走向神坛，就势必带来形象的抽象化、神秘化和神格化。这种变化的推动力主要有三个：一是初民生活环境和生活需求；二是不同部落之间的接触；三是以认识为基础的艺术表现力的综合化和抽象化。在初民意识中，万物皆有灵，处于弱势的人们总是想借助某些强悍动物的神灵和神力来保佑自己，以获取生活资料，并战胜敌人。当人们期望猎物繁衍丰富时，可能用鹿、羊等猎物作为其图腾神；当人们的力量增强，主体意识也随之增强时，可能会以猛禽野兽作为顶礼膜拜的对象，想借助它们神奇的力量充实自己，以便获取更多的生活资源；当两个部落相互吞并，但又无力消化彼此，或者两个部落经过长期的婚姻交往而在文化上深受彼此影响时，就会出现图腾的复合、兼容现象。

根据现有记载，鲜卑神兽的第一个神话出现于拓跋诘汾时。在此之前，拓跋宣皇帝推寅"南迁大泽，方千余里，厥土昏冥沮洳。谋更南徙，未行而崩"①。"大泽"，指的应该是辽泽，"方千余里"的茫茫湿地，应该处于双辽河以南的河网低湿区域，在清代以前，那里是寸步难行的湖泊沼泽地带。到献皇帝拓跋邻时，"有神人言于国曰：'此土荒遐，未足以建都邑，宜复徙居'"②。根据"神人"一词判断，此话可能来自鲜卑族的女萨满。圣武皇帝拓跋诘汾立，"命南移，山谷高深，九难八阻，于是欲止。有神兽，其形似马，其声类牛，先行导引，历年乃出。始居匈奴之故地"③。圣武帝出猎时在山泽间，与天女相合，生一子，即为始祖。第一，告诫并促使迁徙的，是神兽，而不是神人。第二，此神兽"形似马，声类牛"，而没有直接说牛。第三，神牛熟悉匈奴地，可以做向导。第四，"天女"在大泽边与帝相合，一年后生一子，说明她还是人，可能为某一部落的贵族妇女。查阅当时的情景，基本符合神人条件的，只有乌桓人。

从迁徙路线看，鲜卑南迁后转向西部的转折点是徒河和青山。对此，田立坤的研究很有启发意义。他说："据考，今辽西北票境内的牤牛河及其汇入大凌河之后一段，即古之'徒河'。'青山'即指今北票境内大凌河两岸之群山。"他根据《北齐书》的相关记载推断："白狼城即今喀左县黄道营

---

①　（北齐）魏收：《魏书·卷第一帝纪第一·序纪》，中华书局1974年版，第2页。

②　同上。

③　同上。

子古城……唐代的青山州亦在这一带。唐青山州乃析玄州置……唐青山州辽时又为川州。"① "徒河"为"牤牛河","青山"即黑山、玄山，在北方民族语言中只用一个词：huren，即汉语的"胡"，昆仑山的"昆仑"。"徒河"，应记为"独孤河"，那么附近应该有一个独孤山，汉语经常略为"孤山"或"独山"。独孤山就是"拓（跋）山"、"土山"，也叫黑山。"白狼城"应该近白狼山和白狼水。白狼山古代叫做白鹿山或大阳山（大羊山），据研究，即现在的大黑山，蒙古语叫做"布祜图山"（鹿山）。白狼山或大阳山是古乌桓族的栖息地，应该离徒河很近。那么，"似马类牛"的神兽有可能是一种鹿，很可能是马鹿。见图9。

图9 马鹿

图10为马鹿。马鹿是大型鹿类，因体形似马而得名，体部呈深褐色。雄性有角，其基部即生出的眉叉向前伸直，几乎与主干成直角，类似独角兽。头与面部较长，有眶下腺，耳大，呈圆锥形。鼻端裸露，像牛鼻子，颈部较长，四肢修长，蹄子大，尾巴短。马鹿进入发情高潮时，发出大声吼

———————————

① 田立坤：《棘城新考》，《辽海文物学刊》1996年第2期。

叫，雄兽之间出现激烈的争斗①。

图 10   鲜卑族金制步摇冠

图 10 为鲜卑族金制步摇冠，在内蒙古包头市达茂旗西河子出土②。步摇
冠的构图是牛头和马头套用鹿角，其象征意义在于皇族子孙繁衍。在契丹语
中，"叶子"表示后代和河流。马头鹿角除左右两叉外，中间多出了一叉，
可能表示皇族嫡系，左右表示旁系。《神兽》神话的真正含义在于说明鲜卑
族的大迁徙是神的意志，而事实则是鲜卑族在迁徙途中遇到并得到友邻部落
的帮助。《天女》神话暗示，皇帝来自天国，其子孙应世代为王，预示着鲜
卑族部落选举制从此走向衰落。谚语 "_ 诘汾皇帝无妇家，力微皇帝无舅
家"的谜底应该是"孤家寡人"，表示皇权的至高无上。

神兽的另一个演变是女巫和狮子的复合。见图 11、图 12。

---

① 《马鹿·百科名片》，baike. baidu. com/ 2014 – 09 – 26，下载日期 2012 年 8 月 16 日。
② 科教文广局：《鲜卑族文物——金步摇冠》，民俗频道 ﹥ 再看草原——中国北方草原游牧文化
系列谈 ﹥ 网上展览，下载日期 2012 年 8 月 16 日。

图 11　人物双狮纹金饰牌

图 12　铜舞女牌饰

图 11 中间是神女，左右有两头狮子亲密攀附，并用爪子抚摸其乳房。在佛教国家，狮子是帝王之相，此图暗示帝王是神的子孙。图 12 的来源和年代未得到证实，但其精神与图 11 完全相符。神女的左右手是一对狮子，下面还有两个动物，似乎是鸟类。此图显示帝王受到女神的护持和爱戴。在喀喇沁婚宴祝词中将牛形容为"狮子头的牛"，说明牛和狮子的比喻在喀喇沁人当中依然保持着，但如果不看鲜卑出土陶牛的雄姿和喀喇沁婚宴祝词，这种比喻对现代人是很难理解的。狮子和牛神的结合，应该是鲜卑族受佛教影响后的产物。

神牛图腾的另一重要演变，就是从人间保护神跃升为天上星座。观北魏祭祀礼仪，其星祭的主要对象，很可能就是北方玄武七宿，动物象征为龟蛇。首宿为"斗"，即北斗，星团组合像斗，又称"天庙"，是天子之星，属木，象征动物为獬，似牛，独角。第二为牛宿，星团如牛角，因此得名，包括牵牛星，阳神，属金，牛像。第三为女宿，星团组合似箕似女，故名，阴神，属土，蝠（福）像。第四为虚宿，子夜居于南中正冬至节令位置，表示一阳初生，新年开始，属日，鼠像。第五为危宿，星团似尖顶高屋，属月，燕像（即玄鸟）。第六为室宿，星团似房屋，故名，属火，猪像。第七为壁宿，形似围墙，故名，属水，㺊像。㺊㺊，牛身，马脚的怪兽。《魏书》记载："（天兴）二年正月，帝亲祀上帝于南郊，以始祖神元皇帝配。为坛通四陛，为壝埒三重。天位在其上，南面，神元西面。五精帝在坛内，壝内四帝，各于其方，一帝在未。日月五星、二十八宿、天一、太一、北斗、司中、司命、司禄、司民在中壝内，各因其方。"[1]"北斗"就是北斗七星中的"斗"，星象为獬豸，状似牛，角在鼻上。《后汉书·乌桓鲜卑列传》："（鲜卑）禽兽异于中国者，野马、原羊、角端牛，以角为弓，俗谓之角端弓者。"[2] 在出土的鲜卑文物中，尚未见到这种牛的模型，可能是一种传闻或神话。"司中、司命、司禄、司民"各星都属于"奎"宿，是西方白虎七宿的第一颗星，叫做文昌宫，属木，狼像。司命主老幼，司中主灾咎，司民主户口，司禄主赏功。《史记天官书》载："斗魁戴匡六星，曰文昌宫：一曰

① （北齐）魏收：《魏书·志第十·礼四之一》，中华书局 1974 年版，第 2734 页。
② （南朝宋）范晔：《后汉书·乌桓鲜卑列传》，李贤注，中华书局 1965 年版，第 2985 页。

上将，二曰次将，三曰贵相，四曰司命，五曰司中，六曰司禄。"① 司民属轩辕角，可能指第三颗星贵相（理文绪）。而司寿星为井宿，属木，犴像，是一个骑着驼鹿（犴）的老人。可见，北魏的祭祀内容在不断发展丰富的同时，已经大大接近中原王朝的祭祀习惯。其中斗牛二星符合牛图腾的本意，女宿似箕，牛川有箕形平原，虚宿比昆仑山（音义与"胡"huren 相同），象征帝都，危、室、壁各宿构成城郭，这些概念和比喻，对鲜卑族来说都很好理解和接受。其中，最大的进步在于在祭祀中天地、文治内容的导入，从此鲜卑族在意识形态上进入了一个崭新的时期。同样的牛像，已经内含农业文明的意识。"黄星显曜"，吉星高照，其意义就在于此。

喀喇沁人有祭星星的习俗。"正月二十九日祭星星，上贡品"（参见田野日志 1987 年 4 月 29 日，5 月 8 日，5 月 19 日祭祀），这里的星星，指的是北斗。祭祀时间同北魏天兴二年南郊祭祀相同。

3. 关于取数五

关于鲜卑族早期取数意识及其认识论基础，目前还缺乏系统的研究。"取数五"，当与五行学说有关。天上二十八宿和地上五行结合，是古人解释宇宙一切现象的方法论基础。鲜卑人尚单数，这一点与蒙古族一样，但蒙古族尚九，其基数是三，从火撑子的腿数引申而来，最早是三块石头，后发展成为金鼎三足。

喀喇沁人尚数五。喀喇沁婚礼中有一段对唱很有意思。从上下文看，显然是喀喇沁人向成吉思汗家族求婚。婿方奉礼官（或叫掌印亲家）向女方引路官（或叫引路亲家）询问姑娘的名字、年庚，引路官要求婿方必须交足九九礼，然后才告诉姑娘的名字和年庚。然而，婿方只带来五九礼，于是展开一场有关礼数的争论。婿方的说辞是因为天下太平，有关武备的礼品就应该省免，最后居然引用清朝尚八的礼品数，暗示礼品数可以变通。显然，蒙古皇亲贵族和喀喇沁人的文化背景和对礼品数的理解不同，带来了对不同数字的情感差别。

---

① （汉）司马迁：《史记》，中华书局 1963 年版，第 1293 页。

二　元代宿卫与喀喇沁①

在元代，皇帝近侍有叫哈剌赤者。《元史》至元二十九年条记载："冬十月……癸丑，完泽等言：'凡赐诸人物，有二十万锭者，为数既多，先赐者尽得之，及后将赐，或无可给，不均为甚。今计怯薛带、怯怜口、昔博赤、哈剌赤，凡近侍人，上等以二百户为率……'"② 这里提到的四种近侍中有哈剌赤。《元史·土土哈传》："率钦察百人从世祖征大理，伐宋，以强勇称。尝侍左右，掌尚方马畜，岁时挏马乳以进，色清而味美，号黑马乳，因目其属曰哈剌赤。土土哈，班都察之子也。中统元年，父子从世祖北征，俱以功受上赏。班都察卒，乃袭父职，备宿卫。"③《元史·食货志三》："哈剌赤秃秃哈：江南户钞，至元二十一年，分拨饶州路四千户，计钞一百六十锭。"④《元史·舆服志三》："二十人，主潼国语曰郤剌赤。"⑤

由此看，元代的哈剌赤是"近侍、宿卫、主潼"，是一种身兼数职的官职名，转指原部落。其"近侍、宿卫"二职与鲜卑人的"曷剌真"相同。

（一）元代宿卫制度与哈剌赤

《元史·宿卫志》解释："宿卫者，天子之禁兵"，"宿卫诸军在内，而镇戍诸军在外"⑥。可见，元代的宿卫，也有内卫和外卫之分。"怯薛者，犹言番直宿卫也。凡宿卫，每三日而一更"。太祖之时，由木华黎、赤老温、博尔忽、博尔术为四怯薛，领怯薛歹分番宿卫。其基本职责是"属橐鞬，列宫禁"，其他用途有："用之于大朝会，则谓之围宿军；用之于大祭祀，则谓之仪仗军；车驾巡幸用之，则曰扈从军；守护天子之帑藏，则曰看守军；或夜以之警非常，则为巡逻军；或岁漕至京师用之以弹压，则为镇遏军。今

①　原文《喀喇沁探源——元代宿卫与哈剌赤》发表于《西北民族大学学报》2013 年第 5 期。
②　（明）宋濂：《元史·本纪第十七·世祖十四》，中华书局 1976 年版，第 367—368 页。
③　（明）宋濂：《元史·列传第十五·土土哈》，中华书局 1976 年版，第 3132 页。
④　（明）宋濂：《元史·志第四十四·食货三》，中华书局 1976 年版，第 2441 页。
⑤　（明）宋濂：《元史·志第三十一·舆服三》，中华书局 1976 年版，第 1997 页。
⑥　（明）宋濂：《元史·志第四十七·兵二·宿卫》，中华书局 1976 年版，第 2523 页。

总之为宿卫。"① 但是，宿卫是天子禁兵，成吉思汗时期规定，皇帝不出，宿卫军不能动。

怯薛之职分冠服、弓矢、食饮、文史、车马、庐帐、府库、医药、卜祝等。其中，火儿赤，主弓矢；昔宝赤、怯怜赤，主鹰隼之事；扎里赤，书写圣旨；必阇赤，主天子文史；博尔赤，主上饮食；云都赤、阔端赤，带刀及弓矢者；八剌哈赤，司阍（门）者；答剌赤，掌酒者；兀剌赤、莫伦赤，典车马者；速古儿赤，尚供衣服者；帖麦赤，牧骆驼者；火你赤，牧羊者；忽剌罕赤，捕盗者；虎儿赤，奏乐者；霸都鲁，忠勇之士；拔突，无敌之士②。

《元史·舆服三》区别殿上执事和殿下执事，并详细记录了他们的服饰、人数和当值处所。其中，殿上执事有：挈壶郎二人，掌直漏刻；司香二人，掌侍香，以主服御者_{国语曰速古儿赤}摄之；酒人，凡六十人，主酒_{国语曰答剌赤}。二十人，主湩_{国语曰郃剌赤}。二十人，主膳_{国语曰博儿赤}。护尉四十人，以质子在宿卫者摄之，质子_{国语曰睹鲁花}，叫做宇下护卫，由万户、千户各官子弟入朝充秃鲁花③。殿下执事有：司香二人，亦以主服御者摄之；护尉，凡四十人，以户郎_{国语曰玉典赤}，二十人、质子二十人摄之。

其管理层次为：左、右阶之下，设伍长六人，下设都点检、点检，左点，管理宿卫（怯薛歹）、门者（八剌哈赤）、户者（玉典赤）等。设殿内将军一人，管理殿内佩弓矢者（火儿赤）、佩刀者（温都赤）和诸司御。设殿外将军一人，管理宇下护尉（睹鲁花）。另外，设宿直将军一人，管理黄麾立仗及殿下护尉。无常官，遇大朝会，则以近侍重臣摄之。设司辰郎二人，分立左楼上下；露阶之下，设左黄麾仗，有舆士八人；圉人十人_{国语曰阿塔赤}，驭立仗马十④。殿内宿卫一般着紫罗窄袖衫、青锦缘白锦汗胯、乌靴，束带分涂金带和铜带，帽巾区别加大。其中，最值得注意的是，在宿卫中没有提到哈剌赤，而在《元史·舆服三》中，除"挈壶"、"服御"、"主酒"，第四位提到"主湩"，说明哈剌赤只有作"主湩"这一角色时，才

① （明）宋濂：《元史·志第四十七·兵二·宿卫》，中华书局1976年版，第2523页。
② 同上书，第2524页。
③ 同上书，第1997页。
④ （明）宋濂：《元史·志第三十·舆服三》，中华书局1976年版，第1998—1999页。

进入内点近侍。

元朝的殿下旗仗共 528 人，左右列队分日月君臣、东西南北列天地 28 位神和 28 个星宿①。

太平（1），牙门（2），日（3），龙君（4）

万岁（1），牙门（2），月（3），虎君（4）

（东方）青龙（5），天王（6），风伯（7），雨师（8），雷公（9），电母（10），吏兵（11）

（西方）白虎（5），天王（6），江渎（7），河渎（8），淮渎（9），济渎（10），力士（11）

（南方）朱雀（12），木星（13），荧惑（14），土星（15），太白（16），水星（17），鸾（18）

（北方）玄武（12），东岳（13），南岳（14），中岳（15），西岳（16），北岳（17），麟（18）

（东方青龙）角宿（19），亢宿（20），氐宿（21），房宿（22），心宿（23），尾宿（24），箕宿（25）

（西方白虎）奎宿（19），娄宿（20），胃宿（21），昴宿（22），毕宿（23），觜宿（24），参宿（25）

（北方玄武）斗宿（26），牛宿（27），女宿（28），虚宿（29），危宿（30），室宿（31），壁宿（32）

（南方朱雀）井宿（26），鬼宿（27），柳宿（28），星宿（29），张宿（30），翼宿（31），轸宿（32）

玄武旗每旗后屏五人，着云头靴，执槊。所不同的是玄武、北岳盔甲用紫色，东岳用青色，南岳用红色，中岳用黄色，西岳和麟旗用白色。二十八宿的斗宿等七宿属于玄武，后屏五人，执槊，盔甲用紫色。可见，鲜卑仪仗中的哈刺真属于玄武，执槊，举蛤蟆旗，蛤蟆代表玄武星象鳌龟。所不同的是鲜卑哈刺真用黑色，蒙古玄武却用紫色，紫色是黑色的回避说法。

---

①　（明）宋濂：《元史·志第三十·舆服三》，中华书局 1976 年版，第 2001—2005 页。

如前所述，宿卫军和戍卫军有内外不同，宿卫军"无事则各执其事，以备宿卫禁庭；有事则惟天子之所指使。比之枢密各卫诸军，于是为尤亲信者也"①。哈剌赤属于诸卫军。

（二）钦察卫族源与哈剌赤

《元史·土土哈传》记载："土土哈，其先本武平北折连川按答罕山部族，自曲出徙居西北玉里伯里山，因以为氏，号其国曰钦察。其地去中国三万余里，夏夜极短，日暂没即出。曲出生唆末纳，唆末纳生亦纳思，世为钦察国王。太祖征蔑里乞，其主火都奔钦察，亦纳思纳之……太祖乃命将讨之。亦纳思已老，国中大乱，亦纳思之子忽鲁速蛮遣使自归于太（祖）〔宗〕。而宪宗受命帅师，已扣其境，忽鲁速蛮之子班都察，举族迎降，从征麦怯斯有功。率钦察百人从世祖征大理，伐宋，以强勇称。尝侍左右，掌尚方马畜，岁时挏马乳以进，色清而味美，号黑马乳，因目其属曰哈剌赤。土土哈，班都察之子也。中统元年，父子从世祖北征，俱以功受上赏。班都察卒，乃袭父职，备宿卫。"②

这个记录说明三个问题：第一，土土哈来自钦察国玉里伯里氏；第二，其祖先为武平人，后西去，以山为氏，后建立钦察国；第三，宪宗时归降，从始祖，侍左右，取名哈剌赤。

关于武平的具体位置，目前还没有一个满意的答案。屠寄等人似乎认为"武平"处于热河中部（赤峰地区宁城）。但是，疑问在于，武平县是元代名称，在辽代，应该是武安州，武安州据说位于敖汉旗南塔乡。土土哈家族是辽代西迁的，不应该用元代的名称。另外，武安州北面，也没有称作"折连川、按答罕"的地方。

《元史》记载："（天历二年）九月……癸未，……上都西按塔罕、阔干忽剌秃之地，以兵、旱；民告饥，赈粮一月。"③据此记录，"按塔罕"山应在上都的西边。查《元史》，天历二年九月，丙子……"赈陕西临潼等二十

① （明）宋濂：《元史·志第四十七·兵二·宿卫》，中华书局1976年版，第2525页。
② （明）宋濂：《元史·列传第十五》，中华书局1976年版，第3131—3132页。
③ （明）宋濂：《元史·卷第三十三·文宗二》，中华书局1976年版，第742页。

三驿各钞五百锭。……岚、管、临三州所居诸王八剌马、忽都火者等部曲，乘乱为寇，遣省、台、宗正府官往督有司捕治之。"① 所谓的"兵、旱"，当指此。

"岚、管、临三州"，其中，最重要的是山西岚州，北魏置，因岢岚山而得名。"管"是静乐，"临"是林州，历史上曾经属岚州。岢岚山位于山西省临汾市乡宁县，北有黄河。临潼，在西安市东，因城东有临河，西有潼河，合名临潼。渭河以北地区土地平坦、面积广，盛产粮食。境内骊山，因西周骊戎国而得名，山上松柏翠秀，似青苍骊驹。唐时临潼名昭应、会昌，骊山又名昭应山、会昌山。"阔干忽剌秃"的"忽剌秃"，词干为"岢岚"，义为"野马"，"秃"义为"具有者"，"阔干"义为"青色"或"蓝色"，"阔干忽剌秃"一短语对应"骊戎"或"骊驹"，按塔罕山应距骊山不远。

又据《元史》记载："至元……二十八年正月……壬戌，以札散、秃秃合总兵于甕古之地，命有司供其军需，敕大同路发米赈甕古饥民。"② 说明土土哈防御区应在大同和甕古之地之间。崔璇认为："内蒙古达尔罕茂明安联合旗境内的阿伦苏木古城，才是汪古部主食邑按打堡子，亦即元德宁路设所遗址所在地。"另外，他认为"雁踏堡"在山西大同附近。这两个地名读音和方位都很接近"按塔罕"③。

关于钦察国的来源，《史集》有记载："钦察（q（i）bjāǰq）部落：当乌古思同亦惕—巴剌黑（ait–b（a）rāq）部落作战，被他们打败时，他退到两条河流形成的一个岛上，停留在那里。这时有个丈夫战死的孕妇，爬进一棵大树的空洞里，生下了一个孩子。……乌古思称他为钦察。这个词由'合不黑'（q（a）būq）一词派生来。'合不黑'为突厥语'空心树'之意。所有的钦察人都出自这个幼儿。"④《元史·速不台传》提到哈必赤军⑤，《至正金陵新志》卷三下《金陵表》延佑二年条又载："'初，行台大夫用哈

① （明）宋濂：《元史·卷第三十三·文宗二》，中华书局 1976 年版，第 741 页。
② （明）宋濂：《元史·卷第十六·本纪第十六·世祖十三》，中华书局 1976 年版，第 343 页。
③ 崔璇：《安答堡子、按打堡子、雁踏堡辨析》，《内蒙古社会科学（汉文版）》1993 年第 5 期。
④ ［波斯］拉施特主编，余大钧、周建奇译：《史集》第一卷第一分册第一编，商务印书馆 1997 年版，第 137 页。
⑤ （明）宋濂：《元史·列传第八·速不台》，中华书局 1976 年版，第 2978 页。

必赤军百余人，皆军籍无赖，恃势扰民。'哈必赤，蒙古语善射者之义。"①
"哈必赤"就是"钦察"一词的本族读音，蒙古语"善射者"，叫做 habutu，
或者"射手"叫做 harbugaqi，读音相近，但不是一个词。

"钦察"，在蒙古语中发音为 kibqag，对应的蒙古语词为 kabqag，意为
"扁的、狭窄的"。用整木挖空而成的水桶或储罐，都是椭圆形，两侧扁平，
利于车载和驮运。kabqag 的同根词为 kabaqil，意为"关、隘"。因此，钦察
人最早有可能是从某一关隘中走出来的民族，祖先史在口耳相传中被神秘化
了。但是问题在于，乌古思汗的传说应该早于土土哈家族西迁时间，那么，
钦察国，或者说至少这个部落，远在土土哈先人西去之前就已经存在了。

另一个问题是土土哈的姓氏。其传写作"玉里伯里氏"，《忙哥撒儿传》
写作"稳儿别里"②，《兵志三》写作"玉你伯牙"③。《燕铁木儿传》："至元
元年三月，立燕铁木儿女伯牙吾氏为皇后。"④《元史·本纪》载："（至顺）
四年……八月壬申，……是月，立燕铁木儿女伯牙吾氏为皇后。"⑤ 而《后妃
传》："顺帝答纳失里皇后，钦察氏，太师太平王燕铁木儿之女。至顺四年，
立为皇后。"⑥另据《和尚传》载："和尚，玉耳别里伯牙吾台氏。祖哈剌察儿，
率所部归太祖。父忽都思，膂力过人。"⑦"泰不华，字兼善，伯牙吾台氏。初
名达普化，文宗赐以今名，世居白野山。父塔不台，入直宿卫，历仕台州录事
判官，遂居于台。"⑧ 据此看，土土哈姓伯岳吾，似乎可以成立。

元代，成宗皇后也叫伯岳吾氏："卜鲁罕皇后，伯岳吾氏，驸马脱里思
之女。"⑨ 关于驸马脱里思，只知道他是勋臣普华之孙。《元史》记载："巴
而术阿而忒的斤亦都护，亦都护者，高昌国主号也。先世居畏兀儿之地，有
和林山，二水出焉，曰秃忽剌，曰薛灵哥。一夕，有神光降于树，在两河之

① （元）张铉编纂：《至正金陵新志·卷三下》，南京出版社 1991 年版。
② （明）宋濂：《元史·列传第十一》，中华书局 1976 年版，第 3056 页。
③ （明）宋濂：《元史·志第四十八·兵三》，中华书局 1976 年版，第 2553 页。
④ （明）宋濂：《元史·列传第二十五·燕铁木儿》，中华书局 1976 年版，第 3335 页。
⑤ （明）宋濂：《元史·本纪第三十八·顺帝一》，中华书局 1976 年版，第 817 页。
⑥ （明）宋濂：《元史·列传第一·后妃一》，中华书局 1976 年版，第 2878 页。
⑦ （明）宋濂：《元史·列传第二十一》，中华书局 1976 年版，第 3256 页。
⑧ （明）宋濂：《元史·列传第三十·泰不华》，中华书局 1976 年版，第 3423 页。
⑨ （明）宋濂：《元史·列传第一·后妃一》，中华书局 1976 年版，第 2873 页。

间，人即其所而候之，树乃生瘿，若怀妊状，自是光常见。越九月又十日，而树瘿裂，得婴儿者五，土人收养之。其最稚者曰不［古］可罕。既壮，遂能有其民人土田，而为之君长。传三十余君，是为玉伦的斤，数与唐人相攻战，久之议和亲，以息民罢兵。于是唐以金莲公主妻的斤之子葛励的斤，居和林别力跋力答，言妇所居山也。又有山曰天哥里于答哈，言天灵山也。南有石山曰胡力答哈，言福山也。"玉伦的斤卒，传位者又数亡，部族始迁交州（即火州），统别失八里之地。辖区北至阿术河，南接酒泉，东至兀敦、甲石哈，西临西蕃。经百七十余载，传至巴而术阿而忒的斤，臣于契丹。后闻太祖兴朔方，遂杀契丹监官来附。太祖使尚公主也立安敦，且得序于诸子。既卒，次子玉古伦赤的斤嗣，玉古伦赤的斤卒，子马木剌的斤嗣。卒，子火赤哈儿的斤嗣，妻以定宗之女巴巴哈儿公主。其子纽林的斤，妻以太宗之孙女不鲁罕公主。公主薨，又尚其妹八卜叉。仁宗封其为高昌王，八卜叉公主薨，复尚安西王之女兀剌真公主。子二人，长曰帖木儿补化，次曰篯吉，皆八卜叉公主所生。帖木儿补化，亦写做帖睦尔普化，大德中，尚阔端太子孙女朵儿只思蛮公主。至大中，从父入觐，备宿卫。后奔父丧，以王爵让其叔父钦察台，叔父力辞，乃嗣为亦都护高昌王[①]。

　　这段记录是很值得研究的。首先，"树乃生瘿，得婴儿者五"，很接近土土哈祖先传说。其二，"最稚者曰不古可罕"，据《隋书·铁勒传》："铁勒之先，匈奴之苗裔也，种类最多。自西海之东，依据山谷，往往不绝。独洛河北有仆骨、同罗、韦纥、拔也古、覆罗并号俟斤，蒙陈、吐如纥、斯结、浑、斛薛等诸姓，胜兵可二万"[②]。"仆骨"应该就是"不古"，兄弟人数和地点也相近。其中，排在第三位的就是"拔也古"。部族西迁是在玉伦的斤去世后，"玉伦"有可能成为"玉里伯里"之姓的前半部分。因此，卜鲁罕皇后伯岳吾氏的祖先应该是回鹘人。帖睦尔普化的叔父是钦察台，北方民族经常在部落名后加附加成分"台"，表示某部落的后代。如"兀良哈台"、"忙兀太"等。"伯岳吾"有可能是钦察和回鹘部落的共同族姓。

　　根据《史集》记载，乌古思有六个儿子，他们又各有四个儿子；乌古

---

①　（明）宋濂：《元史·列传第九·巴而术阿而忒的斤》，中华书局 1976 年版，第 2999—3002 页。

②　（唐）魏征等：《隋书·铁勒传》，中华书局 1973 年版，第 1879 页。

思曾授予他们左右翼军队，分列如下：①

右翼

坤（kon）汗	爱（āi）汗	余勒都思（yūldūz）汗
海亦（qāyi）	牙剌思（yār（a）s）	阿兀失儿（āūšr）
巴牙惕（bāyāt）	都客儿（dūkār）	乞里黑（q（i）riq）
阿勒合剌兀里（alq（a）lāūli）	都儿都合（duūrdaū ǧeh）	必克迭里（bikd（a）li）
合剌阿兀里（q（a）rāāūli）	巴牙儿里（bāyārli）	合儿勤（qārqin）

左翼

阔阔（kūk）汗 巴颜都儿（bāy（a）nd（u）r）	塔黑（tāq）汗	鼎吉思（dīnkīz）汗
必合（bīkheh）	撒罗儿（sālūr）	阳的儿（y（a）nkd（i）r）
札兀勒都儿（ǰāūldūr）	亦木儿（aīmūr]	不克都儿（būkdūr）
赤普尼（č（i）pnī）	阿剌亦温惕里（alāyūntlī）	宾哇（bīnweh）
	兀思乞思（aūzk（i）z）	合尼黑（q（a）niq）

　　乌古思汗的六个儿子坤（kon）、爱（āi）、余勒都思（yūldūz）（右翼）及阔阔（kūk）、塔黑（tāq）、鼎吉思（dīnkīz）（左翼），就是日、月、星、天、山、海6个大部落。坤（kon）汗的汪浑是白鹰，肉的部位是右肩胛骨；爱（āi）汗的汪浑是鸷，肉的部位是右肩胛骨（大腿?）；余勒都思（yūldūz）汗的汪浑是塔兀删只勒，肉的部位是右（肋?）；阔阔（kūk）汗的汪浑是隼（sūnqur），肉的部位是左肋；塔黑（tāq）汗的汪浑是山羊（?），肉的部位是背部（?）；鼎吉思（dīnkīz）汗的汪浑是青鹰，肉的部位是大腿（?）。各大部落中的小部落，是按氏族标记相互区分的。其中，坤（kon）汗下属部落中包含海亦（qāyi）、巴牙惕（bāyāt）、阿勒合剌兀里（alq(a)lāūli）、合剌阿兀里（q(a)rāāūli）。海亦（qāyī）的意思是"壮健者"，巴牙惕（bāyāt）的意思是"慈祥者"，阿勒—合剌兀里（alq(a)rāūlī）的意思是"到处受欢迎者"，合剌—牙兀里（qarā yāli）的意思是"黑帐"。② 这些解释不一定准确，但至少在那个时代，用突厥语，就是这样理解的。

---

　　① ［波斯］拉施特主编，余大钧、周建奇译：《史集》第一卷第一分册，商务印书馆1997年版，第125—126页。

　　② ［波斯］拉施特主编，余大钧、周建奇译：《史集》第一卷第一分册第一编，商务印书馆1997年版，第144—145页。

《史集》记载，巴牙兀惕分者台巴牙兀惕和客赫邻（k(a)h(a)rin）—巴牙兀惕。者台是一个河谷，而住在草原上的那些人，则被称为客赫邻—巴牙兀惕，居薛灵哥河沿岸，处于大禁地（忽鲁黑ǧurūq）。相邻部落有速勒都思，它们依属于巴牙兀惕人，还有守护禁地的斡亦剌惕的兀孩—客列术（k(a)ra ǰū）氏族。在早期的十三古列延军队中，巴牙兀惕人占一个古列延。他们属于斡脱古字斡勒——世袭家奴，但可以从成吉思汗氏族聘娶姑娘。成吉思汗时期的左翼异密中的不花（būqā）驸马出自者台(ǰ(a)d(a)i)—巴牙兀惕；左翼千夫长翁古儿出自客赫邻—巴牙兀惕[1]；据《史集》，忽必烈汗的巴牙兀真皇后、蒙哥汗的儿子昔里吉的母亲巴牙兀真等也出自这个部落。更有甚者，根据《蒙古秘史》记载，朵奔篾儿干出猎时，从兀良哈人得到一份鹿肉，途中换取马阿里黑伯牙兀歹的儿子，带回家做使唤的。朵奔篾儿干妻子豁里秃马敦阿阑豁阿生五个儿子，分别是别勒古讷台、不古讷台、不忽合塔吉、不合秃撒勒只、孛端察儿，后三个儿子是朵奔篾儿干去世后生的，所以被两个哥哥怀疑为是家奴伯牙兀歹的儿子。孛端察儿又娶兀良合孕妇，生札答阑、巴阿邻，再娶一个妾，生合必赤，随嫁妇人生沼兀列歹，沼兀列歹被怀疑是兀良合歹人的种子。蒙古诸部落正是从别勒古讷台、不古讷台、不忽合塔吉、不合秃撒勒只、孛端察儿、札答阑、巴阿邻、沼兀列歹诸姓繁衍展开的。豁里秃马敦、伯牙兀歹、兀良合歹是与成吉思汗祖先建立婚姻关系较早的三个部落。土土哈家族有可能出自客赫邻—巴牙兀惕。喀喇沁人当中有众多的巴牙兀惕氏。

元代，其他钦察人中知名者有：

> 卜鲁罕皇后，伯岳吾氏，驸马脱里思之女。[2]
> 顺帝答纳失里皇后，钦察氏，师太平王燕铁木儿之女。[3]

---

[1]　翁古儿曾经是御膳，被称作翁古儿—乞撒惕，乃蛮语称御膳（būqāul）为"乞撒惕"，意为"饱餐"。有意思的是，乌古思汗的季子余勒都思汗的第四个儿子叫做合儿勤（qārqīn），意思是"愿他成为大人物和以食物使人们饱食者"，指的正是这个"乞撒惕"。

[2]　（明）宋濂：《元史·列传第一·后妃一》，中华书局1976年版，第2873页。

[3]　同上书，第2878。

苦彻拔都儿，钦察人。初事太宗，掌牧马。[①]

完者都，钦察人。父哈剌火者，从宪宗征讨有功。[②]

伯帖木儿，钦察人也。至元中，充哈剌赤，入备宿卫，以忠谨，授武节将军，佥左卫亲军都指挥使司事。……立东路蒙古军上万户府，统钦察、乃蛮、捏古思、那亦勤等四千余户。升怀远大将军、上万户，佩三珠虎符。[③]

完者［都］拔都，钦察氏，其先彰德人。[④]

昔都儿，钦察氏。父秃孙，隶蒙古军籍。[⑤]

和尚，玉耳别里伯牙吾台氏。祖哈剌察儿，率所部归太祖。父忽都思，膂力过人。[⑥]

燕铁木儿，钦察氏，床兀儿第三子……（至治）二年，立都督府，以统左、右钦察、龙翊三卫，哈剌鲁东路蒙古二万户府，东路蒙古元帅府，而以燕铁木儿兼统之。[⑦]

泰不华字兼善，伯牙吾台氏。初名达普化，文宗赐以今名，世居白野山。父塔不台，入直宿卫，历仕台州录事判官，遂居于台。[⑧]

乞台，察台氏。至元二十四年为钦察卫百户，从土土哈征叛王失烈吉及乃颜有功，赐金符，升千户。[⑨]

"乞台"的"察台氏"，疑为"者台（ǰadai），即巴牙兀惕"的"者台"。

（三）钦察卫的形成和哈剌赤

降服钦察的战役是在追击蔑儿乞部的过程中拉开序幕的。根据《蒙古秘

---

① （明）宋濂：《元史·列传第十·苦彻拔都儿》，中华书局1976年版，第3031页。
② （明）宋濂：《元史·列传第十八·完者都》，中华书局1976年版，第3192页。
③ （明）宋濂：《元史·列传第十八·伯帖木儿》，中华书局1976年版，第3195—3196页。
④ （明）宋濂：《元史·列传第二十·完者［都］拔都》，中华书局1976年版，第3233页。
⑤ （明）宋濂：《元史·列传第二十·昔都儿》，中华书局1976年版，第3238页。
⑥ （明）宋濂：《元史·列传第二十一·和尚》，中华书局1976年版，第3256页。
⑦ （明）宋濂：《元史·列传第二十五·燕铁木儿》，中华书局1976年版，第3326，3331页。
⑧ （明）宋濂：《元史·列传第三十·泰不华》，中华书局1976年版，第3423页。
⑨ （明）宋濂：《元史·列传第二十二·乞台》，中华书局1976年版，第3286页。

史》记载，鼠儿年秋，太祖战胜脱黑脱阿，追至撒阿里客额儿，脱黑脱阿同
二子忽都、赤剌温带几个随从逃走。成吉思汗在金山过冬，次年春，逾阿来
岭，射死脱黑脱阿，忽都、合勒赤剌温跑到康里钦察种去了。成吉思汗回到
老营，派锁儿罕失剌的儿子沈白攻台合勒寨。牛儿年，成吉思汗造一种铁车
给速别额台，并赋予生杀大权，去追击脱黑脱阿的子忽都等①。《元史·速
不台传》记载：

> 　　癸未，速不台上奏，请讨钦察。许之。遂引兵绕宽定吉思海，展转
> 至太和岭，凿石开道，出其不意。至则遇其酋长玉里吉及塔塔哈儿方聚
> 于不租河，纵兵奋击，其众溃走。矢及玉里吉之子，逃于林间，其奴来
> 告而执之，余众悉降，遂收其境。又至阿里吉河，与斡罗思部大、小密
> 赤思老遇，一战降之，略阿速部而还。钦察之奴来告其主者，速不台纵
> 为民。还，以闻。帝曰：“奴不忠其主，肯忠他人乎？”遂戮之。又奏
> 以灭里吉、乃蛮、怯烈、杭斤、钦察诸部千户，通立一军，从之。……
> 乙未，太宗命诸王拔都西征八赤蛮，且曰：“闻八赤蛮有胆勇，速不台
> 亦有胆勇，可以胜之。”遂命为先锋，与八赤蛮战。继又令统大军，遂
> 虏八赤蛮妻子于宽田吉思海。八赤蛮闻速不台至，大惧，逃入海中。辛
> 丑，太宗命诸王拔都等讨兀鲁思部主也烈班，为其所败，围秃里思哥
> 城，不克。拔都奏遣速不台督战，速不台选哈必赤军怯怜口等五十人赴
> 之，一战获也烈班。②

《元史·宪宗本纪》：“尝攻钦察部，其酋八赤蛮逃于海岛。……进屠其
众，擒八赤蛮。”③ 而在《地理志》中，对其过程交代得比较清楚。

> 　　太宗甲午年，命诸王拔都征西域钦叉、阿速、斡罗思等国。岁乙
> 未，亦命宪宗往焉。岁丁酉，师至宽田吉思海旁，钦叉酋长八赤蛮逃避

①　巴雅尔：《蒙古秘史·卷八》，内蒙古人民出版社1980年版，第873—894页。
②　（明）宋濂：《元史·列传第八·速不台》，中华书局1976年版，第2976—2978页。
③　（明）宋濂：《元史·列传第十五·土土哈》，中华书局1976年版，第3131—3132页。

海岛中，适值大风，吹海水去而干，生擒八赤蛮，遂与诸王拔都征斡罗思，至也列赞城，七日破之。岁丁巳，出师南征，以驸马剌真之子乞歹为达鲁花赤，镇守斡罗思、阿思。岁癸丑，括斡罗思、阿思户口。①

从这些记录看，征服钦察的战事始于太祖，完成于太宗，主要指挥是拔都和蒙哥，战役的具体实施者是速不台。根据《土土哈传》，宪宗兵临钦察，土土哈父亲班都察举族迎降。后来又从征麦怯斯，率钦察百人从世祖征大理，伐宋。中统元年，父子从世祖北征，班都察卒，土土哈袭父职，备宿卫②。征大理时，钦察兵只有百人，可能就是宿卫。后来，始祖有旨："钦察人为民及隶诸王者，皆别籍之以隶土土哈，户给钞二千贯，岁赐粟帛，选其材勇，以备禁卫。"这是分散于各军的钦察户首次在土土哈名下聚集。其中，速不台奏建的灭里吉、乃蛮、怯烈、杭斤、钦察诸部千户军，应该是土土哈军的主要来源之一。另外，世祖又以宋地建康、庐、饶租户一千为哈剌赤户。

至元二十年，土土哈同知卫尉院事，兼领群牧司。以所部哈剌赤屯田霸州文安县（在廊坊地区），益以宋新附军人八百（见土土哈传）。二十一年五月，根据秃秃合的请求，立二千户，总钦察、康里子弟③。二十三年，置钦察卫亲军都指挥使司，土土哈兼都指挥使，统领钦察。同时置哈剌鲁万户府，钦察之散处安西诸王部下者，悉令统之。二十八年，土土哈奏："哈剌赤军以万数，足以备用。"于是率哈剌赤万人北猎于汉塔海，边寇闻之，皆引去④。可见，钦察军规模发展很快。当然，钦察军当中，除钦察、康里人，还有不少汉人。钦察人除钦察军外，还有隶属哈剌鲁万户府的。另据《元史·兵志》，至元中立卫时，设行军千户十九所，屯田三所。大德中，置两千户所，至大元年，复设四千户所⑤。至治二年，置左、右钦察卫亲军都指

①（明）宋濂：《元史·志第十五·地理六·西北地附录》，中华书局1976年版，第1570页。
②（明）宋濂：《元史·列传第十五·土土哈》，中华书局1976年版，第3131—3132页。
③（明）宋濂：《元史·本纪第十三·世祖十》，中华书局1976年版，第266页。
④（明）宋濂：《元史·列传第十五·土土哈》，中华书局1976年版，第3134页。
⑤（明）宋濂：《元史·志第四十七·兵二》，中华书局1976年版，第2529页。

挥使司，命拜住总之①。据《元史·列传第二十五》："至治二年，以钦察卫士多，为千户所者凡三十五，故分置左右二卫，至是又析为龙翊卫。"② 估计当时钦察卫总兵力接近三万五千人。天历元年十二月，立龙翊卫亲军都指挥使司，以左钦察卫唐吉失等九千户隶属其下③，由燕铁木儿等任指挥使。天历二年，立都督府，以总左、右钦察及龙翊卫，后拨隶大都督府。同年十二月，追封燕铁木儿曾祖班都察为溧阳王，祖土土哈为升王，父床兀儿为杨王④。天历三年六月，改东路蒙古军元帅府为东路钦察军万户府⑤。

大都督府，管领左右钦察两卫、龙翊侍［御］卫、东路蒙古军元帅府、东路蒙古军万户府、哈剌鲁万户府⑥。另外，大都留守司，掌守卫宫阙都城，调度本路供亿诸务，兼理营缮内府诸邸、都宫原庙、尚方车服、殿庑供帐、内苑花木，及行幸汤沐宴游之所，门禁关钥启闭之事。其下有城门尉，掌门禁启闭，原由八剌哈赤为之，二十四年，由六卫亲军参掌；仪鸾局，掌殿庭灯烛张设之事，及殿阁浴室门户锁钥，苑中龙舟，圈槛珍异禽兽，给用内府诸宫太庙等处祭祀庭燎，缝制帘帷，洒扫掖庭，领烛剌赤、水手、乐人、禁蛇人等。而太仆寺，则掌阿塔思马匹、鞍辔之事。长信寺，领大斡耳朵怯怜口诸事，其下有怯怜口诸色人匠提举司，领大都、上都二铁局并怯怜口人匠，储备材木铁炭皮货，供斡耳朵之需⑦。

元朝末年，灾害连年，社会动荡，内讧加剧。先是拜住因得罪权臣铁木迭儿及其儿子铁失，铁失以所辖阿速兵为外应，发动政变，杀丞相拜住和英宗。后燕铁木儿擅权，伯颜奏其子唐其势和塔剌海谋逆，诛之。祸及皇后伯牙吾氏，并杀之⑧。顺帝于秋七月出京北走，明兵入京城是八月，间隔一个月。从顺帝出走时奉太庙列室神主，以及带三宫后妃、皇太子、皇太子妃等同行等情况看，撤退是从容的。随行保驾的，除内廷宿卫外，应该还有钦察

---

① （明）宋濂：《元史·本纪第二十八·英宗二》，中华书局 1976 年版，第 619 页。
② （明）宋濂：《元史·列传第二十五·燕铁木儿》，中华书局 1976 年版，第 3331 页。
③ （明）宋濂：《元史·志第四十七·兵二》，中华书局 1976 年版，第 2529 页。
④ （明）宋濂：《元史·卷第三十三·文宗二》，中华书局 1976 年版，第 727，745 页。
⑤ （明）宋濂：《元史·卷第三十四·文宗三》，中华书局 1976 年版，第 759 页。
⑥ （明）宋濂：《元史·志第三十六·百官二》，中华书局 1976 年版，第 2175 页。
⑦ （明）宋濂：《元史·志第四十·百官六》，中华书局 1976 年版，第 2277—2282 页。
⑧ （明）宋濂：《元史·本纪第三十八·顺帝一》，中华书局 1976 年版，第 827 页。

卫和阿速卫士兵。

(四) 钦察卫的分布与哈刺赤

根据《元史》记载，太仆寺典掌御位下（皇帝本人）及大斡耳朵马。其牧地，东越耽罗，北逾火里秃麻，西至甘肃，南及云南，共有 14 处，自上都、大都以至玉你伯牙、折连怯呆儿，周回万里[①]。

1. 折连怯呆儿等处御位下：

乔子良、薛彦田的《蒙兀室韦》（下）引证史家考证，认为通辽市周围地区在元代是折连怯呆儿千户所辖区。《中国历史地图集》元代部分所绘折连怯呆儿治所位置与腰伯吐古城位置大致相同。[②] 腰伯吐古城位于西辽河北岸，通辽市区北面偏西，即今科左中旗敖包苏木西腰伯吐村，城址北距该村约 3.5 公里[③]。折连怯呆儿等处御位下有：

折连怯呆儿地哈刺赤千户；

按赤、忽里哈赤千户；

兀鲁兀内土阿八刺哈赤；

彻彻地；

薛里温你里温斡脱忽赤

哈思罕地；

玉你伯牙断头山百户[④]。

"折连怯呆儿"，多数人认为，指"黄羊川"。"按赤、忽里哈赤"的本意为"猎人、捕盗"。《元史》："十二年春正月……癸亥，刑部添设尚书、侍郎、郎中、员外郎各一员，五爱马添设忽刺罕赤二百名。"[⑤] "兀鲁兀内土阿八刺哈赤"，"兀鲁兀"，来自契丹语的女真语词，意为"圈子、营子"，"土阿"，女真语"门"，"八刺哈赤"是看门人。"彻彻"是地名。"薛里温

---

① （明）宋濂：《元史·志第四十八·兵三》，中华书局 1976 年版，第 2553 页。

② 乔子良、薛彦田：《蒙兀室韦》（下），《通辽日报》2011 年 5 月 4 日。

③ 腰伯吐古城遗址，草原文化_ 正北方网：www. northnews. cn/2008/0612/116114，检索 2012 – 8 –
25。

④ （明）宋濂：《元史·志第四十八·兵三》，中华书局 1976 年版，第 2555 页。

⑤ （明）宋濂：《元史·本纪第四十二·顺帝五》，中华书局 1976 年版，第 894 页。

你里温斡脱忽赤","薛里温你里温"应该是地名，意思可能是"清凉山"；"斡脱忽赤"，应该是看守"斡脱"之人。"哈思罕"，即辽代的曷速馆，这是金人的叫法。详见《辽史》和《金史》。"玉你伯牙断头山"，地名，位置待查。

《元史·本纪·仁宗》："（延佑）五年……二月……戊午，以者连怯耶儿万户府为右卫率府。""六年秋七月……壬戌，……以者连怯耶儿万户府军万人隶东宫，置右卫率府，秩正三品。"①

2. 玉你伯牙等处御位下：

玉你伯牙地哈剌赤百户。

大斡耳朵位下：乞剌里郭罗赤、哈里牙儿苟赤、伯只剌苟赤、阿察儿伯颜苟赤、塔鲁内亦儿哥赤、塔里牙赤等。伯只剌阿塔赤、桃山太师（月赤察儿）、伯颜只鲁干阿塔赤、玉你伯牙奴秃赤、火你赤。

"玉你伯牙"，地名，位置待查。"苟赤"，契丹语，往往前接人名，意思不明。"亦儿哥赤"，意为民官；"塔里牙赤"，揸农民；"阿塔赤"，揸牧马人。"桃山太师"，指月赤察儿，元朝建国勋臣博尔忽曾孙，大德四年拜太师，《元史》有传。《元史》载："二年春正月……辛卯，令月赤察儿也可及合剌赤所部卫士自运军粮，给其行费。"②"伯颜只鲁干"，地名，克什克腾旗有同名山。"奴秃赤"，草场官；"火你赤"，牧羊人。

3. 哈剌木连等处御位下：

阿失温忽都地、希彻秃地、哈察木敦、火石脑儿、咬罗海牙、撒的、换撒里真按赤、须知忽都哈剌赤别乞、军脑儿哈剌赤、玉龙古彻、云内州拙里牙赤、察罕脑儿欠昔思。棠树儿安鲁罕。石头山。牙不罕你里温。开成路黑水河不花。

大斡耳朵位下：完者。

其中，大部分都是地名。"哈剌木连"，指黄河。《殊域周咨录》载："正统间，有宁夏副总兵黄鉴奏，欲偏头关、东胜关、黄回西岸，地名一棵树起，至榆沟、速迷都、六镇、沙河、海子山、火石脑儿、碱石海子、回回

---

① （明）宋濂：《元史·本纪第二十六·仁宗三》，中华书局1976年版，第582页，第590页。

② （明）宋濂：《元史·本纪第十九·成宗二》，中华书局1976年版，第402页。

基、红盐池、百眼井、甜水井、黄沙沟，至宁夏黑山嘴、马营等处共立十三城堡、七十三墩台，东西七百余里，实与偏头关、宁夏相接，惟隔一黄河耳。"①"哈察木敦"，就是"一棵树"，"火石脑儿"亦即"火石脑儿"，"咬罗海牙"，有可能是"碱石海子"。"忽都"，意为"井"，这些井可能与著名的百眼井有关。"云内州"，辽清宁初，设置代北云朔诏讨司，后改云内州，辖境约相当于今内蒙古固阳县、土右旗、土左旗一带，治所在柔服（今土左旗西北）。领柔服、宁仁两县。"察罕脑儿"，古城名。在今内蒙古乌审旗西南。元世祖曾建行宫于此。"开成路黑水河"，《元史·地理志》载："至元十年，皇子安西王分治秦蜀，遂立开成府，仍视上都，号为上路。"②地在六盘山，即今宁夏固原市原州区开城镇。"黑水河"，可能是泾河与清水河中的一个。其他地名待查。有了这些地名，基本上可以判定，这些地应处于内蒙古鄂托克旗至宁夏的古城堡沿线地区。

4. 阿剌忽马乞等处御位下：

阿剌忽马乞地哈剌赤百户

怯鲁连地哈剌赤千户

斡难地

大斡耳朵位下：

阿剌忽马乞

阔苦地

"阿剌忽马乞"，地名，据说处于今锡林郭勒盟西乌珠穆沁旗境内③；"怯鲁连"，即蒙古国克鲁伦河；"斡难"，蒙古国斡难河。"阔苦地"，不知何处。

5. 斡斤川等处御位下：

斡斤川地哈剌赤千户

马塔哈儿哈地哈剌赤千户

阔阔地兀奴忽赤

---

① （明）严从简著，余思黎点校：《殊域周咨录卷十八·鞑靼》，中华书局1993年版，第597页。

② （明）宋濂：《元史·志第十二·地理三》，中华书局1976年版，第1428页。

③ 《元朝的统治制度》，元朝的统治制度—草原古今—草原歌友俱乐部_百度文库，wenku. baidu. com/link？u...，检索日期：2012－08－29。

怯鲁连八剌哈赤

大斡耳朵位下：马塔哈儿哈怯连口只

"马塔哈儿哈"的"哈儿哈"，亦即"喀尔喀"，泛指蒙古国境内，具体地点不明；"兀奴忽赤"，放马驹的人；"怯鲁连"，即蒙古国克鲁伦河，"八剌哈赤"，守门人。其他地名待查。

6. 阿察脱不罕等处御位下：

阿察脱不罕地、

斡川札马

火罗罕按赤

青海后火义罕塔儿罕

按赤

黄兀儿不剌、应里哥地按赤

应吉列古哈剌赤

亦儿浑察西哈剌赤

答兰速鲁哈剌赤

哈儿哈孙不剌哈剌赤

大斡耳朵位下：怯鲁连火你赤

从"青海后"一词判断，此处可能在青海。

7. 甘州等处御位下：

口千子、奥鲁赤一所

阿剌沙阿兰山

亦不剌金一所

宽彻干。塔塔安地。胜回地、阔阔思地。

甘州等处。拨可连地。只哈秃屯田地。哈剌班忽都拙里牙赤。

"甘州"，即今甘肃省张掖市附近地区。"阿剌沙阿兰山"，应该是贺兰山的蒙古语称呼"阿拉善"。境内有大量的以"忽都"、"塔塔"、"布日格"命名的地名。"哈剌班忽都"，即为"十眼井"。"塔塔"即鞑靼。"亦不剌金"应该是人名。

8. 左手永平等处御位下：

永平地哈剌赤千户

乐亭地拙里牙赤、阿都赤、答剌赤，亦儿哥赤

香河按赤、亦马赤

河西务爱牙赤

漷州哈剌赤

桃花岛青昔宝赤

大斡耳朵位下：河西务玉提赤百户

"永平地"，大德四年（1300），平滦路改称永平路，治所在卢龙（今河北卢龙），辖境相当于今河北省长城以南的陡河以东地。"乐亭"，乐亭县位于唐山市东南部；"拙里牙赤"，可能是贩子（？）；"阿都赤"为"牧马人"；"答剌赤"为酒人；"亦儿哥赤"，是牧羯羊人。"香河"，今属河北省廊坊市，至元十三年，升漷阴县（今北京市通州区漷县镇）为漷州，香河县属大都路漷州。"按赤"是猎人，"亦马赤"为牧羊人。"河西务"，河西务镇今隶属天津市武清区，因紧靠运河西岸而得名。"爱牙赤"是皿人。"桃花岛"，古地名，即今辽宁省兴城滨海。"昔宝赤"是养鹰人。

9. 右手固安州四怯薛八剌哈赤：

固安州哈剌赤，哈赤忽里哈剌赤、按赤。

真定昔宝赤。

左卫哈剌赤。

青州哈剌赤。

涿州哈剌赤。

"固安州"，元代属大都路，中统四年（1263）升为固安州。地处北京、天津、保定三市中心，东邻永清县，西接涿州市，南望霸州市，北靠永定河。"真定"，即真定府，在今河北正定县以南。"青州"，即今沧州市青县。唐为清州，因黄河清而得名，元改清宁府，又改清州，明为青县，因避水患，取常青之意。

10. 云南亦奚卜薛。

据《民族词典》解释，"亦奚卜薛"为彝语，"亦奚"意为"水"，"不薛"意为"西"，"亦奚不薛"即"水西"。贵州地名。泛指黔西北乌江支

流—鸭池河以西的地区①。

11. 芦州。

可能是福建省漳州市龙海市榜山镇芦州村。据郭联志《漳州回族穆斯林概况》介绍："西域穆斯林金吉将军在元文帝至顺三年（1332）奉敕所率之'合必军'（大多是波斯穆斯林）3000 名兵卒，来福建镇守泉州路。"② 其中的"合必军"，就是钦察军或哈剌赤军。

12. 益都哈剌赤。

在今山东青州市。《元史·成宗本纪》："至大元年……十一月……辛巳，罢益都诸处合剌赤等狩猎。"③

13. 火里秃麻。

元代包括贝加尔湖周围地区。

14. 高丽耽罗。

"耽罗"，朝鲜半岛南部海域济州岛的古称。

钦察卫的主要任务是镇戍和经营牧业，但也有一定规模的屯田。《元史·兵志》载："世祖至元二十四年，发本卫军一千五百一十二名，分置左右手屯田千户所，及钦察屯田千户所，于清州等处屯田。英宗至治二年，始分左、右钦察卫，以左右手屯田千户所分属之。文宗天历二年，创立龙翊侍卫，复以隶焉。为军左手千户所七百五名，右手千户所四百三十七名，钦察千户所八百名。为田左手千户所一百三十七顷五十亩，右手千户所二百一十八顷五十亩，钦察千户所三百顷。"④ "清州等处"，应处于前述左手永平和右手固安州范围内。

（五）其他卫军与哈剌赤

钦察卫是哈剌赤的本卫，但也有其他部落的成员参与其中。

---

① 陈永龄主编：《民族词典》，上海辞书出版社 1987 年版，第 470 页。

② 郭联志：《漳州回族穆斯林概况》，漳州回族穆斯林概况_ 民俗_ 漳州生活 bbs. xmfish. com/ ，2012 – 08 – 29。

③ （明）宋濂：《元史·本纪第二十二·武宗一》，中华书局 1976 年版，第 505 页。

④ （明）宋濂：《元史·志第四十八·兵三》，中华书局 1976 年版，第 2561 页。

1. 阿速卫

《元史·太宗本纪》记载："（太宗）十一年……冬十一月，蒙哥率师围阿速蔑怯思城，阅三月，拔之。"[①]阿速人早期入选宿卫的有：

阿儿思兰，阿速氏。初，宪宗以兵围阿儿思兰之城，阿儿思兰偕其子阿散真迎谒军门。帝赐手诏，命专领阿速人。[②]

杭忽思，阿速氏，主阿速国。太宗兵至其境，杭忽思率众来降，赐名拔都儿，锡以金符，命领其土民。寻奉旨选阿速军千人，及其长子阿塔赤扈驾亲征。既还，阿塔赤入直宿卫。杭忽思还国，道遇敌人，战殁。[③]

玉哇失，阿速人。父也烈拔都儿，从其国主来归，太宗命充宿卫。[④]

拔都儿，阿速氏。居上都宜兴。宪宗在潜邸，与兄兀作儿不罕及马塔儿沙帅众来归。[⑤]

口儿吉，阿速氏，宪宗时，与父福得来赐俱直宿卫，领阿速军二十户。……子的迷的儿，由玉典赤改百户，领阿速军……至大四年，袭父职，授明威将军、阿速亲军都指挥使。[⑥]

阿答赤，阿速氏。父昂和思（疑为杭忽思），宪宗时佩虎符为万户。[⑦]

失剌拔都儿，阿速氏。父月鲁达某，宪宗时领阿速十人入觐，充阿塔赤。[⑧]

彻里，阿速氏。……事世祖，充火儿赤。……至大二年，立左阿速卫，授本卫佥事。[⑨]

---

① （明）宋濂：《元史·本纪第二·太宗》，中华书局 1976 年版，第 36 页。
② （明）宋濂：《元史·列传第十·阿儿思兰》，中华书局 1976 年版，第 3038 页。
③ （明）宋濂：《元史·列传第十九·杭忽思》，中华书局 1976 年版，第 3205 页。
④ （明）宋濂：《元史·列传第十九·玉哇失》，中华书局 1976 年版，第 3208 页。
⑤ （明）宋濂：《元史·列传第十九·拔都儿》，中华书局 1976 年版，第 3212 页。
⑥ （明）宋濂：《元史·列传第二十二·口儿吉》，中华书局 1976 年版，第 3277—3278 页。
⑦ （明）宋濂：《元史·列传第二十二·阿答赤》，中华书局 1976 年版，第 3280 页。
⑧ （明）宋濂：《元史·列传第二十二·失剌拔都儿》，中华书局 1976 年版，第 3284 页。
⑨ （明）宋濂：《元史·列传第二十二·彻里》，中华书局 1976 年版，第 3284 页。

起初，阿速人大部分是宪宗的卫士。至元九年，初立阿速拔都（即拔都儿）达鲁花赤，招集阿速正军三千余名，复选阿速揭只揭了温怯薛丹军七百人，扈从车驾，掌宿卫城禁，兼营潮河、苏沽两川屯田，并供给军储。二十三年，为阿速军南攻镇巢，残伤者众，遂以镇巢七百户属之，并前军总为一万户，遂名阿速军，隶前后二卫。至大二年，分立右卫、左卫阿速亲军都指挥使司①。"揭只揭了温"，蒙古语 kebtegul，类似夜间潜伏哨，怯薛丹军之一种。阿苏军的主要成分是阿速宿卫、阿速散户和部分宋朝镇巢军（宋景定三年由巢县升，是宋朝江北要地）。

阿速军的主要职责是：

扈从车驾："（二年）……是月，……以钞二千锭赈新收阿速军扈从车驾者，每户钞二锭，死者人一锭。"②

出成外围："致和元年……三月庚午，阿速卫兵，出戍者千人，人给钞四十锭；贫乏者六千一百人，人给米五石。"③ "天历元年……八月……壬子，阿速卫指挥使脱脱木儿帅其军自上都来归，即命守古北口。"④

镇贼捕盗："至正五年十二月……壬寅，山东、河南盗起，遣左、右阿速卫指挥不儿国等讨之。"⑤ "隆镇卫亲军都指挥使司，秩正三品，掌屯军徼巡盗贼于居庸关南、北口，统领钦察、阿速护军三千六百九十三人，屯驻东西四十三处。"⑥

屯田自给："（延祐三年）秋七月乙卯，……敕阿速卫户贫乏者，给牛、种、耕具，于连怯烈地屯田。"⑦ "（至元）三年十二月……丙戌，命阿速卫探马赤军屯田。"⑧

在元代，对阿速军的命运发生重大影响的历史事件有三：第一，伤亡惨重。阿速军初建时约有四千人，14 年后在镇巢遇到严重的战斗减员，改变

---

① （明）宋濂：《元史·志第四十七·兵二》，中华书局 1976 年版，第 2527 页。
② （明）宋濂：《元史·本纪第三十九·顺帝二》，中华书局 1976 年版，第 835 页。
③ （明）宋濂：《元史·本纪第三十·泰定帝二》，中华书局 1976 年版，第 685 页。
④ （明）宋濂：《元史·本纪第三十二·文宗一》，中华书局 1976 年版，第 706 页。
⑤ （明）宋濂：《元史·本纪第四十一·顺帝四》，中华书局 1976 年版，第 876 页。
⑥ （明）宋濂：《元史·志第三十六·百官二》，中华书局 1976 年版，第 2162 页。
⑦ （明）宋濂：《元史·本纪第二十五·仁宗二》，中华书局 1976 年版，第 570 页。
⑧ （明）宋濂：《元史·本纪第三十九·顺帝二》，中华书局 1976 年版，第 843 页。

了军内民族结构。第二，盗支粮饷。"皇庆元年夏四月……阿速卫指挥那怀等冒增卫军六百名，盗支粮七千二百石、布帛一千二百匹、钞二百八锭，敕中书、枢密按治。"① 前已述及，阿速军扈从车驾者，每户钞二锭，死者人一锭，出戍者，人给钞四十锭，但他们的正常年度供给，应该是每人粮食12 石，布帛 2 匹，钞 0.35 锭。第三，参与政变。"（至治三年）八月癸亥，……是夕，御史大夫铁失……（等）以铁失所领阿速卫兵为外应，铁失、赤斤铁木儿杀丞相拜住，遂弑帝于行幄。"②

2. 哈剌鲁万户

《史集》认为哈剌鲁（qārlūq）祖先是乌古思部下，因在下雪天掉队而得此名，意为"有雪者、雪人"③。根据《元史·列传》："也罕的斤，匣剌鲁人。祖匣答儿密立，以斡思坚国哈剌鲁军三千来归于太祖，又献羊牛马以万计。"④ 其他哈剌鲁人有：沙全，初名抄儿赤，父沙的，世居沙漠，因以为姓，从太祖平金，戍河南柳泉，并定居。哈剌解（解，无字，暂时代替），初从军攻襄樊，蒙古四万户府辟为水军镇抚。⑤

至元二十四年，招集哈剌鲁军人，立万户府。其职责是掌守禁门等处应直宿卫。后隶属大都督府⑥，哈剌鲁万户府内还包括部分钦察军。

哈剌鲁就是葛逻禄，属于西突厥别部，地处北庭西北，阿尔泰山之西。有谋落、婆匐、踏实力三姓，并称三姓葛逻禄。元代诗人迺贤出自葛逻禄部。

3. 康里

《史集》解释，突厥语称车子为"康里"，他们由此被称为康里⑦。《元史·列传第十七》："不忽木一名时用，字用臣，世为康里部大人。康里，

---

① （明）宋濂：《元史·本纪第二十四·仁宗一》，中华书局 1976 年版，第 551—552 页。

② （明）宋濂：《元史·本纪第二十八·英宗二》，中华书局 1976 年版，第 632—633 页。

③ ［波斯］拉施特主编，余大钧、周建奇译：《史集》第一卷第一分册第一编，商务印书馆 1997年版，第 137—138 页。

④ （明）宋濂：《元史·列传第二十》，中华书局 1976 年版，第 3226 页。

⑤ （明）宋濂：《元史·列传第十九·哈剌解》，中华书局 1976 年版，第 3215 页。

⑥ （明）宋濂：《元史·志第三十六·百官二》，中华书局 1976 年版，第 2177 页。

⑦ ［波斯］拉施特主编，余大钧、周建奇译：《史集》第一卷第一分册第一编，商务印书馆 1997年版，第 137 页。

即汉高车国也。祖海蓝伯，尝事克烈王可汗。王可汗灭，即弃家从数千骑望西北驰去，太祖遣使招之，答曰：'昔与帝同事王可汗，今王可汗既亡，不忍改所事 。'遂去，莫知所之。子十人，皆为太祖所虏，燕真最幼，年方六岁，太祖以赐庄圣皇后。后怜而育之，遣侍世祖于藩邸。……世祖即位，燕真未及大用而卒，官止卫率。不忽木其仲子也。"① 太祖时归附的康里人有：

也速觢（替代字）儿，康里人。父爱伯，伯牙兀［氏］，太祖时率众来归。……二十二年，移镇泰州。时籍民丁为兵，得万人，以也速觢儿为钦察亲军指挥使统之。②

斡罗思，康里氏。曾祖哈失伯要，国初款附，为庄圣，太后宫牧官。③

塔里赤，康里人。其父也里里白，太祖时以武功授帐前总校，奉旨南征至洛阳，得唐白乐天故址，遂家焉。④

阿沙不花者，康里国王族也。初，太祖拔康里时，其祖母苦灭古麻里氏新寡，有二子，曰曲律、牙牙，皆幼。⑤

康里脱脱，父曰牙牙，由康国王封云中王，阿沙不花之弟也。⑥

在此，有三点值得注意：

第一，康里人和王汗的怯烈部有关联。《元史·地理志》："谦州亦以河为名，去大都九千里，在吉利吉思东南，谦河西南，唐麓岭之北，居民数千家，悉蒙古、回纥人。有工匠数百，盖国初所徙汉人也。地沃衍宜稼，夏种秋成，不烦耘耔。或云汪罕始居此地。"⑦ "乌斯亦因水为名，在吉利吉思东，谦河之北。其俗每岁六月上旬，刑白马牛羊，洒马湩，咸就乌斯沐涟以祭河神，谓其始祖所从出故也。"⑧《元史·列传第三十八》云："谦州，即

① （明）宋濂：《元史·列传第十七》，中华书局 1976 年版，第 3163—3164 页。
② （明）宋濂：《元史·列传第二十·也速觢儿》，中华书局 1976 年版，第 3238 页。
③ （明）宋濂：《元史·列传第二十一·斡罗思》，中华书局 1976 年版，第 3263 页。
④ （明）宋濂：《元史·列传第二十二·塔里赤》，中华书局 1976 年版，第 3275 页。
⑤ （明）宋濂：《元史·列传第二十三·阿沙不花》，中华书局 1976 年版，第 3295 页。
⑥ （明）宋濂：《元史·列传第二十五·康里脱脱》，中华书局 1976 年版，第 3321 页。
⑦ （明）宋濂：《元史·志第十五·地理六》，中华书局 1976 年版，第 1575 页。
⑧ （明）宋濂：《元史·志第十五·地理六》，中华书局 1976 年版，第 1574 页。

古乌孙国也。"① "乌斯沐涟"，是叶尼塞河的一个支流，蒙古语"水"为
usu，"江河"为 muren，发音很接近，乌孙人祭始祖的方式也接近蒙古族。
叶尼塞河的另一支流是赫姆奇克（Khemchik）河，意思是"小谦河"，与此
对应的是大谦河②。Khemchik（kemqik）读音很接近"钦察"kibqek。"撼
合纳犹言布囊也，盖口小腹巨，地形类此，因以为名。在乌斯东，谦河之源
所从出也。其境上惟有二山口可出入，山水林樾，险阻为甚，野兽多而畜字
少。贫民无恒产者，皆以桦皮作庐帐，以白鹿负其行装，取鹿乳，采松实，
及劚山丹、芍药等根为食。"③ 既然"撼合纳"地形如布囊，那么，赫姆奇
克（Khemchik）的地形是不是也是如此呢？"小"和"狭窄"有相同的义
项。"吉利吉思者，初以汉地女四十人，与乌斯之男结婚，取此义以名其地。
南去大都万有余里。相传乃满部始居此，及元朝析其民为九千户。其境长一
千四百里，广半之，谦河经其中，西北流。"④ 如依此传说，"乌斯"有可能
是"吉利吉思"的族源之一，吉尔吉斯语是突厥语中最接近蒙古语者，在
历史上，其关系当非常密切。成吉思汗打败怯烈部以后，大量的康里人进入
中原并入选诸卫军中。"撼合纳"和"康里"对应今天的"杭锦"hangin，
"乌孙"对应今天的"乌审"usin，"钦察"对应元代的"哈拉赤"和今天
的"喀喇沁"，他们都是谦河支流各部落，在今天的鄂尔多斯蒙古中能够找
到其后裔。喀喇沁人中有 hangtan 氏，后人与汉语的"夯"联想，认为自己
的祖先是"打城墙的"。实际上，他们是康里人的后代，与鄂尔多斯的"杭
锦"人是同源异流。在元代，宿卫亲军经常参加重要的建筑和水利工程，
"打城墙的"意思是后来的附加义。

　　第二，在族源上，康里人和钦察人可能属于近亲，常连称"康里钦
察"，康里姓氏"伯牙兀、伯要、伯"可能是"伯岳吾"的另一写法或汉字
记录时的省音。

　　第三，康里人和钦察人经常混合编制，组成卫军，有的康里人甚至可以
任都指挥使。

---

① （明）宋濂：《元史·列传第三十八·贾塔剌浑》，中华书局 1976 年版，第 3577 页。
② 韩百诗、耿升：《谦河考》，《蒙古学信息》1999 年第 1 期。
③ （明）宋濂：《元史·志第十五·地理六》，中华书局 1976 年版，第 1574 页。
④ 同上。

康里人中其他知名者有：

艾貌拔都，康里氏。……子也速台儿……二十三年，迁昭勇大将军、钦察亲军都指挥使①。

有拜住者，康里人也，字闻善。以材累官至翰林国史院都事，为太子司经②。始祖为海蓝伯，封河东公，与上述不忽木同祖。

秃忽鲁，字亲臣，康里亦纳之孙亚礼达石第九子也。自幼入侍世祖③。

明安，康里氏。……立贵赤亲军都指挥使司，命为本卫达鲁花赤④。

庆童，字明德，康里氏。祖明里帖木儿，父斡罗思，皆封益国公⑤。

巎巎，字子山，康里氏。父不忽木……祖燕真，事世祖，从征有功⑥。

哈麻，字士廉，康里人。父秃鲁，母为宁宗乳母，秃鲁以故封冀国公，加太尉，阶金紫光禄大夫。哈麻与其弟雪雪，早备宿卫，顺帝深眷宠之。而哈麻有口才，尤为帝所亵幸，累迁官为殿中侍御史。雪雪累官集贤学士⑦。

（六）哈剌赤的北撤路线

哈剌赤作为"近侍、宿卫、主溷"，与元代皇室相伴始终。关于哈剌赤军的北撤路线，历史没有明确记载，我们只能从史料中的零散记录推测其大概。至正二十八（1368）年闰七月，元惠宗率后妃、太子撤出大都，转至上都。八月明军占领大都。第二年（1369），明军北伐，元惠宗转至应昌府，第三年（1370）四月在应昌府去世，治丧期间，明军奔袭应昌府，元军残余逐次北撤⑧。

---

① （明）宋濂：《元史·列传第十·艾貌拔都》，中华书局1976年版，第3039—3040页。
② （明）宋濂：《元史·列传第八十三·忠义四》，中华书局1976年版，第4431页。
③ （明）宋濂：《元史·列传第二十一·秃忽鲁》，中华书局1976年版，第3251页。
④ （明）宋濂：《元史·列传第二十二·明安》，中华书局1976年版，第3281页。
⑤ （明）宋濂：《元史·列传·第二十九》，中华书局1976年版，第3398页。
⑥ （明）宋濂：《元史·列传第三十·巎巎》，中华书局1976年版，第3413页。
⑦ （明）宋濂：《元史·列传第九十二·奸臣》，中华书局1976年版，第4581页。
⑧ （明）宋濂：《元史·本纪·顺帝十》，中华书局1976年版，第986页。

在此过程中，大都周围、上都至折连怯呆儿的各大牧场的哈剌赤宿卫军主力随皇帝和皇宫撤走的可能性很大。在北线，玉你伯牙牧场地点在上都至折连怯呆儿之间，折连怯呆儿牧场在现通辽市周围，桃花岛在今辽宁省兴城滨海境内，阿剌忽马乞牧场在现西乌珠穆沁旗境内，斡斤川在蒙古国境内，这几个地方都在元惠宗和元军北撤路线附近，容易逃脱；在南线，左手永平地在今河北卢龙、廊坊、通州、天津市武清区一带，右手固安州在今北京、天津、保定三市中心地带，当明军逼近大都时其兵力自然向首都周围收缩，然后同京师禁卫军撤出大都城。在此之前，通州一战比较激烈，知枢密院事卜颜帖木儿力战死之，这对元廷震动很大，致使元惠宗做出轻易放弃首都的错误决定。但另一方面，有序地撤出，保存了元廷禁军和宿卫军主力，后来从元惠宗两次组织反攻来看，这种推断是有一定事实根据的。

在元末战乱中，另一部分哈剌赤人则有可能混入扩廓帖木儿的军队，或战死，或北撤至蒙古腹地。其中，哈剌木连等处牧场位于从内蒙古鄂托克旗至宁夏古城堡黄河沿线地区；甘州等处牧场位于今甘肃省张掖市及贺兰山（即现在的内蒙古阿拉善地区）附近地区；益都哈剌赤位于山东青州市附近地区，这些都是扩廓帖木儿转战经过之地。

据明史《扩廓帖木儿传》等史料，明兵占领元都后，派兵北征。此时扩廓帖木儿包围兰州，与明军战于韩店，全歼明朝援军。后挥师出雁门，企图收复大都，结果，不但未达到目标，反而为明军提供可乘之机。

至正三十年，元惠宗病逝，太子爱猷识理达腊即位，是为元昭宗，改元宣光。明军奔袭应昌府，同时西路军由徐达指挥，往援解兰州之围。扩廓帖木儿当时屯兵于沈儿峪（据说沈儿是藏语魔怪之地，峪为山谷）、平西砦（今鲁家沟）、车道岘（今车道岭）和兰州王保保城一线，试图控制安定州城北至通往兰州、靖远的交通要道。沈儿峪一战，扩廓帖木儿失利，从古城北去，渡黄河，出宁夏，奔和林，在那里与元昭宗汇合，被授以重任。

洪武六年（1373），明太祖遣大将徐达、左副将军李文忠、征西将军冯胜各统兵5万人，共15万之众，分道出塞北征。东路李文忠由居庸关至应昌，然后经土拉河，进至鄂尔浑河之称海，被蒙古军队围歼，损失惨重。中路徐达由雁门趋和林，途遇扩廓帖木儿，大败，死者数万人。徐达统军共5万人，这一记载说明他几乎全军覆没。有人说明朝漠北大败，死者达40余万人。但这次明朝北伐总兵力不过 15 万人，所以死亡人数被夸大了。这次战役只有西路军冯胜取得一些进展，但从战役角度看，显然以明朝的重挫而告终。"明年，扩廓复攻雁门，命诸将严为之备，自是明兵希出塞矣。其后，扩廓从其主徙金山，卒于哈剌那海之衙庭，其妻毛氏亦自经死，盖洪武八年（1375）也。"①

扩廓帖木儿的死因不清楚，但从"其妻毛氏自经而死"看，不排除死于内讧。在元末朝廷权力斗争中，元昭宗扮演了不光彩的角色。他与扩廓帖木儿徙金山，有可能是朝廷内部排挤的结果。1379 年，元昭宗逝世，其弟脱古斯帖木儿即位。十年后，1389 年，北元军队在捕鱼儿海受重创，自王子、公主、后妃以下近十万人被俘。自此以后，北元元气大伤，明朝又无力北伐，为瓦剌（卫拉特蒙古）东进创造了机会。

《明史·列传第十二》写道："扩廓帖木儿，沈丘（今天河南一带）人。本王姓，小字保保，元平章察罕帖木儿甥也。察罕养为子，顺帝赐名扩廓帖木儿。"②察罕即察罕帖木儿，回鹘人，《元史·列传第二十八》载："察罕帖木儿，字廷瑞，系出北庭。曾祖阔阔台，元初随大军收河南。至祖乃蛮台、父阿鲁温，皆家河南，为颍州沈丘人。"③ 察罕帖木儿是元末名将，曾屡败各地农民起义军，以功拜河南行省平章政事，兼知河南行枢密院事、陕西行台御史中丞，至正二十二年，平山东，在攻打益都城时，被降将田丰等谋害。"讣闻，帝震悼，朝廷公卿及京师四方之人，不问男女老幼，无不恸哭者。"死后追封忠襄王，改颍川王，封其父阿鲁温汝阳王，进封梁王。察罕帖木儿的姐姐为扩廓帖木儿的母亲，无嗣，收外甥为嗣子。有人认为扩廓帖木儿父亲为汉族，未必可信，元代汪古回鹘后裔中有很多冠姓王氏者，恰如察罕帖木儿自姓李察罕帖木儿，显摆自己名门之后一样。明太祖称扩廓帖木儿为"天下奇男子"，曾多次争取招降未成，后册其妹为秦王妃，先遭拒绝，后逼使成婚，秦王死，又使其陪葬。其幕下不屈节者还有张昶仕、蔡子英等，除他们对大元的忠心外，族源可能是一个重要因素。元末，扩廓帖木

① （清）张廷玉等：《明史·列传第十二·扩廓帖木儿》，中华书局 1974 年版，第 3712 页。
② 同上书，第 3709 页。
③ （明）宋濂：《元史·本纪顺帝十》，中华书局 1976 年版，第 3384 页。

儿西进至山西、陕西、甘肃、宁夏一带，后又从和林徙金山，这些地方历史上都是回鹘人的活动区域。

在喀喇沁民歌中经常提到上都和多伦淖尔两个地名①。例如，民歌《多伦淖尔》，又名《喀喇沁旗歌》，唱词为：

> 茫茫金莲川，蒙古都会处，吉祥多伦湖啊。
> 钦名诸皇庙，奔涌上都流，惜哉多伦湖。
> 御名皇后水，后封上都河，诸帝避暑处，惜哉多伦湖。
> 如数牛马羊，尽奉吾北皇，受皇摸顶礼，惜哉多伦湖。
> ……（参见田野日志 2006 年 10 月 20 日喀喇沁民歌）

另有一首《巴音查干歌》，又名《喀喇沁旗颂》，开头唱道：

> 巴音查干，金灿灿，吾故乡，河道宽，浪头高，西北流。
> ……

"白音查干"，地名，可能指元代上都察汗淖儿行宫所在地，玉你伯牙等处御位下哈剌赤牧场有地名叫"伯颜只鲁干"，"白音"、"伯颜"都是"伯牙"的同名异写词，意思是"富有者"，突厥语和蒙古语中该词意思一样，读音相近。"金灿灿"，可能指金莲川，"河道宽，浪头高"，可能指上都河，但不是"西北流"，而是先"东北流"，经上都，汇入滦河，进入河北省②。

又有《花园歌》唱道：

> 金碗山下有圣泉，喇嘛爷城有花园。
> 吉祥河畔古松林，万紫千红百花全。
> …………

---

① 内蒙古清格尔泰蒙古语言文化基金会：《喀喇沁蒙古婚礼风俗》，内蒙古人民出版社 2011 年版。
② 多伦人中有一种传说，说是上都河曾经有过倒流阶段，待核实。

这首歌一口气唱出八十多种名贵花草树木和上都府古庙神佛的富丽堂皇，显然，上都御花园和皇家寺庙的辉煌，在喀喇沁人的心目中已成为挥之不去的永恒记忆。

喀喇沁民歌中还经常提到"锦州"、"义州"两个地名。两地元代属大宁路、广宁府路，明代置广宁卫，前、后、左、右、中各屯卫中，中屯卫即锦州，义州属义州卫，现属锦州市义县。这可能是兀良哈属民并入喀喇沁时带进来的地理概念。其中一次是在婚宴祝词中祝福女婿时提到的："年地收割六十万，锦州义州输不完，平地入仓五万石，塔尔八沟填不满。"塔尔，指塔子沟，八沟指平泉，这是喀喇沁人在清初进入平泉一带定居，并转入农业文化以后的生活写照。另一次是在谈到婚宴送礼时提到的"锦州后鞴义州马嚼"，这些物品能够进入九九礼，说明其质地上乘，做工考究。

在古代北方民族的战争中，骑兵作战是其最主要的交战形式。当一个民族或部落战败，撤出原居住地，并不像现在的人们想象得那样简单。因为进攻者速度很快，能够及时撤出的只能是有马匹并有机会事先得到消息的青壮年和随军将士，那些老弱病残、老营妇孺和马群以外的其他畜群及看护人等，一般都会滞留原地或在移动中被俘，或被屠杀，或被遣送原地。广吉剌部落在历史上曾多次西迁，但在喀尔喀和内蒙古依然有其后裔留存下来，并繁衍壮大，原因就在于此。另一个生动的例子来自《蒙古秘史》的记载。成吉思汗少年时，有一次受到三部篾儿乞惕的袭击，他和母亲、弟弟、妹妹和几个伴当骑马逃脱，媳妇和家庭老妇无马可骑，便乘牛车逃离，途中被蔑儿乞惕人抓住并带走[①]。同样，哈剌赤人在北撤时，青壮年和马群的一部分随军队转战各地，得以逃脱明军的追击，撤回到蒙古腹地。而他们的家属老少和不便快速运动的其他畜群和大部分农民，则无法得到顺利迁徙的机会，他们只能东躲西藏，分散逃难，等事态平静后，有人可能潜回原地，设法维持生计。因为马群是军队作战力量的一部分，农民起义军又缺乏骑兵，因此只要不是万般无奈，元军一般不会让战马落入敌人手中。另外，战争中的元军俘虏，除青壮年用于充军外，对大部分普通百姓，最常用的办法是将他们遣送原籍。这些留居原地的哈剌赤人，与撤往北方的子女、亲戚等，在一定

---

①　额尔登泰、乌云达赉：《〈蒙古秘史〉校勘本》，内蒙古人民出版社1980年版，第133—140页。

时期内，有可能保持某种联系。后来蒙古各部南下，其迁徙目标，大部分与他们的原住地或封地有关。

三　明清两代的喀喇沁

相对而言，明代以后的喀喇沁历史，脉络更清楚一些。对此，达力扎布、宝音德力根、乌云毕力格、晓克等学者的研究具有重要意义。

根据晓克的研究，15 世纪 20 年代中期至 30 年代中期（宣德年间），明朝对蒙古采取守势，兀良哈三卫开始南下。1470 年（成化六年），癿加思兰、孛罗忽、满都鲁等开始出入河套，至 15 世纪末（弘治年间）蒙古勒津—土默特部落集团已经驻牧于以丰州滩为中心的明朝宣大、宁夏边外的广阔草原上。1510 年（正德五年），达延汗平定蒙古右翼叛乱后，对诸子进行分封，蒙古各部落的游牧地逐渐稳定下来。之后，阿勒坦汗首次对兀良哈用兵时一直追击到兀良哈人的世居地克鲁伦河与斡难河一带的"巴勒吉之地"；第二次用兵，在布尔哈图罕山打垮了兀良哈（布尔哈图罕山今名汗博格多，位于蒙古国南戈壁省，在内蒙古巴彦淖尔盟乌拉特后旗北）；第三次攻击兀良哈时越过了杭盖山；第四次征讨发生在 1538 年，当时右翼鄂尔多斯、土默特、永谢布三万户在墨尔根济农、阿勒坦汗率领下驻扎杭盖山阳，博迪汗率左翼察哈尔、喀尔喀万户驻扎在杭盖山阴。蒙古左翼越过杭盖山同右翼联合攻击并瓜分了兀良哈，东边的世居之地被喀尔喀万户占据，西南部的牧地，即杭爱山以南、阿尔泰山脉以北地方，成为土默特万户的游牧地。晓克根据蒙古文献，提到十二土默特曾经守卫阿尔泰山十二通路（sube）或关口[1]。这个信息是值得深思的。

蒙古右翼三万户由蒙古贞—土默特万户、永谢布万户、兀良哈万户构成。喀喇沁万户成员属原永谢布万户，被分封给达延汗第三子巴尔斯博罗特的第四子巴雅斯哈勒汗。后来，巴尔斯博罗特季子博汕迪达喇占有了永谢布和阿苏特。结果，在永谢布万户的废墟上诞生了巴尔斯博罗特后裔统治下的喀喇沁万户。16 世纪 40 年代中期，当左翼蒙古诸部南下，察哈尔人控制北

---

① 晓克：《16～17 世纪蒙古土默特驻地变迁问题探讨》，《内蒙古社会科学》2008 年第 6 期。

部朵颜兀良哈时，南部兀良哈归附蒙古右翼万户，喀喇沁万户在向东发展的过程中，融合这些兀良哈居民，部落开始壮大。

清初，林丹汗攻击喀喇沁部，为报复，喀喇沁、土默特、鄂尔多斯、阿苏特、永谢布各部联合攻打赵城（在呼和浩特城一带）林丹汗军队。1628年7月，喀喇沁部首领兀良哈朵颜卫首领苏布地等怕遭林丹汗报复，遂率喀喇沁部投靠后金。林丹汗败走青海，皇太极诏封苏布地仍驻牧喀喇沁故地，赐号为都固棱。苏布地归附后金之后，为清帝入主中原攻锦州、破长城立下汗马功劳。天聪八年（1634），划分喀喇沁游牧地，天聪九年（1635）将喀喇沁部编为左、右二旗，以固鲁思奇布掌右翼旗（今赤峰市喀喇沁旗），并授扎萨克衔，编95佐领，辖地相当于现在的赤峰市区及喀喇沁右翼旗，王府在锡伯河北岸龙山南麓。苏布地叔色棱掌管左翼旗，辖地相当于今天辽宁省喀喇沁左翼蒙古族自治县、凌源、建昌三县，王府在官大海，后迁公营子（南宫营子）。康熙四十四年（1705）增设一旗，叫"喀喇沁中旗"，辖地包括宁城县、河北省平泉县和建平县部分地区①。

达延汗孙俺答汗的长子僧格的土默特部，逐渐从土默特万户分离出来，归属喀喇沁万户。原驻牧于归化城（内蒙古自治区呼和浩特市）附近地区，后由归化城东迁至喀喇沁牧地，再迁徙至喀喇沁部之东，即现在的辽宁省朝阳县、北票县、阜新蒙古族自治县一带。天聪三年，莽古尔岱之孙善巴率此部归附后金。天聪九年编为土默特左翼旗（包括蒙古贞），封善巴为旗札萨克。天聪二年噶尔图之子鄂木克楚琥尔归附后金，天聪九年，后金封鄂木克楚琥尔为札萨克，编其牧地为土默特右翼旗。喀喇沁两翼、土默特两翼四旗会盟于土默特右旗卓索图（在朝阳县境内）地方，故名卓索图盟。后增设喀喇沁中旗、喀尔喀左翼旗、锡埒图库伦旗，因此喀喇沁人所说的"五部喀喇沁"，因叙述者不同而出现差异。

明清两代，构成喀喇沁的最重要的部落来源是巴岳特、永谢布、兀良哈和土默特四部。

---

① 蒙古部族历史及分布，第三部分 蒙古帝国分裂后的蒙古部族，一、内蒙古地区部族——喀喇沁，wenku. baidu. com/link? u...

（一）巴岳特部

喀喇沁部最重要的氏族来源为伯牙兀部，他们是元代钦察卫的后裔。伯牙兀部，多写为巴岳特，亦写为伯岳吾、巴玉特、巴尤兀德、摆悦、巴雅特、巴颜图、巴雅兀特、巴岳图。巴岳特一词在突厥、蒙古语中意思相同，意思是"富人们"，后来部名变为姓氏，取汉字"白、巴、富"为姓。

据《西昌俞氏族谱》记载："……溯我西昌姜坡俞氏宗源，实为武安城黄羊川第七渡蒙古钦察部国主后裔姓玉里伯牙吾氏……"[①]"武安城黄羊川第七渡"，一说为今内蒙古赤峰地区。元朝至正十二年（1352），该族人在庐州（今安徽合肥）取姓氏首音"玉"的汉字谐音更改为汉姓俞氏。后人中将星璀璨，名家辈出，其中包括著名古典文学研究家、红学家俞平伯（1900—1990年）和清末蒙古镶蓝旗蒙古人锡良（1853—1917）。

在北元时代，蒙古左右翼中都包括巴岳特部落，其中土默特万户和内喀尔喀五部最集中。1625年，林丹汗问罪科尔沁奥巴洪台吉，导致内喀尔喀巴岳特鄂托克达尔汉巴图尔之子恩格德尔台吉归后金，后金移其部众于辽阳。属内喀尔喀五部之一的巴岳特部，驻牧地位于沈阳平房堡正北。部分人后迁入辽宁省阜新一带，构成蒙古贞巴岳特（巴尤兀德）氏主体，起汉姓"白"。据《蒙古姓氏》一书记载，北元时期土默特万户的巴岳特（巴牙兀德鄂托克），由阿勒坦汗次子布延台吉所领，牧地在大同府天卫城边外（天镇、阳高县）的伊赫巨力格。同牧的还有博尔济吉特、博尔和罗、克什克腾、乌噜特、雅苏等氏。另外，蒙古左翼喀尔喀中的巴岳特（伯岳武鄂托克），明末随阿尔楚博罗特南下。察哈尔部巴岳特的游牧地，当在今河北张家口一带，包括河北、山西北部，内蒙古中南部及阿巴嘎地区。呼伦贝尔克鲁伦河流域游牧的巴岳特属兀良哈部，叫做巴颜图。鄂尔多斯的巴岳特叫做巴彦诺特、巴亚特、巴亚古特，世代为成吉思汗的白宫服务。另据《蒙古部族》提供的资料，蒙古国居民中巴岳特人（巴雅特）约占1.9%[②]。

---

① 《俞姓家谱文献》，中文百科在线，www. zwbk. org/MyLemmaSh……aspx？lid＝12……2012－12－20。

② 蒙古部族历史及分布，第三部分 蒙古帝国分裂后的蒙古部族，二、漠北蒙古外喀尔喀诸部，wenku. baidu. com/link？u...

　　据《满洲镶白旗佐领详表》，满洲镶白旗 84 个佐领中，第一参领及第四、第五佐领为巴岳特诸姓①。蒙古镶黄旗亦有巴岳特氏，辛亥革命时由镇江迁至泰州，改姓罗②。

　　喀喇沁部中有许多来自巴岳特部的人。河北省平泉县白池沟乡，蒙古名 baijihu – in – ail（致富村），即来自"巴岳特"。其中，蒙和乌苏等村的"富"氏，是从"巴岳特"意译而来（词根 bayin，意为"富"）。蒙古营子等村的"傅"氏，是"富"的另一种写法。日本占领期间，当地警察署长为汉人，居民登记户口时，他认为姓氏没有取"富"字的，于是从汉族"百家姓"，强行把"富"字改为"傅"。即使这样，当地"富、傅"二家一直保持着族内不通婚的习俗（参见田野日志 1987 年 4 月 28 日，4 月 30 日）。在其他喀喇沁地区，来自巴岳特部落的人冠姓"白"，属于音译。在蒙古贞地区严格区别来自巴岳特的"白"姓和来自察哈尔的"白"（参见田野日志 1987 年 5 月 16 日，5 月 31 日）。

　　另据报道，尧熬尔（裕固）族中有巴岳特部后裔，叫做巴岳特塔乌鄂托克（biedtawen·otogh），汉语称"五个马家"。"巴岳特·塔乌"是"五个巴岳特氏族"之意，"塔乌"就是"五"之意。而"马家"是蒙古语 aimag（部）的讹传。尧熬尔族的巴岳特·塔乌部落游牧于梨园河以西（现分布在肃南县大河乡的大滩、红湾、光华、大岔及皇城镇西城村、大河乡政府所在地、皇城镇所在地和县城红湾寺镇），民国时人口减少至 300 多人。多数人都会讲尧熬尔语和蒙古语③。

（二）永谢布部

　　一般认为"永谢布"一名来自元代上都云需总管府。《元史·百官六》载："云需总管府，秩正三品，掌守护察罕脑儿行宫，及行营供办之事。达

　　① 《满洲镶白旗佐领详表》– yaluku 的日志 – 网易博客，blog. 163. com∕yaluku∕blog∕static∕106154791……36K 2009 – 4 – 15。

　　② 泰州姓氏来源—殷商传承文化研究网；殷商姓氏文化研究网；殷商后裔... 网址：www. yin – china. cn∕? acti...

　　③ 裕固族各部落姓氏_ 百度文库，网址：wenku. baidu. com∕link? u...

鲁花赤一员，总管一员，并正三品。"①《元史·志第三十八·百官三》记载："永备仓，秩从五品。至元十四年始置，给从九品印，掌受两都仓库起运省部计置油面诸物，及云需府所办羊物，以备车驾行幸膳羞。"② 然而，《元史·本纪第三十三·文宗二》记载："天历二年……二月……丙辰……永平、大同二路，上都云需两府，贵赤卫，皆告饥，永平赈粮五万石，大同赈粱粮万三千石，云需府赈粮一月，贵赤卫赈粮二月。"③ 可见"云需府"可能由"云"、"需"两府组成，有可能指上都府属宣德府及所辖云州府，在元代"云宣府"讹变为"云需府"，明代，在汉语晋北方言影响下，"云需府"蜕变为"永谢布"。

永谢布万户的氏族构成，当以永谢布十鄂托克为代表。对此，宝音德力根④、乌云毕力格⑤等人有深入研究。

根据他们的研究，永谢布万户十鄂托克中的老哈剌陈三部为哈剌陈（喀喇沁）、阿速（阿速特）、舍奴郎。哈剌陈与阿速分别源于元朝的钦察卫和阿速卫，"舍奴郎"为舍郎奴的误写，舍郎奴应拟音为 sirnud。"孛来"、"叭儿厰"二部分别对应布里雅特与巴尔虎，起初属卫拉特巴图特万户，后东迁河套地区，并融入永谢布万户。"奴母嗔"、"塔不乃麻"（五爱马克或五鄂托克）为蒙元时代的"五投下"，即扎剌亦尔，弘吉剌，亦乞烈思，兀鲁兀与忙兀（莽古特）五部，大约在喀喇沁孛来太师时投靠喀喇沁，后成为孛来太师的继承者。"奴母嗔" nomucin 应为云需府制作弓箭之人。"失保嗔"为术布姑真氏（汉姓龚），术布姑真为元代的昔宝赤——养鹰人，隶属云需府。"奴母嗔"、"失保嗔"二部应为永谢布的起源部落。"荒花旦"为"晃豁坛"的异音，据传成吉思汗六世祖海都次子腿快，行路如飞，喘息鼻声如摇铃（意为"轰铃"），后人以晃豁坛为姓。"当剌儿罕"可能是唐古特（党项人）的后裔。

笔者认为，钦察卫的核心应该是巴牙吾特，可能还有部分康里人和哈剌

---

① （明）宋濂：《元史·百官六》，中华书局1976年版，第2300页。
② （明）宋濂：《元史·百官三》，中华书局1976年版，第2204页。
③ （明）宋濂：《元史·本纪第三十三·文宗二》，中华书局1976年版，第731页。
④ 宝音德力根：《应绍不万户的变迁》，《西北民族论丛》2003年 。
⑤ 乌云毕力格：《喀喇沁万户研究》，内蒙古人民出版社2005年版。

鲁人。而阿速特人是昭武—月氏，即乌孙人的后代，元代为阿速卫军。他们都是发源自谦河流域的部落。舍奴郎 sirnud，在族源上可能与薛延陀有关，"薛部"在突厥碑文中写作 sir，缀加复数形式，便成为 sirnud。"失保嗔"是元代的昔宝赤，但不是术布姑真。"塔不乃麻"最早与哈剌陈（喀喇沁）接触的时间可能在元代。《元史·志第十·地理一》记载："上都路，唐为奚、契丹地。金平契丹，置桓州。元初为札剌儿部、兀鲁郡王营幕地。"①"当剌儿罕"与唐古特有关，但不一定是党项，契丹人区分唐兀和党项，可见契丹人了解它们之间的细微差别。"当剌儿罕"可能是薛延陀部落的起源之一延陀部后裔，突厥碑文写作 tarduch，契丹人称作敌烈或敌烈德，常和乌古部连称乌古敌烈。辽代的乌古就是元代的汪古部，《元史·列传第五》载："阿剌兀思剔吉忽里，汪古部人，系出沙陀雁门之后。远祖卜国，世为部长。金源氏堑山为界，以限南北，阿剌兀思剔吉忽里以一军守其冲要。"②

沙陀在唐代冠姓朱邪，朱邪是昭武的另一种发音，或写作处月，昭武九姓就是突厥沙陀部，突厥人称他们为乌孙人。辽代阻卜中的术布姑，指的是沙陀及阴山乌古部，其中有不少冠李姓者，后唐的建立者李克用就是沙陀突厥。"薛部"突厥人称作 sir，当来自"沙漠"sahr 一词，所以"薛部"可能就是沙陀部。"当剌儿罕"可解作"敌烈（德）种"，"种"维吾尔语称作 irk，蒙古语叫做 irgen，"当剌儿罕"按蒙古语合称，即为 dala（d）irgen，他们是古代丁零部后代，史称迭日勒根蒙古，鄂尔多斯部的达拉特部，应该是他们的后裔。乌古敌烈或薛延陀与前唐和后唐关系密切，所以契丹人称他们为"唐兀"，意思是"唐人"。契丹小字称后唐、后汉为楚不干，汉字写作"楚不古"或"术布姑"，"楚不古"是辽代阻卜的主要部落。后晋石敬瑭（沙陀后裔）称帝，割燕云十六州给契丹，契丹将十六州汉人叫做"楚不古"，"楚不古"从此成为汉人的代称。"楚不古"复数为"朝定"，本义为"伴当"，转指"义子"。忽必烈汗以皇弟身份经营的地方"爪忽都"（即后来的上都地区），即指这些地方。成吉思汗打败塔塔尔部，金朝封他为"扎兀惕忽里"，"扎兀惕"即"爪忽都"，"忽里"是数部之统领。

① （明）宋濂：《元史·志第十·地理一》，中华书局 1976 年版，第 1349 页。
② （明）宋濂：《元史·列传第五》，中华书局 1976 年版，第 2923 页。

在达延汗时代，永谢布的亦布剌太师被达延汗击溃后，逃入青海地区，今青海有鹰邵堡回回，是青海永谢布的后裔。永谢布遭到打击后，十营中除喀喇沁与阿速特两部及巴尔虎以外，其余八营合为永谢布一个鄂托克，这样，永谢布、喀喇沁、阿速特构成右翼三万户的永谢布万户。喀喇沁势力向东进入兀良哈地区，永谢布也逐渐融入喀喇沁，喀喇沁和土默特、鄂尔多斯成为蒙古右翼三万户。

综上，永谢布由皇帝行营总管府和禁卫亲军组成，其主要氏族来源有三：一是云需府的匠人、鹰人和牧民（孛来、叭儿厩、失保嗔）；二是钦察、阿速、唐兀卫军（喀喇沁、阿速特、当剌儿罕）；三是五投下军（塔不乃麻）。

（三）兀良哈部

乌梁海，亦写为兀良哈，属迭日勒根蒙古。分支有席日勒特德（席日特勒德，即薛延陀）、尼格斯尔（格尼格斯）、毕德兀特（鼻古德）；后人中有取汉字"乌，吴，于，魏"等为姓者。乌梁海后裔多分布于喀喇沁、蒙古镇、鄂尔多斯、乌鲁特等新疆、蒙古之地。另据《蒙古部族》统计，在蒙古国，乌梁海人约占1%，阿尔泰山、唐努山亦有乌梁海部落后裔。

根据现有资料看，蒙古喀喇沁部在族源上与历史上的兀良哈部有密切关系。兀良哈部属迭日勒根蒙古，"容貌近突厥"，祖系丁令—铁勒系民族。《蒙古秘史》记载："……合（中）泐合（中）河流入捕鱼儿（舌）海子处，有帖儿（舌）格等翁吉剌（舌）。"这个"帖儿（舌）格"，义为"车"，与契丹迭剌部是近族，契丹小字记音与蒙古语近似①。

据《史集》记载，大约在公元9世纪，原居于巴尔古真滩的森林百姓，迁徙至不而罕哈剌敦。在蒙元时代，兀良哈分为大禁地兀良哈和朵颜山兀良哈两部分。朵颜山兀良哈原属蒙古左翼军。成吉思汗建国，将兵民属众分封给儿子、侄儿、弟弟、母亲和功臣，把大兴安岭以东的部分地区分封给其幼弟帖木哥斡赤斤和三弟哈萨尔之子额勒只各台二人，作为他们的兀鲁思。其中分给额勒只各台3000人，该3000人多数为兀良哈人，还有少数乃蛮和塔

---

① 宝玉柱：《契丹小字由及其替换字研究》，《内蒙古大学学报》2006年第1期。

塔尔人。明代，当蒙古各部陆续南下时，属于额勒只各台一支的兀良哈人来到朵颜山一带驻牧，形成朵颜兀良哈。据学界考证，朵颜兀良哈所据朵颜山，即指内蒙古自治区兴安盟扎赉特旗北境的博格达乌拉山。

近代喀喇沁人追述其族源，一般都以成吉思汗勋臣兀良哈氏者勒篾为始祖。如，喀喇沁王府出版的《小学读本》第二册、第三册"历史"部分写道：祖先兀良哈氏，大贵族，古时为蒙古成吉思汗的挚友，因建殊勋，领属民6000户，成为喀喇沁旗，自古游牧于蒙古故地，居于额沁河畔。大清立国，速布地之后成为札萨格诺颜，称为喀喇沁右旗，自康熙七年世袭郡王衔至今。据其他文献记载，喀喇沁王室祖先为元朝太祖皇帝成吉思汗之九卿之一的兀良哈氏者勒篾，协助成吉思汗平定天下，因建有殊勋，招为驸马，称作塔布囊。者勒篾七代孙和通，领所属6000户，居住并游牧于额沁河畔①。自者勒篾（元初）至明末共370年历14代。第14代苏布地率30骑至沈阳拜谒大清皇帝。大清皇帝对苏布地予以褒奖，赏给黑马金鞭，封为喀喇沁札萨克诺颜，以体现对远道而来者的厚待……②

喀喇沁左翼蒙古族自治县武氏家谱前言记载：我们祖先之来历，自从蒙古圣皇帝成吉思汗的四弟委图·魏楚嘎（指帖木哥斡赤斤）、额古仑（指成吉思汗母亲斡额仑皇后）皇后崩，其弟建灵位于紫宫，以委图·魏楚嘎之子祭祀并赐予宫名。委图·魏楚嘎之第23代孙字来台吉及其长子纳姆赛、次子宝贝、三子布拜、四子布尼亚西日、五子奔巴西日、六子布日那巴拉6人随姑母托尼、姑父东宫诺颜，离开喀尔喀地方游牧至此地并定居。贼李自成叛乱，逼死明朝皇帝，夺取朝廷并自称皇帝时，大将军吴三桂潜逃至沈阳白山请天命皇帝，自东宫诺颜、托尼夫人至字来台吉及纳姆赛、布日那巴拉兄弟二人应圣皇帝于山海关外，并至请安，皇帝降旨以纳姆赛、布日那巴拉等人留守山海关。自后到此地定居（参见田野日志1987年5月7日）③。

---

① 《蒙古王公表传》记载："元时有扎尔楚泰者，生济拉玛，佐太祖有功，七传至和通（花当），有众六千户，游牧于额沁河（英金河），号所部曰喀喇沁。"和通于明正德二年（1507）被明封为朵颜卫指挥同知。

② 喀喇沁王府《蒙文读本》，第二、第三册，商务印书馆，中华民国五年十二月再版。

③ 家谱中写道：此家谱于中华人民共和国1962年正月29日由东哨武德胜、桑布拉重抄。家谱原件保存于辽宁省喀喇沁左翼蒙古族自治县原民族志办公室武俊英先生处。作者于1987年5月7日，于县民族志办公室手抄此家谱。

另据《蒙古秘史》记载：老铁匠札儿赤兀歹来献呈他的儿子者勒篾，并且说道："你当初在迭里温孛勒答黑地面生时，我曾经与了你一个貂鼠里儿的袄，者勒篾儿子也曾带了来。为着幼小上头，我仍抱回去养了。如今这儿子交与你，备鞍子、开门子。"① 者勒篾，也译为"济拉玛"，在成吉思汗统一蒙古诸部时曾三次救过成吉思汗性命，特赐他九次犯罪而不罚，被封为第九位千户那颜。后来，成吉思汗又将女儿花茵公主嫁于者勒篾之子吉伯格，享有"塔布囊"的称号（驸马）。从"备鞍子、开门子"的记载看，者勒篾最早的身份是铁木真的家奴。成吉思汗的后妃都有各自的家业和庐帐，即"斡儿朵"②。在蒙古十三个古列延中的第一个古列延就是由成吉思汗的母亲月伦—额客诸部、族人、斡耳朵里的侍臣、仆役及属下组成的③。根据蒙古孛儿只斤家族的风俗，本家灶火和财产由幼子继承，父母随幼子而居，因此成吉思汗幼弟帖木哥斡赤斤继承父亲也速该本家，母亲随幼子，是符合上述习惯的，他们的陵寝与成吉思汗、拖雷（成吉思汗幼子，成吉思汗本家继承人）一系的陵寝"大禁地"应该有区别。《辽史》记载，斡儿朵人生为斡儿朵军，死为守陵人，由此看，分属左翼军的者勒篾及其属民，最早应该是成吉思汗母亲及幼弟的宫人和守陵人。

大禁地兀良哈来自兀答赤带领的右翼军兀良哈千户，成吉思汗逝世后，驻牧于成吉思汗之大禁地，专司守卫成陵之职责。关于这个部落，《史集》多有记载："这个部落（兀良合惕部落）出自上述乞颜和捏古思的氏族，另有一群人被称为'森林兀良合惕人'④，但这些人与他们不同。这个森林部落（住在）巴儿忽真—脱窟木境内，那里住有豁里、巴儿忽惕和秃马惕诸部落，它们彼此相近。正如前篇所述，他们的部落和（部落）分支，不是原来的蒙古人。""在成吉思汗时代，森林兀良合惕部落出过一个千夫长，名

---

① 见《蒙古秘史》97 节蒙古文。符拉基米尔佐夫（B. j. Vladimirtsov，余元盦）《成吉思汗传：世界历史上的战争之王》，上海三联书店 1949 年版。

② 这就是后妃的"斡儿朵"，详见箭内亘《元朝斡耳朵考》一文中的"关于历代斡耳朵的后妃"条（《蒙古史研究》所收）。符拉基米尔佐夫（B. j. Vladimirtsov，余元盦）《成吉思汗传：世界历史上的战争之王》，上海三联书店 1949 年版。

③ ［波斯］拉施特主编，余大钧、周建奇译：《史集》第一卷第二分册第二编，商务印书馆 1983 年版，第 112 页。

④ 《史集》将"兀良哈"记为"兀良合惕"，为国名复数形式。下同。

叫兀答赤（ aūdāǐi），为右翼异密①。成吉思汗（死）后，他的子孙们带着自
己的一个千户，在称为不儿罕—合勒敦的地方，守卫着成吉思汗伟大遗骸所
在的他们的森严禁地（ǧūrūq），不参加军队，并且直到现今，他们还固定
受命［守卫着］遗骸。在成吉思汗的子孙中，拖雷汗、蒙哥汗以及忽必
烈—合罕的子孙和他的氏族的伟大遗骨，也安置于上述地方。……成吉思汗
其他子孙的伟大遗骨则在别的地方。""这兀答赤氏族，由于他们是普通奴
隶，自古以来不把姑娘嫁给（外人），也不娶（自外人）。"②《史集》中又
说客赫邻—巴牙兀惕居住在薛灵哥河沿岸，"……那里住有兀孩—客列术
（k(a)raǰu）氏族的一千斡亦剌惕人，守护着这个营地（maqām）。在成吉思
汗青年时期之初，当他与泰亦赤兀惕部开始作战，征集军队时，大部分巴牙
兀惕部落和他结成了同盟。他们组成他的十三古列延军队中的一个古列
延③，他命令将这个部落称为斡脱古。他们拥有习惯所规定的可从（成吉思
汗）氏族中聘娶姑娘的权利。"④"兀该—哈剌术（斡亦剌特人）——看守坟
葬地的人……蒙古有一座名叫不儿罕·合勒敦的大山。从这座山的一个坡
面流出许多河流。这些河流沿岸有无数树木和森林。泰亦赤兀惕部就住在这
些森林里。成吉思汗将那里选做自己的坟葬地，他降旨道：'我和我的兀鲁
黑的坟葬地就在这里！'成吉思汗的驻夏和驻冬牧地就在那一带；他出生在
斡难河下游的不鲁克—孛勒答黑地方，距不儿罕—合勒敦有六天路程。那里
住着兀孩—哈剌术氏族。……在成吉思汗诸子之中，幼子拖雷就葬在那里，
拖雷的儿子蒙哥合罕、忽必烈合罕、阿里—不哥及死在那边的其他后裔们的
埋葬地也在那里。成吉思汗的其他后裔，如术赤、察合台、窝阔台和他们的
儿子们及兀鲁黑，则葬在其他地方。这块伟大的禁地（ǧūrūq）由兀良合惕

---

① 另一处记作左翼千户。《史集》，第 1 卷，第 2 分册，第 2 编，第 369—375 页：左翼——木华黎
国王属下有也速—不花太师千户（兀良合惕部人，者勒蔑—兀赫之子）、速别台把阿秃儿千户（兀良合
惕部人）和兀答赤千户（兀良合惕部支系槐因部人，大禁地守护者）三个。

② ［波斯］拉施特主编，余大钧、周建奇译：《史集》第一卷第一分册第四编，关于过去就称为蒙
古的突厥诸部落，兀良合惕，商务印书馆 1983 年版，第 255—261 页。

③ "第八个古列延"由成吉思汗的堂兄弟、蒙格秃—乞颜的儿子敞失兀惕及其兄弟们，以及以翁古
儿为首领的迭儿列勤巴牙兀惕部组成。巴牙兀惕部有"敞失兀惕巴牙兀惕"。见［波斯］拉施特主编，
余大钧、周建奇译《史集》第一卷第二分册第二编，商务印书馆 1983 年版，第 112 页。

④ ［波斯］拉施特主编，余大钧、周建奇译：《史集》第一卷第二分册第一编：成吉思汗列祖纪
序，商务印书馆 1983 年版，第 287—288 页。

部的异密们担任守护。"① 成吉思汗的陵寝位置是成吉思汗自己选定的，同其父母和祖先其他人的坟地不在一处。

但是，看护大禁地的，是兀良合惕人中的一部分，他们应该是当今鄂尔多斯蒙古鄂托克人（参见前述引文"他命令将这个部落称为斡脱古"）和其他看守成吉思汗陵墓的部分兀良合惕人的祖先。并不是所有喀喇沁人都来自看坟地的兀良合惕人。专管陵寝祭祀并看护其山林的人，喀喇沁土语中称"珠喇钦"。关于珠喇钦及其义务，在宁城县八家村一封手抄文献中交代得非常清楚。文献开头叙述喀喇沁中旗先祖万丹卫征及其陵寝位置等问题，因不宜公开，在此引证时删去。其曾孙格日勒是喀喇沁中旗第一任札萨克，在迁葬祖陵并修陵时，致书并将官员招致衙门嘱咐道：

……今叫你们，让你们世世代代作为守陵之珠喇钦，使你们的子孙增丁不抽，减丁不补，使你们的子女官府不做丫鬟，永不为活人做事，并彻底免除你们所属官吏的一切差遣义务。因为你们要永远跟随札萨克诺颜的陵寝，所以衙门让你们剃头，只留三缕头发，并且让你们头戴白纸帽，身穿白纸衣，连同鞋袜全着白色，使你们成为跟随逝者的活鬼。为此，免除你们在各苏木的金钱、车马等一切贡赋差役，唯恐以后有贡赋差役时征收或增收，我已向你们的章京、坤都、保仕格等断然嘱咐。你们的固定差役与新丘们一样，不增不减，与各苏木无关，均为陵寝差事、旋挖、埋葬、修理庭院等，届时由官仓供给食粮。又，迎送官吏，逢大小喜事，官吏去叩拜时，由珠喇钦安排住宿，旗王府各官陪同各臣等顶戴花翎者前往叩拜时，由你们安排食宿、草料，不涉各苏木事。王府红白喜事三次出钱，每次各不过三千，每次王府有红白喜事，收钱不超过一百，须见印书才能付给，没有官府印书不付钱。另有木兰围时，每户出钱约五百，不参与出军征讨，除巡视看护陵寝及所属森林物产，对各珠喇钦不摊派其他差役。珠喇钦每年到衙门领取两处陵寝四季祭祀用羊两只、果品各八石，以及礼酒和香火，用于祭祀……

① ［波斯］拉施特主编，余大钧、周建奇译：《史集》第一卷第二分册第二编，商务印书馆1983年版，第321—322页。

可见，珠喇钦的角色与达尔扈特相同，是奴隶陪葬制消失后留下的遗迹。

从这些记载看，（1）大禁地兀良合惕部和森林兀良合惕部不同，属于迭儿列勤部，是成吉思汗家族的斡脱古—孛斡勒（世袭奴隶），而后者不属于"原来的蒙古人"。（2）兀答赤的兀良合惕部和斡亦刺特人的兀该—哈刺术部可能指同一个部落，兀良合惕部和斡亦刺特部可能很接近。在鄂尔多斯人中有"乌和日喀喇沁"，又有"伊赫喀喇沁"、"巴葛喀喇沁"，他们应该是兀答赤兀良合惕的后裔，他们守护成吉思汗本家墓地，因此归入鄂尔多斯部是合理的。（3）兀该—哈刺术的意思可能是看守坟葬地的人。巴牙兀惕部和兀良合惕、斡亦刺特同时居住在一个地区，身份和职业相同，有可能彼此接纳和融合。（4）另一部分兀良合惕守护的是成吉思汗母亲及幼弟一系家族墓地，其后代，在北元达延汗时期成为左翼三万户之一——兀良哈万户。（5）喀喇沁部的这一源流，受到喀喇沁人的认可，并受到许多学者的重视。喀喇沁部的其他源流，将在后几节继续讨论。

兀良哈人在元代属海西辽东哈思罕等处鹰房诸色人匠怯怜口万户府。明初，在此地置泰宁、朵颜、福余三卫，隶北平行都司。卫拉特进入漠南，兀良哈人在北元、卫拉特、明朝夹缝中生存。

北元卜赤汗时期，兀良哈万户因叛乱而受到镇压和讨伐（1524、1531、1538），兀良哈部建制被取消，部分兀良哈人向西北逃入唐努山和阿尔泰山，构成唐努兀良哈、阿尔泰兀良哈。

在北元达来逊汗时（1548—1557年），蒙古察哈尔和喀尔喀（喀尔喀万户包括札鲁特、巴岳特和翁吉刺特三部）向东迁徙至兀良哈三卫驻牧地，吞并了福余、泰宁二卫。朵颜卫兀良哈人以其游牧地之远近和关系分别归入喀喇沁、土默特（包括蒙古贞部）和察哈尔。

17世纪末，部分兀良哈人迁徙至合木吉克（huhe monqog）地方，构成合木吉克兀良哈（即图瓦）。乌梁海（兀良哈）人与图瓦人、特棱古特人生活方式相同，都居住在阿尔泰山、唐努山的山林中。特棱古特人被称为阿尔泰诺尔乌梁海，分为两个旗。他们信奉喇嘛教，现在生活在今俄联邦阿尔泰共和国。图瓦人被称为唐努乌梁海，分为五个旗，四十五个苏木。他们也信奉喇嘛教，现在多生活在今俄联邦图瓦共和国。阿勒泰（阿尔泰）乌梁海部，除

1933 年躲避民族仇杀逃到外蒙者，其余部分生活在今阿尔泰市以及青河县、布尔津县等县。原先六旗中的麦林旗、冬库尔旗全部迁居外蒙①。（见表 3）

表 3　　　　　　　　　　　　　　阿尔泰乌梁海七旗部落或苏木

左翼	1. 太文贝子旗	阿合（白人）	奥尔次克	土默特（克里布凯）	郭恩茨嘎	乌梁海	桑
	2. 麦林旗						
	3. 察干索颜旗	木尔古特	特凌古特				
	4. 哈喇索颜旗	辉特	夏那嘎齐	哈拉撒勒	哈特特须		
右翼	1. 巴伦贝子旗	阿合（白人）	奥尔次克	色尔瓦	明嘎特		
	2. 冬库尔旗						
	3. 阔库木恰克旗	厄尔格特	佳格都瓦	匈古尔	魁克		

资料来：作者整理。

值得注意的是区分了察干索颜和哈喇索颜，"索颜"可能是"阻卜"的蒙古语发音。察干索颜包括木尔古特和特凌古特，前者为"梅里急"，后者为"敌烈"。哈喇索颜包括辉特、夏那嘎齐、哈拉撒勒、哈特特须。辉特是卫拉特的一部；夏那嘎齐，义为"掌勺人"；哈拉撒勒，可能是《元史》称"哈剌哈真沙陀"的缩短形式；"哈特特须"不知何义。"阔库木恰克"是图瓦人的自称，应读为 koke mun quwuge，即"苍天大（阴山）楚不古"，其中包括厄尔格特、佳格都瓦、匈古尔、魁克。"厄尔格特"，与喀喇沁姓"鄂尔克特"氏有关，不一定按"有权威"解释，可能来自玉里伯牙吾氏的"玉里"，突厥语 uluk，义为"大"。玉里伯里山是土土哈家族西迁后的居住地。正因为如此，"鄂尔克特"取汉字"傅"为姓，在记录伯牙吾氏时，"傅、富"通用。"鄂尔克特"的另一种来源可能是契丹语的"夷离堇"，在突厥语和蒙古语中发音为 erhin（贵族），在蒙古语中后又分出 irgen（百姓）。"佳格都瓦"中的"都瓦"，即图瓦；"佳格"义为"鱼"，与喀喇沁的扎哈钦氏有关。"匈古尔"为鹘隼，属于猎鹰类。"魁克"，突厥语"天"，

---

① 蒙古部族历史及分布，第三部分 蒙古帝国分裂后的蒙古部族，三、漠西蒙古 - -7. 乌梁海人（兀良哈），网址：wenku. baidu. com/link? u...

蒙古语"蓝色"。分析这些部落构成对认识消失后的兀良哈部落及其同其他部落的融合，有一定的借鉴作用。

　　后金打败林丹汗，原属喀喇沁的黄金贵族被排挤出喀喇沁，清廷将他们分散到其他蒙古部落，兀良哈系蒙古控制喀喇沁，并居住于现今的喀喇沁左、右翼旗境内；蒙古贞部定居阜新地区；原属土默特的兀良哈人忙古岱之孙善巴①从征州淘金图（今河北独山北），带领 1620 户属众，东迁到今义县、北镇边外驻牧。1635 年清廷设土默特部扎萨克，善巴为土默特左翼扎萨克，蒙古贞部属土默特左翼旗管辖。据《蒙古部族》提供的信息，土默特左翼旗自 1637 年到 1949 年的 313 年中，善巴后裔继任多罗贝勒，沿袭 15 代。蒙古贞地区的兀良哈氏（塔布囊）人如今有 5000 余人②。

（四）土默特部

　　明清两代，土默特的氏族构成应以十二鄂拓克土蛮为代表，包括多罗土蛮（七土蛮）、兀甚、蒙古贞（蒙郭勒津）、委兀真（卫郭尔沁）、伯岳吾特、兀鲁、弘吉刺特（鸿吉剌特）、毛明安（茂明安）、巴林等等，同时还包括打郎（达喇特）、达合斯（布喀斯）、杭锦、察库特等许多部。其中多罗土蛮是土默特部的核心。多罗土蛮（七土蛮）可能与《辽史》中的"七火室韦"有关。"火"是蒙古语"鄂拓克"的对译词。辽代有"特里特勉"，同稍瓦、曷术之类，属于有部而不族者③。他们属于契丹境内成部落但不属于某一特定族属的人，往往都是从事某一职业的人，其成员大部分来自相邻部落的战俘等。"特里"可能是"七"，"特勉"可能是数词"万"，但不是实数，表示数量多，在此有可能指"群牧"。辽代有"特满群牧"和"特满军"，应该属于同类。

　　《史集》中讲巴儿忽惕（b(a)rqūt）、豁里（qūri）、秃马惕、秃剌思（tūlās）、斡亦剌惕、不剌合臣（būl(a)hǐin）、客列木臣（k(a)r(a)mū ǐin）和

---

　　① 善巴是者勒蔑十三代孙，者勒蔑七代孙为花当，1507 年任朵颜卫左督，花当之子格尔博罗特，格尔博罗特之子格日勒台，格日勒台之四子忙古岱，忙古岱之子诺木图伟征，诺木图伟征之子善巴。

　　② 蒙古部族历史及分布，第三部分 蒙古帝国分裂后的蒙古部族，一、内蒙古地区部族--14. 兀良哈-乌梁海蒙古，网址：wenku. baidu. com/link? u...

　　③ （元）脱脱等：《辽史·志第二·营卫志中·部族上》，中华书局 1974 年版，第 376 页。

槐因—兀良哈（hūin－aūriānkqeh）等部落被称为森林部落，居住在乞儿吉思人和谦谦州人地区的森林里。称秃马惕是巴儿忽惕人的亲属和支系①。这些部落融入喀喇沁后，作为姓氏保留下来，他们是从土默特部流入喀喇沁的。另外，《史集》还区别了兀剌速惕（aūrāsūt）、帖良古惕（t(a)1(a)nkūt）和客思的迷部落，称"这些部落类似于蒙古人；他们以熟悉蒙古药剂、用蒙古［方法］很好地治病闻名于世"。"类似于蒙古人"的这些部落便是土默特十二鄂拓克中多罗土蛮（七土蛮）以外的其他部落兀甚、蒙古贞（蒙郭勒津）、委兀真（卫郭尔沁）、打郎（达喇特）、达合斯（布喀斯）。其中，兀甚即兀剌速惕，亦写为"呼真"或"浒慎"，其祖先为月氏和乌孙（阿速），在同客烈亦部的战斗中同撒哈夷部归附铁木真；打郎（达喇特）即帖良古惕（t(a)1(a)nkūt），达合斯（布喀斯）可能是客思的迷；蒙古贞（蒙郭勒津）和委兀真（卫郭尔沁）是由这些"类似蒙古人"的部落组成的部落，后来逐渐统一为蒙古贞（蒙郭勒津）。十二鄂拓克土蛮中的"伯岳吾特"来自钦察部；"弘吉剌特"属于五投下；"兀鲁"，亦写为兀鲁兀惕、兀鲁兀、斡日古岱等，属于五投下，来自篾年土敦七子纳臣把阿秃儿的儿子兀鲁兀岱之名，该部在同客烈亦部的激战中曾经建立战功；"杭锦"属于康里；"察库特"即阻卜楚不古部；"毛明安"，有二，一是成吉思汗弟哈布图哈萨尔嫡系后裔的毛明安部，二是卫拉特部辉特的伊克明安，"毛明安"的"毛"应解为"大"（伊克），元代称作大明安部，可能居住于现在的宁城一带；"巴林"属巴林部。综上，说明土默特是一个由多种部落组合而成的部落，他们的起源部落多在谦河流域。

秃马惕是一个古老的部落，曾经和成吉思汗的远祖有婚姻往来，《蒙古秘史》多有记载，但秃马惕部在元代并不出名，《史集》说他们是"一支非常好战的部落和军队。……他们［蒙古人］打了几次大仗，才征服了秃马惕部落。但字罗忽勒那颜却在战争中被杀。因为秃马惕人是一个奸诈、不怀好意的部落，所以［蒙古人］屠杀了他们的许多人"②。

---

① ［波斯］拉施特主编，余大钧、周建奇译：《史集》第一卷第一分册第二编，商务印书馆1983年版，第198—200页。

② 同上书，第200页。

　　土默特的另一个族源是怯烈部的土绵·秃别干。《蒙古秘史》卷六谈到王罕对成吉思汗的一次战斗，王汗采取多波次攻击战术，其中派出的部落依次为：只儿斤、土绵·秃别干、斡栾·董合亦_惕、敏罕·土儿合兀的、也客豁_勒①。"只儿斤、斡栾·董合亦_惕"称作"勇士"；"敏罕·土儿合兀的"译作"一千护卫"，由太子领兵；"也客豁_勒"译作"大中军"。"土绵·秃别干"处于第二攻击波，前后两个攻击波都由勇士组成，"土绵·秃别干"应该也是一个英勇善战的部落。"土绵"为"万"数，"斡栾"为"多"数，暗示这两个部落人数较多。这里的"秃别干"，即辽代阻卜的"楚布干"或"楚不古"，如前所述，词的本义为"伴当"、"义子"，辽代多指原隶属后唐、后汉的沙陀等部遗民，这里具有"亲军"、"质子军"的意思。再从反面看，对阵王罕前两轮攻击波的是兀鲁兀敦姓的主儿扯歹和忙忽敦姓的忽亦勒答儿，对前者，成吉思汗称之为"伯父"，而后者，是成吉思汗"契交的"（即"伴当"）。札木合称他们是"从小枪刀里惯，他的旗纛或花或黑，见时可提防着"。说明他们都是成吉思汗的亲军死士，举黑纛或花纛，这似乎证明，与他们对阵的只儿斤、土绵·秃别干等部落论资历和战力，应该与他们旗鼓相当。这些部落后来都归附了成吉思汗。

　　《元史·列传第十七·完泽》记载："完泽，土别燕氏。祖土薛，从太祖起朔方，平诸部。……父线真，宿卫禁中，掌御膳。中统初，从世祖北征。四年，拜中书［右］丞相，与诸儒臣论定朝制。完泽以大臣子选为裕宗王府僚属。裕宗为皇太子，署詹事长。入参谋议，出掌环卫，小心慎密，太子甚器重之。……（至元）三十一年，世祖崩，完泽受遗诏，合宗戚大臣之议，启皇太后，迎成宗即位……世称贤相云。"②"土别燕"就是秃别干。

　　《元史·肖乃台传》说得更明确："肖乃台，秃伯怯烈氏，以忠勇侍太祖。……命佩金符，领蒙古军，从太师国王为先锋。"③秃伯怯烈氏，即怯烈秃别干。《元史·术赤台传》记载这次成吉思汗同王汗的战争："初，怯

---

　　① 额尔登太、乌云达赍：《〈蒙古秘史〉校勘本》，内蒙古人民出版社1980年版，第373页。

　　② （明）宋濂：《元史·列传第十七·完泽》，中华书局1976年版，第3173—3174页。

　　③ （明）宋濂：《元史·列传第七·肖乃台》，中华书局1976年版，第2965页。

列王可汗之子鲜昆有智勇，诸部畏之。怯列亦哈剌哈真沙陀等率众来侵。"①
但在《畏答儿传》中却说"太祖与克烈王罕对阵于哈剌真"。②学界多从后
一记载，认为"哈剌真"即哈剌真沙漠，并考证确有此地。但前一个记载
也值得重视。因为《阿剌兀思剔吉忽里传》说他是"汪古部人，系出沙陀
雁门之后"，"哈剌哈真沙陀"的"哈剌哈真"即为"看门人"，与上述
"沙陀雁门"不谋而合。另外，《元史·按竺迩传》记载："按竺迩，雍古
氏。其先居云中塞上，父黝公，为金群牧使。岁辛未，驱所牧马来归太祖，
终其官。按竺迩幼鞠于外祖术要甲家，讹言为赵家，因姓赵氏。年十四，隶
皇子察合台部。"③《赵世延传》也记载："赵世延，字子敬，其先雍古族人，
居云中北边。曾祖黝公，为金群牧使，太祖得其所牧马，黝公死之。祖按
竺迩，幼孤，鞠于外大父术要甲，讹为赵家，因氏为赵。"④这里的"术要
甲"，即为辽代的"楚不古"，亦写做"述布姑"，"术要甲"是女真化的发
音。"雍古"即"汪古"，其外祖为沙陀之后，"术要甲"即"楚不古"、
"秃别干"，意为"伴当"、"亲军"，他们祖先又是金代群牧使，由此"怯
烈土绵·秃别干"的来源也就逐渐清晰。

　　另据调查，土默特右旗（朝阳县乌兰和硕乡东乌兰和硕村郜俊杰提供）
的主要姓氏为：郭尔罗特（高）、杭坛（杭）、bogud（鲍）、希格吉努特
（被贬驸马，金）、额尔和古特（金）、希勒特格特（谢、史、席）、奴鲁特
（欧、鲁）、巴尤特、巴林（白）、泰楚特（邰）、台吉（宝）、忙努特
（王）、吉鲁特（己）、常氏、哈拉努特（韩）。俗语（tanghai uge）讲：杭
坛处处走，宝勒格楚特随地跑，郭尔罗特满沟坎，土默特姓主要是这三姓。
泰楚特氏，据说最早来自归化城。白氏分两种，一是巴林，一是巴尤特。乌
氏来自乌彻特（uqeged）。陈氏来自齐默特，据说来自察哈尔。王氏来自忙
牛特（mangnigud）。孟氏来自梅尔格特（merged）。包氏分两种，一是来自
宝勒格楚特（bolagquud），一是来自布尔只吉斤。张氏来自汉族，祖辈来自
山东。（参见田野日志 1987 年 5 月 16 日）

---

① （明）宋濂：《元史·列传第七·术赤台》，中华书局 1976 年版，第 2962 页。
② （明）宋濂：《元史·列传第八·畏答儿》，中华书局 1976 年版，第 2987 页。
③ （明）宋濂：《元史·列传第八·按竺迩》，中华书局 1976 年版，第 2982 页。
④ （明）宋濂：《元史·列传第六十七·赵世延》，中华书局 1976 年版，第 4163 页。

四　喀喇沁部氏族构成分析①

　　追踪一个民族的历史渊源会遇到很多难以想象的困难，更何况一个部落。传统的蒙古文献主要通过统治者的世袭脉络接触部落归属及其流变。在近代蒙古史学中，由于充分挖掘和利用各种文献资料、考古资料和民族学调查成果，蒙古族的部落渊源研究取得重大进展。

　　此节由 3 个部分组成。其中，"喀喇沁蒙古族其他姓氏探源"分析构成喀喇沁部的 49 个氏族来源。"蒙古右翼各部姓氏比较及其共性与个性"通过比较蒙古右翼三部姓氏构成，揭示右翼三部在氏族来源上的共同点和差异点，突出显示各部不同的氏族来源特征，同时分析各部氏族成分在历史发展中的交叉、融合情况。"喀喇沁蒙古族姓氏的汉化与姓氏结构的重构"主要以姓氏记录用汉字作为线索，探讨氏族分化、组合的一般规律。"喀喇沁蒙古族其他姓氏探源"以部落来源作为重要线索，属于成分分析，如血液抽样化验，从氏族构成分析入手，探索喀喇沁部落形成、演变过程中氏族群体的主次、前后搭配及氏族名称反映出来的氏族成员社会角色的一般特点。

　　关于利用姓氏构成分析部落和民族构成的想法，是在 1987 年第一次对喀喇沁等地区进行田野调查时产生的。喀喇沁人对自己部落和氏族来源的叙述让笔者感到震惊，这和史书、家庭、社会教育中的大一统蒙古思想是抵触的。著名蒙古史学家贾敬颜先生听到笔者报告后非常高兴，说他早年就有周游蒙古地区，搜集蒙古氏族部落信息的想法，碍于当时条件，始终没能成行。年青一代可以做这件事，但他提醒，氏族部落的情况极其复杂，研究难度很大，不能急于求成。后来的实践证明这项研究难度确实很大，此次研究只是一个尝试（参见田野日志 2009 年 8 月 16—18 日）。

（一）喀喇沁蒙古族其他姓氏探源

　　喀喇沁部除主要氏族部落外，还有一些其他姓氏，在此做一扫描，作为前一节的补充。

---

　　①　原文《喀喇沁部氏族构成分析》发表于《内蒙古民族大学学报》2013 年第 3 期。

阿勒坦鄂谟克：据《清朝通典·氏族略·满洲八旗姓》，又作阿尔谈鄂谟克，世居喀喇沁。据史籍《清朝通志·氏族略·附载蒙古八旗姓》记载，蒙古族阿勒坦鄂谟克氏，亦称阿尔谈鄂谟克氏，源出蒙古"黄金家族"的孛儿只斤·阿勒坦及其所属乌珠穆沁部落，原属于土默特万户蒙古，世居土默特（今内蒙古土默特旗）、贝加尔湖地区。孛儿只斤·阿勒坦的后裔有两个分支，即阿勒坦·鄂谟克氏、珠尔吉特·鄂谟克氏，皆是以先祖名字为氏族或部落称谓，后为姓氏，世居巴颜和罗（今内蒙古西乌珠穆沁旗）[1]。据《蒙古秘史》记载："合（中）不勒生七子：一名斡勤巴儿合（中）黑，一名把儿坛把阿秃儿，一名忽（中）秃黑秃蒙古儿，一名忽（中）图剌合（中）罕，一名忽（中）阑，一名合（中）答安，一名脱朵延斡惕赤斤。斡勤巴儿合（中）黑的子名忽秃黑秃主儿乞。忽秃黑秃主儿乞生二子：一名薛扯别乞，一名台出，他每做了主儿乞姓氏……忽图剌合罕生三子：一名拙赤，一名吉儿马兀，一名阿勒坛。"即珠尔吉特的全名为忽秃黑秃主儿乞，父亲为合不勒汗长子斡勤巴儿合黑；阿勒坛（阿勒坦）的父亲是忽图剌合罕，合不勒汗的第四子；成吉思汗父亲也速该把阿秃儿是合不勒汗次子把儿坛把阿秃儿的第三子。因此，阿勒坦、珠尔吉特、也速该把阿秃儿都是合不勒汗的孙子。

阿苏克：据《清朝通志·氏族略·附载蒙古八旗姓》记载，蒙古族阿苏克氏，世居喀喇沁（今内蒙古赤峰喀喇沁旗）、阿克苏（今新疆阿克苏），以地为氏。

有人认为，蒙古族阿苏克氏，源出隋、唐时期的粟特族人阿苏克部，其时主要依附于突厥民族政权。唐朝史籍中称之为"昭武九姓"的粟特族人中的一支，在其首领阿苏克的率领下归顺于移涅可汗，所率族群其后即被移涅可汗以"阿苏克部"称之，遂成为该部落的称谓，后演化为姓氏。阿苏克部主要活动于西域地区南部，即今新疆维吾尔自治区的南疆阿克苏地区至中亚一带，大多从事商业活动，包括奴隶买卖与贩运。唐天宝四年（公元745年），东突厥政权为回纥民族所灭。其族分散于回纥族、北狄族、汉族、女真族中。阿苏克部后来大多融合于回纥民族和蒙古民族。在清朝中叶以后

---

① 阿勒坦鄂谟克姓—百度百科，baike. baidu. com/view/1627947. htm 19K 2009－8－27。

多冠汉姓为金氏①。

《暾欲谷碑》（芮传明译）载："（南Ⅱ–1）我们远抵铁门。在此，我们下令部队班师。（由于害怕……）大食人、吐火罗人……（南Ⅱ–2）以及属于他们那一方的以阿苏克为首的粟特人，全都前来，归顺移涅可汗。突厥人此前从未到达过铁门，（南Ⅱ–3）以及被称为：'天子'的山脉。如今，由于我引导（突厥军队）远抵这些地区，（南Ⅱ–4）他们将大量的黄金、白银、女子、骆驼、珍宝带回家中。"②"粟特"是昭武九姓国中的"漕矩吒"，亦称"斫句迦"或"沮渠"，简称"漕国"。《隋书·西域列传卷四十八》《唐书·西域列传》卷一四六（上）"罽宾国条"载，漕国即汉代的罽宾。"罽宾"，发音接近"师比"、"犀比"、"犀毗"，即"鲜卑"。jawu 或 jagu 对应"斫句迦"或"沮渠"，是"昭武"的音译，突厥碑文称"以阿苏克为首的粟特人"，由此我们知道"阿苏克"与"昭武"对应。昭武九姓国中的"米国"，亦称"弥末"或"弭秣贺"，可见"弥末"如果全展开，就会变成"习弥秣贺"，因为另一昭武九姓国"火寻"，另名"货利习弥"，"货利+习弥"，义为"胡人鲜卑"。"习弥秣贺"读 simi moho，义为"鲜卑大人（父）"，指的是"乌孙昆莫"。蒙古语"乌孙"，亦称许兀慎（旭申），"昆莫"即"大山（父）"，库莫奚是其同族。"昆莫"（昆弥、昆靡）指乌孙王，突厥语中"昆莫"可解为"天子"，这个"天子"，来自于 huren moho（大山父）。在黑诺盖部中有库梅克诺盖（kumyk Nogays），分 3 个分支，Aksay（Yakhsay）、Kostek 和 Tarki（Targu），就是阿克苏、和田、达剌乖。阿克苏在阿勒泰乌梁海左翼中记为"阿合"，应属于"察干索颜"（白索彦）的一种。

巴克西纳尔：亦写巴戈西那日，来自身份"师傅们"，取汉字"可、师、乌"为姓。据说巴蜀地区的可氏来源于巴克西纳尔氏，源自成吉思汗的庶支后裔，分居于喀喇沁地区（今辽宁喀喇沁左翼蒙古族自治县）。在元朝初期，巴可西纳尔氏随忽必烈征伐大理国，围恭州（今重庆）长达十余年，其后裔子孙有落籍于巴蜀地区者，改汉姓为可氏。喀喇沁地区的巴可西纳尔

---

① 简明满族姓氏全录_ 百度文库，阿苏氏，wenku. baidu. com/link? u...
② 突厥研究——古突厥碑铭译文，www. guoxue. com/study/oy/tujue/dyugub. htm 16K，2003 – 7 – 17。

氏取汉姓"师、乌"，蒙古贞巴戈西那日取姓"师"。"巴克西纳尔"和"可氏"的关系，还有待深入研究。

巴鲁特：据《满洲古今地名对照表》：巴鲁特氏，居地喀喇沁。出自元朝时期蒙古族巴鲁特部落。另据《清朝通典·氏族略·满洲八旗姓》，巴鲁特，世居喀喇沁，明朝中叶以后改汉字姓白、苏。分衍有卓巴鲁特氏[①]。巴鲁特氏的另一种写法，见"博鲁特"。

宝勒格沁：亦写做布拉嘎钦、博勒和、布勒哈齐，取汉字"暴、包、宝、保"为姓，分布于喀喇沁、蒙古镇、乌鲁特等地。据《清朝通典·氏族略·满洲八旗姓》记载，满族最古老的姓氏，乃金旧姓"博勒和"，世居喀喇沁。据《百度百科名片》，宝勒格沁姓出自宋、金时期蒙古婆速火部。公元12世纪末，金国大将军完颜宗浩率军北征蒙古广吉剌（宏吉剌）、合底斤、山只昆等部至呼歇水（今蒙古鄂尔浑河），又击败位于移米河（今内蒙古鄂温克族自治旗伊敏河）的蒙古婆速火部。婆速火部败后，请求内附，成为金国的博勒和氏族，亦称宝里吉特氏、博尔济克氏。金灭，博勒和氏族回归蒙古，成为蒙古宝勒格沁氏，世居喀喇沁。清朝中叶以后，多冠汉姓为暴氏、包氏、宝氏、保氏等。蒙古贞有宝拉各楚德氏，取汉姓"包"。另据《满洲古今地名对照表》：布勒哈齐氏，居地乌鲁特，蒙古乌鲁特部游牧地，今内蒙古东南。

其实，蒙古宝勒格沁氏与满洲"博勒和"氏无关。"博勒和"源自"婆速火"，而"婆速火"是宏吉剌近族。"婆速火"可以有两种解释，按契丹语义为"兴盛"，按蒙古语义为"升起来的"、"逃走的"，该词在两种语言中是同根近义词，从宏吉剌部自额尔古纳·坤不辞而别的历史看，后一种解释更符合实际。宝勒格沁，意为"水獭猎手"，属于森林部落，与豁里秃马敦是近族，所以有时也称宝勒格沁—秃马敦。在文献中，宝勒格沁常与合日木臣（松鼠猎手）一起出现，因此可以判断他们和土默特（秃马敦）一样，是森林狩猎部落。从来源上讲，宝勒格沁应该是土默特部的一部分，不应该和博尔吉锦（宝里吉特）氏相混。（参见田野日志1987年5月8日）

表特：见于《清朝通典·氏族略·满洲八旗姓》，世居喀喇沁。源于蒙

---

① 巴鲁特姓—百度百科，baike. baidu. com/view/1378125. htm 17K 2009 - 8 - 28。

古族，出自元朝时期蒙古族伯特部。据史籍《清朝通典·氏族略·满洲八旗姓》中记载：蒙古族表特氏，亦称巴特氏、伯特氏、波特氏，世居喀喇沁（今内蒙古赤峰喀喇沁旗）。清朝晚期多冠汉姓"杜氏、表氏、杨氏、标氏、巴氏"等①。表特，可能是"博罕岱"的满语式发音。

博尔吉锦：有博尔济吉特、宝日只斤、孛儿斤、博尔济克、宝里吉特、博尔济克等多种写法，为成吉思汗皇族血脉，在各地蒙古族中都有分布。取汉字"鲍、奇、包、博、李、陆、王、梁、尹、寇、波"为姓，居内地的博尔吉锦氏有取汉字"陆、王、梁"为姓的。

博罕岱：亦写为不古纳歹、宝赫台，满语记音为表特氏。出自元朝时期喀喇沁蒙古博罕岱部，《清朝通志·氏族略·附载蒙古八旗姓》记载：蒙古族博罕岱氏，世居喀喇沁。后有满族引为姓氏并简称表特氏。有人认为博罕岱氏来自古突厥阿史那部分支氏族酋长为阿史那·博罕。隋仁寿三年（公元603 年），西突厥余部瓦解，阿史那·博罕率部退向蒙古高原东部地区，并圈地自保，称喀喇沁，即古突厥语"守卫者"。成吉思汗统一蒙古草原时融入蒙古，最后成为著名的喀喇沁蒙古。蒙古族、满族博罕岱氏，在清朝中叶以后多冠汉姓为杨氏、庄氏、博氏等。此说待考。

也有人认为博罕岱为阿兰豁阿五子之一，不古纳台的后裔（《蒙古秘史》）。据报道，世居喀喇沁右旗东岗子村的博罕岱氏，原为喀尔喀蒙古，17 世纪迁来漠南。博罕岱先祖额勒夫孟赫因打死猛虎，被康熙赐为世袭云骑尉，其后人数代任喀喇沁右旗管旗章京②。

博鲁特：亦写为博罗特、巴鲁特、伯鲁特，取汉字"陈，李"为姓，分布于喀喇沁、科尔沁、察哈尔（今河北张家口一带，包括河北、内蒙古、山西等地部分地区）。据《清朝通志·氏族略·附载蒙古八旗姓》记载：蒙古族博鲁特氏，原居科尔沁（今内蒙古通辽），后迁喀喇沁（今内蒙古赤峰市的喀喇沁旗）。蒙古族博鲁特氏，在明朝中叶以后多冠汉姓"陈、李"等。但种种迹象表明，"博鲁特"很可能就是永谢布分支布里亚特部，阿奇库拉克诺盖 3 个大部落之一的 Jemboyluk（ Jambulak）有 burkit、qitay 等部，

---

① 表特姓—百度百科，baike. baidu. com/view/1565800. htm 16K 2009 - 8 - 27。

② 喀喇沁旗扎哈齐特氏和博罕岱氏_ 枫影无限 http://hi. baidu. com/chenxin888/blog/ 。

相当于"鼻古德"和"契丹"，burkit，蒙古语 burgud，义为"鹰"，很符合布里亚特人养鹰狩猎特点。

达尔坤：亦写为达日罕，来自职业身份"达尔罕"，取汉字"达、尔"为姓，分布于喀喇沁（今内蒙古喀喇沁旗）。据史籍《清朝通志·氏族略·附载蒙古八旗姓》记载，蒙古族达尔坤氏，世居喀喇沁（今内蒙古赤峰市的喀喇沁旗）。清朝中叶以后，多冠汉姓"达、尔"。"达尔罕"是专司皇陵祭祀的免除一切贡赋差役义务的人，喀喇沁和鄂尔多斯多有此类人氏。详见"兀良哈部"。

岱齐特：异名戴特，来自部名，取汉字"戴、岱、齐"为姓，分布于喀喇沁（今内蒙古赤峰市的喀喇沁旗）。据《清朝通志·氏族略·附载蒙古八旗姓》记载，蒙古族岱齐特氏，亦称戴特氏，世居喀喇沁（今内蒙古赤峰市的喀喇沁旗）。清朝晚期以后多冠汉姓"戴、岱、齐"等。

都尔哈：分布于喀喇沁（今内蒙古赤峰市的喀喇沁旗），取汉字"杜、哈、刘"为姓。《清朝通志·氏族略·附载蒙古八旗姓》记载，蒙古族都尔哈氏，世居喀喇沁（今内蒙古赤峰市的喀喇沁旗）。在清朝后期多冠汉姓"杜、哈、刘"。

额勒图特：亦写为额勒图惕、额勒特德，分布于喀喇沁、蒙古贞，取汉字"白、胡"为姓。蒙古贞的额勒特德取"胡"姓。有可能是沙陀部的蒙古语叫法。

鄂尔克特：亦写为额尔德特、鄂尔特，有人认为此姓来自身份"被授权者"。取汉字"付、傅"为姓，分布于喀喇沁（鄂尔克特氏），出自明、清时期蒙古鄂尔克特部。据《清朝通志·氏族略·附载蒙古八旗姓》记载：蒙古族额尔德特氏，亦称鄂尔克特氏、鄂尔特氏，源出蒙古东方三部落之一的鄂尔克特部，世居喀喇沁、黑龙江流域等地，早期归附后金政权，列于固山贝勒爱新觉罗·多尔衮所统领的满洲八旗中位居上三旗的镶黄旗。清顺治元年（1644），额尔德特氏家族跟随多尔衮入关，按所在旗被分配在北京安定门内定居，世代有人在清朝为官。在清朝晚期以后多冠汉姓为傅氏、鄂氏等。另外，阿勒泰乌梁海右翼阔库木恰克旗中有厄尔格特、佳格都瓦部。"厄尔格特"与喀喇沁姓"鄂尔克特"同源，可能来自玉里伯牙吾氏的"玉里"，突厥语 uluk，意为"大"。玉里伯里山是土土哈家族西迁后的居住地。

正因为如此，"鄂尔克特"取汉字"傅"为姓，在记录伯牙吾氏时，"傅、富"通用。"佳格都瓦"是喀喇沁"扎哈齐特"氏，这二部关系很近。

哈尔努特：见于《校注蒙古纪闻》，来自部名；意思为"黑者"；取汉字"韩"为姓；居住喀喇沁。

喀楚特：据《清朝通典·氏族略·满洲八旗姓》，喀楚特氏，本蒙古姓氏，世居喀喇沁。新疆叶尔羌（莎车府：汉代为莎车国地。后汉并于于阗，元和后内附。宋、元时期为于阗国。明属叶尔羌）有喀楚特山、喀楚特河。

木华黎：亦写毛忽来，来自人名木华黎，取汉字"牟、何、李"为姓，分布于喀喇沁左翼、蒙古贞等地。相传，木华黎率领蒙古左翼攻辽河地区时留下的遗民游牧于吐孤真河（老哈河，即辽河），取"木华黎"三字音"牟、何、李"为姓。《元史》（木华黎传）载："木华黎，札剌儿氏，世居阿难水东。父孔温窟哇，以戚里故，在太祖麾下。""阿难水"，一说为今鄂嫩河。河南李姓中有人称木华黎后裔者，可见木华黎后代取"李"姓，时间应该很早。

蒙古札剌亦儿部在族源上与契丹族很近。《蒙古秘史》："……时札剌亦儿种的人帖列格秃伯颜有三子，教长子古温兀阿将他二子模合（中）里（舌）、不合（中）拜见太祖，与了。""帖列格"是"迭剌"，"古温兀阿"（亦写为"孔温窟哇"）是典型的契丹名，"模合（中）里（舌）"，即 muhur（大统领、大将军、大蒙古）。木华黎掌左军，主要由契丹、女真、北方汉族组成，指挥娴熟，进退如一人。《元史》："……丁丑八月，诏封太师、国王、都行省承制行事，赐誓券、黄金印曰：'子孙传国，世世不绝。'分弘吉剌、亦乞烈思、兀鲁兀、忙兀等十军，及吾也而契丹、蕃、汉等军，并属麾下。且谕曰：'太行之北，朕自经略，太行以南，卿其勉之。'赐大驾所建九斿大旗，乃谕诸将曰：'木华黎建此旗以出号令，如朕亲临也。'乃建行省于云、燕，以图中原。"契丹人将札剌亦儿部看作阻卜种，《辽史》有阻卜扎剌部节度使[①]。

明安：亦写为明嘎图、明嘎特、明阿特，意思为"千夫长"，取汉字"千、钱"为姓，分布于喀喇沁、鄂尔多斯、科尔沁（今内蒙古东部、吉林

---

① （元）脱脱等：《辽史·卷四十六志第十六·百官志二·北面属国官》，中华书局1974年版。

西部一带）等地。明阿特和杜尔伯特、巴雅特、厄鲁特、乌梁海、土尔扈特、扎哈沁等部族一起属于历史上的卫拉特部，他们自古生活在贝加尔湖、色楞格河下游、唐努萨彦岭、叶尼塞河、额尔齐斯河上游及阿尔泰丛林中①。北元时期，哈萨尔一个后裔车根率一部分人到阴山一带，因其部明安姓氏较多，因而称茂明安。茂明安的一支随喀喇沁部东迁，成为喀喇沁各旗居民②。另据《清朝通典·氏族略·满洲八旗姓》，满语"千"，世居界凡（辽宁省抚顺）等地，后改汉字姓明。蒙古有明阿氏，世居科尔沁。诺盖人中亦有明安氏，记为 ming，是"千"数的突厥语发音。

努特伦：分布于喀喇沁一带。据《清朝通典·氏族略·满洲八旗姓》，努特伦氏，世居喀喇沁。《清朝通志·氏族略·附载蒙古八旗姓》记载：蒙古族努特伦氏，世居蒙古喀喇沁。

乞牙惕：亦写为奇渥温、乞颜、奇渥温、赫亚特；取汉字"奇、齐、旗、祁、卜、包、鲍、罗、陈、秦"为姓，分布于喀喇沁左翼、乌拉特、鄂尔多斯等地。额尔登泰先生等所著《〈蒙古秘史〉词汇选释》记载：乞牙惕（奇渥温）为蒙古部始祖名乞牙，发祥于阿儿格捏充山（额尔古纳·昆），其后裔遂以为氏。至成吉思汗十一世祖朵奔巴彦后，族支繁衍，各有姓氏，其称逐渐消失。至成吉思汗曾祖合布勒汗时，开始恢复使用，其后裔各支均冠此称。成吉思汗出身的族支称乞牙·孛儿只斤氏。

乌审旗档案局博乐吉金·青格勒达来《契吴山名考》一文中提到：匈奴铁弗部首领赫连勃勃在汉代古朔方县（亦称奢延县）的基础上建统万城。北魏著名地理学家郦道元在《水经注》中记载统万城的位置是在奢延水之北，契吴山和黑水之南。此文作者认为奢延水是今萨拉乌素河，黑水就是现在的海流图河。统万城为今乌审旗河南乡巴图村东的白城子。作者还认为"契吴"为"猃狁"之名的音异，"契吴山"是部落名加自然实体构成的历史地名。并且将"契吴山"名与姓氏"奇渥温"联系起来③。

---

① 蒙古部族历史及分布，第三部分 蒙古帝国分裂后的蒙古部族，二、漠北蒙古外喀尔喀诸部，wenku. baidu. com/link？u...

② 鲍玺：《蒙古姓氏》，内蒙古文化出版社1999年版。

③ 博乐吉金·青格勒达来：《契吴山名考》，《中国蒙古学研究》2009 年第 1 期，http：//max. book118. com/html/2014/0320/6778517. shtm，2009 - 12 - 16。

有的乞颜部族人还自称其莫额德氏。据传，在古代，被匈奴族人追击的一部分东胡族人，催马奔驰到一个湖边，一群天鹅听到马蹄声便鸣叫不止。由于夜幕已降，故天鹅鸣而不飞。匈奴兵追到湖边，听到天鹅声，以为进入埋伏圈，立刻拨转马头而回，东胡族人因此得以生存。这些东胡人后来定居在额儿古纳·昆，他们以为天鹅声救他们的命，取姓"其莫额"，意思是"声音或信息"①。

"契吴"、"奇渥温"当解为"儿子"。蒙古语 kubegun，《蒙古秘史》旁译为"王子"。"赫连勃勃"，义为"神山之子"或"皇天之子"。因而"契吴山"可意译为"天子山"。而"统万"为鲜卑语 huren 的对译词，意思取自神山"天都"，后指帝都。huren 亦指"汇聚"、"统领"。"乞颜" kouhen，意思同"奇渥温"，前者为口语，后者有书面语色彩。"乞颜"的读音和意思，应该与匈奴、鲜卑名门望族"呼延"氏接近。"乞颜"的"天子"义虽然没有"赫连勃勃"那样明确，但非皇室嫡系，一般不用此姓。"乞颜"与"其莫额德"、"其莫额"没有关系，"乞"、"其"二音在蒙古语中发音完全不同，前者念 ki，后者念 qi；"乞颜"、"其莫额德"整词形式完全不同，不能取其词头进行比较。喀喇沁部有"扣垦"氏，属于"乞颜"的近代发音。

索诺图：居住喀喇沁。据《八旗满洲姓氏通谱》，索诺图，本蒙古姓氏，世居喀喇沁。疑为"苏尼特"（守夜者）之异写。

帖良古惕：分布于喀喇沁左翼蒙古族自治县等地，词根意思为"车"。取汉字"铁、车"为姓。即为契丹语"迭剌"的复数形式，其词根，契丹小字记音为 dereg。阿尔泰兀良哈有"特凌古特"（帖良古惕）氏，与木尔古特（梅里急）同属察干索颜（白阻卜）。

图罗鲁特：据《清朝通典·氏族略·满洲八旗姓》，图罗鲁特氏，世居喀喇沁，后改汉字姓唐。蒙古贞有"格根托如勒"，亦写为"葛根托日乐"、"格格托如勒"，意思为"公主亲戚"。"图罗鲁"、"托如勒"、"托日乐"音近，可作参照。

佟尼果特：据《清朝通志·氏族略·蒙古八旗姓》，佟尼果特氏，本蒙古族姓氏，世居喀喇沁，所冠汉字姓待考。又，佟尼耀特氏，本蒙古姓氏，

---

① 乞颜姓—百度百科，baike. baidu. com/view/1294404. htm 17K 2009 – 8 – 28。

世居察哈尔，所冠汉字姓待考。佟尼果特，有可能是客烈亦部分支董鄂亦特。

土默特：也称秃马惕；分支有兀鲁、多罗特、布喀勒斯、乌勒忽德、席吉德；分布于喀喇沁左翼、鄂尔多斯、中卫。《八旗满洲姓氏通谱》：土默特氏，本蒙古姓氏，世居中卫（宁夏中部）。土默特来自鲜卑拓跋氏。（详见前述"土默特部"）

完颜：属于金人加入元籍者，居于喀喇沁，据《皇朝通志·氏族略·满洲八旗姓》，满族最古老的姓氏，唐末女真"通用三十姓"之一，金太祖建国，为金朝国姓，分宗室和非宗室两支。明朝谓"王甲部"。世居完颜（吉林省通化市西南）、讷图、喀拉沁（即喀喇沁）、英额（辽宁省清原）、佛阿拉、新京等地，冠汉字姓汪、王、鄢、张、完、颜。据宋朝宇文懋昭撰写的《大金国志》记载：阿骨打在称帝建国的时候，采纳了渤海士人杨朴的建议："以王为姓，以曼为名，国号大金。""完颜"有可能来自契丹语"王府"ungur，本意是"高房"。对应的女真语尚待研究。

汪古惕：有翁高德、翁古特、汪高德、翁果特、翁吴特、威古特、翁吉特、翁科特、翁郭里、汪古勒、汪古沁、汪古津等多种写法，属回鹘系民族。分支有努纳德、毕其黑德、塔阿日图、哈希努德、都如德、固兀日、呼布都古惕、席木席德、好台等。汪古惕氏来自汪古惕部名，取汉字"汪、翁、王、包、寇、敖"为姓，分布于喀喇沁、蒙古贞、翁科（锡喇塔拉，今甘肃张掖永固镇一带，亦写为翁克，翁克都济讷尔）、巴林、锡喇穆楞、宁衮郭罗、乌鲁特、叶赫等地。《清朝通志·氏族略·蒙古八旗姓》记载：蒙古族翁吴特氏，亦称翁果特氏、威古特氏，世居巴林、叶赫（今吉林叶赫河、伊通河、伊丹河、东辽河流域）、察哈尔（今河北张家口一带，包括河北、内蒙古乌兰察布盟、锡林郭勒盟一部、山西部分地区）。后有满族引为姓氏者，满语为 Weigut Hala，所冠汉姓即为翁氏。

汪古部由操回鹘语的各部结合而成，容貌、习俗同蒙古人有明显差别，故辽、金称他们为白鞑靼，以别于鞑靼或黑鞑靼（蒙古）。在元朝，汪古是色目人之一。辽金年间，游牧于阴山长城一带汪古部贵族自称是沙陀后裔，奉晋王李克用为先祖。《史集》中说：金朝为防御蒙古、克烈、乃蛮等部，修筑一道大墙，蒙古语叫 unkuh，交给该部守卫，因此得名汪古。成吉思汗时期一部分汪古人随克烈、乃蛮人西迁到中亚，后逐渐融入哈萨克族。汪古部是哈萨克主要成分之一，中国哈萨克族中玉兹由阿尔根、乃蛮、弘吉拉剔（弘吉喇惕）、克普恰克（钦察）、克烈（客列亦特）、瓦克（汪古）六大部落组成。

如前所述，hangur 或 ungur 可解为"高房子"，最早可能指高山穴洞，后引申为"王府"、"大篷车"和"高车族"。同样，"汪古惕"（翁古特）onggod 也可解为"高房子"，在边境上引申为瞭望台。契丹上京前身谓"西楼"，所谓"楼"，可能就是这类木质塔楼。文献记载，翁古特部曾经守护金长城，"守护"是该词后来的语义扩展。在喀喇沁左翼蒙古族自治县有 degere onggod、doore onggod 两个地名，分别译为"上哨"和"下哨"。凡是设哨或哨所之处，一般都是禁地，或圣山，或坟地，或是不能随便靠近或处置的禁物。onggod 是从"祖先神"、"圣山"、"坟墓"（单数 onggon）、"禁杀的牲畜"等，逐渐走向神坛的。边墙称 ungu，是从"禁止"义转义而来。喀喇沁左翼蒙古族自治县有"固兀日"氏，取汉字"白"为姓，他们是翁古特部支系后裔。

卫拉特：亦写为斡亦如德、厄鲁特、斡亦毛都、斡亦喇惕、维拉特，分支有合布合那思、兀日苏惕、康和思、图巴斯、客思的音、脱额列思、田列克、塔思、巴只及惕、豁里、查日查斯、毛斡台、俄车德、呼勒都古德、俄格德格、嘎勒吉古德等。卫拉特氏来自部名，取汉字"张、林、刘"为姓，分布于喀喇沁左翼、卫拉特、鄂尔多斯、蒙古、俄罗斯等地，意思为"森林百姓"。宁城县有靳氏蒙古族，认为自己是卫拉特后裔，"靳"是"近"的谐音。

翁牛特：有翁尼特、倭依特、翁努兀德、王古兀特、翁里部特、翁尼特多种写法。翁牛特来自部名，取汉字"高，包，敖，翁，鄂，吴，汪，伍"等为姓，分布于喀喇沁、翁牛特、蒙古贞、察哈尔、乌拉特、鄂尔多斯等地。据《清朝通典·氏族略·蒙古八旗姓》《清朝通典·氏族略·附载蒙古八旗姓》的记载：蒙古族翁牛特氏，源出扎萨克蒙古翁牛特部，以部为氏，世居喀喇沁。后有满族引为姓氏者，满语为 Wengnot Hala，所冠汉姓中有敖氏。又，蒙古族翁尼特氏，亦称倭依特氏，世居察哈尔（今河北张家口一带，包括河北、内蒙古乌兰察布盟、锡林郭勒盟一部、山西部分地区）。后有满族引为姓氏者,满语为 Wengnit Hala,后多冠汉姓为翁氏、鄂氏、吴氏等。鄂尔多斯人中有翁牛特氏,世代供奉蒙古查干苏勒德①。

关于翁牛特一词的来源和意思,〔俄〕瓦拉迪米尔索夫释:"翁牛特"之意为"王之国",系由"诸王"转音而来。因为成吉思汗三弟哈赤温的属民翁牛特部落、别勒古台后裔的属民、斡赤斤后裔的属民都在搠河一带(今兴安盟绰尔河流域)游牧。〔日〕禾清田释:"翁牛特之意是蒙古王族",后人多从此说。但问题是,哈赤温、别勒古台、斡赤斤诸王的领地和属民并不都叫翁牛特。

另一种意见是:翁牛特意为"神圣的山",原部落人信奉山神,由是得名。丁谦《后汉书·乌桓传地理考证》谓:"此山高大(指乌桓山),为兴安岭南行正干。所以部人东走时,得据山以自保,用是尊为神,故有死灵归是山之语。"王沈《魏书》记载,乌桓被汉迁到蒙古草原东部并进入蒙古草原东南部后,仍将死者的灵魂护送回赤山。在笔者看来,"乌桓"和"乌古"为同一个词,"乌古"为南北朝时的乌洛侯、唐时室韦中的乌罗护(乌罗浑)部。"乌洛侯",突厥语,意思为"大",与蒙古语中的"乌桓"(长子)意思相近。辽时,乌古部居地大体上以海勒水(今海拉尔河)为中心,包括额尔古纳河及呼伦湖以东一带地区。"乌古"的蒙古语发音为 ungu,其词义演变轨迹前已述及。所以,称乌桓山为大山、神山、灵归山,都是对的。根据丁谦的考证,乌桓山就是"兴安岭南行正干",那么,作为"洞穴"山的鲜卑山一定离此山不远,极有可能是"兴安岭北行正干",鲜卑人以后土为尊。实际上,"乌桓山"就是兴安岭,即 ungun、hungun 山,为高山、神山。《皇朝通志·氏族略·满洲八旗姓》记载,洪衮氏,又作洪果,满语"神铃",满族最古老的姓氏,金代旧姓"黄幗",本沙陀突厥"汪古"姓。世居萨哈尔察(黑龙江省嫩江市东北)、吉林乌拉等地。现在,克什克腾一带的人仍然把兴安岭称作"黄幗梁"。"神铃"一说来自契丹人"金铃岗"传说。弘吉喇特、晃豁坛等部名均来自这个山。hungun 是回鹘式发音,高元音 u 前有强送气成分;ungun 是契丹式发音。

明代在兴安岭东设福余、泰宁、朵颜三卫。蒙古人称朵颜卫为兀良哈,

---

① 鄂尔多斯蒙古人的姓氏 – xinjiletu1022 的日志 – 网易博客,blog. 163. com/xinjiletu...

泰宁卫为翁牛特，福余卫为乌齐叶特。因为朵颜、泰宁和福余三卫的主体是兀良哈部、翁牛特部和乌齐叶特部，合称山阳万户，属北元势力范围。后来三卫被蒙古各部吞并。入清以后翁牛特被单独编为一旗，散落各地的部分翁牛特人以部名为姓。实际上，"翁牛特"和"翁古特"二名常交织在一起。因为ungun的un是鲜卑语，意为"高"，引申为"王"，所以"翁牛特"的诸王不局限于成吉思汗诸弟。

乌出根：《清朝通典·氏族略·满洲八旗姓》记载，乌楚肯氏，又作乌出根，本蒙古姓氏，世居喀喇沁。兀济叶特的单数形式，词根"兀者"，义为"森林"，兀济叶特为明代福余卫的蒙古名。

兀特日：来自部名"兀特日"，属土默特部一支，取汉字"吴、俞"为姓，义为"打谷场"。

席日努德：亦写为沙日努德、席刺努惕、锡喇德，取汉字"汪、黄、金"为姓，分布于喀喇沁、翁牛特、蒙古贞、包头、阳石木（杨什木，辽宁省彰武西）等地。蒙古语"希日"即"黄"色，据传其祖先乘骑黄色马，因而得名。但席日努德有可能指黄头室韦之类，薛延陀中的"薛"部，突厥碑文记为sir。

西尔都特：亦写西尔得忒、西尔德忒、西尔德特、西尔撤特，居于喀喇沁地区。据《满洲古今地名对照表》，锡尔德特氏，居地喀喇沁。

新楚特：亦写锡讷特、锡讷楚克，属卫拉特部，义为"新人"，取汉字"章"为姓，分布于喀喇沁、锡喇塔拉（今地甘肃张掖市永固镇一带）、乌鲁特。喀喇沁地名中写为"新丘"，解释为"新户"。根据八家村流传的文献，他们和"朱勒沁"（蒙语，汉译意为"押墓属下"或"陵丁"）一样，是陵寝看护人，可能因为是后增加的，所以叫"新户"。

扬蔼：亦写扬吉、扬额理等，居地喀喇沁。《清朝通志·氏族略·蒙古八旗姓》记载，扬蔼氏，本蒙古姓氏，世居喀喇沁。又作扬吉尔，蒙古、锡伯族共有姓氏，世居喀喇沁，后冠汉字姓杨。《皇朝通志·氏族略·满洲八旗姓》记载，扬额理氏，女真最古老的姓氏，本库莫奚姓"遥里"。世居伯都讷（今吉林省松源）等地，后改。但是裕固族（尧熬尔）姓氏中有扬蔼氏，裕固族"杨哥·鄂托克"，来自"汪古"或"雍古"部。"汪古"或"雍古"是"翁古特"的另一种写法。

　　扎格斯沁：亦写扎哈齐特、札阿各沁、吉嘎沁、吉嘎楚惕、扎哈苏沁，源于职业"渔人"，取汉字"于"为姓，分布于喀喇沁、蒙古贞、扎鲁特、白尔昆（巴林）等地。据《喀喇沁旗扎哈齐特氏和博罕岱氏》：扎哈齐特，今姓于，世居王府大营子，原为厄鲁特蒙古，来自蒙古扎哈沁部，准噶尔乱，迁至喀喇沁地区。嘉庆年间祖上叫华林太，次胡主里，传至光绪年间的阿拉坦傲其尔，有八代出任喀喇沁右旗管旗章京。阿拉坦傲其尔病逝后，贡桑诺尔布让其喇嘛兄弟罗布桑车珠尔还俗做家族继承人，后移居北京。后人有：扎奇斯钦，汉名于宝衡，去中国台湾，后移居美国，为加利福尼亚一所大学终身教授[①]。阿勒泰乌梁海右翼阔库木恰克旗有佳格都瓦部，佳格都瓦中的"都瓦"，即图瓦，"佳格"义为"鱼"，与喀喇沁的扎哈钦氏有关。

　　扎勒亦尔：亦写札赖特、札赖尔、扎剌亦尔、扎赖、扎拉尔、扎哩特，分支有察惕、塔克喇温、晃合萨温、忽木萨兀惕、兀牙惕、毕勒合散、图郎乞惕、布里、申忽惕、楚格如德、卧其德、代布如德、俄勒古德、胡日牙特、楚勒忽德、明古如德、绍如德、亦日呼德等，取汉字"赵、季"为姓。主要分布于扎赉特、喀喇沁、鄂尔多斯、锡喇塔拉（今地甘肃张掖市永固镇一带）、乌鲁特等地。鄂尔多斯人中有札赖尔氏，其后裔守护、祭祀成吉思汗四斿哈日苏勒德。

　　《清朝通志·氏族略·蒙古八旗姓》记载，扎拉尔氏，本蒙古、达斡尔族（著姓）共有姓氏，又作扎喇亦尔，源于元代旧部扎剌赤儿部，以部为氏，乃元太师木华黎后裔，世居乌鲁特、察哈尔，所冠汉字姓赵、季。扎喇亦尔与杜尔伯特、郭尔罗斯等部原来游牧于嫩江中游支流罕达罕河、绰尔河、呼尔达河流域，号所部为扎赉特部。1624年（天命九年）降后金，1648年（顺治五年）改扎赉特部为扎赉特旗。

　　如前所述，蒙古札剌亦儿部在族源上与契丹族很近。据《蒙古秘史》："……时札剌亦儿种的人帖列格秃伯颜有三子，教长子古温兀阿将他二子模合（中）里（舌）、不合（中）拜见太祖，与了。""帖列格"是"迭剌"，"古温兀阿"（亦写为"孔温窟哇"）是典型的契丹人名，"模合（中）里

　　① 喀喇沁旗扎哈齐特氏和博罕岱氏—枫影无限，hi. baidu. com/chenxin888/blog/item/7ae585c……2010 - 06 - 11。

（舌）"，即 mu hur（大统领、大将军、大蒙古）。木华黎掌的左军，主要由契丹、女真、北方汉族组成，其投下军有扎剌亦儿、弘吉剌特、亦乞列思、忙兀特与兀鲁兀特五部，多为契丹—铁勒部落。

札拉楚特：亦写扎勒楚特、扎哩特氏、扎噜特，分布于扎鲁特、喀喇沁等地，取汉字"陶、秦"为姓。《清朝通志·氏族略·附载蒙古八旗姓》记载，扎哩特氏，又作查礼特、扎勒楚特，本蒙古姓氏，世居乌喇特，所冠汉字姓陶、秦。又《清朝通志·氏族略·蒙古八旗姓》记载，扎噜特，本蒙古姓氏，以地为姓，世居察哈尔，所冠汉字姓待考。又，扎赖氏，本蒙古姓氏，又作札答兰、札只剌、茶赤剌，成吉思汗劲敌札木合后裔，世居锡喇塔拉。

扎尔赤兀惕属于兀良哈部落。《蒙古秘史》记载："……孛端察儿哨到那里，将他一个怀孕的妇人拿住，问他：'你是什么人氏？'那妇人回道：'我是札儿赤兀惕，阿当罕（中）—兀良（舌）合（中）真的人氏。'……那怀孕的妇人，孛端察儿将之做了他妻，生了一个儿子，名字唤作札只剌（舌）歹。后来札答剌（舌）的人氏，便是他祖。""札答"，意思是"庶出"，作为部名，相当于别部。孛端察儿当时就在兀良哈人居住区，兀良哈部落是孛端察儿家族进行统治的第一个外来部落。札只剌（舌）歹随母姓，札儿赤兀惕是札答剌（舌）和巴林部的母祖。《辽史》有"茶赤剌"部。后来，扎尔赤兀惕后裔属内五部喀尔喀，号扎鲁特，独立建旗。

珠勒沁：亦写作珠腊钦、烛腊钦，源于职业"掌佛灯的人"，取汉字"邓（灯）"字为姓，分布于喀喇沁、鄂尔多斯等地。详见前述"兀良哈部"。"掌佛灯的人"，是"珠勒沁"的后来之义，本义应该是"掌长明灯的人"，是专管陵寝祭祀的人。笔者家族葬俗，凡埋葬父母，必由长子在亡者坟坑中间头部位置挖一小方洞，内置一盏长明灯，点然后再动土埋葬。皇帝长明灯除陵墓内设置外，一般都在祭殿内摆放，用于日常祭祀（参见田野日志 2006 年 10 月 19 日喀喇沁八家的来历及婚俗）。

卓巴鲁特：巴鲁特分支，居于喀喇沁，《满洲古今地名对照表》，卓巴鲁特氏，居地喀喇沁。

（二）蒙古右翼各部姓氏比较及其共性与个性

右翼三部指的是喀喇沁、土默特、鄂尔多斯，由于土默特部姓氏调查有缺陷，另取蒙古贞部姓氏作为参照。比较的意图在于，通过比较右翼三部的姓氏，显示各部在姓氏上的共同点和差异点，通过共同点揭示右翼三部同其他部落不同的特性，通过差异点，揭示右翼三部各部之间在姓氏来源和职业特性上的不同点。"喀"为喀喇沁，"土"为土默特，"蒙"为蒙古贞，"鄂"为鄂尔多斯，+号表示有此姓，空位表示没有此姓；"所属"为姓氏的来源所属，"意义"为姓氏的一般语义理解，"命名"为姓氏的命名根据，即类型，"汉字"是记录姓氏用汉字。姓氏所取汉字，将作为喀喇沁蒙古姓氏汉化的依据。表示因意思不明等原因无法填充的数据。

表4　　　　　　　　　　　**蒙古右翼各部姓氏比较**

	姓氏	喀	土①	蒙	鄂	所属	意义	命名	汉字
1	永谢布	+	+	+		永谢布	云需府	部名	云、荣、永
2	希日努特	+	+	+		薛延陀	黄	部名	汪、黄、金
3	兀良哈	+	+	+	+	兀良哈	山里人	部名	乌、吴、于、**魏**
4	汪古惕	+	+	+		铁勒	高房	部名	汪、翁、王、包、寇、敖
5	土默特	+	+	+	+	鲜卑	后土	部名	万
6	额勒图特	+	+	+		弘吉喇惕	沙漠人	部名	白、胡
7	博尔吉锦	+	+	+	+	蒙古皇族	碧眼人	部名	鲍、奇、包、博、李、陆、王、梁、尹、寇、波、卜、宝
8	巴岳特	+	+	+		铁勒	富人	部名	白、巴、富
9	伊斯得	+	+			鲜卑	乙辛	部名	伊
10	图罗鲁特	+	+			客列亦特	亲属?	部名	唐、通（通高矣德）
11	明安	+	+		+	卫拉特	千	部名	千、钱、明、闵、白、马
12	阿勒坦鄂谟克	+	+			蒙古皇族	黄金姓	部名	金
13	扎格斯沁	+		+		卫拉特	渔人	部名	于
14	翁牛特	+		+	+	铁勒	高房	部名	高、包、敖、翁、鄂、吴、汪、伍
15	毛忽来	+		+		扎喇亦尔	蒙古	人名	牟、何、李
16	莽努特	+		+		铁勒	?	部名	何、莽、牛、贺、马、鄂、乌
17	喀楚特	+		+		?	?	部名	何、贺
18	哈尔努特	+		+		客列亦特	黑人	部名	韩、哈、郝

　　① 关于土默特人的姓氏，参考韩祯《谈土默特人的姓氏》（云川：《漠南文集》，远方出版社2000年版）及其他材料。

续表

	姓氏	喀	土	蒙	鄂	所属	意义	命名	汉字
19	宝勒格沁	+		+		宝勒格沁	水獭猎手	部名	暴、包、宝、保、傅、鲍
20	巴克西纳尔	+		+		喀喇沁	先生	职业	可、师、乌
21	卓巴鲁特	+				喀喇沁	鹰人	职业	
22	珠勒沁	+			+	斡耳朵	掌长明灯人	职业	邓
23	扎勒楚特	+				兀良哈	庶出者	部名	陶、秦
24	扎喇亦尔	+			+	鲜卑	?	部名	赵、季
25	扬吉	+				铁勒	翁古特人	部名	
26	扬蔼	+			+	铁勒	翁古特人	部名	
27	新楚特	+				卫拉特	新户	部名	章
28	锡尔德特	+				兀良哈	席日勒特德	部名	
29	兀特日	+				土默特	卧特日古斯	职业	吴、俞
30	乌楚肯	+				兀者	森林	部名	
31	卫拉特	+			+	卫拉特	森林人	部名	张、林、刘
32	完颜	+				女真	高房、王府	部名	
33	帖良古惕	+				铁勒	车	部名	铁、车
34	索诺图	+				苏尼特	守夜者	部名	
35	撒勒只兀惕	+	+		+	山只昆	带扣	部名	蔡、马
36	乞牙惕	+			+	蒙古皇族	王子	部名	奇、齐、旗、祁、卜、包、鲍、罗、陈、秦
37	齐默特	+				鲜卑	穴岩	部名	陈、齐、周、秦、奇、莫、乔、齐
38	努特伦	+				?	?	部名	
39	鄂尔克特	+				图瓦	大	部名	付、傅
40	都尔哈	+				翁古特	突厥	部名	杜、哈、刘
41	岱齐特	+				斡耳朵	武士	职业	戴、岱、齐
42	达尔坤	+				斡耳朵	自由人	职业	达、尔、戴
43	博鲁特	+				布里亚特	鹰人	部名	陈、李
44	博罕岱	+				铁勒	牤牛	部名	杨、庄、博
45	表特	+				铁勒	牤牛	部名	
46	巴鲁特	+				布里亚特	鹰人	部名	白、苏
47	阿苏克	+			+	铁勒	白阻卜	部名	金

续表

	姓氏	喀	土	蒙	鄂	所属	意义	命名	汉字
48	马拉沁		+	+		斡耳朵	牧马人	职业	马
49	呼和努德		+	+	+	图瓦	蓝、天	部名	兰、蓝、胡
50	兀勒古德		+	+		弘吉喇惕	高房	部名	单、吴、武
51	何勒楚德		+	+		斡耳朵	通事	职业	宦、官
52	阿都沁		+	+		斡耳朵	马倌	职业	马
53	朱勒豁得		+	+		扎喇亦尔	随从？	部名	朱、周、康
54	弘吉喇惕		+	+	+	弘吉喇惕	高车	部名	洪
55	赖哈图特		+	+		赖姓	姓氏	姓氏	赖、赵
56	郭尔罗斯		+	+		郭尔罗斯	山人	部名	高、郭、何
57	杭木顿		+	+		斡耳朵	夯手	职业	杭、韩
58	兀纳嘎沁		+		+	斡耳朵	看驹人	职业	鞠、敖、马
59	兀济叶特		+		+	兀者	森林	部名	武、吴
60	索隆古斯		+		+	女真	石古若	部名	苏
61	豁尼沁		+		+	斡耳朵	羊倌	职业	杨、霍
62	杭锦		+		+	康居	高车	部名	康、韩
63	哈达根		+		+	合塔斤	驼鹿含囊	部名	韩、恒
64	达拉特		+		+	塔塔尔	敌烈	部名	
65	绰罗斯		+		+	卫拉特	鲜卑人	部名	权（权烈矣德）
66	查干图惕		+		+	塔塔尔	白人	部名	白
67	察库特		+			鲜卑	山洞人	部名	
68	马吉特		+			土默特	姓氏	姓氏	
69	黄古台		+			晃豁坛	金铃人	部名	
70	塔喇巴齐克		+			土默特	旗手	职业	白、李
71	章图哩		+			土默特	姓氏	姓氏	
72	塞克图		+			客列亦特	萨起牙特	姓氏	
73	玛古特		+			篾尔乞特	麦古丹	部名	
74	章佳		+			土默特	姓氏	姓氏	
75	李佳		+			土默特	姓氏	姓氏	
76	黄佳		+			土默特	姓氏	姓氏	
77	蒙古		+			蒙古	大山	族名	毛

续表

	姓氏	喀	土	蒙	鄂	所属	意义	命名	汉字
78	包路处大		+			斡耳朵	车轮匠	职业	佟
79	阿拉坦钦		+			斡耳朵	金匠	职业	金
80	泰亦赤兀惕		+		+	泰亦楚惕	太子	部名	佟、郜
81	晃豁坛		+		+	晃豁坛	金铃人	部名	
82	梅林奇德		+			篾尔乞特	贤者?	部名	奇、梅
83	甲拉古德		+			扎喇亦尔	?	部名	刘、青海湖迁回的蒙古人
84	贾拉诺德		+			扎喇亦尔	?	部名	贾
85	阿贺其德		+			铁勒	白的	部名	康、亢
86	巴拉格特		+			察哈尔	城市?	部名	巴
87	常宁高勒		+			?	常宁河	地名	常、郎
88	额勒特胡德		+			斡耳朵	皮匠	职业	张
89	高勒图德		+			?	沿河的	地名	高
90	乔登		+			?	?	人名	乔、肖
91	松布尔		+			?	高山	人名	松
92	翁汗		+			客列亦特	王	部名	汪、文
93	希勒古德		+			?	?	部名	李
94	闫胡德		+			?	?	姓氏	闫、察哈尔迁入为守台站的蒙古人
95	赵格诺德		+			鲜卑人?	?	姓氏	赵
96	塔输兀德			+		斡耳朵	鞭子	职业	郜、太、泰
97	唐努			+		兀良哈	地名	山名	唐
98	鲁东			+		汉族?	地名?	?	何、廖、罗、络、邓、董、佟
99	朱如兀德			+		卫拉特	?	?	包、纪、季
100	布各鲁德			+		察哈尔	奴隶?	职业	包、傅、蒲
101	翁努力兀德			+		翁牛特	诸王	职业	包
102	斡日脱德			+		额尔图惕	?	部名	张
103	斡日郭德			+	+	斡耳朵	衣服?	职业	侬
104	锡京兀德			+		篾尔乞特	?	部名	金
105	兀勒巴日			+		巴尔虎	山虎	人名	单、敖、山
106	乌日苏德			+	+	乌孙	河人	部名	白（乌审）、（兀甚）
107	夫查			+		女真	地名	姓氏	傅

续表

	姓氏	喀	土	蒙	鄂	所属	意义	命名	汉字
108	万勒			+		翁古特	高山	部名	岳、万
109	耶律			+		契丹	黄土	姓氏	叶
110	萨尔图惕			+		山只昆	带扣	部名	蔡
111	莫日各其德			+	+	篾尔乞特	贤者？	部名	孟、穆、奇、秦
112	伊图惕			+		斡耳朵	沙鸡	职业	益、白、伊、倪
113	阿勒嘎楚惕			+	+	塔塔尔	花马	部名	华、薛、高、侯、奇
114	含扎			+		巴林	调皮鬼	绰号	韩
115	何叶尔			+	+	？	？	？	何
116	何尔楚惕			+		胡？	山人？	部名	何
117	徒古勒台			+		斡耳朵	放犊人	职业	徒
118	郎布惕			+		？	？	？	郎
119	鲁路斯			+		斡耳朵	辘轳手？	职业	刘
120	席日勒都惕			+		兀良哈	黄？	部名	石、席、西
121	车车古惕			+		塔塔尔？	白花的？	部名	白
122	查干塔塔尔			+		翁古特	白鞑靼	部名	白
123	哈日楚德			+	+	斡耳朵	平民	职业	韩
124	敖特尔			+		斡耳朵	游牧	职业	武、伍、吴、谢、包、白、岳
125	席郎中			+		斡耳朵	中医	职业	席、石
126	乌日德			+		斡耳朵	匠人	职业	杨
127	巴亦拉葛赤			+		斡耳朵	道喜者	职业	边
128	格根托如勒			+		女真	格格亲	亲属	刘
129	毕德兀德			+	+	兀良哈	北狄	部名	狄
130	卧特日古斯			+		土默特	打场？		金
131	朱日其德			+		弘吉喇惕	大胆？	职业	康
132	萨日塔兀勒			+		巴尔虎？	沙陀	部名	越、岳、白
133	陶高沁			+		斡耳朵	厨师	职业	郭
134	兀和日沁			+		斡耳朵	牛倌	职业	牛、吴
135	朝鲁图德			+		斡耳朵	石山	地名	乔、晁、曹、石、朝
136	楚兀日出德			+		斡耳朵	拉胡琴者	部名	常、阎
137	索很			+		鲜卑	阻卜	部名	宋

续表

	姓氏	喀	土	蒙	鄂	所属	意义	命名	汉字
138	锡勒朱德			+		篾尔乞特	?	部名	谢、邢
139	宫固如德			+		弘吉喇惕	高房	部名	孔、宫
140	楚勒呼德			+		扎喇亦尔	随从?	部名	褚、邱、陈、初、朱
141	瓜勒给亚			+		女真	瓜尔佳	部名	关
142	亦日呼德			+		扎喇亦尔	夷离堇	部名	伊、益
143	都如德			+		翁古特	突厥?	部名	杜、霍
144	宝古			+		铁勒	鹿	部名	宝、鹿、暴
145	伯和图			+	+	斡耳朵	摔跤手	职业	边、鲍、卜
146	哈拉哈			+	+	喀尔喀	屏障	部名	韩、何
147	鄂尔多斯			+		鄂尔多斯	斡耳朵	部名	敖、郝、金、白
148	苏尼特			+	+	苏尼特	守夜人	部名	孙、苏
149	阿鲁喇惕			+	+	阿鲁喇惕	车辕	部名	金
150	斡鲁德			+		弘吉喇惕	兀鲁	部名	王、单
151	敖勒高努德			+	+	弘吉喇惕	乌古人	部名	王、敖、赵
152	克什克腾			+		克什克腾	近卫	部名	和、何、贺
153	嘎查古德			+	+	翁古特	曷速人?	职业	李、甘、白
154	固兀日			+		翁古特	房屋	部名	白、顾
155	白如德			+		巴林	阵脚	部名	白
156	察哈尔			+	+	察哈尔	亲军	部名	白、常、张

数据显示，在蒙古右翼三万户中，喀喇沁、土默特、蒙古贞在 8 个姓氏上相互一致，占喀喇沁姓氏总数的 16.3%。这些姓氏是：巴岳特、博尔吉锦、额勒图特、土默特、汪古惕、兀良哈、希日努特、永谢布。

其中，除博尔吉锦氏以外，土默特、永谢布、蒙古贞三部在氏族来源上基本属于鲜卑—铁勒部落。土默特应属于鲜卑部落，次级分类应为阻卜；永谢布是一个总类，次级分类应包括多种氏族，在此出现的有属于老喀喇沁部的舍奴郎（即舍郎奴，sirnud）和属于钦察卫的巴岳特（缺阿速特）；属于"五投下"的弘吉喇惕（额勒图特）；以及翁古特和兀良哈。按氏族颜色分类，土默特、希日努特应属于黄色；而巴岳特、弘吉喇惕（额勒图特）、汪古惕、兀良哈属于白色，即我们所说的"高房"部系统。在右翼三部中，这两个颜色的部落已经出现交叉。

喀喇沁有而土默特没有的氏族共35个，占喀喇沁氏族总数的71.4%。其中，兀良哈2个（扎勒楚特、锡尔德特），鲜卑5个（撒勒只兀惕、扎喇亦尔、客列亦特、齐默特、兀特日），铁勒8个（翁牛特、莽努特、帖良古惕、博罕岱、阿苏克、扬吉、扬蔼、都尔哈），巴尔虎4个（博鲁特、表特、巴鲁特、宝勒格沁），卫拉特3个（扎格斯沁、新楚特、卫拉特），女真4个（鄂尔克特、完颜、喀楚特、乌楚肯），尼伦部2个（乞牙惕、索诺图），归属不明确或属喀喇沁的3个（卓巴鲁特、巴克西纳尔、努特伦），斡耳朵3个（珠勒沁、岱齐特、达尔坤）。显然，女真、卫拉特氏族是后加进来的；斡耳朵包括三个职业姓氏：掌长明灯人、武士和自由民，表明喀喇沁人所承担的任务的特殊性，这一点和鄂尔多斯部的多种职业姓氏截然不同。除尼伦部两个姓氏（乞牙惕、索诺图）、归入喀喇沁的三个氏族（卓巴鲁特、巴克西纳尔、努特伦。巴克西纳尔是入清以后产生的氏族）以外，喀喇沁的主要氏族成分仍然是鲜卑—铁勒集团和巴尔虎森林集团。其中，博鲁特、巴鲁特、宝勒格沁三姓与永谢布的"孛来"、"叭儿厫"对应，宝勒格沁经常与土马乌特（土默特）联名，组成宝勒格沁—土马乌特部落群。有学者认为"孛来"、"叭儿厫"分别对应布里雅特与巴尔虎，先属卫拉特，后并入永谢布万户，此观点在此得到验证。在此还出现了阿速克，属于"五投下"的扎剌亦尔、忙兀（莽古特）二部，以及属于鲜卑—阻卜的客列亦特、齐默特二部。

喀喇沁、土默特共有的姓氏有伊斯得、图罗鲁特、明安、卫拉特、阿勒坦鄂谟克5个，占喀喇沁姓氏总数的10%。伊斯得原居住呼伦贝尔，后并入察哈尔，再进入喀喇沁，可能与契丹后族的乙室已（亦写为乙辛）氏有关，属于铁勒系部落。图罗鲁特与客列亦特部分支董鄂亦特有关，有时写为通高矣德、佟尼果特。明安是一个分布很广的部落，鲜卑、突厥、蒙古民族中都有分布。卫拉特应该是与巴尔虎三姓一起进入喀喇沁的。阿勒坦鄂谟克来自蒙古皇族。

这样，通过研究喀喇沁的氏族构成，找到属于永谢布的哈剌陈、阿速、舍奴郎、孛来、叭儿厫，"五投下"中的扎剌亦尔、弘吉剌、忙兀（莽古特），没有找到"五投下"中的亦乞烈思、兀鲁兀，以及奴母嗔、失保嗔、荒花旦（晃豁坛）、当剌儿罕各氏，他们或许在部落兼并和散乱中归入其他部落，或者影响甚微，在姓氏统计中被遗漏。

作为反衬，研究一下鄂尔多斯氏族构成及其同喀喇沁、土默特、蒙古贞姓氏的交叉情况。

1. 兀良哈（兀良哈）、土默特（鲜卑）、博尔吉锦（贵族）、巴岳特（铁勒）诸姓氏，与喀喇沁、土默特、蒙古贞一致。

2. 珠勒沁（斡耳朵）、扎喇亦尔（鲜卑）、扬蔼（铁勒）、卫拉特（卫拉特）、撒勒只兀惕（鲜卑）、阿苏克（铁勒）诸姓，与喀喇沁一致。

3. 明安（卫拉特），与喀喇沁、土默特一致。

4. 翁牛特（铁勒），与喀喇沁、蒙古贞一致。

5. 呼和努德（图瓦）、弘吉喇惕（铁勒），与土默特和蒙古贞一致。

6. 兀纳嘎沁（斡耳朵）、兀济叶特（兀者）、索隆古斯（女真）、豁尼沁（斡耳朵）、杭锦（康居）、哈达根（合塔斤）、泰亦赤兀惕（泰亦楚惕）、晃豁坛（晃豁坛），与土默特一致。

7. 斡日郭德（斡耳朵）、乌日苏德（乌孙）、莫日各其德（篾尔乞特）、阿勒嘎楚惕（塔塔尔）、何叶尔（？）、哈日楚德（斡耳朵）、毕德兀德（兀良哈）、伯和图（斡耳朵）、哈拉哈（喀尔喀）、苏尼特（苏尼特）、阿鲁喇惕（阿鲁喇惕）、敖勒高努德（弘吉喇惕）、嘎查古德（翁古特）、察哈尔（察哈尔），与蒙古贞一致。

8. 还有 82 个姓氏，是喀喇沁、土默特、蒙古贞所没有的。其中包括 45 个来自职业的姓氏，28 个来自部名或族名的姓氏，和 9 个归属不明确的姓氏。

鄂尔多斯姓氏构成的特点是：各姓氏主体大多来自大部落，包括尼伦或非尼伦部落，反映出氏族成员从各部落抽调而出的事实；凡是与喀喇沁，或喀喇沁与土默特、蒙古贞组合相交叉的，氏族成分具有鲜卑—铁勒特点或地理上的西部特点；与土默特和蒙古贞任何一方单独交叉的，氏族成分具有尼伦蒙古或地理上的东部特点，其中包括察哈尔、喀尔喀、兀良哈、篾尔乞特和部分其他尼伦部落。

蒙古贞姓氏的构成特点（共 86 个）。

与喀喇沁、土默特共有的：永谢布（永谢布）、希日努特（鲜卑）、兀良哈（兀良哈）、汪古惕（铁勒）、土默特（鲜卑）、额勒图特（弘吉喇惕）、博尔吉锦（贵族）、巴岳特（铁勒）等姓氏，约占蒙古贞姓氏总数的9.3%。

与喀喇沁共有的：翁牛特（铁勒）、扎格斯沁（卫拉特）、毛忽来（扎喇亦尔）、莽努特（铁勒）、喀楚特（女真）、哈尔努特（客列亦特）、宝勒格沁（宝勒格沁）、巴克西纳尔（喀喇沁）各姓，约占蒙古贞姓氏总数的9.3%。

与土默特共有的：马拉沁（斡耳朵）、呼和努德（图瓦）、兀勒古德（弘吉喇惕）、何勒楚德（斡耳朵）、阿都沁（斡耳朵）、朱勒豁得（扎喇亦尔）、弘吉喇惕（弘吉喇惕）、赖哈图特（赖姓）、郭尔罗斯（郭尔罗斯）、杭木顿（斡耳朵）诸姓，约占蒙古贞姓氏总数的11.6%。

喀喇沁、土默特没有，蒙古贞独有的姓氏，约占蒙古贞姓氏总数的65%。

1. 塔输兀德（斡耳朵）、斡日郭德（斡耳朵）、伊图惕（斡耳朵）、徒古勒台（斡耳朵）、鲁路斯（斡耳朵）、哈日楚德（斡耳朵）、敖特尔（斡耳朵）、席郎中（斡耳朵）、乌日德（斡耳朵）、巴亦拉葛赤（斡耳朵）、陶高沁（斡耳朵）、朝鲁图德（斡耳朵）、楚兀日出德（斡耳朵）、伯和图（斡耳朵）、斡日脱德（职业）等来自职业的姓氏。与鄂尔多斯服务于宫廷和祭祀的职业不同，蒙古贞姓氏反映出来的职业主要与世俗生活劳动和民间娱乐活动有关。

2. 布各鲁德（察哈尔）、哈拉哈（喀尔喀）、苏尼特（苏尼特）、克什克腾（克什克腾）、察哈尔（察哈尔）、翁努力兀德（翁牛特）、含扎（巴林）、阿鲁喇惕（阿鲁喇惕）、白如德（巴林）等属于中部蒙古各部落的氏族。

3. 篾尔乞特（篾尔乞特）、锡勒朱德（篾尔乞特）、锡京兀德（篾尔乞特）、车车古惕（塔塔尔?）、查干塔塔尔（翁古特）、都如德（翁古特）、嘎查古德（翁古特）、固兀日（翁古特）、阿勒嘎楚惕（塔塔尔）、万勤（翁古特）、宝古（铁勒）等属于铁勒系的各部落。

4. 朱日其德（弘吉喇惕）、宫固如德（弘吉喇惕）、斡鲁德（弘吉喇惕）、敖勒高努德（弘吉喇惕）、萨尔图惕（山只昆）、楚勒呼德（扎喇亦尔）、亦日呼德（扎喇亦尔）等属于"五投下"的部落。3 和 4 各姓氏，先融入察哈尔和喀尔喀蒙古，然后再进入蒙古贞。

5. 唐努（兀良哈）、席日勒都惕（兀良哈）、毕德兀德（兀良哈）、兀勒巴日（巴尔虎）、萨日塔兀勒（沙陀）等森林部落。这些部落可能在兀良哈部落被蒙古各部肢解时融入蒙古贞。

6. 卧特日古斯（土默特）、鄂尔多斯（鄂尔多斯）、索很（鲜卑）、朱如兀德（卫拉特）、乌日苏德（乌孙）等鲜卑—蒙古部落。

7. 夫查（女真）、耶律（契丹）、格根托如勒（女真）、瓜勒给亚（女真）等女真部落。

归属不明确的姓氏有 4 个，约占蒙古贞姓氏总数的 4.7%：鲁东（汉族?）、何叶尔（?）、何尔楚惕（胡?）、郎布惕（?）等。

以上数据显示，蒙古贞部在东进过程中吸收了许多原来所没有的蒙古部落。

（三）喀喇沁蒙古族姓氏的汉化与姓氏结构的重构

大约从清朝中期开始，喀喇沁蒙古族开始用汉字做姓氏标记。其原因是多方面的。（1）受传统影响。蒙古族自古有口传家史、寻根问祖的传统。（2）受汉族影响。讲究门第，区别宗族，追本溯源；一般用单字记录姓氏，取字出现向百家姓靠拢的倾向；血缘关系不清楚时，用姓氏判断彼此关系的远近；随着村落社会的形成，氏族和宗族组织开始出现，有的地方甚至建有宗庙。（3）受满族影响。满族入关后，许多人都在国家、军队和地方各部门供职。他们除讲究旗籍，还要严格区分氏族来源和门第。很多官吏的文书档案除所属旗籍、民族外，还要记录氏族来源和世居地。皇室和宗室，贵族和平民，旗人和非旗人，世袭和非世袭，满蒙之间，满族和其他民族之间，因社会地位不同，所受待遇不同，婚姻关系不同，有必要在档案登记中准确记录官员民族、姓氏、旗籍和祖源。世袭制度要求不仅要弄清继承人的直系、旁系宗亲，还要追溯家庭祖辈功业德行。

在姓氏中用汉字，首先在贵族和望门中推行，在平民中，时间略晚一些。从喀喇沁部遗存的家谱判断，在清朝晚期已出现用汉字及其蒙古文转写记录姓氏的情况，但用汉字记录姓氏的真正制度化，是在民国和日本占领期间完成的。从旗县并立到旗县分治，各地普遍建立户籍制度，由于户警和官员大部分都是汉族，潜在地推动了（甚至强迫）户口登记中蒙古族姓氏的汉化和用字的规范化。在鄂尔多斯地区，由于农业和村落社会不发达，姓氏的汉化，除户籍制度外，是由学校教育推动的。国民党在鄂尔多斯实行边疆教育，学校教员大部分来自汉族，要求学生必须有名有姓，于是出现五花八门的姓氏：有来自部落名的，有来自家族传统职业的，有来自祖上名人冠字的，甚至有借用邻居汉族姓氏的。在取字上，大体上分记音和翻译两种。记音又分纯粹记音，记音但选用百家姓或吉利字眼，按当地方言发音记音等多种情况。姓氏的翻译，情况更复杂：知道蒙古姓氏确切含义的，则直接译成汉语，如果是多音节词，取头一个字；不确切知道姓氏含义的，按传说或理解翻译，于是一个姓氏出现多种翻译；攀附和模仿，在清朝年间有人取姓选字，有意识地攀附满族姓氏及其用字，清朝灭亡后，世袭和贵族等级制度崩溃，有些平民也开始用贵族姓氏用字（参见田野日志 1987 年 5 月 8 日，种地）。

一姓多音，一姓多义，其后果就是蒙古姓氏的分化，而姓氏的分化标志着血缘关系的分化和重组。比如，博尔吉锦一氏，用"鲍、奇、包、博、李、陆、王、梁、尹、寇、波、卜、宝"多种汉字记录，这是姓氏的分化；然而汪古惕、翁牛特、宝勒格沁、朱如兀德、布各鲁德、翁努力兀德、敖特尔、宝古等其他氏族，也由于音译、意译选用了"包"或"宝"，这是姓氏的重组。当然，姓氏的分化和重组是一个过程，起初，蒙古族成员虽然用汉字记姓，但还记得自家姓氏的真正意义，不允许同其他同音、同字姓氏相混淆。比如蒙古贞人区别巴岳特的"白"和察哈尔的"白"；平泉县蒙古族巴岳特部后代用"富"、"傅"不同姓氏用字，但他们知道他们是同宗共族。有些地方，社会成员的族源和血缘记忆和意识已十分模糊，甚至消失，同姓人就取得同宗意识（或清楚或模糊）。但族源意识比血缘意识维持时间更长、更稳固，很多不同部落来源的人都不否认他们是同一个民族，即使是互相敌对、仇杀的部落，一旦组成一个民族，民族的认同将取代过去的不愉快记忆，在共同的命运和利益、在共同的地域和社会中重构他们之间的关系。蒙古王朝的禁卫亲军和宫廷佣人大部分来自战败部落，甚至皇帝的后妃也来自被毁灭的敌对部落的家庭，但这些并没有妨碍他（她）们成为蒙古族成员，并忠贞不渝，世代相传。因为他们利益趋同，命运相连，不仅创造了属于他们自己的强大国家，而且由此建立彼此认同的新型关系，共同进入不朽的世界文明历史。

第三章

赤峰市喀喇沁旗蒙古族语言文字使用情况①

喀喇沁右旗（简称喀喇沁旗）位于内蒙古自治区中部偏东地区，在行政上隶属赤峰市，北与赤峰市松山区和红山区接壤，南接赤峰市宁城县（历史上属喀喇沁中旗），东部与辽宁省建平县交界，西部与河北省隆化县、围场县毗邻，为典型的三地（内蒙古、河北、辽宁）交界处。据最新统计数字，2006 年，喀喇沁旗总人口为 33.3605 万人，其中蒙古族为 13.6423 万人，满族等其他民族人口为 19.7173 万人②。笔者于 2006 年 10 月对喀喇沁旗进行了方言及社会语言学调查，发现喀喇沁旗的蒙古语已到消亡的边缘，已属于极度濒危土语（参见田野日志 2006 年 10 月 22 日）。

一　调查数据

（一）对蒙古语言文字使用情况的普查数据

1. 根据喀喇沁旗民委 2006 年的调查，全旗蒙古族人口 13.6423 万人中，使用蒙古语言文字的只有 802 人。根据深入访谈了解到，锦山镇蒙古语言文字使用人口为 336 人，其中包括旗实验小学、蒙古族中学的 200 多名学生和机关干部 23 人（多属外地人）；西桥乡蒙古语言文字使用人口为 200 人，多为学生。

2. 喀喇沁旗直属机关有蒙古族干部 6286 人，其他民族干部（多为汉族）3719 人。使用蒙古语言文字的干部有 23 人，大都是外地调来的。其学

---

① 原文发表于《民族教育研究》2007 年第 5 期。

② 统计数字由喀喇沁旗民委提供。

历：中专以下的 9 人，大专 12 人，本科 2 人。其职务均为科级以下，呈现出低学历、低层次特点。

（二）对蒙古语言文字使用情况的问卷调查数据

喀喇沁旗王爷府是蒙古族比较集中的地方，约有 2.2653 万人，汉族等其他民族有 1.7220 万人。蒙古族人口中使用蒙古语言文字的有 189 人，主要集中在杀虎营子和大庙两地。对杀虎营子蒙古族 50 人的问卷调查表明，喀喇沁旗的蒙古语言文字使用情况出现明显的层次性。

1.70—85 岁年龄层次

被调查者有 4 人。其学前语言、与父母和亲属的交谈语言均为蒙古族当地方言，但在市场、政府和单位使用当地汉语方言和当地蒙古语方言；有两个人常看汉文书、常写蒙古文，有两人不看书不写字，但他们都常听蒙古语歌曲，常看蒙古语影视作品；语言能力自我评价是：普通话一般，对蒙古语和当地汉语方言比较熟练。语言评价是：普通话好听、有用、亲切、有社会影响；标准蒙古语好听、亲切、有用、有社会影响；当地蒙古语好听、亲切、有用、有社会影响。被调查者都认为乡村中小学应该用标准蒙古语和普通话教学，认为学习和掌握汉语和蒙古语很有用。认为今后国内外交往中比较重要的语言是标准蒙古语和普通话（2 人），普通话和英语（1 人），普通话（1 人）。

2.56—68 岁年龄层次

属这一年龄层次的被调查者有 11 人。其中，学前语言主要是当地蒙古语方言（有 5 人）和当地蒙汉方言（有 4 人）。前辈语言主要是当地蒙古语方言（母亲 5 人，父亲 3 人）和当地蒙汉方言（母亲有 4 人，父亲 6 人）。小时候对父母使用的语言依次为当地汉语方言和蒙古语方言（有 7 人），当地蒙古语方言（有 2 人），普通话和当地蒙古语方言（1 人），标准蒙古语和当地蒙古语方言（1 人）。

现在，与祖父母的交谈语言是，当地汉语方言和蒙古语方言（有 7 人），蒙古语方言（有 2 人），普通话，普通话和当地蒙古语方言（各 1 人）。与父母、兄妹的交谈语言为，当地汉语方言和蒙古语方言（有 8 人），当地蒙古语方言（与父亲 1 人，与母亲 2 人），普通话（1 人，与兄妹 2 人），普通话和当地蒙古语方言（与父亲、兄妹1人）。

表5　　　　　　　　　　　　家庭语言变化情况（11人）

语言类型			蒙语方言	标准蒙语	普通话	蒙汉方言	蒙方标蒙	蒙方普话
小时候的	前辈语言	祖父						
		祖母						
		父亲	3			6		2
		母亲	5	1	1	4	1	1
	家庭语言	学前语	5	1	1	4		
		与父亲	2		1	7		1
		与母亲	2			7	1	1
		与配偶						
		与子女						
现在的	家庭语言	与祖父	2		1			1
		与祖母				7		
		与父亲	1		1	8		1
		与母亲			1	8		2
		与平辈			2	8		1

现在的社会交际语言是，当地汉语方言和蒙古语方言（有7人），普通话、当地汉语方言和蒙古语方言，当地蒙古语方言，普通话，普通话和当地蒙古语方言（各1人）。市场语言排序为：当地汉语方言和蒙古语方言（4人），当地汉语方言（4人），普通话和当地蒙古语方言（1人），普通话和当地汉语方言（1人），普通话（1人）。与政府部门的交际语言为：当地汉语方言（5人），当地汉语方言和蒙古语方言（3人），普通话（2人），普通话和当地汉语方言（1人）。

在生活语言中，读汉文书的有8人，读蒙古文和汉文书的有3人；只写汉文的有5人，常写蒙古文的有3人，写蒙古文和汉文的有2人，从不写字的有1人；经常听蒙古语歌曲、看蒙古语影视片的有8人，有时或偶尔听一听看一看的有3人。

语言能力的自我评价依次为：对蒙古语比较熟练（有 7 人，一般的有 3 人，不熟练的有 1 人），对当地汉语方言也比较熟练（有 6 人，一般的有 5 人），普通话水平为一般（有 6 人，比较熟练的有 5 人）。访谈结果表明，这一年龄层次的被调查人对当地汉语方言确实比较熟练，但蒙古语表达水平却远不如其他蒙古族地区使用蒙古语的蒙古族，"比较熟练"是个当地标准。

表 6 　　　　　　　　　语言交际与语言能力情况调查（11 人）

语言类型		蒙语方言	标准蒙语	汉语方言	普通话	蒙汉方言	蒙方普话	标蒙普话	蒙汉普话	标蒙英语	蒙语方言
社会语言	交际	1			1	7	1		1		1
	学校										
	单位										
	市场			4	1	4	1			1	
	政府			5	2	3				1	
生活语言	影视		8/3								
	阅读				8				3		
	书写		3		5				2		
	上网										
语言水平	流利										
	熟练	7		6	5						
	一般	3		5	6						
	听懂	1									
	不懂										

语言评价是：普通话有用、好听、亲切、有社会影响；标准蒙古语好听、亲切、有用、有社会影响；当地蒙古语方言好听、亲切、有用、有社会影响。对乡村中小学教学语言，有 9 人认为应该用标准蒙古语和普通话，有 1 人认为应该用普通话；对国内外交往中比较重要的语言，有 8 人选择了标准蒙古语和普通话，有 1 人选择了普通话，有 1 人选择了普通话和英语。对学习和掌握汉语和蒙古语的必要性，有 10 人认为很有用。

表7　　　　　　　　　　　语言评价与语言期望调查（11 人）

语言类型		蒙语方言	标准蒙语	普通话	标蒙普话	英语普话
语言评价	好听	9×5，1×4，1×0①	11×5	6×5，3×4，2×3		
	计	49	55	48		
	亲切	9×5，1×4，1×0	11×5	4×5，5×4，2×3		
	计	49	55	46		
	影响	3×5，3×4，3×3，1×2，1×0	6×5，3×4，1×3，1×0	4×5，4×4，3×3		
	计	38	45	45		
	有用	6×5，1×4，2×3，1×1，1×0	9×5，1×3，1×0	9×5，2×4		
	计	41	48	58		
语言教学	学前					
	小学			1	9	
	中学			1	9	
	择校					
语言期望	国内			1	8	1
	国外					

3. 17—55 年龄层次

被调查者有 34 人。分两类。其中，25 人的学前语言、家庭交际语言、社会交际语言已转成当地汉语方言，读书和写字均用汉文。其中 23 人认为自己常听蒙古语歌曲或看蒙古语影视作品，有时听或看的有 1 人，从来不听或不看的有 1 人。他们对自己语言能力的评价是：对当地汉语方言比较熟练（20 人，一般的 3 人，不熟练的有 1 人，非常熟练的有 1 人），普通话水平为一般（有 24 人，不熟练的有 1 人），蒙古语不熟练（有 19 人，一般的有 5 人，一点儿都不会的 1 人）。

---

① 前者为人数，后者为分数，人数乘分数即总分。下同。

表8　　　　　　　　　　语言交际与语言能力情况调查（25人）

语言类型		蒙语方言	标准蒙语	汉语方言	普通话
社会语言	交际			25	
	学校			25	
	单位			25	
	市场			25	
	政府			25	
生活语言	影视		23		
	阅读				25
	书写				25
	上网				
语言水平	流利			1	
	熟练			20	
	一般	5		3	24
	不熟	19		1	1
	不懂	1			

　　语言评价：普通话好听、有用、有社会影响、亲切；标准蒙古语好听、亲切、有用、有社会影响；当地蒙古语方言好听、亲切、有用、有社会影响。在教学语言的选择上，有24人认为当地中小学应该用标准蒙古语和普通话教学，认为在国内外交往中最重要的语言是标准蒙古语和普通话（21人）、普通话（4人）。25人一致认为学习掌握蒙古语和汉语很有用。

表9　　　　　　　　　　语言评价与语言期望调查（25人）

语言类型		蒙语方言	标准蒙语	普通话	标蒙普话	标蒙普英
语言评价	好听	25×5	25×5	24×5，1×4		
	计	125	125	124		
	亲切	24×5，1×2	25×5	19×5，5×4，1×3		
	计	122	125	118		
	影响	4×5，2×4，10×3，9×2	4×5，11×4，10×3	20×5，4×4，91×3		
	计	76	94	119		
	有用	9×5，3×4，11×3，2×2	9×5，8×4，8×3	24×5，1×4		
	计	94	101	124		
语言期望	小学				24	1
	中学				24	1
	择校					
	国内					
	国外			4	24	

有9个人的情况略特殊些，其中6位是教员。

他们的学前语言是：标准蒙古语和普通话（3人），当地汉语方言和蒙古语方言（3人），普通话和当地蒙古语方言（2人），汉语当地方言（1人）。小时候母亲语言为：标准蒙古语和普通话（2人），当地蒙古语方言（2人），当地汉语方言和蒙古语方言（2人），当地汉语方言（2人），标准蒙古语（1人）；小时候父亲语言为：当地汉语方言（3人），普通话和当地蒙古语方言（2人），当地汉语方言和普通话（2人），标准蒙古语和普通话（1人），普通话（1人）。小时候与父母的交谈语言为：普通话和当地蒙古语方言（3人），当地汉语方言（3人），当地汉语方言和蒙古语方言（2人），标准蒙古语（1人）。

现在对祖父母的交谈语言为：普通话（3人），当地汉语方言（3人），当地汉语方言和蒙古语方言（2人），普通话和当地蒙古语方言（1人）。在家里与父母和兄弟姐妹的交谈语言为：普通话和当地蒙古语方言（5人），当地汉语方言（3人），普通话（1人）。

表10　　　　　　　　　　　家庭语言变化情况（9人）

语言类型			蒙语方言	标准蒙语	汉语方言	普通话	蒙汉方言	蒙方普话	汉方普话	标蒙普话
小时候的	前辈语言	祖父								
		祖母								
		父亲			3	1		2	2	1
		母亲	2	1	2		2			2
	家庭语言	学前语			1		3	2		3
		与父亲		1	3		2	3		
		与母亲		1	3		2	3		
		与配偶								
		与子女								
现在的	家庭语言	与祖父			3	3	2	1		
		与祖母			3	3	2	1		
		与父亲			3	1		5		
		与母亲			3	1		5		
		与平辈			3	1		5		

现在的社会一般交际语言为：普通话和当地蒙古语方言（4人），汉语方言（3人），当地汉语方言和蒙古语方言（2人）。市场交际语言为：当地汉语方言（3人），普通话和当地蒙古语方言（2人），普通话和当地汉语方言（2人），普通话（2人）。与政府部门的交际语言为：普通话（5人），普通话和当地汉语方言（2人），当地汉语方言（2人）。在学校和单位使用的语言为：普通话和当地蒙古语方言（4人），普通话和当地汉语方言（2人），当地汉语方言（2人），标准蒙古语和普通话（1人）。常看汉文书和汉字的有7人，用蒙汉两种文字看书但常写汉字的有2人；经常听蒙古语歌曲或看蒙古语影视片的有6人，有时或偶尔听看的有3人；他们的语言能力的自我评价：当地汉语方言比较熟练（8人，一般的有1人），普通话也

比较熟练（6 人，非常熟练的有 1 人，一般的有 3 人），蒙古语比较熟练的有 4 人，一般的有 3 人，不熟练的有 2 人。

表 11　　　　　　　　语言交际与语语言能力情况调查（9 人）

语言类型		蒙语方言	标准蒙语	汉语方言	普通话	蒙汉方言	蒙方普话	汉方普话	标蒙普话
社会语言	交际			3		2	4		
	学校			2			4	2	1
	单位			2			4	2	1
	市场			3	2		2	2	
	政府			2	5			2	
生活语言	影视		6/3						
	阅读				7				2
	书写				7				
	上网								
语言水平	流利				1				
	熟练	4		8	6				
	一般	3		1	3				
	不熟	2							
	不懂								

语言评价：普通话有用、好听、有社会影响、亲切；标准蒙古语亲切、好听、有用、有社会影响；当地蒙古语方言好听、亲切、有用、有社会影响。教学语言的选择模式为：中小学——标准蒙古语和普通话（3 人）；中小学——普通话（2 人）；小学——标准蒙古语和普通话，中学——普通话（3 人）；小学——标准蒙古语和普通话，中学——标准蒙古语、普通话和英语（1 人）。认为在国内外交往中最重要的语言是：普通话和蒙古语（5 人），普通话（3 人），普通话和英语（1 人），都认为学习和掌握汉语和蒙古语很有用。

表 12　　　　　　　　　　**语言评价与语言期望调查（9 人）**

语言类型		蒙语方言	标准蒙语	普通话	标蒙普话	英语普话	标蒙普英
语言评价	好听	5×5, 1×4, 3×3	6×5, 2×4, 1×3	6×5, 3×4			
	计	38	41	42			
	亲切	5×5, 1×4, 3×3	8×5, 1×4	5×5, 3×4, 1×3			
	计	38	44	40			
	影响	3×5, 1×4, 2×3, 2×2, 1×1	3×5, 3×4, 1×3, 2×2	6×5, 2×4, 1×3			
	计	30	34	41			
	有用	4×5, 2×3, 2×2, 1×1	4×5, 2×4, 1×3, 2×2	8×5, 1×4			
	计	31	35	44			
	小学			2	3/3/1		
	中学			3/2	3		1
	择校						
语言期望	国内 国外			3	5	1	

二　数据分析

（一）蒙古语的使用人数比例很低

数据显示，喀喇沁旗蒙古族人口中，使用蒙古语言文字者的比例不到 0.6%，如果考虑到以学生数顶报和外来蒙古族等情况，实际比例还要低一些，可能不到 0.4%（500 人左右）。

（二）蒙古语的使用人口出现断代

以语言的使用情况分析，喀喇沁旗的蒙古族按年龄段分三个层次。70—85 岁为第一个层次，其特点是学前语言、家庭交际语言均为蒙古语，社交语言向双语过渡，熟练语言为当地蒙古语方言，其次为当地汉语方言；56—

68 岁为第二个年龄层次，其特点是，学前语言、家庭交际语言和社交语言以双语为主，主要是当地蒙古语方言和汉语方言，在语言能力上，比较熟练蒙古语，但当地汉语方言和普通话水平提高很快，比较熟练普通话和当地汉语方言的人数加起来，总数已超过熟练蒙古语的人数；17—55 岁是第三个年龄层次，其特点是学前语言、家庭交际语言、社交语言转换为当地汉语方言。在语言能力上，熟练当地汉语方言，普通话一般，不能熟练应用蒙古语，其实他们已经丧失了蒙古语交际能力，之所以说不熟练，很可能是出于民族自尊心的缘故。

（三）语言转换背景下的文化迁移

随着蒙古语经过蒙汉双语阶段向汉语单语言过渡，蒙古文的使用也走向低谷。但无论哪个年龄层次，也不论语言背景如何，喀喇沁旗的蒙古族都常听蒙古语歌曲，常看蒙古语影视节目。这说明两个问题，一是文化变迁比语言变迁来得慢，一个民族的成员即使是转用其他语言，也依然深深地眷恋着她的母文化；二是被调查者有可能把蒙古语歌曲和蒙古语影视作品误解为蒙古族歌曲和以蒙古族生活为题材的影视作品。即使如此，语言转换者对母文化的认同，在土默特等转用汉语的蒙古族身上依然可以得到佐证。

（四）决定语言态度的依据

语言态度是个复杂变量，决定依据来自主观和客观。对喀喇沁旗的蒙古族而言，普通话是好听、有用的语言，在当地，普通话的社会影响和亲切度不如蒙古语；而标准蒙古语、当地汉语方言、当地蒙古语方言等是好听、亲切的语言，但在用途和社会影响方面不如普通话。喀喇沁旗的蒙古族，不管年龄层次，不论语言背景，大多数人把标准蒙古语和普通话选做中小学的教学语言和国内外交际中最重要的语言，都认为学习和掌握汉语和蒙古语很重要，说明民族成员在社会语言的选择上重功能因素，当语言的功能取向和情感取向矛盾时，倾向于压抑或牺牲情感因素。但是，当前喀喇沁旗的蒙古族在基本转用汉语的情况下，所有被调查者都坚持用蒙汉双语教学，仍然认为蒙古语和汉语是最重要的语言，从反面证明情感因素对语言选择的强烈影响。喀喇沁旗对蒙古语文授课学校的强行合并，使这种情感变成了一种情绪，问卷调查中有人答到一半，愤愤不平，弃笔而去，即是证明（参见田野日志 2006 年 10 月 23 日，喀喇沁蒙古族小学合并的情况，杀虎营子的蒙古语）。

三　小结

喀喇沁旗建于后金天聪九年（1635），距今约 370 年。建旗时人口仅为 3.3 万人，5286 户①，绝大多数为蒙古族。根据以上分析，1921—1936 年出生的 70—85 岁年龄层次的人属于从蒙古语向蒙古语和汉语双语过渡的时代，时值民国时期；1938—1950 年出生的 55—68 岁年龄层次的人属于双语并用的时代，时间包括抗日战争、解放战争直到新中国成立；1951—1990 年出生的 17—55 岁年龄层次的人则属于转用汉语的时代。据推算，再过一代人，即 30 年左右，喀喇沁旗将不存在实质上使用蒙古语言文字的人。也就是说，从建旗到 21 世纪 30 年代这样不足 400 年的时间里，喀喇沁旗的蒙古族即将完成从蒙古语转用汉语的过程，真正的语言转换过程仅用一百年。

对语言转换影响较大的因素有如下几种：

（一）政治归属

喀喇沁人先归附清朝，后隶属民国，经过短暂的日本占领期，成为中华人民共和国的公民。主体民族实施政治统治，对社会进行政治、经济、文化整合，是民族接触、文化融合、语言变迁的前提条件。

（二）经济开发

对喀喇沁旗的大规模农业开发始自康熙朝，大约到民国初，基本完成了牧业经济向农业经济的过渡。农业开发的直接结果是大量移民的到来和村落的形成。

---

① 《喀喇沁旗志》编纂委员会编：《喀喇沁旗志》，内蒙古人民出版社 1998 年版，第 2 页。

（三）人口流动

人口流动包括三层内容。（1）受改朝换代、民族冲突、政治事件的影响，喀喇沁人背井离乡，流散到其他蒙古族地区；（2）汉族移民大量流入喀喇沁地区，在地理和社会两个方面填补了喀喇沁地区的剩余空间；（3）修改民族成分。1981 年，喀喇沁旗的蒙古族仅为 2.9469 万人，到 1982 年猛增至 8 万人[1]，多出的 5 万人是因修改民族成分而来的。人口流动对喀喇沁旗的蒙古族社会起到稀释的作用。（参见田野日志 2006 年 10 月 23 日，2006 年 10 月 24 日）

（四）发展教育

自从贡桑诺尔布提倡现代学校教育，到不久前取消蒙古语文授课学校，学生都受两种语言的教育。这种教育适应了双语社会形成的需求，同时为社会语言、教学语言从蒙古语向汉语过渡创造了条件。

（五）通婚

喀喇沁旗的蒙汉通婚起始时间比较早，但真正得到蒙古族社会认可，是在"文化大革命"以后。大庙的一个蒙古族家庭，三个儿子都娶了汉族媳妇，问及原因，他们说："孩子们从小在一起，有什么办法？""在一起"指的是蒙汉族儿童从小在一起玩耍，在一个学校读书，甚至毕业后在一起工作。据说，外地媳妇对孩子学说蒙古语有抵触。（参见田野日志 2006 年 10 月 23 日大庙村蒙古族及其语言）

对语言转换过程中不同因素的综合作用，还有待做进一步的深入分析。

---

[1]　《喀喇沁旗志》编纂委员会编：《喀喇沁志》，内蒙古人民出版社 1998 年版，第 182 页。

第四章

赤峰市宁城县喀喇沁蒙古族语言使用情况[①]

宁城县历史上属于喀喇沁中旗，位于内蒙古、河北、辽宁三省区交界处，全县土地总面积为4317平方公里[②]。喀喇沁中旗建旗于1705年（康熙四十四年，从左右旗拨地设置，大约包括今宁城县、河北省平泉县、辽宁省建平县），东、北、西连右翼旗（今喀喇沁旗），南接喀喇沁左翼旗（相当于今辽宁省喀喇沁左翼蒙古族自治县、凌源市），西南临热河（今河北）。据2006年统计，宁城县总人口数为59.5358万人，其中蒙古族人口为7.1579万人，占总人口数的12%。蒙古族人口中使用蒙古语的有9649人，占蒙古族人口数的13.5%，占总人口数的1.6%。宁城县民族中小学学生总数为18004人，其中蒙古族学生为3028人，占学生总数的16.8%，蒙古族学生中纯蒙古语授课生为497人，学习蒙古语文学生为1972人[③]，占蒙古族学生数的81.5%（中小学分别占16.4%，65.1%），占使用蒙古语人数的25.6%（参见田野日志2006年10月12日）。换句话说，宁城县蒙古族人口中，大约占86.5%的人口转用了汉语，而使用蒙古语人口中1/4是学生，其他为各类成年人。

本次研究选两个点进行问卷调查。一是大城子镇，距县府西北50公里，

---

① 在2007年11月24—28日在北京召开的"中国少数民族语言文字工作成就展暨民族语文国际学术研讨"上宣读。原文发表于《中国边疆民族研究》2008年第1期，英文版"A Study of Language Contact and Shift in Haraqin of Ningcheng County, Inner Mongolia"发表于美国学术期刊 *Chinese Education and Society*（2008.11, pp.71–93），并被收入美国SSCI数据库。2009年被收入国家民族事务委员会文化宣传司编《构建多语和谐的社会生活》论文集（民族出版社2009年版，第252—281页）。

② 宁城县志编纂委员会编：《宁城县志》，内蒙古人民出版社1992年版，第71页。

③ 此数据由宁城县民委提供。

自 1737 年（乾隆二年）到 1945 年日本投降，为喀喇沁中旗蒙古族政治中心达 200 余年①，境内有煤矿、农贸市场和小加工企业，交通运输比较方便（参见田野日志 2006 年 10 月 13 日）。另一点是存金沟乡（现并入三座店乡），距县府以西 55 公里，西与喀喇沁旗交界，历史上属喀喇沁中旗札萨克的墓地，经济和交通相对落后。据 2006 年的数据，大城子镇人口总数为 3.9193 万人，其中蒙古族人口数为 6691 人，占人口总数的 17%，学习和使用蒙古语人口为 950 人，占蒙古族人口数的 14%，占人口总数的 2.4%。有学生 365 人（纯蒙古语授课生 44 人，学习蒙古语文学生 321 人），占学习和使用蒙古语人口的 38.4%。三座店乡总人口数为 4.6887 万人，其中蒙古族人数为 1.0881 万人，占人口总数的 23.2%，学习和使用蒙古语的人数为 1500 人，占蒙古族人口数的 13.8%，占总人口数的 3.2%。有纯蒙古语授课生 352 人，占学习和使用蒙古语人口数的 23.5%（参见田野日志 2006 年 10 月 18 日）。

每个点分发问卷 50 份，共收回有效问卷 90 份。问卷分家长、学生、教师、干部四类，家长的绝大多数为农民，学生分初中生和小学生，教师分初中教师和小学教师，干部包括公务员和企事业工作人员。问卷先由教员按调查员的要求指导学生填写，然后学生把家长问卷带回家，由家长填写。教员和干部的卷子由本人填写。

一　家庭和社会语言变化数据

（一）三座店乡调查数据

1. 初中生家长

三座店乡初中生家长被调查人共 10 人，男女各一半，平均年龄为 41 岁，均为农民。文化程度：初中 7 人，小学 2 人，高中 1 人，他们都是本地人②。其家庭语言变化数据见表 13，语用结构变化见图 13。

---

① 《宁城县志》（内蒙古人民出版社 1992 年版，第 101 页）写为 280 余年，可能是 208 年之误。

② "本地人"，指的是宁城县人，即喀喇沁中旗蒙古族，下同。

语言类型		普话	蒙方	汉蒙	普汉蒙	普蒙
小时	母对子	1	6	1	1	1
	父对子	1	6	1		2
	子对母	2	5	1	1	1
	子对父	1	6	1	1	1
	学前语言	2	7			1
现时	对祖父		4	3		3
	对祖母		5	2		3
	对父亲		5	2	1	1
	对母亲		3	3	2	1
	对兄妹		5	3	2	
	现时语言		3	4	2	1

表13　　　　　　　三座店初中生家长家庭语言变化数据表 ①　　　　　单位：人

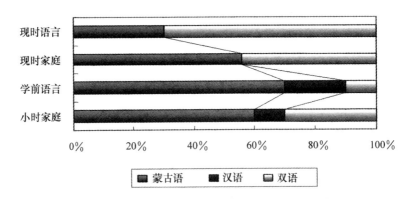

图13　三座店初中生家长家庭语用结构变化图

---

① 表头缩略语：普话←普通话，蒙方←蒙古语当地方言，汉蒙←汉语和蒙古语，普汉蒙←普通话、汉语、蒙古语，普蒙←普通话、蒙古语。

表13说明，属于这一年龄层（40岁左右）的人，其学前语言，主要是当地蒙古语方言（即喀喇沁蒙古语，下同），而且上下辈之间的语言交流基本上是对等的。偏离出现在儿童对母亲的语言上，使用蒙古语方言的减少10个百分点，使用普通话的增加10个百分点。另外，双语类型简化，使用蒙古语方言的增加了10个百分点，基本保持了家庭语言的单语型特点。而现时家庭语言的特点是，当地蒙古语方言使用者约占半数，子女对母亲的语言是例外。这一类型对现时语言模式有影响，即现时语言中蒙古语方言、当地汉语方言和蒙古语方言、普通话和蒙古语方言平分秋色。"汉蒙、普汉蒙、普蒙"可概括为蒙汉双语类型（见图13），其使用者人数超过蒙古语方言使用者，其中当地汉语方言和蒙古语方言使用者占优势。在家庭语言的转变过程中，第一个影响要素是与长辈和平辈的交谈，蒙古语方言使用者类型中约有一半人分离到汉蒙类型中；第二个影响要素来自与母亲的交谈，使蒙古语方言使用者进一步减少（约20%）。

社会语用域分市场、政府、学校、单位，分交际和工作两个亚域，因被试的身份不同，其结构也不一样。社会语用域，从应用角度还可以分看书、写字、音像等，音像包括蒙古语歌曲、影视作品等，一般都使用标准蒙古语。三座店乡初中生家长社会语用域数据见表14。表14的数据，经简化、归纳后变成语用结构变化图，见图14。在交际场合中，政府（少数民族干部比例为23%）和市场两地多用单纯汉语（在市场域占64%，政府域占72%），汉蒙双语类型（汉蒙＋普蒙）占18%，蒙古语在市场上只占18%。在市场上语言使用自由度大一些，人们可以根据对象自然转换语言代码，从以上语用比例看，当地社会语用结构已汉化到相当程度。对农民来说，所谓单位，就是村社生活劳作环境，在此汉语使用率为55%，汉蒙双语使用率为22%，蒙古语使用率为22%。我们从图13看到，初中生家长的现时语言能力中汉蒙双语占70%，蒙古语占30%，这种能力结构比较接近村社语用实际，当语言环境要素内化为个人语言能力时，汉语（55%）和汉蒙双语（22%）能力整合为汉蒙双语能力。可以说，引起中学生家长语言变化的诱导因素是当地通用的汉语方言，激励域是政府和市场，汉语使用偏离幅度达72%，在村里社会，汉语使用从偏离归位（55%），接近常态。

表14		三座店初中生家长社会语用域数据表 ①							单位：人
语言类型 语言场域		标蒙	普话	汉方	蒙方	汉蒙	普汉蒙	普蒙	普汉	汉外
社会	交际 市场			6	2	1		1		
	政府		1	6		1		1	1	
	单位		1	4	2	2				
应用	文字 看书		2	3	1	4				
	写字		2	3	1	2	1			1
	音像 经常	1								
	有时	5								
	偶尔	3								

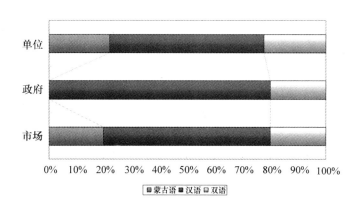

图14　三座店初中生家长语用结构随场域变化图

在应用域中，汉文阅读和写字占45%（当地方言没有文字，汉文阅读包括原始数据中的普通话和汉语方言，下同），蒙古语占18%（标准蒙古语、蒙古语方言），蒙汉双文占36%，接近村社语言结构的实际情况。问卷中的蒙古语歌曲、音像作品、电影等，所有被试理解为蒙古族歌曲、音像作

① 表头缩略语：标蒙←标准蒙古语；汉方←汉语当地方言；普汉←普通话、汉语当地方言；汉外←汉语、外语。

品和电影，他们不常接触（有时、偶尔，占88％）本族娱乐文化，本族文化开始边缘化。

2. 小学生家长

小学生家长被调查者共10人，男女各半，9人为本地农民，1人为教师，平均年龄36岁。文化程度：高中1人，初中6人，小学3人。家庭语言变化数据见表15，家庭语用结构变化见图15。

表15		三座店小学生家长家庭语言变化数据表						单位：人
语言类型		标蒙	汉方	蒙方	汉蒙	普汉蒙	普蒙	标汉蒙
小时	母对子	1		7	2			
	父对子	1		7	2			
	子对母	1		8	1			
	子对父	1		8	1			
	学前语言	2	1	5	2			
现时	对祖父	1		6		1	2	
	对祖母	1		6	1	1	1	
	对父亲	1		8		1		
	对母亲	1		8		1		
	对兄妹	1		6			1	1
	现时语言	1	1	3	2	2		1

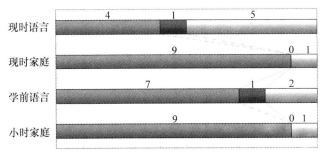

图15 三座店小学生家长家庭语用结构变化图

在小时候，家庭中的交谈语言主要是蒙古语方言，但在学前语言中蒙古语的使用率降低，普通话和蒙汉双语（学前双语只此一类型）使用率有所上升。现时家庭语言大体上与学前语言相同，但在同祖父母和平辈的交谈中，蒙古语方言使用率降低，出现双方言使用者。从家庭语言向现时语言过渡时，出现比较大的落差，蒙古语使用率大大降低，汉蒙双语使用者已占到50%。值得注意的是，还出现了汉语单语人，双语人和汉语单语人占60%，蒙古语使用者比例降低至40%，这一急剧变化与家庭语言关联度不大。

三座店乡小学生家长社会语用域及其数据见表16，随场域语用结构变化见图16。

表16　　　　　　　　　三座店小学生家长社会语言场域数据表　　　　　　单位：人

语言类型 语言场域		标蒙	普话	汉方	蒙方	汉蒙	普汉蒙	普蒙	普汉	标普	标汉蒙
社会	交际	市场		2	1	1	3			2	1	
	政府	1	3	2		2	1	1			
	工作	单位	1	1	1	2	1	1	2			1
应用	文字	看书	3	3	3						1	
		写字	1	4	2	1				1		1
	音像	经常	2									
		有时	2									
		偶尔	6									

在市场域，汉语占30%，汉蒙双语占60%，蒙古语只占10%。在政府域，蒙古语使用者比例同市场域，汉语使用率上升，占50%，双语占40%，下降20个百分点。在村里社会，双语交流占50%，蒙古语占30%，汉语占20%。图15显示，三座店小学生家长的现时语言能力结构是：双语占50%，蒙古语占40%，汉语占10%，与村社语用环境基本吻合。在三座店小学生

家长语言变化中，汉语仍然是诱导因素，而政府和市场是激励域（偏离幅度达50%），村民语言能力结构可能是社会语言偏离和家庭语言守恒（蒙古语占60%—80%）之间的一种折中。

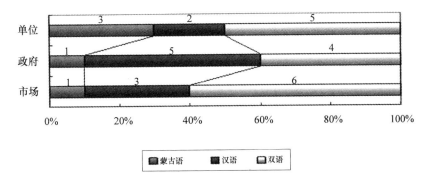

图16 三座店小学生家长语用结构随场域变化图

在阅读结构（看书、写字）中，汉语占60%，蒙古语占30%，双语占10，说明文字应用已向汉文汉语倾斜。在文化生活中，有时或偶尔欣赏蒙古族歌曲或影视作品的占80%，经常欣赏的占20%。

3. 初中教师

三座店蒙中教师被调查者共10人，男女各半，9人为本地人，1人来自外地，平均年龄31岁。文化程度：大专以上8人，高中2人。家庭语言变化数据见表17，语用结构变化见图17。在学前语言中，蒙古语占优势（90%），但在晚辈对长辈的对话中使用率降低10个百分点，这一模式决定学前和现时家庭语言的基本格局。同平辈的交谈中，蒙古语使用率降低20个百分点。从家庭语言过渡到现时语言时出现较大的跳跃，汉蒙双语使用者比例占到90%。家庭语言和家庭成员个人现时语言能力之间的这种分裂式结构，其原因应从社会语言背景中去寻找。

表 17　　　　　　　　三座店初中教师家庭语言变化数据表　　　　　　单位：人

语言类型		标蒙	蒙方	汉方	普汉蒙	普蒙	标汉蒙	标蒙方	标普蒙	标普汉	标普汉蒙
小时	母对子		10								
	父对子		9					1			
	子对母		9						1		
	子对父		9					1			
	学前语言		8				1				1
现时	对祖父	1	8		1						
	对祖母	1	8			1					
	对父亲		8				1	1			
	对母亲		9		1						
	对兄妹		6	1	1						1
	现时语言		1						2	1	6

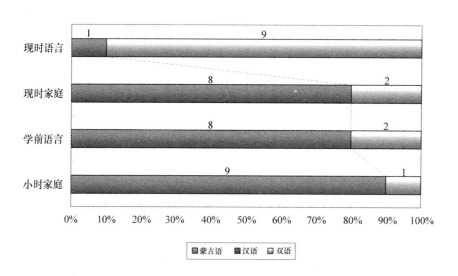

图 17　三座店初中教师家庭语用结构变化图

　　三座店初中教师社会语用域及其数据见表 18，随场域语用结构变化见
图 18。

表18			标蒙	普话	汉方	蒙方	汉蒙	普汉蒙	普蒙	标普	标蒙方	标普蒙	标普汉	标普汉蒙
社会	交际	市场		1	1	1	1	3	2	1				
		政府		2	3			1	1			1	1	1
	工作	学校	1			2			1	1	2	1		2
		单位	1			2			1	1	1	2		2
应用	文字	看书	1	2						7				
		写字	3	2						5				
	音像	经常	6											
		有时	2											
		偶尔	2											
		从不												

三座店初中教师社会语言场域数据表　　　　单位：人

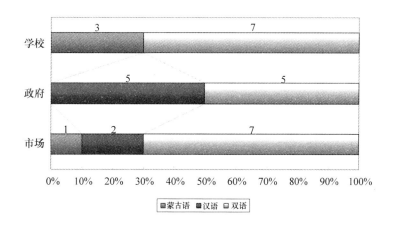

图18　三座店初中教师社会语用结构随场域变化图

　　在市场域，三座店初中教师有70%讲各类汉蒙双语，单讲汉语（普通话、汉语方言）的人占20%，单讲蒙古语的人占10%。在政府域，单讲汉语的人（普通话、汉语方言）占50%，讲双语的人占50%。对初中教师来说，学校和单位两个场域应该是一致的，讲蒙古语（标准蒙古语、蒙古语方言）的人占30％，讲各类双语的人占70％。从图18看，三座店蒙中教师的现时语言能力结构是：各类蒙汉双语占90％，蒙古语占10％，这种结构与学校语言环境和教师的职业性质密切相关（在学校，蒙古语使用比例上升20个百分点，双语使用比例下降20个百分点）。

阅读结构中双语占70％，普通话占20％，蒙古语占10％（与市场语用模式一致）。写字时蒙古语比例上升20个百分点，这可能与蒙古族学校教师职业性质有关。教师中，经常接触本民族娱乐文化的人占60％，说明蒙古族文化活动在民族中学有一定的社会氛围和生存空间。

4. 初中生

三座店乡初中生被调查者共10人，女7人，男3人，均为本地出生，平均年龄为15岁。家庭语言变化数据见表19，语用结构变化见图19。

表19　　　　　　　三座店初中生家庭语言变化表　　　　　　单位：人

语言类型		标蒙	普话	汉方	蒙方	汉蒙	标普	普汉蒙	普汉	普蒙	标汉蒙	标普蒙	标普汉蒙
小时	母对子		1		6			1		2			
	父对子		1	1	5			1		2			
	子对母		1		6			1		2			
	子对父		1		6			2		1			
	学前语言		1		8			1					
现时	对祖父				3	1		1		4		1	
	对祖母				3	3		1		2		1	
	对父亲		1		3	3		2					1
	对母亲		1		4	1		2		1		1	
	对兄妹				4	2		1		2		1	
	现时语言	1			3		1	1	2	1	1		

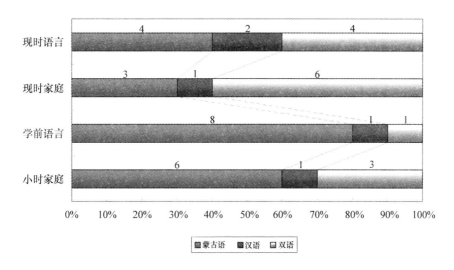

图 19　三座店初中生家庭语用结构变化图

在小时候家庭语言中蒙古语占 60%，与父母辈小时候的蒙古语使用比例相当（见图 13，占 60%）。在学前语言中蒙古语的使用得到强化（占 80%），但在现时家庭语言中，蒙古语使用率急剧下降至 30%，双语类型增加到 60%，接近家长的现时语言能力（双语 70%，蒙古语 30%）。在现时语言能力中，蒙古语和双语各占 40%，汉语占 20%。

三座店初中生在市场上有 30% 讲汉语方言，60% 讲蒙汉双语。但在学校，40% 讲蒙古语，60% 讲双语。从图 19 看，在三座店初中生语言能力结构中，蒙古语占 40%（标准蒙古语、蒙古语方言），双语占 40%，汉语占 20%，说明学校语用结构接近初中生语言能力的常态，但单纯汉语的使用在学校域受到抑制，这部分人可能改用双语。汉语使用的激励域是市场和周围环境。在初中生阅读结构中，蒙古语占 40%（标准蒙古语、蒙古语方言），双语占 50%，汉语占 10%，但写字蒙古语占 60%，双语占 40%，这与他们的学习生活有关。在初中生中，有时接触本民族娱乐文化的占 80%，表明他们在平常生活中已经疏远本民族文化。

表 20　　　　　　　　　三座店初中生社会语言场域数据表　　　　　　　单位：人

语言场域			标蒙	汉方	蒙方	汉蒙	普汉蒙	普蒙	普汉	标蒙方	标汉外	标普	标普汉蒙
社会	交际	市场		3	1	3	1		2				
		学校			4	1		3		1			1
应用	文字	看书	3	1	1	1	1			1	1	1	
		写字	5		1	2					1	1	
	音像	经常	1										
		有时	8										
		偶尔											
		从不											

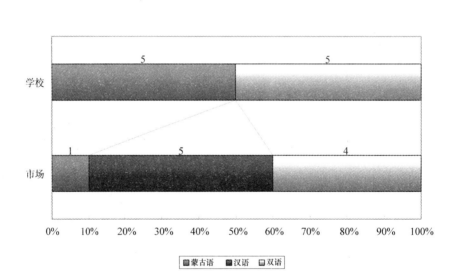

图 20　三座店初中生语用结构随场域变化图

5. 小学生

三座店乡蒙古族小学生被试共 10 人，男女各半，平均年龄 12 岁，都是本地出生。其家庭语言变化数据见表 21，语用结构变化见图 21。

在学前家庭语言中，各类语言的使用者都是单语人，家庭语言开始出现分裂。纯蒙古语方言使用者比例大致保持稳定，然而普通话的使用父亲比母亲多，这一趋势被子女进一步强化，晚辈对前辈的对话中普通话占到60%。在学前语言中，普通话和蒙古语方言使用者各占40%，标准蒙古语使用者占20%。在现时语言能力中，与平辈的交谈语言大致与学前语言相同，但普通话使用者比例增加10个百分点（占30%），普通话和蒙古语方言的比例比学前语言各降低20个百分点（各占20%），双语人占20%。这一变化，显然与小学的语文教育有关。

三座店乡小学生在市场上（见图22）60%讲汉语（汉语方言、普通话），讲蒙古语的占30%，讲双语的占10%。但是在学校90%讲蒙古语（标准蒙古语、蒙古语方言），10%讲汉语。从图21看，他们现在的语言能力结构是：50%讲蒙古语（标准蒙古语、蒙古语方言），30%讲汉语（普通话、汉语方言），20%讲蒙汉双语。很明显，小学生正处于两个极端语域之间：市场和周围环境是汉语使用激励域；学校是蒙古语使用激励域，小学生的语言能力接近两个语用域之间的中间值。

表21　　　　　　　　　**三座店小学生家庭语言变化数据表**　　　　　　单位：人

语言类型		标蒙	普话	汉方	蒙方	普汉蒙	普蒙
小时	母对子	1	4	2	3		
	父对子	2	5		3		
	子对母	1	6		3		
	子对父	1	6		3		
	学前语言	2	4		4		
现时	对祖父	3	2		4		1
	对祖母	3	2		5		
	对父亲	3	3		3		1
	对母亲	3	3		2		1
	对兄妹	2	4		2		1
	现时语言	3	2	1	2	2	

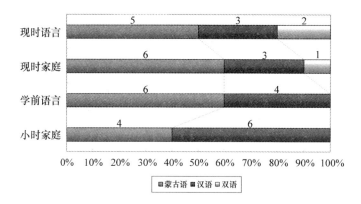

图21　三座店小学生家庭语用结构变化图

表22		三座店乡小学生社会语言场域数据表						单位：人	
语言类型 语言场域			标蒙	普话	汉方	蒙方	汉蒙	普汉蒙	标汉
社会	交际	市场	2	1	5	1		1	
		学校	3	1		6			
应用	文字	看书	6		1	2			1
		写字	6			3			1
	音像	经常	2						
		有时	7						
		偶尔	1						

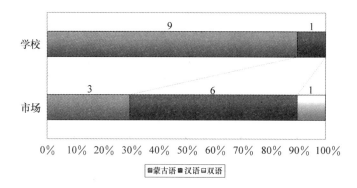

图22　三座店小学生语用结构随场域变化图

（二）大城子镇调查数据

1. 中学生家长

被调查者共9人，6男3女，平均年龄为46岁，均为本地农民。文化程度：高中2人，初中3人，小学3人，未上学的1人。家庭语言变化数据如表23，语用变化见图23。

在学前家庭语言中，当地蒙古语方言依然占优势，但晚辈对长辈的语言中蒙古语方言的使用率降低，汉蒙方言的使用率增加了。在现时语言中，单纯蒙古语方言使用者消失，汉蒙双方言使用者占66.7%，普通话和汉语方言单语人增加到33.3%，这与大城子镇特定的语言环境有关。

大城子初中生家长在政府域都说汉语方言，而在市场上有56%的人说汉语方言，44%的人说汉蒙双方言，在村里社会，有66.7%的人说汉语方言，有33.3%的人说蒙汉双方言。但村社语言结构内化为个人语言能力时，比例却颠倒过来了。从图24看到，大城子初中生家长语言能力结构中汉语占33.3%（普通话、汉语方言），汉蒙双方言占66.7%，原因是，在家里讲蒙古语方言的人（约33%）加盟到双语人队伍中来了。他们在评估自己的语言能力时承认自己能讲汉蒙双方言，但他们在村里社会交流时，多用汉语方言，这群人的语言有明显的过渡性质。他们的语言能力是在家庭语言环境中形成，在政府和市场受到激励和导向，在村里社会折中、归位后变成现时语言能力的。

表23　　　　　　　　　大城子初中生家长家庭语言变化数据表　　　　单位：人

语言类型		标蒙	普话	汉方	蒙方	汉蒙
小时	母对子				8	1
	父对子			1	7	1
	子对母			1	6	2
	子对父			1	6	2
	学前语言			1	6	2

续表

语言类型		标蒙	普话	汉方	蒙方	汉蒙
现时	对祖父				1	
	对祖母				1	
	对父亲			2	3	
	对母亲			1	3	
	对兄妹			2	4	3
	现时语言		2	1		6

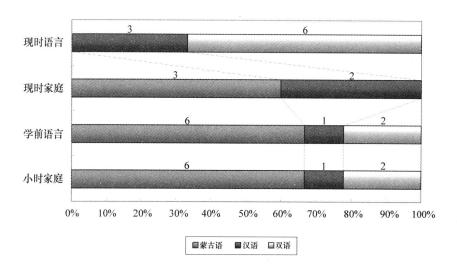

图23　大城子初中生家长家庭语用结构变化图

大城子初中生家长的阅读结构已完成从民族语到汉语的过渡，同本民族文化的疏离程度加深（对蒙古族音像作品，有 66.7% 的人偶尔接触，33.3% 的人完全不接触）。这些情况与当地的人口比例（蒙古族占总人口的17%）、居住环境（城镇化）、经济发展程度等因素直接相关。

表24		大城子初中生家长社会语言场域数据表					单位：人
语言类型 语言场域			标蒙	普话	汉方	蒙方	汉蒙
社会	交际	市场			5		4
		政府			9		
		学校					
	工作	单位			6		3
应用	文字	看书		7			
		写字		7			
	音像	经常					
		有时					
		偶尔	6				
		从不	3				

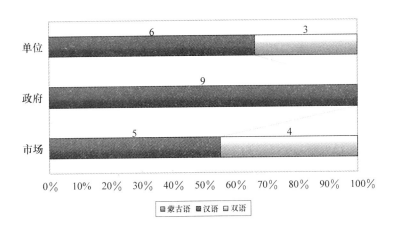

图24　大城子初中生家长语用结构随场域变化图

2. 初中教师

大城子初中教师被调查者共9人，女性7人，男性2人，平均年龄为40岁，都是本地人。文化程度：大专以上8人，高中1人。家庭语言变化数据见表25，语用结构变化见图25。小时候家庭语言的基本格局是：标蒙—蒙方—汉蒙，但向学前语言过渡时，蒙古语方言大大强化，标准蒙古语单语和标准蒙古语—蒙古语双方言维持原状。而在现时家庭语言中，蒙古语方言却迅速弱化，汉蒙双方言和普通话—蒙古语方言类型得到加强，占到使用者的55%。在现时语言能力中，不同程度的蒙汉标准语和方言使用者占到88%，单纯的蒙古语方言、标准蒙古语、蒙汉两种方言使用者消失。显然，这种变化，与使用者的受教育条件和职业有很大关系。

表25　　　　　　　　　大城子初中教师家庭语言变化数据表　　　　　　单位：人

语言类型		标蒙	普话	汉方	蒙方	汉蒙	标汉	标普	普汉蒙	普蒙	标汉蒙	标蒙方	标普蒙	标普汉蒙
小时	母对子	3			4	2								
	父对子	3			4	2								
	子对母	3	1		2	2						1		
	子对父	3	1		2	2						1		
	学前语言	3			6							1		
现时	对祖父		1		1	2		1	1			1		1
	对祖母		1		1	2		1		2				1
	对父亲		1		1	2		1	1	2				1
	对母亲		1		1	2		1	1	2				1
	对兄妹	1	1			2			2	1			1	1
	现时语言		1				1	1	1			1		4

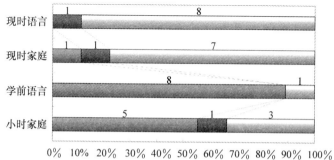

图25　大城子初中教师家庭语用结构变化图

　　大城子初中教师在政府域78％讲普通话，而在市场域，这个比例降到33％，大约56％的人讲双语或双方言。在单位讲普通话和讲双语的人各占一半，纯蒙古语已从工作场域退出，这是值得关注的。在学校，普通话使用率降低（44％），双语使用率上升（67％）。从图25看，在大城子初中教师现时语言能力中，双语使用者占到88％，其比例，接近初中教师学校域语用模式。在初中蒙古族教师语用结构变化中，普通话是导向因素，激励源为政府域，在单位、学校、市场，该比例依次降低，学校是其折中的或常态语域。在阅读结构中，普通话占优势（56％—67％），标准蒙古语次之（22％）。经常接触本民族娱乐文化的占44％，不经常接触的占56％，比例与三座店蒙中教师的正好相反。

表26　　　　　　　　　　大城子初中教师社会语言场域数据表　　　　　　　　单位：人

语言类型 语言场域			标蒙	普话	蒙方	汉蒙	普汉	普汉蒙	普蒙	标普	标普汉
社会	交际	市场		3	1		1	2	2		
		政府	1	7			1				
	工作	学校	1	2			1		4	1	
		单位		4				1	2		1
应用	文字	看书	2	6						1	
		写字	2	5						2	
	音像	经常	4								
		有时	2								
		偶尔	3								

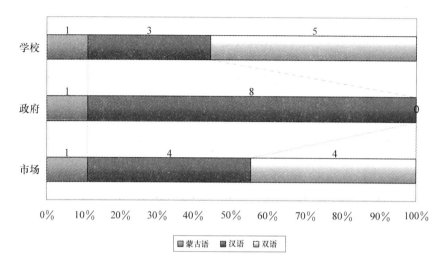

图 26　大城子初中教师社会语用结构随场域变化图

3. 干部

大城子干部被调查者共 11 人，女 6 人，男 5 人，平均年龄 39 岁，都是本地人。文化程度：大专以上 9 人，高中 2 人。家庭语言变化数据见表 27，语用结构变化见图 27。

在小时候家庭语言中，蒙古语使用者占 45%，汉蒙双语使用者占27.5%，汉语使用者占 27.5%。母亲对子女多用蒙古语方言，父亲对子女多用蒙汉方言，在向学前语言过渡时，蒙古语基本保持稳定，汉蒙双语使用者数略有上升，占 37%，汉语使用者占 18%。在现时家庭语言中，蒙古语占18%，减少一半，汉蒙双语使用者占 27%，减少 10 个百分点，汉语占55%，上升 37 个百分点。从现时家庭语言向现时语言能力过渡时，汉语方言使用者的一半（27%）转用普通话，汉语仍保持 55% 的比例，蒙古语使用者再减少一半，这批人可能转到双语使用者当中去了。

语言类型		标蒙	普话	汉方	蒙方	汉蒙
小时	母对子			1	7	3
	父对子				5	6
	子对母			3	5	3
	子对父			3	5	3
	学前语言			2	5	4
现时	对父亲			6	2	3
	对母亲			6	3	2
	对兄妹			6	1	4
	现时语言		3	3	1	4

表 27　　　　　　　　　大城子干部家庭语言变化数据表　　　　　　单位：人

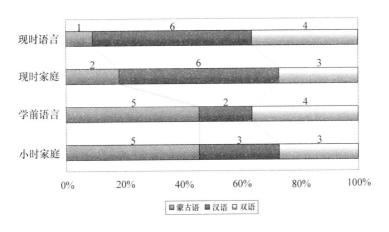

图 27　大城子干部家庭语用结构变化图

　　大城子镇有各类干部 67 人，其中少数民族干部 10 名，占干部总数的 15%。他们的 81%—91% 在市场和政府域使用汉语，其余使用汉蒙双语。在单位，有 91% 的人使用汉语，9% 的人使用双语（单位和政府语言的区别是，在政府，普通话的使用率降低，方言使用率上升）。从表 27 得知，在大城子干部现时语言能力结构中，汉语占 55%（普通话、汉语方言），汉蒙双语占 36%，蒙古语占 9%，可见，单位语用结构比较接近干部社会语用结构常态，政府和市场是语用结构偏离区，其特点是汉语占绝对优势，在单位讲双语的人在此都转用了汉语。大城子镇各级干部的阅读结构完全向汉语汉文过渡，不经常接触本族娱乐文化的人占到91%，完全不接触的占9%。

表28　　　　　　　　　　大城子干部社会语言场域数据表　　　　　　　　单位：人

语言类型 语言场域			标蒙	普话	汉方	汉蒙	普汉	普汉蒙
社会	交际	市场			8	1	1	1
		政府			8		2	1
	工作	学校						
		单位				5	1	5
应用	文字	看书		11				
		写字		11				
	音像	经常						
		有时	1					
		偶尔	9					
		从不	1					

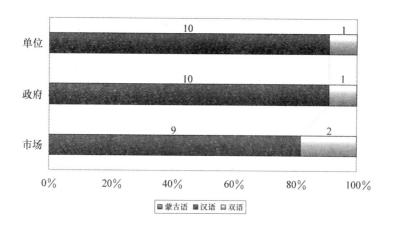

图28　大城子干部社会语用结构随场域变化图

4. 初中生

大城子初中生被调查者有11人，男生8人，女生3人，平均年龄为

15 岁，都是本地人。其家庭语言变化数据见表 29，语用结构变化见图 29。

在小时候家庭语言中，汉语方言占优势（73%），汉蒙双语占 27%。向学前语言过渡时这一比例被调整为：汉语占 64%，汉蒙双语占 36%，这一调整也许同母亲对子女的语言教育有关（母亲对子女的语言：普通话、普通话和汉语方言占 18%，汉语方言占 36%，汉蒙双方言占 46%）。我们从大城子初中生家长家庭语言变化数据表（表 23）中可以看到，初中生家长现时语言能力格局是：普通话占 22%，汉语方言占 11%，汉蒙双方言占 67%。显然，在学前家庭语言中，汉蒙双方言的使用得到抑制，汉语单方言的使用得到鼓励，这一点突出表现在父子对话中。

表 29　　　　　　　　　大城子初中生家庭语言变化数据表　　　　　　单位：人

语言类型		标蒙	普话	汉方	蒙方	汉蒙	普汉	普蒙	标蒙方
小时	母对子		1	4		5	1		
	父对子		8			3			
	子对母		8			3			
	子对父		8			3			
	学前语言		3	4		4			
现时	对祖父		4	2		2	2	1	
	对祖母		4	2		2	3		
	对父亲		4	2		2	3		
	对母亲		5	2		3	1		
	对兄妹		5	2		3	1		
	现时语言		4	2		2	1	1	1

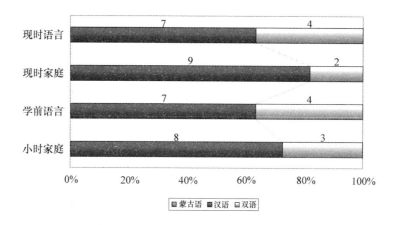

图29 大城子初中生家庭语用结构变化图

在初中生现时家庭语言中，汉语方言使用率降低（占18%），普通话的地位上升并得到巩固，在初中生现时语言能力中，汉语占64%（普通话占37%，汉语方言占18%，普汉占9%），汉蒙双语占36%（汉蒙方言占18%，普蒙、标蒙—蒙方各占9%）。普通话的使用得到家庭和教育两个方面的支持，这一年龄层次的人基本上完成了从蒙古语方言到汉语方言的过渡，正在从汉语方言向普通话过渡。标准蒙古语和蒙古语方言的影响力很小，其维持只得到学校语言教育和家庭的支撑。

大城子初中生在市场上使用汉语的人占73%（普通话、汉语方言、普通话和汉语双方言），使用汉蒙双语的人占27%。在学校这个比例是91%和9%，汉语占绝对优势。图29表明，大城子初中生语言能力中汉语占64%，双语占36%，这种结构与市场和周围环境中的语用模式接近，而学校是汉语使用的激励源。他们的阅读和写字基本上都使用汉语，也疏远了本族娱乐生活。

表 30　　**大城子初中生社会语言场域数据表**　　单位：人

语言类型 语言场域			标蒙	普话	汉方	普方	汉蒙	普汉
社会	交际	市场		5	2		3	1
		政府						
	工作	学校		5	2		1	3
		单位						
应用	文字	看书		10			1	
		写字		11				
	音像	经常						
		有时	2					
		偶尔	8					
		从不	1					

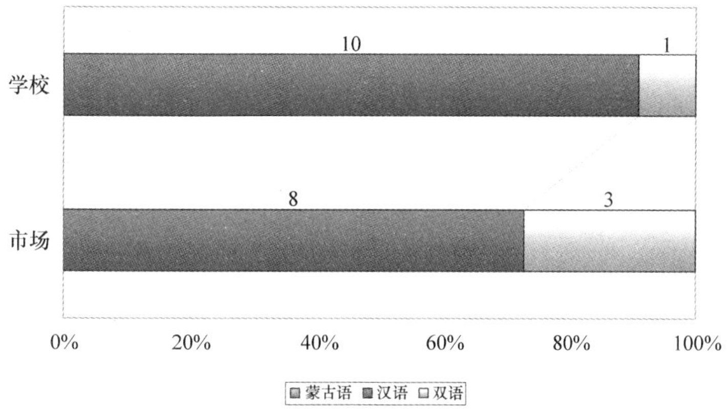

图 30　大城子初中生社会语用结构随场域变化图

二　家庭和社会语言变化趋势分析

（一）上下两代人语言变化纵向比较

1. 三座店初中生家长及其子女语言变化趋势（图 31）

蒙古语：家长蒙古语的峰值在学前语言，然后一路滑坡，到政府域时达到谷底。其子女蒙古语的峰值仍在学前语言，而且比父母辈高出一节，然后急剧下降，到市场时达到谷底，在学校又急剧上升，但仍未达到学前语言中的水平。学生如初中毕业后回到当地社会，蒙古语的使用水平会下降。因此，蒙古语使用的总的趋势是波动中下滑。

汉语：家长汉语使用水平的起点低，但从现时家庭语言开始急剧攀升，在政府域达到峰值，与蒙古语的谷底值形成反比。其子女的汉语起点也在现时家庭语言，从现时语言开始有一个加速发展期，在市场域达到峰值，与蒙古语的谷底值形成反比，在学校域则使用率急剧下降至谷底，与蒙古语的峰值形成反比。说明市场和政府是汉语使用激励域，而蒙古族学校是蒙古语激励域。

双语：家长的双语起点高于汉语，在现时语言中达到峰值，与汉语形成反比，然后急剧下降，在市场、政府、单位保持平稳发展势头。子女双语使用的起点与家长相同，但峰值出现在现时家庭语言中，比家长双语的峰值期提早一个时间段，使用水平却比家长低了一个数阶。

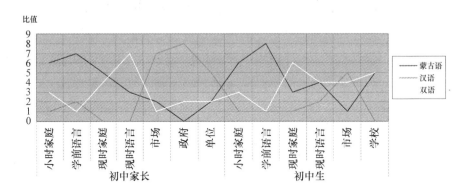

图 31　三座店初中生家长及子女家庭、社会语言变化趋势图

2. 三座店小学生家长及其子女语言变化趋势（图 32）

蒙古语：三座店小学生家长蒙古语使用的起点比中学生家长高，从现时家庭语言急速下降，在政府域达到谷底值。子女的蒙古语起点比父母辈低 7 个数阶，在学前语言达到峰值，向现时家庭语言过渡时出现断线，然后滑

落，在市场域达到谷底，在学校域又恢复到起点水平。

汉语：小学生家长汉语使用起点很低，但从现时语言到政府域，提高了5个数阶。子女们的汉语有两个高峰期，一是从小时候语言向学前语言过渡时，一是从现时语言向市场语言转变时。在学校，汉语使用率降低，与蒙古语使用率的上升形成反比。

双语：小学生家长的双语使用起点高于汉语低于蒙古语，在现时语言中使用率急速上升，在市场域达到峰值。子女们的双语起点比父母高，但在学前语言中达到谷底，在现时语言中略有回升，但仍未达到起点水平。在市场和学校语言中，双语同汉语一样，有衰弱趋势。

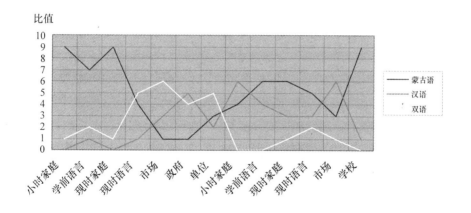

图32　三座店小学生家长及子女家庭、社会语言变化趋势图

3. 大城子初中生家长及子女语言变化趋势（图33）

蒙古语：与三座店初中生家长不同，大城子初中生家长在现时语言中已经丢失了蒙古语，在他们的社会语言和子女们的语言当中，蒙古语再也没有能恢复其原有的地位。

汉语：大城子初中生家长的汉语使用起点低，但有一个稳定的发展，在政府域达到峰值。子女们的汉语起点比家长高7个数阶，经过一些波动后，从现时语言开始稳步上升，在学校中的汉语使用率，比家长们在政府域的使用率还高出1个数阶，其势头是上升的。

双语：家长们的双语使用起点比汉语高1个数阶，在现时语言中达到峰值，然后滑坡，在政府域达到谷底，与汉语峰值成反比。子女们的双语使用起点比家长高 1 个数阶，在学前语言和现时语言当中出现两个小高潮，然后开始滑坡。双语使用的衰弱是汉语不断强化的结果（请看汉语和双语走向的强弱互动关系）。大城子初中生家长及其子女的语言正在从双语向汉语单语过渡。

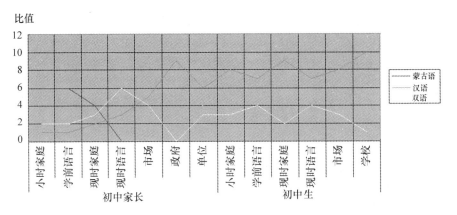

图33　大城子初中生家长及子女家庭、社会语言变化趋势图

（二）不同职业人员语言变化横向比较

不同职业对语用模式的演变产生明显的影响。

1. 不同职业人员汉语使用情况比较（图 34）

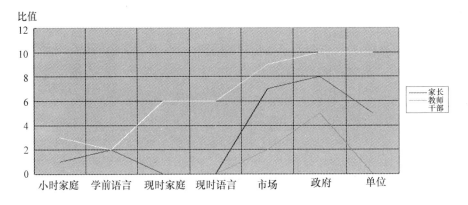

图34　不同职业人员汉语使用情况比较

干部的汉语水平呈稳步上升趋势，家长的汉语在家庭语言中受抑制，但在社会场域中迅速上升。教师的汉语模式接近家长，但在社会语言中的升幅小于家长，显然因职业关系，蒙古族学校的教学用语（蒙古语）占用了他们的大部分语用空间。干部、家长、教师的汉语使用峰值均落在政府域，受其影响最深的是干部，其次是家长，教师受影响最小。

2. 不同职业人员蒙古语使用情况比较（图35）

干部的蒙古语使用从学前语言开始呈直线下落，到政府域达到低谷，并退出社会语用领域。家长蒙古语趋势与干部相同，但使用程度比干部略高，在村里社会归位情况比干部好一些。教师的蒙古语使用水平是从现时语言开始直线下降，但在单位语用域的恢复情况比干部和家长好。各种职业人员蒙古语使用的总趋势是下降。

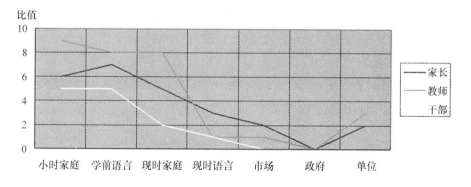

图35 不同职业人员蒙古语使用情况比较

3. 不同职业人员双语使用情况比较（图36）

在家庭语言和现时语言中，干部的双语发展比较平稳，但在社会语言中呈下降趋势。家长双语的起点是小时候家庭语言，然后下降，到学前语言时迅速上升，在现时语言中达到顶点，但在社会语言中使用率明显下降，略高于干部的双语使用率。教师在家庭语言中的双语发展轨迹与家长相似。但在现时语言中的升幅却比家长大，在市场和政府域使用率下降，在学校使用率有所回升，但仍达不到峰值水平。各种职业人员双语使用的总趋势是下降，但在现时语言中仍保持一定的水平，程度最好的是教师，家长次之，干部双语水平最低。

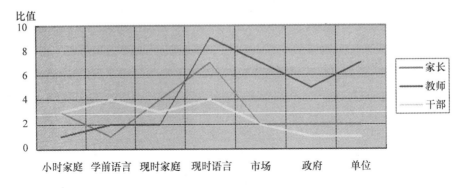

图 36　不同职业人员双语使用情况比较

（三）城乡居民语言变化横向比较

1. 城乡家长语言变化比较

汉语比较（图37）。三座店和大城子学生家长汉语使用模式非常相似，只是大城子学生家长的汉语从学前语言开始有一个稳定的上升趋势，而三座店学生家长的汉语受社会语言的刺激，从现时语言开始急速上升。两个地方学生家长的汉语使用率，到政府域达峰值后，在村里社会有一个调整性的回落，但基本趋势依然是上升。

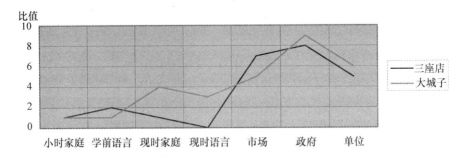

图 37　城乡学生家长汉语使用变化比较

蒙古语比较（图38）。两地学生家长蒙古语使用呈下降趋势，起点都是学前语言。然而大城子学生家长的蒙古语使用率下降速度快，在现时语言中就已达低谷，未能再恢复；三座店学生家长的蒙古语使用率下降较缓慢，曲线到政府域达到低谷，在村里社会有一个调整性的恢复。

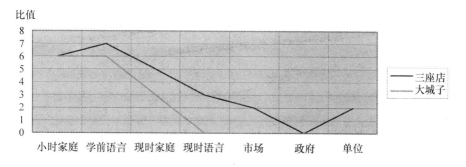

图38 城乡学生家长蒙古语使用变化比较

双语比较（图39）。大城子学生家长的双语使用在家庭语言中发展平稳，到现时语言中达峰值，在社会场所使用率下降，在政府域达低谷，在村里社会有一个调整性的小幅度上扬。三座店学生家长的双语使用模式在家庭和现时语言中与大城子模式很接近，但是在市场语言中急速下降，未能再恢复。两地双语使用的总趋势是下降，但在现时语言中保持较好。

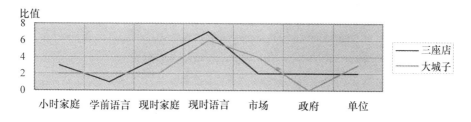

图39 城乡学生家长双语使用变化比较

2. 城乡教师语言变化比较

汉语比较（图40）。在家庭语言中，城乡教师汉语使用率较低，但在社会语言中，汉语使用率急剧上升，引动现时语言中汉语能力的提高。在单位语言中，汉语使用率回落，这与蒙古族中学教师的职业性质有关。

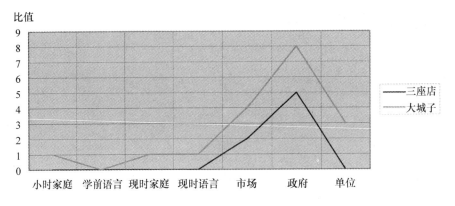

图40　城乡教师汉语使用变化比较

蒙古语比较（图41）。城乡教师蒙古语使用呈下降趋势，但大城子中学教师的蒙古语使用率下降的起点是学前语言，而三座店中学教师的蒙古语使用率从现时家庭语言开始下降，前者的蒙古语衰变比后者加快了一个时间段。在单位语言中，农村中学教师的蒙古语使用率有小幅上升，但城镇中学教师的蒙古语使用率却维持在一个低水平上，可以看作滑落前的暂时维持。

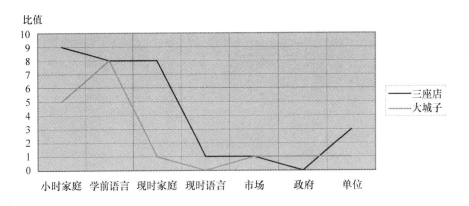

图41　城乡教师蒙古语使用变化比较

双语比较（图42）。城镇中学教师双语使用曲线的上扬起点比农村早一个时间段，但下降点却一样，即城乡中学教师的双语使用率从现时语言开始滑落，其速度和幅度，在城镇大于乡村。在单位语言中，城乡中学教师的双语使用有较大幅度的上扬，但未能达到峰值水平。

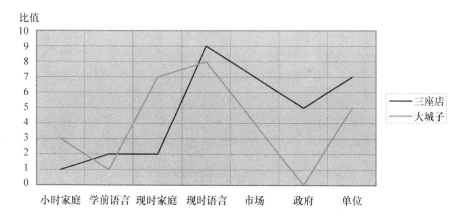

图42　城乡教师双语使用变化比较

3. 城乡中学生语言变化比较

汉语比较（图43）。城镇中学生汉语使用率的起点比乡村中学生差不多高3个数阶，而且第一个峰值是在现时家庭语言中出现的。乡村中学生汉语使用率在家庭语言中维持一个低水平，在社会语用影响下，现时语言中的汉语使用率有小幅上扬。在学校语言中，城镇学生的汉语使用率稳步上升，乡村中学生的汉语使用率却出现滑坡，城乡中学生学校语言中的汉语使用呈反向发展。

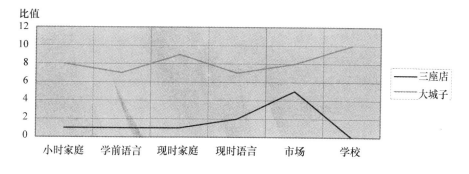

图43　城乡中学生汉语使用变化比较

　　蒙古语比较（图44）。城镇中学生完全放弃了蒙古语，乡村中学生的蒙古语使用出现阶梯式滑坡，只是在学校语言中，出现了一个转机。

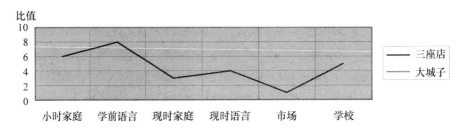

图44　城乡中学生蒙古语使用变化比较

　　双语比较（图45）。城乡中学生双语使用的起点一样，但在学前语言中，当城镇中学生的双语达第一个峰值时，乡村中学生的双语使用降落到第一个低谷，这是城乡中学生双语使用的第一个反向运动；在现时家庭语言中，乡村中学生的双语达到第一个峰值，城镇中学生的双语使用却进入第一个低谷，这是城乡中学生双语使用的第二个反向运动；在现时语言中，城乡中学生的双语使用达到同一个水平；在市场语言中，城乡中学生双语使用出现第三次反向运动，在学校语言中，城镇中学生的双语使用下降至原起点线以下，乡村中学生的双语使用却开始上扬。这种曲线说明：城乡中学生的双语使用出现波动，波动的曲线模式很接近，但城镇中学生双语使用的第一个高潮比乡村早一个时间段，因此造成升降曲线的错位。学校语言模式说明，当城镇中学生的双语让位给汉语单语时，乡村中学生的双语使用依然保持发展势头，即在语用模式转换上，城镇中学生比乡村中学生快一个节拍。

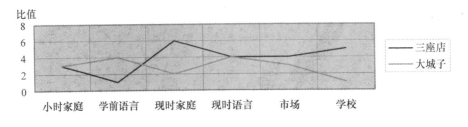

图45　城乡中学生双语使用变化比较

三　小结

1. 宁城县使用蒙古语的人口有 9649 人，占蒙古族人口数的 13.5%，占总人口数的 1.6%，宁城县的喀喇沁蒙古语已进入濒危阶段。

2. 从上下两代人语言变化的纵向比较看，三座店初中生家长及其子女的蒙古语使用总趋势是波动中下滑，子女双语使用峰值的出现比家长提早一个时间段，在社会和学校语言中双语保持发展势头。汉语使用在市场和政府域占优势，在家庭和学校语言中蒙古语占一定的优势，两种语言博弈的结果，双语得到迅速发展。这种发展的内涵是蒙古语衰退，汉语得到强化，家庭语言让位给社会语言。

3. 职业对语用模式变化有影响。干部、家长、教师的汉语使用峰值均落在政府域，受其不同影响，在现时语言中汉语使用程度最高的是干部，其次是家长，教师最低。各种职业人员蒙古语使用呈下降趋势，干部的蒙古语已率先退出社会语用领域。各种职业人员双语使用也呈下降趋势，但在现时语言中仍保持一定的水平，程度最好的是教师，家长次之，干部最低。

4. 地域社会经济文化发展程度影响语用模式的转换。大城子初中生家长在现时语言中已丢失蒙古语，在他们的社会语言和子女们的语言当中，蒙古语再也没有能恢复其原有的地位，他们的语言正在从双语向汉语单语过渡。在三座店，家长汉语使用起点时间较晚，蒙古语使用率下降速度较缓慢，双语保持较好的发展势头。在家庭语言中，城乡教师汉语使用率较低，但社会语言中的汉语使用引动教师汉语能力的提高。在单位语言中，因职业关系汉语使用率有所回落。大城子中学教师的蒙古语衰变比三座店中学教师快一个时间段。在单位语言中，农村中学教师的蒙古语使用率有小幅上升，但城镇中学教师的蒙古语使用率却停留在一个低水平上，可以看作滑落前的短暂维持。无论在大城子，还是在三座店，中学教师的双语使用率均呈下降趋势，但下滑的速度和幅度，城镇大于乡村。在单位语言中，城乡中学教师的双语使用有较大幅度的上扬，但未能达到从前的峰值水平。城镇中学生汉语使用率的起点比乡村中学生高许多，乡村中学生汉语使用率在家庭语言中维持一个低水平，但在社会语用影响下，汉语使用率出现上升趋势。在学校语言中，城镇学生的汉语使用率稳步上升，乡村中学生的汉语使用率却出现滑坡，呈反向发展态势。在蒙古语的使用上，城镇中学生完全放弃了蒙古语，乡村中学生的蒙古语使用也出现阶梯式滑坡，只是在学校语言中，出现了一个转机。城乡中学生双语使用的起点一样，但在学校语言中，城镇中学生的双语已让位给汉语单语，乡村中学生的双语使用依然保持发展势头。在语用模式转换上，城镇中学生比乡村中学生快一个节拍。

5. 在濒危语言（方言）区，家庭是母语激励源，社会是汉语激励源，社区人员的实际语言能力，在一般情况下，接近两种语言使用率的折中值。具体表现在语言模式转换上，第一步双语得到发展，纯蒙古语的使用受到抑制，汉语使用逐步扩大；第二步蒙古语从社会交际域退出，双语使用率下降，汉语使用率稳步上升；第三步完全转用汉语。语言模式转换的速度，城镇快于乡村，子女快于父母，干部快于农民和学生。

6. 在濒危语言（方言）区，除家庭外，学校是母语、母文化保护的重要阵地，因此在合并学校时，应充分考虑学校在母语保护、使用和发展中的重要作用，在政策上适当倾斜，在具体措施上分别对待，谨慎处理。

第五章

辽宁省喀喇沁左翼蒙古族自治县
蒙古族语言使用情况[①]

喀喇沁左翼蒙古族自治县（以下简称喀左）地处辽宁省西南部大凌河上游，东邻朝阳，西接凌源，南连建昌，北靠建平。南北长 105 公里，东西宽 57.5 公里，总面积 2237.86 平方公里。县政府驻地大城子，东北距朝阳100 公里，西距北京 420 公里。

据 2008 年统计，喀左县总人口数为 42.64 万人，其中汉族人口为33.2872 万人，占人口总数的 78%，少数民族人口为 9.3528 万人（有十几个少数民族），占总人口数的 21.9%。全县蒙古族人口为 9.0755 万人，占人口总数的 21.3%。

根据 2005 年的行政区划，全县设 10 个镇，1 个国营农场，11 个乡[②]。其中，蒙汉杂居的有 6 个镇 4 个乡，总人口为 21.0458 万人，其中蒙古族人口为 4.09 万人，占杂居总人口的 19.4%；汉族人口为 16.9558 万人，占杂居总人口的 80.6%。在蒙古族人口中蒙古语使用者为 1.442 万人，占杂居乡镇蒙古族人口的 35.3%，占全县蒙古族总人口的 15.9%。以蒙古族蒙古语使用者比例排列的各乡镇统计数据见表 31（参见田野日志 2009年 7 月 17 日）。

[①]　在 2009 年 11 月 21 日在北京召开的"蒙古语言文学研究所成立 30 周年庆典暨学术研讨会"上宣读。原文发表于《中央民族大学学报》2009 年第 6 期。被 CSSCI 数据库收录。

[②]　《喀喇沁左翼蒙古族自治县概况》修订本编写组：《喀喇沁左翼蒙古族自治县概况》，民族出版社 2009 年版，第 25 页。

表 31　　　　喀左县各乡镇学习使用蒙古语言文字情况统计表（2009 年）①　　　单位：人，%

乡镇		蒙 古 族				汉 族			
	乡镇人口	人口	人口占比	使用者	使用者占比	人口	人口占比	使用者	使用者占比
白塔子镇	29019	3265	11.2	1500	46	25754	88.8	100	0.4
大城子镇	66576	9307	14	4000	43	57269	86	1200	2
六官营子镇	12764	1254	9.8	500	40	11510	90.2	50	0.4
南哨镇	13494	3363	24.9	1300	39	10131	75.1	200	2
老爷庙镇	23336	4036	17.3	1500	37	19300	82.7	120	0.6
南公营子镇	27525	6231	22.6	2200	35	21294	77.4	500	2
官大海乡	3425	1841	53.8	620	34	1584	46.2	30	1.9
大营子乡	9365	3837	41	1300	34	5528	59	20	0.4
东哨乡	16386	1378	8.4	400	29	15008	91.6	70	0.5
草场乡	8568	6388	74.6	1100	17	2180	25.4	60	2.8
总计	210458	40900	19.4	14420	35.3	169558	80.6	2350	1.4

统计表明，杂居区 6 个镇的蒙古语使用者比例达到蒙古族人口的 35%（平均数），说明这 6 个镇分布蒙古族聚居的且保持民族文化的村落。而草场乡是全县蒙古族比例最高的乡（74.6%），但蒙古语使用者比例却只有17%，民族人口数和民族语言保持者数的反比例显示民族文化的融合度或丧失程度。

本次研究选择南哨镇和草场乡作为调查点，调查是在 2009 年 7 月17 日—7 月 22 日进行的。南哨镇是蒙古语和传统文化保存较好的蒙古族聚居区，而草场乡是民族文化融合或语言转用的典型。各点发放调查问卷 50份，收回有效问卷 50 份，共收回 100 份有效问卷②。现分别予以深度分析。

---

① 此表数据由喀喇沁左翼蒙古族自治县民族事务委员会提供。

② 问卷填写质量，南哨镇优于草场乡。草场乡的问卷数据深受两位调查员的影响（特别是农民部分的问卷，调查者代笔的嫌疑较大），虽然也反映出草场乡蒙古语使用的一般情况，但准确度和可信度较低。

一　南哨镇蒙古语使用情况分析

南哨镇位于县城南部，距县城大城子镇 7 公里，东接草场乡，西、南接平房子镇，北与坤都营子乡、大城子镇交接。问卷调查是在白音爱里村进行的。该村是旅游定点村，蒙古族聚居，并在一定程度上保留着蒙古族传统文化和语言。村委会在发展旅游经济时注意挖掘民族文化资源，与县民委关系良好，欢迎学者来访和提供创造文化品牌、发展旅游经济的思路和建议。在村口和道路两旁，可以看到蒙古文标语文字，村委会蒙古族文化展览室也在筹建中。在村里，70 岁以上的蒙古族老人蒙古语讲得很好，他们时常聚在一起打牌、聊天，这是他们至今保持蒙古语的一个重要原因。（参见田野日志 2009 年 7 月 18 日）

（一）现时语言能力分组、不同年龄组之间的过渡和语言模式分期

问卷的预分析发现，被调查按现时语言能力分成三个年龄组：青年组（19—30 岁，13 人）、中年组（32—55 岁，25 人）、老年组（55—70 岁，11人）。青年组现时语言特征是 100% 转用汉语；中年组现时语言特征是 52%使用汉语单语，48% 使用蒙汉双语；老年组现时语言特征是 91% 使用蒙汉双语，9% 使用当地蒙古语方言，没有纯汉语使用者。

不同年龄组现时语言的过渡曲线见下图。

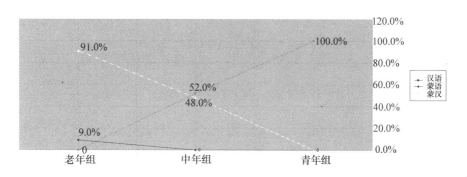

图46　各年龄组之间语言能力过渡情况

1. 从单语到双语：单纯蒙古语使用者比例在老年组仅剩 9%，至中年组，此比例已变成零，宣告纯蒙古语时代的结束，时间为 1939—1954 年。此间 91% 的纯蒙古语使用者变成蒙汉双语人。

2. 从双语至单语：老年组没有纯汉语使用者，而 91% 的蒙汉双语人至青年组 100% 转用了汉语，过渡期跨度为 1939—1979 年的 40 年。

3. 从双语至单语的中间期：中年组纯汉语使用者和蒙汉双语使用者比例大体相等（52%：48%），至青年组全部使用汉语，过渡期跨度为 1954—1979 年的 25 年。

4. 语言模式分期：喀左县蒙古族语言使用模式，以其现有蒙古语保存最好的聚居区为例，新中国建立前从纯蒙古语过渡到蒙汉双语模式；从新中国成立初至 1979 年从蒙汉双语过渡到汉语单语模式，期间大约用了 25 年。1979 年至 2009 年为纯汉语模式时代。

（二）语言模式转换的家庭语言过程分析

人的语言能力及其应用模式形成的第一环境是家庭，其中儿童和父母对话模式尤为重要。各年龄组家庭对话模式对学前语言模式形成的影响见图 47。

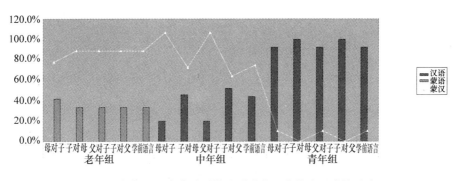

图 47　各年龄组家庭对话模式对学前语言模式形成的影响

老年组母亲对子女使用蒙古语和蒙汉双语的比例较高，而子女对母亲、父亲和子女之间的对话模式却一样，蒙古语使用率降低 8.4%，蒙汉双语使用率提高 8.3%，老年组儿童学前语言的模式与此相同，暗示在老年组儿童语言形成时期，父亲语言模式接近儿童语言的社会化模式。

中年组父母亲对子女的语言模式一样，纯蒙古语模式消失，汉语使用率达 20.0%，蒙汉双语使用率达 80%。但儿童对母亲的答话，汉语使用率增至 45.8%，汉语使用率比母亲增加 25.8%，双语使用率减至 54.2%，递减 25.8%；儿童对父亲的答话，汉语使用率增至 52.0%，增加 32%，双语使用率增至 48.0%，减少 32%。中年组学前语言模式是汉语使用率 44.0%，双语使用率达 56.0%，接近儿童对母亲的答话模式。儿童在对父亲的答话中，汉语使用率比学前语言增加 8%，双语使用率减 8%，反映出儿童同父亲对话比较激进，同母亲对话比较迁就的倾向。中年组学前语言形成过程的总特点是语言模式转换幅度大、变动激烈，趋势是双语使用率下降，汉语使用率提高。

青年组父母亲对子女汉语使用率达 92.3%，双语使用率减至 7.7%，但子女对父母的对话 100% 转用了汉语。然而在青年组学前语言中的汉语使用率和双语使用率却和父母语言保持一致，说明青年组在学前虽然丧失蒙古语对话能力，但依然保持着一定的理解能力，即 7.7% 的儿童能理解父母用蒙汉双语讲的内容，但对话却用汉语。

（三）各年龄组学前语言至现时语言过渡的模式比较

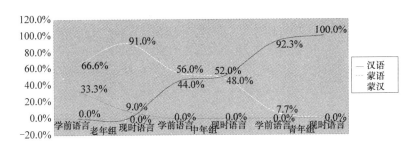

图 48 各年龄组学前语言至现时语言的模式过渡比较图

1. 老年组从学前语言至现时语言，蒙古语使用率减少 24.3%，双语使用增加 24.4%。

2. 老年组至中年组语言模式的代际跳跃，汉语增加 35 个百分点，双语为下降 35 个百分点。

3. 中年组纯汉语代替纯蒙古语，在学前语言中平稳发展，到现时语言时汉语和双语使用比例交换了位置（汉语44%：蒙汉双语56%—汉语52%：蒙汉双语48%）。中年组至青年组语言模式的代际跳跃为汉语增加40.3个百分点，双语下降40.3个百分点。

4. 青年组从学前语言至现时语言，双语从7.7%趋于消失，汉语使用率相应增加，完成了语言转换过程。

5. 老年组至中年组、中年组至青年组，是语言转换的加速期（代际增速为5个百分点），是喀喇沁左翼蒙古族自治县蒙古语走向濒危以至消亡的最后阶段，时值1939—2009年，大约用了70年时间。

（四）现时语言使用中家庭语言对话模式影响分析

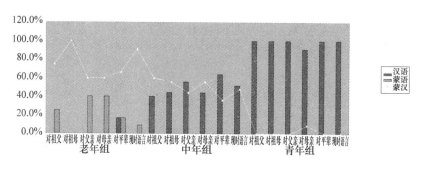

图49　现时语言使用中家庭语言对话模式影响分析

1. 老年组与父母亲对话时蒙古语和蒙汉双语的使用比例是40:60，但和祖父对话时这一比例变为25:75，与祖母对话100%使用蒙汉双语，与兄弟姐妹对话时汉语和蒙语各占16%，蒙汉双语占66%。在老年组家庭中，父母的蒙古语保持一定强势地位，其次为祖父，再次为祖母，对话模式中的蒙古语使用率依据长辈约束的放松程度而弱化。当与平辈对话时，语言环境更加自由，出现16%的汉语使用者。在此，现时语言模式和家庭语言模式出现分裂，在现时语言中蒙古语使用者进一步减少，仅剩9%，有91%的人使用了蒙汉双语，说明在现时语言模式形成中，社会因素的影响超过了家庭语言的影响。

2. 在中年组，汉语使用程度从小到大依次为：对祖父（40.0%）、对母亲（44.0%）、对祖母（44.4%）、对父亲（56%）、对平辈（64%）。中年组同长辈的对话模式差距没有老年组那么悬殊，说明家庭内部基于等级的约束大大弱化，对话中的汉语使用率和蒙汉双语使用率彼此接近。其中，祖父、母亲、祖母代表相对封闭式的家庭语言环境，晚辈与他们对话时有迁就倾向，汉语使用率略低；父亲和平辈语言代表相对开放式的家庭语言，汉语使用率提高，双语使用率降低。其中，同父亲的对话模式最接近现时语言应用模式（对父亲：汉语56%，双语44%；现时语言：汉语52%，双语48%）。

3. 青年组与祖父、祖母、父亲、平辈对话时100%转用汉语，现时语言中也100%用汉语，只是同母亲对话时，依然有9%的人使用蒙汉双语，说明母亲的语言转化较慢，因而同母亲对话，需要适当照顾其语言习惯。

4. 现时语言模式形成的决定性因素是社会语言环境，家庭语言随社会语言环境而发生变化。社会语言环境的影响首先体现在父亲和晚辈语言应用模式上，然后波及祖父母和母亲，逐步向家庭语言渗透。

（五）现时语言使用中社会语言环境影响分析

如前所述，社会语言环境对现时语言应用模式的形成具有重要影响，因此有必要对社会语言环境及其影响进行具体分析。在此，把社会语言环境分解为"市场、政府、单位、学校"4个语域。不同年龄组在不同社会语域中的语言使用情况及其与现时语言模式的对比，见图50。

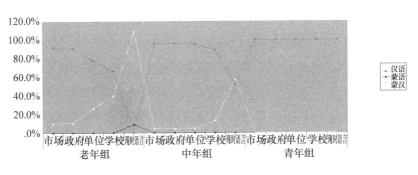

图50　现时语言使用中社会语言环境影响分析

1. 老年组在社会不同语域中的汉语使用率从大到小依次为：市场91.7%，政府90.9%，单位77.8%，学校66.7%；蒙汉双语使用率与此相反，从小到大依次为：市场8.3%，政府9.1%，单位22.2%，学校33.3%。但老年组现时语言应用模式为：汉语0%，蒙语9%，蒙汉双语91%，乍一看，似乎社会语言环境的影响尚未内化为成员的现时语言能力。这是因为老年组的蒙汉双语能力依据语域的不同出现选择和侧重：在市场和政府域汉语使用程度最高，双语使用程度最低；在单位和学校次之，汉语和双语使用比例大约为66:33。说明社会语域是汉语影响不断强化的主要来源，尽管汉语影响在现时语言中尚未形成纯汉语模式，但在双语模式中暗含了不断强化的汉语能力，它不仅强烈地刺激蒙汉双语模式的不断发展，同时进一步抑制了仅存的纯蒙古语模式。

2. 中年组在市场和政府域，汉语使用率比老年组大约提高5个百分点（市场、政府：96%），但在单位和学校域汉语使用率比老年组分别提高18个百分点和22个百分点（单位：95.8%，学校：88.9%）。由于4种社会语域的拉动，在现时语言能力模式中出现52%的纯汉语使用者，蒙汉双语人比例降至48%。很明显，蒙汉双语能力主要受家庭语言支持。

3. 青年组的社会语用模式和现时语言模式合并，成员全部转用汉语。

4. 在社会语言环境中，汉语处于强势地位，促使蒙古族社会成员多用汉语，但受到家庭语言和蒙古族社区语言的冲抵，汉语影响在一定程度上受到遏制。因此，现时语言能力模式是两种语言博弈、妥协的结果，其中汉语影响不断强化，推动语言模式的不断演变，直到蒙古族社会成员全部转用纯汉语模式。

（六）现时语言使用中读写模式的转换

读写是人的重要能力之一，它一方面反映人接受或表达信息的主要手段的民族类型和性质，另一方面透视出语文教育对现时语言能力的影响，因为读写能力一般是通过系统的学校教育获得的。分析读写能力模式及其变化，可以从另一个角度揭示现时语言应用模式的演变情况。

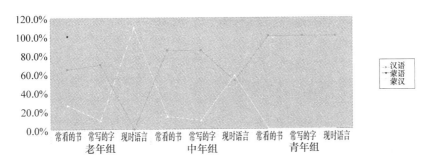

图 51　读写能力模式与现时语言应用模式比较

1. 老年组常看的书中汉语占 64.3%，蒙语占 14.2%，蒙汉双语占 21.4%，在常写的字中汉文占 69.3%，蒙文占 23%，蒙汉双文占 7.7%，信息捕捉手段中汉语占优势。然而在现时语文模式中汉文和蒙汉双语文模式分裂成两级形式，纯汉文显示为零，纯蒙文仅存 9%，阅读下降 5 个百分点，书写下降 14 个百分点，蒙汉双语文使用率提高到 91%，阅读方面增加到 70%，书写方面增加到 83.3%。这说明对现有读写能力的形成教育的贡献很大（普通话阅读占 57%，书写占 61%），但在现时语言模式中还没有出现具有纯汉文读写能力的人，兼备双语文读写能力的人占主导地位，纯蒙语文读写能力受到挤压。

2. 在中年组，汉文阅读和书写提高到 84.6%，比老年组分别提升 20.3 个百分点（阅读）和 15.3 个百分点；蒙文读写降至 9%（阅读）和 3.8%（书写），分别下降 5.2 个百分点（阅读）和 15.2 个百分点（书写）；双语文阅读率为 11.5%，约降 10 个百分点，书写大致保持老年组的水平。在现时语言中纯汉文使用者达 52%，纯蒙古文使用者消失，蒙汉双语文使用者比老年组降 43 个百分点。从汉语文现有读写率 84.6% 到现时语言中纯汉语文使用者达 52%，应该被看作现代汉语文教育的贡献率，其中抵消掉的 32.6%（84.6%－52%）是来自蒙古族语言社会的调整，现时语言能力往往是强势语言影响和本民族语言影响折合的产物。

3. 到青年组，读写模式全部转用汉语文，读写模式与现时语言模式合流。由此不难判断，在喀喇沁左翼蒙古族自治县，最迟至 1979 年（因为调查点选择的是蒙古语保存最好的类型），学校蒙古语文教育对现时语言能力形成的贡献率降至零点，蒙古语文课以加授的形式成为民族文化补偿和文化享受的一种途径。

（七）各年龄组本族文化接触水平比较

民族文化享受，是民族群体生活不可或缺的一部分。在有本民族语言文字的民族中，民族文化作品一般以本民族语言文字作为载体，并表达本民族特有的审美价值和文化内容。在此，以蒙古族音视作品为代表，分析各年龄组本民族文化接触水平，揭示语言使用模式的转换对本民族文化生活带来的影响。请看图52。

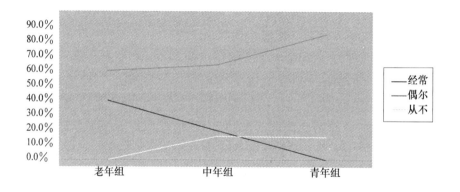

图52　各年龄组本族文化接触水平比较

在老年组中，经常接触蒙古族音视作品的占40%，有时或偶尔接触的占60%。到中年组，这一比例为：经常接触者为20%，下降20%；有时或偶尔接触者为64%，增加4%；从不接触者为16%。从中年组到青年组，经常接触者消失；有时或偶尔接触者达84.6%，增加20.6%；从不接触者为15%，比中年组下降1个百分点。趋势是喀喇沁左翼自治县蒙古族在逐渐疏离蒙古族传统文化，但程度比语言丧失略好些。因为，蒙古族音视作品，特别是歌曲，在全国有相当的影响力，即使是汉族，也有很多人欣赏并愿意歌唱蒙古族歌曲。青年组从不接触蒙古族音视作品者比中年组低1个百分点，原因在于此。

（八）现时语言程度自我评价

现时语言程度自我评价是语言能力的心理满足或舒适度，它反映两个方面的情况：语言交流的自由度和教育对语言能力形成的影响。在自我评测中，感觉对某种语言非常熟练或比较熟练，说明主体在使用这种语言时，交流过程自由通畅，基本没有障碍。自我感觉一般或不熟练，说明语言交流有某种障碍，可能存在语法、选词、语义理解问题或能听懂但不能自由表达意思。就蒙古语而言，"一般"也许是"不会"的一种避讳说法，因为直言不会自己的语言，民族成员在心理上会产生一种难以启齿的内疚感。教育对语言能力形成的影响表现在普通话程度上，因为普通话和规范汉文是通过学校教育获得的。不同年龄组被调查的自我语言评测见图53。

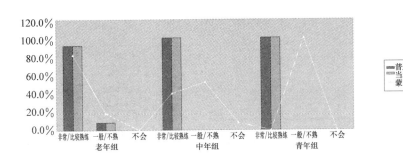

图53　现时语言程度自我评价

1. 老年组普通话和汉语方言水平非常熟练或比较熟练的达到91.7%，一般或不熟的占8.3%；蒙古语非常熟练或比较熟练的为81.8%，一般或不熟的占18.2%。老年组蒙汉两种语言的掌握程度比较接近，汉语优于蒙古语，不熟蒙古语者比不熟汉语者多10个百分点。

2. 中年组普通话和汉语方言100%达到非常熟练或比较熟练的水平，比老年组提高8.3%。蒙古语的熟练水平比老年组降41.8个百分点，达到40%，一般或不熟练者从老年组的18.2%，上升到52%，增加33.8个百分点。

3. 青年组普通话和汉语方言程度与中年组相同，但不熟悉蒙古语者比例达到100%，蒙古语从此退出交际领域。

4. 在测评中，各年龄组普通话水平与汉语方言水平持平，这一方面说明，学校教育是被调查汉语水平提高的重要原因，另一方面也说明，如果汉语方言和普通话差异小，普通话教育和汉语方言彼此促进，加快民族成员汉语程度的提高速度。

（九）对现时语言的印象评价

语言印象是语言影响的内化形式，体现在感知和认知两个平面上。感知平面可分解为"好听"和"亲切"两个评价项；认知平面可分解为"有影响"和"有用"两个评价项。感知评价体现语言主体对语言客体的情感接受度和亲近度；认知评价体现语言主体对语言客体的功能认可度和接受度。评价用5分制，5分为最高分，1分为最低分，不选或不答被看做零分，可能表示低评价，也可能表示对某种评价的回避倾向。各年龄组语言印象评价数据见图54。

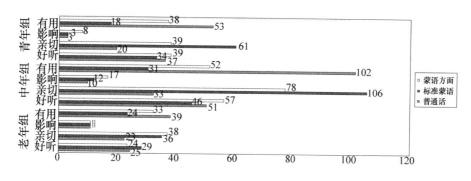

图54　语言印象评价数据比较

可以用两种方法对数据进行分析。一是总排位法，即根据各语言每个指标的总得分从大到小排列。结果如下：

老年组

好听：标蒙—普通话—蒙方

亲切：蒙方—标蒙—普通话

影响：三者分数相同

有用：普通话—蒙方—标蒙

此组被调查者有回避语言影响评价的趋势，回答者只有3人。

中年组

好听：蒙方—普通话—标蒙

亲切：标蒙—蒙方—普通话

影响：蒙方—标蒙—普通话

有用：普通话—蒙方—标蒙

青年组

好听：蒙方—普通话—标蒙

亲切：标蒙—蒙方—普通话

影响：蒙方—普通话—标蒙

有用：普通话—蒙方—标蒙

青年组对语言影响的含义可能不理解，多数人不予回答。

三个年龄组的共同特征是：在"好听、亲切、影响"3个指标上标准蒙古语、蒙古语当地方言得分最高，中年组和青年组都认为当地蒙古语方言是最好听、最有影响的语言，而老年组认为标准蒙古语最好听、蒙古语当地方言最亲切，在影响力上它们的得分相同。这一趋势表明中年组以下年龄组蒙古语的情感亲近度从标准蒙古语回归到当地蒙古语方言，蒙古语学校语言教育出现衰弱。三个年龄组都认同普通话最有用，但排列第二的却是蒙古语方言，进一步确证学校标准蒙古语教育影响力的衰退。

另一种方法是最高值对比分析法。即每一组取一对最高值，然后各组数据间进行比较。据此，老年组标准蒙古语亲切度得61分，而普通话有用度得53分；在中年组，标准蒙古语亲切度得106分，普通话有用度得102分；在青年组，普通话有用度得39分，分数最接近此值的是蒙古语方言（33分），当地蒙古语方言亲切度得38分，最接近此值的是标准蒙古语（36分）。结论是：（1）标准蒙古语和普通话的地位在老年组中已经形成，并且在中年组达到高峰，到青年组地位急剧下滑，趋势是标准蒙古语影响力衰退。（2）对蒙古语（无论是标准蒙古语还是当地蒙古语方言）的认同是情感性的，而对普通话的认同却是功能性的。

（十）语言选择倾向比较

语言选择是语言印象的行为体现，一般而言，语言选择反映现时语言能力模式和语言价值判断的发展趋势，但也有反操作现象。这种反向选择，是民族成员对现有语言环境不满、不适应、逆反心理的反映，有时也表示民族成员的文化回归倾向。各年龄组语言选择倾向数据见下图。

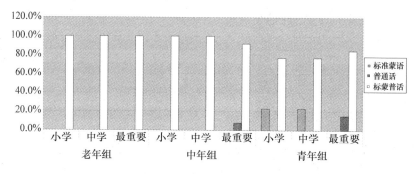

图 55　语言选择倾向比较

1. 老年组在小学、中学教学语言和国内外最重要的语言上都选择了标准蒙古语和普通话（100%），在语言选择上具有坚定不移的双语化倾向。

2. 中年组在学校教学语言上也都选择了标准蒙古语和普通话（100%），但在国内外最重要语言的认定上，有8%的人只选择了普通话。

3. 青年组有23%的人主张在小学和中学实行标准蒙古语单语教学，有77%的人主张标准蒙古语和普通话双语教学。在国内外最重要语言的选择上，有84.6%的人选择了标准蒙古语和普通话，有15.4%的人只选择了普通话，比中年组增加7.4个百分点。

各年龄组在教学语言和最重要语言的认定上普遍赞同蒙汉双语制，尽管这个认同率在逐代下降。青年组有23%的人主张用标准蒙古语单语教学，可以看做一种文化回归现象。他们在现时语言应用模式上100%转用了汉语，汉语水平也达到非常熟练程度，在语言印象上对标准蒙古语的打分并不高（好听34%，亲切61%，影响3%，有用18%），但他们依然希望学校使用蒙汉双语教学，甚至赞同用标准蒙古语单语教学，这是民族成员对民族文化、民族语言丧失的一种反思，是一种文化补偿行为。所有被调查者都不希望丢失自己的母文化和母语，都希望与蒙古族整体保持统一的文化纽带。他们都认为，学习掌握汉语和蒙古语很有用，这从另一角度证实了他们这种文化回归心理和行为倾向，也证明不能把语言转用和语言丧失完全归咎于民族成员的语言态度。

二　草场乡蒙古语使用情况分析

草场乡位于县政府驻地大城子南 16.8 公里，东接老爷庙镇，西接南哨镇和平房子镇，南接南公营镇，北靠大凌河。据 2009 年的统计，全乡人口为 8568 人，其中蒙古族 6388 人，汉族 2180 人，蒙古族人口占总人口比例全县最高，为 75%。（参见田野日志 2009 年 7 月 18 日）

草场乡问卷经过预分析分成两类：农民—学生组和干部组。农民—学生组 40 人，年龄介于 13—50 岁之间，其中学生 10 人，包括小学生 5 名，初中生 2 名，高中生 2 名。干部组 10 人，年龄介于 28—48 岁，其中包括 1 名教师。两组数据的区别在于前者各调查项区别度很低，后者有一定区别度，两组数据的共同缺点是年龄段向中青年集中，忽略了 50 岁以上老龄群体语言使用情况。

（一）农民—学生组语言使用情况

这一组被调查者在学前语言、家庭语言、社会语言各项上全部转用汉语。有 97.4% 的人常看汉语书，只有 2.6% 的人看蒙文书，经查，是 1 名 13 岁的小学生，可知不足为信。他们 100% 书写规范汉文，有 97.5% 的人从不接触蒙古族音视作品；他们的普通话和当地汉语方言水平都达到非常熟练和比较熟练的程度，97.5% 的人根本不会蒙古语，2.5% 的人（1 人）自报蒙古语程度一般；他们对普通话的打分是：好听 149 分，亲切、有影响和有用 3 项得分相同，均为 129 分；他们对标准蒙古语和蒙古语方言评价提问不予回答；在学校语言和国内外重要语言的认定上，他们 100% 选择了汉语当地方言（一般应该选择普通话或至少部分选择普通话，因为当地方言并没有专门的书写文字），并认为学习掌握汉语很有用，有97.5%的人直言不讳地说学习掌握蒙古语没用，只有2.5%的人（1人）选择了"有些用"。

（二）干部组语言使用情况

干部组家庭语言向学前语言和现时语言的过渡见图56。

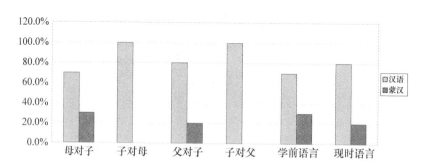

图56　干部组家庭语言到学前语言和现时语言的过渡

1. 母亲对孩子70%使用汉语，这个比例与儿童学前语言模式一致；父亲对孩子80%使用汉语，这个比例与被调查现时语言模式一致，再次证明母亲语言的内向特征和父亲语言的外向特征。

2. 孩子对答父母语言全部使用汉语，说明蒙古语在家庭语言中已断代，截止时间应为20世纪60年代初。

3. 被调查的现时家庭语言（同祖父母、父母、平辈的对话）和社会语言（市场、政府、单位、学校）100%转用汉语。

4. 从读写语文结构看，90%常看汉文书写汉文，10%能看蒙汉双语文书，写蒙汉两种文字；有10%（1人）常接触蒙古族音视作品，70%偶尔或有时接触，20%从不接触。

5. 有20%的人普通话非常熟练或比较熟练，80%的人普通话一般或不会。回答者学历较高（高中或大专以上），确切知道普通话和当地汉语方言的区别，因此数据比较接近事实。他们对当地汉语方言很熟练（100%），但蒙古语非常熟练或比较熟练者为10%（1人），一般或不熟的占30%，完全不会的占 50%。

6. 被调查语言印象排列是：

好听：标准蒙古语—普通话—蒙古语方言

亲切：蒙古语方言—标准蒙古语—普通话

影响：普通话—标准蒙古语—蒙古语方言

有用：蒙古语方言—标准蒙古语—普通话

但这个排列数据只能作为一个参考点，因为被调查不愿意对语言做出功能评价，只有 1—2 人回答了"影响"、"有用"两项问题，可能是一种回避。

7. 在中小学教学语言上，他们 100% 选择了蒙汉双语，但在国内外重要语言的认定上 100% 选择了汉语。他们认为学习和掌握汉语很有用（100%），学习和掌握蒙古语有些用（100%）。

8. 结论是，草场乡除极少数人，蒙古语已退出家庭和社会应用领域，蒙古语使用的社会环境、氛围也逐渐消失。在农民和年轻学生中（文化程度多数为小学和初中），个体同蒙古族群体的文化纽带和心理情感纽带也渐趋消失。

草场乡的蒙古族是一个特殊的蒙古亚文化群体，据说居民中"随旗"汉人改蒙古族者较多。异族通婚调查发现，草场乡异族通婚户中（抽样调查 8 户），祖父为汉族的 4 人，占 50%。祖母为汉族的 3 人（37.5%），父亲为汉族的 1 人（12.5%），母亲为汉族的 3 人，到孙辈 100% 变成了蒙古族。其特点是从祖辈的汉族，逐渐随父母蒙古族一方将民族成分改为蒙古族。1985 年草场乡汉族占 40%（总人口 8379 人，其中汉族 3345 人，蒙古族 5033 人，满族 1 人）①，2008 年此比例降至 25%。假设蒙汉两个民族自然增长率基本相同，那么，汉族比例中减少的 15% 的人口，理应已改为蒙古族。

草场乡汉化程度相当高，街道上基本看不到蒙古文字，也没有见到一个讲蒙古语的人。在村委会领导们的陪同下访问了一位 92 岁的老奶奶，但她耳聋听不见。笔者用蒙古语在她耳边喊话，她依然用带浓重蒙古语口音的汉语讲她自己的事情。也许，她再也听不到她的母语，也许她还真想不到世界

---

① 喀喇沁左翼蒙古族自治县志编纂委员会编：《喀喇沁左翼蒙古族自治县志》，辽宁人民出版社 1998 年版，第 91 页。

上还存在讲蒙古语的同胞。草场乡的经济发展方向是生态园经济。云城庄园（参见附录图片）建设得很气派，老板桌后是"幽燕圣地"四个金色大字，汉文化氛围浓厚。与南哨镇不同，草场乡能够用于经济发展的蒙古族文化资源相当有限。

三　小结

1. 喀左县总人口中汉族占绝对多数。在蒙古族人口中蒙古语使用者占全县蒙古族总人口的 15.9%。但从具体分析看，真正的使用者（排除只学不用者）不足 10%，多数为老年人。

2. . 喀左县蒙古族语言使用模式及其分期。喀左县蒙古族语言使用模式，在理想样本区（南哨镇），在新中国建立前就从纯蒙古语过渡到蒙汉双语模式，从新中国成立初至 1979 年从蒙汉双语过渡到汉语单语模式。在文化融合区（草场乡），从上世纪 60 年代，蒙汉双语模式已过渡到汉语单语模式。喀左县蒙古语在使用上出现断代，成为濒危土语。

3. 在老年组家庭中，父母的蒙古语保持一定强势地位，子女对话模式中的蒙古语使用率依据从长辈到平辈，随约束的放松程度而降低。在现时语言中蒙古语使用者进一步减少，说明在现时语言模式形成中，社会因素的影响超过家庭语言的影响。

中年组同长辈对话时家庭内部基于等级的约束大大弱化，祖父、母亲、祖母代表相对封闭式的家庭语言环境，晚辈与他们对话时有迁就倾向，汉语使用率略低；父亲和平辈语言代表相对开放式的家庭语言，汉语使用率提高，双语使用率降低。其中，同父亲的对话模式最接近被调查现时语言应用模式。事实证明，现时语言模式形成的决定性因素是社会语言环境，家庭语言随社会语言环境而发生变化。社会语言环境的影响首先体现在父亲和晚辈语言应用模式上，然后波及祖父母和母亲。

4. 在社会语域中，老年组和中年组汉语使用程度最高，双语使用程度最低，说明社会语域是汉语影响不断强化的主要来源，蒙汉双语能力主要受家庭语言支持。现时语言能力模式是两种语言博弈、妥协的结果，其中汉语影响不断强化，推动语言模式的不断演变，直到蒙古族社会成员全部转用汉语单语模式。

5. 从读写模式逐渐转用汉语汉文的过程判断，在喀喇沁左翼蒙古族自治县，最迟至 1979 年（因为调查点选择的是蒙古语保存最好的类型），学校蒙古语文教育对现时语言能力形成的贡献率降至零点，蒙古语文课以加授的形式成为民族文化补偿和文化享受的一种途径。

6. 老年组和中年组中非常熟练或比较熟练普通话和汉语方言者比例达到 91% 以上，在青年组中不熟悉蒙古语者比例达到 100%，说明蒙古语已退出交际领域。语言自我测评数据支持这一结论，并说明，学校教育是被调查者汉语水平提高的重要原因。

7. 语言印象评估显示，标准蒙古语和普通话的地位在老年组中已经形成，在中年组达到巅峰，到青年组地位急剧下滑，趋势是标准蒙古语影响力衰退。被调查对蒙古语的认同是情感性的，而对普通话的认同却是功能性的。

8. 各年龄组在教学语言和最重要语言的认定上普遍赞同蒙汉双语制，但这个认同率在逐代下降。青年组有 23% 的人主张用标准蒙古语单语教学，可以被看做一种文化回归现象。所有被调查都不希望丢失自己的母文化和母语，都希望与蒙古族整体保持统一的文化纽带。他们都认为学习掌握汉语和蒙古语很有用，这从另一角度证实了他们的文化回归心理和行为倾向。

9. 在草场乡，由于历史的原因，民族融合和文化融合速度快，绝大多数居民转用汉语，认为学习和掌握蒙古语"没用"或顶多"有些用"，说明他们在文化、心理、情感上疏远蒙古族群体文化，成为一种特殊的亚文化群体。

第六章

喀喇沁部的地理分布及人口移动对民族接触和语言接触的影响

语言接触的前提是民族接触。民族接触根据其接触的方式可分为地理接触型和文化接触型两种。中国各民族和汉族的接触属于地理接触型，中国汉族和日本民族的接触基本属于文化接触型。在地理接触型民族交往中，人口的移动、定居受国家制度和政策约束，在不同的历史阶段有不同的特点，接触中的民族交叉杂居，形成特定的接触区域，在接触区域中，两个民族的文化经过长期交流，从并行独立，逐渐走向交融混合。非地理接触型民族接触主要以国家间的政治、经济和文化接触为主，有人员交流和来往，但居民的自由移动和定居受国家制度的严格限制，人员流动量和规模随国际关系和对外政策的改变而时高时低、时断时续。

喀喇沁蒙古族和汉族的接触属于地理接触型，因此喀喇沁蒙古语和汉语的接触受特定的地理布局和人口移动的不间断的影响，其文化转型和语言使用模式的转变与地理因素和人口移动有深刻的内在的联系。

一　地理布局对喀喇沁蒙古语和汉语接触的影响

历史上喀喇沁部落的分布地区大致包括今内蒙古自治区赤峰市的喀喇沁旗、宁城县，辽宁省朝阳市的喀喇沁左翼蒙古族自治县、建平县、凌源市、葫芦岛市建昌县和河北省的平泉县，总面积达20952平方公里，现有人口约309万人，其中蒙古族人口约为32万人（部分旗县数字阙如）①。这是一个特殊的民族接触和语言接触区域，本书简称为喀喇沁地区（见图57）。

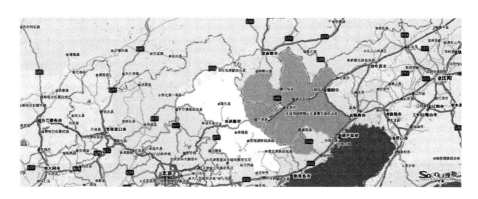

图57　喀喇沁地区地理位置
资料来源：中国地图 maps. go2map. com/ 1K 2009 - 9 - 6，喀喇沁地深色标志为作者所加。

喀喇沁地区的一个显著特点是地处战略咽喉地区。如果把中国地图喻做一只公鸡，那么喀喇沁地区类似公鸡的喉结。从其北端赤峰市到渤海湾沿海城市葫芦岛市约244公里；从其南端（喀左和建昌）到渤海湾不足80公里。从平泉县至朝阳市约162公里（全在喀喇沁地区境内），从平泉县至北京约230公里，形成从中国内地到东北的辽西长廊，京沈铁路及许多公路干线经过这里，沿途层峦叠嶂，地势险要，历来为兵家必争之地，战略地位非常重要。

喀喇沁地区历来是民族接触和民族融合地带。战国晚期以前山戎族活动于此地区，秦朝统一中原，秦朝和西汉在此设郡县，大体沿用了燕国建制名

---

① 数据引自各旗县政府网站。喀喇沁旗土地总面积为3050平方公里，总人口为34.6万人，其中蒙古族有14.5万人（2009年11月6日），中国、喀喇沁 www. klq. gov. cn/ 82K 2009 -10 -29；喀喇沁左翼蒙古族自治县总面积2237.86平方公里，全县总人口为42.3万，其中蒙古族有8.3万人，占总人口的19.5%；宁城县土地面积为4305平方公里，总人口为（截至2007年末）59.8116万人，其中，蒙古族人口为6.9959万人，占总人口的11.7%，汉族人口为51.9575万人，占86.9%，其他少数民族人口8582人，占1.4%，宁城县政府网，www. cfnc. gov. cn/html/a...；建昌县总土地面积为3181平方公里，总人口为55.5万人，其中汉族人口为53.0万人，占95.5%；各少数民族人口为2.5万人，占4.50%；凌源市土地总面积为3278平方公里，总人口数为60万人；建平县土地总面积为4900平方公里，总人口数为58万人。

称。东汉、魏晋南北朝时期，乌桓、鲜卑族在此先后建立政权，从隋唐到辽朝，契丹和奚族统治该地区。在辽金元三代，不仅促进了北方各部落的融合过程，也促进了汉族和北方民族的经济文化交流，但从总体看，这一时期蒙古部落和蒙古文化是该地区文化发展的主流方向。在明代，喀喇沁部经过同兀良哈部和蒙古各部、卫拉特蒙古的接触、交往和互动，逐渐同兀良哈部合并，在后金崛起时与满族联盟打败了察哈尔蒙古，建立了喀喇沁蒙古在此地区的统治地位。历史上各民族政权在喀喇沁地区的交替情况及喀喇沁部建制沿革情况见表32。

表32　　历史上各民族政权在喀喇沁地区的交替情况及喀喇沁部建制沿革情况

朝代	平泉县	喀喇沁旗	宁城县	喀喇沁左翼	建平县	凌源市	建昌县
商		山戎		山戎孤竹国		山戎孤竹国	
周	山戎	山戎		燕①		燕②	
战国		东胡、燕③	燕④	东胡	东胡、燕		山戎、东胡
秦	东胡	右北平郡		右北平郡	辽西郡	右北平郡⑤	右北平郡
西汉		匈奴	右北平郡	匈奴左地⑥	辽西郡		右北平郡⑦
东汉		乌桓、鲜卑	鲜卑	幽州、乌桓⑧		乌桓	鲜卑、幽州⑨
魏、晋	阳武县⑩	鲜卑、燕	鲜卑	鲜卑	鲜卑	鲜卑	鲜卑⑪
十六国		前燕、前秦⑫	前燕、前秦后燕⑬	前燕、前秦、后燕、北燕	前燕、前秦后燕、北燕	前燕、前秦后燕、北燕	前燕、前秦后燕、北燕⑭

---

① 属燕右北平郡。

② 同上。

③ 同上。

④ 同上。

⑤ 属燕右北平郡平刚县，即今凌源东城安杖子村。

⑥ 武帝后设白狼等县，为设县之始。

⑦ 属幽州刺史部。

⑧ 建安十二年（207），曹操北征乌桓，八月，登白狼山（今白塔子乡大阳山），斩乌桓首领蹋顿。

⑨ 西北部即岭上属鲜卑部，东南部即岭下属幽州（今北京）刺史部。

⑩ 北魏太延二年（433）置冀阳郡之平冈县和建德郡之阳武县。

⑪ 三国时期岭上属鲜卑，岭下归魏幽州昌黎郡（今义县）；西晋时岭上属鲜卑宇文部，岭下为段部、慕容部。

⑫ 属前秦平洲地。

⑬ 前燕属昌黎郡，前秦属幽州、平洲，后燕平洲昌黎郡改营州。

⑭ 后燕在此设广都县。

续表

朝代	平泉县	喀喇沁旗	宁城县	喀喇沁左翼	建平县	凌源市	建昌县
南北朝	北齐	库莫奚	库莫奚	北魏、北齐①	营州建德郡	北魏、北齐	北魏、东魏、北齐②
隋	辽西郡、奚	契丹、奚		龙县、柳城县	柳城郡③	柳城县	柳城郡
唐	奚	契丹、奚	饶乐都督府	营州柳城县④	营州柳城县	营州柳城县	营州
辽	大定府⑤	大定府⑥	大定府	大定府	大定府⑦	大定府⑧	大定府⑨
金	大定府	大定府⑩	大定府	利州	大定府	利州⑪	利州⑫
元	大定路⑬	大宁路	大宁路⑭	大宁路⑮	大宁路	大宁路⑯	大宁路⑰
明	大宁卫	大宁卫⑱	大宁卫	大宁卫	大宁卫	大宁卫	大宁卫
后金⑲		喀喇沁右旗	喀喇沁右旗	喀喇沁左旗		喀喇沁左旗	
清	八沟厅	八沟厅⑳	八沟厅	塔子沟厅㉑	塔子沟厅	塔子沟厅	塔子沟厅

① 北魏时属营州。
② 北齐建德郡在今建昌县南章京营子境内。
③ 在今朝阳市境内。
④ 属河北道营州，唐末为库莫奚、契丹地。
⑤ 包括大定县、长兴县、劝农县、富庶县、文定县、升平县、归化县、金元县、恩州恩化县、泽州神山县。
⑥ 今宁城。统和四年（982）置阜俗县，十六年（998）置利州。南境为潭州龙山县，北境为富庶县。
⑦ 属中京道大定府惠州地。
⑧ 属中京道大定府榆州和众、永和二县、潭州龙山县（今喀左白塔子）。
⑨ 属中京道大定府（今宁城）潭州龙山县（今喀左白塔子），岭下东南部属隰州海滨县（今绥中）。
⑩ 属北京路大定府恩州。
⑪ 属北京路利州（今大城子）和众、龙山二县地。
⑫ 岭上属北京路利州（今大城子）龙山县，岭下归宗州海滨县。
⑬ 包括大宁路之大定县（后改为大宁县）、富庶县、金元县、惠州地。
⑭ 初属北京路，后为大宁路大宁县。
⑮ 属大宁路利州龙山县。
⑯ 属大宁路和众县、龙山县和惠州地。
⑰ 岭上属辽阳行省大宁路龙山县，岭下东南部属瑞州地。
⑱ 大宁都司（治所今宁城黑城子）营州左屯卫和中屯卫地，后属兀良哈朵颜卫地，嘉靖二十五年（1546年）归蒙古达颜汗后裔各部。
⑲ 时间均为天聪九年（1635）。
⑳ 时间为雍正七年（1738）。
㉑ 治所为今凌源市，时间为乾隆三年（1738），属直隶省。

续表

朝代	平泉县	喀喇沁旗	宁城县	喀喇沁左翼	建平县	凌源市	建昌县
清	平泉州	平泉州①	平泉州②	建昌县③	建昌县④	建昌县⑤	建昌
民国	平泉县	热河特区⑥	热河特别区⑦	凌源县⑧	建平县⑨	凌源县⑩	凌源县
	宁城县⑪	旗县分治⑫	宁城县⑬	分设凌南县⑭	建平县⑮	凌南县⑯	属凌南县
日伪	喀喇沁中旗	蒙汉复合制⑰	宁城县⑱	建昌县⑲	建平县⑳	建昌县	建昌县
		喀喇沁右旗㉑	喀喇沁中旗㉒	喀喇沁左旗㉓	喀喇沁右旗㉔	喀喇沁左旗㉕	建昌县

① 时间为乾隆四十三年（1778）。
② 康熙四十四年（1075）增建为喀喇沁中旗，乾隆四十三年（1778）改属平泉州。
③ 时间为乾隆四十三年（1778），蒙汉分治，旗县并立。属承德府建昌县管辖。
④ 属承德府建昌县管辖。清光绪三十年（1904）朝阳县升为朝阳府，增设建平县，属直隶省朝阳府管辖。
⑤ 属承德府。光绪三十年（1904）隶朝阳府。
⑥ 时间为民国二年，部分地改建平县。
⑦ 时间为民国二年，改平泉州为平泉县，部分地改建平县。
⑧ 时间为民国三年（1914）。
⑨ 时间为民国二年（1913），民国三年（1914）归热河省特别区所辖。
⑩ 时间为民国三年（1914），隶热河特别区。
⑪ 1928 年并入宁城县。
⑫ 民国十七年（1928）汉民属宁城设治局，蒙民归喀喇沁右旗，属热河省管辖。
⑬ 民国二十年（1931）设大宁设置局，汉制归设置局管辖，二十二年（1933）始称宁城县。
⑭ 时间为民国二十年（1931 年）。
⑮ 民国十八年（1909 年）改县公署为县政府，属热河省管辖。
⑯ 民国二十年（1931 年），划出部分区牌建凌南县。
⑰ 1933 年属热河省，建平县管汉民，旗管蒙民。
⑱ 1937 年包括平泉县。
⑲ 1937 年，由凌源、凌南合并而建。
⑳ 1933 年属建平县，1937 年将县北部及敖汉三旗划出另设新惠县，并将宁城县所辖西桥区的九个村和喀喇沁右旗所辖的七家区四个村（由原平泉划入的）划入建平，仍沿用建平县名。
㉑ 1940 年撤县，统归喀喇沁右旗公署管辖。
㉒ 1939 年旗县合并为喀喇沁中旗。
㉓ 1940 年撤县，统归喀喇沁左旗管辖。
㉔ 1938 年将七家区划归喀喇沁右旗管辖，1940 年将建平县并入喀喇沁右旗，属热河省管辖。
㉕ 1940 年废县存旗，统属喀喇沁左旗。1945 年建立县政府，隶属冀热辽区热东专署。

续表

朝代	平泉县	喀喇沁旗	宁城县	喀喇沁左翼	建平县	凌源市	建昌县
新中国	平泉县①	喀喇沁旗②	宁城县③	喀喇沁左旗④	建平县⑤	凌源县⑥	建昌县⑦

　　喀喇沁地区民族接触的一般规律是：首先，当中原地区出现强大的统一的汉族政权时，中原王朝对喀喇沁地区的控制加强，设立郡县，内地农民移民关外，从而促进这一地区农业的发展和汉族与北方各民族之间的文化交流，少数民族逐渐进入农耕文化，使用汉语汉文，政治、经济和文化制度出现汉化。秦汉两代以至魏晋南北朝以前，该地先后出现的各民族政权，情况大体如此。当北方民族强盛并南下时，这一地区的居民，或者随汉族退居关内，融合到汉族当中，或者融合到处于强势的北方民族当中。其次，在辽金元三代和清代，北方民族建立了跨地区的强大的国家政权或进入中原建立了统一的全国政权。在版图统一、时局稳定的前提下，出于经济发展和政治、军事需求，内地汉民不断北上，北方民族和汉族之间出现杂居交错、互通有无、文化互补现象。在清代中期以前，很多汉民均不同程度地融入相邻民族当中。明代的情况略特殊一些，当国家强盛时，中原王朝在此建立若干卫所，以监视和羁縻这一地区的少数民族活动，当国家衰弱时各卫所名存实亡，甚至被周边少数民族彻底拔除，但除退居关内的汉民外，北方和东北地区依然存留部分汉族及其后裔，汉文化的影响虽减弱却延续下来。

　　喀喇沁人倒向满洲，通向中原的大路从此敞开，在政治、军事和民族交

---

　　①　1945 年复置平泉县。

　　②　1945 年喀喇沁右旗改建平县，1946 年在建平西部建喀喇沁右旗，1949 年改为喀喇沁旗。1956 年，热河省撤销，喀喇沁旗归内蒙古自治区昭乌达盟管辖。

　　③　1945 年建立平泉县（含宁城县），1946 年建喀喇沁中旗，旗县分治，1947 年撤销喀喇沁中旗，建立宁城县。1956 年，热河省撤销，宁城县划归内蒙古自治区昭乌达盟管辖。

　　④　时间为 1946 年 8 月。1958 年 4 月 1 日成立喀喇沁左翼蒙古族自治县。

　　⑤　1945 年抗战胜利后，成立建平县人民政府（驻地平庄），属热河省。1949 年 7 月叶柏寿县第一、第二、第三、第八区划归建平。1955 年热河省撤销后，建平县划归辽宁省，隶属锦州专署。1959 年设朝阳市，建平县属朝阳市管辖。1964 年归朝阳地区管辖。现为朝阳市辖县。

　　⑥　1956 年 1 月撤销热河省，凌源县划归辽宁省锦州专区。1959 年 1 月，隶辽宁省朝阳市。1992 年撤县设市（县级市），属辽宁省朝阳市。

　　⑦　归热河省管辖。1958 年，建昌县划归朝阳行政公署管辖。1989 年归锦西市（今葫芦岛市）管辖。

往中具有特殊意义。一方面，满洲军队和居民通过喀喇沁地区源源不断地进入内地；另一方面，汉族移民开始北上，因为这个地区的军事壁垒消失了，地里真空和管理真空为初期移民带来便利。

清朝入关后，对喀喇沁部除和亲联盟政策外，还采取了种种限制措施。其一，从北起围场南至秦皇岛，逐步构建一个以满族居民为主的隔离带，包括围场、丰宁、隆化、宽城、青龙5个县。从政治和军事角度考虑，设置这样的防御带是正确的，后来噶尔丹进驻乌兰布通时京师戒严的事实证明这一点。其二，对喀喇沁部实施行政分割，先分左右两旗，后又划出中旗，实行分而治之。其三，清廷同喀喇沁人联姻时，公主随嫁带去部分满族和汉民，改变了喀喇沁部民族构成结构。其四，实行"借地养民"政策，有节制地（先期每年发放800张票）、有计划地促成汉族对喀喇沁地区的移民，进一步改变了喀喇沁部的民族构成，同时填充了这一地区大面积的人口空白。关于汉族农民的移民情况，下面还要做具体分析。其五，清末通过蒙汉分治、旗县并立，从喀喇沁旗先后分出宁城、建平、凌源、平泉、建昌5县，基本上把喀喇沁左右旗分割开来。尽管在历史上旗县分合反复交替，但除日本占领期外，分的趋势非常明显，基本不受时代影响。

防御、分解、和亲、移民和分离旗县，是清廷对喀喇沁部采取的5条重要措施。这些措施和随之而来的大规模的民族接触，都与喀喇沁部所处的特殊的地理位置有关。

二　移民对喀喇沁地区民族接触和民族构成模式的影响[①]

由于统计资料的不足，研究历史上的移民情况，尤其是探究移民来源、规模、移民进入目标区域后的居住模式和移民对当地民族人口比例的影响过程等细节，几乎成为一道不可逾越的障碍。为挑战这一禁区，笔者探索出一条利用地名志信息进行间接研究的方法。在《平泉县地名志》[②]《喀喇沁旗

---

① 在 The 9th International Conference on "Bilingualism"（Chingrai Rajabhat University，Thailand，26th－28th January 2012）上宣读，题目 "The Impact of Immigration on National Context and Ethnic Composition Model in Haraqin Area"，原文发表于《中央民族大学学报》2012年第3期。被 CSSCI 数据库收录。

② 平泉县地名办公室：《平泉县地名志》，内部发行，1983年。

地名志》①《宁城县地名志》②《喀喇沁左翼蒙古族自治县地名志》③ 中不同
程度地收录了喀喇沁地区各级行政区域名称、山水沟川名称及名称来源、建
村时间、建村人姓氏及来源、某一行政区域户数、人口数、民族人口数、耕
地面积、生产方式等宝贵信息。笔者利用这些信息，制作出《喀喇沁地区地
名数据库》。数据库包括 3545 个自然村地名，占喀喇沁地区自然村地名的
（7408）48%，其中，喀喇沁旗和宁城县地名是穷尽性统计。地名数据库包
括 IP、名称（地名）、语言（地名所属语言）、含义（地名含义）、地位
（某一政府驻地）、村委会、自然村、户数、总人口数、汉族人口、蒙古族
人口、蒙古族人口百分比、满族人口、回族人口、朝鲜族人口、创建者、原
籍（来源地区）、创建年代、公元（对应传统纪年的公元年代）、原名、含
义（原名含义）、更名年代（原名）、耕地（包括耕地和林地）、生产方式等
24 个字段，计 10.1904 万条信息（包括 3 个分库：平泉县分库有 9024 条信
息，喀喇沁分库有 3.3936 万条信息，宁城县分库有 5.2152 万条信息，喀喇
沁左翼蒙古族自治县分库有 6792 条信息）。

　　在这些信息中，最重要的切入点是自然村。因为自然村是历史上形成的
最自然的聚落方式；自然村不仅和一定的地理特点有关系，而且和一定的氏
族、移民集团及其社会文化相联系；尽管不同时代行政机构频繁更替，但自
然村的居民成分和内部结构却相当稳定。下面主要根据自然村地名信息展开
分析，自然村统计数据不全的，则分析具有核心地位的部分自然村数据。

（一）平泉县移民过程及民族构成分析

　　平泉县有 3262 个自然村，《平泉县地名志》只统计大队（相当于后来
的村委会）所在地自然村 328 个，占自然村总数的 10%，因此这里所用数
据具有等距抽样的性质。但是，大队所在地自然村一般具有核心村的性质或
从历史上的核心村发展而来的，因而其数据仍具有一定的代表性。不同时期
平泉县自然村建立情况及蒙古族建村情况数据见表 33 和图 58（参见田野日

---

①　喀喇沁旗人民政府：《喀喇沁旗地名志》，1986 年。
②　宁城县人民政府：《宁城县地名志》，1987 年。
③　乌广聚：《喀喇沁左翼蒙古族自治县地名志》，辽宁民族出版社 1991 年版。

志：1987 年 4 月 23 日）。

| 表33 | 不同时期平泉县自然村建立情况及蒙古族建村情况数据 | 单位：个 |

年代	崇德前	顺治	康熙	雍正	乾隆	嘉庆	道光	咸丰	同治	光绪	宣统	民国后	计
自然村	12	122	43	19	43	6	4	3	7	36	27	6	328
蒙族村	1	11	5	2	2	0	0	0	0	1	0	0	22

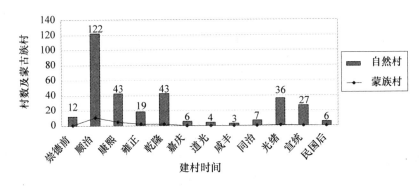

图58　各时期平泉县自然村建立情况及蒙古族建村比较图

数据显示，向平泉县移民的第一次高潮出现在顺治年间，然后是康熙、乾隆和光绪，显然，清军的南下入关刺激了汉族移民北上，这一点很有意思。康熙、乾隆、光绪三朝的移民，与清政府不同时期的移民政策有关。与汉族移民相比，蒙古族的建村在顺治时期出现过一个小高潮，但不成比例，规模小得多。原因有几个方面：一是深入到平泉县北部的，只是喀喇沁部的一小部分，原属平泉县的部分蒙古族随旗县分离和建平等县从平泉州划出而改属其他县。二是改制较早。清廷早在雍正七年（1738）就建立八沟厅，康熙四十四年（1075）建喀喇沁中旗，乾隆四十三年（1778）实施蒙汉分治，旗县并立，喀喇沁中旗部分地区改属平泉州。旗县分治，大大加快了这一地区的移民速度。

《平泉县地名志》的一个优点是尽可能统计收录移民来源地区，使我们有可能观察到喀喇沁地区汉族移民的来源结构，因为平泉州是清代重要驿站路线和交通要道，移民北上进入蒙古地区，大多数都经过平泉州境内。平泉县各地移民所建村数及其百分比如表34和图59所示。

表34	平泉县不同祖籍移民所建村数及其百分比数据						单位：个,%	
	本县	关里	蒙古族	满族	山东	山西	不清楚	计
村数	6	77	23	2	133	2	85	328
百分比	1.8	23.5	7	0.6	40.6	0.6	25.9	

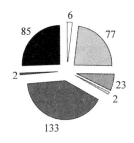

图59　平泉县不同祖籍移民所建村数及其百分比图

数据显示，在平泉县移民中，山东籍移民最多，关里次之，蒙古族居第三位。"关里"，包括河北省各县、天津等地区。来源"不清楚"包含两个意思：一是移民来源无法考证，二是从本县居民移居异地者。移民来源结构的这一趋势，对整个喀喇沁地区具有重要影响，尽管《喀喇沁地名志》《宁城县地名志》和《喀喇沁左翼蒙古族自治县地名志》对移民的来源统计不够详细，但从现有数据看，山东籍和关里移民依然占多数，以致"山东"一时成为汉族的替代词，民间还流传着山东移民诉说流浪异地之艰辛的歌谣。

平泉县的蒙古族主要集中在18个自然村。见表35。

表 35 平泉县蒙古族聚居的自然村 单位：人，%

自然村	命名由来	人数	百分比	建村年代	所属
二道营子	蒙古苏沟中端	257	98.09	康熙元年	蒙和乌苏公社
前营子	蒙古人曹富得立庄，名曹富得营子，讹为"曹不得营子"，忌，改为前营子	250	90.91	顺治元年	榆树林子公社
蒙古营子	蒙民始居且户数较多	338	79.91	顺治元年	茅兰沟公社
大百代营子	沈阳朱氏立庄，蒙名"百阴胎艾拉"（有福营子），音变为"大百代营子"	217	75.09	顺治元年	榆树林子公社
东仓子	修建过官仓院，收储粮食之用。	275	69.27	顺治元年	打鹿沟公社
白池沟南营子	蒙名"百勤爱拉"（发家营子），经"百勤沟"，变成"白池沟"	182	62.76	顺治年间	白池沟公社
官窖	吴姓满族王爷立庄，修筑收租用粮窖	109	41.92	道光九年	杨树岭公社
三官营子	有一蒙古族他卜囊，排行第三	296	39.47	顺治年间	打鹿沟公社
南五十家子	驿站50户	923	37.25	乾隆三十年	南五十家子公社
章京营子	村内住章京官	152	36.19	顺治元年	茅兰沟公社
八家	蒙古族王、张、朱、鲁八户迁此立庄	231	33.09	康熙元年	沙坨子公社
杜岱营子	蒙古族杜达立庄，名为杜达营子，变读	260	30.06	雍正元年	七家岱公社
北五十家子	驿站50户	346	22.58	乾隆三十年	蒙和乌苏公社
三家	蒙古族江、石、金三户立庄	58	19.21	光绪年间	广兴店公社
后营子	原名二十家子，后分前、后二村	76	18.18	康熙元年	沙坨子公社
北井	路北有水井一眼	126	16.36	顺治元年	宋营子公社
头道营子	蒙古苏沟上端	112	14.32	康熙元年	蒙和乌苏公社
城北	原名七家，更名为城北	149	6.40	顺治元年	城北公社

这些自然村建村时间比较早。由于草场的原因，早期的蒙古聚落相互间必须保持一定的距离，后来移民进入这些空间地带，蒙古聚落被分割包围，

成为孤岛，但在自然村，人口依然保持一定的优势。笔者访问过二道营子、蒙古营子、白池沟南营子、章京营子、头道营子等自然村，中老年人蒙古语保持较好（参见附录中的田野日志）。南五十家等蒙古族早在上世纪80年代，就自愿出让部分土地，在县政府的支持下建立了平泉县蒙古族中学。后来他们还派教员到内蒙古各大学接受培训，加强同蒙古族主体的文化联系和交流（参见田野日志，1987年4月26日）。

（二）喀喇沁旗移民过程及居民民族构成分析

喀喇沁旗有1193个自然村，《喀喇沁旗地名志》提供了这些自然村的基本情况。我们利用数据库对之进行了穷尽性的分析。不同时期喀喇沁旗自然村建立情况及民族成分比例变化数据见表36和图60。

表36　　　　　不同时期喀喇沁旗自然村建立情况及民族成分比例变化数据表　　单位：个，%

	顺治	康熙	雍正	乾隆	嘉庆	道光	咸丰	同治	光绪	宣统	民国	日占	民国	新中国成立
自然村	31	204	33	241	67	118	53	79	199	22	49	31	28	38
蒙古族	28.83	28.85	25.10	19.28	19.65	23.25	20.47	18.08	23.71	14.88	26.80	23.17	23.36	21.89
纯汉	6.5	6	3	12	17.9	16	7.6	17.7	13.6	22.7	20.4	13	14.3	21.1
汉蒙	51.6	50	66.7	64.7	56.7	53	64	62	56.3	63.7	42.9	54.7	53.6	52.6
蒙汉	41.9	44	27.3	22.8	25.4	30	28.4	20.3	29.6	13.6	34.7	32.3	32.1	26.3
纯蒙	0	0	3	0.5	0	1	0	0	0.5	0	2	0	0	0

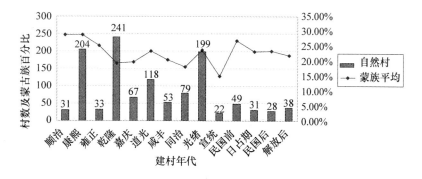

图60　不同时期喀喇沁旗所建自然村数及自然村中蒙古族人口百分比变化

　　数据显示，对喀喇沁旗的移民在康熙、乾隆、道光、光绪四朝出现 4 次高峰，四次移民共建立 762 个自然村，占自然村总数的 63.9%。随着移民和自然村的增加，蒙古族在自然村中的人口比例在康熙、乾隆时期急剧下跌，在道光、光绪和日占期虽有上升，但从民国后期开始基本上呈下降趋势。喀喇沁旗自然村民族构成的一大特点是蒙汉民族混合度较高。见表 37。

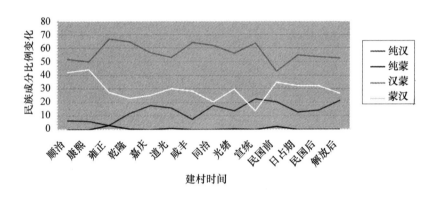

图 61　不同时期喀喇沁旗所建自然村民族成分比例变化示意图

　　在研究自然村不同民族构成时，我们根据自然村总人口中蒙古族人口所占比重，将自然村民族构成分为四种模式：（1）纯汉，村中没有蒙古族人口；（2）纯蒙，村中居民都是蒙古族；（3）汉蒙，村中蒙古族人口比例不足 30%；（4）蒙汉，村中蒙古族比例从 30% 到 99%[①]。从移民史和蒙汉民族居住交往史判断，现有自然村中蒙古族人口比例达到 30% 以上者，基本上可以判断原来为蒙古族村。除聚居程度较高的少数村落外，所有蒙汉杂居村落中，蒙古族人口比例呈下降趋势，甚至有的村庄蒙古族完全放弃原来居住地而移居他处。

　　从表 36 和图 61 看，汉蒙和蒙汉两种模式在顺治时代就分别达到 50%

---

　　① 在现有 1193 个自然村中，"纯蒙"自然村有 5 个，占自然村总数的 0.4%；"蒙汉"杂居自然村有 358 个，占自然村总数的 30%；"汉蒙"杂居自然村有 678 个，占自然村总数的 56.9%；"纯汉"自然村有 151 个，占自然村总数的 12.7%，总杂居程度为 86.9%。

和40%，蒙汉杂居程度达到90%以上。趋势线在历史不同时期有所波动，但基本方向是稳定的，只是在民国前期到日本占领期，汉蒙比例下降，蒙汉比例上升，比例接近顺治时期的水平。纯蒙模式在雍正和日本占领期有所抬头，但水平非常低，与此相反，纯汉模式在乾隆以后一直在缓慢上升。

喀喇沁蒙古族的村落应该是从游牧时期的 ail（村）逐渐过渡到定居村落的。首先在王府、箭所等官府所在地，然后在哨所、马场、官仓、局子、寺庙等固定场所，砖窑、瓦盆窑、铁匠、炮手等为官府服务的专门场所陆续出现各种固定建筑物，逐渐形成村落。喀喇沁旗在历史上曾经归八沟厅、平泉州管辖，但在旗的腹心地区，对土地的管理应该是比较严格的，早期的汉族移民不易获得独立建村的资格和权限。他们一般居住于蒙古村落的周围，做一些服务性的、辅助性的劳务，然后逐渐与蒙古族通婚，取得永久居住权，居住模式以杂居为主。他们的人口发展很快，蒙汉模式逐渐演变成汉族人口占优势的汉蒙模式。其中部分汉族已经变成蒙古族，蒙古族和汉族长期杂居、混合，彼此间的文化差异逐渐消失或模糊。20 世纪80 年代初，有8万多人改民族成分，变成蒙古族，除利益驱动因素外，文化上的彼此接近和接纳，也是一个重要原因。

民族高度杂居的一个重要结果，就是处于文化劣势的一方逐渐放弃自己的母语，转用当地的强势语言。

（三）宁城县移民过程及居民民族构成分析

宁城县有1780 个自然村。宁城县是辽金时代的大定府，元朝大宁路和明代大宁卫所在地，有农业和村落文化基础。在清代以前，宁城地区可能存在辽金元时期的遗民村落。宁城县原属喀喇沁右旗牧地，雍正七年（1738）建八沟厅，康熙四十四年（1075）从喀喇沁右旗分离，单建喀喇沁中旗，乾隆四十三年（1778）改属平泉州，是清廷苦心经营的地方。不同时期宁城县自然村建立情况及民族成分比例变化见表37。

表 37　　　　　　不同时期宁城县自然村建立情况及民族成分比例变化数据　　　　单位：个，%

	辽前	元代	明代	顺治	康熙	雍正	乾隆	嘉庆	道光	咸丰	同治	光绪	宣统	民国	日占	新中国成立
自然村	19	31	126	54	109	18	216	379	67	44	14	559	11	40	55	38
蒙古族	14.0	23.4	9.51	19.2	6.94	4.29	8.28	5.00	8.21	11.6	1.33	4.12	10.2	5.01	3.62	3.93
纯汉	36.9	54.8	70.6	57.4	77.1	66.7	68.1	78.4	76.1	70.5	85.7	84.1	72.7	80	85.5	68.4
汉蒙	42.1	16.1	14.3	22.2	12.8	27.7	19.9	15.3	16.4	11.3	14.3	10.9	9.1	15	10.9	26.3
蒙汉	21	19.4	14.3	14.8	10.1	5.6	11.6	5.8	4.5	18.2	0	4.3	18.2	5	1.8	5.3
纯蒙	0	9.7	0	5.6	0	0	0.4	0.5	3	0	0	0.7	0	0	1.8	0

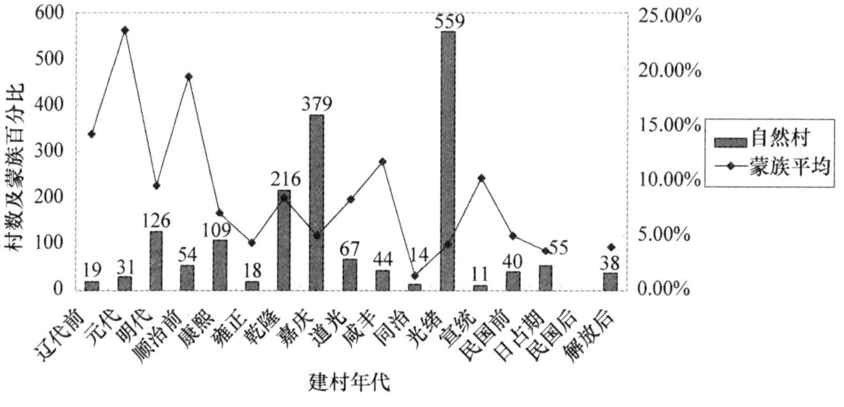

图 62　不同时期宁城县所建自然村数及自然村中蒙古族人数百分比变化

　　从统计数据看，宁城县移民在康熙时期虽然起步，但规模不算大，然而在乾隆、嘉庆两代有很大发展，到光绪时达到顶峰。在 4 次移民高潮中共建 1263 个自然村，占自然村总数的 70% 多。自然村中的蒙古族人口比例，在明代、康雍乾、同治和民国时期都有大幅下降，人口比例在剧烈波动中下降。宁城县不同时期自然村民族成分比例变化见图 63。

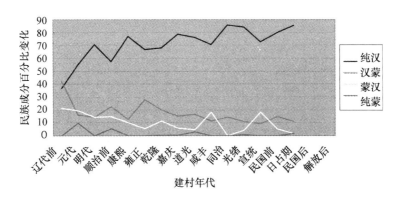

图63　宁城县不同时期自然村民族成分比例变化示意图

　　数据显示，宁城县自然村中的汉族人口自辽代一直处于上升趋势。目前，在宁城县 1780 个自然村中纯汉族村有 1363 个，占自然村总数的 76.6%，占绝对优势；但从另一个角度看，纯蒙古族村有 17 个，虽只占自然村总数的 1%，但在喀喇沁地区，宁城是纯蒙古族村落最多的一个县。蒙古族人口比例超过 30% 的蒙汉杂居自然村有 135 个，占自然村总数的 7.6%；蒙古族人口比例不足 30% 的汉蒙杂居自然村有 265 个，占自然村总数的 14.9%，总杂居程度为 22.5%，趋势在下滑。

　　这说明宁城地区的移民和喀喇沁地区不同，在清廷设立的农业开发机构（如八沟厅等）的鼓励和支持下，汉族移民可以不依附蒙古村落而独立建村、建庄，喀喇沁中旗札萨克对旗内耕地的使用没有多少发言权。与此相反，宁城县蒙古族设法保持了 17 个纯蒙古族村落和蒙古族人口占优势的 135 个蒙汉杂居自然村。笔者调查访问存金沟、大城子、小城子等地区，这些地区都不同程度地保留了蒙古语，存金沟乡还保留了用蒙古语授课的小学和中学（参见田野日志 2006 年 10 月 14 日民国时期宁城县逸事，末代王爷的葬礼和汉族移民，2006 年 10 月 15 日驸马府的来历，2006 年 10 月 16 日大城子鄂博、鄂博祭祀及其他见闻，2006 年 10 月 20 日存金沟乡的地名，格日勒图村及其寺庙，格日勒图村往事，二十家子乡今昔）。

（四）喀喇沁左翼蒙古族自治县移民过程及居民民族构成分析

　　喀喇沁左翼蒙古族自治县有 1173 个自然村，但地名志只提供大队驻地的 244 个自然村的情况，相当于自然村总数的 20% 抽样。另外，《喀喇沁左翼蒙古族自治县地名志》统计的建村年代不够详细，年代提法多种多样，如，"清初"、"清末"、"几百年前"，或只笼统地提"清朝"。为计算方便，在此进行整理和归纳。"清初"归入顺治前；"清末"包括道光、咸丰、光绪、同治各年间；"民国后"包括民国前期、日占期和新中国成立前；"清朝"则归入嘉庆初年，因为统计口径有"清初"和"清末"，没有清朝中期移民高潮时的建村年代，这样归纳，是一种统计补偿，但不够准确，只能作为参照系数。喀喇沁左翼蒙古族自治县移民的不同年代、来源可以参照喀喇沁其他地区的移民数据。自然村数、民族人口数是根据实际统计汇总而成的，有相当的可信度。见表 38。

表 38　　　　　不同时期喀左县自然村建立情况及民族成分比例变化数据　　单位：个,%

	顺治前	康熙	乾隆	嘉庆	清末	民国后
自然村	38	24	91	50	28	13
蒙族	13.27	20.55	7.07	13.46	8.24	3.40
纯汉	34.2	12.5	50.5	40	57.1	30.8
汉蒙	47.4	62.5	44	44	39.3	30.7
蒙汉	18.4	20.8	4.4	14	0	38.5
纯蒙	0	4.2	1.1	2	3.6	0.00

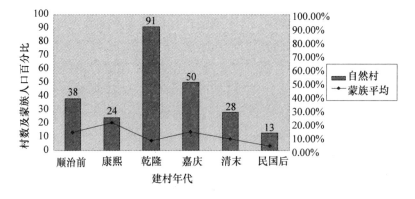

图 64　喀左县自然村建立情况及蒙古族人口比例变化

统计显示，喀喇沁左翼蒙古族自治县的移民高潮出现在乾隆年间，而后逐年降低。参照其他地区移民情况，可以判断，喀喇沁左翼蒙古族自治县的移民群落，大致是在康熙、乾隆、嘉庆年间形成的，占自然村总数的67.6%。在自然村总数中，纯蒙古族村有4个，占自然村总数的1.6%；蒙汉杂居村有28个，占自然村总数的11.5%；汉蒙杂居村有110个，占自然村总数的45.1%；纯汉族村有102个，占自然村总数的41.8%，杂居程度为56.6%。从蒙汉杂居程度看，喀喇沁旗最高，为86.9%；喀喇沁左翼蒙古族自治县次之，为56.6%；宁城县最低，为22.5%。

喀喇沁左翼蒙古族自治县不同时期自然村民族成分比例变化见图65。

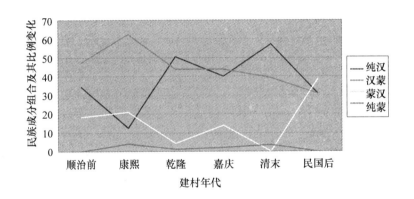

图65　喀左县不同时期自然村民族成分比例变化示意图

统计显示，"纯汉"和"汉蒙"模式的起点在顺治前很接近，但康熙年间二者有一个反向分离，"纯汉"降低，"汉蒙"提高，说明康熙时期的移民居住模式与喀喇沁旗一样，属于依附性的，即汉族移民多居住于蒙古村落中或其周围；这个时期"纯蒙"和"蒙汉"模式也达到历史最高，说明在康熙时期，蒙古族村落有一定的"强势"；乾隆时期是移民高潮期，"纯汉"模式上升，其他模式都下降，改变了当地居民的民族构成；嘉庆年间"纯汉"模式略降低，"汉蒙"、"蒙汉"模式有反弹，但原因不清楚；到清末，"纯汉"模式上升，"汉蒙"、"蒙汉"模式降低，说明清末汉族移民出现过一个高潮，由于自然村建立年代统计口径不清楚，没有反映出这一情况；民国后，"纯汉"、"汉蒙"模式下降，"蒙汉"模式上升，同时"纯蒙"模式也出现下降，这与日本占领期实行的乡村政策和新中国建立后的农村建设方针、民族接触趋势有一定的联系。"纯汉"、"汉蒙"、"蒙汉"趋势线在30%的位置上汇合，"纯蒙"模式大大降低，显示出自然村民族构成以杂居为主，汉民族成分占优势的实际情况。这种居住模式对居民的语言使用模式有深刻影响。

（五）不同类型的移民、民族构成及民族接触（居住）模式对语言社会的影响

平泉县移民开始早、规模大，蒙古族村落成为少数孤岛，在边缘孤岛中，蒙古语以蒙古族聚居的自然村为依托，不同程度地得以保存和传承。喀喇沁旗移民开始早，但受土地所有权限制，形成蒙汉杂居模式，程度逐渐加深，兼用、转用彼此的语言成为自然选择，随着汉族人口占优势，汉语替代蒙古语的趋势开始形成。宁城县的移民开始早，由于有清廷的支持和专门开发机构，移民可以大规模地、独立地建村并开发利用当地土地和山林，居住模式是分离式的，蒙汉民族各保一方，杂居程度较低，蒙古族聚居村落较好地保存了蒙古语。喀喇沁左翼蒙古族自治县移民及其居住模式深受时局影响，在康熙之前蒙汉自然杂居，乾隆后汉族移民占优势，民国及新中国成立后出现一个调整过程，杂居程度加深，但不及喀喇沁旗。在蒙古族聚居的自然村中，蒙古语保留程度比喀喇沁旗好，但不如宁城县。总的倾向是，在移民初期，蒙古族自主性较强，同移民的关系是互利、友好，当地人对异族的戒备心理较少，容易接受外来移民及其文化；当移民以国家政权和政策为后盾，凭强势不顾当地居民的意愿蜂拥而至时，蒙古族居民戒备心增强，但又无力抗拒，因而一般采取画地为牢、故步自封的策略；两个民族相互博弈的地区，居民杂居程度和彼此文化的认同，深受当地局势，尤其是民族关系和政策的影响。

三 喀喇沁地区蒙古语地名的社会语言学分析[①]

人地关系是人类最基本的社会关系。人的很多社会活动都能在地名中留

---

① 原文发表于《内蒙古民族大学学报》2012年第1期。

下痕迹。为研究喀喇沁地区地名的社会文化意义及其演化情况，我们从喀喇沁地区选择了 505 个自然村地名，占自然村地名总数（3545）的 14%。其中，蒙古语地名的收录是穷尽性的，大部分自然村有蒙古族居住，有些自然村蒙古族已退出，但蒙古语村名还存在；部分自然村的村名在地名志中登录为汉语，但居民中绝大多数都是蒙古族，显然村名是从蒙古语翻译而来，为慎重起见，在此只收录村民蒙古族比例超过 66% 的自然村的村名；有些自然村蒙古名和汉名并存，但地名条目记录汉名，在解释中提供蒙古名，此类地名也被全部收录。蒙汉地名并存情况，《喀喇沁左翼蒙古族自治县地名志》收集最好，其他地名志收集不全，或没有引起足够注意。

　　表 39 是喀喇沁地区蒙古语地名总表。"序"为地名顺序号，"前字"为地名的限定字，分离地名限定字的意图在于显示蒙古语基本地名、地名的重复、异写等情况以及地名扩展方式。"现名"是现用地名的基干部分。"原名"是先有地名的蒙古语称呼，"拟音"是这些蒙古语地名的蒙古书面语拟音。"含义"是地名的基本词义，"演变类型"是指从蒙古语地名到汉语地名的转换方式。"所属"指地名的所属旗县，是同义词地名的分类字段。

表 39　　　　　　　　喀喇沁地区蒙古语地名总表（按现名排序）

序	前字	现名	原名	拟音	含义	演变类型	所属
256		阿拉毕营子	阿拉班艾里	alban ail	纳贡营子	音译+意译	宁城
87		啊伊嘎沟村	啊拉腾啊伊嘎洁白艾勒	altan ayaga jaba ail	金碗村	音译+意译	喀右
59		艾林沟村	艾林沟村	narin guu ail	窄沟村	音译+意译	喀右
174	西	艾其玛沟	巴润艾其玛洁白	baragun aqimag jaba	西驮子沟	音译+意译	喀右
459		安德营子	安德音爱里	anda-yiin ail	平安高尚①	音译+意译	喀左
195		按丹沟	按丹洁白艾勒	anda-yiin jaba ail	朋友沟②	音译+意译	喀右
50		敖包沟村	敖包沟音艾勒	obogan guu-yiin ail	敖包沟村	音译+意译	喀右
53		敖包沟村	敖包沟音艾勒	obogan guu-yiin ail	敖包沟村	音译+意译	喀右
100		敖包沟村	敖包洁白音艾勒	ogogan jaba ail	敖包沟村	音译+意译	喀右
113		敖包沟村	敖包洁白艾勒	obogan jaba ail	敖包沟村	音译+意译	喀右
172		敖包山	敖包乌拉	oboga agula	敖包山	音译+意译	喀右

　　① 蒙古语、契丹语，"朋友"、"兄弟"营子。

　　② 地名志解释："清道光三十年（1850）建村，取平安、五谷丰登之意，起名安登沟，后演变成按丹沟。""按丹"义为"朋友"、"兄弟"，蒙古语、契丹语相同。

续表

序	前字	现名	原名	拟音	含义	演变类型	所属
246		敖包湾子	敖包音套海	obogan tohoi	敖包湾子	音译+意译	宁城
227		敖包营子	敖包艾勒	obogan ail	敖包营子	音译+意译	宁城
255		敖海营子	敖海艾勒	nohai ail	敖海（狗）营子	音译+意译	宁城
149		敖汉窝铺村	敖汉窝棚艾勒	auhan öböng ail	敖汉窝铺村	音译+意译	喀右
284		敖汉营子	敖汉艾勒	auhan ail	敖汉营子	音译+意译	宁城
361		敖苏沟门	敖勒苏台沟音阿玛	olosutai guu-yiin ama	线麻沟门	音译+意译	宁城
377		敖素沟村	敖勒孙洁白艾勒	oloson jaba ail	线麻沟村	音译+意译	宁城
298		八代沟	八日代洁白	bar-tai jaba	老虎沟	音译+意译	宁城
327		八代沟	八日台皋	bar-tai guu	老虎沟	音译+意译	宁城
23		八家	奈曼格尔	naiman ger	八家	意译	平泉
407		八家	奈曼格尔	naiman ger	八家	意译	宁城
431	上	八家	得日奈曼格尔	degere naiman ger	上八家	意译	宁城
440	下	八家	道日奈曼格尔	doora naiman ger	下八家	意译	宁城
201		八家村	奈曼格尔	naiman ger	八家村	意译	喀右
337		八家岱	八日岱沟	bar-tai guu	八家岱	音译+意译	宁城
338	上	八家岱	得日八日岱沟	degere bar-tai guu	上八家岱	音译+意译	宁城
336		八家岱沟门	八日岱沟音阿玛	bar-tai guu-yiin ama	八家岱沟门	音译+意译	宁城
319		八肯中	八夏中	baga jöng	小砖	音译+意译	宁城
296		八楞罐	巴润嘎日	baragun gar	右翼	音译	宁城
316		八里罕	保日罕	borhan	佛爷	音译	宁城
257	小	八十罕	巴嘎巴特查干	baga batuqagan	小枫树林	意译+音译	宁城
258		八十罕	巴特查干	batuqagan	枫树林	音译	宁城
263	上	八台营子	得日八台艾勒	deere batai ail	上八台营子	音译+意译	宁城
314		八台营子	八特尔艾勒	bagatur ail	八特尔营子	音译+意译	宁城
240		巴里营子	柏仁艾勒	bairi-yiin ail	要塞营子	音译+意译	宁城
346		巴林	白仁	bairin	要塞	音译	宁城
264		白成皋	白兴古达	baixingguud	白姓人	音译	宁城
12		白池沟	百勒爱拉	bayjihu-yiin ail	发家营子	音译+意译	平泉
19		白花营子	白花营子	baihua-yiin ail	白花营子	音译+意译	平泉
185		白石台沟	白兴台洁白	baixing-tai jaba	房子沟	音译+意译	喀右
57		白石台沟村	白兴台沟音艾勒	baixing-tai guu ail	有房子	音译+意译	喀右
97		白石台沟门	白兴台洁白音阿玛	baixing-tai jaba-yiin ama	平房沟门	音译+意译	喀右
133		白石台梁村	白兴台大阪艾勒	baixing-tai dabagan ail	白石台梁下村	音译+意译	喀右
483		白塔子	苏布仁爱里	suburgan ail	白塔子	意译	喀左

续表

序	前字	现名	原名	拟音	含义	演变类型	所属
99		白太沟门村	白兴太洁白音阿玛	baixing-tai jaba-yiin ama	有房子	音译+意译	喀右
9	大	百代营子	百阴胎艾拉	buyan-tai ail	有福营子	音译+意译	平泉
222	小	柏林营子	巴嘎柏林艾勒	baga bairin ail	小柏林营子	音译+意译	宁城
236	后	柏林营子	阿鲁柏林艾勒	aru bairi-yiin ail	后柏林营子	音译+意译	宁城
262		柏林营子	柏林艾勒	bairi-yiin ail	要塞营子	音译+意译	宁城
233		板德营子	板德音艾勒	bandi-yiin ail	喇嘛徒弟营子	音译+意译	宁城
439		半截塔	塔拉苏布尔嘎	tala soborga	半截塔	意译	宁城
200		榜士营子村	巴嘎西音艾勒	bagxi-yiin ail	先生营子①	音译+误读	喀右
304		包古鲁	包高劳	bogol	奴隶	音译	宁城
505		贝子沟	贝子音洁白	beise-yiin jaba	贝子沟	音译+意译	喀左
312		必斯营子	巴牙斯古郎艾勒	bayashulang ail	巴牙斯古郎营子	音译+意译	宁城
328	大	波洛沟	伊和波日洁白	yehe boro jaba	大青沟	音译+意译	宁城
329	小	波洛沟	巴嘎波日洁白	baga boro jaba	小青沟	音译+意译	宁城
455	大	波汰沟	依和波日汰皋	yehe boro-tai guu	大灰沟	音译+意译	喀左
111		脖堵沟村	脖勒德嘎日洁白音艾勒	boldagar jaba-yiin ail	小山包沟村	音译+意译	喀右
62	小	脖乃村	巴嘎包日乃艾勒	baga boronai ail	小嵩山村	音译+意译	喀右
73	大	脖乃村	亿和包日乃艾勒	yehe boronai ail	大嵩山村	音译+意译	喀右
270		卜年营子	巴音布拉格艾勒	bayan bulag ail	富泉营子	音译+意译	宁城
252	下	步登皋	道日布教高勒	doora bütüne gool	下鹌鹑河	意译+音译	宁城
283	上	步登皋	得日布教高勒	deere bütüne gool	上鹌鹑河	意译+音译	宁城
428		仓营子	仓音艾勒	sang-yiin ail	仓营子	意译	宁城
11		仓子	仓	sang	粮仓	音译	平泉
58	小	叉日苏沟	小叉日苏沟	baga qarasu-tai guu	小柞树沟	音译+意译	喀右
155	大	叉日苏沟	伊和叉日苏台洁白	yehe qarasu-tai jaba	大柞树沟	音译+意译	喀右
378	小	岔不岔	巴嘎岔不格其	baga qabaganqa	小尼姑	意译+音译	宁城
379	大	岔不岔	伊和岔不格其	yehe qabaganqa	大尼姑	意译+音译	宁城
412		场上	乌特日莫	ütürme	打谷场	意译	宁城
444		朝宝营子	邵布艾勒	sibagu ail	藏语，为人名②	音译+意译	宁城
180		朝花沟	朝好日洁白	qohor jaba	斑点沟	音译+意译	喀右
313		潮落海沟	超柱其格尔	qojuqihar jaba	半形沟③	音译+意译	宁城

---

① 地名志解释："'章京'在此建村，因该官衔上榜，故名。""榜士"可能是"巴格士"（先生）的误读。

② 地名志解释："'朝宝'系藏语，为人名。"科尔沁方言，"朝宝"意为"鸟"。有可能是部落名。永谢布部有失保喷氏。

③ "潮落海"，未加工的，未开发的。

续表

序	前字	现名	原名	拟音	含义	演变类型	所属
450	东	赤里赤	准朝鲁其德	jegün qilaguqid	东火石营子	意译+音译	喀左
453	西	赤里赤	巴润朝鲁其德	baragun qilaguqid	西赤里赤	意译+音译	喀左
317	小	打鹿沟门	巴嘎打鹿洁白音阿玛	baga dalu jaba-yiin ama	小肩胛骨沟门	音译+意译	宁城
357		打鹿沟门	打鹿洁白音阿玛	dalu jaba-yiin ama	肩胛骨沟门	音译+意译	宁城
499	后	大庙	浩依图伊和苏木	hoitu yehe süme	后大庙	意译	喀左
177		大司马沟				音译+意译	喀右
241		大西营子	达尔罕艾勒	darhan ail	达尔罕营子	音译+意译	宁城
204		大营子村	达子营	monggol ail	蒙古村	音译+改译	喀右
260		得宝洼	德宝根好图格尔	debegen hotogor	沼泽洼	音译+意译	宁城
250		得宝营子	得宝艾勒	debegen ail	翻浆地营子	音译+意译	宁城
267		得力胡同	德日胡都嘎	degere huddug	上井子	音译	宁城
447	东	垤卜	准得博	jegun debege	东翻浆地	意译+音译	喀左
470	大	垤卜	伊和德博格	yehe debege	大翻浆地	音译+意译	喀左
137		垤卜吐村	垤卜吐艾勒	debegetü ail	翻浆地村	音译+意译	喀左
480	北	洞	阿归道日	agui doora	洞下	意译	喀左
465		洞上	喇嘛洞	lama-yiin agui	喇嘛洞	意译	喀左
17		杜岱营子	杜达艾勒	duda-yiin ail	杜达营子	音译+意译	平泉
175		椴木台沟	道木台洁白	domtai jaba	椴木沟	音译+意译	喀右
274		二八台沟	鄂布台洁白	ebtei jaba	舒适的沟	音译+意译	宁城
345		二八台沟门	额卜台洁白音阿玛	ebetei jaba-yiin ama	美景沟门	音译+意译	宁城
344		二八台梁	额卜台大阪	ebtei dabaga	美景山	音译+意译	宁城
415		二道湾子	浩雅尔套海	hoyar tohai	二道湾子	意译	宁城
4		二道营子			营子排序	意译	平泉
409		二官营子	浩亚日诺颜乃艾勒	hoyar noyan-u ail	二官营子	意译	宁城
285		二肯营子	二肯艾勒	erhin ail	张家营子①	音译+意译	宁城
331	西	二肯营子	巴润二肯艾勒	baragun erhin ail	西二肯营子	音译+意译	宁城
269	蒙古	二十家	蒙古勒和林格尔	monggol horin ger	蒙古二十家子	音译+意译	宁城
206		二爷沟村	浩雅尔诺颜洁白艾勒	hoyadugar noyan-u jaba ail	二爷沟村	意译	喀右
464		房身	浩实台	huxig-tai	果松	双名	喀左
463	后	坟	辉图珠喇钦	hoitu julaqin	后坟	意译	喀左
477	前	坟	额门珠喇钦	emüne julaqin	前珠喇钦	双名	喀左
406		坟上	翁古特	onggod	看坟的奴隶村	意译	宁城

---

① 契丹语"夷离堇",蒙古语和突厥语 erhin,辽亡后转义,泛指辽金地区的百姓。喀喇沁有 erhud 姓。

续表

序	前字	现名	原名	拟音	含义	演变类型	所属
212		富裕地村	诺颜塔拉（王爷地）艾勒	noyan tariya ail	王爷地	改名	喀右
182	大	富裕沟	白音高勒	yehe bayan gool	大富裕沟	意译	喀右
7		嘎海沟	嘎海沟	gahai guu	野猪沟	音译+意译	平泉
442	前	嘎斯营子	额门嘎拉僧艾勒	emüne galsang ail	前嘎拉僧营子	音译+意译	宁城
443	后	嘎斯营子	阿鲁嘎拉僧艾勒	aru galsang ail	后嘎拉僧营子	音译+意译	宁城
83		甘苏庙村	甘珠尔庙音艾勒	ganjuura süme-yiin ail	甘珠尔庙	音译+意译	喀右
452		甘招	甘珠尔	ganjuur	甘招	音译	喀左
423		干巴营子			干巴营子①	意译	宁城
228		岗岗营子	乌兰大阪艾勒	ulagan dabagan ail	红山村	音译+意译	宁城
441		高粱台沟	高丽台洁白	gauli-tai jaba	高丽台沟	音译+意译	宁城
208		公爷马场村	公根阿顿号绕艾勒	gong-iin adugun horoga ail	公爷马场村	意译	喀右
503		公营子	宫根浩绕	gong-iin horoga	公营子	音译+意译	喀左
261	东	沟丘	准古格楚德	jegün gügqüüd	东猎户营子	意译+音译	宁城
245	西	沟丘村	巴润古格其德艾勒	baragun gügqid ail	西猎户营子	音译+意译	宁城
216		官仓村	诺颜仓音艾勒	noyan sang-iin ail	官仓村	意译	喀右
449	东	官大海	刮滔辉浩绕	jegün gua-yiin tohoi horoga	东瓜河套营子	意译+意译	喀左
448	西	官大海营	巴润刮滔辉浩绕	baragun gua-yiin tohoi horoga	西瓜河套营子	音译+意译	喀左
36		郭波沟村	郭波音洁白艾勒	göbege-yiin jaba ail	小土梁村	音译+意译	喀右
10		果树园	喇嘛沟	lama-yiin guu	喇嘛沟	改名	平泉
460	北	哈巴气	哈巴气勒	aru habqil	北哈巴气	意译+音译	喀左
294		哈叭气	哈叭气勒	habqil	峡谷	音译	宁城
243		哈达城子	哈丹浩特	hadan hota	石头城遗址	音译+意译	宁城
30	大	哈达村	伊和哈达村	yehe hada ail	大岩石村	音译+意译	喀右
156	青	哈达村	呼和哈达艾勒	huhe hada ail	青峰村	音译+意译	喀右
280	北	哈达沟	阿鲁哈达音艾勒	aru hada-yiin ail	北哈达沟	音译+意译	宁城
335	南	哈达沟	额门哈达洁白	emöne hadan jaba	南哈达沟	音译+意译	宁城
65		哈达沟村	哈达洁白音艾勒	hada-tai jaba-yiin ail	石子沟村	音译+意译	喀右
103	青	哈达沟村	呼和哈达洁白艾勒	höhe hada jaba ail	青石沟村	音译+意译	喀右
168	小	哈达沟村	巴嘎哈达台洁白音艾勒	baga hada-tai jaba-yiin ail	小石头沟村	音译+意译	喀右
230		哈尔脑	哈日努达	haranuud	哈日努达	音译	宁城
323		哈尔脑	哈日奴达	haranuud	哈日奴达	音译	宁城
332		哈尔脑南洼	哈日奴达额门好图格尔	haranuud emüne hotogor	哈尔脑南洼	音译+意译	宁城

---

① 地名志解释："缺水，叫干巴营子；一说出过樟脑，蒙古人叫干巴营子。"意思待查。

续表

序	前字	现名	原名	拟音	含义	演变类型	所属
106	小	哈拉海沟	巴嘎哈拉海洁白艾勒	baga halagai jaba ail	小荨麻村	音译+意译	喀右
242		哈拉海沟	哈拉海洁白	halagai jaba	蝎子草沟	音译+意译	宁城
54		哈拉海沟村	哈拉海沟音艾勒	halagai guu-yiin ail	小荨麻沟村	音译+意译	喀右
186		哈拉海洼	哈拉海好图格尔	halagai hotogor	小荨麻洼	音译+意译	喀右
251		哈拉海沟	哈拉海沟	halagaitu jaba	小荨麻沟	音译+意译	宁城
350	下	哈气	道日哈巴其拉	doora habqil	下峡谷	意译+音译	宁城
355	上	哈气	得日哈气	degere habqil	上峡谷	意译+音译	宁城
276		哈日和硕	哈日和硕	hara huxigu	黑山咀	音译	宁城
445		哈萨庙	哈萨尔音苏莫	hasar-yiin süme	哈萨尔庙	音译+意译	宁城
495		海岛营子	嘎日宾浩绕	garbin horoga	嘎日宾协理营子	双名	喀左
29	大	海拉苏沟	伊和海拉苏台沟	hailasutai-guu	榆树沟	音译+意译	喀右
154	小	海拉苏沟	巴嘎海拉苏台洁白	baga hailasu-tai jaba	小榆树沟	音译+意译	喀右
343		韩杞柳	哈那其鲁	hana qilagu	峭壁	音译	宁城
60		蒿莱沟村	蒿莱沟村	hogolai-yiin guu	筒子沟村	音译+意译	喀右
105		蒿莱沟村	蒿莱洁白艾勒	hogolai jaba ail	筒子沟村	音译+意译	喀右
129		蒿松沟村	蒿松洁白艾勒	hogoson jaba ail	空沟村	音译+意译	喀右
398		和硕金营子	和硕金艾勒	huxuujin ail	和硕金营子	音译+意译	宁城
363		河洛图	河洛图	hooltu	小川	音译	宁城
120	小	鹤来皋村	鹤来皋艾勒	hogolai guu ail	筒子沟村	音译+意译	喀右
89		鹤鹿沟村	浩来洁白艾勒	hogolai jaba ail	筒子沟村	音译+意译	喀右
148		鹤鹿沟村	胡日艾洁白艾勒	hagurai jaba-yiin ail	旱沟村	音译+意译	喀右
248		黑什吐村	黑什吐艾勒	hexigten	克什克腾村①	音译+意译	宁城
66		后旗沟村	呼布其洁白艾勒	höbqi jaba-yiin ail	密林沟村	音译+意译	喀右
311		胡财沟	胡斯台沟	husu-tai jaba	桦树沟	音译+意译	宁城
115		胡彩沟村	胡斯台洁白艾勒	husu-tai jaba ail	桦树沟村	音译+意译	喀右
333		胡墩梁	胡墩大阪	hüdün dabaga	桔梗梁	音译+意译	宁城
167		胡鲁斯台沟	胡鲁斯台洁白	hulusu-tai jaba	芦苇沟村	音译+意译	喀右
116	小	胡斯台沟	小胡斯台沟	baga husu-tai jaba	小桦树沟	音译+意译	喀右
191	大	胡斯台沟	伊和胡斯台洁白艾勒	yehe husu-tai jaba ail	大桦树沟村	音译+意译	喀右
130		胡斯台沟村	胡斯台洁白艾勒	husutai jaba ail	桦树沟村	音译+意译	喀右
374		胡素台沟	胡素台洁白	husu-tai jaba	桦树沟	音译+意译	宁城
462	下	户子沟	道日怀吉日台洁白	doora hujir-tai jaba	下碱沟	双名	喀左
504		化金沟	乌兰哈达	ulagan hada	红岩	双名	喀左

---

① 可能是部落名"克什克腾",即"亲军"。

序	前字	现名	原名	拟音	含义	演变类型	所属
194		画匠沟村	朱日格沁喇嘛音艾勒	jirugqin lama-yiin jaba	画匠喇嘛	意译	喀右
490	北	荒	辉图窝铺	hoitu öböng	北窝棚	双名	喀左
178		吉尔格郎沟	吉尔格郎洁白	jirgalang jaba	幸福沟	音译+意译	喀右
446		吉利生营子	吉利格郎艾勒	jirgalang ail	幸福营子	音译+意译	喀左
215		吉祥庄村	艾其玛格艾勒	aqimag ail	马驮子村	改名	喀右
253		架鲁营子	扎如达艾勒	jaruud ail	扎如达营子	音译+意译	宁城
395	中	箭	敦达苏木	dumda sumu	中箭	意译	宁城
397	西	箭	巴润苏木	baragun sumu	西箭	意译	宁城
365		将杆沟门	将杆洁白音阿玛	janggu-un jaba-yiin ama	苍耳沟门	音译+意译	宁城
196		解放地村	王爷地村	noyan-u tariya ail	王爷地村	改名	喀右
189		锦东村	小府村	baga horoga ail	辅国公府村	改名	喀右
472		九佛堂	当含奚若	danghan xirui	土地脊薄	双名	喀左
131		卡岔沟村	卡岔洁白艾勒	gagqa jaba ail	直沟村	音译+意译	喀右
147		卡岔沟门村	卡岔洁白音阿玛艾勒	gagqa jaba-yiin ama ail	直沟村	音译+意译	喀右
47	上	卡拉村	得日哈如勒艾勒	degere haragul ail	上哨村	音译+意译	喀右
48	西	卡拉村	巴润哈如勒艾勒	baragun haragul ail	西哨村	音译+意译	喀右
68	下	卡拉村	道日哈如勒艾勒	doora haragul ail	下哨村	音译+意译	喀右
69	东	卡拉村	准哈如勒艾勒	jegün haragul ail	东哨村	音译+意译	喀右
74	西	卡拉村	巴润哈如勒艾勒	baragun haragul ail	西哨村	音译+意译	喀右
75	下	卡拉村	道日哈如勒艾勒	doora haragul ail	下哨村	音译+意译	喀右
94	东	卡拉村	准哈如勒艾勒	jegün haragul ail	东哨村	音译+意译	喀右
138	小	卡拉村	巴嘎哈如勒艾勒	baga haragul ail	小哨村	音译+意译	喀右
139	上	卡拉村	德日哈如勒	degere haragul	上哨村	音译+意译	喀右
146	上	卡拉村	得日哈如勒艾勒	degere haragul ail	上哨村	音译+意译	喀右
162	下	卡拉村	道日哈如勒艾勒	doora haragul ail	下哨村	音译+意译	喀右
203		卡拉村	哈如勒艾勒	haragul ail	哨所村	音译+意译	喀右
126		卡拉街村	哈如勒哲里艾勒	haragul jegeli ail	哨所街	音译+意译	喀右
76		扛台沟村	扛台洁白艾勒	gang-tai jaba ail	干旱沟村	音译+意译	喀右
159	大	坤都伦沟	伊和坤都伦洁白	yehe hündelen jaba	大横沟村	音译+意译	喀右
184	大	坤都伦沟	伊和坤都伦洁白	yehe hündelen jaba	大横沟村	音译+意译	喀右
187		坤都伦河	浑都伦高勒	hündelen gool	横河	音译+意译	喀右
145		坤都伦营子	坤都伦艾勒	hündelen ail	横河营子	音译+意译	喀右
461		坤都营子	毕其罕艾勒	hündü-yiin ail	坤都（小官）营子	音译+意译	喀左
265		坤头营子	坤都伦高勒艾勒	hündelen gool ail	坤都伦河营子	音译+意译	宁城

续表

序	前字	现名	原名	拟音	含义	演变类型	所属
43		喇嘛仓村	喇嘛音仓艾勒	lama-yiin sang ail	喇嘛粮仓村	音译＋意译	喀右
153		喇嘛仓伙房	喇嘛仓伙房	lama-yiin sang-iin togogan ger	喇嘛仓伙房	音译＋意译	喀右
291		喇嘛城子	喇嘛音浩特	lama-yiin hota	喇嘛城子	音译＋意译	宁城
278		喇嘛地	喇嘛音塔拉	lama-yiin tariya	喇嘛地	音译＋意译	宁城
384		喇嘛地	喇嘛音塔拉	lama-yiin tariya	喇嘛地	音译＋意译	宁城
35		喇嘛地村	喇嘛音塔拉艾勒	lama-yiin tariya ail	喇嘛地村	音译＋意译	喀右
40		喇嘛地村	喇嘛音塔拉艾勒	lama-yiin tariya ail	喇嘛地村	音译＋意译	喀右
95		喇嘛地村	喇嘛音塔拉艾勒	lama-yiin tariya ail	喇嘛地村	音译＋意译	喀右
140		喇嘛地村	喇嘛音塔拉艾勒	lama-yiin tariya ail	喇嘛地村	音译＋意译	喀右
6		喇嘛店	喇嘛音店	lama-yiin dian	喇嘛庙店	音译＋意译	平泉
349		喇嘛东沟	喇嘛音准洁白	lama-yiin jegün jaba	喇嘛东沟	音译＋意译	宁城
348		喇嘛洞	喇嘛音阿贵	lama-yiin agui	喇嘛洞	音译＋意译	宁城
358		喇嘛洞沟	喇嘛音阿贵洁白	lama-yiin agui jaba	喇嘛洞沟	音译＋意译	宁城
259		喇嘛沟	喇嘛音洁白	lama-yiin jaba	喇嘛沟	音译＋意译	宁城
290		喇嘛沟	喇嘛音洁白	lama-yiin jaba	喇嘛沟	音译＋意译	宁城
360		喇嘛沟	喇嘛音洁白	lama-yiin jaba	喇嘛沟	音译＋意译	宁城
362		喇嘛沟	喇嘛音洁白	lama-yiin jaba	喇嘛沟	音译＋意译	宁城
366	西	喇嘛沟	巴润喇嘛音洁白	baragun lama-yiin jaba	西喇嘛沟	音译＋意译	宁城
367	东	喇嘛沟	准喇嘛音洁白	jegün lama-yiin jaba	东喇嘛沟	音译＋意译	宁城
375		喇嘛沟	喇嘛音洁白	lama-yiin jaba	喇嘛沟	音译＋意译	宁城
380		喇嘛沟	喇嘛音洁白	lama-yiin jaba	喇嘛沟	音译＋意译	宁城
388		喇嘛沟	喇嘛音洁白	lama-yiin jaba	喇嘛沟	音译＋意译	宁城
389	小	喇嘛沟	巴嘎喇嘛音洁白	baga lama-yiin jaba	小喇嘛沟	音译＋意译	宁城
70		喇嘛沟村	喇嘛音洁白艾勒	lama-yiin jaba ail	喇嘛沟村	音译＋意译	喀右
80	前	喇嘛沟村	鄂门喇嘛音洁白艾勒	emüne lama-yiin jaba ail	前喇嘛沟村	音译＋意译	喀右
81		喇嘛沟村	喇嘛音洁白艾勒	lama-yiin jaba ail	喇嘛沟村	音译＋意译	喀右
88	下	喇嘛沟村	道日喇嘛音洁白艾勒	doora lama-yiin jaba ail	下喇嘛沟村	音译＋意译	喀右
92		喇嘛沟村	喇嘛音洁白艾勒	lama-yiin jaba ail	喇嘛沟村	音译＋意译	喀右
118	后	喇嘛沟村	阿鲁喇嘛音洁白艾勒	aru lama-yiin jaba ail	后喇嘛沟村	音译＋意译	喀右
128	前	喇嘛沟村	额门喇嘛音洁白艾勒	emüne lama-yiin jaba ail	前喇嘛沟村	音译＋意译	喀右
142	后	喇嘛沟村	阿鲁喇嘛音洁白艾勒	aru lama-yiin jaba ail	后喇嘛沟村	音译＋意译	喀右
160	前	喇嘛沟村	额门喇嘛音洁白艾勒	emüne lama-yiin jaba ail	前喇嘛沟村	音译＋意译	喀右
163	东	喇嘛沟村	准喇嘛音洁白艾勒	jegün lama-yiin jaba ail	东喇嘛沟村	音译＋意译	喀右

序	前字	现名	原名	拟音	含义	演变类型	所属
164	西	喇嘛沟村	巴润喇嘛音洁白艾勒	baragun lama-yiin jaba ail	西喇嘛沟村	音译+意译	喀右
165	上	喇嘛沟村	得日喇嘛音洁白艾勒	degere lama-yiin jaba ail	上喇嘛沟村	音译+意译	喀右
169	上	喇嘛沟村	得日喇嘛音洁白艾勒	degere lama-yiin jaba ail	上喇嘛沟村	音译+意译	喀右
305		喇嘛沟门	喇嘛音洁白音阿玛	lama-yiin jaba-yiin ama	喇嘛沟门	音译+意译	宁城
44		喇嘛伙房村	喇嘛音陶高格尔	lama-yiin togogan ger	喇嘛雇工伙房村	音译+意译	喀右
288	下	喇嘛楼子	道日喇嘛音阿萨尔	doora lama-yiin asar	下喇嘛楼子	音译+意译	宁城
289		喇嘛十家	喇嘛音阿日班格尔	lama-yiin araban ger	喇嘛十家	音译+意译	宁城
157		喇嘛台沟	喇嘛台洁白	lama-tai jaba	喇嘛沟	音译+意译	喀右
108		喇嘛台沟门	喇嘛台洁白音阿玛	lama-tai jaba-yiin ama	喇嘛台沟门村	音译+意译	喀右
364		喇嘛腰沟	喇嘛音敦达洁白	lama-yiin dumda jaba	喇嘛腰沟	音译+意译	宁城
295		喇嘛营子	喇嘛音艾勒	lama-yiin ail	喇嘛营子	音译+意译	宁城
22	下	喇嘛杖子	道日喇嘛音锡伯	doora lama-yiin xibege	下喇嘛庙杖子	音译+意译	平泉
473	后	烂泥塘子	浩依图德博格	hoitu debege	后烂泥塘子	意译	喀左
466		梁家营子	巴仁苏	baragun sugu	西山侧	双名	喀左
468		两家	浩雅日格尔	hoyar ger	两家	意译	喀左
498		六官营子	麦拉苏台浩绕	mailasu-tai horoga	柏树营子	双名	喀左
411	小	六家	巴嘎吉日干格尔	baga jirgugan ger	小六家	意译	宁城
497		六家子	吉日干格尔	jirgugan ger	六家子	意译	喀左
198		六爷地村	吉日干诺乃塔拉艾勒	jirguga noyan-u tariya	六爷地村	意译	喀右
413		龙潭沟门	龙潭洁白音阿玛	lungtang jaba-yiin ama	龙潭沟门	意译	宁城
45		罗卜起沟门	罗卜西沟音阿玛	lobxi guu-yiin ama	垫圈草沟门	音译+意译	喀右
123		罗卜起沟脑	罗卜西洁白音召	lobxi jaba-yiin joo	垫圈草沟脑	音译+意译	喀右
426		骆驼营子	特莫艾勒	temegen ail	骆驼营子	意译	宁城
210	东	马场村	东东马场村	jegün adugun horoga	东马场村	意译	喀右
410	小	马架	巴嘎窝布孙格尔	baga ebesün ger	小马架	意译	宁城
494	小	马架子	巴嘎毛仁窝铺	baga morin öböng	小马窝棚	意译	喀左
176	前	马连道	额门马连道布	emüne mal-iin dobo	前山岗牧场	音译+意译	喀右
152		马连道村	马连道布艾勒	mal-iin dobu ail	山岗牧场	音译+意译	喀右
320	小	马连图	巴嘎马连吐	baga maratu	小碱地	音译+意译	宁城
352	大	马连图	伊和马连图	yehe maratu	大盐碱地	意译+音译	宁城
376	小	马连吐	巴嘎马日吐	baga maratu	小碱地	意译+音译	宁城
321		马连吐沟门	马连吐洁白音阿玛	maratu jaba-yiin ama	盐碱沟门	音译+意译	宁城
213	南	马圈村	额门阿顿号绕艾勒	emüne adugun horoga ail	南马圈村	意译	喀右
202		马圈子村	阿顿号绕艾勒	adugun horoga ail	马圈村	意译	喀右

续表

序	前字	现名	原名	拟音	含义	演变类型	所属
214	上	马圈子村	得日阿顿号绕艾勒	degere adugun horoga ail	上马圈子村	意译	喀右
5		马泉子	毛仁布拉格	morin bulag	饮马泉子	意译	平泉
225	前	马市前营子	额门马希主占号绕	emüne maxi jujagan horoga	前大营子	音译+意译	宁城
368		马市营子	马希主占号绕	maxi jujagan horoga	大营子	音译+意译	宁城
144		马蹄营子村	马勒沁艾勒	malqin ail	牧民营子	音译+意译	喀右
501		马营子	阿顿浩绕	adugun horoga	马圈村	意译	喀左
64		牤牛坝村	牤古得大坝	manggud dabaga	魔鬼梁	音译+意译	喀右
193		牤牛营子村	忙努特艾勒	mangnuud ail	忙牛特营子①	误读+改名	喀右
279	蒙古	忙农营子	蒙古勒忙牛特艾勒	monggol mangnuud ail	蒙古忙农营子	音译+意译	宁城
318	小	忙农营子	巴嘎忙牛特艾勒	baga mangnuud ail	小忙农营子	音译+意译	宁城
347	大	忙农营子	伊和茫泥古达艾勒	yehe mangnuud ail	大茫泥古达营子	音译+意译	宁城
151		毛道沟村	毛道台洁白艾勒	modo-tai jaba ail	林沟村	音译+意译	喀右
170		毛金大坝	毛金大坝	moji-yiin dabaga	省界山	音译+意译	喀右
71	小	毛兰沟村	巴嘎莫仁沟艾勒	baga mögeren guu ail	小车辋子沟村	音译+意译	喀右
96	大	毛兰沟村	莫仁洁白艾勒	yehe möger-un jaba ail	车辋子沟	音译+意译	喀右
117		毛兰沟村	莫仁洁白艾勒	mögeren jaba ail	车辋子沟村	音译+意译	喀右
102		毛林坝村	毛林大阪艾勒	moroi dabagan ail	曲梁村	音译+意译	喀右
14		茅兰沟	莫仁洁白	mögeren jaba	车辋子沟	音译+意译	平泉
322		茂福沟	茂郝洁白	mohor jaba	茂郝沟	音译+意译	宁城
386		梅林地	梅林塔拉	meiren-u tariya	梅林地	音译+意译	宁城
101		梅林地村	梅林塔拉艾勒	meiren-u tariya ail	梅林地村	音译+意译	喀右
273		梅林窝铺	梅林窝棚	meirin-u öböng	梅林长工的窝辅	音译+意译	宁城
244		梅林营子	梅林艾勒	meiren ail	梅林营子	音译+意译	宁城
249		梅林营子	梅林艾勒	meiren ail	梅林营子	音译+意译	宁城
454		梅素奋	木苏台	mösö-tai	结冰	音译	喀左
141	小	美林村	巴嘎梅林洁白艾勒	baga meiren jaba ail	小梅林村	音译+意译	喀右
78	小	美林沟门	巴嘎梅林洁白音阿玛	baga meiren jaba-yiin ama	小梅林沟门村	音译+意译	喀右
119	小	美林围子	小美林围子	baga meiren horoga	小梅林围子	音译+意译	喀右
229		蒙古小河沿	蒙古勒高តy, 呼伯	monggol gool-iin hübege	蒙古小河沿	音译+意译	宁城
15		蒙古营子	蒙古勒艾勒	monggol-ail	蒙古营子	音译+意译	平泉
26		蒙古营子	蒙古勒艾勒	monggol ail	蒙古营子	音译+意译	喀右

① 地名志记载："清康熙廿一年（1682）建村，此地原是牧场，有人养牛99条，早晨到牧场就多一条，晚上回来仍是99条，传说有一条金牤牛在里边，故将此村称'牤牛营子'。"故事来自《契丹国志》契丹祖先传说，"牛"本为"羊"。

续表

序	前字	现名	原名	拟音	含义	演变类型	所属
254		蒙古营子	蒙古勒艾勒	monggol ail	蒙古营子	音译+意译	宁城
271		蒙古营子	蒙古勒艾勒	monggol ail	蒙古营子	音译+意译	宁城
287	下	蒙古营子	道日蒙古勒艾勒	doora monggol ail	下蒙古营子	音译+意译	宁城
297		蒙古营子	蒙古勒艾勒	monggol ail	蒙古营子	音译+意译	宁城
77		蒙古营子村	蒙古勒艾勒	monggol ail	蒙古营子	音译+意译	喀右
1		蒙和乌苏	蒙古苏	mönggen sü	银水	音译	平泉
286		蒙西营子	蒙古勒巴润艾勒	baragun monggol ail	蒙西营子	音译+意译	宁城
13	小	庙	巴嘎苏莫	baga süme	小庙	意译	平泉
21	大	庙	伊和苏莫	yehe süme	大庙	意译	平泉
432	大	庙	伊和苏莫	yehe süme	大庙	意译	宁城
218	大	庙村	伊和苏莫音艾勒	yehe süme-yiin ail	大庙村	意译	喀右
207	小	庙沟村	巴嘎苏莫图洁白音艾勒	baga süme-tu jaba-yiin ail	小喇嘛庙村	意译	喀右
98		蘑菇场村	毛好日查干	muhur qagan	玉竹村	音译+意译	喀右
132	下	莫胡沟村	道日莫胡日洁白艾勒	doora muhur jaba ail	下死葫芦沟村	音译+意译	喀右
136	上	莫胡沟村	德日莫胡日洁白艾勒	degere muhur jaba ail	上死葫芦沟	音译+意译	喀右
49		莫力海沟村	莫力海沟艾勒	moroihai guu ail	曲沟村	音译+意译	喀右
93		莫力海沟村	莫力海洁白艾勒	moroihai jaba ail	曲沟村	音译+意译	喀右
51		莫立坝村	莫立大阪艾勒	moroi dabagan ail	曲梁村	音译+意译	喀右
135	小	漠拉海沟	小漠拉海沟	baga moroihai jaba	小歪脖沟	音译+意译	喀右
158	大	漠拉海沟	伊和漠拉海洁白	yehe moroihai jaba	大弯弯沟	音译+意译	喀右
268	前	那拉不流	额门阿如布拉格	emüne aru bulag	前北泉	意译+音译	宁城
306		那拉不流	阿如布拉格	aru bulag	北泉	音译	宁城
41		那拉斯台沟	那日斯台沟	narasu-tai guu	松树沟	音译+意译	喀右
369		那四台沟	那日斯台洁白	narasu-tai jaba	松树沟	音译+意译	宁城
226		那素台沟	那日素台洁白	narasu-tai jaba	松树沟	音译+意译	宁城
342		那素台沟脑	那日素台沟音召	narasu-tai guu-yiin joo	松树沟脑	音译+意译	宁城
134		乃林村	乃林艾勒	narin ail	窄村	音译+意译	喀右
84		乃林皋村	乃林皋艾勒	narin guu ail	窄沟村	音译+意译	喀右
372	小	乃林沟	巴嘎乃林洁白	baga narin jaba	小窄沟	音译+意译	宁城
61	西	乃林沟村	西乃林沟村	baragun narin guu ail	西窄沟村	音译+意译	喀右
67	东	乃林沟村	准乃林洁白艾勒	jegün narin jaba ail	东窄沟村	音译+意译	喀右
63	西	乃林沟门	巴润乃林沟音阿玛	baragun narin guu-yiin ama	西窄沟沟门村	音译+意译	喀右

续表

序	前字	现名	原名	拟音	含义	演变类型	所属
275		乃林沟门	乃林洁白音阿玛	narin jaba-yiin ama	乃林沟门	音译+意译	宁城
351		奈林皋	奈林高勒	narin gool	窄河	音译	宁城
456		奈林皋	奈仁皋	narin guu	窄沟	音译	喀左
124		奈林沟里村	奈林洁白艾勒	narin jaba ail	窄沟村	音译+意译	喀右
52		奈林沟门村	奈林沟音阿玛	narin guu-yiin ama ail	窄沟沟门村	音译+意译	喀右
408		碾子沟	硬音洁白	ying-yiin jaba	碾子沟	意译	宁城
418		宁家营子	宁音艾勒	ning-yiin ail	宁家营子	意译	宁城
32	大	牛群村	伊和挪其	yehe neguqi	大营盘	意译+音译	喀右
42	小	牛群村	巴嘎挪其	baga negüqi	小营盘	音译+意译	喀右
46	小	牛群村	巴嘎挪其	baga negüqi	小营盘	音译+意译	喀右
424		偏道子	吉虚扎木	jixigüü jam	偏道子	意译	宁城
209		撇拉洼村	撇拉好图格尔音艾勒	pila hotogor-iin ail	盘子洼村①	音译+误读	喀右
479		平房子	都纲	dugang	庙殿	双名	喀左
416	下	七家	道日道伦格尔	doora dologan ger	下七家	意译	宁城
417		七家	道伦格尔	dologan ger	七家	意译	宁城
419	前	七家	额门道伦格尔	emüne dologan ger	前七家	意译	宁城
422	后	七家	阿鲁道伦格尔	aru dologan ger	后七家	意译	宁城
481		七间房	道伦百兴	dologan baixing	七间房	意译	喀左
434		七爷府	道伦诺颜乃号绕	dologan noyan-u horoga	七爷府	意译	宁城
86		秦土日沟村	秦土日洁白艾勒	qindar jaba ail	灵柩村②	音译+意译	喀右
18		三官营子	古日班诺颜艾勒	gurban noyan-u ail	三官营子	意译	平泉
24		三家	古日班格尔	gurban ger	三家	意译	平泉
404		三家	古日班格尔	gurban ger	三家	意译	宁城
425		三家	古日班格尔	gurban ger	三家	意译	宁城
430		三家	古日班格尔	gurban ger	三家	意译	宁城
482	大	三家	伊和古尔班格日	yehe gurban ger	大三家	意译+音译	喀左
205	蒙古	三家村	蒙古勒古日班格尔	monggol gurban ger	三户蒙古人村	音译+意译	喀右
308	上	沙巴台	西巴日台	degere xibar-tai	上泥沼地	意译+音译	宁城
381	下	沙巴台	道日沙巴尔台	doora xibar-tai	下泥沼地	意译+音译	宁城
37		沙坝台村	西八日台村	xibar-tai ail	泥泞地村	音译+意译	喀右
112		沙卜台沟村	沙巴尔台洁白艾勒	xibar-tai jaba ail	泥泞沟村	音译+意译	喀右

① 地名志解释："清乾隆十二年（1747）建村于形似簸箕的山坡上，故名。""撇拉"，契丹语"盘子"，蒙古语相同。

② 有可能是"秦土古日沟村"之误，"秦土古日"，小山包。

续表

序	前字	现名	原名	拟音	含义	演变类型	所属
307	河南	沙里营	沙拉音艾勒	xira-yiin ail	沙拉营子	音译＋意译	宁城
239		沙里营子	沙拉音艾勒	xira-yiin ail	沙拉营子	音译＋意译	宁城
39	大	沙漠台沟	伊和西八日台沟	yehe xibar-tai guu	大泥泞沟	音译＋意译	喀右
183	大	沙漠台沟	伊和沙巴尔台	yehe xibar-tai jaba	大泥沟	音译＋意译	喀右
34		砂砬子沟门	砂砬沟音阿玛	salaga guu-yiin ama	岔沟沟门	音译＋意译	喀右
470		山咀子	哈日和硕	hara huxigu	黑山咀	意译	喀左
438		山神庙	乌楞额吉德音苏莫	agulan ejed-iin süme	山神庙	意译	宁城
326		少郎沟	少郎洁白	xorong jaba	尖尖沟	音译＋意译	宁城
475	东	哨	德日翁根	degere onggon	上哨	意译	喀左
85		什二脑村	谢日淖尔	xira nagur	黄水泡子村	音译＋意译	喀右
310		十八台	沙巴日台	xibar-tai	泥沼地	音译	宁城
359		十八台	西巴日台	xibar-tai	泥沼地	音译	宁城
458		十八台	西巴日台	xibar-tai	泥泞	音译	喀左
502		十二德堡	西日德博格	xira debege	黄色翻浆地	音译	喀左
334		十二台沟	西巴日台洁白	xibar-tai jaba	泥沼沟	音译＋意译	宁城
435		十家营子	阿日班格尔艾勒	arban ger ail	十家营子	意译	宁城
493		十家子	道日翁根	doora onggon	下哨	双名	喀左
20		石拉哈沟	石拉哈高勒	xirga-yiin gool	川名	音译＋意译	平泉
421		石佛庙	楚伦保尔罕苏莫	qilagun borhan süme	石佛庙	意译	宁城
125		双敖包村	浩雅日敖包艾勒	hoyar oboga ail	双敖包村	音译＋意译	喀右
500		水泉	吐히根鲍力格	türgen bolag	水泉	意译	喀左
224		四布吐营子	速别台艾勒	sübegetai ail	速别台营子①	音译＋意译	宁城
173		四方哈达	都日布勒金哈达	dörbeljin hada	四方哈达	意译＋音译	喀右
427		四家	都日本格尔	dörben ger	四家	意译	宁城
220		四龙头沟	苏日吐洁白	sülde jaba	苏勒德沟②	音译＋意译	宁城
301		松木皋	苏木音皋勒	süme-yiin gool	庙河	音译	宁城
56		苏和营子	苏和音艾勒	sühe-yiin ail	苏和营子	音译＋意译	喀右
235		苏木皋	苏木音高勒	süme-yiin gool	庙河	音译	宁城
104		苏木台沟村	苏木台洁白艾勒	süme-tai jaba ail	庙沟村	音译＋意译	喀右
382		孙盆营子	孙盆艾勒	sümbün ail	无上营子	音译＋意译	宁城
192		他卜白音村	塔班白音艾勒	tabun bayan ail	五个财主村	音译＋意译	喀右
223	南	他卜营子	额门他卜囊艾勒	emüne tabunang ail	南驸马营子	音译＋意译	宁城

---

① 即兀良哈部名将速别台。
② 地名志解释："蒙古族祭成吉思汗，用象征性的箭在此祭祀。"不确切，应该是苏勒德，即旌纛。

续表

序	前字	现名	原名	拟音	含义	演变类型	所属
109		他卜营子村	他卜囊艾勒	tabunang ail	驸马营子	音译+意译	喀右
179		塔巴沟	塔班洁白	tabun jaba	五条沟	音译+意译	喀右
231		塔其营子	塔拉亲艾勒	tariyaqin ail	农户营子	音译+意译	宁城
150		太宝沟村	太宝洁白音艾勒	taibuu jaba-yin ail	梁柁沟村	音译+意译	喀右
476	南	汤	宝古鲁德	bogoluud	宝古鲁德姓	双名	喀左
354		唐神沟	唐神洁白	tangxen jaba	美丽的地方	音译+意译	宁城
353		唐神台	唐神台	tangxen-tai	土质好，长庄稼①	音译	宁城
400	大	塘土沟	伊和塘铺音洁白	yehe tangbu-yin jaba	大巡捕房沟	音译+意译	宁城
402	小	塘土沟	巴嘎塘铺音洁白	baga tangbu-yin jaba	小巡捕房沟	音译+意译	宁城
292		桃古图山	陶高图乌拉	togogatu agula	锅顶山	音译+意译	宁城
390		桃海	桃海	tohoi	河湾	音译	宁城
392	小	桃海	巴嘎桃海	baga tohoi	小河湾	意译+音译	宁城
391		桃海北梁	桃海音阿鲁大阪	tohoi-yin aru dabaga	桃海北梁	音译+意译	宁城
385		桃海沟门	桃海洁白音阿玛	tohoi jaba-yin ama	湾子沟门	音译+意译	宁城
272		桃海营子	桃海音艾勒	tohoi-yin ail	河套营子	音译+意译	宁城
284		陶吐营子	陶古嘎图艾勒	togogatu-yin ail	锅灶营子	音译+意译	宁城
3		头道营子			营子排序	意译	平泉
469		头道营子	吉舒德	jixuud	姓氏	双名	喀左
221		土龙营子	吐古拉音艾勒	tugul-iin ail	放牛犊的地方	音译+意译	宁城
399		土门	土门	tümen	小河汇流处	音译	宁城
394		土门营子	土门营子	tümen ail	汇流营子	音译+意译	宁城
197		团结营子村	达子井村	monggol huddugtu ail	蒙古井村	改名	喀右
38		屯土日沟门	屯土古日音阿玛	tüntügür-iin ama	山包沟门	音译+意译	喀右
371		托牌沟门	托宝其洁白音阿玛	tobqi jaba-yin ama	扣子沟门	音译+意译	宁城
282		驼宝起沟	驼宝起洁白	tobqi jaba	扣子沟	音译+意译	宁城
181		王金坝沟	翁棍大坝洁白	onggon dabaga jaba	圣山沟	音译+意译	喀右
211		王爷府村	诺颜号绕艾勒	noyan horoga ail	王爷府村	意译	喀右
188		旺业甸	王爷店	noyan dian	王爷店	音译+改字	喀右
31		乌达台营子	乌达台营子	uda-tai ail	柳树营子	音译+意译	喀右
266	小	乌兰哈达	巴嘎乌兰哈达	baga ulagan hada	小红山	意译+音译	宁城
28		乌兰营子	乌兰艾勒	ulagan-ail	红土营子	音译+意译	喀右
79		乌梁苏沟门	乌里雅苏台洁白音阿玛	uliyasu-tai jaba-yin ama	杨树沟门	音译+意译	喀右

① 显然，在此将"唐神"解为蒙古语的 tangsug（丰裕，美丽）。但喀喇沁人将祭祀的神树称作 tangxen modo。

续表

序	前字	现名	原名	拟音	含义	演变类型	所属
114	大	乌苏台村	伊和乌苏台艾勒	yehe usu-tai ail	大水源村	音译+意译	喀右
121	小	乌苏台村	巴嘎乌苏台	baga usu-tai ail	小水源沟村	音译+意译	喀右
293		乌苏台沟	乌苏台洁白	usu-tai jaba	水泉沟	音译+意译	宁城
91		乌苏台沟门	乌苏台洁白音阿玛	usu-tai jaba-yiin ama	水泉沟门	音译+意译	喀右
315		乌苏台洼	乌苏台好图格尔	usu-tai hotogor	水洼地	音译+意译	宁城
330		乌苏台洼	乌苏台好图格尔	usu-tai hotogor	乌苏台洼	音译+意译	宁城
457	下	乌素太沟	道日乌素太皋勒	doora usu-tai gool	下水泉沟	意译+音译	喀左
127	小	乌珠梅沁	巴嘎乌珠梅沁	baga üjümqin ail	小葡萄人村	音译+意译	喀右
107		乌珠梅沁村	乌珠梅沁艾勒	üjümqin ail	葡萄人村	音译+意译	喀右
414		五道沟	塔班洁白	tabun jaba	五道沟	意译	宁城
467		五道营子	道日爱里	doora ail	下营子	双名	喀左
302		五化	乌乎日	uhur	凹洼地	音译	宁城
405		五家	塔班格尔	tabun ger	五家	意译	宁城
429	上	五家	得日塔班格尔	degere tabun ger	上五家	意译	宁城
433	后	五家	阿鲁塔班格尔	aru tabun ger	后五家	意译	宁城
492		五家子	塔班格尔	tabun ger	五家子	意译	喀左
237		五龙台沟	塔本龙台洁白	tabun luntur jaba	五泉子沟	音译+意译	宁城
2		五十家子	塔并格尔	tabin ger	五十家	意译	平泉
340		五塔沟	乌丹皋	udan guu	柳树沟	音译+意译	宁城
339		五塔沟门	乌丹皋音阿玛	udan guu-yiin ama	柳树沟门	音译+意译	宁城
199		五座坟村	塔班翁滚图艾勒	tabun onggontu ail	五座喇嘛坟	意译	喀右
190		西府村	西府村	baragun horoga ail	西府村	意译	喀右
420	上	西沟	得日巴润洁白	degere baragun jaba	上西沟	意译	宁城
491	大	西山	巴润哈巴其勒	baragun habqil	西峡谷	双名	喀左
436		小红庙子	巴嘎乌兰苏莫	baga ulagan sume	小红庙子	意译	宁城
437		小榆树底	巴嘎海拉苏台	baga hailasutai	小榆树底	意译	宁城
33		新丘村	新楚德艾勒	xinequud ail	新住户村	音译+意译	喀右
82		新丘村	新楚德音艾勒	xinequud-iin ail	新户村	音译+意译	喀右
171		哑吧台山	哑吧台山			音译+意译	喀右
356		养马起沟	牙巴勤洁白	yabuqa-yiin jaba	常过部队①	音译+意译	宁城
232		姚力营子	姚林艾勒	yolo-yiin ail	雕鸟营子	音译+意译	宁城
373	小	窑老沟	巴嘎窑老音洁白	baga yolo-yiin jaba	小窑老沟	音译+意译	宁城

---

① 可译为"小径沟"。

续表

序	前字	现名	原名	拟音	含义	演变类型	所属
370		窑老沟门	窑老洁白音阿玛	yolo jaba-yiin ama	雕鸟沟门	音译+意译	宁城
324		野里皋	伊和皋	yehe guu	大沟①	音译+意译	宁城
325		夜里皋沟门	伊和沟音阿玛	yehe guu-yiin ama	夜里皋沟门	音译+意译	宁城
303		一肯中	一肯钟	yehe jöng	大砖	音译+意译	宁城
341		一里河沟	伊和皋	yehe guu	大沟	音译+意译	宁城
166		一马吐沟村	一马吐洁白音艾勒	imagatu jaba-yiin ail	山羊沟村	音译+意译	喀右
234		驿马吐	驿马吐	imagatu	有羊的地方	音译	宁城
478	小	营	巴格浩绕	baga horoga	小营	意译	喀左
8	前	营子	曹富得营	sobod-iin ail	人名	改名	平泉
25		营子	邵布其音艾勒	xibaguqin ail	鹰手驻地	音译+改字	平泉
496	大	营子	伊和爱里	yehe ail	大营子	意译	喀左
489		尤杖子	阿拉巴钦皋勒	albaqin gool	纳粮村	双名	喀左
474		于家营子	于杖子	yu xibege ail	于杖子	意译	喀左
300		扎兰池村	扎兰其艾勒	jalanqi ail	扎兰村	音译+意译	宁城
403		扎兰沟	扎兰洁白	jalan jaba	扎兰沟	音译+意译	宁城
247		扎兰其村	扎兰其艾勒	jalanqi ail	扎兰村	音译	宁城
55		扎兰吐村	扎兰吐村	jalantu ail	扎兰（官）村	音译+意译	喀右
90		扎兰窝铺村	扎兰窝棚艾勒	jalan öböng ail	扎兰窝铺村	音译+意译	喀右
393		扎兰营子	扎兰艾勒	jalan ail	扎兰营子	音译+意译	宁城
396	东	扎兰营子	准扎兰艾勒	jegün jalan ail	东扎兰营子	音译+意译	宁城
401		扎兰营子	扎兰艾勒	jalan ail	扎兰营子	音译+意译	宁城
217		扎兰营子村	扎兰号绕艾勒	jalan horoga ail	扎兰营子村	音译+意译	喀右
72		扎木参沟村	扎木参沟艾勒	jamsu-yiin guu ail	扎木参沟村	音译+意译	喀右
219		扎木苏沟	扎木苏音洁白	jamsu-yiin jaba	扎木苏沟	音译+意译	喀右
309		占巴营子	扎巴营子	jaba-yiin ail	占巴营子	音译+意译	宁城
16		章京营子	章京艾勒	janggi-yiin-ail	章京营子	音译+意译	平泉
238		章京营子	章京号绕	janggi-yiin horoga	章京营子	音译+意译	宁城
281	后	章京营子	阿鲁章京艾勒	aru janggi-yiin ail	后章京营子	音译+意译	宁城
383	前	章京营子	额门章京艾勒	emüne janggi-yiin ail	前章京营子	音译+意译	宁城
451		章京营子	章京艾勒	janggi-yiin ail	章京营子	音译+意译	喀左
387		长干池楼	查干其鲁	qagan qilagu	白石头	音译	宁城
277		长皋	查干高勒	qagan gool	白河	音译	宁城
122	大	长皋村	查干沟艾勒	qagan guu ail	白沟村	音译+意译	喀右

① 可能是契丹语"耶律"，不远处有"毛驴沟"，蒙古人常把"耶律"译成"毛驴"。

续表

序	前字	现名	原名	拟音	含义	演变类型	所属
110		长皋沟村	查干高勒艾勒	qagan gool ail	白河村	音译＋意译	喀右
27		长皋沟门	查干皋音阿玛	qagan guu-yiin ama	白石沟	音译＋意译	喀右
161		长皋沟门村	查干沟音阿玛艾勒	qagan guu-yiin ama ail	白河沟门村	音译＋意译	喀右
143		朱力格沟村	朱力格洁白音艾勒	jülgetu jaba-yiin ail	水草甸子沟村	音译＋意译	喀右

（一）蒙古语地名的类型及其社会意义

从检索结果看，蒙古语自然村地名按词义分类，可包括自然地理式、氏族人名式、职业分工式、聚落计户式四种类型。

1. 来自自然地理的地名

蒙古族村落多数都按所居地自然地理命名。喀喇沁人一般不直接使用大山名称命名自然村，而代之以"敖包"。"敖包"是部落所祭祀的神山的泛称，喀喇沁人对高山有崇拜心理，所以不轻易用大山本名命名村庄。村名中使用的一般小山有"大阪"（梁）、哈日和硕（黑山咀）、哈达（山峰）、哈那其鲁（峭壁）、郭波（小土梁）、乌兰哈达（红山峰）、秦土古日（小山包）、屯土古日（小山包）、"包日乃"（小嵩山）等。"翁棍"或"翁棍大坝"等在古代应该是神山、封山或有山禁的山。"陶高图乌拉"可能是一个大山，现在可译为"锅顶山"。这类山在蒙古族地区不少，名称一般与"锅"没有关系，可能来自鲜卑语"吐孤"，有些地方演变为"孤山"。"吐孤"和"吐孤真"的词根相同，义为"土"，即"拓跋"的"拓"。

喀喇沁地区山峦连绵，沟壑纵横，地名中最重要的、使用最频繁的词，莫过于"洁白"，即"沟"。在喀喇沁地区，"沟"是所有人类原始聚落产生的摇篮。喀喇沁人也使用"皋"，但他们经常把"皋"解释为"高勒"（河），可见"皋"多半指的是河谷，可能有水流，也可能只有季节性水流，也可能是干河谷。有时候"皋"和"洁白"混用，这是借用汉语"沟"而引发的后起现象。"洁白"有大小宽窄、有水没水、黑白青紫，又有圆沟、直沟、岔沟、筒子沟、弯弯沟、葫芦沟、车辋子沟，各式各样。而"哈叭气勒"指的是峡谷地区，可大可小。"洁白"最有意义的分类是"沟门"、"沟脑"和"沟里"。蒙古族和早期汉族移民多居住于群山环抱、沟壑汇聚的开阔地带，或沟门外展开的平地、有水泉的河谷和沿河流域。后期移民多居住于沟脑、沟里、山腰等自然条件较差、耕地较少的地区。有些自然村只有几户人，耕地不过三五亩，家丁增加，子女必须分居其他地区，因此汉族村落增加很快，遍布几乎所有山川沟壑适于人类居住的地区。

与山沟相比，河流在村名中出现较少。与村名有关的最重要的河流是坤都伦河（横河），其次是河洛图（小川）。步登皋（鹌鹑河）、查干高勒（白河）多指有季节性水流的沟川。山沟中多有山泉，因此"布拉格"是重要的地名概念，一般大小"乌苏台"（有水），指的都是有泉水或泉水的大小。"蒙和乌苏"（永恒之水）原名是"蒙根苏"（银水，参见田野日志1987年4月28日），"苏"是"水"的突厥语发音，是语音偶合还是词源上有关系，目前尚不能确定。与河流相关的一个地名是"桃海"，但喀喇沁人所说的"桃海"，一般指河湾，有时也指山湾。与"湖"相关的村名很少，"谢日淖尔"指的是水泡子，有可能是部落名 siranuud 的误读。最有意思的地名是"土门"，地名志解释为"小河汇流处"，由此我们才真正理解蒙古语数词 tüme 的本意是"汇聚"，才明白为什么《华夷译语》将"指挥"译为 tumelehu。

喀喇沁地区湿地资源很丰富。地名中使用最多的是"德博格"，有得宝、垩卜等不同写法，意思是"翻浆地"，类似沼泽地，但翻浆地主要在春天融雪及雨后翻浆，成为烂泥潭子。这种翻浆地在锡林郭勒等地区称为 högebür。"马连吐"也是地名中出现频率较高的词（有一处地名"怀吉日台洁白"，汉名户子沟），意思是"碱地"，戈壁、河滩多有此地，是家畜补充盐分和其他矿物质的重要来源，也是清代喀喇沁地区水碱、火碱加工业的主要原料出产地。"沙巴尔台"，亦写为"西巴日台"，义为"泥泞地"，湿地之一种，由于水源充足，水草长势好，原本为重要的夏日草场地，后多变成耕地。还有一种湿地是洼地，蒙古语称"乌乎日"。但蒙古语的"乌乎日"有两种意思，一是指山间低洼地，类似小盆地，"撒拉洼"属于这一种，形状类似木盘；另一种是洼地，一般有积水或泉眼，牧草长势较好。

与山沟紧密相连的，是来自各种野生植物的地名。涉及树种的有：八十罕（巴特查干，枫树林）、道木台洁白（椴木沟）、叉日苏台洁白（柞树构）、浩实台（果松）、海拉苏台沟（榆树沟）、胡斯台沟（桦树沟）、麦拉苏台浩绕（柏树营子）、那日斯台沟（松树沟）、乌里雅苏台洁白（杨树沟）、乌丹皋（柳树沟）、毛道台洁白（林沟）、呼布其洁白（密林沟）等，有枫、椴、柞、柏、松、果松、榆、桦、杨、柳 10 种。"唐神毛道"是喀喇沁人祭祀的神树，往往是高龄独木树，人不敢侵犯。笔者在平泉县二道营子亲眼看到这种树，在"文化大革命"中，大庙、政府都有人敢砸，但没人动那棵树，说明喀喇沁人对古树有很深的敬畏、崇拜心理（参见附录中的田野日志）。"唐神沟"可能是长有此种神树的地方。涉及其他野生植物的地名有：敖勒苏台沟（线麻沟）、哈拉海洁白（小荨麻沟）、胡墩大阪（桔梗梁）、将杆洁白（苍耳沟）、罗卜西沟（垫圈草沟）、毛好日查干（玉竹村）、朱力格洁白（水草沟）、刮滔辉（瓜河套）等。"瓜河套"的"瓜"也是野生瓜。

在自然村地名中来自动物的地名不多。有八日代洁白（老虎沟）、嘎海沟（野猪沟）、驿马吐（野羊泉）、窑老音洁白（雕鸟沟）。由于移民的涌入和暴利诱导，传统的封山哨所根本挡不住大规模的偷猎和围猎，到清朝中期，喀喇沁地区的野生动物日渐稀少，珍贵动物大部分绝迹，居民的山林生活资源由此接近枯竭，只剩下那点糊口用的土地。

自然地理式地名中，还有阿贵（山洞）、喇嘛洞、当含奚若（贫瘠的土地，汉名九佛堂）、木苏台沟（结冰沟）、吉虚扎木（偏道子）、牙巴勤洁白（常过部队①）等。

2. 来自氏族部落或人名的地名

蒙古人主要以山川沟壑、物种特产、名胜古迹、职业场所取地名，在地名中姓氏、部落名出现较少。但如果仔细观察，从地名中也可以发现一些氏族部落信息。各地都有"达子营"或"蒙古村"、"蒙古营子"，他们都是蒙古族后裔。

平泉县有南北两个五十家子。清代沿袭元朝制度，在通往各地的交通要道设有驿站，平泉县的驿站有南北两个，从各旗抽调 50 名蒙古士兵在驿站服役，其后裔繁衍成今天的南北五十家子，他们不属于喀喇沁部落。平泉县白池沟乡的名称来自蒙古语"百勤爱拉"，意为"发家营子"，汉语变读为

---

① 可译为"小径沟"。

"白池沟"。其居民大部分是巴岳特部落的后代，取汉字"富"或"傅"记其姓氏。该乡的红花营子，蒙古名为 qimed-iin ail（齐木德营子），其中的齐木德氏属于鲜卑后裔，取汉字"陈"记其姓氏。在平泉县齐木德氏和巴岳特氏杂居交错，但彼此有区别（参见附录中的田野日志）。"营子"，原名"鹰子"，地名解释为"鹰手驻地"，可能来自蒙古"邵布"部。平泉县来自蒙古族人名的村名有"白花营子"、"杜岱营子"。

在喀喇沁旗"新丘村"有两处，一为清嘉庆十五年（1810）建村，一是道光二年（1822）建村。"新丘"来自蒙古语"新楚德"，《喀喇沁旗地名志》解释为"看守边界的人"、"新住户"。"什二脑村"，乾隆廿六年（1761）建村，地名志解释为"村前苇塘里的水呈黄色，蒙古语称'谢日淖尔'，意为黄水泡子，后演变成今名"。这个名称也许和老喀喇沁三部之一的 siranud 有关。喀喇沁旗还有"大乌珠梅沁村"和"小乌珠梅沁村"，前者在清康熙廿一年（1682）建村，后者在雍正十年（1732）建村。地名志解释"乌珠梅沁，种葡萄的人"，"善于经营葡萄的山东人来此定居，得名乌珠梅沁"。"乌珠梅沁"为蒙古部落名"乌珠穆沁"，来自阿尔泰山。喀喇沁旗有"敖汉窝铺村"，由敖汉移民建村，另外还有"敖汉营子"，"敖汉"为部落名。"榜士营子"，可能是"巴戈西音艾勒"（先生营子①）的误读，喀喇沁部有"巴戈西那日"氏。来自人名的地名有"吉尔格郎沟"、"苏和营子"。

宁城县有"四布吐营子"。地名志说："传说四布吐是蒙古族部落中的一位首领名。他在元朝初期跟随成吉思汗灭金后，住在这里，故名四布吐营子。"在此，"四布吐"可能指蒙古名将速别台，他是兀良哈部人，喀喇沁部中可能有他的后人，但速别台驻地不一定是四布吐营子。宁城县有两处"哈尔脑村"，地名志解释："老汗王率军进攻北京，路过此地，在此地留下姓韩的小官吏，管理此地百姓，故称为哈日努达，后来人们称哈尔脑。哈日努达系蒙古语，为蒙古族韩姓部落名称。"这个解释很对，但不是因为此地百姓因韩姓官吏而得名哈日努达，而是韩姓官吏本身就是哈日努达部人，连同部众留居此地，或原本就是喀喇沁部人。宁城县有"蒙古忙农营子"和

---

① 地名志解释："'章京'在此建村，因该官衔上榜，故名。""榜士"可能是"巴格士"的误读。

"大忙农营子"，地名志解释"姓王的蒙古族人来此地居住，取自茫泥古达营子。后来人们误称为牤牛营子。1953年县人民政府决定改为忙农营子。……'茫泥古达'为蒙古族部落名称。""茫泥古达"是"莽努特"的另一种记音，蒙古著名部落，也是喀喇沁部最重要的氏族来源。宁城县有"白成皋"村，地名志解释："姓白的蒙古族人在此始居，故名白兴古达，后来人们误称白成皋。白兴古达系蒙古语，汉译为姓白。"喀喇沁旗也有白兴古达，解释为"有房子"。但是将表示人的多数的复数形式缀接到"房子"，是不符合蒙古语词法的。他们极有可能是孛思忽尔部后裔。有人解释孛思忽尔部住板升房（即白兴），据此得名。孛思忽尔部是弘吉拉特近族。宁城县有"架鲁营子"，地名志解释："姓陈的蒙古族人在此始居，故名为'扎如达营子'，后人叫成了架鲁营子。'扎如达'系蒙古语，汉译为姓陈。""扎如达"应是扎鲁特的另一种记音，属于内喀尔喀五部（扎鲁特、巴林、弘吉拉特、巴约特、兀乞也特）之一。但"陈"姓取字原理不明。另外，宁城县有两处"敖海营子"，亦用汉字"陈"记其姓氏，地名志解释："姓陈的蒙古族人来此居住，因其乳名叫敖海，故名。'敖海'系蒙古语，汉译为狗。这里指人的乳名。"蒙古人不大可能用先祖的乳名命名村子，他们有可能是奚人的后代，"敖海"，亦写做"捏坤"，指的是天狗，即狼，他们与弘吉拉特、巴约特、翁古特是近族，应与鲜卑后裔"齐木德"是同族。宁城县有侯氏蒙古族，据称来自狼氏部落（参见田野日志，2006年10月19日，喀喇沁八家的来历及婚俗）。宁城县有"巴里（柏仁）营子"、"巴林"、"柏林"等村子，地名志解释为"军阵或要塞之意"，即与蒙古巴林部名称意义相同。但问题在于，喀喇沁部中为什么有这么多的"巴林"？"巴林"一词可能有4种解释：（1）专指"巴林部"。（2）"要塞"或"卫所"。（3）"孛来"之变音，"孛来"属于右翼永谢布部。《清朝通志·氏族略·附载蒙古八旗姓》记载：蒙古族博鲁特氏，原居科尔沁，后迁喀喇沁，明朝中叶后多冠汉姓"陈、李"等。有人认为"孛来"是布里亚特，"博鲁特"与此发音相近。（4）右翼或右部。有村名"八楞罐"，地名志解释："在柏林营子右翼，故名为'八仁嘎日'，后来谐音转意为八楞罐。'八仁嘎日'系蒙古语，汉译为右手或右翼。"宁城县有"黑什吐"村，地名志解释："从辽阳迁来几户蒙古族人到此居住，因这几户中，有位名叫黑什吐的人是族长，故名。黑什吐系蒙古语，为人名，汉译为吉祥。""黑什吐"可能是人名，也可能是部名"克什克腾"的另一种发音。关于"二肯营子"，地名志解释："姓张的蒙古族人来此始居，故名。'二肯'系蒙古语，汉译姓张，为蒙古族部落名称。"喀喇沁部有"鄂尔克特部"。张氏、朱氏蒙古族，多数为山东移民后裔，因此"二肯"有可能是 iregen（汉族）一词的变音，而 irgen 一词来自"夷离堇"，本是辽代官名，辽亡，irgen 一词也转义，指居住辽金故地的百姓，后来专指汉族。"夷离堇"的词义演变历史与"契丹"一词相似，但最初转指汉族时，irgen 比"契丹"有褒义色彩。"乌特日莫"（打谷场），土默特部有"兀特日"氏。"朝宝营子"，地名志解释为："'朝宝'系藏语，为人名。"科尔沁方言，"朝宝"意为"鸟"，不是藏语，可能是部落名。永谢布部有失保嗔氏。"大西营子"，"达日罕艾勒"，是蒙古语"达尔罕艾勒"的不同发音。喀喇沁部有"达尔坤"氏。"高丽台洁白"（高丽台沟）可能来自古村落名称。"沟丘"，蒙古语为"古格楚德"，地名志解释为"猎手居住的地方"，喀喇沁部有"喀楚特"氏。"土门"，地名志解释为"小河汇流处"，聚者为众，是蒙古语"图门"（万）的本意，土默特部名含义与此有关。"野里皋"，地名志解释为"伊和皋"（大沟），语音差别较大，此地名有可能来自契丹语"耶律"，此沟不远处有"驴沟"，蒙古人常把"耶律"译成"毛驴"。宁城县来自人名的村名有"巴牙斯古郎艾勒"、"嘎拉僧艾勒"、八台营子（八特尔音艾勒）。

　　喀喇沁左翼自治县有上下两哨，译自蒙古语"翁根"，地名志认为此名与汪古部有关。"宝古鲁德"村，现名为"南汤村"，"宝古鲁德"亦写为"博古罗特"，原住阳石木（杨什木，辽宁省彰武西）。（参见田野日志 2006年 10 月 20 日存金沟地名，德波村的来历及其传说，存金沟乡的地名）

　　地名显示，喀喇沁部中有巴岳特、齐木德、莽努特、兀良哈、新楚德、鄂尔克特、博鲁特、宝古鲁德、沙日努德、哈日努达、汪古特、喀楚特、孛思忽尔、乌珠穆沁、敖汉、土默特、兀特日、达尔坤、扎鲁特、敖海、失保嗔、邵布、巴戈西那日、巴林、克什克腾、夷离堇、耶律、高丽等部名。此研究的局限性在于，未能穷尽研究喀喇沁部分地区（主要是喀喇沁左翼蒙古族自治县）自然村名称的来历；氏族名和人名不能明确分开；由于音变、讹读、同音等原因，有些地名的确切含义不好界定。

3. 来自职业分工或社会角色的地名

从职业角度看，喀喇沁旗曾经有过发达的畜牧业，尤其是牧马业。地名中有大小"挪其"（营盘）3 个。"挪其"是游牧点的遗迹，蒙古人随季节游牧，春夏秋冬各有营盘。严格讲，从"挪其"（游牧点）到营盘，应该有一个过渡期，区别在于游牧点没有棚圈等固定设施，而营盘，尤其是冬营盘和春营盘，备有一定的设施和贮草，是为牲畜过冬和幼畜保护而设置的。喀喇沁旗的"挪其"属于后一种，即有一定固定设施的营盘。用马场和马圈命名的自然村有 5 个，这些马场大都由王府直接管辖。"马蹄营子"，地名志解释为"马勒沁艾勒"（牧民营子），但据笔者调查，喀喇沁人知道羊倌、牛倌、马倌、猪倌及其蒙古语称呼，却不用集合名字"马勒沁"（牧民），他们知道这个词的意思，但解释说这是"书面语"，喀喇沁人不用。由此推断，"马勒沁"（牧民）这个词最早很可能是从"牧马人"演化而来。在朝鲜语中 mal 指的是"马"，契丹语中"马"可能有两读：mal ~ mori。称做"马连道"的地名在喀喇沁有 2 处，地名志解释为"山冈牧场"。喀喇沁旗规模化牧业的尾声是王府管理下的马场，因为当时蒙古族地区还必须保持一定数量的骑兵和有义务供给朝廷军马所需。但马场可以出栏马匹，却不能培养出马背上锤炼成长的英雄儿女，喀喇沁骑兵在清朝中后期退化到无足轻重的地步，原因就在于此。平泉县有地名"马泉子"，解释为"饮马泉"，但这个地名有可能是"马圈子"的变读。喀喇沁左翼蒙古族自治县只有一个地名叫"马营子"，可见，喀喇沁其他地区的牧马业都不及喀喇沁旗。牧马业的发达是兀良哈和巴岳特部畜牧经济的一大特点。

宁城县地名中有"土龙营子"（牛犊营子）、骆驼营子（特莫艾勒），说明宁城县曾经有过一定规模的养牛业和驼队贩运业。在宁城县蒙古族居民中曾经存在相当数量的游猎部落。地名中有姚力营子（雕鸟营子）、窖老沟、朝宝营子（邵布艾勒①）、营子（鹰手驻地）、沟丘（古格楚德，猎手营子）等，这是其他喀喇沁地区所没有的。喀喇沁地区自然村汉名中有不少"炮手营子"，是猎人曾经居住过的村子，只不过人换了，工具变了，名字也改了。

---

① 地名志解释："'朝宝'系藏语，为人名。"科尔沁方言，"朝宝"意为"鸟"。有可能是部落名。永谢布部有失保嗔氏。

喀喇沁人具有山林经营和管理的优良传统。喀喇沁旗卡拉村（哈如勒艾勒，哨村）居然有13座，可见喀喇沁旗的封山禁猎制度严格且完备，同时也透露出喀喇沁部先人的职业特点。喀喇沁左翼蒙古族自治县的"德日翁根"、"道日翁根"（上下哨所）与喀喇沁旗的卡拉对应。"翁根"是"翁古特"的单数形式，"翁古特"部的职业是看守边界长城，但"翁根"一词的本义是"高山"、"神山"、"高房"，从事相关职业者的职责是"看护"这些地方，由此引申出"哨所"义项。宁城县没有卡拉村，却有4个"巴林"或"柏林"营子，地名志解释为"军事要塞"。其实，"卡拉"和"柏林"的功能很接近，前者指看护的人，后者指看护人居住或凭借的防御设施，他们的共同职责是对特定区域或目标进行戒备和防御。宁城县还有"中箭"、"西箭"（缺东箭），是根据苏木（相当于乡）的排列位置命名的自然村。

随着移民的增加和农业的发展，在蒙古族村落当中农业和其他职业也逐步得到发展。喀喇沁旗有"官仓村"、"太宝沟村"（梁柁沟村）和"吉祥庄村"（艾其玛格艾勒，马驮子村），分别用于收租粮，制作房梁和马帮运输。但农业发展的痕迹在宁城县地名中更明显。"塔其营子"（塔拉亲艾勒）是农户营子，"仓营子"贮存粮食，"场上"（乌特日莫，打谷场）和"碾子沟"加工粮食，而"阿拉毕营子"（阿拉班艾里）是纳贡营子，"包古鲁"（奴隶）是专门为王府服务的各种奴隶，"一肯中"、"八肯中"是为王府兴建而设的大小砖窑。职业化村落的出现，是社会分工进一步分化的表现，也是阶级分化的体现，有些职业甚至变成了姓氏。平泉县地名中有"仓子"，喀喇沁左翼蒙古族自治县地名有"阿拉巴钦皋勒"（纳粮村，现名尤杖子）、赤里赤（朝鲁其德，石匠）。由于自然村地名统计不充分，我们无法全面展示这两个县当时的社会分工和职业分工情况。

在清代，国家主权在蒙古族地区主要表现在4个方面。第一，分封。盟旗制度实际上是一种基于历史和现实领土占有情况的国家分封和确认。各盟旗不能越界游牧，既不能进入其他盟旗的领地，也不能和其他盟旗联盟或契约式地交换牧场。第二，称臣。所有王公贵族和平民都是国家的臣民，王公贵族的职权和地位由国家任命或罢免，所有臣民对国家有纳贡效力的义务。第三，驻军和征兵制度。第四，行政区划权和经济开发权，表现在特区的建立（如围场）、移民政策和旗县分离的策划指导上。移民受国家的控制和调节，前期是限制，后期是鼓励，但在不同的地区时间前后有差异。喀喇沁地区的移民较早，可以说是清代向边疆移民的试验区。先有临时移民，然后移民取得永久居住权，移民一旦取得居住权和集团化，他们的各种权利诉求便合法化，国家为保护移民、稳定社会，就必须建立移民区及其管理机构。所以，所谓主权，主要来自两个方面，一是国家暴力和非暴力的统治，古今中外都一样；二是土地所有权和居住权。在喀喇沁地区，移民的主权是通过和平方式取得的，过程是：临时移民—取得居住权—取得土地开发权和所有权—取得保护移民权利的行政和法律制度。没有永久居住权，其他权利就无从谈起。

在清代和民国，封建王公在国家授予的封地内，是土地和山林资源的实际所有者。在我们统计到的 505 个蒙古族自然村中，受王公贵族和特权阶层支配的自然村有 119 个，占蒙古族自然村总数的 23.6%。见表 40。

表 40　　　　喀喇沁地区王公贵族和特权阶层自然村支配情况　　　　单位：个

	喀右	宁城	平泉	喀左	计
王	4				4
公	4	2	1	3	10
他卜囊	1	1			2
梅林	4	4			8
扎兰	3	6	1		10
章京		3	1	1	5
坤都				1	1
达尔罕		1			1
二肯		1			1
巡捕		2			2
喇嘛	23	24	2		49
庙坟	5	11	2	3	21
其他	3		1	1	5
计	47	55	8	9	119

注：平泉县和喀喇沁左翼蒙古族自治县自然村统计数据不全，只做参考。

　　表40中，属王爷地的有王爷府村、旺业甸（王爷店）、富裕地村（王爷地）、解放地村（王爷地），都是喀喇沁王的属地。"公"这一阶层包括公、贝子和王公兄弟，有喀喇沁旗的西府村、二爷沟村、六爷地村和锦东村（小府村，即辅国公府村）；宁城县的和硕金营子、二官营子；平泉县的三官营子；喀喇沁左翼蒙古族自治县的公营子、贝子沟和六官营子。

　　他卜囊是驸马，喀喇沁旗和宁城各有一座他卜营子。梅林（美林）、扎兰、章京、坤都各官村名基本一致，自然村数据见表40。达尔罕和二肯应属于贵族阶层，但具体社会地位因时代和区域不同而有所不同。宁城县有大西营子（达尔罕艾勒）和二肯营子（张家营子①）。宁城县还有大小两个巡捕房村（塘土沟村），说明移民集中的县的管理机构比旗的管理机构复杂。

　　喇嘛寺院和王陵看护人是喀喇沁地区最重要的土地所有者，共有自然村70座。其中，宗教人士包括大小喇嘛、尼姑、护陵人（珠喇钦）及其佣人；宗教设施包括大小佛寺和神庙，但不包括非藏传佛教的寺院。这些自然村有的建立在喇嘛和寺院属地上，有的是以喇嘛寺院和喇嘛份地为中心，与其他居民共建的村落。不管怎样，数据从一个侧面反映出清代喀喇沁地区宗教阶层和宗教设施对当地土地资源的占有和分配情况。

　　其他地名有他卜白音村（五个财主村）、榜士营子村（巴嘎西音艾勒，先生营子②）、按丹沟（朋友沟），属于喀喇沁旗；安德营子（平安高尚③）属于喀喇沁左翼蒙古族自治县；百代营子（百阴胎艾拉，有福营子）属于平泉县，共有10个自然村。这些村落的居民不算贵族，但和平民有一定的差距，所以归为一类。

　　王公贵族是统治阶层，他们占有和剥削的不仅是蒙古族村，还有大量的移民建立的村庄、商业、矿业等。抗日战争结束后，充当日本侵略者和国民党走狗且有血债的王公贵族、警察特务，大部分受到镇压；部分王公贵族及其子女受到和平改造，或参加革命工作，或成为自食其力的普通公民。他们占有的土地、森林、矿产、商业等都收归国有或分配给无地少地的农民。喇

---

　　① 契丹语"夷离堇"，蒙古语和突厥语 erhin，辽亡后词义转移，泛指辽金地区的百姓。喀喇沁有 erhud 姓。

　　② 地名志解释："'章京'在此建村，因该官衔上榜，故名。""榜士"可能是"巴格士"的误读。

　　③ 蒙古语、契丹语，"朋友"、"兄弟"营子。

嘛等宗教人士或寺院，也不直接进行生产，他们的土地大部分租给当地农民
或外来移民。由于经营不善、无力经营或其他原因，很多宗教人士放弃自己
的土地另谋生路：原来生活在蒙古族聚落中的，土地归当地蒙古族；原来把
土地租给移民的，现在都变成汉族村庄，部分村庄还保留某某喇嘛沟或某某
庙沟等地名。由于土地所有制的革命性改造，像王爷地这样具有明显的封建
所有概念的地名，经人民政府批准，改用了新的地名。研究证明，喀喇沁蒙
古族中土地的真正主人是劳动人民。他们不能像上层阶级那样，凭借一定的
财富、知识和力量移居或逃离当地到内地或海外谋生，他们只能在自己的土
地上劳作、生活，面对人生的绝处逢生和艰难选择。他们和其他民族友好相
处，不仅延续了喀喇沁人的血脉，而且保存了自己独有的文化。

　　4. 来自早期聚落的计户式地名

　　由于年代久远，又缺乏连贯确切的统计数字，我们很难窥测喀喇沁地区
蒙古族村落的初期规模。但从早期聚落的计户式地名可以间接了解其概貌。
见表41。

表41　　　　　　　　喀喇沁地区蒙古族聚落计户式地名及其分布　　　　　单位：个

	喀右	宁城	平泉	喀左	计
三家	1	3	1	1	6
四家		1			1
五家	1	3		1	5
六家		1		1	2
七家		7			7
八家	1	3	1		5
十家				1	1
二十家		1			1
五十家			2		1
蒙古营子	4	5	1		8
计	5	24	5	4	37

　　以宁城县为例，初期的蒙古村落以3、5、7、8户为主，规模很小。10

家、20 家，大部分应该是核心村或以某官府为中心的聚落。平泉县的"五十家"是驿站兵丁，属于特例。在表 41 中，平泉县和喀喇沁左翼蒙古族自治县自然村统计数字不全面，数据有缺陷是可以理解的。但是喀喇沁旗自然村数据统计很全面，计户式聚落却很少，这是为什么呢？有一种可能是，凡是原住本地的蒙古族村落均按地名或其他方式（参见上述分类和分析）命名自然村，而散居式的或从异地迁来的蒙古村落则使用计户式村名，计户式村名本质上是一种他称。类似村庄，户数较多的统称为"蒙古营子"或"达子营"。

在蒙古语中，"营子"（号绕）和"村"（艾勒）最初应该有区别。"营子"（号绕）来自蒙古语 hüriye，原本指部落或氏族会聚时呈环形坐落的大营，如《蒙古秘史》记载的十三翼之战中的"十三翼"（直译为：十三个环形聚落）。即使在清初，"营子"比"艾勒"大，而且往往有锡伯（杖子）围子，正因为如此，王府叫"诺颜号绕"，公营子叫"公音号绕"，还有伊和号绕（大城子）、巴嘎号绕（小城子），类似地名不能改称"艾勒"。"艾勒"是一个中性名词，一户可以叫"艾勒"，数户甚至几十户组成的大村庄，也可以称作"艾勒"。后来在称呼官府所在地以外的自然村时，"营子"和"艾勒"出现混用。很明显，"某家"是尚未取得"村子"地位的聚落形式，后来人数增加，就变成村子或营子，名称却没变。我们可以从移民村落的形成，可以从反面理解这个过程。比如"张家"，移民初期可能就是一户人家，后来户数增加，人多了，就变成"张家营子"。在蒙古族原住村落中，来自部落氏族的村落、以官府为中心的村落、早期的居住于山间河谷开阔地带的村落，规模可能大一些。山地狭窄地形和零散的可耕地是限制村落规模的重要因素。

（二）喀喇沁地区蒙古语自然村地名的扩展形式及农村纵向层次的建立

在喀喇沁地区，无论是蒙古语地名还是汉语地名，同名自然村往往都用某种限定词区别村名。这是自然村的一般扩展形式。村名限定词包括方位词东西南北、前后上下，以及形容词大小。比如，喀喇沁旗有大哈达村、后哈达村、哈达沟村、小哈达沟村，宁城有北哈达沟村、南哈达沟村、前嘎斯营子、后嘎斯营子、小岔不岔、大岔不岔、上步登皋、下步登皋，喀喇沁左翼蒙古族自治县有东官大海、西官大海等。按照蒙古族的习惯，"上"等同于"西"，"下"等同于"东"，用什么样的方位词，与地形有一定的关系。"大"、"小"一般与村落的规模有关，同时也反映早期村落和派生村落的关系。

一般而言，不加限定词的村落是核心村落，其他村落的方位和名称是从核心村角度命名的。因此，在喀喇沁地区，在一个村落群中，从带方位词的同名卫星村很容易找到该村落群历史上的核心村。在蒙古族村落中，核心村和卫星村之间的关系应该很密切，但这种关系是部落的还是氏族的，目前不好一概而论。从民族接触的角度看，区分核心村和卫星村很有意义。早期的汉族移民，有可能在蒙古族核心村中落户；不能在核心村落户的，便在卫星村中独立建村或与蒙古族杂居。随着时代的变迁，有些核心村失去核心村地位，某一卫星村反而成为核心村，这就是历史上的核心村和现在的核心村不能一一对应的原因，也是历史上的核心村与某一时期使用的基层行政单位（比如生产队）名称不能一一对应的原因。

但是，从自然村角度分析，群落之间的上下继承关系依然很分明。尽管时代变迁，政权更替，有一点是不变的，即自然村的上一级行政单位以某一核心村作为驻地，并以这个自然村的名称命名，以此类推，直到乡镇。比如喀喇沁旗有旺业甸镇（王爷店镇），有 11 个村委会，98 个自然村，旺业甸村委会驻地是旺业甸村，而大店村村委会的驻地就是大店村。在 20 世纪 80 年代前，自然村和大队之间还有生产队这个层次，有的生产队包括若干村落，有的只有一个自然村。生产队中几个村落之间的关系与历史上的核心村和卫星村有一定的联系。

自然村地名一般不容易变更，新中国成立后，确实有歧视意义的地名，经过政府批准改名。如喀喇沁旗的团结营子原名"达子井"，建于清乾隆十一年（1746），名字来源于蒙古人打的一眼水井。1955 年为增强民族团结，更名为团结营子。喀喇沁旗的"旺业甸"，原名"王爷店"，民国年间更名"旺业店"，1966 年更名为长青公社，1974 年恢复原名"旺业店"，但没有恢复到"王爷店"，汉族按"旺业"理解其含义，蒙古人按"王爷"理解其本义，双方都能接受。由于自然村地位的变更和交通文化等其他因素，有时出现大队变更驻地的情况，但原大队名称不因驻地变更而改变。这一点与蒙古人将原住地的山水名带到新驻地的习惯很相似，山水无法移走，然而与山水相连的祭祀神、祖先崇拜和故土情感不能丢，于是同一山水名几处出现，有的完全相同，有的发音出现变化。

改革开放后，喀喇沁地区也实行了乡镇合并，但合并和简化的是行政层次和机构，对自然村影响并不大，只是学校合并给民族教育带来了不少冲击。

（三）喀喇沁地区蒙古语地名的汉化

地名如沙漠上的足迹，行者走远，足迹就湮没或被新的足迹替代。地名是用语言记录的，说这种语言的人存在，这种语言的地名也会存在；说两种语言的人在一个地区共同生活，就会出现两种语言的互译地名或两种语言的地名并行现象。这种过程就是地名的汉化现象。

喀喇沁地区蒙古语地名的汉化有音译、音译加意译、意译加音译、意译、两名并行、改名等不同过程。

音译是从蒙古语地名向汉语地名的第一个转变。音译又有 3 种情况。

一种是完全音译。所谓完全音译，也是相比较而言，因为蒙古语和汉语的音节结构差异很大，能够完全对译的地名为数很少。如，八里罕（保日罕，佛爷），包古鲁（包高劳，奴隶），哈日和硕（黑山咀），河洛图（小川），桃海（河湾），土门（小河汇流处），驿马吐（有羊的地方），长干池楼（查干其鲁，白石头）。个别词，受当地方言影响，译词和原词语音差别较大，如，那拉不流（阿如布拉格，北泉）。

另一种是省音或增音。如，白成皋（白兴古达，有房的），奈林皋（奈林高勒，窄河），松木皋（苏木音皋勒，庙河），苏木皋（苏木音高勒，庙河），长皋（查干高勒，白河），甘招（甘珠尔，甘珠尔庙），哈叭气（哈叭气勒，峡谷），哈尔脑（哈日努达），仓子（仓，粮仓）。省音的大部分是边音和颤音，或复数形式，汉名的最后一字大部分有谐音字，如，皋～沟，招～召，脑～（沟）脑。增音的只一例"仓子"，本来是来自汉语的借词，但单独做名词时，按汉语词结构规律，增加一个音节。

还有一种是省音，但汉字选择讲究，使译词在字面意义上靠近汉语词。如，八楞罐（巴润嘎日，右翼），八十罕（巴特查干，枫树林），韩杞柳

（哈那其鲁，峭壁），十八台（沙巴日台，泥沼地），十二德堡（西日德博格，黄色翻浆地），唐神台（唐苏格台，土质好，长庄稼），五化（乌乎日，凹洼地）等。

音译加意译，即核心词是意译，限定词是蒙古语的音译。由于核心词是汉语，意味着地名本身已汉化，蒙古语地名的绝大部分都属于这一类型。核心词有沟、沟门、沟脑、沟里、营子、村、乡等，不是地理标志性名词，就是行政区域名词。这些名词的意译，一方面与地方地理标志性词的汉化有关，另一方面与国家行政区域名词的规范化有关。如，卡拉村（哈如勒艾勒，哨所村），哈拉海沟（小荨麻沟），哈达沟村（石子沟村）。地理标志性词和行政区域名词可以嵌套使用，如，某某沟门村，某某沟乡等。在限定词的音译中，同样存在上述音译词 3 种情况。

意译加音译，核心词是蒙古语词，限定词（大部分是方位词）是汉语词。如，小八十罕（巴嘎巴特查干，小枫树林），上步登皋（得日布敦高勒，上鹌鹑河），小岔不岔（巴嘎岔不格其，小尼姑），大岔不岔（伊和岔不格其，大尼姑），东赤里赤（准朝鲁其德，东火石营子）。如果核心词后再加一个行政区域名词，原来的蒙古语词变成限定词，词的演化模式就会变成"意译＋音译＋意译"，如，上步登皋→上步登皋村。我们根据解释的经济性原理，将此类词根据其核心词的语种，归入音译加意译模式，不再单独进行分类。也就是说，音译加意译词前加方位等限定词时，同意译加音译词相互交叉。

意译，整个词都汉化，但同原来的蒙古语地名依然存在对应关系。如，八家（奈曼格尔），上八家（得日奈曼格尔），下八家（道日奈曼格尔），八家村（奈曼格尔），二爷沟村（浩雅尔诺颜洁白艾勒），后坟（辉图珠喇钦）等。蒙古语地名表中从序号404—440 号共有 37 个地名是宁城县汉语地名，但自然村居民的66%—99%是蒙古族，现用汉语村名显然是从蒙古语翻译过来的。其中，19 个地名是计户式村落名（八家、七爷府等），占取样数（37 个汉语地名）的51%；宗教和农业场所名 11 个［石佛庙、大庙、小红庙子、山神庙、半截塔、仓营子、场上、碾子沟（有两处）、坟上、马架］，占取样数的30%；其他地名有 7 个（龙潭沟门、宁家营子、西沟、干巴营子、偏道子、骆驼营子、小榆树底）。《喀喇沁左翼蒙古族自治县地名志》

中汉语地名附带收录了蒙古语地名，据此我们很容易区分通过翻译而来的汉语地名和蒙汉并行地名，前者有语义连带关系，后者没有语义连带关系。从蒙古语翻译的地名共计 19 个，其中计户式村名 5 个（七间房、三家、六家子、五家子、两家）。宗教场所或不带标志性专有名词的村名 8 个（小营←巴格浩绕、大营子←伊和爱里、马营子←阿顿浩绕、白塔子←苏布仁爱里、后大庙←浩依图伊和苏木、后坟←辉图珠喇钦、马架子←毛仁窝铺、于家营子←于杖子）。所谓"不带标志性专有名词"，指的是诸如"小营←巴格浩绕、大营子←伊和爱里"，地名中没有地名、人名、官职名的专有名词的村名。"于家营子←于杖子"一名比较特别，从蒙古语"锡伯"（杖子）模仿汉语译成"于家营子"。略译地名有 6 个，其中，哈日和硕（黑山咀）略译为山咀子，喇嘛洞译为洞上，吐日根鲍力格（急流泉）译为水泉，属于将标志性专有名词略译为一般名词；后烂泥塘子（浩依图德博格，后翻浆地）、东哨（德日翁根，上哨）、北洞（阿归道日，洞下），属于将原词根据其某一特征意译为相应的汉语词。比如，"德日翁根"，义为"上哨"村，但他们的职责是某一目标的看护，所以译成"东哨"（方向和蒙古族一般习惯相反）。

　　双名并行，即某地有蒙汉两种名字，名字之间没有语义对应关系。分两种，一种是两种名字并行产生，命名角度不同，彼此完全没有语义联系。如，下户子（一种草）沟（道日怀吉日台洁白，下碱沟）、房身（浩实台，果松）、梁家营子（巴仁苏，西山侧）、头道营子（吉舒德，姓氏）、九佛堂（当含奚若，贫瘠的土地）、南汤（宝古鲁德，姓氏）、尤杖子（阿拉巴钦皋勒，纳粮者河）、十家子（道日翁根，下哨）、海岛营子（嘎日宾浩绕，嘎日宾协理营子）、六官营子（麦拉苏台浩绕，柏树营子）、化金沟（乌兰哈达，红岩）。另一种是两种语言称呼习惯不同。如，五道营子，蒙古语称"道日爱里"（下营子），可能该营子地处称呼者（蒙古人）居住地的下侧（东面），而汉族使用的是排序法；前坟，蒙古语称"额门珠喇钦"（前掌灯人），指的是祭祀王坟的人，汉语直接称坟地；平房子，蒙古语称"都纲"，按村中的庙殿称谓，汉语按村中的房型称谓；北荒，蒙古语称"辉图窝铺"（北窝棚），是按建筑类型称谓，汉语则按耕地类型称呼；大西山，蒙古语称"巴润哈巴其勒"（西峡谷），指山的一部分，而汉语指的是山的形状、方位和整体。

其实，互译的两种地名和并行地名都可以在一定时期并存共用，但随着时间的流逝，一种地名逐渐消失或不用，那就是改名。这种改名和因忌讳或意识形态而人为进行的个别地名的改称不同，是一种大批量的，自然演化的过程。

概而言之，没有标志性专有名词（地名、人名、部落名、官职名等）的一般名词（数词＋核心词结构、形容词＋行政区域名词或宗教场所名称等）和根据某一特征能够略译或意译的某些专有名词等，最容易演化为汉语地名；某些使用频率高的地名、行政区域性名词和方位性、范围性限定词容易汉化。这些词与那些难以翻译的蒙古语标志性专有名词相结合，产生音译＋意译、意译＋音译等地名汉化模式；某些蒙古语标志性专有名词只有音译。双名并行，不同民族按各自的命名习惯称呼，但官府和地名志往往取汉语地名做词条，附带蒙古语地名，或根本不收录蒙古语地名，蒙古语地名只使用于当地蒙古人之间。久而久之，当地蒙古人和汉人对某些地名不知其来源，出现不同解释，甚至询问外来专家。至此，地名完全汉化，地名原有的民族性和语言类型特征完全消失。

地名如群山中的回声，人喊什么语言，回声就反射什么语言，人喊几种语言，回答也是几种语言，谁的喊声大，谁的回声就响亮，谁如果退出或改用其他语言，谁的回声就会从群山中消失。所不同的是，地名演变不像回声那样随机，而是渐次的、分阶段的。地名演化是语言演变的一种。

四　小结

喀喇沁地处战略咽喉地区，而这些地区历来是民族接触和民族融合地带。喀喇沁人倒向满洲，通向中原的大路从此敞开，一方面，满洲军队和居民通过喀喇沁地区源源不断地进入内地；另一方面，汉族移民开始北上，填补了这个地区的人口真空和管理真空。清朝入关后，对喀喇沁部除和亲联盟政策外，还采取了种种限制措施。防御、分解、和亲、移民和分离旗县，是清廷对喀喇沁部采取的5条重要措施。这些措施和随之而来的大规模的民族接触，都与喀喇沁部所处的特殊的地理位置有关。

经过历史上的多次移民，在喀喇沁地区形成多民族杂居的村落社会，其中，自然村及其民族构成具有特殊的意义。因为自然村是历史上形成的最自然的聚落方式；自然村不仅和一定的地理特点有关系，而且和一定的氏族、移民集团及其社会文化相联系；尽管不同时代行政机构频繁更替，但自然村的居民成分和内部结构却相当稳定。平泉县移民开始早、规模大，蒙古族村落成为少数孤岛，在边缘孤岛中，蒙古语以蒙古族聚居的自然村为依托，不同程度地得以保存和传承。喀喇沁旗移民开始早，但受土地所有权限制，形成蒙汉杂居模式，程度逐渐加深，兼用、转用彼此的语言成为自然选择，随着汉族人口占优势，汉语替代蒙古语的趋势开始形成。宁城县的移民开始早，由于有清廷的支持和专门开发机构，移民可以大规模地、独立地建村并开发利用当地土地和山林，居住模式是分离式的，蒙汉民族各保一方，杂居程度较低，蒙古族聚居村落较好地保存了蒙古语。在喀喇沁左翼旗蒙古族聚居的自然村中，蒙古语保留程度比喀喇沁旗好，但不如宁城县。总的倾向是，在移民初期，蒙古族自主性较强，同移民的关系是互利、友好，当地人对异族的戒备心理较少，容易接受外来移民及其文化；当移民以国家政权和政策为后盾，凭强势不顾当地居民的意愿蜂拥而至时，蒙古族居民戒备心增强，但又无力抗拒，因而一般采取画地为牢、故步自封的策略；两个民族相互博弈的地区，居民杂居程度和彼此文化的认同，深受当地局势，尤其是民族关系和政策的影响。

蒙古语自然村地名按词义分类，可包括自然地理式、氏族人名式、职业分工式、聚落计户式等4种类型。自然村地名一般不容易变更。但是地名是用语言记录的，说这种语言的人存在，这种语言的地名也会存在；说两种语言的人在一个地区共同生活，就会出现两种语言的互译地名或两种语言的地名并行现象。这种过程就是地名的汉化现象。喀喇沁地区蒙古语地名的汉化有音译、音译加意译、意译加音译、意译、两名并行、改名等不同过程。地名演化是语言演变的一种，这种演变的实现是渐次的、分阶段的。

第七章

喀喇沁地区蒙古族双语教育研究[①]

喀喇沁蒙古族的双语教育，截至目前已有 340 年的历史。喀喇沁蒙古族语言教育的命运，随其主人，跌宕起伏，历经坎坷，漂流至今。探索其发展进程中的规律，对深刻认识双语教育的本质，有一定的借鉴意义。

一　旧式教育中的双语教育

旧式教育包括清末的书房、书斋教育和清末、民国时期的私塾教育。

喀喇沁蒙古人办教育，最早可能是在康熙七年（1668）。此年喀喇沁右翼札萨克始设王府书房。清乾隆年间，旗札萨克郡王在王爷府内设置书斋，专门培养王室子弟和贵族子女。除学习汉文外，还学习蒙文、藏文，有应用文书、礼仪、计算、书法、诗词等。学习内容有《百家姓》《三字经》《千字文》《名贤集》、四书、五经等。光绪年间，喀喇沁右翼札萨克所设"如许书房"收藏了许多珍贵书籍[②]。

据《喀喇沁左翼蒙古族自治县志》记载，乾隆三十八年（1773），塔子沟厅理事通判哈达清格在凌源街创办秀塔书院。道光十年（1830），建昌县令废秀塔书院，建瑞云书院，主要面向汉族子弟，用汉文进行教育[③]。

---

① 原文发表于《民族教育研究》2008 年第 6 期，收入戴庆厦主编《双语学研究》（第三辑），民族出版社 2011 年版，第 14—27 页。

② 赤峰市地方志编纂委员会编：《赤峰市志》，内蒙古人民出版社 1996 年版。

③ 喀喇沁左翼蒙古族自治县志编纂委员会编：《喀喇沁左翼蒙古族自治县志》，辽宁人民出版社 1998 年版。

　　同书房、书院相比，更为常见的教育机构是私塾。私塾最早由汉族地区传入蒙古族农业地区。私塾教育的形式，根据师生关系有所不同。王公贵族、富裕人家为教育孩子，能够独自出钱延聘私塾先生，因而这种私塾很接近书房、书院教育。随着在蒙古族地区出现村落，联户延聘私塾先生成为可能。塾师的报酬由各户分担。私塾的另一种形式是学徒式教育，学生寄宿在先生家或附近，边劳动边学习。其长处是学生不但免交学费和生活费，还可以学到一定的劳动技能。私塾教育的内容，在启蒙阶段是《百家姓》《千字文》《三字经》等，在较高阶段，为四书、五经等儒学经典。

　　喀喇沁右旗的私塾教育早于王公贵族的书房、书斋教育，先萌发于汉民间，后推广至蒙民中。汉民私塾学汉文，蒙文私塾学蒙文、满文、汉文三种文字的《三合便览》。清代，喀喇沁右旗汉族学子可参加朝廷科举考试，出举人5人，秀才13人，拔贡1人①。

　　喀喇沁中旗在光绪二十八年（1902）在岗岗营子办起家庭蒙塾1所，有塾生25名。后来陆续办20几所私塾，每塾学生20—40人不等。1934年，喀喇沁中旗尚有蒙古族私塾13所，熟师13名，塾生309名。这些私塾学习蒙文、蒙汉、满蒙汉、蒙满等语言文字②，除传统的蒙文教科书外，还使用蒙古文翻译的或几种文字合璧的《三字经》《千字文》《名贤集》，用毛笔或竹板练习蒙古文书法③。

　　从清代中叶起，喀喇沁左旗也开始发展私塾教育。到清末，全旗私塾（包括建昌县）已发展到200多所④。

　　私塾的语言教育模式包括蒙古文、汉文单语单文种、蒙汉双语双文种、满蒙汉三语三文种等。选择何种模式，与国家体制、文化流向，以及塾师、塾师所用教材等有很大关系。在清代，满语是国语，蒙古族不得不学；在清末，汉文化逐渐成为主流文化，从实用的角度，蒙古族不能不学汉语汉文；在教育资源匮乏的那个年代，合适的塾师和教材并不是随时随地都可以找得

---

① 喀喇沁旗志编纂委员会编：《喀喇沁旗志》，内蒙古人民出版社1998年版，第951页。
② 吴殿珍：《宁城县志》，内蒙古人民出版社1992年版。
③ 赤峰市地方志编纂委员会编：《赤峰市志》，内蒙古人民出版社1996年版。
④ 喀喇沁左翼蒙古族自治县志编纂委员会编：《喀喇沁左翼蒙古族自治县志》，辽宁人民出版社1998年版。

到的，因而蒙古族只能因师择学，教师也只好因材施教。蒙古族的私塾和汉族私塾有很大不同，学习者的目的不是参加科举考试，而是知书达理，掌握初步的读写能力。这是因为，一方面在清代蒙古族的官吏实行世袭制，读书与做官没有直接联系；另一方面清廷也限制蒙古族参加科举，考取功名。

私塾没有固定的学制、收费低廉，家长送子女入塾学习是自愿的，学生进退有一定的自由度。私塾教育最基本的动力，是伴随农业经济的发展而来的商品交换和文化交流。因此，蒙古族的私塾教育，从一开始，就有双语双文化特点，语文教育在整个教学中的比重很大，所学内容具有实用性，学生的实际水平，就多数人而言，不可能达到很高程度。

二　新式教育中的双语教育

新式教育包括清末、民国、伪满时期以及新中国成立后的中小学教育。

（一）喀喇沁右旗的学校教育（学堂教育）

喀喇沁右旗，现名喀喇沁旗。光绪二十八年（1902），喀喇沁右翼札萨克贡桑诺尔布创办崇正学堂，开蒙古族近代教育之先河。学堂招收蒙古族和汉族子弟，有蒙古、汉、日本教员分别教蒙古语、汉语、日语、算术、地理、历史、书法、绘画、音乐、体育等科目。语文课以拼读、造句、记事、作文、文法为教学重点。光绪二十九年（1903），设守正武备学堂和毓正女学堂。学堂经费、学生食宿费、文具费和学费等，均来自旗府放租荒山所收租金①。解除经济负担，尊重学生生活习惯并得到家长支持，是当时在蒙古族地区创办教育的三大要点。因为学堂正确掌握并妥善处置这三大要点，所以学生数逐年增加，一度超过400人规模。为拓宽毕业生出路，贡王想了很多办法。有升学或留学希望的，用公费送入内地学堂学习，或派往国外学习；不能升学的，留旗内安排适当差事。从1903年到1912年，共计有600多名学生从学堂毕业，其中30多人被派到北京、天津、上海、南京、保定

---

① 赤峰市地方志编纂委员会编：《赤峰市志》，内蒙古人民出版社1996年版。

等地，学习军事、工业、铁道、技术、测绘和教育，有 8 人留学日本①。光绪三十年（1904）二月，贡桑诺尔布上奏朝廷，争取机会让学生毕业后进入中学堂和大学堂深造②。光绪三十二年（1906）六月，光绪帝赏匾额"牗迪蒙疆"③。

民国时期，学堂改为四、二分段的两级小学，伪满时期改为六年制国民优级学校。课程有修身、讲经、国语、蒙语、算术、历史、地理、自然、体育、音乐、图画、实业、家事等。"国语"在民国时期指汉语，在伪满时期指满语和日语，日语是必修课，从一年级开设。教材的内容在不同阶段有不同的变化。在清末和民国初的崇正学堂自编教材中，除字母拼读外，还融入修身、地理、历史、唱歌等内容。修身课宣扬儒学观念和蒙古族传统道德观念；地理课介绍喀喇沁旗的地理、地貌；历史课传授喀喇沁部落和蒙古族的由来；唱歌主要有蒙古族童谣、格言、箴言等④。民国教材导入了反映汉文化的内容和爱国、尚武精神。日伪教材则加入奴化教育、大和民族精神和宣扬日本文化的内容。（参见田野日志）

新中国成立后，喀喇沁旗的民族教育经过了几次起伏。从 1949 年至 1956 年，是蒙古族教育蓬勃发展时期。新中国成立初期，在全旗蒙古族聚居的村落办起了纯蒙古语授课小学，蒙古语文教材由自治区教育厅编译，其他教材使用全国统编教材，教师用蒙古语讲解。1954 年秋，蒙古族小学自五年级起加授汉文课。1956 年，蒙古语教师学习新蒙文，一至三年级各科均用新蒙文教学，全部使用新蒙文课本。同年根据全国民族工作座谈会精神，停止新蒙文的学习，继续使用旧蒙文。

从 1956 年至 1966 年，是民族教育受干扰时期。经过一系列的调整，截至 1966 年，旗内共有蒙古语授课小学 5 所，蒙汉合校小学 51 所，在学校布局中蒙汉合校占绝对多数。

"文化大革命"十年，是民族教育受严重破坏的时期。蒙古族小学仅剩 23 所，蒙古文教师仅剩 23 人，有 41 个教学班、学生 2428 人。1969 年喀喇

① 赤峰市地方志编纂委员会编：《赤峰市志》，内蒙古人民出版社 1996 年版。
② 贡桑诺尔布：《关于创办蒙古学堂的呈文》，中国第一历史档案馆理藩院全宗蒙旗类。
③ 邢亦尘：《清季蒙古实录》（下卷），内蒙古社会科学院蒙古史研究所 1982 年版，第 397 页。
④ 喀喇沁王府编：《蒙文读本》，商务印书馆中华民国五年再版。

沁旗随同赤峰市划归辽宁省，执行辽宁省《蒙语授课班教学计划》。

1976 年以后，经过恢复、调整，全旗有蒙古语授课小学 51 所，但蒙古语授课和加授蒙古语的班级总共才有 52 个，蒙古文教师只有 59 人，到 1995 年减至 27 人①。从全日制蒙古语授课学校到加授蒙古语的班级教育，是蒙古语从学校教育逐渐退出的过程，其转折点是 1956 年，终点是"文化大革命"。

喀喇沁旗的第一个蒙古族中学是王爷府蒙古族初级中学，建于 1955 年，1958 年改为完全中学。

1984 年改为三年制高中，面向全旗招收蒙古族学生。王爷府中学建立后，全旗又陆续在蒙古族聚居的地方建立了 3 所蒙古族初级中学和 1 所蒙古族完全中学：乃林初中，西三家子初中，王爷府镇初中，锦山第二中学。从《喀喇沁旗志》提供的"1962—1995 年喀喇沁旗普通中学毕业生考入大中专院校统计表"看②，蒙古族学生考入大专院校的年代起始于 1973 年，截止于 1989 年。从 1989 年往上推 12 年，是 1977 年，系统的蒙古语文授课教育此时已退出小学教育。

(二) 喀喇沁中旗的学校教育

小学教育。喀喇沁中旗，现名宁城县。1929 年在大城子创办了喀喇沁中旗第一公立小学，初级班学生 60 名，高级班学生 30 名，用汉语授课加授蒙古语。至 1936 年，中旗境内有蒙古族初级小学 11 所、学生 320 名、教员 22 名。开设蒙古文、汉文、算术、地理、历史、自然、三民主义、公民、乐歌、图画、体育等课程。

伪满时期民族教育有一定的发展。1938 年，有国民学校 6 所、教师 15 名、学生 659 名；有国民学舍 10 所、教师 10 名、学生 238 名。1939 年，设蒙古族国民优级学校 1 所，有教职员 7 名、教学班 6 个、学生 340 名。至 1945 年，喀喇沁中旗蒙古族教育已初具规模，有国民优级学校 3 所（大城子、三支箭、柏林营子）、18 个班、学生 954 名、教员 43 名；有国民学校 6

---

① 喀喇沁旗志编纂委员会编：《喀喇沁旗志》，内蒙古人民出版社 1998 年版，第 960 页。
② 赤峰市地方志编纂委员会编：《赤峰市志》，内蒙古人民出版社 1996 年版，第 975 页。

所（八素台、三官营子、小忙农营子、八家、十家营子、柳树营子）、23 个班、学生 730 名、教员 22 名；有国民学舍 6 所（三官营子、二十家子、扎兰营子、坤头营子、马市营子、岗岗营子）、9 个班、学生 285 名、教员 9 名。1933 年，低年级开设算术、国语、国文、汉文、蒙文、常识、习字、造句、音乐、体操；高年级开设算术、汉文、蒙文、经学、地理、历史、自然、作文、席子、经理、体操等课①（参见田野日志 2006 年 10 月 16 日伪满洲国大城子教育）。

新中国成立后，宁城县的民族教育一度获得较快发展。1946—1951 年，在蒙古族聚居区和民族杂居区办起蒙汉联校 25 所，有蒙古族学生 1969 名、蒙古族教师 34 名，有师资条件的学校加授蒙古文，每周 3 节课。

1952 年春，对蒙古族学校进行调整，在蒙古族聚居的自然村专设蒙古族学校，在民族杂居区学校，蒙汉生分班授课，根据学生母语基础分班，基础好的，从一年级开设蒙古语文课，基础较差或不会蒙古语的蒙古族学生从四年级起加授蒙古语文课。蒙古语文和汉语文的每周课时比例为：一年级 14:5；二年级 14:8；三年级 10:4；四、五年级 7:3。汉语文授课加授蒙古文的小学，每周增设 4 节蒙古语文课。除蒙汉联合学校外，专设蒙古族学校 13 所，共有蒙古族学生 2409 名、蒙古语文课教师 72 名。到 1966 年，全县民族学校发展到 43 所，其中蒙古族学校 23 所，蒙汉联校 20 所；有教学班 98 个，其中蒙古语授课班 78 个，加授蒙古语班 20 个；有蒙古族学生 5033 名，其中蒙古语授课学生 2040 名，加授蒙古语学生 1346 名。

"文化大革命"期间，采取蒙汉生混合编班，全用汉语授课，有 60% 的蒙古族学生不会汉语，学习很困难，需要经过翻译。

自 1977 年始，民族小学教育逐步得到恢复。1980 年，为加强蒙古语文教学，实行蒙汉学生分校分班制，部分民族学校以蒙古语授课。全县有 27 所民族学校以汉语文授课为主，增设蒙古语文课。其中单设蒙古族学生班，蒙古语文和汉语文的每周课时比例为：一、二年级蒙古语 12；三年级 10:5；四、五年级 7:5。有 39 所蒙汉联校，不单设蒙古族学生班，只是从三年级开始，每周开设 5 节蒙古语文课，将各班中的蒙古族学生集中起来进行教学。

---

①　吴殿珍：《宁城县志》，内蒙古人民出版社 1992 年版，第 863 页。

至 1985 年，全县共有民族学校 91 所，其中蒙古族学校 32 所，联合学校 59 所；共有教学班 264 个，其中蒙古语授课班 81 个，加授蒙古语班 183 个；有学生 4867 名，其中蒙古语授课生 1312 名，加授蒙古语学生 1832 名。蒙古语授课生数未能恢复到"文化大革命"前的水平，加授蒙古语的学生数超过蒙古语授课生数，蒙古语文教育出现了根本的变化[①]。

中学教育。1958 年，在大城子成立宁城县第一所蒙古族初级中学。有蒙古语授课初中一年级 2 个班、学生 112 人。1960 年，学校招收 3 种类型的授课班，变为蒙汉合校性质。蒙古语授课班 2 个、学生 112 名；汉语授课加授蒙古语文的有 1 个班、学生 56 名；汉语授课班 3 个、学生 171 名。1966 年，有初中班 12 个、学生 343 人。1976 年后始设高中班，到 1985 年，民族中学发展到 7 所，其中初中 6 所，高中 1 所；教学班 102 个，其中初中班 90 个，高中班 12 个；学生 3239 人，其中初中生 2536 人，高中生 703 人[②]。据《1977—1978 年蒙古族初、高中汉语授课班加授蒙语文教学计划表》，中学汉语文和蒙古语文的课时比例是 8:3。汉语授课加授蒙古语，是宁城蒙古族中学蒙古语文教育的基本模式。

据 2006 年的统计，宁城县民族中小学有学生 1.8004 万名，其中蒙古族学生有 3028 名，其中纯蒙古语授课生只有 497 名，主要集中在三座店乡（352）；加授蒙古语的学生有 1972 名，集中在天义镇（286）、大明镇（233）、大城子镇（321）、小城子镇（390）、忙农镇（287）、汐子镇（196）。大批民族学校被合并，学校向城镇集中，蒙古语授课生数锐减。三座店的蒙古族学校是当地居民经过多次上访才保留下来的（参见田野日志 2006 年 10 月 19 日喀喇沁八家的来历及婚俗，2006 年 10 月 20 日保护蒙古族学校）。

（三）喀喇沁左旗的学校教育

小学教育。喀喇沁左旗，现名喀喇沁左翼蒙古族自治县。最早的学堂是光绪三十年（1904）创办的建昌县财神庙高等小学堂。从第二年起，在建

---

① 吴殿珍：《宁城县志》，内蒙古人民出版社 1992 年版，第 865—866 页。

② 同上书，第 867 页。

昌县相继建 80 多所初等小学堂。同年 10 月，喀喇沁札萨克在公营子建启蒙小学堂①。在此基础上，光绪三十三年（1907），在旗王府建立初等小学堂。民国三年（1914）成立东仓高等学堂，兼收蒙汉学生，蒙古族学生均设蒙古语文课。

伪满康德五年（1938），东仓高等小学堂和东仓国民学校合并为东仓国民优级学校。伪满康德十年（1943），建立毓正女子国民高等学校，并设有蒙古语文课②。新中国成立前夕，喀喇沁左旗有公立小学 17 所，私塾 43 所，学生 2000 多名。中学 1 所（毓正国高），学生 250 名③。

新中国成立初，在蒙古族聚居的南哨、官大海、南公营子、老爷庙、东哨等村庄先后建立起蒙汉联合小学 20 所。其中纯蒙古族学生班 35 个，学生达 1500 多名，全部课程用蒙古语授课。

1956 年，改用汉语文教学，加设蒙古语文课，至 1959 年，民族小学达 25 所、学生 3617 人。

"文化大革命"期间，民族教育濒临灭绝。1977 年以后，在蒙古族聚居的村设立蒙古族小学，只要一个年级蒙古族学生超过 15 人，就单设蒙古族学生班。

1983 年末，自治县有蒙古族小学 34 所、258 个班、学生 5213 人；有单设蒙古族学生班的普通小学 27 所、109 个教学班、蒙古族学生 1972 人，适龄儿童入学率为 96%，年巩固率为 99%，并普及小学教育④。

中学教育。1949 年，在旗政府所在地南公营子建立卓南中学，有 1 个班，学生 50 人，全是蒙古族。同年将卓南中学改为喀喇沁左旗蒙古族初级中学，招收本县蒙汉各族学生和建昌、凌源县的部分蒙古族学生。蒙古族学生班设蒙古语文课。1953 年全校有 18 个班，在籍学生 900 多人，其中蒙古族学生班 6 个，学生 300 多名。

---

① 喀喇沁左翼蒙古族自治县志编纂委员会编：《喀喇沁左翼蒙古族自治县志》，辽宁人民出版社1998 年版。

② 《喀喇沁左翼蒙古族自治县概况》编写组编：《喀喇沁左翼蒙古族自治县概况》，辽宁人民出版社 1985 年版，第 125 页。

③ 《喀喇沁左翼蒙古族自治县民族志》（草稿），喀左县民族志办公室（内部稿）。

④ 《喀喇沁左翼蒙古族自治县概况》编写组编：《喀喇沁左翼蒙古族自治县概况》，辽宁人民出版社 1985 年版。

1956—1971 年，先后在草场、南宫营子、官大海、南哨等蒙古族聚居的公社建立了 4 所蒙古族中学，有 19 个教学班、蒙古族学生 905 人。又在六官营子等 12 个公社的普通中学设 12 个蒙古族学生班，设蒙古语文课。1983 年发展到 32 个教学班、蒙古族学生 1367 人。全县民族小学毕业生升初中率达 70%。

1980 年，喀喇沁左翼蒙古族自治县蒙古族高级中学有 7 个教学班（全部招收蒙古族学生），有 371 名学生（初中毕业的蒙古族学生 30% 升入高中）。同年报考大中专的蒙古族学生有 55 人，录取 10 人，占 18.2%；1983 年报考 284 人，录取 71 人，占 25%[①]。

关于喀喇沁左翼蒙古族自治县蒙古语文教育的发展历程，后人是这样总结的：新中国成立后蒙古族语言文字的发展分四个阶段，从建国到 1958 年为第一个阶段。民族政策和民族语文政策得到很好贯彻，蒙古族小学设蒙古语文课，部分班用纯蒙古语授课。第二阶段是 1959 年到 1966 年。这个阶段，由于受"反右"、"四清"运动等"左"倾路线影响，使刚刚发展起来的蒙古语文事业受到了挫折，在"向汉语靠拢"、"向先进的汉语过渡"的错误口号下，蒙古语由社会语言变成家庭语言，学校以汉语授课代替了蒙古语授课，蒙古语授课的学生得不到升学和升迁的机会，蒙古语广播节目形同虚设。第三阶段是 1966—1976 年。蒙古语文工作受到严重破坏，学校蒙古语文课被取消，蒙古文书籍被销毁，蒙古语文教师被迫改行，蒙古语广播被砍掉，机关文件、公章、牌照的蒙古文字被取消。第四阶段是 1977 年以后。恢复并贯彻了民族政策和民族语文政策[②]。

20 世纪 80 年代的一项统计数字表明，在喀喇沁左旗，60 岁以上老人多用蒙古语，蒙古语比汉语熟练；40 岁以上的中年人一般蒙汉兼通；30 岁以下的人基本上都使用汉语[③]。这就是说，在喀喇沁左旗，上个世纪 50 年代初出生的人完全丧失了母语，他们的入学年代应为 1958 年，而他们入学时已

---

① 《喀喇沁左翼蒙古族自治县概况》编写组编：《喀喇沁左翼蒙古族自治县概况》，辽宁人民出版社 1985 年版，第 128 页。

② 喀喇沁左翼蒙古族自治县志编纂委员会编：《喀喇沁左翼蒙古族自治县志》，辽宁人民出版社 1998 年版，第 70 页。

③ 《喀喇沁左翼蒙古族自治县民族志》（草稿），喀左县民族志办公室（内部稿），第 22 页。

经没有机会得到系统的蒙古语文教育了。依此推理，自 1959 年，喀喇沁左翼蒙古族自治县的蒙古族学校基本上转为以汉语授课为主加授蒙古语的模式，这种模式是"分班式的"，不是"分校式的"。这些情况与喀喇沁右旗非常相似。

三 启示与讨论

（一）语言教育同国家制度的关系

语言本身并没有阶级性，也不属于意识形态，但语言的使用却深受国家制度的约束。在当今世界，每一个民族国家，都有一个"国语"或具有国语功能的通用语，作为国家最重要的交际语言。这种语言是否冠以"国语"，是不是唯一的或法定的，与国内其他语言的关系是相互排斥还是相互补充，其实并不很重要。重要的是，在一个国家的版图内，无论是政治、经济、军事、外交、文化，还是官方、民间，所有社会活动必须借助一个通行的语言才能顺利展开。特定语言在最大范围内的通行功能和国家政治权力相结合，便产生语言权威，法律不一定明文规定它的权威性，但权威却始终存在。

语言权威表现在学校语言的选择及其安排顺序上。在清代，蒙古族私塾和学堂都设满文课，清政府鼓励蒙古族学习满文和蒙古文，他们限制蒙古族学习汉语文，却没有强制蒙古族只学满文。学堂设满文课，因为它是国语国文，很少有人细究为什么会这样，其权威是潜在的和自然存在的。伪满时期，满语的国语地位是虚的，学校教育中真正强调的是日语和蒙古语，这与伪满洲国的傀儡性质有关。民国规定汉语是"国语"，中华人民共和国并没有明文规定汉语是"国语"，因为从语言本质和政治的角度考虑，语言都应该是平等的，不应为某一语言文字赋予至高无上的权力地位。但汉语汉文是国家最主要的行政语言，是国内通行面最广的交际工具、是国家对外交往中的正式语言文字，因此国家鼓励并大力推广汉语言文字。其权威是通过语言功能和制度安排来体现的。喀喇沁蒙古族所有学校的蒙古语文教育都是过渡式的，表现在蒙古语文课每周课时安排的逐级递减和汉语文课时的逐级递增上。在喀喇沁右旗和左旗（县），制度化的蒙古语文教育已退出校园，零星的蒙古语文教育仅以课程教育的形式存在。在宁城县，学校蒙古语文教育还存在，但规模大大缩小，处于岌岌可危的境地。

语言权威还表现在国家对语言文字的规范上。国家不可能强行统一境内的所有语言文字，但所有语言文字的改革和规范却受国家制度的制约。（1）语言认定和语言通行范围的确定受国家行政管理约束；（2）设计和使用新文字受国家行政管理约束；（3）改革文字时文字方案的选择受国家政策约束，汉语拼音方案不是正式文字，但少数民族的新文字方案必须走汉语拼音方案的拉丁化道路，跨境民族的文字方案只能向内靠，不能向外靠，即使是跨境而居的同一个民族同一种语言，亦如此；（4）名词术语的制定和规范受国家制度约束或导向，其中度量衡、数字用法、文字转写原则、文字的计算机编码等，都由国家规定或集中管理；科技术语的借用原则受国家导向。所有这些，对少数民族语言文字的使用产生巨大影响。

语言权威的极端化，可能导致语言霸权，当社会政治失控时尤其如此。资料显示，喀喇沁蒙古族蒙古语言文字的使用，是政权依存型的，而不是民权依存型的。当国家的民族政策和民族语文政策正常运转时，蒙古语言文字的使用权利就受到尊重，得到落实，一旦国家政治生活出现异常或波折，蒙古语言文字就被挤压、被抛弃。1958 年前后的政治运动、"文化大革命"和近年的学校合并，对喀喇沁地区蒙古语言文字退出学校教育，起到推波助澜的作用。

语言文字教育与教育制度和政策运行机制有密切关系。书房、书斋教育的实质是官吏教育、精英教育，除基本的语言文字教育外，掌握一套统治艺术和官场哲学，是这种教育的终极目标，汉文化的儒学满足了这个需要，同时把汉语汉文教育带进上层教育中。私塾是民间的、自生自灭的，其生命期取决于当时需要和民间给付能力。但私塾中来自汉族的儒学教育，通过教科书，不仅把儒学理念和汉文化的价值观体系传给了蒙古族儿童，而且把汉文教育导入启蒙教育当中。新中国的教育事业，就其管理体制而言，属于政府行政行为，但囿于政府投资能力，教育事业特别是基础教育，还必须仰仗民众的支持和财力上的补充。教育政策和民族政策在管理上隶属两个垂直的独立部门，因此教育政策的变动，有时不能充分顾及民族政策和民族语言文字政策。考察喀喇沁蒙古族半个多世纪的民族教育历史，政治干扰和行政干预过多，是学校语言文字教育及其模式频繁转换、不能稳定的主要原因。以近年来的合并学校为例，过多考虑教育的规模效益、质量效益，忽略了教育主体的情感、意愿、自尊和权利。2005 年 5 月 2 日《蒙古家园论坛》"助学行动"报道"辽宁省建平县欲取消蒙古族中学，老师正在上访"，引起网上广泛讨论，有人甚至对民族区域自治政策的本质提出了异议。喀喇沁右旗和宁城县也存在类似问题。学校向城镇集中，规模扩大、效益和质量提高了，但民族语文教育却受到影响，民众多年投资的学校财产，拍卖后所得归属不明朗，引起当地少数民族的不满（参见田野日志）。

（二）语言教育同人口比例和分布的关系

在整个喀喇沁地区，蒙古族是少数民族，人口比例较低，采取自然村的小聚居模式。乡以上城镇中的蒙古族同其他民族杂居，没有本民族的较大规模的社区。这种分布带来两个效应：一是学校从当初的纯蒙古族学校向蒙汉联校过渡，再从联校向纯汉语授课学校过渡，随着学校中汉族学生的增多，汉族教职员也相应增加；二是政权机构中汉族干部占多数，体现为人大代表、政府部门中汉族远多于蒙古族。由于这两个效应的存在，社会舆论和决策过程中少数者的意见常常被忽略。随着并乡、并校，这一问题显得更加突出。

在喀喇沁旗，还有一个很特殊的问题，即所谓"假蒙古族"问题。据统计，1981 年喀喇沁右旗的蒙古族人口为 2.9469 万人，占总人口的 8.3%，到 1982 年蒙古族人口猛增为 8.094 万人，占总人口的 22.3%，一年间增加 14 个百分点[1]，这部分人是从汉族经过修改民族成分而变成蒙古族的，当地汉族老居民和蒙古族称之为"假蒙古族"。日本人三桥修在内蒙古的某个饭店遇到过一位女服务员，即属这一类。她称自己是蒙古族，但又补充道："实际上是假的，因为姐姐考中学，为争取民族照顾分，妈妈给改的。实际上我顶讨厌蒙古族，脏兮兮的，又很粗鲁。"[2] "假蒙古族"的合理合法问题

---

① 喀喇沁旗志编纂委员会编，《喀喇沁旗志》，内蒙古人民出版社 1998 年版，第 183 页。
② 和光大学モンゴル学術調査団：《変容するモンゴル世界》，東京，新幹社 1999 年版，第 195 页。

在此暂且不论，它带来的却是社会问题：（1）蒙古族人口被稀释，政策扶持力度被稀释，有限的资源被稀释，真正受到政策优惠的，恰恰是这一部分人。（2）由于这一部分人的民族意识、价值取向等与传统的蒙古族不同，人口上又占绝对优势，因此保留蒙古语授课学校、发展蒙古语言文字的任何建议，都受到来自蒙古族内部干部群众的抵制。宁城、喀喇沁左翼蒙古族自治县以及其他蒙古族地区，也存在类似问题，但在程度上没有喀喇沁右旗那么严重、那么典型。

（三）语言教育同经济支撑能力的关系

汉语汉文教育受国家经济和制度强有力的支持，在使用人口和社会媒体中占据主流地位，其强势是无与伦比的。蒙古族人口少，而且在语言文字使用上，越来越多的人转用汉语汉文，因而大大减弱了蒙古语文的社会基础。蒙古语文媒体受众少、投资少，在信息传递上还有延时性，蒙古族民众又没有独立的经济力量去支撑它，因此其使用的范围、程度随着时局和政策的波动而波动。贡桑诺尔布办教育，明显是为民族复兴所谋，但遇到的最大问题是办学经费的筹措，为此他把王府珍藏的书画，甚至连《蒙古源流》等珍本典籍也全都变卖了，可见事业之艰难。贡王进京任职，再也没有人能够强有力地筹划当地教育，喀喇沁旗的民族教育也由此走向衰微。

（四）语言教育同受教育者社会发展的关系

教育是有明显世俗动机的行为，没有回报，就不会有投资。在旧式教育中，教育的回报期望，就是子女知书达理，出人头地，光耀门第；在新式教育中，关于个人受教育的目的，尽管有过许多说词和遮掩，但最终的目标还是为了个人的社会发展，还是为了改变一个人的社会地位和经济地位。过去，由于社会发展和经济发展滞后，喀喇沁地区能够为个人的这种发展提供的机会非常有限，由此产生一种怪现象，喀喇沁的人才、人物不断地走向世界，走向发达地区，走向主流文化，却把贫瘠的土地、落后的村庄和古老的文化留给他们的父母晚辈和看家守门的兄弟姐妹。教育没有同当地的社会协调发展，人发展了，社会却落后了，个人不能改变它，于是就另谋高就。内地大城市暂且不论，即使是在喀喇沁地区，用汉语受教育，可能比用蒙古语受教育社会出路多而宽。很多行业并不需要蒙古语蒙古文，大学的蒙古语授课专业的种类远没有汉语授课专业多，而合适的专业直接影响学生毕业后的就业问题。喀喇沁蒙古族对自己的语言文字有着深厚的感情，但民族语言文字的使用只限于政策、法律、权利层面，没有变成也不可能变成一种社会保障，于是为了生存和发展，个人在文化上就做出某些舍弃、某些牺牲，的确是一种无奈的选择。

第八章

喀喇沁地区异族通婚对语言使用模式演变的影响[①]

一 前言

异族通婚与语言模式演变的关系研究，在中国是一个薄弱环节[②]。很多研究族际通婚和双语问题的论文和文章都提到异族通婚对语言转用有重大影响，但都很笼统，研究者们关心的多半是民族融合过程，而不是通婚对语言演变过程中的具体作用和实际过程。马平强调，在保存民族传统方面，妇女具有极为重要的作用。一个民族语言消失的过程，总是从男性开始，而最后终结于女性，民族服饰特征的消失，也总是以男性开始，最后终结于女性。妇女在保存民族传统文化的过程中，起到了较男性更为重要的"最后一道堤防"[③]。海正忠认为，回族与汉族人通婚为全民摒弃其他语言文字，共同掌握汉语言、汉文字提供了条件。回族通过通婚与汉族人共同组成的家庭是他们迅速地学习汉语、汉字的最佳场所[④]。陕锦风根据我国 2000 年公布的族际

① 在 2009 年 12 月 4—6 日广东省珠海市召开的"第七届国际双语研讨会"上宣读。原文发表于《西北民族大学学报》2010 年第 3 期。收入戴庆厦主编《双语学研究》（第三辑），民族出版社 2011 年版，第 394—420 页。
② 本章是笔者主持的课题"蒙古语喀喇沁土语社会语言学研究"系列论文中的一部分。"前言"是根据周明朗先生的重要建议后加的，在此表示诚挚的谢意。
③ 马平：《回族民族内婚姻制度探析》，《回族研究》1995 年第 3 期。
④ 海正忠：《回族与异族人通婚的历史传承和道德规范》，《宁夏教育学院学报》1997 年终刊号。

通婚数据，研究撒拉族通婚情况，发现在全国范围内，撒拉族与 32 个其他民族通婚，其中，回族和撒拉族通婚率最高，达 10.48%，相同的宗教信仰是决定性因素。另外，回族和撒拉族在语言上高度一致，回族用汉语，而撒拉族通晓或掌握汉语的比例达 94.7%，因此，回族和撒拉族在语言交流上基本不存在障碍。由于宗教信仰、语言、文化、生活方式、风俗习惯等各个方面存在很大的相似性，回族和撒拉族族际通婚似乎是顺理成章的①。

　　国外有关异族通婚和语言演变关系的研究有两个特点。一是研究课题主要是移民，而不是像蒙古族那样的世居民族；二是主要研究双语能力在家庭中的作用，而不是异族通婚对语言演变中的影响。Stevens、Gillian 根据 1976 年的收入、教育数据，讨论代际间的语言变化，发现在美国，当社会整合扩大并包括族群外交往关系时，英语外的其他语言出现断代现象②。Jamie Shinhee Lee 的研究显示，决定夫妻关系中优势地位的关键因素不是性别，而是本地语使用者的地位。种族、阶级并不能完全反映异国婚姻中的权力动态，不考虑语言不平等，任何对异国婚姻权力不对称性的理论阐述，都是不完备的③。Xin Meng、Dominique Meurs 研究异族通婚在法国移民经济同化中的角色，发现异族通婚者中，移民前较好地掌握法语者的收入远远高于那些法语水平差的人。这一结果显示，当地语言基础较好的移民也许能够从异族通婚中获得更好的回报。Baker 和 Benjamin，（1994），Chiswick 和 Miller（1995），Lazear（1999），Dustmann 和 Van Soest（2002），和 Dustmann 和 Fabbi（2003）研究当地语言学习的功用，发现那些具有较好语言机能的人同化得更快④。Lachlan Jackson 从社会语言学角度考察了日本异语通婚家庭父母双语儿童养

---

　　① 撒拉族--回族族际通婚的人类学调查-回族论文资料库-回族网-...，huizucn. org/thread – 431...

　　② Stevens, Gillian, "Nativity, Intermarriage, and Mother-Tongue Shift", *American Sociological Review*, v50 n1 pp. 74 – 83 Feb 1985.

　　③ Jamie Shinhee Lee, Korean-English Bilinguals（KEB）vs. English Monolinguals（EM）: Language and International Marriage Partnership, Proceedings of the 4th International Symposium on Bilingualism . Edited by James Cohen, Kara T. McAlister, Kellie Rolstad, and Jeff MacSwan, Cascadilla Press Somerville, MA 2005. www. lingref. com/isb/4/104ISB4. PDF.

　　④ Xin Meng & Dominique Meurs, "Intermarriage, language, and economic assimilation process: A case study of France," *International Journal of Manpower*, Emerald Group Publishing, vol. 30（1/2），May 2009, pp. 127 – 144.

育经历。研究显示双语儿童的培育是一个内化的政治现象。在异语通婚家庭，双语儿童的培育是一个不间断的谈判过程，在此无论是语言选择还是交往策略都与个人与他人的社会地位相联系。父母的语言行为和家庭语言计划中的决定，都是从每一个家庭一系列独特的变幻不定的社会环境中产生的，其中包括夫妻关系质量、家庭经济来源、家庭成员之间（变动的）的文化关系、未来计划、同少数民族语言的接触机会、儿童学校教学语言、大家庭成员的需要和希望，以及对孩子的管教等①。Delia Furtado 和 Nikolaos Theodoropoulos 研究教育对异族通婚的影响，尤其是教育对不同辈分、入籍年龄、种族的移民异族通婚的不同影响机制。教育影响婚姻选择的主要渠道有三个。第一，受教育者可能更好地适应异文化，因此更有可能选择族外婚（文化调适效应）；第二，受教育者倾向于留居于民族区域，因此邂逅同族者可能有困难（区域效应）；第三，寻找伴侣者既重视教育水平，又重视出身民族，在此情况下，教育效应将决定于潜在的同族又同等受教育者的可供选择的水平（匹配效应）。他根据美国 2000 年的调查数据，先控制区域效应，发现调适效应和匹配效应的实际证据，并据此提出假设：匹配效应对本地人比对外国人重要（国别差异），在外国人中，对少年入籍者比成年入籍者重要（年龄差异），对亚洲人比西班牙人重要（种族差异）②。丁子江赞同美国性学家理查德·马考夫（Richard Markoff）的观点，认为沟通问题是异族通婚的第一大障碍。而交流和沟通的障碍首先是语言和语言后面的思维方式和文化背景③。

本章和以往研究的不同在于以下几点。

（一）研究的客体不同

蒙古族是喀喇沁地区的世居民族，是中国蒙古族自治区域中的主体民

---

① Lachlan Jackson, "Bilingual Child-rearing in Linguistic Intermarriage: Negotiating Language, Power, and Identities between English-Speaking Fathers and Japanese-Speaking Mothers in Japan". PhD Thesis, School of Languages and Comp Cultural Studies, The University of Queensland, 2009 – 10. espace. library. uq. edu. au/ view/UQ:.

② Delia Furtado and Nikolaos Theodoropoulos, "Interethnic Marriage: A Choice between Ethnic and Educational Similarities", interethnic marriage-道客巴巴 www. doc88. com/p – 842606...

③ 丁子江:《中美婚恋的性学分析》，工人出版社 2010 年版。

族，世居民族的社会整合过程和语言同化过程与移民的社会整合过程和语言同化过程既有相似的地方，也有不同的地方。从社会整合过程看，迄今为止喀喇沁蒙古族经历了三个历史阶段：清代、民国和中华人民共和国。在清代，蒙古族是清朝的国民，由于政治上的满蒙关系和历史地理上的特殊性，蒙古族具有相对的独立性和特权。从清朝中期，汉族移民不断涌入，但蒙古族在当地的地主地位依然存在。在民国，汉族的移民过程得到强化，蒙古族成为中华民国的公民，但社会制度和政治体制没有多大变化。其间又经历了日本占领期，因此，民国具有过渡时期的性质。中华人民共和国成立后，蒙古族地区实行社会主义制度，民族间的政治地位差别、行政体制差别、居住区域限制和文化交流障碍逐渐消失。过去的移民——汉族成为国家的主体民族，过去的外来文化——汉文化成为社会的主流文化，由于汉族语言文字成为国家的通用语言文字，蒙古族语言文字虽然保持其法律地位，但在强烈的社会整合过程中，逐渐丧失其优势地位。这一特殊过程对蒙汉之间的异族通婚和语言演变都有影响。

在喀喇沁地区，蒙汉之间的异族通婚早在清代就存在。一是喀喇沁王族与清朝皇族的联姻，二是喀喇沁贵族同汉族之间的通婚。第二种通婚实际上并不普遍，在早期，与王族的通婚是春来秋往的汉族农民取得永久居住权的策略之一①，随着民族之间来往和了解的加深，喀喇沁贵族中愿意娶汉族媳妇的人也逐渐增多。在新中国成立前，喀喇沁人具有不同程度上的地主地位，在经济、政治上有一定的优势，因此蒙汉之间的通婚，多半是汉族女性嫁给蒙古族。喀喇沁人对汉族媳妇的治家能力和生育能力，至今都赞美有加。

中华人民共和国成立后，蒙古族和汉族之间实现了政治上的平等和民族间的自由交往。蒙古族和汉族居住区域相近或相交错，大部分学校实行蒙汉合校制并发展蒙汉两种语言教育，再加上年青一代社会、文化、工作上的频繁接触，蒙汉通婚的社会禁忌和心理障碍逐渐淡化以至消失，蒙汉通婚也随之增多。

---

① 清朝的早期律例禁止汉族移民在蒙古族地区定居，但同王族联姻者除外。

（二）研究的角度不同

本章的着眼点是喀喇沁蒙古族语言使用模式的演变过程，而不是通婚和家庭本身。

在影响语言使用模式演变的诸多社会因素中，异族通婚是一个重要变量。我们的研究发现，在家庭语言中，父亲的语言具有外向开放特征，母亲的语言具有内向封闭特征，这是由夫妻双方的社会分工导致的（在传统上，蒙古族家庭是男主外，女主内），与性别没有实质关系。当母亲为汉族时，子女受汉语教育和受汉语影响的机会大大增加，传统的家庭母语环境由此被削弱，在社会汉语强势环境影响下，子女的语言转换速度明显加快。另外，异族通婚还带来婚姻观和语言观的转变，异族通婚家庭明显支持民族间的通婚和转用汉语，有异族通婚史的家庭或异族通婚率较高的地区，人们对异族通婚和使用汉语采取漠视、宽容或不置可否的态度。

（三）研究的结论不同

双语研究结果显示，语言接触一般会产生两种不同的结果：语言变异（本体的）和语言转用（社会语言学的）。关于代际间的语言转用过程，有三代说、四代说和五代说，其中五代说的语言转换基本过程是：（1）母语单语；（2）双语（母语强）；（3）双语（母语和第二语言相当）；（4）双语（第二语言强）；（5）单语（第二语言成为母语)[1]。这种情况与蒙古语喀喇沁方言的母语转换过程基本相同。但是，蒙古语喀喇沁方言的母语单语过程很长，远远超过一代或几代人，因为他们是本地世居民族，而不是外来移民；喀喇沁人的第二语言在不同时代经历了满语（清代）、汉语（清代中期以后）、日语（日本占领期）和汉语（民国以后）等阶段。因此，严格地讲，作为语言转换的完整过程，以上五步内容仅适合于新中国成立以后的喀喇沁蒙古族的语言转换过程。而且这种转换过程的特点是，语言本体的变异过程还未来得及深化，居民的语言转换过程就开始并在（相对）短时间内

---

[1] Colin Baker, *Foundations of Bilingual Education and Bilingualism*, 4th edition, p. 78, 2006, Clevedon: Multilingual Matters.

完成。对于喀喇沁蒙古族的语言转换，社会的政治、经济、文化、教育等是决定性因素，但是异族通婚对语言转换有没有影响？如果有，这种影响的具体过程应该怎样？异族通婚和社会的政治、经济、文化、教育等影响语言转换的重要变量之间的互动过程应该会怎样？本章的结论有以下几点。

1. 异族通婚对语言模式的演变有重要影响，但不是决定的因素。异族通婚本身受时代变迁、政治局势、民族关系等因素的影响而出现波动。当社会整合过程持续不断，民族关系和谐时，通婚率上升，通婚对语言使用模式的演变产生不间断的、稳定的影响。这一结果暗示，异族通婚家庭影响夫妻关系的各种因素中，语言不对称性可能属于社会大环境因素下的下位因素。

2. 蒙古族异族通婚家庭语言模式演变的决定因素是社会语言环境，其中工作语言和邻里语言是最重要的因素。学校语言教育对蒙古语的保持和发展具有重大作用，但社会环境汉化到一定程度时，学校语言教育的效用大大降低，蒙古语教育不得不让位给汉语教育，最终退出学校教育。

3. 婚姻观和语言观演变的基础是社会实践。家庭中有异族通婚或异族通婚史，家庭成员在社会中多用汉语，一般会赞同或包容异族通婚、转用汉语；反之，不赞同异族通婚、转用汉语，或以沉默表示回避。研究显示，在家庭中确实存在语言博弈现象（不仅是在发生争论时，更多的是在平常生活当中），但交流和合作是家庭语言关系的主流，因此语言使用上的妥协、谦让和互学就不可避免，语言妥协的结果使双语得到认可和发展。在异族通婚家庭，不论有没有双语实践基础，各种语言使用模式的家庭基本上都表示赞同使用双语，因为使用双语是异族通婚家庭各方都能够接受的言语表达策略。

二 宁城县蒙古族异族通婚及其语言使用状况调查

为了深入研究异族通婚对语言模式演变的影响和过程，我们分别于2009年7月10—20日在内蒙古自治区赤峰市宁城县和辽宁省喀喇沁左翼蒙古族自治县进行了抽样调查。在赤峰市喀喇沁旗，从汉族修改民族成分而来的蒙古族比例较大，有些非异族通婚家庭，夫妻民族成分都是蒙古族，但在族源上属于蒙汉通婚家庭或这类家庭的后代，统计数字不能反映这类复杂情况，所以对喀喇沁旗的异族通婚，我们没有采取抽样调查方法。

在宁城县，我们选择 3 个点进行调查。第一个调查点是小城子镇柳树营子村，全镇有 525 户，2010 人，其中与汉族通婚的有 220 户，占总户数的42%。第二个调查点是大城子镇，共有居民 2509 户，1.022 万人，其中与汉族通婚者有 861 户，占总户数的 34.3%。第三个调查点是存金沟，共有居民342 户，1251 人，其中蒙汉通婚家庭有 35 户，占总户数的 10.2%。小城子镇蒙古语丧失程度较高；存金沟乡蒙古语保存和使用程度较高，并有蒙古语授课的小学和中学；大城子镇居于二者之间，在一定程度上保存和使用蒙古语，有蒙古语授课学校。（参见田野日志 2009 年 7 月 24 日）

我们选择的是三代之内有异族通婚案例的蒙古族家庭，三代包括祖辈、父母辈和子女辈。祖辈和父母辈数据分性别统计，子女辈数据不分性别。我们在提供原始数据的同时，把不同的数据转换成百分比，以便进行代际间的纵向比较。

语言使用模式的转变，是一个多因素、复杂变量综合起作用的过程，但是为了研究脉络的清晰可见，在此只考虑异族通婚一个简单变量及其附带变量。首先考虑的是异族通婚的代际差别和家庭异族成员的性别分布；然后考察通婚对家庭语言使用模式的影响；其次观察代际间语言使用模式演变情况；最后分析代际间婚姻观和语言观演变数据。我们的研究发现，大体而言，个人的语言使用模式，是社会语言和家庭语言使用模式的折中形式，在其形成过程中，学校语言教育和异族通婚具有重要影响。受异族通婚直接影响的是家庭语言，从家庭语言向个人语言过渡时，还受到授课语言和工作语言的调节。因此，异族通婚和家庭语言的关系是本次研究的主变量，代际语言使用模式演变（包括授课语言、个人语言、工作语言 3 个因素）是本次研究的附带变量。

婚姻观和语言观的转变是异族通婚和民族文化接触交融的产物，同时也是语言使用模式转变的前提。对异族通婚，一般经历反对或顾忌—赞成和反对并存—赞成和宽容 3 个阶段；语言观的转变一般也经历赞成蒙古语单语—蒙汉双语并存或兼用—汉语单语 3 个阶段。异族通婚家庭婚姻观和语言观的转变，是以异族通婚实践作为突破口的。

（一）小城子镇蒙古族异族通婚家庭调查

1. 小城子蒙古族异族通婚与家庭语言的关系

小城子镇共计有 525 户，2010 人，其中与汉族通婚的有 220 户，占总户数的 42%。

在小城子镇我们取 6 个家庭作为分析样本。异族通婚家庭基本情况和家庭语言使用情况见表 42 和表 43。

表 42　　　　宁城县小城子镇柳树营子村异族通婚家庭基本情况　　　　单位：人

辈分	计	民族			原籍		年龄	职业			文化程度				
		蒙	汉	满	宁城	沈阳		农民	无业	其他	小学	初中	高中	大学	无学
爷爷	6	6			6		53—78	6			5		1		
奶奶	6	4	2		6		50—75	6			2	1	1		2
父亲	14	13	1		14		25—78	14			2	9		1	2
母亲	13	6	6	1	12	1	24—63	13			3	5	2	1	2
平辈	28	21	7		27	1	5—45	22	2	4	1	21	3	1	2

表 43　　　　宁城县小城子镇柳树营子村异族通婚家庭语言使用情况　　　　单位：人

辈分	计	民族			家庭语言								
		蒙	汉	满	蒙	%	汉	%	蒙汉	%	无	%
爷爷	6	6			3	50	1	17	2	33		
奶奶	6	4	2		2	33	3	50	1	17		
父亲	14	13	1		4	29	6	43	4	29		
母亲	13	6	6	1	2	15	8	62	3	23		
平辈	28	21	7	1	4	22	79		3	11	2	7

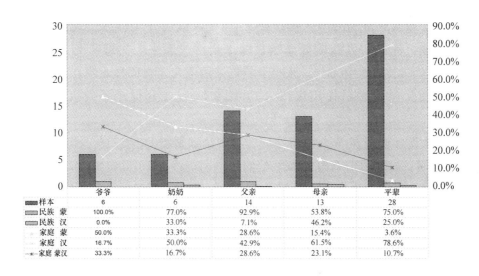

	爷爷	奶奶	父亲	母亲	平辈
样本	6	6	14	13	28
民族 蒙	100.0%	77.0%	92.9%	53.8%	75.0%
民族 汉	0.0%	33.0%	7.1%	46.2%	25.0%
家庭 蒙	50.0%	33.3%	28.6%	15.4%	3.6%
家庭 汉	16.7%	50.0%	42.9%	61.5%	78.6%
家庭 蒙汉	33.3%	16.7%	28.6%	23.1%	10.7%

图 66 异族通婚与家庭语言的关系

祖辈男性（年龄：53—78 岁）均为蒙古族，女性（年龄：50—75 岁）33% 是汉族，也就是说，祖辈异族通婚占三成。出生年代为1931—1956 年，结婚时间应在 20 世纪 50 年代至 70 年代之间。他们的成长经历了抗日战争、解放战争和新中国成立初期，其恋爱、成婚是在新中国成立至"文化大革命"间完成的。祖父家庭语言中蒙古语占 50%，汉语占 16.7%，蒙汉双语占 33.3%，蒙汉双语比例接近蒙古语和汉语使用率的折中值。祖母中33.3% 是汉族，家庭蒙古语使用率为 33.3%，汉语使用率为 50%，蒙汉双语使用率为 16.7%。祖母在家庭中多使用汉语，对家庭语言的影响表现在两个方面：（1）导致 33.3% 的祖父使用蒙汉双语（祖辈夫妻之间的对话彼此照顾语言习惯，蒙汉语混用），带来 16.7% 的汉语使用，改变了家庭语言结构；（2）影响下一代的家庭语言：父亲在家庭中汉语使用率提高 26.2 个百分点，蒙古语使用率下降 21.4 个百分点，双语使用率下降 4.7 个百分点。受影响最大的是蒙古语。

父母辈通婚率超过 53%。他们的出生年代为 1931—1984 年，结婚时间应在 1950—2004 年之间。他们的绝大多数是新中国成立后出生者（1949 年以前出生者约占 10%），婚恋高峰期是 20 世纪 70 年代至世纪末。父母辈男性成员（年龄：25—78 岁）中出现 7.1% 的汉族成分（30 岁，农民），祖辈没有汉族，他们的民族成分显然是随母亲修改而来。父母辈女方（年龄：24—63 岁）汉族占 46.2% 。来自异族母亲的语言影响同样表现在两个方面：一是促使父亲更多地使用汉语（达 42.9%）；二是促动子女汉语使用率提高。

子女辈年龄段在 5— 45 岁之间，其中达到婚龄的有 22 人，年龄在 24—45 岁之间，异族通婚率为 25% 。他们的婚期应该在 20 世纪 80 年代初以后。受异族母亲的语言影响，子女汉语使用率比父亲提高 35.7 个百分点，蒙古语使用率下降 25% ，双语使用率下降 17.9 个百分点，受影响的首先是蒙古语，但双语使用率也明显下降。实践证明，在家庭中，汉语使用率一旦接近或超过 50% ，不但家庭蒙古语走向衰微，而且家庭中的蒙汉双语使用率也受到挤压。

从祖辈到父母辈，异族通婚率递增 20 个百分点，从父母辈到子女辈，通婚率递减 28 个百分点。递减的原因可能是：（1）有一部分人尚未结婚，是否属于异族通婚不好确定；（2）由于部分汉族民族成分改为蒙古族，隐蔽了异族通婚真实情况；（3）婚姻观出现微妙变化。

2. 小城子蒙古族异族通婚家庭代际间语言使用模式变化比较

异族通婚对家庭语言模式有显著影响，但家庭语言模式并不是直接向个人语言模式过渡，而是经过学校教育和社会语言两个因素的缓冲和调节。学校语言教育在个人语言模式形成过程中的作用表现在三个方面：（1）增势，即加强家庭语言中形成的语言使用模式倾向；（2）减势，即减弱家庭语言中形成的语言使用模式倾向；（3）均势，即家庭语言中形成的激进倾向得到缓和，为个人语言使用模式的形成创造一个缓冲区。

学校语言教育及其模式受国家语言文字政策的导向，同时受到居民社会语言环境的制约。因此，在国家统一的语言文字政策指导下，各地会出现不同的语言教育模式；当国家语言文字政策有变动或受到冲击时，各地学校教育中的语言文字教育模式也随之改变或出现紊乱。这一系列变化因素，可以通过被调查家庭不同代所处社会背景解读出来。

表 44　　　　宁城县小城子镇柳树营子村异族通婚家庭语言使用模式变化情况　　单位：人,%

辈分	计	授课语言								个人语言								工作言语							
		蒙	%	汉	%	蒙汉	%	无	%	蒙	%	汉	%	蒙汉	%	无	%	蒙	%	汉	%	蒙汉	%	无	%
爷爷	6	2	33	3	50	1	17			1	17	3	50	2	33			2	33	2	33	2	33		
奶奶	6	3	50	2	33			1	17	2	33	3	50	1	17			1	17	4	67	1	17		
父亲	14			10	71	4	29			2	14	8	57	4	29			2	14	8	57	4	29		
母亲	13			10	77	3	23			1	8	9	69	3	23			1	8	9	69	3	23		
平辈	28	3	11	15	54	8	28	2	7	1	4	22	79	3	11	2	7			26	93			2	7

　　小城子镇蒙古族异族通婚家庭代际间语言模式变化数据见表44，变化趋势见图67。

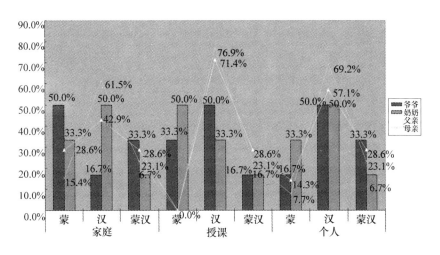

图67　通婚家庭代际间语言模式变化趋势

　　数据显示，在家庭语言中，祖父的蒙古语水平和祖母的汉语水平相等，均为50%，这是博弈中的两种语言相同的起点水平；祖母的蒙古语水平和祖父的双语水平相等，为33.3%，这与他们的异族通婚率相同。显然，在异族通婚的祖辈家庭中，夫妻之间的语言沟通主要是通过双语进行的；而祖父的汉语水平和祖母的双语水平相同，均为16.7%，说明祖辈家庭中，即使是在双语情景下，更多地使用蒙古语，即女性更多地迁就汉语水平低的男性的语言习惯。

在授课语言中，祖父的汉语授课率和祖母的蒙古语授课率相当，均为50%。但这个均势与家庭语言中祖父母蒙汉语均势不同，祖母的蒙古语使用率提高20个百分点，祖父的汉语授课率提高33.3个百分点。换句话说，学校教育提高了祖父的汉语使用，抑制其蒙古语使用（－20%）和双语水平（－13.3%）；相反，祖母的蒙古语使用得到提高（＋20%），汉语使用得到抑制（－20%）。说明当时（58%为小学文化，60岁以上，受教育年代当为1957—1963年之间）的学校实行双语教学，祖辈的家庭语言模式在此得到平衡，学校语言教育起到均势作用。

在个人语言中，祖辈男女双方的汉语使用率都到50%，但祖母的汉语使用率、蒙古语使用率和双语使用率保持其家庭语言水平，未受学校语言教育的明显影响；而祖父的汉语使用率却是在学校形成的，双语使用率保持家庭语言的水平；祖父的蒙古语，从家庭语言、学校语言到个人语言，每一环节降低大约16个百分点。祖辈语言使用模式中汉语强化趋势的外在动力来自社会。

小城子蒙古族家庭，父母辈的通婚率为53%。在家庭语言中，父亲的蒙古语使用率为28.6%，比祖父降低24.4个百分点；汉语使用率为42.9%，比祖父提高26.2个百分点；双语使用率与蒙古语使用率相同，比祖父降低4.7个百分点。母亲的蒙古语使用率仅为15.4%，比祖母降低17.9个百分点；而母亲的汉语使用率为61.5%，比祖母提高11.5个百分点；双语使用率为23.1%，比祖母提高6.4个百分点。总趋势是汉语使用率提高，蒙古语使用率降低，增幅和减幅大致相当。

在父母授课语言中，蒙古语文教育消失，汉语授课率达到71.4%（父）和76.9%（母），双语维持家庭语言的水平。父母辈中大约70%是初中和小学文化，出生年代为1946—1979年，受教育年代当为1954—1996年。我们已经知道祖辈受教育年代大约为1957—1963年之间，并把此间的学校语言教育界定为双语制教育。由此可以推测蒙古语文教育从小城子镇学校教育退出的时间应该为1963年以后，很可能以"文化大革命"十年作为分水岭。

在个人语言中，汉语使用率达50%，蒙古语使用率为14.3%（父）和7.7%（母），比祖辈降低2.4个百分点（父—祖父）和25.6个百分点（母—祖母）。双语使用率依然保持家庭语言水平。在父母辈个人语言使用模式形成过程中，由于蒙古语文教育的缺失，学校语文教育大大强化了汉语的升势［从家庭语言至个人语言汉语使用率分别提高 28.5 个百分点（父）和 15.4 个百分点］和蒙古语颓势［蒙古语使用率分别降低 14.3 个百分点（父）和 7.7 个百分点，降幅均为 50%］。从此基本上可以推定（异族通婚家庭数据代表语言使用模式变化的激进趋势），自 20 世纪 60 年代以后，宁城县小城子镇蒙古语逐渐进入濒危状态，蒙古语和蒙汉双语从社会交际和教育领域退出，成为家庭语言。

3. 小城子蒙古族异族通婚家庭代际间婚姻观变化比较

在此，婚姻观指的是家庭成员对异族通婚的态度。民族接触和交往，一般以政治和经济交往作为先导，利益的趋同及其认同程度，是民族间政治经济交往顺利进行的基础。民族间的文化交往随民族间的政治经济交往而发生，并深受政治、经济和制度约束，但文化交往有时突破这个约束，并保持相对独立的交往渠道。政治、经济利益对立的族群间，也可以存在一定程度的文化交往关系。

一定规模的异族通婚，是民族间政治、经济、文化交往长期、持续、稳定发展的产物，政治上的平等地位、经济上的互通有无、文化价值观上的互补、认同，和血缘关系上的彼此接受，是异族通婚实现的基本条件。家庭成员对异族通婚的态度，深受家族异族通婚实践及其历史的影响，同时也受家庭所处社会婚姻观的约束。家族中有异族通婚，家庭成员对异族通婚的态度随之改变（尽管这种态度在代际间有差异），但如果家庭所处社会还不能普遍接受异族通婚，那么家庭成员对异族通婚的态度将是谨慎的，经常采取回避策略。从代际间的态度差异看，一般经过不赞成—赞成和不赞成并立—无所谓—赞成这样几个阶段。

被调查者采取回避策略，不回答问题，可能包含两个潜在价值：一是不赞成，但不表态，当家族中有异族通婚史或社会婚姻价值观明显有利于异族通婚时，个体有可能保持沉默；另一种情况是，赞成，但不表态，当家庭中的长辈和社会成员普遍排斥异族通婚时，个体可能保持沉默。回避者的真实价值取向，一般可以从回答者的倾向进行判断。

小城子镇蒙古族异族通婚家庭代际间婚姻观变化数据见表 45，趋势见图 68。

表45		宁城县小城子镇柳树营子村异族通婚家庭婚姻观变化情况						单位：人，%	
辈分	计	异族通婚							
		好	%	不好	%	无所谓	%	无	%
爷爷	6					2	33	4	77
奶奶	6	3	50					3	50
父亲	14	4	29	2	14	3	21	5	36
母亲	13	2	15	3	23			8	62
平辈	28	5	18	2	7	8	29	13	46

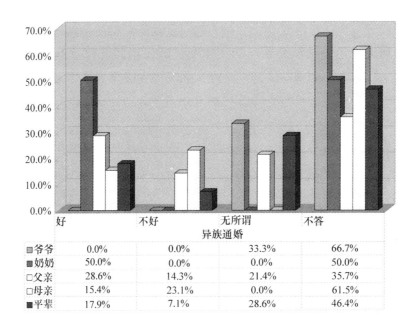

	好	不好	无所谓	不答
爷爷	0.0%	0.0%	33.3%	66.7%
奶奶	50.0%	0.0%	0.0%	50.0%
父亲	28.6%	14.3%	21.4%	35.7%
母亲	15.4%	23.1%	0.0%	61.5%
平辈	17.9%	7.1%	28.6%	46.4%

图68　小城子镇代际间婚姻观变化

　　小城子镇蒙古族异族通婚家庭代际间婚姻观变化数据显示，祖辈男性对异族通婚持无所谓态度的占33.3%，显然这与他们的通婚率（33%）直接相关；祖辈女性有50%的人认为异族通婚好，其中包括除汉族外的多达17%的蒙古族女性，说明在那个时代，对异族通婚，女性的态度比男性更积极。祖辈男性中有66.7%，女性中有50%的人回避此问题，但从小城子祖辈异族通婚率和回答者的态度看，回避者中持赞同但有所顾忌的人占多数，而且男性社会的顾虑大于女性社会。

在父母辈中，有 28.6% 的男性认为异族通婚好，21.4% 觉得无所谓，14.3% 认为不好，35.7% 的人未回答。看似数据有些分散，但是对异族通婚表示赞成和持无所谓态度的人相加可达到 50%，也就是说，有 50% 的人能够接受异族通婚，这个数据我们称做包容度。在女性中，赞成异族通婚的有 15.4%，不赞成的有 23.1%，不回答的有 61.5%。这是一个异常数据，因为父母异族通婚率为 53.8%，其中 60% 的女性来自汉族，但女性中对异族通婚的赞同者却比同辈男性和上一辈女性减少了。这是为什么呢？如前所述，父母辈婚恋高峰期是 20 世纪 70 年代至世纪末，一种可能是"文化大革命"对异族通婚家庭造成冲击，民族矛盾内化为家庭矛盾，造成妇女对异族通婚的低评价；另一种可能是，改革开放后市场经济的发展使蒙古族男性的某些缺点（不善于经营，经济地位降低）显露出来，引起女性特别是汉族女性的不满。

在子女辈中，赞成异族通婚者的比例提高到 17.9%，持无所谓态度者占 28.6%，包容度达到 46.5%，反对的只占 7.1%，回避率也有所降低。子女辈的婚恋期为 20 世纪 80 年代后，改革开放后新一代的民族关系和婚姻观，在某种程度上矫正了母亲辈扭曲的婚姻观。

4. 小城子蒙古族异族通婚家庭代际间语言观变化比较

如前所述，异族通婚对家庭语言模式有直接影响，而且还间接影响个人语言使用模式的形成，在特定的家庭语言使用模式和个人语言使用模式背景下，人的语言观也发生变化。但语言观的表露，却受到社会语言环境的约束。在以蒙古语母语为主流语言的社会，转用汉语的话题显得敏感，个体有可能采取回避策略；在基本转用汉语的社会，单用蒙古语的主张可能遭到抵制；当两种语言实力相当，并行兼用时，社会成员的语言观出现多元化，但在使用双语上意见却趋于统一。语言观是语言社会功能的认知和认同形式，促进语言观转变的主要动力是语言地位、语言功能、语言价值的社会实践及其变化。

语言观一般包括情感和功利两个因素，就强势语言而言，这两个因素相伴相随，不好截然分开；但对衰变语言和濒危语言来说，这两个因素在不同层面上起作用：当对语言进行价值判断时，情感因素起重要作用；当对社会语言进行主动或被动选择时，功利因素起主要作用。

小城子镇蒙古族异族通婚家庭代际间语言观变化数据见表 46，趋势见图 69 和图 70。图 69 反映家庭成员对转用汉语和只用蒙古语这两种单语模式的态度，图 70 反映对蒙汉双语模式的态度。

表46　　　　宁城县小城子镇柳树营子村异族通婚家庭语言观变化情况　　　单位：人，%

辈分	计	转用汉语								使用双语						只用蒙语							
		好	%	不好	%	无所谓	%	无	%	好	%	无所谓	%	无	%	好	%	不好	%	无所谓	%	无	%
爷爷	6			2	33			4	67	3	50			3	50								
奶奶	6	3	50					3	50	4	67			2	33	3	50					3	50
父亲	14	5	36	2	14	2	14	5	36	8	57	1	7	5	36	4	29	1	7	1	7	8	57
母亲	13	1	8	4	31			8	62	5	38			8	62	1	8	1	8			11	85
平辈	28	3	11	2	7	10	36	13	46	16	57	1	4	11	39	2	7	3	11	3	11	20	71

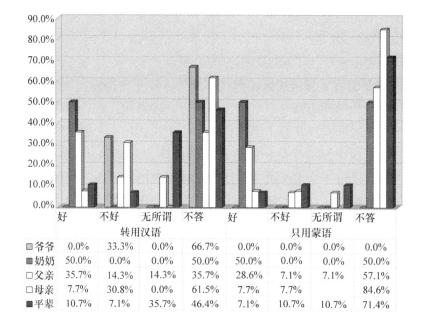

	转用汉语				只用蒙语			
	好	不好	无所谓	不答	好	不好	无所谓	不答
爷爷	0.0%	33.3%	0.0%	66.7%	0.0%	0.0%	0.0%	0.0%
奶奶	50.0%	0.0%	0.0%	50.0%	50.0%	0.0%	0.0%	50.0%
父亲	35.7%	14.3%	14.3%	35.7%	28.6%	7.1%	7.1%	57.1%
母亲	7.7%	30.8%	0.0%	61.5%	7.7%	7.7%		84.6%
平辈	10.7%	7.1%	35.7%	46.4%	7.1%	10.7%	10.7%	71.4%

图69　小城子镇代际间语言观变化（一）

　　小城子镇蒙古族异族通婚家庭代际间语言观变化数据显示，祖辈男性的
33.3%认为转用汉语不好，66.7%不予回答；对蒙古语单语，各项都未选
择。说明祖辈男性基本上不赞成转用汉语，因为他们在情感上不愿放弃自己
的母语；但他们也不主张只用蒙古语，因为这在当地社会根本行不通；他们
也不说只用蒙古语不好，因为从情感上讲，使用蒙古语没什么不好。祖辈女
性的语言态度和男性不同，50%认为转用汉语或单用蒙古语好，有50%未
予回答。也就是说来自汉族的女性（33%）和部分蒙古族女性赞成转用汉
语，反对者保持沉默；有50%的女性（大部分应该是蒙古族）赞成只用蒙
古语，反对者保持沉默。由于异族通婚，祖辈女性语言观出现了两极对立。

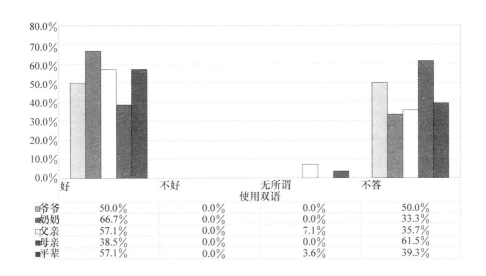

	好	不好	无所谓 使用双语	不答
爷爷	50.0%	0.0%	0.0%	50.0%
奶奶	66.7%	0.0%	0.0%	33.3%
父亲	57.1%	0.0%	7.1%	35.7%
母亲	38.5%	0.0%	0.0%	61.5%
平辈	57.1%	0.0%	3.6%	39.3%

图70　小城子镇代际间语言观变化（二）

　　在父母辈中，35.7%的男性认为转用汉语好，14.3%的人认为不好，
14.3%的人认为无所谓，对转用汉语的包容度为50%。对单用蒙古语，有
28.6%的人认为好，7.1%的人认为无所谓，包容度为35.7%。有7.1%的
人认为不好，有57.1%的人不予回答。看来意见有分歧，但总的趋势是赞
成转用汉语的超过赞成只使用蒙古语的。在父母辈的女性中，只有7.7%的
人认为转用汉语好，认为不好的占30.8%，有61.5%的人不予回答。对单

用蒙古语，赞成和反对的人各占7.7%，有84.6%的人未回答。显然，这是在回避。同父母辈异族通婚数据一样，这是一个异常现象，父母异族通婚率为53.8%，其中60%的母亲来自汉族，她们却不支持转用汉语，也不十分反对单用蒙古语，多数采取回避态度。从前述分析得知，在父母的个人语言中汉语使用率达50%，蒙古语使用率为14.3%（父）和7.7%（母），蒙古语文教育退出了学校。在"文化大革命"前后的极"左"路线推动下，汉语使用出现畸形发展。因此，对父母辈女性婚姻观所做的两种推测，其基本方向也适用于此。

在子女辈中，赞成转用汉语的占10.7%，不赞成的占7.7%，认为无所谓的占35.7%，有46.4%的人未回答。对只用蒙古语，有7.7%的人认为好，10.7%的人认为不好，还有10.7%的人认为无所谓，有71.4%的人未回答。

通婚家庭语言观的一个显著特征是赞成使用蒙汉双语制。除父母辈女性外（38.5%），认为使用双语好的都超过50%，父亲有7.1%的人，子女有3.6%的人认为无所谓，反对者消失。回避者比例也明显下降。祖母、父亲、子女辈的包容度都超过60%。

看来，在异族通婚家庭中，对异族通婚和语言价值直接进行评论，有一定难度，因此多数人采取回避策略。但数据趋势也比较明显：（1）对转用汉语持无所谓态度的人逐代增多；（2）对单用蒙古语，持不赞成或无所谓态度的人也逐代增多；（3）对转用汉语和单用蒙古语，祖辈男性持消极态度，祖辈女性却持积极态度，这与通婚和祖辈女性的族源有关；在父母辈中，男性对转用汉语和单用蒙古语持比较积极的态度，而女性态度则比较冷淡。（4）赞成转用汉语和赞成单用蒙古语意见相左，是语言博弈在语言观上的反映，其折中和妥协，就是家庭在使用双语上取得共识。

5. 小结

小城子镇柳树营子村异族通婚率为42%。异族通婚对家庭语言的影响表现在两个方面：（1）祖辈夫妻之间的对话彼此照顾语言习惯，使用双语时，更多地使用蒙古语，但汉语使用也稳步增长；（2）前辈的家庭语言模式影响下一代，家庭语言中汉语使用率提高，蒙古语、双语使用率下降。在家庭中，汉语使用率一旦接近或超过50%，不仅蒙古语走向衰微，而且蒙汉双语也受到挤压。

祖辈受教育年代（1957—1963）学校实行双语教学，祖辈的家庭语言模式在此得到平衡，学校语言教育起到均势作用。祖辈语言中汉语强化趋势的外在动力主要来自社会。

小城子镇蒙古族家庭父母辈家庭语言的总趋势是汉语使用率提高，蒙古语使用率降低，增幅和减幅大致相当。在小城子镇，大约在60年代中期，蒙古语文教育从学校退出，由于蒙古语文教育的缺失，学校语文教育大大强化了个人语言中汉语的升势和蒙古语的颓势。自此，宁城县小城子镇蒙古语逐渐进入濒危状态，蒙古语和蒙汉双语从社会交际和教育领域退出，成为家庭语言。

在小城子镇，异族通婚率从祖辈到父母辈逐代递增，从父母辈到子女辈逐代递减。对异族通婚，祖辈女性态度比男性更积极。父母辈女方对异族通婚的赞同率比同辈男性和前辈女性下降。

这种对异族通婚的低评价在子女辈中（改革开放后新一代）得到某种程度的矫正。

在小城子异族通婚家庭中，对异族通婚和语言价值直接进行评论，有一定难度，因此多数人采取回避策略。但数据趋势依然明显：对转用汉语持无所谓态度的人逐代增多；对单用蒙古语，持不赞成或无所谓态度的人也逐代增多；对转用汉语和单用蒙古语，祖辈、父母辈男性和女性意见相左。这是语言博弈在语言观上的反映，其折中和妥协，就是家庭成员在双语使用上达成共识。

（二）大城子镇蒙古族异族通婚家庭调查

1. 大城子镇蒙古族异族通婚与家庭语言的关系

大城子镇共有8个村，2509户，1.022万人，其中蒙古族与汉族通婚者861户，通婚率为34.3%。本次调查从8个自然村抽取11个样本进行分析。其中祖辈8户，父母辈10户，子女42人。大城子镇蒙古族异族通婚与家庭语言的关系具体数据见表47和表48，趋势见图71。

表 47　　　　　　　宁城县大城子镇异族通婚家庭基本情况　　　　　　单位：人

辈分	计	民族			原籍	年龄	职业			文化程度				
		蒙	汉	满	宁城		农民	无业	其他	小学	初中	高中	中专	无学
爷爷	8	6	2		8	73—	8			6				2
奶奶	8	4	4		8	76—	8			6				2
父亲	10	10			10	50—	7	2	1①	7	1			
母亲	10	4	6		10	54—	7	3	10②	7		2		1
平辈	42	28	14		42	26—62	26	6		2	24	6	2	

表 48　　　　　　宁城县大城子镇异族通婚家庭语言使用情况　　　　　单位：人，%

辈分	计	民族			家庭语言							
		蒙	汉	满	蒙	%	汉	%	蒙汉	%	无	%
爷爷	8	6	2		1	13	7	87				
奶奶	8	4	4		1	13	7	87				
父亲	10	10			3	30	7	70				
母亲	10	4	6		3	30	7	70				
平辈	42	28	14		6	14	36	86				

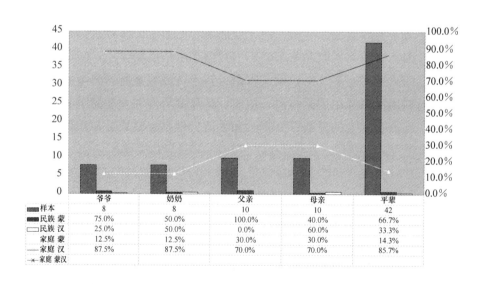

	爷爷	奶奶	父亲	母亲	平辈
■样本	8	8	10	10	42
■民族 蒙	75.0%	50.0%	100.0%	40.0%	66.7%
□民族 汉	25.0%	50.0%	0.0%	60.0%	33.3%
家庭 蒙	12.5%	12.5%	30.0%	30.0%	14.3%
— 家庭 汉	87.5%	87.5%	70.0%	70.0%	85.7%
—*—家庭 蒙汉					

图 71　大城子镇异族通婚与家庭语言的关系

---

① 干部 1 人。

② 干部 2 人，工人 8 人。

大城子镇蒙古族异族通婚家庭祖辈年龄在 73—91 岁之间，出生年代为 1918—1936 年。祖辈异族通婚率达 75%，其中女方为汉族的占 50%，男方为汉族的占 25%。祖辈家庭语言中汉语使用率达到 87.5%，蒙古语使用率为 12.5%。没有蒙汉双语使用者。家庭中的高汉语使用率、低蒙古语使用率和蒙汉双语的消失，说明祖辈家庭语言已向汉语过渡。

父母辈年龄在 50—69 岁之间，出生年代为 1940—1959 年。父母辈的异族通婚率为 60%，男方均为蒙古族（他们的父辈包括 25% 的汉族，现已改为蒙古族）女方汉族占 60%。父母辈家庭语言中汉语使用率为 70%，蒙古语使用率为 30%，没有双语使用者。父母辈民族成分中汉族实际占 85%，但汉语使用率比前辈降低 17.5 个百分点，蒙古语使用率却提高 17.5 个百分点，说明在当时的社会环境中一定存在促进蒙古语使用的某种潮流或因素，这是值得关注的（见下文）。但这类家庭中依然没有双语使用者，说明蒙古语使用率的提高依然未能改变异族通婚家庭汉语强势地位。

子女辈年龄在 26—50 岁之间，出生年代为 1959—1983 年。子女辈的异族通婚率为 33.3%，蒙古族占 66.7%，汉族占 33.3%。他们在家庭中的汉语使用率为 85.7%，超过父母辈，接近祖辈；蒙古语使用率为 14.3%，亦接近祖辈蒙古语使用指数。从图 71 中的蒙古语使用率走势看，蒙古语的使用在异族通婚家庭三代人之间走了一个低—高—低曲线，显示蒙古语在 3 个不同历史阶段中的价值变动。

2. 大城子镇蒙古族异族通婚家庭代际间语言模式变化比较

如前所述，祖辈家庭语言中，汉语使用率为 87.5%，蒙古语使用率为 12.5%。没有蒙汉双语使用者。但学校语言教育对家庭语言模式进行了重大调整，见表 49 和图 72。

表 49　　　　　　宁城县大城子镇异族通婚家庭语言使用模式变化情况　　　　单位：人,%

辈分	计	授课语言								个人语言						工作语言							
		蒙	%	汉	%	蒙汉	%	无	%	蒙	%	汉	%	蒙汉	%	蒙	%	汉	%	蒙汉	%	无	%
爷爷	8	3	38	2	25	1	12	2	25	2	25	4	50	2	25			8	100				
奶奶	8	2	25	3	38	1	13	1	13	3	38	4	50	1	12	1	12	7	88				
父亲	10	6	60	1	10	3	30			5	50	3	30	2	20			9	90			1	10

续表

辈分	计	授课语言								个人语言								工作语言							
		无	%	蒙	%	汉	%	蒙汉	%	无	%	蒙	%	汉	%	蒙汉	%	蒙汉	%	蒙	%	汉	%	蒙汉	%
母亲	10			8	80	1	10	1	10	1	10	7	70	2	20					9	90			1	10
平辈	42	8	19	28	67	6	14			13	31	27	64	2	5			2	5	36	86			4	9

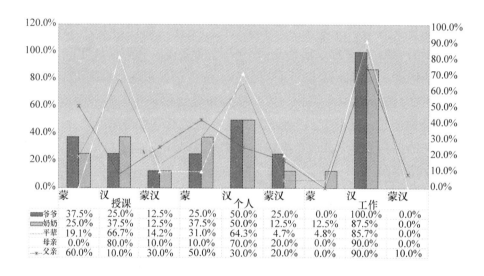

	蒙 授课	汉	蒙汉	蒙 个人	汉	蒙汉	蒙 工作	汉	蒙汉
爷爷	37.5%	25.0%	12.5%	25.0%	50.0%	25.0%	0.0%	100.0%	0.0%
奶奶	25.0%	37.5%	12.5%	37.5%	50.0%	12.5%	12.5%	87.5%	0.0%
平辈	19.1%	66.7%	14.2%	31.0%	64.3%	4.7%	4.8%	85.7%	0.0%
母亲	0.0%	80.0%	10.0%	10.0%	70.0%	20.0%	0.0%	90.0%	0.0%
父亲	60.0%	10.0%	30.0%	50.0%	30.0%	20.0%	0.0%	90.0%	10.0%

图72　大城子镇代际间语言模式变化

数据显示，祖辈男性的蒙古语授课率为 37.5%，比家庭语言中的蒙古语使用率提高 25 个百分点；汉语授课率为 25%，比家庭语言中的汉语使用率降低 62.5 个百分点；在学校语言教育中还出现了 12.5% 的蒙汉双语授课率。学校语言模式和家庭语言模式的差距是巨大的，因此无论是学生还是学校，必然受到来自教育负担和社会的巨大压力。在祖辈个人语言使用中，蒙古语使用率降低至 25%，比蒙古语授课率降低 12.5 个百分点，但比家庭语言中的蒙古语使用率提高 12.5 个百分点，也就是说，学校蒙古语文教育对个人蒙古语使用率的贡献大约是 12.5%；在祖辈个人语言使用中，汉语使用率提高到 50%，比汉语授课率提高 25 个百分点，但比家庭语言使用中的汉语使用率降低了 37.5 个百分点。与此同时，在个人语言中蒙汉双语使用者比例提高到25%。显然，祖辈异族通婚家庭中汉语占优势，但那个时代（1926—1944）的学校教育却扶持蒙古语，适当抑制汉语，使个人语言使用模式发生显著变化。祖辈在个人语言中蒙古语使用率降低，汉语使用率提高的主要推动力在于社会，因为他们在工作中100%使用汉语，这种单一语言使用模式在一定程度上抵消了学校蒙古语文教育的影响。

祖辈女性中50%为汉族，因此蒙古语授课率只有25%，但比家庭蒙古语使用率提高一倍；汉语授课率为37%，比家庭汉语使用率降低50个百分点（见表48）；蒙汉双语授课率为12.5%。学校语言调节作用依然明显。祖辈女性在个人语言中，37.5%讲蒙古语，比蒙古语授课率提高12.5个百分点，比家庭语言提高50个百分点，从家庭到个人语言，蒙古语使用率一路上扬；祖辈女性在个人语言中50%讲汉语，比汉语授课率提高13个百分点，比家庭汉语使用率降低37.5个百分点；她们的蒙汉双语使用率与双语授课率相同，为12.5%。但在工作或邻里语言中，祖辈女性的蒙古语使用率降低至12.5%，汉语使用率恢复到87.5%，即与家庭中的汉语使用率持平。蒙汉双语使用者消失。就异族通婚家庭来说，家庭语言环境和社会语言环境不仅抵消学校蒙古语文教育的效力，同时，为学校语文教育模式带来严重挑战。但汉族女性受蒙古语文教育，促进了蒙汉民族之间的文化交流和沟通，为异族通婚打开了缺口。大城子祖辈异族通婚率高的一个重要原因，就在于此。

在大城子镇蒙古族家庭父母辈中，学校蒙古语文教育进一步改善，男性的60%受到蒙古语文教育，汉语教育只占10%，受蒙汉双语教育者比例达30%，蒙古语授课率比家庭蒙古语使用率提高一倍，汉语授课率比家庭汉语使用率降低60个百分点，而双语授课率却是从无到有。在个人语言中，父母辈男性的蒙古语使用率为50%，比蒙古语授课率降低10个百分点，但比家庭蒙古语提高了20个百分点，理应看做来自学校蒙古语文教育的贡献。在个人语言中，祖辈男性汉语使用率为30%，比汉语授课率提高20个百分点，但比家庭汉语使用率降低40个百分点；蒙汉双语使用率为20%，比双语授课率降低10个百分点。在工作领域，父母辈男性90%使用汉语，纯蒙古语使用者消失，蒙汉双语使用者仅为10%，比双语授课率降低一半，学校蒙古语文教育的效率基本丧失殆尽。父母辈受教育的年代应为1948—1973

之间，其中，1948—1965 年是民族语文教育的一个重要阶段。

　　父母辈女性中 60% 是汉族，受教育年代为 1948—1969 年（大约 70% 为小学文化）。因此在授课语言中纯蒙古语消失（家庭蒙古语为 30%），汉语授课率提高到 80%（家庭汉语为 70%），蒙汉双语授课率为 10%（家庭双语为 0）。父母为同代人，受教育年代也大致相当，为什么他们的授课语言模式之间有如此大的差别呢？与来自汉族的祖母相同，来自汉族的母亲在家庭中都使用汉语，区别在于来自汉族的祖母大部分是受过蒙古语教育的，而来自汉族的母亲，受时代影响，绝大多数有可能选择了汉语学校。因此，学校语文教育的调节作用和父母辈的男性受教育环境不同，促进汉语使用，没有为子女蒙古语学习和使用创造条件。在个人语言中，母亲蒙古语使用率为 10%，汉语使用率为 70%，双语使用率为 20%。显然，个人语言中仅存的蒙古语和 20% 的双语使用率，是受家庭语言支撑的，因为她们在工作中或邻里间 90% 使用汉语，单纯蒙古语和双语模式消失。

　　子女辈通婚率为 33.3%，受教育年代为 1967—1997 年（76% 受过中等教育，包括 57% 的初中文化和高中、中专文化）。期间，蒙古语文教育得到恢复，但蒙古语授课率只有 19.1%，汉语授课率为 66.7%，蒙汉双语授课率为 14.2%。如果进一步分析，异族通婚家庭子女辈接受汉语授课教育者的 57% 是蒙古族，43% 是汉族，接受汉语授课的蒙古族比例超过汉族；汉族的 85.5% 上汉语学校或接受汉语授课教育，14.3% 接受蒙汉双语教育；仅剩的接受蒙古语授课教育的全是蒙古族，接受蒙汉双语教育者中 66.6% 是蒙古族，33.3% 是汉族。他们在家庭中的汉语使用率为 85.7%，超过父母辈，接近祖辈；蒙古语使用率为 14.3%，子女辈在个人语言中，31% 使用蒙古语，比家庭蒙古语使用率（14.3%）提高 16.7 个百分点，比学校蒙古语授课率（19.1%）提高 11.9 个百分点，这一部分人应该都是蒙古族。在子女辈个人语言中，汉语使用率为 64.3%，比家庭汉语使用率（85.7%）降低 21.4 个百分点，比汉语授课率降低 2.4 个百分点；蒙汉双语使用率仅为 4.7%，比蒙汉双语授课率（14.2%）降低 9.5 个百分点。在工作中，子女辈的 85.7% 使用汉语，只有 4.8% 使用蒙古语。可见，除异族通婚家庭的家庭语言环境外，促进汉语使用率抵消蒙古语授课效率的主要因素是社会语言环境。这种社会语言环境的作用体现在两个方面：一是通婚家庭的汉族和多数蒙古族选择汉语授课教育；二是社会的工作环境基本转用汉语。

3. 大城子镇蒙古族异族通婚家庭代际间婚姻观变化比较

大城子镇蒙古族异族通婚家庭代际间婚姻观变化数据见表 50，趋势见图 73。

表 50　　　　　　宁城县大城子镇异族通婚家庭婚姻观变化情况　　　　单位：人，%

辈分	计	异族通婚							
		好	%	不好	%	无所谓	%	无	%
爷爷	8	6	75					2	25
奶奶	8	6	75					2	25
父亲	10	6	60					4	40
母亲	10	6	60			2	20	2	20
平辈	42	24	57	2	5			16	38

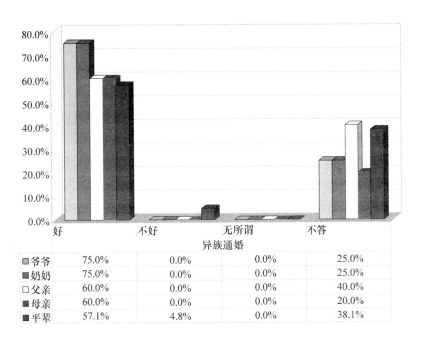

图 73　大城子镇代际间婚姻观变化

　　大城子镇祖辈对异族通婚的认同度较高，男女方认同率均为75%，父母辈男女方认同率均为60%，子女辈认同率为57.1%，呈逐代下降趋势，但祖辈和父母辈中没有不赞成的和觉得无所谓的，回答明确而肯定；只有祖辈的25%，母亲的20%，父亲的40%避而不答。子女中有4.8%的人持不赞成态度，比例虽低，倾向却值得注意。首先应该肯定，大城子蒙古族通婚家庭成员中的绝大多数赞同异族通婚。认同度的逐代下降可能有两个方面的原因：一是对异族通婚的认识有变化；二是由于通婚家庭或不通婚家庭汉族改变民族成分，异族通婚统计显示不出来。但从20%—40%的人对这一问题保持沉默看，异族通婚还是有一定的阻力或顾虑，原因可能包括来自政策失误和民族关系变化的影响。

　　4. 大城子蒙古族异族通婚家庭代际间语言观变化比较

　　大城子蒙古族异族通婚家庭代际间语言观变化数据见表51，趋势见图74。

表51　　　　　　　　宁城县大城子镇异族通婚家庭语言观变化情况　　　　　　单位：人,%

辈分	计	转用汉语								使用双语								只用蒙语					
		好	%	不好	%	无所谓	%	无	%	好	%	不好	%	无所谓	%	无	%	好	%	不好	%	无	%
爷爷	8	3	38			4	50	1	12	6	75			2	25			1	13	6	75	1	13
奶奶	8	2	25	1	13	4	50	1	13	5	63	1	13	2	25			1	13	6	75	1	13
父亲	10	3	30			4	40	3	30	6	60			2	20	2	20	1	10	6	60	3	30
母亲	10	3	30			4	40	3	30	6	60			2	20	2	20	2	20	6	60	2	20
平辈	42	10	24			16	38	16	38	22	52			8	19	12	29	2	5	24	57	16	38

　　转用汉语和只用蒙古语是语言使用的两个极端。祖辈男性对转用汉语的赞成率为37.5%，觉得无所谓的占50.0%，包容度为87.5%；祖辈女性对此持赞成态度的占25.0%，持无所谓态度的占50.0%，包容度为75%，这与祖辈75%的通婚率及语言教育影响有关。祖辈有12.5%的人对异族通婚持不赞成态度，75%认为单用蒙古语不好，基本持否定态度，只有12.5%的人赞成。对汉语的高包容度和对蒙古语单语使用的否定，是和祖辈高通婚率与家庭、个人、工作语言中高汉语使用率相适应的。

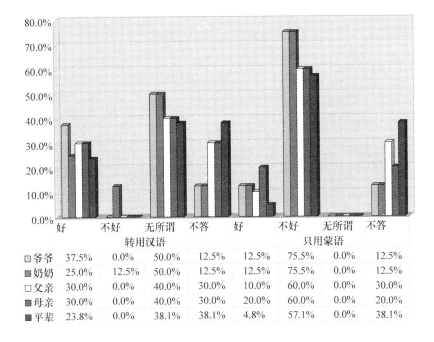

	转用汉语				只用蒙语			
	好	不好	无所谓	不答	好	不好	无所谓	不答
□爷爷	37.5%	0.0%	50.0%	12.5%	12.5%	75.5%	0.0%	12.5%
■奶奶	25.0%	12.5%	50.0%	12.5%	12.5%	75.5%	0.0%	12.5%
□父亲	30.0%	0.0%	40.0%	30.0%	10.0%	60.0%	0.0%	30.0%
■母亲	30.0%	0.0%	40.0%	30.0%	20.0%	60.0%	0.0%	20.0%
■平辈	23.8%	0.0%	38.1%	38.1%	4.8%	57.1%	0.0%	38.1%

图74　大城子镇代际间语言观变化（一）

父母辈赞成转用汉语的占 30%，无所谓的占 40%，包容度为 70%，没有人反对；对单用蒙古语 60% 不赞成，父亲的 10%、母亲的 20% 表示赞成。这与父母辈 60% 的通婚率（男性中还有 25% 的从汉族转来的蒙古族）、个人和工作语言模式相适应。

在子女辈中，赞成转用汉语的占 23.8%（异族通婚率为 33.3%），无所谓的占 38.1%，包容度为 61.9%（个人语言汉语使用率为 64.3%），无人反对；有 57.1% 的人不赞成单用蒙古语，只有 4.8% 的人赞成单用蒙古语（个人语言蒙汉双语率为 4.7%，工作语言蒙古语使用率为 4.8%）。可见，异族通婚率、个人和工作语言使用模式对语言观的形成和演变有重要影响。

再看异族通婚家庭对双语制的态度。具体数据见图 75。

祖辈中男性 75.0% 赞成使用双语，觉得无所谓的占 25.0%，包容度为 100%；祖辈女性 62.5% 赞成使用双语，觉得无所谓的占 25.0%，包容度为 87.5%，另有 12.5% 的人表示不赞成。

在父母辈中，赞成使用双语的占 60%，无所谓的占 20%，包容度为 80%。

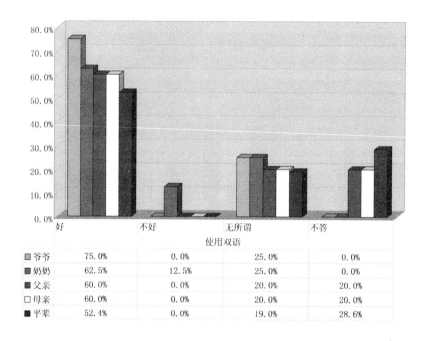

	好	不好	无所谓	不答
爷爷	75.0%	0.0%	25.0%	0.0%
奶奶	62.5%	12.5%	25.0%	0.0%
父亲	60.0%	0.0%	20.0%	20.0%
母亲	60.0%	0.0%	20.0%	20.0%
平辈	52.4%	0.0%	19.0%	28.6%

使用双语

图75　大城子镇代际间语言观变化（二）

在子女辈中，有52.4%的人赞成使用双语，19%的人觉得无所谓，包容度为71.4%。

在大城子镇蒙古族异族通婚家庭中，无论是家庭、学校、个人语言或工作语言，双语使用率都不高（最高为30%，一般为10—20%），但为什么几代家庭成员对双语的包容度却很高呢？因为赞成使用双语是一个温和的、折中的答案，既不偏向汉族和汉语，也不偏向蒙古族和蒙古语，在异族家庭中不伤和气。在此，对双语的赞成，除言语策略意义外，没有实际价值，它掩盖的是异族通婚家庭成员转用汉语的基本事实。双语赞成度的逐代下降，就是证明在异族通婚家庭中汉语单语人迅速成长的趋势。

5. 小结

大城子镇蒙古族异族通婚率为34.3%。祖辈（1918—1936）家庭中的汉语使用率高、蒙古语使用率低，蒙汉双语消失，家庭语言已向汉语过渡。父母辈（1940—1959）家庭汉语和蒙古语的比例为7∶3。子女辈（1959—1983）家庭汉语使用率超过父母辈，接近祖辈。从祖辈到子女辈，蒙古语趋势走低—高—低曲线，显示蒙古语使用率在不同历史阶段中的波动。

祖辈受教育年代（1926—1944），学校教育明显扶持蒙古语，适当抑制汉语，使个人语言模式发生显著变化。而祖辈个人语言模式中蒙古语使用率降低、汉语使用率提高的主要推动力在于社会，因为他们在工作中100%使用汉语。这种单一的语言模式在一定程度上抵消了学校蒙古语文教育的效率。但汉族女性上蒙古族学校，受蒙古语文教育，促进了蒙汉民族之间的文化交流和沟通。大城子镇祖辈异族通婚率高的一个重要原因，就在于此。

大城子镇父母辈受教育年代（1948—1973），学校蒙古语文教育进一步改善，但受社会语言环境影响，学校蒙古语文教育的效率未能得到发挥。父母辈中的汉族母亲受时代影响，绝大多数选择了汉语学校，因此没有为子女的蒙古语学习使用创造条件，反而促进了家庭中的汉语使用。除此之外，子女语言模式中，造成汉语使用率上升、蒙古语授课效率被抵消的主要因素是社会语言环境，体现在两个方面：一是异族通婚家庭的汉族和多数蒙古族选择汉语授课教育；二是社会的工作环境基本转用汉语。

大城子镇祖辈对异族通婚的认同度较高，而后逐代下降。认同度下降可能有两个方面的原因：一是对异族通婚的认识有变化；二是由于异族通婚家庭或不通婚家庭汉族改变民族成分，异族通婚统计显示不出来。但从部分家庭成员对这一问题保持沉默看，异族通婚在当地还有一定的阻力或顾虑，其中包括来自政策失误和民族关系的影响。

祖辈对汉语的高包容度和对蒙古语单语使用的否定，是和祖辈高通婚率与家庭、个人、工作语言中高汉语使用率相适应的。父母辈和子女辈语言观与祖辈基本相同，只是对转用汉语的肯定和单用蒙古语的否定程度逐代降低。其中，异族通婚率、个人和工作语言模式对语言观的形成和演变有重要影响。

几代家庭成员对双语的包容度都很高。因为赞成使用双语是一个温和的、折中的答案，易于被不同民族的家庭成员接受。在此，赞成双语，是言语策略，没有实际意义（因为和语言实际不符），双语赞成度的逐代下降，显示在异族通婚家庭中汉语单语人的迅速成长。

（三）存金沟蒙古族异族通婚家庭调查

存金沟是宁城县蒙古族聚居程度较高的地区，原为存金沟乡，后并入三座店乡。取样村共342户，1251人，其中与汉族通婚者35户，占总户数的10.2%，是3个调查点中通婚率最低的自然村。也许是因为通婚率不高，当地对问卷调查不够重视，填写问卷不够认真细致，影响到问卷质量和效度。问卷取样明确要求选择三代之内有异族通婚的家庭，而收回的问卷缺失祖辈通婚数据，父辈样本太少，多数都是夫妻一代家庭数据，造成纵向比较出现年龄段缺口。另外，有些数据缺乏理据或有违常理，因此存金沟的异族通婚调查数据只能作为一个参照点。

1. 存金沟蒙古族异族通婚与家庭语言的关系

存金沟蒙古族异族通婚及家庭语言关系数据见表52、表53，趋势见图76。

表52　　　　　　　　　宁城县存金沟异族通婚家庭基本情况　　　　单位：人

辈分	计	民族		原籍		年龄	职业			文化程度				
		蒙	汉	宁城	外地		农民	无业	其他	小学	初中	高中	中专	无学
爷爷														
奶奶														
父亲	3	2	1	3		55—66	2		1①	2	1			
母亲	5	4	1	5		53—88	5			2				3
平辈	23	21	2	20	3	20—70	18		5②	5	8	5	4	1

表53　　　　　　　　宁城县存金沟异族通婚家庭语言使用情况　　　单位：人，%

辈分	计	民族			家庭语言							
		蒙	汉	满	蒙	%	汉	%	蒙汉	%	无	%
爷爷												
奶奶												
父亲	3	2	1		2	67	1	33				
母亲	5	4	1		4	80	1	20				
平辈	23	21	2		17	74	1	4	5	22		

---

① 教师1人。

② 教师4人，学生1人。

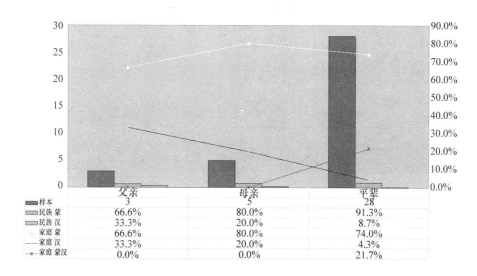

	父亲	母亲	平辈
▨ 样本	3	5	28
▨ 民族 蒙	66.6%	80.0%	91.3%
▨ 民族 汉	33.3%	20.0%	8.7%
─ 家庭 蒙	66.6%	80.0%	74.0%
── 家庭 汉	33.3%	20.0%	4.3%
─×─ 家庭 蒙汉	0.0%	0.0%	21.7%

图 76　存金沟异族通婚与家庭语言的关系

存金沟蒙古族异族通婚家庭父母辈通婚率为 53%，年龄在 53—88 岁之间，出生年代为 1921—1956 年，婚恋期在 1941—1976 年之间。但完整样本（指父母成对的）只有 3 户。女方（样本为 5 人）汉族占 20%，男方汉族占 33.3%。而在子女辈中通婚率下降，只有 8.7%。

在父母辈家庭语言中，男方的蒙古语使用率为 66.6%，汉语使用率为 33.3%（汉族），女方的蒙古语使用率为 80%，汉语使用率为 20%（汉族），汉语使用率与汉族家庭成员比例相同。父母辈中没有蒙汉双语使用者，有违常规，是该组数据可靠性的疑点之一。

子女辈年龄段为 20—70 岁，出生年代为 1939—1989 年。他们在家庭中的蒙古语使用率为 74%，汉语使用率为 4.3%（男性，汉族，20 岁，学生），蒙汉双语使用率为 21.7%（蒙古族 4 人，汉族 1 人）。从子女辈家庭语言蒙古语使用率之高和汉语使用率之低判断，存金沟是一个蒙古族聚居度相对较高，在家庭和社会中蒙古语占据优势的社区，父母的汉语向子女辈传递时被蒙古语同化了。

2. 存金沟蒙古族家庭异族通婚家庭代际间语言模式变化比较

从父母辈和子女辈家庭语言蒙古语使用比例变化看，存金沟社区文化有利于蒙古语使用氛围的形成。但是从家庭语言向个人语言过渡时，还受学校和社会因素的影响和调节。存金沟蒙古族异族通婚家庭代际间语言模式变化数据见表54，趋势见图77。

表54　　　　　　宁城县存金沟异族通婚家庭语言使用模式变化情况　　　单位：人，%

辈分	计	授课语言								个人语言				工作言语					
		蒙	%	汉	%	蒙汉	%	无	%	蒙	%	汉	%	蒙	%	汉	%	蒙汉	%
爷爷																			
奶奶																			
父亲	3	2	67	1	33					2	67	1	33	2	67	1	33		
母亲	5	2	40	1	20			2	40	4	80	1	20	4	40	1	20		
平辈	23	19	83	1	4	3	13			22	96	1	4	9	39			14	61

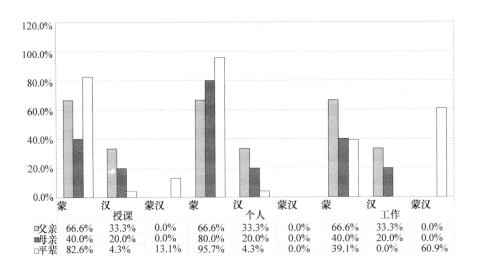

图77　存金沟代际间语言模式变化

父母辈受教育年代为1928—1964年（大部分为小学文化或文盲）。男方授课语言、个人语言和工作语言与家庭语言相同，蒙古语占66.6%，汉语占33.3%。女方授课语言和工作语言比例相同，蒙古语占40%，汉语占

20%，文盲占40%，汉语使用率与女方汉族比例相同，意味着家庭汉族女性成员都是由汉语授课学校毕业的。由于受教育水平低，学校语言教育对个人语言使用模式形成的影响甚微。

子女辈受教育年代在为1948—2009年。此间，存金沟的教育条件有明显改善，子女辈中小学文化占21.7%，初中占34.8%，高中占21.7%，大专占17.4%（均为教员）。数据显示，学校蒙古语文教育成果显著，蒙古语授课者占82.6%，比子女辈家庭蒙古语使用率提高8.6个百分点；汉语授课者占4.3%，保持家庭语言水平；蒙汉双语授课者占13.1%，比家庭双语使用率降低8.6个百分点。在子女个人语言中，蒙古语使用者占95.7%，汉语使用者占4.3%。在工作或邻里，他们的39.1%讲蒙古语，60.9%讲双语，汉语使用率为零。笔者曾经详细观察存金沟年轻一代的个人语言使用模式，他们同其他喀喇沁地区同代人相比，确实比较好地保存了蒙古语，但汉语使用率也很高。汉语使用率和蒙汉双语使用率在家庭、个人和学校语言中被低估了，在工作和邻里，他们也使用汉语。

3. 存金沟蒙古族异族通婚家庭代际间婚姻观变化比较

存金沟蒙古族异族通婚家庭代际间婚姻观变化具体数据见表55，趋势见图78。

表55　　　　　　宁城县存金沟异族通婚家庭婚姻观变化情况　　　　　单位：人，%

辈分	计	异族通婚							
		好	%	不好	%	无所谓	%	无	%
爷爷									
奶奶									
父亲	3			2	67	1	33		
母亲	5			4	80	1	20		
平辈	23	1	4	19	83	3	13		

存金沟异族通婚家庭婚姻观的总趋势是对异族通婚持否定态度，而且这种态度逐代加强，包容度渐次下降。值得注意的是回避率也逐代下降，说明被调查对异族通婚的否定态度是坚决的、不含糊的。这种情况对一个非异族

通婚家庭来说，也许可以理解，但是在异族通婚家庭内部，出现如此坚决的自我否定，是有违常理的，具体原因目前尚不清楚。（参见田野日志 2006 年10 月 20 日八家子的蒙汉通婚）

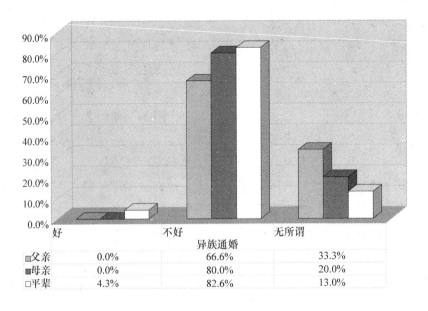

	好	异族通婚 不好	无所谓
■父亲	0.0%	66.6%	33.3%
■母亲	0.0%	80.0%	20.0%
□平辈	4.3%	82.6%	13.0%

图 78　存金沟代际间婚姻观变化

4. 存金沟蒙古族异族通婚家庭代际间语言观变化比较

存金沟蒙古族异族通婚家庭代际间语言观变化数据见表56，趋势见图79。

表56　　　　宁城县存金沟异族通婚家庭语言观变化情况　　　　单位：人,%

辈分	计	转用汉语				使用双语				只用蒙语					
		好	%	不好	%	好	%	不好	%	好	%	不好	%	无所谓	%
爷爷															
奶奶															
父亲	3			3	100	3	100			2	67			1	33
母亲	5			5	100	5	100			4	80			1	20
平辈	23	1	4	22	96	23	100			21	91			2	9

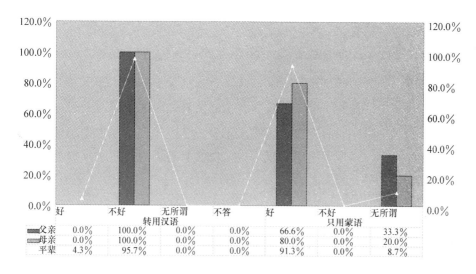

	好	不好	无所谓	不答	好	不好	无所谓
		转用汉语				只用蒙语	
父亲	0.0%	100.0%	0.0%	0.0%	66.6%	0.0%	33.3%
母亲	0.0%	100.0%	0.0%	0.0%	80.0%	0.0%	20.0%
平辈	4.3%	95.7%	0.0%	0.0%	91.3%	0.0%	8.7%

图 79　存金沟代际间语言观变化（一）

对转用汉语，父母辈 100% 表示不赞成，但在子女辈中出现 4.3% 的赞成者。对只用蒙古语，赞成态度逐代加强，持无所谓态度者比例逐代下降。对使用蒙汉双语，无论是父母辈，还是子女辈，100% 表示赞同。由此我们恍然明白，原来在存金沟地区，蒙古语和汉语处于激烈的博弈状态，汉语的不断强化，使蒙古语使用者感到危机，激发了他们对母语使用和保护的强烈意识。语言博弈的妥协点是语言兼用，即实行双语制，存金沟异族通婚家庭的语言观正好反映了这个事实。

5. 小结

存金沟蒙古族家庭异族通婚率为 10.2%。父母辈（出生年代：1921—1956）通婚率为 53%，男方汉族比例高于女方。子女辈中通婚率下降。父母辈在家庭中的汉语使用率与他们的民族比例相同。子女辈（出生年代：1939—1989）在家庭语言中蒙古语使用率高，汉语使用率低，说明父母的汉语向子女传递时被蒙古语同化了。

父母辈的家庭语言向授课语言、个人语言和工作语言过渡时变化不大。家庭汉族女性都是由汉语授课学校毕业的，且受教育水平低，因此受学校语言教育影响不大。而子女辈在学校蒙古语使用率提高，汉语授课率降低，双语使用率保持家庭语言水平。同其他喀喇沁地区同代人相比，他们确实比较好地保存了蒙古语，但他们的汉语使用率、蒙汉双语使用率在调查中被低估了。

存金沟异族通婚家庭婚姻观的总趋势是对异族通婚持否定态度，而且这种态度逐代加强，包容度渐次下降，具体原因目前尚不清楚。

存金沟的父母辈对转用汉语都表示不赞成，而对使用蒙古语单语，赞成态度却逐代加强，说明蒙古语和汉语处于博弈状态。对使用蒙汉双语，无论是父母辈，还是子女辈，都表示赞同。因为语言博弈的妥协点是语言兼用，即实行双语制。

三　喀喇沁左翼蒙古族自治县蒙古族异族通婚及语言使用状况调查

在喀喇沁左翼蒙古族自治县（简称喀左），我们选择了两个调查点：南哨镇白音爱拉村（简称南哨镇）和草场乡。南哨镇居民有 1.3494 万人，其中蒙古族 3363 人，占人口的 25%；汉族 1.0131 万人，占人口的 75%。蒙古族人口中，使用蒙古语者有 1300 人，占蒙古族人口的 39%，占总人口的 9.6%，蒙古语使用人口在全县排第三位。草场乡总人口为 8568 人，其中蒙古族 6388 人，占总人口的 74.6%（蒙古族人口比例全县最高）；汉族 2180 人，占总人口的 25.4%。在草场乡蒙古族中，使用蒙古语者 1100 人，占蒙古族人口的 17%，占总人口的 12.8%，蒙古语使用人口全县排第 7 位。异族通婚调查是以蒙古语使用率的高低作为背景展开的，目的在于探索异族通婚对语言使用模式演变的影响。南哨镇调查点蒙古族蒙古语使用比例较高，而草场乡虽然蒙古族人口比例高，但蒙古语使用者比例较低。两个调查点数据的共同缺点是，没有提供调查点总户数和异族通婚户比例。

（一）南哨镇蒙古族异族通婚家庭调查

南哨镇共抽取 10 个样本。祖辈、父母辈样本各 10 个，分性别调查；子女辈样本 62 个。数据见表 57。

表 57							喀左县南哨镇白音爱拉村异族通婚家庭基本情况								单位：人

辈分	计	民族		原籍		年龄	职业				文化程度					
		蒙	汉	喀左	外地		农民	无业	其他	小学①	初中	高中	中专	大学	无学
爷爷	10	10		10		73—	9	1		6	3					4
奶奶	10	10		10		73—	9	1		4	2					6
父亲	10	10		10		62—	5	1	4②	4			3		1	2
母亲	10	9	1	10		62—	8	1	1③	4			1			5
平辈	62	53	9	62		24—74	39	1	22④	6	20	21	2	13		

　　南哨镇异族通婚数据的缺点是被调查年龄偏高，三代之间年龄段分割不明晰，不利于代际间的比较。

1. 南哨镇蒙古族异族通婚与家庭语言的关系

　　南哨镇蒙古族异族通婚与家庭语言的关系数据见表58，趋势见图80。

表 58					喀左县南哨镇白音爱拉村异族通婚家庭语言使用情况								单位：人，%

辈分	计	民族			家庭语言							
		蒙	汉	满	蒙	%	汉	%	蒙汉	%	无	%
爷爷	10	10			8	80			2	20		
奶奶	10	10			8	80			2	20		
父亲	10	10			6	60			4	40		
母亲	10	9	1		5	50	2	20	3	30		
平辈	62	53	9		10	16	28	45	24	39		

　　数据显示，南哨镇祖辈年龄为73岁以上，出生年代为1936年以前，抽样中没有出现异族通婚个案。祖辈家庭语言中蒙古语占80%，蒙汉双语占20%，没有使用汉语单语的。

---

① 包括私塾。

② 工人2人，干部1人，职员（职工）1人。

③ 工人1人。

④ 工人7人，干部6人，教员4人，职员5人。

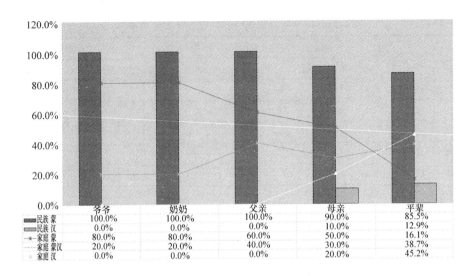

	爷爷	奶奶	父亲	母亲	平辈
民族 蒙	100.0%	100.0%	100.0%	90.0%	85.5%
民族 汉	0.0%	0.0%	0.0%	10.0%	12.9%
家庭 蒙	80.0%	80.0%	60.0%	50.0%	16.1%
家庭 蒙汉	20.0%	20.0%	40.0%	30.0%	38.7%
家庭 汉	0.0%	0.0%	0.0%	20.0%	45.2%

图 80 南哨镇异族通婚与家庭语言

父母辈年龄为 62 岁以上，出生年代为 1947 年以前，异族通婚率为 10%，女方均为汉族。在父母辈家庭语言中，男方使用蒙古语的占 60%，使用蒙汉双语的占 40%，依然没有使用汉语单语的。女方使用蒙古语的占 50%，使用蒙汉双语的占 30%，使用汉语的占 20%，女方汉语使用率，与其汉民族成分相符。

子女辈年龄都在 60 岁以上，出生年代为 1949 年以前，异族通婚率为 12.9%，比父母辈增加 2.9 个百分点。子女辈中使用汉语者增加到 45.2%，蒙古语使用率降至 16.1%，蒙汉双语使用率为 38.7%。受影响最大的是蒙古语，比母亲家庭蒙古语使用率（50%）下降 33.9 个百分点，可见异族通婚，特别是母亲的语言模式，对子女辈语言使用模式的形成影响极大。

2. 南哨镇蒙古族异族通婚与代际间语言使用模式变化比较

南哨镇蒙古族异族通婚与代际间语言使用模式变化数据见表 57，趋势见图 81。

表59　　　　　喀左县南哨镇白音爱拉村异族通婚家庭语言使用模式变化情况　　　单位：人,%

辈分	计	授课语言								个人语言						工作语言							
		蒙	%	汉	%	蒙汉	%	无	%	蒙	%	汉	%	蒙汉	%	蒙	%	汉	%	蒙汉	%	无	%
爷爷	10	8	80	1	10	1	10			9	90			1	10	8	80	1	10	1	10		
奶奶	10	4	40	1	10	1	10	4	40	9	90			1	10	6	60	1	10	1	10	2	20
父亲	10	2	20	3	30	4	40	1	10	6	60			4	40	3	30	4	40	2	20	1	10
母亲	10	1	10	3	30	2	20	4	40	5	50	2	20	3	30	2	20	2	20	2	20	2	20
平辈	62	5	8	20	32	37	60			10	16	26	42	26	42	2	3	35	57	7	11	18	29

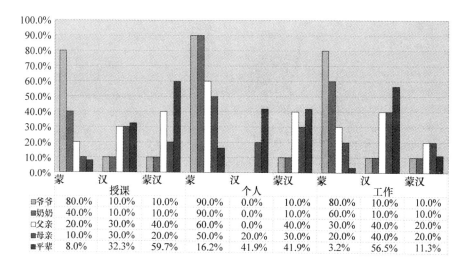

图81　南哨镇代际间语言模式变化

　　在祖辈男方授课语言中，蒙古语占80%，汉语占10%，蒙汉双语占10%，工作语言模式与此相同；在个人语言中，蒙古语占90%，蒙汉双语占10%；祖辈女方40%为文盲，授课语言40%是蒙古语，汉语和双语授课率为10%，工作语言中60%是蒙古语，其他数据与男方相同。这说明，在南哨镇，无论祖辈的家庭环境、学校语言，还是社会环境，蒙古语均占明显的优势，可以界定为蒙古语单语为主、兼用双语的一代。学校10%的汉语授课率，对工作语言中的汉语使用有一定影响，对个人语言使用模式的形成没有明显影响。

　　在父母辈中，男性蒙古语授课率为20%，比前辈降60个百分点；汉语授课率为30%，比前辈提高20个百分点；蒙汉双语授课率占40%，比前辈提高30个百分点。在个人语言中，父亲的60%讲蒙古语，40%讲蒙汉双语，还没有出现汉语单语人。在工作中，30%用蒙古语，40%用汉语，20%用蒙汉双语，使用汉语单语的人数显著增长。很明显，学校授课语言模式和社会工作环境促动了汉语使用率的提高。父母辈受教育年代应为20世纪60年代以前，学校授课语言可以被界定为双语教育模式。当时的社会语言环境是汉语走强势（40%），蒙古语衰弱（30%），20%的蒙汉双语成为缓冲区。在个人语言中，虽然没有出现汉语单语人，但蒙汉双语人增加到相当比例。在父母辈女性授课语言中蒙古语授课率只有10%，汉语占30%，双语授课率占20%，与男性的差别在于女性文盲率较高；在父母辈女性个人语言中，50%讲蒙古语，20%讲汉语，30%讲蒙汉双语，汉语单语人的出现与父母辈女性的族源有关（10%来自汉族）；在工作中，20%用蒙古语，汉语和双语使用率与父亲相同。在此，女性的工作语言实际上是邻里语言，蒙古语使用率比个人语言降低30个百分点，说明语言环境的汉化程度相当快。学校授课语言对女性汉语使用率的保持和提高起到促进作用，也许她们当中的相当一部分本来就是汉语学校毕业的。

　　子女辈受教育年代为1966年以前，蒙古语授课率只有8%，汉语授课率提高到32.3%，蒙汉双语授课率提高到59.7%，属于双语模式中蒙古语文教育极度弱化类型；在个人语言中，讲汉语和双语的人各占41.9%，讲蒙古语的人降至16.2%。在工作中，只有3.2%的人使用蒙古语，使用汉语者比例达56.5%，使用双语者比例降至11.3%。学校授课语言中双语占优势，汉语授课率稳步提高，其实质是汉语走强势；在工作语言中汉语占优势，双语使用率下降，是强势汉语环境作用的结果；在个人语言中汉语和双语使用率相同，是家庭语言和社会语言影响在个人语言能力中内化、折中的结果；学校语言教育的方向与社会语言模式形成趋势一致，对蒙古语的保持和使用未起调节作用。

　　南哨镇蒙古族"文化大革命"以后受教育者语言使用模式变化缺乏数据。从祖辈、父母辈语言使用模式演变的趋势判断，年青一代绝大部分都转用了汉语。当地政府选择高龄段样本的意图，有可能是想回避这一不愉快的话题。

3. 南哨镇蒙古族异族通婚与代际间婚姻观变化比较

南哨镇蒙古族异族通婚与代际间婚姻观变化数据见表60，趋势见图82。

表60　　　　　喀左县南哨镇白音爱拉村异族通婚家庭婚姻观变化情况　　　　单位：人,%

辈分	计	异族通婚							
		好	%	不好	%	无所谓	%	无	%
爷爷	10	1	10	7	70			2	20
奶奶	10	1	10	7	70			2	20
父亲	10	3	30	4	40	1	10	2	20
母亲	10	3	30	4	40	1	10	2	20
平辈	62	14	23	2	3	38	61	8	13

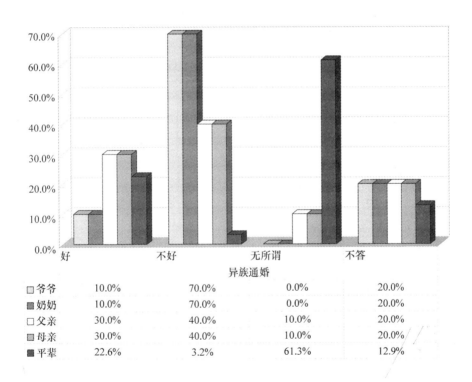

	好	不好	无所谓	不答
□爷爷	10.0%	70.0%	0.0%	20.0%
■奶奶	10.0%	70.0%	0.0%	20.0%
□父亲	30.0%	40.0%	10.0%	20.0%
■母亲	30.0%	40.0%	10.0%	20.0%
■平辈	22.6%	3.2%	61.3%	12.9%

图82　南哨镇代际间婚姻观变化

数据显示，对异族通婚，祖辈基本上持消极态度，70%的人认为不好，20%回避此话题，只有10%表示赞同。

父母辈有异族通婚，因此赞同者占30%，说明异族通婚对婚姻观的转变有直接影响。不赞同者占40%，依然有20%的人不表态。

在子女辈中，对异族通婚的赞同者下降至22.6%，但反对者也减少至3.2%，同时，持无所谓态度的人占到61.3%，回避者比例也下降至12.9%。也就是说，到子女这一代，异族通婚已司空见惯，反对或赞成异族通婚已经没有多大实际意义。从祖辈到孙辈，对异族通婚的观念经历了反对—对立—包容三个阶段。

4. 南哨镇蒙古族异族通婚家庭代际间语言观变化比较

南哨镇蒙古族异族通婚家庭代际间语言观变化数据见表61，趋势见图83。

表61　　　　　　喀左县南哨镇白音爱拉村异族通婚家庭语言观变化情况　　　　单位：人,%

辈分	计	转用汉语								使用双语								只用蒙语							
		好	%	不好	%	无所谓	%	无	%	好	%	不好	%	无所谓	%	无	%	好	%	不好	%	无所谓	%	无	%
爷爷	10	3	30	5	50			2	20	3	30	4	40	1	10	2	20	5	50	3	30	1	10	1	10
奶奶	10	3	30	5	50			2	20	3	30	4	40	1	10	2	20	5	50	3	30	1	10	1	10
父亲	10	5	50	3	30			2	20	7	70	1	10	1	10	1	10	3	30	4	40	1	10	2	20
母亲	10	5	50	3	30			2	20	7	70	1	10	1	10	1	10	3	30	4	40	1	10	2	20
平辈	62	29	47			24	39	9	14	36	58			14	23	12	19	4	6	32	52	14	23	12	19

数据显示（见表61），在南哨镇蒙古族异族通婚家庭，祖辈有30%赞成转用汉语，30%认为只用蒙古语不好；相反，有50%不赞成转用汉语，50%认为只用蒙古语好。祖辈没有异族通婚，多数不赞成异族通婚，但大约三成对转用汉语表示赞同，说明在那个时代，汉语的社会功能已强化到举足轻重的地步。

父母辈有异族通婚，因此50%赞成转用汉语，有30%认为不好；对只用蒙古语30%表示赞成，40%表示不赞成，家庭成员意见针锋相对，不赞成者略占优势。

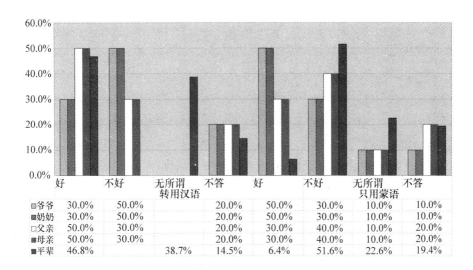

	好	不好	无所谓 转用汉语	不答	好	不好	无所谓 只用蒙语	不答
爷爷	30.0%	50.0%		20.0%	50.0%	30.0%	10.0%	10.0%
奶奶	30.0%	50.0%		20.0%	50.0%	30.0%	10.0%	10.0%
父亲	50.0%	30.0%		20.0%	30.0%	40.0%	10.0%	20.0%
母亲	50.0%	30.0%		20.0%	30.0%	40.0%	10.0%	20.0%
平辈	46.8%		38.7%	14.5%	6.4%	51.6%	22.6%	19.4%

图83　南哨镇代际间语言观变化（一）

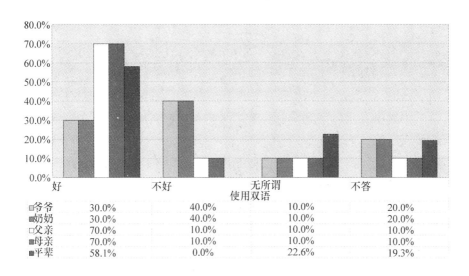

	好	不好	无所谓 使用双语	不答
爷爷	30.0%	40.0%	10.0%	20.0%
奶奶	30.0%	40.0%	10.0%	20.0%
父亲	70.0%	10.0%	10.0%	10.0%
母亲	70.0%	10.0%	10.0%	10.0%
平辈	58.1%	0.0%	22.6%	19.3%

图84　南哨镇代际间语言观变化（二）

在子女中，46.8%的人赞成转用汉语，另有38.7%的人表示无所谓，反对者消失；赞成只用蒙古语者减至6.4%，不赞成只用蒙古语者增加到51.6%，另有22.6%的人表示无所谓。对这一问题的调查，大约20%的人采取了回避策略。总的态度是允许转用汉语，不赞成或不关心只用蒙古语。

对使用蒙汉双语，祖辈中30%的人赞成，40%不赞成，赞成与否，与赞成或反对转用汉语的比例有内在联系。祖辈30%赞成转用汉语，50%反对转用汉语，折中值是40%，即30%的人赞成使用双语和40%的人反对使用双语，是语言博弈妥协的产物。

在父母辈中赞成使用双语者增加到70%，不赞成者降至10%，这一数据同50%的人赞成转用汉语相联系，显示在语言博弈中汉语逐渐占上风。

在子女辈中有58.1%的人支持使用双语，有22.6%的人表示无所谓，反对者消失。语言观变化的总趋势是赞成转用汉语和使用双语的人逐代增加。

5. 小结

南哨镇蒙古族异族通婚家庭祖辈中没有异族通婚者，在家庭中使用蒙古语（80%）和蒙汉双语（20%），没有单用汉语者。父母辈异族通婚率为10%，在家庭语言中，男方蒙古语（60%）和蒙汉双语（40%）使用率接近，没有单用汉语者；女方10%来自汉族，因此开始出现汉语单语人（20%），蒙汉语使用率略低于男方。子女辈异族通婚率为12.9%，使用汉语者增加（45.2%），蒙古语使用率降低，蒙汉双语使用率（38.7%）低于父亲，高于母亲。可见异族通婚，特别是母亲的语言模式，对子女家庭语言模式的形成影响极大。

对异族通婚，祖辈基本上持消极态度；父母辈有异族通婚，因此有相当比例的赞同者，说明异族通婚对婚姻观的转变有直接影响。到子女这一代，异族通婚已司空见惯，反对或赞成异族通婚已经没有多大实际意义，因此对异族通婚的包容度大大提高。从祖辈到孙辈，对异族通婚的观念经历了反对—对立—包容三个阶段。

在语言使用模式上，无论祖辈的家庭环境、学校语言，还是社会环境，蒙古语均占明显的优势，可界定为蒙古语单语、兼用双语的时代。学校语文教学，对工作中的汉语使用有一定影响，对个人语言模式的形成没有明显影响。

父母辈的学校语言教育可以被界定为双语教育模式，同当时社会语言环境相陪衬，促动了汉语使用率的提高。在当时的社会语言环境中，汉语走强势（40%），蒙古语衰弱（30%），20%的蒙汉双语成为缓冲区。在个人语言中，虽然没有出现汉语单语人，但蒙汉双语人增加到相当比例。在女性社会语言中，蒙古语使用率比个人语言降低 30 个百分点，说明社会语言环境的汉化程度相当快。

在子女辈学校语言中，蒙古语授课率极低，相反汉语授课率和蒙汉双语授课率大幅度提高，其模式属于双语模式中蒙古语极度弱化类型。在学校授课语言中双语占优势，汉语授课率稳步提高的实质是汉语走强势；在子女辈工作语言中汉语占优势，双语使用率下降，是强势汉语环境作用的结果；在个人语言中汉语和双语使用率相同，是家庭语言和社会语言影响在个人语言能力中内化、折中的结果；学校语言教育的方向与社会语言模式方向一致，对蒙古语的保持和使用未起调节作用。

（二）草场乡蒙古族异族通婚家庭调查

草场乡总人口中蒙古族占 74.6%，蒙古族人口比例全县最高，但使用蒙古语者只占蒙古族人口的 17%，占总人口的 12.8%，蒙古语使用人口全县排第 7 位。民族人口数和民族语言保持者数的反比例显示，草场乡蒙古族文化丧失程度高，文化融合和语言转用程度深。他们认为学习和掌握蒙古语"没用"或顶多"有些用"，说明他们在文化、心理、情感上逐渐疏远蒙古族群体文化，成为一种特殊的亚文化群体。此次异族通婚调查，共抽取 8 个家庭作为分析样本。数据见图 85。

草场乡蒙古族异族通婚有自己的特点。在喀喇沁蒙古族其他聚居地，蒙古族异族通婚家庭的绝大多数男方为蒙古族，女方为汉族，辈分越高，这个规律越明显。而在草场乡，异族通婚家庭祖辈（出生年代：1937—1952）男性 50% 来自汉族，女性 37.5% 来自汉族。从祖辈到父母辈（出生年代：1956—1979），多数家庭成员的民族成分随父母蒙古族一方改为蒙古族，到子女辈（出生年代：1979—2001）时 100% 成为蒙古族。另外，据当地干部介绍，居民中"随旗"汉人改蒙古族较多。查相关资料，1985 年草场乡汉族占40%①，2008年此比例降至25%，当是汉族改为蒙古族。

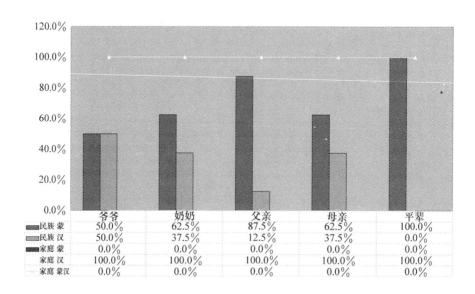

	爷爷	奶奶	父亲	母亲	平辈
民族 蒙	50.0%	62.5%	87.5%	62.5%	100.0%
民族 汉	50.0%	37.5%	12.5%	37.5%	0.0%
家庭 蒙	0.0%	0.0%	0.0%	0.0%	0.0%
家庭 汉	100.0%	100.0%	100.0%	100.0%	100.0%
家庭 蒙汉	0.0%	0.0%	0.0%	0.0%	0.0%

图85　草场乡异族通婚与家庭语言

　　在草场乡，异族通婚对家庭单纯汉语环境没有任何影响。他们在个人、家庭、工作语言中全部使用汉语，不受授课语言影响。尽管在父母辈和子女辈授课语言中出现过37.5%的蒙汉双语授课，但未能改变家庭成员单纯汉语使用模式。

　　草场乡异族通婚家庭成员，都赞成异族通婚、转用汉语和使用双语，不赞成只用蒙古语。子女辈，100%赞成使用双语，只有一人认为只用蒙古语好。尽管他们都赞成使用汉语和反对只用蒙古语，但他们都允许使用蒙汉双语。这是语言博弈的妥协在语言观上的反映，是异族通婚家庭成员的一种表达策略，对语言选择没有实质影响（他们全都使用汉语）。

---

　　① 喀喇沁左翼蒙古族自治县志编纂委员会编：《喀喇沁左翼蒙古族自治县志》，辽宁人民出版社1998年版，第91页。

四 小结

（一）喀喇沁地区蒙古族异族通婚家庭语言使用模式类型

据本次研究，喀喇沁地区蒙古族异族通婚家庭语言模式类型可以分为保持型、转用型、双语型三类。

1. 保持型

喀喇沁地区蒙古语保持型，以宁城县存金沟模式为代表。调查点蒙古族家庭异族通婚率为 10.2%。父母辈出生年代为 1921—1956 年，受教育和成人背景年代为 1929—1976 年，包括民国、抗日战争、解放战争、新中国成立至"文化大革命"结束四个历史阶段。父母辈通婚率为 53%，在家庭中多用蒙古语（男 66.6%，女 80%），汉语使用率与父母的民族比例相同（男 33.3%，女 20%）。父母辈的家庭语言向授课语言、个人语言和工作语言过渡时变化不大。家庭汉族女性都是由汉语授课学校毕业的，且受教育水平低，因此受学校语言教育影响不大。

存金沟模式子女辈出生年代为 1939—1989 年，绝大多数人的出生年代为 1956—1989 年，受教育和成人背景年代为 1964—2009 年。同父母辈相比，子女辈异族通婚率下降，在家庭语言中蒙古语使用率高，汉语使用率低，说明父母的汉语向子女传递时被蒙古语同化了。而在学校，子女辈的蒙古语使用率提高，汉语授课率降低，双语使用率保持家庭水平。存金沟模式父母辈对转用汉语均表示不赞成，而对使用蒙古语单语，赞成态度却逐代加强，说明蒙古语和汉语正处于博弈状态。对使用蒙汉双语，他们都表示赞同。因为语言博弈的妥协点是实行双语制。同其他喀喇沁地区同代人相比，存金沟的蒙古族确实比较好地保存了蒙古语，这与当地蒙古族聚居条件、民众支持和学校蒙古语教育有很大关系。但他们的汉语使用率、蒙汉双语使用率在调查中被低估了。

存金沟模式对异族通婚持否定态度，而且这种态度逐代加强，包容度渐次下降，具体原因目前尚不清楚。

2. 转用型

辽宁省喀喇沁左翼蒙古族自治县草场乡模式可以作为汉语转用型的代

表。祖辈（出生年代：1937—1952）、父母辈（出生年代：1956—1979）、子女辈（出生年代：1979—2001）在家庭、社会、个人场合均转用汉语。尽管在父母辈（学校教育：1956—1979）和子女辈（学校教育：1979—2001）授课语言中出现过 37.5% 的蒙汉双语授课，但未能改变家庭成员单纯汉语使用模式。由于历史上"随旗"汉人改蒙古族，以及改革开放后修改民族成分，草场乡蒙汉文化融合和语言转用程度较深，很早就形成了单一的汉语言环境。草场乡异族通婚家庭成员都赞成异族通婚、转用汉语和使用双语，不赞成只用蒙古语。子女辈 100% 赞成使用双语，是异族通婚家庭成员的一种表达策略，对语言选择没有实质影响（已经全部转用汉语）。

3. 双语型

双语型可根据蒙古语使用程度进一步分为蒙古语濒危型、蒙古语衰弱型和蒙古语下滑型。

（1）蒙古语濒危型

双语型中的蒙古语濒危型以宁城县小城子模式为代表。祖辈出生年代为 1931—1956 年，受教育和成人背景为 1938—1976 年，包括抗日战争、解放战争、新中国成立至"文化大革命"结束三个阶段。这一阶段他们多用蒙古语，汉语使用稳步增长，以双语作为主流模式；那个年代（1957—1963）学校实行双语教学，学校语言教育对家庭语言使用模式起到调节、平衡作用。祖辈语言中汉语强化趋势的外在动力主要来自社会。

小城子模式，父母辈大部分是新中国成立后出生的（1931—1984，减去与祖辈交叉的年龄段，应为 1956—1984），受教育和成人背景年代为 1964—2004 年，家庭语言的总趋势是汉语使用率提高，蒙古语使用率降低。大约在 60 年代中期，在小城子，蒙古语文教育从学校退出，学校汉语文教育大大强化了个人语言中汉语的升势和蒙古语的颓势，蒙古语和蒙汉双语从社会交际和教育领域退出，成为家庭语言。在语言观上，对转用汉语和单用蒙古语，祖辈、父母辈男性和女性意见相左，但总的趋势是，对转用汉语持无所谓态度的人逐代增多；对单用蒙古语，持不赞成或无所谓态度的人也逐代增多，同时作为语言博弈的折中和妥协，他们能够在使用双语上达成共识。

在小城子模式中，异族通婚率从祖辈（33%）到父母辈（53%）逐代递增，对异族通婚，祖辈女性态度比男性更积极，说明祖辈、父母辈成婚年代，蒙古族的政治、经济、文化地位对异族女性有相当的吸引力。汉族女性上蒙古族学校，对异族通婚有促进作用。从父母辈到子女辈异族通婚逐代递减，对异族通婚的赞同率，父母辈女性比男性和前辈女性下降。高通婚率引起的家庭矛盾（如语言态度的对立）和时代背景是主要原因。但在子女辈中（改革开放后新一代）对异族通婚的态度有所好转，时代背景和文化融合（如语言转用）为异族通婚提供了平等的基础。

（2）蒙古语衰弱型

蒙古语衰弱型以辽宁省喀喇沁左翼蒙古族自治县南哨模式为代表。祖辈出生年代为 1911—1936 年，受教育和成人背景年代为 1919—1956 年，大致包括抗日战争、解放战争和新中国成立初期。没有异族通婚家庭，在家庭中使用蒙古语（80%）和蒙汉双语（20%），没有单用汉语者。当时（1919—1942，祖辈多数为私塾或小学毕业生）的语言教育模式可以界定为蒙古语单语为主兼用双语型。学校汉语教育对个人语言模式的形成没有明显影响。可见，那个时代在家庭环境、学校语言和社会环境中，蒙古语均占明显优势。

南哨模式父母辈出生年代为 1919—1947 年，受教育和成人背景年代为 1927—1967 年。异族通婚率为 10%，在家庭语言中，蒙古语（60%）和蒙汉双语（40%）使用率接近，没有单用汉语者；由于女方 10% 来自汉族，家庭中出现女性汉语单语人（20%）。父母辈的学校语言教育（1927—1959，小学和文盲率为 75%，高中 20%）可以被界定为双语教育模式，同当时社会语言环境相陪衬，促动了汉语使用率的提高。当时的社会语言环境是，汉语走强势（40%），蒙古语衰弱（30%），蒙汉双语（20%）成为缓冲区。社会语言环境的汉化程度相当快。

子女辈的出生年代为 1936—1979 年，受教育和成人背景年代为 1944—1999 年［高中（含中专）以下占 79%，大专以上占 13%］，包括解放战争、新中国成立至"文化大革命"、改革开放三个阶段，1969 年以后出生者占73%。异族通婚率为 12.9%，使用汉语者增加（45.2%），蒙古语使用率降低，蒙汉双语使用率（38.7%）低于父亲，高于母亲。可见异族通婚，特别是母亲的语言模式，对子女家庭语言使用模式的形成影响极大。子女辈学校语言模式属于双语模式中蒙古语极度衰弱类型。在学校授课语言中双语占优势，汉语授课率稳步提高的实质是汉语走强势；在子女辈工作语言中汉语占优势，双语使用率下降，是强势汉语环境作用的结果；在个人语言中汉语和双语使用率相同，是家庭语言和社会语言影响在个人语言能力中内化、折中的结果；学校语言教育的方向与社会语言模式形成趋势一致，对蒙古语的保持和使用未起调节作用。

对异族通婚，祖辈基本上持消极态度；父母辈有异族通婚，因此有相当比例的赞同者，说明异族通婚对婚姻观的转变有直接影响。到子女这一代，异族通婚已司空见惯，反对或赞成异族通婚已经没有多大实际意义，因此对异族通婚的包容度大大提高。从祖辈到孙辈，对异族通婚的观念经历了反对—对立—包容三个阶段。

（3）蒙古语下滑型

蒙古语下滑型，即蒙古语使用率在波动中下滑，以宁城县大城子模式为代表。祖辈出生年代为1918—1936年，受教育和成人背景为1926—1956年，包括民国、抗日战争、解放战争和新中国成立初期。异族通婚率为75%，家庭中的汉语使用率高、蒙古语使用率低，蒙汉双语消失，家庭语言已向汉语过渡。但是祖辈受教育年代（1926—1944，即日本占领期）学校教育明显扶持蒙古语，适当抑制汉语，使个人家庭语言模式发生显著变化。汉族女性上蒙古族学校，促进了蒙汉之间的异族通婚。但是，祖辈个人语言模式中蒙古语使用率降低，汉语使用率提高，因为他们在工作中100%使用汉语，社会语言环境抵消了学校蒙古语文教育的效力。

大城子模式，父母辈出生年代为1940—1959年，受教育和成人背景为1948—1979年，大约包括新中国成立至"文化大革命"结束这一历史阶段。异族通婚率为60%，家庭中多用汉语（汉语和蒙古语的使用比例为7:3）。大城子父母辈受教育年代（1948—1973），学校蒙古语文教育进一步改善，但受社会语言环境影响，学校蒙古语文教育的效率未能得到发挥。因汉族母亲与祖辈女性不同，多选择汉语学校，因此在家庭中汉语使用得到强化。

子女辈出生年代为1959—1983年，受教育和成人背景为1967—2003年，包括"文化大革命"和改革开放年代。异族通婚率为33.3%，家庭汉语使用率超过父母辈，接近祖辈。从祖辈到子女辈，蒙古语使用趋势走低—高—低曲线，显示蒙古语使用率在不同历史阶段中的波动。在子女语言使用模式中，汉语使用率上升，在学校教育中仍然坚持蒙古语文教育，但其效率却被社会语言环境抵消，一是异族通婚家庭的汉族和多数蒙古族选择汉语授课教育；二是社会的工作环境基本转用汉语。

大城子模式三代人对转用汉语的高包容度和对使用蒙古语单语的否定，与他们高通婚率与家庭、个人、工作语言中高汉语使用率相适应。他们赞成使用双语，因为它易于被不同民族的家庭成员接受。双语赞成度的逐代下降，是以汉语单语人的迅速成长为背景的。

在大城子调查点，异族通婚率为 34.3%，对异族通婚的认同度祖辈较高，后代依次下降。主要原因在于高通婚率引起的家庭矛盾（如语言态度的对立）和时代背景。从部分成员对这一问题保持沉默看，异族通婚在当地还有一定的阻力或顾虑。

（二）喀喇沁地区蒙古族异族通婚对语言模式演变的影响

研究显示，异族通婚对语言模式的演变有重要影响，但不是决定的因素。就蒙古族家庭而言，异族通婚的影响，主要表现为汉族母亲将汉语带进家庭，并影响子女家庭语言模式。当蒙古族社会文化居强势地位时，汉族受蒙古文化影响，蒙汉之间的异族通婚率提高；当蒙古族社会文化处于弱势时，强势的异族文化促进汉语使用率上升，在家庭中的文化碰撞和一定社会背景下，异族通婚率和对异族通婚率的认同率有可能下降。但在比较开放、自由的社会环境中，由于民族之间的文化交流和融合进一步加深，新一代的异族通婚将获得一个平等、和谐的社会文化基础。

蒙古族异族通婚家庭语言模式演变的决定因素是社会语言环境，其中工作语言和邻里语言是最重要的因素。蒙古语文教育对蒙古语的保持和应用具有重要意义，但如果社会环境的汉化趋势强劲，那么学校蒙古语教育最终抵挡不住来自社会的压力，或早或晚过渡到汉语教育模式。蒙古语一旦退出学校，其社会地位将进一步弱化，最后成为濒危语言或家庭语言。

婚姻观和语言观演变的基础是社会实践。家庭中有异族通婚或异族通婚史，家庭成员在社会中多用汉语，一般会赞同或包容异族通婚、转用汉语；反之，不赞同异族通婚、转用汉语，或以沉默表示回避。对使用双语，不论有没有实践基础，各种语言模式的家庭基本上都表示赞同，因为使用双语是语言博弈妥协的结果，也是异族通婚家庭各方能够接受的言语表达策略。

第九章

总结与理论探索

一　喀喇沁土语社会语言学研究总结

（一）国家的建立和社会职业角色是氏族整合为部落的重要因素

研究显示，喀喇沁部的主要氏族成分是鲜卑—铁勒集团和巴尔虎森林集团，其中包括几十个不同来源的氏族和部落。从明清两代蒙古右翼三万户的氏族构成看，右翼三万户的民众基本上是从成吉思汗的老营发展而来，其中包括成吉思汗时期的各斡耳朵、大禁地和以此为中心的禁军、护军、牧户、匠人和陵寝看护人。喀喇沁部的主要成分是陵寝看护人、钦察、阿速卫军户、牧户及其后裔。蒙古国及元朝出于统治和社会发展需要，将不同氏族部落整合进特定的职业，经过长期的职业生活和共同活动区域内的频繁接触、交往和共同面对的生死体验，这些不同来源的氏族部落最终形成一个大部落、一个民族。当元朝灭亡，他们不得不面对外来民族的巨大压力和威胁时，这些职业部落对蒙古国家的认同意识逐渐转化为对蒙古民族的认同意识和蒙古族族源意识。

实践证明，族源意识比血缘氏族意识维持时间更长、更稳固。很多不同氏族来源的人都不否认他们属于同一个民族，即使是互相敌对、仇杀的部落，一旦组成一个民族，民族的认同将取代过去的不愉快记忆，在共同的命运和利益、在共同的地域和社会中重构他们之间的关系。蒙古王朝的禁卫亲军和宫廷佣人大部分来自战败部落，甚至皇帝的诸多后妃也来自被毁灭的敌对部落的家庭。但这些并没有妨碍他（她）们成为蒙古族成员，即使在绝境中，他们对民族始终忠贞不渝，不改初衷。因为民族国家给他们带来了荣耀，带来了社会地位和角色，带来了共同的利益，他们不仅在同一族称下创造了自己强大的国家，而且由此建立彼此认同的新型关系，共同进入世界不朽的文明历史。利益和荣耀，是族源意识的核心内容。

不同部落氏族的语言文化彼此可能有差异甚至存在巨大差异，但在政治统一和社会整合中这些差异逐渐消失，没有哪个统治者刻意采取人为的文化整合措施和语言统一措施。国家的政治版图一旦形成，消除人和人类集团之间自由往来的障碍，文化和语言必然走向统一。文化和语言具有巨大的传染性和自律性，其方向由社会的经济基础和政治、文化、教育制度决定，但其传播速度却取决于社会特定的条件。

（二）民族接触的程度取决于民族之间的接触方式、地理位置和移民模式

民族接触根据其接触的方式可分为地理接触型和文化接触型两种。在地理接触型民族交往中，人口的移动和定居模式受国家制度和政策的约束，在不同的历史阶段有不同的特点。喀喇沁蒙古族和汉族的接触属于地理接触型，位置是在战略咽喉地区。喀喇沁地区历来是民族争夺、接触和融合地带。喀喇沁人倒向满洲，满洲军队和居民通过喀喇沁地区源源不断地进入内地，同时，汉族移民通过喀喇沁地区开始北上，填补该地区的地理真空和社会真空。

喀喇沁地区的移民模式因移民时间、移民地区、移民政策不同而有差异。移民模式、移民地区民族构成及居住模式对语言社会的形成和延续有影响。平泉县移民开始早、规模大，蒙古族村落成为少数孤岛，在边缘孤岛中，蒙古语以蒙古族聚居的自然村为依托，不同程度地得以保存和传承。喀喇沁旗移民开始早，但受土地所有权限制，形成蒙汉杂居模式，杂居程度逐渐加深，兼用、转用彼此的语言成为自然选择，随着汉族人口占优势，汉语替代蒙古语的趋势开始形成。宁城县的移民开始早，由于有清廷的支持和专门开发机构，移民可以大规模地、独立地建村并开发利用当地土地和山林，居住模式是分离式的，蒙汉民族画地为牢，各保一方，杂居程度较低，蒙古族聚居村落较好地保存了蒙古语。喀喇沁左翼蒙古族自治县移民及其居住模式深受时局影响，清初蒙汉自然杂居，清中期汉族移民占优势，清末至民国后杂居程度加深，但不及喀喇沁旗。在蒙古族聚居的自然村中，蒙古语保留程度比喀喇沁旗好，但不如宁城县。总的倾向是，在移民初期，蒙古族自主性较强，同移民的关系是互利、友好，当地人对异族的戒备心理较少，容易接受外来移民及其文化；当移民以国家政权和政策为后盾，凭强势不顾当地居民的意愿蜂拥而至时，蒙古族居民戒备心增强，但又无力抗拒，因而一般采取画地为牢、故步自封的策略；两个民族相互博弈的地区，居民杂居程度和彼此文化的认同，深受当地局势，尤其是民族关系和政策的影响。

在清代，国家主权在蒙古族地区主要表现在4个方面：（1）行政区划权，分封并实行盟旗制度；（2）管理和任命权，所有王公贵族和平民都是国家的臣民，其职权和地位由国家任命或罢免，所有臣民对国家有纳贡效力的义务；（3）军事防御权，实行驻军和征兵制度；（4）经济开发权，建立特区（如围场），实行移民实边政策，督导旗县分离，提倡兴办教育。移民过程始终受国家的控制和调节，前期是限制，中期是试办，后期是鼓励，但在不同地区时间前后有差异。先有临时移民，然后移民取得永久居住权，移民一旦取得居住权和集团化，他们的各种权利诉求便合法化，国家为保护移民、稳定社会，就必须建立移民区及其管理机构。所以，所谓主权，主要来自两个方面，一是国家暴力和非暴力的统治，古今中外都一样；二是土地所有权和居住权。在喀喇沁地区，移民的主权是通过和平方式取得的，其过程是：临时移民—取得居住权—取得土地开发权和所有权—取得保护移民权利的行政和法律制度。没有永久居住权，其他权利就无从谈起。

（三）土地所有权随阶级关系的变化而变化，命系黄土者才真正守护那份土地

在清代和民国，封建王公在国家授予的封地内，是土地和山林资源的实际所有者，据粗略计算，在喀喇沁地区，他们直接支配的自然村，占蒙古族自然村总数的23.6%。当封建王朝彻底崩溃时，当革命以暴力方式改变土地所有关系时，蒙古封建王公贵族所占有的土地、森林、矿产、商业等都归国家所有或归劳动者和劳动者集体所有。而喀喇沁蒙古族中的劳动人民，绝大多数不能像上层阶级那样，凭借财富、知识和力量移居城市，逃离当地到

内地或海外谋生，他们只能留在自己的土地上，劳作、生活，并且面对人生的艰难选择和绝处逢生。

新中国成立后，许许多多的受过一定年限教育的喀喇沁人离开原地，在城镇参加工作或成为各行各业的劳动者。实践证明，土地对个人或民族的束缚程度与经济发展、财富的积累和教育发展呈反比，没有惠及山沟百姓的发达的农村经济，没有个体的知识积累、财富积累和可供选择的自由开放的职业市场，聚居或杂居的自然村民族构成不会很快改变，基于社会的语言文化模式的转变只能是渐进的，不可能一蹴而就。

（四）人名、地名的汉化受语言演变和语言转用规律支配

人名、地名是用特定语言记录的，说这种语言的人存在，这种语言的人名、地名也会存在；说两种语言的人在一个地区共同生活，就会出现两种语言的译名或两种语言的人名、地名并行现象。这种过程就是人名、地名的汉化现象。蒙古语人名的汉化有其特殊规律，蒙古语地名的汉化有音译、音译加意译、意译加音译、意译、两名并行、改名等不同过程。人名、地名的改变受政府规范制约，但不能强制。姓氏用汉字，应随其取字习惯，但应有稳定性，以利于身份证、户籍登记、护照签证办理和银行、邮局相关手续的办理。蒙古语人名的汉字转写是一种音译，不好强求用某一汉字，但具体一个人的名字转写理应稳定，应以出生登记或户口登记为准。类似问题还很多，比如有蒙古名和汉名，到底以哪个为准？人名的拼写以汉字为准，还是以拉丁字母拼写为准，等等，都需要仔细研究，不可草率从事。

（五）语言使用模式类型及语言转换阶段及速度

喀喇沁地区蒙古族语言使用模式分保持型、转用型、双语型三类。双语型进一步分为蒙古语濒危型、蒙古语衰弱型和蒙古语下滑型。

从喀喇沁建旗到 21 世纪 30 年代，一共不到 400 年，前 300 年蒙汉语经过长时间的接触，蒙古语渐渐丧失优势地位，后 100 年，蒙古语经过蒙古语单语、蒙汉双语，迅速过渡到汉语单语。在整个喀喇沁地区，由于蒙古语的社会使用出现断代，蒙古语的濒危趋势已形成。

在喀喇沁旗总人口中，使用蒙古语言文字的只有 802 人，不到总人口的

0.6%，其中大约一半人数为在校学生和少数机关干部。在喀喇沁旗，从
1921—1936 年，是蒙古语向蒙汉双语过渡时期；1938—1951 年，是蒙汉双
语并用时代；1951—1989 年，是转用汉语的时代。

在喀喇沁左翼蒙古族自治县，蒙古语使用者占全县蒙古族总人口的
15.9%。但实际使用者不足 10%，多数为老年人。喀左县蒙古族语言使用模
式在新中国成立前就已从纯蒙古语过渡到蒙汉双语模式，从新中国成立初至
1979 年从蒙汉双语过渡到汉语单语模式。

在宁城县，蒙古语使用人口不到 1 万人，占全县蒙古族人口数的
13.5%，占总人口数的 1.6%。从上下两代人语言变化看，蒙古语使用率在
波动中下滑，子女双语使用峰值期比家长提早一个时间段。在社会和学校语
言中双语保持发展势头，在市场和政府域汉语占优势，在家庭和学校语言中
蒙古语有一定优势，在两种语言的博弈中，双语得到迅速发展，其实质是蒙
古语衰退，汉语得到强化，家庭语言让位给社会语言。

（六）影响语言转换速度的诸因素

影响语言转换速度的关键因素是民族接触模式，尤其是居住模式。喀喇
沁旗移民时间早，蒙汉杂居程度深，兼用、转用彼此的语言是自然选择，随
着汉族人口占优势，汉语替代蒙古语的趋势开始形成；宁城县移民时间也很
早，但居住模式是分离式的，杂居程度较低，蒙古族聚居村落较好地保存了
蒙古语；喀喇沁左翼蒙古族自治县移民及其居住模式深受时局影响，清初蒙
汉自然杂居，清中期汉族移民占优势，清末至民国后杂居程度加深。在蒙古
族聚居的自然村中，蒙古语保留程度比喀喇沁旗好，但不如宁城县。喀喇沁
地区蒙汉语言接触实践证明，影响并决定语言使用模式转换的关键因素首先
不是使用者绝对人口的多寡，也不是使用者在总人口中所占比例，而是居民
社会中不同民族的居住模式和杂居、交往程度。一定人口规模的自然村是语
言社会得以形成和保存的最基本的社会形态。

语言使用场域是影响语言使用模式转换的重要因素。在喀喇沁地区，蒙
汉杂居社区，家庭是母语激励源，社会是汉语激励源，社区人员的实际语言
能力，在一般情况下，接近两种语言使用率的折中值。具体表现在语言模式
转换上，第一步双语得到发展，纯蒙古语的使用受到抑制，汉语使用逐步扩

大；第二步蒙古语从社会交际域退出，双语使用率下降，汉语使用率稳步上升；第三步完全转用汉语。在社会场域中，政府、市场、单位是最主要的汉语使用区，但不论在城镇还是乡村，学校是居民汉语水平得到提高和巩固的重要场所，而民族语言授课学校是母语、母文化保护的重要阵地，学校对居民语言使用模式的形成有一定影响，其影响程度受社会语言环境和政府语言教育政策支配。

地域社会经济文化发展程度影响语用模式的转换。从语言模式转换的速度看，城镇快于乡村，子女快于父母，干部快于农民和学生。

职业对语言使用模式变化有一定影响。在喀喇沁地区蒙古族现时语言中，汉语使用程度最高的是干部，其次是家长，教师最低。即使在蒙古语使用最好的宁城地区，各种职业人员蒙古语使用率也在下降，干部的蒙古语已退出社会域。各种职业人员双语使用呈下降趋势，使用程度最高的是教师，家长次之，干部最低。

家庭语言中的年龄、等级和性别约束随场景发生变化。从喀喇沁左翼蒙古族自治县调查看，在老年组家庭中，父母的蒙古语保持一定强势地位，子女对话模式中的蒙古语使用率依据从长辈到平辈，随约束的放松程度而降低。在现时语言中蒙古语使用者减少，说明在现时语言中，社会因素的影响超过家庭中的年龄、等级等因素的影响。在中年组家庭晚辈同长辈对话时，家庭内部基于等级的约束大大弱化，祖父、母亲、祖母代表相对封闭式的家庭语言环境，晚辈与他们对话时有迁就倾向，汉语使用率略低；父亲和平辈语言代表相对开放式的家庭语言，汉语使用率提高，双语使用率降低。其中，同父亲的对话模式最接近被调查现时语言应用模式。事实证明，现时语言使用模式形成的决定性因素是社会语言环境，家庭语言随社会语言环境而发生变化。社会语言环境的影响首先体现在父亲和晚辈语言应用模式上，然后波及祖父母和母亲，逐渐向家庭语言渗透。

（七）语言转换和文化迁移不同步，语言选择和情感评价不一致

不管语言濒危到什么程度，喀喇沁蒙古族都很欣赏本民族文化，说明文化变迁比语言变迁来得慢，民族文化即使转换语言媒介，也能够保持自己的特色和受众，但离开民族语言媒介，文化的民族性和创造力将逐渐衰退。

语言态度的决定依据来自主观和客观、语言功能和语言情感。一般而言，民族成员在社会语言的选择（行为抉择）上重功能因素，当语言的功能取向和情感取向出现矛盾时，倾向于压抑或牺牲情感因素。但是，喀喇沁蒙古族在基本转用汉语的情况下，仍然坚持用蒙汉双语教学，认为蒙古语和汉语是最重要的语言，说明情感因素对语言选择有强烈影响。青年一代中有部分人主张用蒙古语单语教学，是一种文化回归或逆反心理的表露。所有被调查者都不希望丢失自己的母文化和母语，都希望与蒙古族整体保持统一的文化纽带。但他们都认为学习掌握汉语和蒙古语很有用，这从另一角度证实他们的文化回归心理和行为倾向是健康的、理智的。

语言态度与语言使用者身份及其语言实践有关。在喀喇沁左翼蒙古族自治县草场乡，由于历史的原因，民族融合和文化融合速度快，绝大多数居民转用汉语，他们认为学习和掌握蒙古语"没用"或顶多"有些用"，说明他们在文化、心理、情感上疏远蒙古族群体文化，成为一种特殊的亚文化群体。

（八）语言教育与语言转换

学校语言教育对语言使用模式有调节作用。家庭语言使用模式向个人语言使用模式过渡时，需要经过学校教育和社会语言两个因素的缓冲和调节。

学校语言教育在个人语言使用模式形成过程中的调节作用表现在三个方面：（1）增势，即加强家庭语言中形成的语言使用模式倾向；（2）减势，即减弱家庭语言中形成的语言使用模式倾向；（3）均势，即家庭语言中形成的激进倾向得到缓和，为个人语言使用模式的形成创造一个缓冲区。如：

增势：家庭蒙古语强势＋学校蒙古语强势＝个人语言中蒙古语走强势；家庭汉语强势＋学校汉语强势＝个人语言中汉语走强势。

减势：家庭蒙古语强势＋学校蒙古语弱势＝个人语言中蒙古语呈弱势；家庭语言汉语强势＋学校汉语弱势＝个人语言中汉语呈弱势。

均势：家庭蒙古语强势＋学校汉语强势＝个人语言形成双语；家庭语言汉语强势＋学校蒙古语强势＝个人语言形成双语。

在一定的双语社会环境中学校实行双语教学，学校语言教育对家庭语言使用模式起到调节、平衡作用。学校语言教育中的双语教育模式，同社会语言环境相陪衬，必然促进汉语使用率的提高，其实质是汉语走强势。

如果学校语言教育模式和家庭语言使用模式之间差距过大，无论学生还是学校，必然会受到来自教育负担和社会的巨大压力。在教育不发达地区，或者居民受教育水平低，学校语言教育对个人语言使用模式形成影响甚微。

学校语言教育的平衡作用受社会语言环境制约。在汉文化占支配地位的社会，汉语使用率提高的主要推动力是社会，当居民工作语言完全转换为汉语，社会语言变成汉语单语时，社会语言会抵消学校蒙古语文教育的效率。如果学校语言教育的方向与社会语言使用模式一致，学校对蒙古语的保持和使用将不起调节作用。

学校语言教育及其模式受国家语言文字政策的导向。在国家统一的语言文字政策指导下，各地会出现不同的语言教育模式；当国家语言文字政策有变动或受到冲击时，各地学校教育中的语言文字教育模式也随之改变或出现紊乱。一旦学校蒙古语文教育出现缺失，学校语文教育会大大强化汉语的升势和蒙古语的颓势。

（九）异族通婚与语言转换

异族通婚对语言模式的演变有重要影响，但不是决定的因素。在蒙古族家庭中，异族通婚的影响主要表现为汉族母亲将汉语带进家庭，并影响子女家庭语言使用模式。

婚姻观和语言观演变的基础是社会实践。家庭中有异族通婚或异族通婚史，家庭成员在社会中多用汉语，一般会赞同或包容异族通婚、转用汉语；反之，不赞同异族通婚、转用汉语，或以沉默表示回避。对使用双语，不论有没有实践基础，各种语言模式的家庭基本上都表示赞同，因为使用双语是语言博弈妥协的结果，也是异族通婚家庭各方能够接受的言语表达策略。

民族的社会文化地位影响异族通婚。当蒙古族社会文化居强势地位时，汉族受蒙古文化影响，蒙汉之间的异族通婚率提高；当蒙古族社会文化处于弱势时，强势的异族文化促进汉语使用率上升，在家庭中的文化碰撞和一定社会背景下，异族通婚率和对异族通婚率的认同率有可能下降。但在比较开放、自由的社会环境中，由于民族之间的文化交流和融合进一步加深，新一代的异族通婚将获得一个平等、和谐的社会文化基础。蒙古族异族通婚家庭语言模式演变的决定因素是社会语言环境，其中工作语言和邻里语言是最重要的因素。

二 有关语言接触几个基本理论问题的思考①

社会在不断发展，对民族问题、语言问题的认识也在发展，因此，在政府调研过程以及在决策过程中，针对社会特定问题有必要进行调查研究和反复论证。即使是在政府决策即将出台或已经出台的情况下，在一定的范围内，使用适当的方式，围绕特定问题展开调查或讨论，也是必要的。这种讨论不应该也不会妨碍国家和政府新的政策、决议的贯彻执行。现就社会语言学所涉及的相关问题进行初步的理论探索。

（一）语言与语言竞争力

有人提出语言综合竞争力来自政治、经济、文化、人口、文字 5 个方面②。但是，它们的作用并不等同。其中政治竞争力最重要，政治竞争力中最重要的还不是政府的计划和政策，而是国家和社会的统一以及在此基础上形成的主体民族的社会力量。没有统一的国家，社会的整合就无从谈起，没有社会的整合过程，语言的接触、竞争、和谐也无从谈起，即使有，国内和国际的语言关系，性质和内容截然不同。语言规划受国家和政府指导，就是说，语言规划是国家主权和政府政治权利的一部分。没有这个前提，对社会语言关系的任何规划、调节和导向，都不会是法定的、强有力的。中亚一些国家独立前，俄语是这些加盟共和国的通用语言，但是国家获得独立后，当地民族语言成为通用语言，俄语降格为从属地位。

当然，不能就此认为，国家的政治权利决定语言地位的一切方面。民族的综合文明和竞争力，有时压倒政治优势。比如在元朝和清朝，主体民族是蒙古族和满族，蒙古语和满语在法律上具有国语的地位，但是由于汉语在历史上形成的人口、经济、教育、文字等优势，汉语言文字实际上成为当时社

---

① 原文《关于语言接触几个基本理论问题的思考》发表于《民族高等教育研究》2013 年第 2 期。

② 徐杰：《语言规划与语言教育》，学林出版社 2007 年版，第 3 页。

会的主流语言文字。一般而论，在决定语言地位的重要因素中，政治排第一位，其他因素依次为人口、经济、文字和文化积累，以及教育。文字和文化积累尽管很重要，但文字是语言的二次符号系统，其重要性在不同程度的文明社会处于不同的排列位次。

(二) 语言本质及语言选择

语言是人的第一谋生手段。人的思维是在语言的基础上同语言一起发展起来的，特定的符号和特定的需求表达对应，需求复杂化，语言表达也复杂化，人类的成长史和从幼儿到成人过程中的语言形成规律大体都如此；人的社会性也是同语言一同形成并逐渐成熟的，婴儿的生存本能使其发出哭声，并据此同母亲建立起第一个社会关系；婴儿个体不能自由选择自己的母语，如同个体不能自由选择自己的出身家庭和民族一样，他只能利用、适应对他生存求助做出反馈的那个人或那些人的语言符号，并在其系统上建立自己的语言系统；因此在自然情境中，婴儿的语言选择往往是由生存本能推动的，随机的，交互的，而不是理性的。幼儿的第一语言一般是母语，但不全是，特例用特定条件去解释，特例不能用来解释语言初始选择的本质特性。人同初始语言和社会合一的必然性及其和谐之处在于：人不能没有语言；人的初始语言（第一语言）选择是本能的、由环境决定的；人的初始语言和形成中的社会（家庭）、周边关系一般也是和谐的。语言本质的这些特征决定语言使用是人的自然权利的一部分，其调节法规必然具有自然法法理基础[1]。

语言之间有类型差异。这种差异表现在：人类语言的语音形式、语音组合和序列单位同语义没有必然的对应关系，因而特定语言的语音存在差异；人类语言的概念切分、义项聚合、词义色彩和词义之间的搭配关系不一样，因而特定语言的词库存在差异；人类语言的语言单位数量、层次、内容和语言单位的配置序列互不相同，因此特定语言的词法和句法内容存在差异。语言差异带来不同语言使用者的发音和音像不同，思维形式和概念把握不同，基于音像、节奏、比喻、审美价值等的文化欣赏和交往习惯不同。母语同生活不能分离，在生活中习得的语言的差异性在不知不觉中渗透到人的思维、

---

[1]　马俊毅：《论多民族国家族际政治及其价值理念》，《中央民族大学学报》2013 年第 1 期。

习惯、行为当中，语言操作是自然的、不加（形式）分析的和流畅的。

特定的语言往往属于特定的民族或人类集团，语言又是社会成员彼此识别和沟通的第一符号系统，因此语言是民族或特定人类集团的标识，如古代民族的图腾标志，语言代表部落和民族、权利和尊严、情感和文化。

语言的工具性、社会性和思维媒介性，是语言的本质属性和语言社会的内在属性；语言差异性是语言的外在属性，从发生学差异、类型差异到个性差异，语言差异是分层级的；语言的标志性是语言的象征属性，在文明社会，语言象征的民族及其权利、尊严、情感和文化是不可侵犯的。

第二语言选择，究其实质而言，是人的再社会化过程。在一个多民族的国家，人在成长过程中，可能遇到母族社会以外的另一种异质社会，产生与其成员沟通、交流，并利用其资源，甚至在其中寻求发展等需求。如果本族社会和他族社会在人的出生地交叉，人的自然习得语言可能是两种或两种以上，但如果本族社会和他族社会是分离的，人到一定年龄后产生掌握第二种语言的需求，那么，一般而言，就必须通过学校教育去系统地学习。喀喇沁旗从清初蒙汉杂居程度就高，居民在自然环境中习得彼此的语言，先出现大量的双语人，后过渡到汉语单语人。在宁城县，自然村中的蒙汉杂居程度不如喀喇沁旗，自然村的民族构成大部分是分离式的，因此人到一定年龄段，社交范围跃出自然村时才同汉族社会交往，因此双语人的出现和语言转用速度比喀喇沁旗慢。但蒙古族居民很早就意识到同汉族社会打交道是迟早的、必然的，学校又是人的社会化准备，教育目标和课程设置具有超前性质，因此蒙古族自然村中的学校，自从私塾起，就使用汉语教材或汉译蒙双语教材，蒙古语授课学校培养出来的都是双语人才。

语言习得和语言学习是两个不同性质的语言获得过程。语言习得是自然的、几乎是无意识的，是在生活和玩耍之中获得的；习得人并不能理性地截然区分母语和第二语言，对第二语言没有歧视、排挤和压迫感；习得人掌握第二语言的途径是潜移默化中的模仿，因此语音要素掌握得特别好，发音几乎和第二语言的母语人没什么区别，而且和母语人的方言土语习惯高度一致；习得人掌握的第二语言主要是口语，词汇围绕人的基本生活和环境逐渐扩展，句式以简单句、短句、问答句为主，但掌握烂熟，应用自如，思维和语言不分离，表达前没有语言形式分析。习得双语的弊端是，双语口语容易发展成混合语，因为在习得环境和年龄段，根本没有时间翻译、消化众多新概念和名词术语，用母语框架组织夹杂大量借词的语言材料，其结果往往是语言的混用，习得者并不能完全意识到自己在使用第二语言的成分。有一位喀喇沁土语被访者在解释喀喇沁土语"半个"一词时，先用蒙古语解释，觉得还是说不明白，于是说："用我们蒙古语说，就是'半拉'。""半拉"是当地汉语方言，蒙古族借用时间长，就把它当作蒙古语词。

第二语言学习和母语习得不同。第二语言学习是有功利目的的行为，是为学习者未来发展做的准备；个体为社会发展而选择第二语言，属于主动的语言选择，学习者目的越明确，学习效果就越好，语言学习究其本质而言是学的行为，而不是，或者首先不是教的行为；个体在母语环境和本族社会中迫于压力而选择第二语言，就是被动语言选择，包括：政府第二语言教学计划脱离实际，不被当地民众认可，学习者年龄太小，不明确第二语言的未来用处等；第二语言学习包括口语和书面语，重点在书面语，因而学习负荷很大，学习包括语音、词汇、语法、文字、文化背景、特殊用法等很多内容，学习是在要素分析的基础上逐渐深入的，因而受教员教学水平、教材编写水平和语言教育辅助条件制约；第二语言教学的效率受社会语言环境制约，家庭和社区有双语环境，口语教学负担得到减轻，语音、词汇、语法教学获得一定的基础，教学负担会减轻一些，如果家庭和社区没有第二语言环境，口语、文字、词汇、语法负担相加，学习又缺乏动机，教学效果就会大打折扣，甚至流于形式；语言教学中，学习者年龄小，有利于语音教学和语感的形成，但语言的词汇积累是逐步的，词汇量的扩大有赖于学习者生活经验的丰富和认知世界的扩大，更何况，学习者整句理解能力一般到 12 岁才能形成，因此第二语言教学计划必须顾及这些复杂因素，权衡利弊，科学安排。

第二语言学习不仅仅是语言要素的掌握和使用，还涉及双重思维媒介的建立和沟通、对异质文化的理解和享受、平衡母语语言、文化和异质语言、文化之间的关系、对语言学习代价和回报率的评估和通过第二语言掌握特定专业知识及其语言表达系统等一系列问题。

母语和第二语言掌握水平是动态的，完全平衡是不可能的。流利地交谈和阅读是语言掌握的一般标准，不是终极标准，高水平的语言能力应体现在创作上。语言的理解和表达能力并不对等，表达以理解为基础，但比理解更难。表达和理解的不平衡性充分体现在翻译过程中。蒙古语基础好且有一定翻译经验的人，对汉语文本只要能够正确理解，就能把它翻译过来，但同一个人用汉文表达有一定难度的内容，就会遇到困难。文字表达比口语表达难，即使是汉语母语人，未必就能够写好一笔好文章。创作包括一般应用文写作、专业论文写作和文学创作等。少数民族语母语人经过一定年限的教育和写作实践，完全有可能达到这三个目标，尽管个体之间水平有差异。但是用第二语言进行创作，尤其达到文学创作和诗歌创作水平，就有相当的难度。因为语言创作是一个多重能力和知识综合作用的过程，不仅要求高水平的语言文字理解能力和表达能力，还要对社会、专业、文化、生活有全面而又细致的观察和了解。因此，对第二语言教育所要达到的目标必须进行认真细致的研究，然后才能对第二语言的负担，学习者面临的困难和教学计划的时间、阶段、教学资源和任务、教学策略和手段等产生比较客观公正、科学的认识。为此，可以研究汉语单语大学生的母语文创作能力所能达到的水平，可以研究汉语母语大学生第二语言所能达到的水平，然后比较和评估少数民族大学生汉语水平、受教育环境，并由此确定各教育阶段学生承受的语言教育负担和应采取的合理的教学目标。

由于语言自然习得和第二语言学习存在个体的主体性、主动性、心理动机和学习策略等差异，因此不能凭主观愿望武断地安排第二语言的起始时间和进度。不能盲目相信儿童可以同时学习 6 种语言的一家之言，必须分析这种语言学习的性质是习得还是学习；学习的是口语还是书面语，学习是在特定环境中展开的，还是脱离语言环境的单纯学习。还必须区别天才儿童和一般儿童，必须测量多语儿童的词汇量、句式总数，并对其学习策略进行细致的观察和研究。

（三）语言与社会

语言与社会的关系在同质社会和不同质社会中表现不一样。在同质社会中，比如在单一民族的社会中，语言同社会的关系一般表现为：（1）人的社会性决定语言的社会性，语言和社会是相适应的，共变的。（2）由于社会的不同，语言呈现出千姿百态，从语系、语族、方言至个人言语特点，语言系统显示出巨大差异。（3）语言和社会关系和谐与否，有各种不同情况，不是一个简单等式所能表述的。①特定的语言同它特定的社会是适应的，如有不适应，社会发展自然会解决，语言随社会发展而发展，语言演变是自律的。②语言和谐和社会和谐不同步，不能互为前提。社会矛盾尖锐对立，社会出现分裂，甚至发生革命，社会上层建筑被推翻，语言不一定对立和分裂；同样，社会统一、民族和谐，语言统一及其和谐不一定与它同步。新中国成立后，汉族社会空前统一，但汉语的方言差异、土语差异、文字使用差异依然存在。③语言和谐途径和社会和谐途径不同，语言和谐的外界干预要谨慎。在人类社会和自然界，差异和矛盾普遍存在，但并不是所有差异和矛盾都是对抗性的，都需要外界力量的干预。物种竞争普遍存在，但在生态平衡中很多矛盾根据其系统内部的调节机制可以得到解决。人的生命是矛盾体，但构成生命过程的人体有它内部平衡和调节机制，只有这些平衡被严重破坏，导致生命危机时，才产生外部救治需要。人不能长生不老，可见救治也是有限度的，它不能改变生命运动的根本方向。语言受社会制约，语言干预通过社会干预间接进行，而且这种干预必须适度、谨慎、渐次和自然。

　　在不同质社会中，在多民族社会中，语言和社会的关系同单民族社会有所不同。一方面，民族语言和民族社会是相适应的；另一方面，当民族社会被整合进入主流社会文化时，民族语言文字在不同层面上出现既适应又不适应的局面，不适应的状况随国家经济建设、文化交流、教育发展、信息化而逐渐扩大。由于主流社会及其强势语言的影响，民族语言出现功能萎缩现象。但在民族社会内部，在一定的历史时期，民族语言仍然会适应那个社会的基本需求，仍然是民族成员最基本的思维工具和交际工具。

　　当民族的个体向更广阔的社会空间谋求发展时，对新的语言的需求也随之产生。这种语言学习是主动的、自愿的，甚至是花钱买来的，但心甘情愿。在正常环境下越来越多的少数民族学汉语，中国人学外语，都属于这种情况。除母语外的另一种语言的学习，是进入另一个社会谋求发展的必然准备，这种道理正常人从生活逻辑本身便能悟出，用不着做很多宣传。语言跟着社会走，一般而言，语言和社会永远是和谐的，语言永远为社会生活服务。我们现在强调的语言和谐，主要是针对语言关系说的，而语言关系受制于社会的整合程度，社会的整合程度又取决于国家政治、经济、文化、教育、族际关系等多重因素的综合作用，是渐变的，反复的，而不是直线发展的、一蹴而就的。民族社会的语言转用是渐次的、波浪式的，从个体到整体，从边缘到核心，从城市到乡村，从新型职业到传统职业，变化是随社会的变化、人的变化悄然而来的。强行改变个体语言有难度，强行改变整个社会的语言更难，社会没变、生活环境没变，无论我们的动机多么纯洁，理由多么充足，民族社会的成员在心理上很难接受这种转变，其结果，不仅达不到语言和谐，反而因人为干预而引起语言冲突（其实不是语言冲突，是人的冲突），阻碍整个社会的整合过程。

新中国的民族关系史证明，当各民族之间实现政治平等，彼此间消除歧见时，少数民族成员多关注个体利益，而不十分在意，或者不十分敏感一般意义上的民族利益（民族自治权、民族宗教、民族形象和自尊等重大利益除外），在语言使用上，很多少数民族自然兼用或转用汉语，没有或很少有人把它同民族尊严和民族认同联系起来。但是，一旦民族间的平等地位受到削弱，民族整体的自尊和利益被恶意侵犯，情况就会逆转。因此，民族和谐是大前提，通过民族和谐，语言和谐和通用、转用是自然的、自觉的和顺畅的，但如果急于通过语言转用达到民族和谐，其结果会适得其反。当民族利益和自尊受损害时，个人放弃自身利益，铤而走险，甚至为保护民族利益和尊严不惜付出生命代价，这在汉族及其他民族历史上不乏其例。宁城县存金沟乡八家村要求保留民族学校的维权行动的整个过程就是一个生动的例子（详见田野日志）。另外，语言关系和谐，不一定社会关系就和谐，中国具有强大而上下贯穿的汉语传统，但汉族社会在历史上多次经历分裂，即使现在，香港、澳门、台湾同大陆也不完全是一个同质社会。同属英语国家，当利益发生冲突时，国家间照样打口水仗，甚至诉诸武力，敌对国家不因语言相同而自愿放弃自身利益。

在认识语言和社会关系时，应仔细区别社会和语言之间这种复杂多变的特殊关系，不能把社会和谐和语言和谐的关系简单化，否则很容易掉进"语言阶级性"和"语言优劣"论的泥潭里。

（四）语言与文化

语言是文化的载体，但不是唯一的载体，文字是语言的二次符号，是载体的载体。但文化载体的选择不是随意的，文化载体的选择由文化主体特定的历史决定。本民族语言最适合记录本民族文化，因为特别的语言和特定的文化结合，形成特殊的文化形态，有些文化特性，其他语言是表现不了的，比如韵律及其基础上产生的音乐、舞蹈旋律等。民族文化可以用其他语言记录，但不能就此认为其他语言就更适合于、更有理由成为记录他民族语言的工具。英语几乎是世界通用语，我们可以用英语记录中国文化，但不能就此认为英语更适合于、更有必要代替汉语成为记录中国文化的首选语言。

语言和文字本身就是文化和文化表现力的内容。离开强劲、丰富的汉语和厚重、浩繁的汉文典籍，汉族文化又从何谈起？有关汉文化的英语记录不少，但和汉语汉文悠久历史和汉文经典、口碑传承的中华文化相比，那点记录又算什么？汉族称自己为"汉"或"华夏"，英语称 China，俄语更是张冠李戴，称作 Kidaiskii（契丹人），对汉族而言哪个准确和亲切？类似差距也存在于汉语文和少数民族语文之间。因此，至少在记录本民族文化时，民族语言优于外来语言，民族语言是第一位的，外来语言是第二位的，从语言文字服务的主体讲，本民族群体是第一位的，其他民族群体是第二位的，这不是排挤其他民族语言文字，而是说不能本末颠倒。

语言是人类不同思维模式的记录者，如果不研究不同语言对外部世界的不同抽象和组织过程，人们很难看清楚人的认知能力和思维逻辑是怎么形成的。语言意识是民族认同意识的组成部分。民族的语言意识减弱，是民族认同意识减弱的表现，是旧的认同意识被新的认同意识替代的过程。至于在民族意识和民族凝聚力中哪个因素起决定作用，要看具体民族的具体环境，其中共同的生活、命运和利益是第一位的，宗教、语言文字、意识形态是第二位的。

文化多元是文化发展的重要推动力，文化多元本身包括多种语言文字。人类越来越清醒地认识到，（1）同自然资源和物种资源一样，语言是人类不可再生资源，需要保护；（2）语言本身不会造成社会的不和谐和对国家安全的威胁；（3）对语言的态度，就是对语言使用者的态度，不是语言关系影响人际和族际关系，而是恰好相反。

（五）语言与教育

1. 语言教育同国家制度的关系

语言本身并没有阶级性，也不属于意识形态，但语言的使用却深受国家制度的约束。在当今世界，每一个民族国家，都有一个"国语"或具有国语功能的通用语，作为国家最重要的交际语言。这种语言是否冠以"国语"，是不是唯一的或法定的，与国内其他语言的关系是相互排斥还是相互补充，其实并不很重要。重要的是，在一个国家的版图内，无论是政治、经济、军事、外交、文化，还是官方、民间，所有社会活动必须借助一个通行的语言才能顺利展开。特定语言在最大范围内的通行功能和国家政治权力相结合，便产生语言权威，法律不一定明文规定它的权威性，但权威却始终存在①。

语言权威表现在学校语言的选择及其安排顺序上。在清代，蒙古族私塾和学堂都设满文课，清政府鼓励蒙古族学习满文和蒙古文，他们限制蒙古族学习汉语文，却没有强制蒙古族只学满文。学堂设满语文课，因为它是国语国文，很少有人细究为什么会这样，其权威是潜在的和自然存在的。伪满时期，满语的国语地位是虚的，学校教育中真正强调的是日语和蒙古语，这与伪满洲国的傀儡性质有关。民国规定汉语是"国语"，中华人民共和国并没有明文规定汉语是"国语"，因为从语言本质和政治的角度考虑，语言都应该是平等的，不应为某一语言文字赋予至高无上的权力地位。但汉语汉文是国家最主要的行政语言，是国内通行面最广的交际工具、是国家对外交往中的正式语言文字，因此国家鼓励并大力推广汉语言文字。其权威是通过语言功能和制度安排来体现的。喀喇沁蒙古族所有学校的蒙古语文教育都是过渡式的，表现在蒙古语文课每周课时安排的逐级递减和汉语文课时的逐级递增上。在喀喇沁右旗和左旗（县），制度化的蒙古语文教育已退出校园，零星的蒙古语文教育仅以课程教育的形式存在。在宁城县，学校蒙古语文教育还存在，但规模大大缩小，处于岌岌可危的境地。

语言权威还表现在国家对语言文字的规范上。国家不可能强行统一境内

---

① 宝玉柱：《喀喇沁旗蒙古族双语教育研究》，《民族教育研究》2008 年第 6 期。

的所有语言文字，但所有语言文字的改革和规范却受国家制度的制约。（1）语言认定和语言通行范围的确定受国家行政管理约束；（2）设计和使用新文字受国家行政管理约束；（3）改革文字时文字方案的选择受国家政策约束，汉语拼音方案不是正式文字，但少数民族的新文字方案必须走汉语拼音方案的拉丁化道路，跨境民族的文字方案只能向内靠，不能向外靠，即使是跨境而居的同一个民族同一种语言，亦如此；（4）名词术语的制定和规范受国家制度约束或导向，其中度量衡、数字用法、文字转写原则、文字的计算机编码等，都由国家规定或集中管理；科技术语的借用原则受国家导向。所有这些，对少数民族语言文字的使用产生巨大影响。

语言权威的极端化，可能导致语言霸权，当社会政治失控时尤其如此。资料显示，喀喇沁蒙古族蒙古语言文字的使用，是政权依存型的，而不是民权依存型的。当国家的民族政策和民族语文政策正常运转时，蒙古语言文字的使用权利就受到尊重，得到落实；一旦国家政治生活出现异常或波折，蒙古语言文字就被挤压、被抛弃。1958年前后的政治运动、"文化大革命"和近年的学校合并，对喀喇沁地区蒙古语言文字退出学校教育，起到了推波助澜的作用。

语言文字教育与教育制度和政策运行机制有密切关系。书房、书斋教育的实质是官吏教育、精英教育，除基本的语言文字教育外，掌握一套统治艺术和官场哲学，是这种教育的终极目标，汉文化的儒学满足了这个需要，同时把汉语汉文教育带进上层教育中。私塾是民间的、自生自灭的，其生命期取决于当时需要和民间给付能力。但私塾来自汉族的儒学教育，通过教科书，这种教育不仅把儒学理念和汉文化的价值观体系传给了蒙古族儿童，而且把汉文教育导入启蒙教育当中。新中国的教育事业，就其管理体制而言，属于政府行政行为，但囿于政府投资能力，教育事业特别是基础教育，还必须仰仗民众的支持和财力上的补充。教育政策和民族政策在管理上隶属两个垂直的独立部门，因此教育政策的变动，有时不能充分顾及民族政策和民族语言文字政策。考察喀喇沁蒙古族半个多世纪的民族教育历史，政治干扰和行政干预过多，是学校语言文字教育及其模式频繁转换、不能稳定的主要原因。以近年来的合并学校为例，过多考虑教育的规模效益、质量效益，忽略了教育主体的情感、意愿、自尊和权利。学校向城镇集中，规模扩大、效益和质量提高了，但民族语文教育却受到影响，民众多年投资的学校财产，拍卖后所得归属不明朗，引起当地少数民族的不满（参见田野日志）。

2. 语言教育同人口比例和分布的关系

在整个喀喇沁地区，蒙古族是少数民族，人口比例较低，采取自然村的小聚居模式。乡以上城镇中的蒙古族同其他民族杂居，没有本民族的较大规模的社区。这种分布带来两个效应：一是学校从当初的纯蒙古族学校向蒙汉联校过渡，再从联校向纯汉语授课学校过渡，随着学校中汉族学生的增多，汉族教职员也相应增加；二是政权机构中汉族干部占多数，体现为人大代表、政府部门中汉族远多于蒙古族。由于这两个效应的存在，社会舆论和决策过程中少数者的意见常常被忽略。随着并乡、并校，这一问题显得更加突出。

在喀喇沁旗，还有一个很特殊的问题，即所谓"假蒙古族"问题。据统计，1981 年喀喇沁右旗的蒙古族人口为 2.9469 万人，占总人口的 8.3%，到 1982 年蒙古族人口猛增为 8.0094 万人，占总人口的 22.3%，一年间增加 14%①，这部分人是从汉族经过修改民族成分而变成蒙古族的（参见田野日志），当地汉族老居民和蒙古族称之为"假蒙古族"。"假蒙古族"的合理合法问题在此暂且不论，它带来的却是社会问题：1. 蒙古族人口被稀释，政策扶持力度被稀释，有限的资源被稀释，真正受到政策优惠的，恰恰是这一部分人。2. 由于这一部分人的民族意识、价值取向等与传统的蒙古族不同，人口上又占绝对优势，因此保留蒙古语授课学校、发展蒙古语言文字的任何建议，都受到来自蒙古族内部干部群众的抵制。宁城、喀喇沁左翼蒙古族自治县以及其他蒙古族地区，也存在类似问题，但在程度上没有喀喇沁右旗那么严重、那么典型。

3. 语言教育同经济支撑能力的关系

汉语汉文教育受国家经济和制度强有力的支持，在使用人口和社会媒体中占据主流地位，其强势是无与伦比的。蒙古族人口少，而且在语言文字使用上，越来越多的人转用汉语汉文，因而大大减弱了蒙古语文的社会基础。蒙古语文媒体受众少、投资少，在信息传递上还有延时性，蒙古族民众又没有独立的经济力量去支撑它，因此其使用的范围、程度随着时局和政策的波

---

① 喀喇沁旗志编纂委员会编：《喀喇沁旗志》，内蒙古人民出版社 1998 年版，第 183 页。

动而波动。贡桑诺尔布办教育，明显是为民族复兴所谋，但遇到的最大问题是办学经费的筹措，为此他把王府珍藏的书画，甚至连《蒙古源流》等珍本典籍也全都变卖了，可见事业之艰难。贡王进京任职，再也没有人能够强有力地筹划当地教育，喀喇沁旗的民族教育也由此走向衰微。

4. 语言教育同受教育者社会发展的关系

教育是有明显世俗动机的行为，没有回报，就不会有投资。在旧式教育中，教育的回报期望，就是子女知书达理，出人头地，光耀门第；在新式教育中，关于个人受教育的目的，尽管有过许多说词和遮掩，但最终的目标还是为了个人的社会发展，还是为了改变一个人的社会地位和经济地位。过去，由于社会发展和经济发展滞后，喀喇沁地区能够为个人的这种发展提供的机会非常有限，由此产生一种怪现象，喀喇沁的人才、人物不断地走向世界，走向发达地区，走向主流文化，却把贫瘠的土地、落后的村庄和古老的文化留给他们的父母晚辈和看家守门的兄弟姐妹。教育没有同当地的社会协调发展，人发展了，社会却落后，个人不能改变它，于是就另谋高就。内地大城市暂且不论，即使是在喀喇沁地区，用汉语受教育，可能比用蒙古语受教育社会出路多而宽。很多行业并不需要蒙古语蒙古文，大学的蒙古语授课专业的种类远没有汉语授课专业多，而合适的专业直接影响学生毕业后的就业问题。喀喇沁蒙古族对自己的语言文字有着深厚的感情，但民族语言文字的使用只限于政策、法律、权利层面，没有变成也不可能变成一种社会保障，于是为了生存和发展，个人在文化上就做出某些舍弃、某些牺牲，的确是一种无奈的选择。

（六）语言与民族发展

迄今为止的人类实践证明，民族的发展完全可以基于自己的语言文字和教育，或者说基于本民族语言文字的社会发展，是民族社会发展的常态。当年，殖民主义者认为他们可以给殖民地人民带来文明和幸福，日本人想建立东亚共荣，但必须是在他们的统治、文化、价值理念和语言文字基础之上。中国人不信这个，我们不惜牺牲上千万优秀儿女的生命，打败侵略者，换来了独立、民主和自由。现在全世界都看到了，中国人在自己的文化传统和语言文字基础之上建立了现代化的强国。在后殖民时代，我们不能忘记用自己同胞的鲜血和生命换来的经验教训。中国各民族新型的民族关系，正是在共同的反殖民主义、反对侵略和奴役的斗争中建立起来的。现在我们却说民族要发展，就必须转用汉语，这至少在理论上是一个糊涂观念。民族语言的优势怎么会成为经济发展的劣势？民族语言在自己的社区内为自己的主体服务，没有人把任何一个民族语强加给别的民族。当民族社会需要发展，民族的个体在其他民族社会谋求发展时，也就是说交流和发展产生新的语言需求时，民族社会的成员会通过学习，自觉地、妥善地处理语言问题。维吾尔族在内地经商，有人逼他们学汉语吗？但他们的汉语进步很快，他们的第二代能够操流利的汉语，同时还能讲自己民族的语言。难道这种语言和谐就不是和谐吗？在民族地区工作的汉族，未必每个人都能讲当地少数民族语，但是在内地工作的所有少数民族和在民族地区生活的大部分少数民族都能掌握汉语，在语言和谐上，少数民族远比汉族自觉、主动和有实绩。

双语教育是有特定概念和分阶段的，是为少数民族进入主流社会谋求发展而设计和准备的。在民族语占优势的地区，以民族语教学为主，积极开展汉语教育；在民族语和汉语并行的地区，民族语教学和汉语教育同时受到重视，但随教育程度的提高，汉语教育、用汉语进行的专业教育略占优势；在汉语占优势的地区，主要用汉语进行教育，并根据民族成员的愿望和实际条件加授民族语文。这种双语教育，方向是明确的，过程却是和谐的、合理的和有效的。但是在某些地方，似乎双语教育就是汉语教育，不分条件、不分阶段、不顾民族成员的情感和接受能力，从幼儿园、小学就大力强化汉语教育，冲击和排挤民族语教育，似乎少数民族转用汉语，什么问题都可以得到解决。这种极端思潮是非常有害的，中高级干部和研究人员的思维逻辑需要改一改。

要区别少数民族进入城市后的语言使用情况和少数民族在世居之地的语言使用情况。前者类似移民，移入者为了生存和发展必须适应移住地的语言；而后者就不同，在民族聚居区流动人口异常增加一直是一个问题。当地政府要么支持和鼓励这样的流动，要么坐视不管。大量非法移民涌入民族地区，不仅和当地居民争夺资源和就业机会，造成资源枯竭、环境污染、犯罪率上升、民族冲突等许多社会问题。就实质而论，民族语使用功能衰退的根本原因在于内地移民的涌入使少数民族社会日益转化为汉族社会。社会的政治、经济、管理、教育、交通、信息、媒体和所有市场都被汉族和汉文化占领，少数民族语言文字应用范围日趋萎缩是必然的。因此，看似公平的竞争后头，实际上存在着不公平因素。做研究，参与决策，不能忽略这些复杂因素。

信息化本身不会对民族语言产生打击，在正常的社会环境下，语言本身或早或晚会受到信息化的洗礼，世界各国都是如此。我们国家非常重视少数民族语言文字的信息化问题，中国科学院、教育部和各民族地区为此做出巨大贡献。现在的问题不在民族语的信息化，也不存在信息化打击民族语言的问题，问题在于部分人头脑中存在不切实际的汉语言文字畸形扩张的思维。他们一厢情愿地认为语言文字种类多，是信息化的障碍，全国人民都讲汉语，汉语一旦信息化，信息化问题就一劳永逸地得到解决。在这种思维下，语言的自愿选择很难实现，语言选择多半都是民族个体迫不得已的，为生存而做的舍弃行为。

要区别语言问题和借语言问题说事。敌对势力经常拿我国的计划生育政策攻击我们，但计划生育一直是我们的重要国策，我们没有因为敌人拿它说事，就对它进行大的、激进的调整。语言问题世界各国都存在，我国的语言文字政策一直是很成功的，对语言问题的处理是温和的、人本主义的和卓有成效的。现在敌人拿它说事，我们就来一个急转弯，来一个大倒退，以求调和骂人者口味，是十分不明智的。

（七）语言与国家政治

语言不是意识形态，语言没有阶级性，但语言计划和语言管理受政府调控，因而语言问题从属于国家政治。时代在发展，民族理论在发展，国家的民族政策也会随时局的变化而变化。语言关系体现语言使用者利益关系，而语言利益和其他所有社会利益一样，需要服从国家整体的利益。现在有人提出"第二代民族政策"[①]。有人提出"国家民族"概念，因此有必要在高于语言问题的国家管理层面——政治层面讨论这个问题。

在中国，自从辛亥革命胜利，民族理论，或者民族问题处理模式，经历

---

① 黄铸：《何为"第二代民族政策"？》，《中央民族大学学报》2012 年第 3 期。

了几次变化。首先是孙中山提出"驱逐鞑虏，复我中华"。推翻清朝统治，建立中华民国，没有这个口号不行。经过北洋政府短暂的"五族共和"时期，国民党成立时，在民族问题上基本接受共产国际的提法，即建立一个多民族的共和国，但孙中山直到去世，一直坚持一个条件，即主张国家是"霸权"，国家必须由汉族领导。

大约在 1943 年，蒋介石提出自己的"国族"思想，认为中华民族是由多宗族融合而成的。当时全国进入抗日战争，全国各民族人民需要团结起来抵制日本的侵略，这是"国族"思想产生的时代背景；世界进入资本主义社会，民族国家的建立和法西斯主义的发展，是"国族"思想产生的重要思想根源；汉族的儒学文化和汉民族中心主义，是"国族"思想产生的历史文化基础；主观唯心主义是"国族"思想产生的方法论基础。蒋介石希望全国各民族团结，但他只从自己的良好愿望出发，不承认各民族的历史地位，不仅未得到各民族的支持，反而遭到各族人民的唾弃。中国的民族能否融合为一个大民族，不在于谁有什么愿望、提出什么理论，而在于各民族在历史的互动中认识到共同的命运和利益，并在此基础上经过反复实践，反复认识，逐渐地、自然地、自觉地相互接近。

国民党处理国内民族问题的做法有其特点。（1）不承认任何民族独立、自决权或半自决权，哪怕是名义上的，也不予承认。（2）向民族地区派驻军队，镇压一切反抗和民主运动。（3）派遣大量特务渗透到民族地区，进行控制、探测、离间、策反、暗杀活动。（4）大力兴办边疆教育，强制推行汉语言文化教育。"伊盟事件"发生后，当地国民党驻军的一位年轻军官调查此事件，并向国民党中央递交了一份报告，其中对国民党失败的民族政策做出比较公正全面的评述。

自从 20 世纪 90 年代苏联解体后，中国共产党的民族政策遇到挑战。有人认为苏联解体的根本原因在于承认民族自决权。有人认为美国的民族政策是最成功的，同化主义是解决民族问题的最佳方案，美国现在取消了《双语教育法》，所以中国在民族地区也应该强化汉语教育。

中国正处于历史发展的关键时期。中国的现代化需要庞大资源的支持，资源问题将深刻影响中国的民族政策、建设布局和对外政策。中国的可利用资源大部分在民族地区，必须保障这些资源地区的安全和稳定。涉及国计民生的重大利益关系，在国家政治中往往体现为不同的政策，其中包括民族政策、语言文字政策。因此，不能仅从语言文字本身去讨论语言文字问题，还必须顾及国家对国内、国际重大利益关系的调节情况。

民族理论对解决民族问题具有至关重要的影响，但是任何理论的正确与否，不是由理论本身去判断，而是需要经过社会实践的检验。我们是为解决民族问题而探索民族理论，因为不利于解决民族问题的理论，或者想在短时间内一揽子解决民族问题的任何主张，最终都有可能加剧民族矛盾，使民族问题性质出现质的变化，以至制造出新的民族对立和仇恨。民族理论的要义在于它和民族关系社会实践是互动的，问题不在于理论的主观意图和愿望，而在于理论能否妥善解决民族矛盾和问题，是否有可行性且在最大限度上被矛盾双方的大多数民众所能接受，从而能够保障我们的国家继续走向安定、统一、和谐发展的光明未来。

参考文献

（北齐）魏收：《魏书》，中华书局 1974 年版。

［波斯］拉施特：《史集》，商务印书馆 1997 年版。

（汉）班固：《汉书》，颜师古注，中华书局 1962 年版。

（汉）司马迁：《史记》，中华书局 1963 年版。

（南朝梁）沈约：《宋书》，中华书局 1974 年版。

（南朝梁）萧子显：《南齐书》，中华书局 1972 年版。

（明）宋濂：《元史》，中华书局 1976 年版。

（明）严从简：《殊域周咨录》，余思黎点校，卷十八·鞑靼，中华书局 1993
 年版。

（清）张廷玉等：《明史》，中华书局 1974 年版。

（宋）范晔：《后汉书》，李贤等注，中华书局 1965 年版。

（宋）叶隆礼：《契丹国志》，贾敬颜、林荣贵点校，上海古籍出版社 1985
 年版。

（唐）李延寿：《北史》，中华书局 1974 年版。

（唐）魏征等：《隋书》，中华书局 1973 年版。

（元）张铉编纂：《至正金陵新志》，南京出版社 1991 年版。

（元）脱脱等：《辽史》，中华书局 1974 年版。

《喀喇沁旗志》编纂委员会编：《喀喇沁旗志》，内蒙古人民出版社 1998
 年版。

《喀喇沁左翼蒙古族自治县概况》编写组编：《喀喇沁左翼蒙古族自治县概
 况》，辽宁人民出版社 1985 年版。

阿拉腾图雅：《喀喇沁土默特土语研究概况》，《蒙古语文》2007 年第 12 期。

阿勒坦鄂谟克姓—百度百科，baike. baidu. com/view/1627947. htm。

敖勒玛扎布：《关于喀喇沁土默特土语辅音 x》，《蒙古语文》1986 年第10 期。

敖勒玛扎布：《论喀喇沁土默特土语中的 x 辅音的演变规律》，《内蒙古大学学报》1991 年第 4 期。

巴·查干：《〈喀喇沁婚礼习俗〉中的部分名词术语问题》，《蒙古语文》2005 年第 8 期。

巴·查干：《解释〈哈喇沁婚礼〉中的一些名词术语与土语词汇》，《蒙古语文》2002 年第 7 期。

巴鲁特姓—百度百科，baike. baidu. com/view/1378125. htm。

巴雅尔：《蒙古秘史》，内蒙古人民出版社 1980 年版。

巴音那木尔：《河北省蒙古语文工作概述》，《蒙古语文》1993 年第 10 期。

宝音德力根：《应绍不万户的变迁》，《西北民族论丛》2003 年。

宝玉柱：《"科尔沁"—词同鲜卑语的音义关联》，《满语研究》2014 年第 3 期。

宝玉柱：《对内蒙古喀喇沁旗蒙古族语言文字使用情况的调查研究》，《民族教育研究》2007 年第 5 期。

宝玉柱：《关于语言接触几个基本理论问题的思考》，《民族高等教育研究》2013 年第 2 期。

宝玉柱：《喀喇沁部氏族构成分析》，《内蒙古民族大学学报》2013 年第 3 期。

宝玉柱：《喀喇沁地区蒙古语地名的社会语言学分析》，《内蒙古民族大学学报》2012 年第 1 期。

宝玉柱：《喀喇沁旗蒙古族双语教育研究》，《民族教育研究》2008 年第 6 期。

宝玉柱：《喀喇沁探源——元代宿卫与哈剌赤》，《西北民族大学学报》2013 年第 5 期。

宝玉柱：《喀喇沁源流：北魏时期的曷剌真》，《满语研究》2013 年第 1 期。

宝玉柱：《喀喇沁左翼蒙古族自治县蒙古族语言使用情况》，《中央民族大学学报》2009 年第 6 期。

宝玉柱：《宁城县喀喇沁蒙古语语言接触研究》，《中国边疆民族研究》2008

年第 1 期。

宝玉柱:《移民对喀喇沁地区民族接触和民族构成模式的影响》,《中央民族大学学报》2012 年第 3 期。

宝玉柱:《异族通婚对语言使用模式演变的影响》,《西北民族大学学报》2010 年第 3 期。

鲍玺:《蒙古姓氏》,内蒙古文化出版社 1999 年版。

曹道巴特尔:《喀喇沁、土默特方言复合元音析》,《内蒙古社会科学》2000年第 1 期。

曹道巴特尔:《喀喇沁的起源、喀喇沁与其他部落及其方言的联系》,《蒙古学研究》1999 年第 3 期。

曹道巴特尔:《喀喇沁方言的词法学特征》,《内蒙古社会科学》1998 年第 5 期。

曹道巴特尔:《喀喇沁蒙古语研究》,民族出版社 2007 年版。

曹道巴特尔:《喀喇沁土语词汇结构》,《蒙古语文》2003 年第 7 期。

曹道巴特尔:《喀喇沁与土默特蒙古语方言的舌尖辅音》,《蒙古语文》2004年第 5 期。

曹道巴特尔:《论喀喇沁、土默特口语中的长元音》,《蒙古语文》2000 年第 11 期。

陈德芝:《韩儒林的元史研究》,载《学林往事》下册,朝华出版社 2000年版。

陈永龄主编:《民族词典》,上海辞书出版社 1987 年版。

赤峰市地方志编纂委员会编:《赤峰市志》,内蒙古人民出版社 1996 年版。

崔璇:《安答堡子、按打堡子、雁踏堡辨析》,《内蒙古社会科学》(汉文版)1993 年第 5 期。

丁子江:《中美婚恋的性学分析》,工人出版社 2010 年版。

额尔登太、乌云达赉:《〈蒙古秘史〉校勘本》,内蒙古人民出版社 1980年版。

鄂尔多斯蒙古人的姓氏．百度_ 蒙古人吧_ 鄂尔多斯蒙古人的姓氏。

符拉基米尔佐夫:《成吉思汗传:世界历史上的战争之王》,余元盒译,上海三联书店 1949 年版。

贡桑诺尔布:《关于创办蒙古学堂的呈文》,北京中国第一历史档案馆理藩院全宗蒙旗类。

关树东:《辽朝的选官制度与社会结构》,张希清等主编:《0—13 世纪中国文化的碰撞与融合》,上海人民出版社 2006 年版。

哈斯巴特尔:《喀喇沁土语某些语音特点》,《内蒙古大学学报》2002 年第 4 期。

海正忠:《回族与异族人通婚的历史传承和道德规范》,伊斯兰之星网 | 穆斯林的网络家园 — 学术研究。

韩百诗、耿升:《谦河考》,《蒙古学信息》1999 年第 1 期。

韩祯:《谈土默特人的姓氏》,云川:《漠南文集》,远方出版社 2000 年。

何桂玲:《蒙古语科尔沁土语与喀喇沁土默特土语语气词比较》,《蒙古语文》2008 年第 4 期。

和光大学モンゴル学術調査団:《変容するモンゴル世界》,東京:新幹社 1999 年版。

简明满族姓氏全录—苍月蓝日吧,资料库,关于满人姓氏。

喀喇沁旗人民政府:《喀喇沁旗地名志》,喀喇沁旗人民政府 1986 年。

喀喇沁旗扎哈齐特氏和博罕岱氏—枫影无限 http://hi.baidu.com/chenxin888/blog/。

喀喇沁旗志编纂委员会编:《喀喇沁旗志》,内蒙古人民出版社 1998 年版。

喀喇沁王府:《蒙文读本》,第二、第三册,商务印书馆,中华民国五年十二月再版。

喀喇沁左翼蒙古族自治县蒙古语文办公室:《喀喇沁县蒙古语文工作取得了成就》,《蒙古语文》1992 年第 12 期。

《喀喇沁左翼蒙古族自治县民族志》　(草稿),喀左县民族志办公室(内部稿)。

喀喇沁左翼蒙古族自治县人民代表大会:《喀喇沁左翼蒙古族自治县蒙古语文工作条例》,喀喇沁左翼蒙古族自治县政府网站,1998 年。

喀喇沁左翼蒙古族自治县人民代表大会:《喀喇沁左翼蒙古族自治县民族教育条例》,喀喇沁左翼蒙古族自治县政府网站,1999 年版。

喀喇沁左翼蒙古族自治县人民代表大会常务委员会:《喀喇沁左翼蒙古族自

治县自治条例》，喀喇沁左翼蒙古族自治县人民代表大会常务委员会，
　　1988 年。

喀喇沁左翼蒙古族自治县志编纂委员会编：《喀喇沁左翼蒙古族自治县志》，
　　辽宁人民出版社 1998 年版。

科教文广局：鲜卑族文物—金步摇冠，http：//www. tlkfq. com. cn/tlgushi/
　　UploadFiles_ . jpg。

罗新：《北魏直勤考》，《历史研究》2004 年第 5 期。

马鹿—百科名片，http：//baike. baidu. com/view/92212. htm。

马平：《回族民族内婚姻制度探析》，《回族研究》1995 年第 3 期。

玛·乌尼乌兰：《额尔登特古斯先生在文学创作中结合使用了书面语与喀喇
　　沁方言》，《蒙古语文》2005 年第 7 期。

满洲镶白旗佐领详表—yaluku 的日志—网易博客，blog. 163. com/yaluku/
　　blog/static/106154791……

蒙古部族—hi. baidu. com/at4331/blog/item/5f9fef5011a……

内蒙古清格尔泰蒙古语言文化基金会：《喀喇沁蒙古婚礼风俗》，内蒙古人
　　民出版社 2011 年版。

宁城县人民政府：《宁城县地名志》，宁城县人民政府 1987 年版。

宁城县志编纂委员会编：《宁城县志》，内蒙古人民出版社 1992 年版。

潘伟斌、聂凡、裴涛："河南安阳固岸北朝墓地考古发掘的重要收获及认
　　识"，www. cangcn. com/info/kg……

平泉县地名办公室：《平泉县地名志》，内部发行，1983 年。

其日麦拉图：《喀喇沁——土默特方言与科尔沁方言的元音》，《内蒙古民族
　　大学学报》2007 年第 4 期。

乞颜姓—百度百科，baike. baidu. com/view/1294404. htm 。

乔子良、薛彦田：《蒙兀室韦》（下），《通辽日报》2011 年 5 月 4 日。

屈原：《大招》，汉典古籍，hdgj. zdic. net。

陕锦风：《撒拉族—回族族际通婚的人类学调查——以循化撒拉族自治县草
　　滩坝村为个案》，www. cnsalar. com/news_ view. asp？newsid。

太原市文物考古研究所：《娄睿墓：印证北齐晋阳霸府地位》，太原新闻网，
　　www. tynews. cn/long……

《泰州部分迁入宗族简介》，www. t56. net/news/dangan/200804/67016. html。

忒莫勒：《喀喇沁克兴额与蒙文铅字印刷》，《内蒙古师范大学学报》2006 年第 1 期。

田立坤：《棘城新考》，《辽海文物学刊》1996 年第 2 期。

《突厥研究——古突厥碑铭译文》，www. guoxue. com/study/oy/tujue/dyugub. htm。

王雁卿：《北魏司马金龙墓出土的釉陶毡帐模型》，《中国国家博物馆馆刊》2012 年第 4 期。

乌广聚：《喀喇沁左翼蒙古族自治县地名志》，辽宁民族出版社 1991 年版。

乌云毕力格：《喀喇沁万户研究》，内蒙古人民出版社 2005 年版。

吴殿珍：《宁城县志》，内蒙古人民出版社 1992 年版。

武·呼格吉勒图：《蒙古语喀喇沁土语语音系统》，《民族语文》1987 年第 4 期。

武·呼格吉勒图：《论喀喇沁土语语音系统》，《蒙古学》1990 年第 1 期。

晓克：《16～17 世纪蒙古土默特驻地变迁问题探讨》，《内蒙古社会科学》2008 年第 6 期。

邢亦尘：《清季蒙古实录》，下卷，内蒙古社会科学院蒙古史研究所 1982 年。

《腰伯吐古城遗址》，草原文化—正北方网：www. northnews. cn/2008/0612/116114。

《俞姓家谱文献》，中文百科在线，www. zwbk. org/MyLemmaSh. . . aspx？lid = 12……

《元朝的统治制度》，草原古今 - 草原歌友俱乐部 _ 百度文库，wenku. baidu. com/view/……

Bao Yuzhu, "A Study of Language Contact and Shift in Haraqin of Ningcheng County, Inner Mongolia", *Chinese Education and Society*, 11, 2008.

Bao Yuzhu, "The Impact of Immigration on National Context and Ethnic Composition Model in Haraqin Area", The 9th International Conference on "Bilingualism", Chingrai Rajabhat University, Thailand, January 26 – 28, 2012.

Colin Baker, *Foundations of Bilingual Education and Bilingualism*, 4th edition, p. 78, 2006, Clevedon：Multilingual Matters.

Delia Furtado and Nikolaos Theodoropoulos，"Interethnic Marriage：A Choice be-
tween Ethnic and Educational Similarities"，ftp. iza. org/dp3448. pdf.

Jamie Shinhee Lee，"Korean-English Bilinguals（KEB）vs. English Monolinguals
（EM）：Language and International Marriage Partnership"，Proceedings of the
4th International Symposium on Bilingualism，edited by James Cohen，Kara T.
McAlister，Kellie Rolstad，and Jeff MacSwan，Cascadilla Press Somerville，
May 2005. www. lingref. com/isb/4/104ISB4. PDF.

Lachlan Jackson，"Bilingual Child-rearing in Linguistic Intermarriage：Negotiating
Language，Power，and Identities between English-Speaking Fathers and Japa-
nese-Speaking Mothers in Japan"，PhD Thesis，School of Languages and Comp
Cultural Studies，The University of Queensland，2009 – 10.
espace. library. uq. edu. au/view/UQ：.

Stevens, Gillian，"Nativity, Intermarriage, and Mother – Tongue Shift"，*Ameri-
can Sociological Review*，Vol. 50，No. 1，pp. 74 – 83，Feb 1985.

Xin Meng & Dominique Meurs，"Intermarriage, language, and economic assimila-
tion process：A case study of France"，*International Journal of Manpower*，Em-
erald Group Publishing，Vol. 30（1/2），pp. 127 – 144，2009.

附录一

调查问卷或调查表

第一种：语言使用调查问卷

一 被调查者基本情况

1. 被调查者的性别：

①男

②女

2. 您的年龄

____岁

3. 您是哪里出生的？

_____ 省（自治区/直辖市）_____

4. 您现在做什么工作？

①教师

②教师以外的专业技术人员

③公务员

④党群组织负责人

⑤企、事业单位负责人

⑥办事人员和有关人员

⑦农、林、牧、渔、水利业生产人员

⑧商业、服务业人员

⑨生产、运输设备操作人员及有关人员

⑩. 学生

⑪不在业人员

⑫其他（请注明_____）

5. 您的受教育程度：

①没上过学

②扫盲班

③小学

④初中

⑤高中（包括中专）

⑥大专及以上

二 语言使用情况调查

1. 您小时候（入小学前）最先学会的语言是（可多选）

①标准蒙古语

②普通话

③当地汉语方言

④当地蒙古语方言

⑤其他语言或方言（请注明：　）

2. 小时候您母亲（或女性抚养人）对您最常说哪种话（语言)？（可多选）

①标准蒙古语

②普通话

③当地汉语方言

④当地蒙古语方言

⑤其他语言或方言（请注明：　）

3. 小时候您父亲（或男性抚养人）对您最常说哪种话（语言)？（可多选）

①标准蒙古语

②普通话

③当地汉语方言

④当地蒙古语方言

⑤其他语言或方言（请注明：　　　）

4. 小时候您对您母亲（或女性抚养人）最常说哪种话（语言）？（可多选）

①标准蒙古语

②普通话

③当地汉语方言

④当地蒙古语方言

⑤其他语言或方言（请注明：　　　）

5. 小时候您对您父亲（或男性抚养人）最常说哪种话（语言）？（可多选）

①标准蒙古语

②普通话

③当地汉语方言

④当地蒙古语方言

⑤其他语言或方言（请注明：　　　）

6. 您现在能用哪些语言与人交谈？

①标准蒙古语

②普通话

③当地汉语方言

④当地蒙古语方言

⑤其他语言或方言（请注明：　　　）

7. 现在您在家里对祖父（或外祖父）说哪种话（语言）？（可多选）

①标准蒙古语

②普通话

③当地汉语方言

④当地蒙古语方言

⑤其他语言或方言（请注明：　　　）

8. 现在您在家里对祖母（或外祖母）说哪种话（语言）？（可多选）

①标准蒙古语

②普通话

③当地汉语方言

④当地蒙古语方言

⑤其他语言或方言（请注明：　　　）

9. 现在您在家里对父亲（或男性抚养人）说哪种话（语言)？（可多选）

①标准蒙古语

②普通话

③当地汉语方言

④当地蒙古语方言

⑤其他语言或方言（请注明：　　　）

10. 现在您在家里对母亲（或女性抚养人）说哪种话（语言)？（可多选）

①标准蒙古语

②普通话

③当地汉语方言

④当地蒙古语方言

⑤其他语言或方言（请注明：　　　）

11. 现在您在家里对兄弟姐妹说哪种话（语言)？（可多选）

①标准蒙古语

②普通话

③当地汉语方言

④当地蒙古语方言

⑤其他语言或方言（请注明：　　　）

12. 现在您在家里、上街或去市场买东西时说哪种话（语言)？（可多选）

①标准蒙古语

②普通话

③当地汉语方言

④当地蒙古语方言

⑤其他语言或方言（请注明： ）

13. 现在在家乡，您到政府部门办事时说哪种话（语言）？（可多选）

①标准蒙古语

②普通话

③当地汉语方言

④当地蒙古语方言

⑤其他语言或方言（请注明： ）

14. 现在在学校，您通常说哪种话（语言）？（可多选）

①标准蒙古语

②普通话

③当地汉语方言

④当地蒙古语方言

⑤其他语言或方言（请注明： ）

15. 现在在单位，您谈工作时说哪种话（语言）？（可多选）

①标准蒙古语

②普通话

③当地汉语方言

④当地蒙古语方言

⑤其他语言或方言（请注明： ）

16. 现在您最常看的是哪种语言的书？

①标准蒙古语

②普通话

③当地汉语方言

④当地蒙古语方言

⑤其他语言或方言（请注明： ）

17. 现在您最常写的文字是哪种语言的？

①标准蒙古语

②普通话

③当地汉语方言

④当地蒙古语方言

⑤其他语言或方言（请注明：　　　）

18. 现在您经常听蒙古语歌曲、看蒙古语影视片吗？

①经常

②有时

③偶尔

④从来不

19. 您的普通话程度怎样？

①非常熟练

②比较熟练

③一般

④不熟练

⑤一点儿都不会

20. 您的当地方言程度怎么样？

①非常熟练

②比较熟练

③一般

④不熟练

⑤一点儿都不会

21. 您的蒙古语程度怎么样？

①非常熟练

②比较熟练

③一般

④不熟练

⑤一点儿都不会

三　语言态度调查

1. 您对普通话印象怎么样？请您从下面几方面打分，1 分为最低分，5 分为最高分。

①好听　　　　　　　　　　　　　1　2　3　4　5

②亲切　　　　　　　　　　　　　1　2　3　4　5

③有社会影响　　　　　　　　　　　　　1　2　3　4　5

④有用　　　　　　　　　　　　　　　　1　2　3　4　5

2. 您对标准蒙古语印象怎么样？请您从下面几方面打分，1分为最低分，5分为最高分。

　　①好听　　　　　　　　　　　　　　　1　2　3　4　5

　　②亲切　　　　　　　　　　　　　　　1　2　3　4　5

　　③有社会影响　　　　　　　　　　　　1　2　3　4　5

　　④有用　　　　　　　　　　　　　　　1　2　3　4　5

3. 您对当地蒙古语方言印象怎么样？请您从下面几方面打分，1分为最低分，5分为最高分。

　　①好听　　　　　　　　　　　　　　　1　2　3　4　5

　　②亲切　　　　　　　　　　　　　　　1　2　3　4　5

　　③有社会影响　　　　　　　　　　　　1　2　3　4　5

　　④有用　　　　　　　　　　　　　　　1　2　3　4　5

4. 您认为您家乡小学最好用哪种语言教学？（可多选）

　　①标准蒙古语

　　②普通话

　　③当地汉语方言

　　④当地蒙古语方言

　　⑤其他语言或方言（请注明：　　　）

5. 您认为您家乡中学最好用哪种语言教学？（可多选）

　　①标准蒙古语

　　②普通话

　　③当地汉语方言

　　④当地蒙古语方言

　　⑤其他语言或方言（请注明：　　　）

6. 今后在国内外交往中，您认为哪些语言比较重要？（可多选）

　　①标准蒙古语

　　②普通话

　　③当地汉语方言

④当地蒙古语方言

⑤其他语言或方言（请注明：　　　）

7. 您认为学习和掌握汉语有用吗？

①很有用

②有些用

③没有用

8. 您认为学习和掌握蒙古语有用吗？

①很有用

②有些用

③没有用

第二种：民族人口统计表

_____县（旗）民族人口分布统计　　　　　　单位：人

乡镇名称	合计	汉族	少数民族		其中								
			人数	%	蒙古	回	满	朝鲜	达	壮	藏	锡伯	其他
总计													

本表数据为公安局户籍人口，_____年由县统计局提供。

第三种：学校授课语言调查表

历年各类学校蒙古语课程及蒙古语授课情况调查表（喀左县调查）

年代	学校类型	蒙生总数	蒙语授课	授课类型	蒙语教材	蒙语课时	汉语课时	授课语言	备注
1984—1985	幼儿园	54—120	54—120	加授	内2类	8	8	汉语	
1985—2009	幼儿园	240	159	加授	东三省	8	8	汉语	
1949—1955	南公营子蒙小	193	125	加授	内2类	5	5	汉语	
	小学	363	147	加授	内2类	5	5	汉语	
	小学	593	253	加授	内2类	5	5	汉语	
	小学	697	450	加授	内2类	5	5	汉语	
	小学	658	346	加授	内2类	5	5	汉语	
	小学	606	369	加授	内2类	5	5	汉语	
1978—2009	小学	1684	820	加授	内2类	5	5	汉语	
1993—2009	蒙初中	2684	1635	加授	内2类	5	5	汉语	
1978—2009	蒙高中	1975	893	加授	内2类	5	5	汉语	
2009	全县小学	47633	10055	加授	内2类	5	5	汉语	
	全县初中	19348	4059	加授	内2类	5	5	汉语	
	高中	13271	6127	加授	内2类	5	5	汉语	

此数据由喀喇沁左翼蒙古族自治县民族教育教学研究部提供。（公章）

说明："年代"可以逐年记录，也可以按蒙语课程类型变化年代分类记录；"学校类型"指的是小学、中学、高中、中专等；"蒙语授课"指的是蒙古族学生总数中用蒙语授课的学生数；"授课类型"区别"主课"和"加授"两类；"蒙语教材"填写教材编写单位；"课时"指的是周课时数；"授课语言"指的是除蒙语课以外的其他课程的教学语言，分"汉、蒙、蒙汉"三类；"备注"记录蒙古语停课、学校合并（原学校名、时间、并入后的学校名）等信息。

注释：

1.1978—1993年使用内蒙2类教材；1993年以后使用东三省义务教育教材。

2.1945—1966年使用纯蒙古语教材。

3. 各乡镇都有小学。中学从2008年开始合并，由全县26所合并为10所。现有县蒙初中、二中、三初、四初、北公营子初中、南公营子镇初中、南哨蒙古族初中、官大海九年一贯制学校、老爷庙初中、十二德堡初中。

4.2005年高中由原来的公营子高中、老爷庙高中、南公营子高中、喀左县高中、蒙高中合并为喀左县蒙高中古塔分校、喀左县蒙高中卓南分校、城西分校、第四高中。

数据提供及表格制作者：段锡民、李国林。

网页：喀左民族教育汉语版。

第四种：蒙古语言文字使用情况普查表

_____县（旗）乡镇学习使用蒙古语言文字情况统计表（　　　年）

乡镇	蒙 古 族			汉 族			其 他 民 族		
	人口	用者	％	人口	用者	％	人口	用者	％
总计									

此表数据由 _____ 提供。

第五种：机关蒙古语言文字使用情况普查表

直属机关学习使用蒙古语言文字情况统计表（　　　年）

民族	计	其 中 不 同 类 别 学 习 使 用 者											
		语文类		学历				职务			职称		
		语言	文字	中专下	大专	本科	研究生	一般	科级	处级	初级	中级	高级
蒙古族													
达斡尔													
鄂温克													
满族													
其他													
总计													

本表数字由 _____ 提供。

第六种：不同民族通婚家庭语言使用情况调查表

蒙古族家庭三代之内异族通婚及语言使用情况调查

辈分	祖辈		父辈		平辈				
	爷爷	奶奶	父亲	母亲					
调查项目									
民族									
原籍									
年龄									
职业									
文化程度									
授课语言									
个人语言									
家庭语言									
工作语言									
异族通婚									
转用汉语									
使用汉语									
只用蒙语									

全村共计_____户_____人，其中与汉族通婚者_____户。

填写单位（公章）：

填表说明：1. 此表按家庭填写，不写实名，由本人填写或其他人当场代为填写；

2. "平辈"指的是自家和兄弟姐妹，按实际情况成对填写，如：自己—爱人、兄—嫂、弟—媳、姐姐—姐夫、妹妹—妹夫。未婚者可写"对象"，没有对象的只写一方情况；

3. "原籍"只写省县两级；"职业"分农民、工人、干部、教员等；

4. "授课语言"指的是上学时老师讲课用的语言，可分"蒙、汉、蒙汉"三种；

5. "个人语言"指的是被调查人经常、熟练使用的语言，语言类别同上；

6. "家庭语言"指的是在家庭内部与家族成员交流时经常使用的语言，语言类别同上；

7. "工作语言"指的是在家庭以外的单位或其他社会场合使用的语言，语言类别同上；

8. "异族通婚"、"转用汉语"、"使用双语"、"只用蒙语"问的是填表人对这些做法的态度，答案分："好、不好、无所谓"。

附录二

田野调查日志

第一次调查（1987 年 4 月 20 日—7 月 30 日）

此次调查的目的有二，一是调查辽代碑文，重点是历年出土的契丹文碑文；二是受委托调查非民族自治地区民族关系问题。据说河北等自治区以外的蒙古族地区，存在不少问题，民族间出现一些摩擦，上级希望我在进行业务调查时尽可能了解真实情况。

调查路线从承德市开始，沿内蒙古自治区和河北省、辽宁省交界地区，一直走到沈阳，返回时经内蒙古自治区赤峰市北部几个旗县，计划走访 20 来个旗县，约 3 个月。调查经费和设备由研究生部提供，有高档照相机、录音机、望远镜、制作拓片的工具等，应有尽有。

1987 年 4 月 20 日

早晨，下着毛毛细雨，5 点钟起床，告别妻子上路，两个孩子都熟睡着，女儿刚满 100 天，儿子知道我出差，所以，他到妈妈那儿睡了。

11 点 40 分，火车到承德，有各宾馆接站的车，听说离宫宾馆在避暑山庄内，离文物局不远，我就上了离宫宾馆的接站车。

由于是旅游淡季，宾馆顾客并不多，床位价钱也便宜，一屋两个床，每床一天 5 元，伙食不好，每天 2 元 5 角。

下午到文物局文物科。文物科让资料室杨天在同志接待。杨天在，女，40 岁左右，中等个儿。她介绍了承德的大概情况、文物的分布情况，并提供了外八庙和山庄的介绍资料。对于承德地区的民族情况，她们了解得并不多。她给我送两本书：一本是《避暑山庄碑文释译》，是杨天在自己写的；另一本是《外八庙碑文注释》，是齐敬之写的，只注释了汉文部分。从她们资料室购得一本《避暑山庄论丛》，是 1983 年 8 月在承德避暑山庄烟雨楼召开的纪念避暑山庄建庄 280 年学术讨论会上的论文。因为杨要出门，匆匆地走了。晚上看资料。

4 月 21 日

拜访承德市民委，由一位姓刘的同志接待，然后到地区民委，由铁男同志接待，约明天上午见面。在丽正门购得几本书：《避暑山庄园林艺术》、《康熙皇帝演义》《承德的传说》《乾隆三十六景诗选注》《康熙三十六景诗选注》《香妃的传说》《承德文史》（第二辑）。

到市政协索取《承德文史》（第一辑）。下午到普宁寺，有一个活佛，叫色登，是阿鲁科尔沁旗的，认识我岳父，人很热情。他介绍了阿鲁科尔沁旗的一些山洞。此庙共有 30 多个喇嘛，年龄大的有十几个，都是阿旗的，年轻的有阿旗的，也有翁牛特、宁城等地方的，克什克腾旗的喇嘛只有一人。他们学蒙文、藏文和英文。

普宁寺建于清乾隆二十年（1755），竣工于乾隆二十四年（1759），占地面积 33000 平方米。当时清政府平定了准噶尔部达瓦齐的叛乱，为祝福边陲人民"安其居、乐其业、永永普宁"，建立此庙。乾隆二十年和二十三年，乾隆亲自撰写了《平定准噶尔勒铭伊犁之碑》和《平定准噶尔后勒铭伊犁之碑》，分别立于承德普宁寺和伊犁，以记其事。

普宁寺碑亭内立碑三座：中为《御制普宁寺碑文》，记述了兴建普宁寺的原委、设计原则和布局；东为《御制平定准噶尔勒铭伊犁之碑》；西为《御制平定准噶尔后勒铭伊犁之碑》。三座碑均为乾隆御笔，碑文用满、汉、蒙、藏四体文字刻成，蒙文有托忒蒙文和旧蒙文两种。

4 月 22 日

与地区民委副主任铁男、地区文化局局长布尼阿林（满族）座谈。

据介绍，承德地区，周秦时为山戎、东胡、匈奴、乌桓、鲜卑地，晋代为鲜卑慕容氏地，后为北燕地。北魏至唐末，为契丹、库莫奚居住地。辽代隶属于中京道泽州、北安州和大定府。金代属北京路兴州、兴化、宜兴县（今承德滦平、丰宁境）及西京路桓州（今丰宁西北部），大定府泽州神山县（今平泉、承德县、宽城县）、松山州（今围场东北部），中都路蓟州（今兴隆县西南部）。元代属上都路兴州兴安、宜兴两县地（今承德、滦平及丰宁大部），开平府开平县（今丰宁西北部），北京大宁路大定等县及惠州（今平泉县境）。明初属兴州左、中、右、前、后五卫和宜兴、宽河两守御千户所，后尽属诺音卫。清代前期，属直隶省热河、八沟两直隶厅，后改设承德州和承德府，府领 1 州 5 县，其中平泉州、丰宁、滦平，以及后设之隆化、宽城县均在今承德地区内。

辽代赤峰北的木叶山，是契丹族的发祥地，围场北部的"平地松林"，是辽帝避暑和行围打猎的地方。从宋辽交界地的雄州至上京的驿道，途经承德地区的驿馆，自古北口至中京（今宁城县大明城）段计有 11 驿，在宋辽政治、经济、文化交往中起到重要作用。

金、元、明时，均属蒙古族驻地。今围场县半截塔，蒙古名为"阿拜诺颜苏巴尔汗"，汉译为"围场首领之塔"，是元忽必烈围猎之所。明代人口稀少，森林密布，土地开垦甚微，统治较弱。清初至乾隆中期，随着建立木兰围场、避暑山庄和外八庙，满族人口大量移入承德，逐渐形成清代第二个政治中心，成为"左通辽沈，右引同回，北控蒙古，南制天下"的重地。

重要的政治事件有：

1690 年（康熙二十九年），康熙在博罗河屯（今隆化镇）亲自指挥了乌兰布通之战，平定了准噶尔部首领噶尔丹的叛乱。

1691 年（康熙三十年）5 月，举行多伦会盟，加强了清政府与内外蒙古的联系。

1754 年（乾隆十九年）5 月，乾隆在热河宴请和册封三车凌。

1759 年（乾隆二十四年）5 月，在热河安置内迁的准噶尔蒙古之一支——达什达瓦部众。

1771 年（乾隆三十六年）6 月，接见和封赐万里东归的土尔扈特部首领渥巴锡等。

1780 年（乾隆四十五年）7 月，接见六世班禅哲布尊巴勒丹伊喜。

1790 年（乾隆五十五年），接见安南、南掌（今老挝）、朝鲜和缅甸使团。

1793 年（乾隆五十八年），接见了英国第一个正式访华的使节团——马戛尔尼使团。

1773—1782 年，在乾隆皇帝的主持下，在避暑山庄文津阁编纂《四库全书》。

在清代，承德地区的蒙古族实行盟旗制度，与府县分治。平泉属于卓索图盟的喀喇沁旗；围场属敖汉、翁牛特、巴林、克什克腾及喀喇沁等旗王公的牧场；丰宁原属察哈尔蒙古游牧区，1645 年察哈尔部归附清朝后，陆续设置"驻京"、"驻防"八旗蒙古。西围场即今丰宁境内。

满族进入承德，是在清代顺治初至乾隆中期，其来源有三：一是建立木兰围场、避暑山庄、外八庙及沿途行宫，派来的看宫守围的八旗官兵及家丁；二是驻防满蒙八旗劲旅和地方官员；三是从京畿迁来的皇庄、王庄和官庄的庄头、鹰手、网户等。

据《承德府志》记载：清道光七年（1827）承德驻防的八旗如下：

满洲八旗，共有官兵 1812 人，驻防热河（今承德市区）的有镶黄、正白、正黄、正红、镶白、正蓝 6 旗。

驻防喀喇河屯（今承德市滦河）的有镶红、镶蓝二旗。每二旗设协领 1 员、佐领 4 员、防御 4 员、骁骑校 4 员，兵 440 人，共 453 人。

蒙古八旗，共有官兵 454 人，驻热河的有正蓝、正红、镶红、镶蓝 4 旗；驻桦榆沟（今滦平县境）的有镶黄、正白、镶红、正蓝 4 旗。每旗设协领 1 员、佐领 2 员、防御 2 员、骁骑校 2 员，兵 220 人，共 227 人。

木兰围场，设三品总管 1 员、四品翼长 2 员、五品章京 8 员、六品骁骑校 8 员、世袭恩骑尉 1 员、笔帖式 4 员、委署骁骑校 16 员、领催 16 员，满洲八旗兵 415 人，按八旗方位，今左、右翼，每旗设营房 1，卡伦（满语，汉泽为哨所）5，共有营房 8、卡伦 40。蒙古八旗兵 585 人，满蒙八旗统一编制，共同负责木兰围场之保卫。

额鲁特蒙古三品总管以下官兵有 93 人。

内务府守卫行宫、外八庙的总管以下官兵 1293 人。

另外，丰宁县于乾隆元年（1736）置四旗厅，将原属察哈尔八旗的 4 旗划归热河都统管辖。计有以土城子（今丰宁县凤山镇）为中心的镶白旗，以大阁镇（今丰宁县城）为中心的镶黄旗，以黄姑屯（又名皇姑屯，今隆化县城）为中心的正蓝旗，以郭家屯（今属隆化县）为中心的正白旗，丰宁南部还有隶属内务府三旗的包衣阿哈，为清室伐木猎狩、经营皇庄等。

据清乾隆四十七年（1782）统计，承德府及所属州县（今属承德部分）共有 6.4305 万户，37.4513 万人，至道光七年（1827）增至 6.59 万户，42.9972 万人。

清初为解决京畿满汉矛盾，在喜峰口至古北口之间的长城以外，共建皇庄、王庄、官庄 138 处，至道光七年，共有旗地 80.5348 万亩，占总耕地259.1 万亩的 27.67%。从古北口至围场，前后共建行宫 20 处，计有巴克什营、长山峪、王家营、桦榆沟、两间房、喀喇河屯、热河、狮子园、钓台、黄土坎、二沟、汤泉、中关、什巴尔台（今隆化十八里汰）、博罗河屯、兰旗营、张三营、唐三营、济尔哈朗图、阿木呼朗图。

承德地区范围内共有 4 条驿站，其中有古北口部员所司驿站（军机处）5 处，即鞍匠屯（现滦平镇）、红旗、什巴尔台、坡赖村（今隆化唐三营）、王家营。共有马 160 匹，专为清廷传送公文。另有蒙古驿站 2 条（1692 年建）：一条自古北口至乌珠穆沁，共 900 余里；一条是自喜峰口至扎赉特旗，共 1600 余里。每路设管站蒙古员外郎 1 员、笔帖式 2 员，约百里左右设 1站，每站有马 50 匹。古北口一路驿丁 300 名，喜峰口一路驿丁 600 名。平泉县南北五十家子的蒙古族，均属驿站之驿丁。此外，还有承德府属所司驿站 7 处，马 68 匹。

据 1985 年底统计，承德地区 7 个县，总人口为 239.3399 万人，少数民族为 74.4685 万人，占总人口的 31.1%，其中满族 64.448 万人，蒙古族8.4033 万人，回族 1.5212 万人，朝鲜族 351 人，壮族 104 人，赫哲族 136人，还有高山、苗、畲、白、布依、维吾尔、土家、藏、黎、锡伯、侗、瑶等民族。其中 1982 年人口普查后新恢复和改正民族成分的 57.7985 万人，主要是满族，其次是蒙古族。全区 7 个县中少数民族人口占本县人口 30% 以上的有丰宁、宽城、滦平、围场、隆化 5 县，平泉街道 30%。

据 1933 年日本人北条太洋所著《热河》一书记载，民国十年（1921）滦平县有满族 4.1247 万人，回族 561 人；丰宁县有回族 7268 人；隆化县有满族3.4104万人，蒙古族3.245万人，回族2.8316万人；围场县有满族20.5632万人，蒙古族3.7336万人，回族11人；平泉县有蒙古族8.6607万人，回族4.2839万人。书中还注明在承德、滦平、丰宁3县有蒙古族居住。承德、丰宁2县的汉族人口中包含满族。现在的丰宁县境内清乾隆年间有4旗所属的2个旗满洲八旗人及内务府3旗的满族人居住。

承德蒙古族相当一部分保持本民族语言文字，能歌善舞，崇尚喇嘛教，善于经营畜牧业，保持着固有的风俗习惯。20世纪50年代和60年代初期，承德的满族在服装头饰、礼节等方面有显著特点，至今还重礼仪，崇拜祖先，禁食狗肉及忌用狗皮制品；坚持以西为上，尚白；对父母称阿玛、额娘（也有称玛玛、额额者），称祖母为太太，称伯母为大大，称嫂子为新姐等；饮食上喜黏食、白肉血肠、火锅等。

由于历史的原因，少数民族多居住在偏远山区，交通不便，文化水平低，缺乏建设人才，更不善于商品生产和经营，所以还比较贫困。据1984年底统计，全区温饱问题没有解决的约占30%，而45个民族乡中，人均收入低于全区平均水平的有40个乡，其中收入在120元以下，温饱问题没有解决的有26个乡，占民族乡总数的58%。在690个民族联合村（少数民族人口占10%以上）中，有481个乡人均收入不足120元，占民族联合村的70%。民族教育也很落后。据丰宁县调查，少数民族高中学生的比例，只是其人口所占比例的一半，初中生也大大低于少数民族人口所占比例。办学条件差，13所民族中学，危旧房屋占20%，残破桌椅占37.2%；83所民族小学，危旧房屋占24.16%，残破桌椅占33%；教师数量少、质量低，民办教师多，在13所民族中学中，民办教师占15.7%，在83所民族小学中，民办教师比例高达70%。

布尼阿林补充：

承德在明代以前是蒙古族牧区。

顺治八年，北幸，康熙十六年首次北幸。康熙二十年，克什克腾、喀喇沁、翁牛特、巴林部把此地献给皇帝。1681年建围场，范围1.5万平方公里，现在的围场不到1万平方公里。满蒙八旗初到此地时，具体位置是：

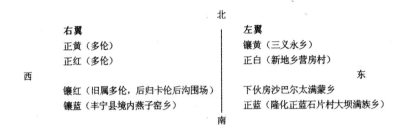

下午到须弥福寿之庙和普陀宗乘之庙，此庙建于乾隆四十五年（1780），是乾隆七十寿辰西藏政教领袖班禅额尔德尼六世到承德为乾隆祝寿，乾隆按照顺治九年（1652）达赖五世来北京朝见顺治皇帝，顺治在北京德胜门外修建西黄寺的先例，决定仿班禅六世在西藏的住所扎什伦布寺的形式修建此庙，作为班禅驻锡之地，所以又称班禅行宫。扎什伦布是藏语"吉祥须弥山"的意思。须弥福寿之庙即扎什伦布的汉译。

碑亭有《御制须弥福寿之庙碑》，4种文字。

普陀宗乘，是藏语"布达拉"的意译，指普陀山，是观世音的道场，也是佛教圣地，素称"小布达拉"，建于乾隆三十二年（1767）3月，成于三十六年（1771）8月，有乾隆撰写的《普陀宗乘之庙碑记》和《千佛阁碑记》《土尔扈特全部归顺记》《优恤土尔扈特部众记》，均用4种文字写成。

另，普乐寺有《普乐碑记》，说明了与蒙、哈、维各族的关系。安远庙有《安远庙瞻礼书事〈有序〉》碑文，4种文字，有乾隆于1776年写的诗，与达什达瓦内附和香妃有关，未能去看。

4月23日

从承德到平泉，愈往东走，山势愈平缓，地势增高，气温低于承德。到平泉县，受到县民委的欢迎，有主任暴瑞友、副主任王义、巡视员白英利。

据《平泉县地名志》记载，平泉县位于河北省的东北部，地处燕山山脉末端，北与宁城县毗邻，东与辽宁凌源县接壤，西连承德，南接宽城县，总面积33.0383万平方公里，总人口39.6025万人。其中汉族36.7387万人，满族1.3744万人，蒙古族6894人，回族7984人，朝鲜族16人。全县所辖

9 区、1 镇、47 个公社、7 个街道委员会、328 个大队、2268 个自然村。

平泉县已有 2000 余年的历史。境内有历代文物古迹数处，现已发掘的县以上文保单位 24 处，其中烈士墓 4 处，古墓葬 10 处，古遗址 8 处，古城址 2 处（根据文管所的普查，这些数据可能不准确）。

平泉地区的人口，主要是清顺治以后到此地的移民。汉民主要来自山东和关内，蒙古族来自喀喇沁，满族主要是清朝的庄头。在分布上，北面蒙古族多，南面满族、回族多，中部汉族多。

县人大常委会主任赵玉荣是原副县长，为人热情，是宁城蒙古族，提供了一些资料。晚上，由民委、统战部、宣传部、县人大领导设宴招待。王义开玩笑说：现在整个平泉由于干旱没法下种，如果您能带来一场雨，您在平泉的活动经费由我们包了。

夜间，乌云低垂，电闪雷鸣，大雨滂沱，旱情解除。

4 月 24 日

早晨听说有些地方发洪水，但没听说人员伤亡情况。

上午到文物保护管理所，所长是张秀夫。参观辽史馆，总的印象是：

1. 在远古，此地属细石器文化；

2. 后受到中原文化的影响；

3. 商周时已进入铜器时代；

4. 有辽代壁画，原有 11 幅，现只有 2 幅，属于素描，一幅画有两人，一个是和尚，一个是契丹人；另一幅画的是契丹妇女；

5. 有巴思八文铜印和货币；

6. 有耶律夫人墓志；

7. 有大长公主墓志，此墓志已收入《全辽文》。据当地百姓说碑阴也有字，是否契丹文，谁也说不清。

晚上看资料。

《承德文史》第二辑《塞外第一座行宫与木兰围场》一文提供了重要资料。

木兰围场，环周 7300 余里，东西 300 余里，东接赤峰喀喇沁，南邻隆化，北为克什克腾，西北近多伦，西接丰宁，现面积 1.04 万平方公里。

在木兰围场的 72 围中的碑文有：

1. ［岳乐围］，在今围场县新拨乡骆驼头村，有乾隆《御制虎神枪记》碑及摩崖石，用满、汉、蒙、藏 4 种文字镌刻而成，碑的正面是乾隆的手书。碑文记述了清帝每岁木兰行围，巡狩塞上，蒙古诸部随围射猎，用虎神枪殪虎之事。

2. 《入崖口有作》诗碑，在木兰围场东庙宫对面的南山顶上，建于乾隆十六年（1751）秋八月。乾隆手书五言律诗一首，用蒙、汉、满、藏 4 种文字书写于碑体之四面。碑文记述清帝岁举之典，是为了重视习武，以垂祖训，同时还吟咏了这里的险要胜迹和山川的壮丽景色。

3. 《于木兰作》诗碑，建于乾隆十六年（1751），在围场县石桌子碑梁沟与今隆化县城子乡碑梁村交界处的碑梁顶上。正面碑文是以七言诗记事，描述了清初开辟木兰围场，虽在塞外，誉比上林（汉上林苑），各族团结，亲如一家，强调，"戒武备驰司马射猎"之重要。

碑右侧是弘历在乾隆二十四年写的（1759）《过卜克达阪即事成诗》五言律诗，左侧是弘历在乾隆二十五年（1760）庚辰所写五言诗《过卜克达阪叠旧岁韵》、七言诗《过卜克岭行围即景四》，均为汉字，乾隆御笔。

4. 乾隆《古长城说》碑，于乾隆十七年（1752）9 月，立于围场县新拨乡岱尹梁北，满、汉、蒙、藏 4 种文字。

5. 在《岳乐围场虎神枪记》碑的对面北山上，有石洞，山石陡峭。在座西向东的峭壁上有乾隆摩崖，4 种文字刻成，文字为"乾隆十七年秋 上用虎神枪殪虎于此洞"。

6. 乾隆《永安湃围场殪虎诗》碑，乾隆二十六年（1761）秋 9 月镌刻，至今立于围场半截塔镇要路沟，七言律诗，4 种文字，碑侧为《永安湃围场作》。

7. 《永安莽喀》诗碑，在围场县腰站乡碑亭子村。

8. 《木兰记》，嘉庆年间作，在"东庙宫"伊逊河西岸的山脚下，与《入崖口有作》诗碑遥遥相对，满、汉文字。

9. 永佑寺碑，4 种文字，在避暑山庄万树园的东北部，共 4 座。

10. 普宁寺碑文，4 种文字，有两块《平准碑》。

11. 安远庙《瞻礼书事》（有序），4 种文字。

12.《普乐寺碑记》，4 种文字。

13.《普陀宗乘之庙碑记》，4 种文字，3 块。

14.《千佛阁碑记》，4 种文字。

15.《须弥福寿之庙碑记》。

16. 平泉城北《宗畅寺碑》，两通，蒙、汉两种文字。

4 月 25 日

宁城文史资料选辑《宁城县古洞简介》（吴殿珍整理）中说，头道营子喇嘛洞有刻字岩石，作者认为是辽昊天寺遗址。此洞在平泉北、蒙和乌苏公主坟附近。

新房村玉皇洞有蒙汉碑文。

到平泉城北公社中学拓得碑文一通。碑高 190 厘米，宽 76 厘米，厚 32 厘米，碑文一面是蒙古文，一面是汉文，汉文已磨损得含糊不清，蒙古文部分基本上保存完好，内容是重修宗畅庙的经过。中学一位老教师讲，除此之外，还有两块蒙汉文碑石，盖房时填地基了，碑头和碑底尚在，上有莲花纹。气温很低，风吹不止，教员和学生用被子围住挡风，才拓得碑文。

读《喀喇沁旗文史资料》第二辑。

在《喀喇沁旗出土文物选介》中称：1973 年春，永丰乡当铺地出土一块八角形契丹小字铜镜。据专家考证，四字铭文是一句吉祥语，大意是"寿长福德"。这类铜镜过去在朝鲜出土过，收录于《古镜图录》等书中。

《清公主陵》曰：公主陵位于我旗十家子乡十家子村东约二华里的东山根平台上，是清圣祖康熙皇帝之五女端静公主的陵墓。此墓建筑宏伟壮观，前有高大的石雕牌坊，两侧立有花岗石华表，中有碑亭，内置御赐碑一通，共 165 字，蒙、汉、满 3 种文字镌刻而成。

《辽耶律琮墓及其碑铭》称，该墓在喀喇沁旗宫营子乡宫营子村铁匠营子屯西南约一公里处的鸽子洞沟西阳坡的一块台地上，碑已不存。

4 月 26 日

到蒙和乌苏乡考察。县民委主任王义（回族）陪同。山路难走，即使是北京吉普，到山口就走不动了，王义背着我的行囊，徒步进山里。乡领导和群众出来迎接，我用蒙古语向他们问候，他们惊喜万分，奔走相告。乡政府负责人有白秀山、叶子然、张德臣，还有广播站的播音员兼接线员赵秀华。到二道营子村，由支部书记陈玉财接待。晚上，有很多蒙古族干部群众要来看望，由于人太多，乡干部和民委主任商量后决定：同意村长以上的干部、50 岁以上的老人进来座谈。王义开玩笑说：蒙古族群众待您的热情，一点都不亚于拜谒班禅大师。他们和蒙古族社会隔膜太久了，除了知道乌兰夫，内蒙古自治区的情况，其他地区的蒙古族情况，知之甚少。有一位老人激动地对子女说：你们说学蒙古语没用，你看人家北京来的干部，多年轻呀，蒙古语说得又好。我决定留下来住几天。王义劝说我回县城居住，最后他看我决心已定，没办法，向乡干部交代后返回县里。

晚上住村民家，房东原来是教员。他们家藏着很多书，有蒙古文的，也有藏文的，内容包括故事演义抄本、经文和其他书。书都收藏在顶棚上面，给我看了几本，不让拍照，也不卖。看来他们家藏书不少，但他很警惕，不愿交底。

到睡觉时陈玉财还不走，我说：您家住本村，不回去睡觉干什么呢？陈玉财说：王主任离开时交代了，让我跟着您，寸步都不能离开，出了事他找我算账。陈玉财，50 多岁，身体修长，脸色黝黑，走路时腰板笔挺，曾参加志愿军赴朝作战，复员后回乡务农。他说退休前的最后一件事是让村里用上长电（即电网用电）。他人很憨厚，在当地很有威望。

4 月 27 日

看大长公主墓。洞口已坍塌，雨水倒灌，墓室内全是泥泞。石棺已破碎，尸骨不存，碑石尚在。看碑文，才知道那个地方叫马盂山，过马盂山，就是内蒙古的宁城县了。墓室墙壁上有壁画，已完全看不清了。砖缝中有一种白色粉末，当地人拿来治伤，据说很管用。附近有墓群，规模不小，有些墓已被盗，盗墓者的足迹随处可见。县里委托头道营子的一家农户照看墓地，以防止被盗。据说原来头道营子居民，就是辽代看陵墓的，后来村里有人突然发财，人也陆续离开村子，不知去向。今天很累。

4月28日

了解当地风俗。蒙和乌苏，当地人发音为"蒙根苏"，相传蒙古族初到此地，发现河里有东西闪闪发光，捡起来一看，是银子，遂将此地命名为"蒙根苏"（银水），后改为"蒙和乌苏"（永恒之水）。陈玉财讲：当地人是清初随汗王来的蒙古军，所以按军营次序，称头道营子、二道营子。打开上海关，喀喇沁人出力不少，但满洲人信不过蒙古人，进关时让喀喇沁人留守关外。当地人认为祖先来自东北，因此过年时面向东北叩拜。宗教上的一大特点是祭星星和老树。"文化大革命"那么乱，但村里的那棵老树却没人动。陈氏来自蒙古名"其莫德"（qimd-yiin ail 其莫德家族），富氏来自巴尤特，赵、陈、富，是喀喇沁中旗的主要姓氏，最早落户建平县，后移至此地。

我去看过那棵老树，村民叫 tangsh modo，直径很大，根深叶茂，完好无损。当地有座寺庙，叫"法轮寺"，蒙古名 uljeitu gurban hurdun sume（吉祥三轮寺），藏文名 qoikel ling，已有270多年历史，有大喇嘛。"文化大革命"中受冲击，经卷烧了两天两夜。法轮寺目前房屋倒塌，野草丛生，无人问津（见附图52."文革"中被摧毁的平泉蒙和乌苏法轮寺）。村民想修复，但没有资金。

4月29日

拜访赵顺根。他提供如下资料。

关于家族来源。据说本家发祥于 yoo yongshimel，可能在沈阳附近，随汗王军队至此地。原来在家谱上清楚地记写清朝10个皇帝，在"文化大革命"中被烧了。一同来此地的人还分布于宁城县大城子、固山、伊肯冲、八肯冲等地，我们的祖先曾居住于龙潭沟。陈玉财的祖父是喀喇沁中旗的梅林东和尔扎布。喀喇沁中旗主要由赵氏、陈氏后人组成。

关于风俗习惯。大年初一，面向东北方向奉献酒、糕点、香，并烧纸，三拜祖神所在地。除夕夜，在院中奠9杯酒，燃9根香，点9盏佛灯，以祭拜上天。然后全家吃团圆饭，主要吃饺子。晚上祭祖陵，献酒食之美者，并烧纸。初八晚，待群星满天，在院中置高桌，上摆佛灯9盏、美酒9杯，燃香9根，烧纸若干，以祭拜星星。清明、七月十五日、十月初一日上坟填土。腊月二十三祭灶火，做饺子、制年糕，将火烧旺，放入肉、油、饺子、糕点、纸和香。正月十五祭宗喀巴，请喇嘛念经。十月二十五日为罗汉点佛灯、诵经。腊月初八吃腊八粥。用粟子米熬粥，放入红豆、枣和板栗子，清晨鸡鸣前起床吃粥。还将米粥献于佛龛前，并抹于门窗祈福。五月初四祭祀老树，叫做"tangshi 树祭"，届时人们杀猪宰羊，坐于树下喝酒。家中以西向为尊，置佛龛，摆经书，请尊者就座。

送葬。老人死，家人穿白，将逝者放入棺内，置于院中若干天，等待适合出殡的日子。棺前点佛灯，置祭品，早、中、晚，子女祭拜3次。出殡时，请喇嘛诵经，鸣号吹箫，子女哭号相送。选山前吉地入葬，使死者头朝南，若合葬，男左女右。头七天，请喇嘛诵经5次；百日再念经。死前留遗嘱，死后将逝者用过的东西分送给子女。去世一周年，再次诵经、祭奠，若此，3年祭奠3次。

娶媳妇。儿子成丁（二十岁），父母请媒妁订媳妇。订婚叫"放哈达"，将哈达置于佛像前，送姑娘父母一瓶酒、一口白布。订婚后不能反悔。结婚时再送猪肉、酒、服装和钱。娶亲前一天举行"置腹宴"（hodogodon horim，直译为"胃口宴"），请左邻右舍和亲戚吃饭。娶亲那一天，男方有一名头人（老者）、一名主事亲家（年轻人）和一名女亲家，连同赶车人一共5人去女方家。主事亲家负责女婿穿戴打扮和唱歌、求名等事；女亲家负责押送车，到达后在女戚宴桌落座。到了女方家，门口由女方媳妇把门不让进，叫做"设门槛"。婿方应对时放一条桌子，上面置两瓮酒和礼钱，送至门前，作为入门礼品。入门后，分4桌就座，男席2桌，女席2桌，每桌5人。男席上婿方坐4人，媳方坐4人，父母不入席。宴会上大家吃整羊臀，喝美酒，过半夜时让新媳妇乘车，由两名娘家亲戚送来。父母不来送。上车时用红布蒙媳妇的头，由同龄人抱上车，不让踩地。来到女婿家，依然由他人抱下车，掀掉红头盖，使之在炕角背面而坐，由成年妇女为媳妇分梳头发，使女儿头变成媳妇头，并给带上崇头。崇头是一种帽子，高半尺许，以铁丝做骨架，用丝网做底，上嵌7颗珠子、7朵花，并插奔拉。奔拉上有鸡、龙、鸟的图案，鸟嘴挂下垂（见附图13. 崇头帽与头饰搭配）。新媳妇穿红袍外加挂刺子。挂刺子像长袍，无袖，蓝色，带刺绣花。脚底穿木底、缎面、绣花红鞋。带 6 个耳坠，每个耳朵带 3 个。带银镯，开脸，拔汗毛。梳妆完毕，媳妇与女婿一同先拜祖坟，次拜父母，再拜老人和长者。交换鼻烟壶后，开宴招待亲戚、邻里乡亲，并接受他们的礼品。女婿的装束是：长袍马褂戴圆帽，系红腰带佩白毛巾，腰系荷包。女婿在迎接媳妇时骑马，管事亲家和头人也骑马。三天后，媳妇回娘家，见父母，住一宿，再回来。举行婚礼时媳妇的父母也参加，媳妇住东偏房。生子坐月，如果生的是女儿，门口挂红布；如果是儿子，挂弓箭。满月时有喜庆。

4 月 30 日

考察白池沟蒙古族乡。领导为郭占岚、姜殿城、郝树平、李全瑞和陈海廷。陈海廷是会计，来自蒙古营子。白池沟乡发展广播事业，有 8000 多元的资金缺口。

与红花营子村的傅振林座谈。红花营子本名 qimd-iin ail（齐木德营子）。"傅"和"富"本是一家，来自蒙古巴尤特部，"白池沟"，蒙古名 bayjihu-yiin ail（致富营子），以富家为主体。日伪时警察署长是汉人，武断地认为没有姓"富"的，于是随百家姓将"富"改为"傅"。但蒙古族内部都知道，"富"、"傅"不通婚。傅振林收藏两本蒙古文抄本，是关于喀喇沁婚俗的，复印后将原件返回本人。

5 月 1 日

进入蒙古营子，由陈海廷陪同，村长为陈景文，原在机炮部队服役。他认为，可以用更简单的方法解"哥德巴赫"猜想之谜，并将他的演算结果给我看。我不懂高等数学，答应将结果带回去，请专家看①。蒙古营子原属毛兰沟满族自治乡，建立白池沟蒙古族自治乡后划归白池沟。但他们的一部分林地留在毛兰沟，没有还。为此他们多次找上级未果。他们希望高层民族管理部门关注并帮助解决此问题，但他们并不希望就此问题重新回到毛兰沟，他们说："那就完了。"住朱氏家。朱氏为汽车司机，在平泉县林场工

---

① 后来经中央民族大学数学系教授鉴定，认为纯属误解。全国各地类似情况出现不少，由中科院数学所专家撰文答复。

作，祖先是来自山东的汉人，妻子为蒙古人，夫妻都能讲蒙古语。

晚上，由蒙古营子村设宴招待。宴会间，外面有争吵声，不久便平息了。原来，蒙古营子没有电话，朱氏家的姑娘跑到毛兰沟乡给他父亲打电话，说家里来了一个人，带着照相机、录音机、望远镜，讲蒙古语。他的话被旁边的民警助理听见，便警惕起来，认为肯定来了特务，就带几个民兵，直奔蒙古营子抓特务来了。蒙古营子的村长、会计，还有陈海廷，感到非常恼火，说这人是县民委送来的，有国家民委的介绍信，他是我们的客人，你们凭什么抓人？最后那个民警助理不好意思，便走了。

5 月 2 日

蒙古营子有一位大喇嘛，蒙古名为确吉尼玛（见附图 18. 确吉尼玛：将重任委托给后来之人），是河北省政协委员，家里收藏许多蒙藏经文。据说这些经卷原来藏于山上一个洞里，因此躲过土改和"文化大革命"的劫难。经卷共有十几包，但每包含有几种，甚至几十种经文，显然是为躲避灾难而临时捆绑在一起的。喇嘛愿意把这些经卷捐献出来，因为他死后，附近再也没有人懂得这些经文的价值了。在陈海廷的帮助下，他转交经卷的同时，书写一份财产转让书，并在上面签字盖章。我留给喇嘛 800 元，用于治疗哮喘病①。

据村长陈景文介绍，本村有一位陈氏老太太家收藏一部蒙古文经文，小时候，她们家每当需要诵经时，经常派他们去，从老远将经文背来。我们到陈太太家，老人家 70 多岁，身体很硬朗。一听说要看经文，她很高兴，立即让孙子出去取经。过了许久，经文取回来了。共两函，经衣受烟熏火燎，呈茶褐色。打开一看，是蒙古文《格斯尔》（见附图 5. 喀喇沁《格斯尔》上下两函，6. 喀喇沁《格斯尔》的竹笔蒙古文书法），第一函为北京版《格

---

① 此经卷的一部分已捐给北京图书馆，大约有 42 部藏文经卷，经北京图书馆专家认定，为联合目录所没有。其余部分准备捐给其他宗教机构，但受到北京高级佛学院阿拉善活佛（班禅助理）的劝阻。他认为佛经讲究因缘，不能随便赠送，应收藏于家中。为此，北京高级佛学院蒙古贞活佛吴占有（班禅助理）赠送一座亲手开光的铜制宝塔；雍和宫主持土布敦赠送一尊亲手开光的鎏金药师佛，由此，佛、经、塔三宝俱备。尽管表达手段不同，但我们爱护并尊重民族文化遗产的心情是一样的，在此告慰佛经原收藏人在天之灵，同时对各位宗教高人的关怀和鼓励，表示衷心的感谢。

斯尔》，第二函为续部，竹笔书写，上下共十五回。兴奋之余，我打开经卷开始诵读起来。陈太太脸上立刻出现惊异之色，眼泪扑簌而下。她说：多少年没有听到诵经声了，这么年轻居然懂得佛书。我们家祖祖辈辈祭拜并保存这部经文，孩子们说它是封建迷信。这部经文不能随便传给别人，我担心我死后孩子们不把它当回事，那可就作孽了。原打算走不动时将经文请回山上。这回好了，你指着名找来了，这是缘分，你把它带走吧。我高兴，但不好意思，问村长能不能留点钱作为报酬。老太太一听火了：你既然懂佛书，怎么就不懂这个道理，佛经讲缘分，不讲价钱，你带它走，我的心也圆了。最后，经村长协调，给她的孙子留 800 元，嘱咐他不要告诉老太太。

据说，白池沟的蒙古族的祖先来自 yoo yongshimel，随汗王征讨吴三桂来居此地。老人们常嘱咐：7200 户蒙古人不要忘记自己的历史。他们认为，喀喇沁有 5 旗，包括马公旗（即平泉）、前旗（左旗之误？）、土默特、翁牛特、蒙古贞。

婚姻习俗大体上与蒙和乌苏乡一样，但叙述更具体。记录并录音如下歌曲。

《新媳妇求名歌》《女婿着装歌》（即《四海歌》）、《婆家虐待时唱的歌》《四湖歌》《狠心婆家歌》《女桌上唱的歌》《东山哥哥》《金珠》《红格尔玛》《北京》。有些歌有两种版本。其中，《北京》是男人歌，曲调低沉而悠扬。歌中提到北京、雍和宫、热河、大佛寺、八沟、平泉、大明、大明塔等地名，可能是平泉和北京之间走动的商人或运货人唱的歌。

5 月 3 日

在章京营子各户家分别保存了喀喇沁蒙古族传统的崇头帽。傅月英保存九花崇头帽 1 个（见附图 11. 喀喇沁九花崇头帽）；花儿保存五花崇头帽 2 个（见附图 12. 喀喇沁五花崇头帽）。经过修补、整理后进行拍摄。崇头帽尺寸：前高 17.5 厘米；后高 14 厘米；帽顶直径 21 厘米；帽口直径 16 厘米。九花崇头帽，被拍摄人：陈瑞兰；五花崇头帽，被拍摄人：陈秀珍。另外，李桂斩老人（70 多岁）精心保存着结婚时穿的蒙古袍，缎面上衬垫棉花，保存完好。被拍摄人：李桂斩，陈瑞兰（见附图 9.70 多岁老人珍藏结婚时的蒙古袍，14. 靓丽的喀喇沁新媳妇）。

拍摄"转悠悠"。"转悠悠"是喀喇沁人的传统游戏，类似秋千。由9个未结婚的女孩坐在荡座上，围着秋千轴心飞快转动，有时还向空中散花，叫做"天女散花"。

5月3日下午返回平泉。由章京营子村会计富钟林送至平泉。他们虽然把毛兰沟的民警助理赶走了，但是心里还是没底。当他看见我和平泉民委领导寒暄并进入晚餐，便悄悄地走了，也不肯留下吃饭。整个辽东地区属于革命老区，老百姓防敌防特的警惕性都特别高。

5月4日

向县民委汇报此行调查的成果。王义讲，平泉县还有两个蒙古族聚居区：南五十家子和北五十家子，都是清代驿站老兵的后代。当时，每个驿站置50个兵额，都是从各旗调配，后来家眷随军，形成了聚落。南五十家子的蒙古族为了发展民族教育，主动拿出自己的农地建立了南五十家子民族中学，县民委没有经费，王义的意思是国家民委能不能给点帮助，请让我转告民委罗布桑副主任，因为他来过平泉，了解这个情况。另外，平泉县少数民族人口不到30%，他们想争取成为蒙古族满族自治县，这样国家拨款多一些，老百姓受惠。

明日离开平泉赴喀左调查。

5月5日

早5:50乘北京到丹东的快车到公营子下车，时间为9：12。公营子（gong-iin horiya，直译为"公的营子"），亦叫 hoitu horiya（直译为"北营子"），属喀喇沁左翼蒙古族自治县。从公营子，乘公共汽车到旗所在地大城子（蒙古语 yehe horiya），住政府招待所211号。

大城子镇中间有一座山，山上有亭，西亭叫"醉翁亭"，山名叫丰宁山，很多人不知道它的名字。大城子从南、东、西环包此山。山前有烈士塔，有园林，园林对面就是政府招待所。

下午拜访县民委，领导都不在。到文化局文化馆，有一位姓周的同志接待，观看当地出土的辽代文物。

5月6日

县民委马主任和王主任来介绍情况，由鲍玉山同志陪同。

5月7日

在县民族志办公室抄《武氏家谱》和《王氏家谱》。《武氏家谱》由县民族志办公室武俊英先生保存。《武氏家谱》前言记载：我们祖先之来历，自从蒙古圣皇帝成吉思汗的四弟委图·魏楚嘎（指帖木哥斡赤斤）、额古仑（指成吉思汗母亲斡仑皇后）皇后崩，其弟建灵位于紫宫（boro orguge），以委图·魏楚嘎之子祭祀并赐予宫名。委图·魏楚嘎之第23代孙字来台吉及其长子纳姆赛、次子宝贝、三子布拜、四子布尼亚西日、五子奔巴西日、六子布日那巴拉六人随姑母托尼、姑父东宫诺颜，离开喀尔喀地方游牧至此地并定居。贼李自成叛乱，逼死明朝皇帝，夺取朝廷并自称皇帝时，大将军吴三桂潜逃至沈阳白山请天命皇帝，自东宫诺颜、托尼夫人至字来台吉及纳姆赛、布日那巴拉兄弟二人应接圣皇帝于山海关外并至请安，皇帝降旨以纳姆赛、布日那巴拉等人留守山海关。自后到此地定居。家谱落款写道：此家谱于中华人民共和国1962年正月二十九日由东哨（注意，蒙古文为doora ong-god）武德胜、桑布拉二人重抄。

《王氏家谱》由喀喇沁左翼蒙古族自治县老爷庙乡果木树营子村王庆保存。家谱从巴彦巴雅思胡楞始祖，共记12辈，后续记3辈。家谱落款写道：此家谱重抄于大清朝光绪二十三年丁酉年。以上家谱全用蒙古文书写。据王庆讲："果木"乡的名称来自章京古默，蒙古名为bolod-iin ail，来自章京宝勒德的名字。

复印一些资料。出现不愉快的事情。回宾馆时，当地政府送我的一些文件，包括一些内部文件，都插在门口报刊袋里，这些文件我在出门前是放在旅行箱里的。叫服务员询问，服务员说，县里要接待日本代表团，为了保障代表团的安全，县公安局要求驻宾馆的所有人员要另找住处，腾空整个宾馆。因为您是县政府的客人，不好意思让您住别处，但公安局要求对您的房间进行检查。正在检查时您来了，他们没有来得及把手中文件放回原处，就插进门口文件袋里。我将事情原委告诉民委，他们和公安局交涉，事出无奈，也就算了。

5 月 8 日

用吉普车到白塔子蒙古族乡（qagan soborga some-yiin jangdai-yiin ail），路况不好，颠得两眼冒金花。拜访王福胜喇嘛。此地蒙古族除一些老人外，会蒙古语的已经不多。喇嘛讲述了当地蒙古族"白、宝、陈、王"四姓的来历和传说，有一定的参考价值。

溯源。王氏来自"忙牛特"（mangnigud），最初定居此地的人分 4 个营子（ail），忙牛特（mangnigud）、惕格（tig，即 qagar，察哈尔）、齐默特（qimed）、宝勒格楚德（baolagquud）。忙牛特营取姓"王"，惕格营取姓"白"，齐默特营取姓"陈"，宝勒格楚德营取姓"鲍"。忙牛特营现改名为建昌。这些人唐朝时移居此地，并同葛苏文打过仗。后来追击朝鲜人离开当地，当葛苏文退走时，再回到原地（讹传）。原来喀喇沁分 5 个旗，喀喇沁左、右旗，土默特右旗，喀尔喀左旗。清朝时用赐给驸马的地方建喀喇沁中旗。由于喀尔喀的一位喇嘛曾经帮助过汗王，将喀尔喀一分为二，分出小库伦赐予该喇嘛（即今天的库伦旗）。汗王进北京时蒙古族帮助过他。

祭祀。大年初一吃饺子，晚辈向长辈献哈达请安，然后与村里人拜年。除夕，五更起床，在院子里摆桌子，点供香，燃佛灯，献肉、黄油和炒米，祈求一年的平安。初五吃好的。初八夜待繁星满天，开始祭祀星星。在黄表上写九星之名置于高桌中央，旁边插彩旗。祭祀老福星、土星、水星、金星、太阳星、国星、金斗星、太阴星、木星共 7 个星星（实际是 9 个星，可能有重复）。人一出生，就从老福星开始祭拜，每年换一个星，供美食、香火，祭拜。腊月二十三，在院中竖一木柱子，上挂灯笼，灯笼上有风车。小盒子装钱和五谷，意思是为天神点灯祭拜。腊月二十三或二十四日祭火，出门当兵的人要回家团圆，因为蒙古人是"聚者为兵，散者为民"。

官制。札萨克诺颜带红色顶戴，有两个协领，一文一武。梅林、扎兰、章京等亦分文武，武官位重。

庙会。3 年举行 1 次庙会。Yarinan 会延续 45 天，始于六月十五，终于八月十五。于四月举行玛尼会，共 10 天。

祭山。旧历二、三月祭山，祭喀喇沁旗南宫营子东边的十三太保。各旗来人聚会，有摔跤、赛马、射箭等活动。凌源、大城子等地玩"转悠悠"（ergigul degujing），此游戏来自汉人，于四月二十八日举行。

唱戏。五月十三日唱戏。关帝庙在南宫营子，还有三角寺。据说胡贝子弟弟和张王到西域镇压阿穆萨（可能是阿默尔萨那）的叛乱，曾经得到关公的帮助，于是每年五月十三日唱戏，以示谢意。

诵经。每年正月和六月诵《甘珠尔》经，中素营（记音）每十年诵一次《甘珠尔》经。正月十五和二十五日转弥勒（maidar），因为释迦牟尼将由弥勒佛继承，所以诵经、祝颂。

婚俗。说媒时送整羊、毛巾和礼钱。结婚头一天，由女婿、祝颂人（belgeqin）、头人（带职衔者）等带几个人，或赶车，或骑马，到媳妇家。先祭火盆（hoobong），致颂词，然后吃饭、喝茶。第二天送媳妇。双方头人协商。媳妇着装是身穿长袍，头戴裘毛或皮帽，戴耳坠和镯子，足登 mahai 鞋。收礼时放哈达。客人就席后献茶点，婚宴开始。桌上摆放整羊，婚宴头人跪地割肉，献给客人，女婿敬酒。由干妈将媳妇的女儿头改梳成媳妇头。

葬俗。人死后装进棺材，放两三天，请喇嘛念经，祭拜。将生前用品分给子女。

种地。乾隆年间以后，汉人来此地种地，以前蒙古人不知道农事。

在喀喇沁左旗南宫营子镇东村见到陈永荣家谱。特点是蒙古人名有汉文音译，如 nomqi 敖茂起、badma 八达马、biqiheu 必勤冠。这种情况属于早期记名。一个人有蒙古名和汉名两个名字，汉名冠姓，蒙古名不冠姓。如，nasun-olji（陈国财）、buhe（陈国学）、ibel（陈文祥）。本来是汉名，但理解为蒙古语，另加汉名。如，genxiaol 根小尔（陈俊）、changming 长命（陈杰）、laifu 来福（陈禄）。

也有将汉名转写为满文的。如，boojen 宝珍、boorui 宝瑞。

5 月 9 日

到县档案馆。档案馆在一个四合院里的砖木结构的平房中。我问他们有没有蒙古文或满文档案。他们说没有。有一位老人在院中扫地，听到我们谈话，就说：我们在土改时收缴了写有蒙古文的牛皮纸一卷，不知道是什么东西，何不拿出来让这位先生看？原来这位老人是本县最早的档案工作者。那卷牛皮纸横放在几个木柜上，尘封已久。因为很大，屋里展不开，就拿到院里，铺在地面一看，才知道是喀喇沁左翼旗王室家谱。借回宾馆进行拍摄和抄写。请宾馆服务员仁秀红等帮忙，在车库前展开家谱，其长度大约有两个车库之宽，文字无法拍清楚，只拍摄一个轮廓［见附图 3. 喀喇沁左翼旗王爷家谱全照（1987），4. 喀喇沁左翼旗王爷家谱抄写本（1987）］。

在档案馆拓得王印一枚，扎兰印两枚。王印，合金，虎纽，宽 10.5 厘米，高 10.4 厘米。满蒙文字各三行。印面左侧为蒙古文：

haraqin-nu jegun husigu-yii jahiragqi jasag-un tamaga（喀喇沁左翼旗管旗札萨克印）

印面右侧为满文，意思相同。印身左侧为蒙古文：康熙二十五年夏首月；印身右侧为满文，意思与印身左侧相同。印身上侧蒙古文：礼部制；印身下侧满文，意思同上侧。（见附图 1. 喀喇沁左翼旗札萨克印）

扎兰印分蒙古文印和汉文印两枚，蒙古文印文字：haraqin jegun husigun-nu tuximel jalan

汉文印文字：喀喇沁左旗堂官参领（参见附图 2. 喀喇沁左翼旗参领印）。

下午抄完王室家谱，共两本。将原家谱还回档案馆。民委的同志告诉我，县志办公室想调走这个家谱，但是档案馆不同意，两家正在协商。

5 月 10 日

参观喀喇心蒙古族自治县蒙古族幼儿园。这个幼儿园有 120 个幼儿，用蒙古语授课。幼儿的生活用品都由幼儿园供给。幼儿园教导主任叫乌日娜，热情、朴实。这个幼儿园给我留下良好的印象。晚上到鲍玉山家做客。

5 月 11 日

到文化局，拜见乌风山局长。他爱好书法，人很热情，由他引荐，认识了博物馆刘馆长。这位馆长架子大，不好接近。他给我看两款印样，一个是契丹文，或女真文。另一个文字不好识别，也许是西夏文。

5 月 12 日

在博物馆拓得碑文两通，全是汉文。下午拍摄辽代石馆上的图案。到民委告辞，明天去朝阳。

5 月 13 日

同朝阳市民委白主任一道去朝阳县。路过兴隆庄，有一位姓刘的农民的哥哥是大法师，是香港九国佛教协会主席。他资助兴隆庄，修建了一座幼儿园，还赠送一辆面包车。但由于各种原因，这个幼儿园至今没有开学，最主要的原因是责任不够明确。

看来朝阳县城规模较大。由民委金宝文和办公室主任小陈接待，住朝阳宾馆302 房间，设施还可以。

5 月 15 日

到朝阳县乌兰和硕乡东乌兰和硕村。此地蒙古族虽然多，但会说蒙古语的人并不多。找到几个喇嘛，但不是耳朵有毛病，就是言语有障碍。到中学去看，房屋快要倒塌，教学设施很破旧，郭校长说不久学校将搬进新校址。

5 月 16 日

访问邰俊杰，蒙古名嘎拉桑。主要讲姓氏来源。泰楚特氏，据说最早来自归化城。白氏分两种，一是巴林，二是巴尤特。乌氏来自乌彻特（uqeged）。陈氏来自齐默特，据说来自察哈尔。王氏来自忙牛特（mangnigud）。孟氏来自梅尔格特（merged）。包氏分两种，一是来自宝勒格楚特（bolagquud），二是来自布尔只吉斤。张氏来自汉族，祖辈来自山东，有一位张铁匠，曾经和我们的祖先打过官司。人到 20 岁，须到官府登记（nere hadahu）交租。出家人免租，因此喇嘛和尚越来越多。

土默特右翼旗的主要姓氏为：郭尔罗特（高）、杭坛（杭）、bogud（鲍）、希格吉努特（被贬驸马，金）、额尔和古特（金）、希勒特格特（谢、史、席）、奴鲁特（欧、鲁）、巴尤特、巴林（白）、泰楚特（邰）、台吉（宝）、忙努特（王）、吉鲁特（己）、常氏、哈拉努特（韩）。俗语

（tanghai uge）讲：杭坛处处走，宝勒格楚特随地跑，郭尔罗特满沟坎，土默特姓主要是这三姓。

蒙古族有祭火习俗，火盆的火不能熄灭。

5 月 17 日

到朝阳县贾家店乡四分场佟常宝家，再到北得立吉法轮寺。法轮寺全称为"禅定法轮寺"（蒙古名 samadi-yiin nom-ii maxida ergigulugqi sume，藏文名是 samadan qoikel ling），主持为杭白音。杭白音，近 80 岁，健康、活泼，有学问。据说他两次通读《大藏经》，蒙文、藏文、汉文水平都很好。因为喇嘛们聚会商讨修缮法轮寺问题，会议刚结束，有几个喇嘛还没走。当时有一头牛掉进山沟里摔死了，村里正在出售牛肉。我就买 5 斤牛肉、奶粉和糕点，并亲自动手给他们熬奶茶。他们很高兴，在吃肉喝茶前，齐诵经文，很有气势。他们很长时间没有吃到牛肉和喝奶茶了。共花费 30 元，但共同的文化回忆把我们的关系拉近了。我们用蒙古语交谈，杭白音认识内蒙古教育出版社的曹都毕力格，说他藏文很好，很佩服，他在 60 年代访问过法轮寺。晚上住法轮寺。

5 月 18 日

与杭白音交谈。法轮寺建于乾隆十六年。一世活佛为赉丹扎布，第二世活佛为阿旺扎木苏，有 50 来个喇嘛。当时此村叫杜格尔扎布营子（因台吉杜格尔扎布居本村而得名），蒙古名巴鲁特营子（虎多、猎手多，故名）。另有普祥寺，qoirai lhabrum hooslan orogsan sume，藏名 sungjug qoiling。

主殿和阁楼共 36 间，是仿造拉萨布达拉宫建造的。寺后百步有 5 间庙，叫做"千手千眼佛"殿。寺前两百步有三间庙，是金刚庙。寺东 150 步有舍利庙。其他庙宇尽毁。1980 年，在舍利庙遗址上修建一座塔，高 1 丈 8 尺。在新中国成立前，喇嘛人口最多曾达到 300 多人，新中国成立时剩 63 人，现只剩 5 人。

看经文两卷，抄一卷。其中有一卷《无名书》（替名），还有一段特殊的来历。书中主要预测未来，有两件事最引人注目，大意是：其一，红马年皇帝杀大臣，儿子打父亲，扒坟毁庙，天下大乱；其二，大难过去后还有更大的劫难，怪病流行，行人站着死，坐人卧着死，十人死八九。唯独圣人或读到此书之人，严明律己，谨言慎行，洁身自好，才能躲过此劫难。50年代西藏有事，有一喇嘛多嘴，无意中说：天下大势，佛祖早就有言在先。为此许多喇嘛受到审查和诘难，但那本书到底怎样，谁都没看到。杭白音说，清末有红马年，但"文化大革命"开始的红马年才更吻合书中谈到的那些事。世事难测，你也看一看吧。我认为，天下大治到天下大乱，再从天下大乱到天下大治，历史循环往复，规律有惊人的相似，有悟性的人总结出几条规律并不难。但大病流行，难道还有什么循环或规律吗？有病不治，光"谨言慎行，洁身自好"就能躲过一劫吗？可能是胡诌。

《明圣经》未能抄完。

5月19日

传说。杭白音讲《四世达赖喇嘛的传说》。原先西藏每年向清政府交贡，对此西藏大臣很不情愿，常劝达赖喇嘛娶后称帝，停止向清政府交贡。达赖无奈，只好纳后成家。有一天，清廷观星大臣（钦天监，qin tian jian）向皇帝禀报，说西域出现有碍朝廷的人。皇帝派人调查，才知道达赖喇嘛已纳后。皇帝下令，将达赖夫人抓来，剖开肚子一看，有一男儿握着拳头跑出来了。原来他是占领全世界的皇帝 dobji horlwa。清廷下令杀那男孩，并招达赖喇嘛进京。达赖喇嘛无奈，率领臣属，向北京进发。沿途动用许多人力，十里一歇脚。达赖喇嘛不忍心折磨这么多人，就劝臣属赶快走。他的属臣说：到北京没你什么好处，或者找一个替身吧。有一大臣情愿替达赖喇嘛去死。达赖喇嘛说：你这样去不行，于是拔自己一颗门牙，换下那大臣的一颗门牙。

那时清朝皇帝并没有见过达赖喇嘛，所以不认识。皇帝问："您是达赖喇嘛吗？"大臣回答："是。"皇帝转身问钦天监："这是不是达赖喇嘛？"皇帝的大臣观测半天，说："这人骨头是达赖喇嘛，肉却不是达赖喇嘛的。"皇帝下令杀了那个大臣。

四世达赖喇嘛跑到五台山藏身匿迹。清朝皇帝下令不让请五世达赖。

又一年，驻藏大臣病了，无人能治。班禅大师建议：如您请达赖喇嘛坐床，可以治好您的病。

大臣有些踌躇，但病魔缠身，实在无奈，就答应修书，他的病也就好了。后来西藏从蒙古地方请五世达赖喇嘛入藏坐床。

祭祀：每月初二、十六祭老爷。正月二十九日祭星星，即祭北斗星，上贡品。腊月二十三祭灶火，熬稀粥，将糖葫芦、红枣、黄油倒入火中。除夕吃整羊，degeji 献给祖坟，并进行火祭。

佛事：除夕八时诵经，念 dogxid 两个小时；大年初一向观音菩萨（uhin tengri）献茶（xigderi 或 qab），此时观音菩萨降伏敌人而凯旋；喇嘛一起拜年，向年长喇嘛献哈达；正月十五，吉日，做善事，诵经文，燃佛香。二十五日祈福；二月初二吃丰盛。

历史：光绪二十六年（应为光绪十七年，1891 年），发生学好教（"金丹学好教"，蒙古人称"红帽子"）叛乱。叛乱从敖汉旗开始，敖汉王被杀，叛军进入土默特，烧毁很多衙门房屋。Horogan 庙当时有几百个喇嘛，都向锦州逃去。

观象：女人怀孕，婴儿在母胎中的位置是男左女右。让孕妇迈门槛，先抬右腿，怀的是儿子；先抬左腿，怀的是女儿。还可以从孕妇腹部形状上判断：肚子鼓而圆，怀的是儿子，因为儿子恋母，脸朝母亲，后背朝外；反则，是女儿，女儿恋父，后背朝内，脸朝外。人生罪恶，从胎儿就有显现。此事《大藏经》第三十卷有记载，《故事海》亦有记载。

5 月 20 日

上午返回朝阳市。

5 月 21 日

到朝阳市博物馆，参观两个展室，几经周折，才看到契丹小字耶律仁先墓志，条件是：不许拍摄、不许抄录、将认识的契丹字告诉他们。观看时，由博物馆的人四面围住，两个人抓住墓志拓片的两端，让你从一米之外看。一看这架势就晕了。陈书记讲，五家子台上石片子村出土的墓志也有契丹文，在辽宁博物馆。朝阳地区还有两处壁画，一个在 1964—1965 年《考古》杂志上发表过，另一个是元代的。凤凰山原来有石佛，现已不存，未发现摩崖文。

明天去北票。

5 月 22 日

早晨冒着雨上汽车站。因下雨，开往北票的车不发车，车站一片混乱。改乘开往沈阳的车，6 点 20 分的车，到 7 点 40 才发车。车里的设施糟透了，车窗玻璃坏了，也不修理；有的座位不翼而飞；票上写对号入座，上车却不对号，造成顾客之间东碰西撞，龇牙咧嘴，矛盾重重。

上午到北票下车，找县民委联系，态度冷淡，说因下雨，下府不能通车。

到文物管理所，所长不在。见到文化局顾局长，观看北票聋哑学校学生演出，十分感动。一起观看演出的还有县民政局、文化局文化馆、省文化厅和聋哑学校的负责同志。

学生大部分是先天性聋哑，也有后天性聋哑。崔校长讲，后天性聋哑学东西比先天性聋哑快，先天性聋哑隔代遗传。

聋哑孩子看问题比较直观，就事论事，但他们也有丰富的情感，高兴时笑，发怒时吵，一旦想不开，很难做工作。

教育他们很困难。他们听不见声音，也就没有音乐节奏感。他们跳舞时，看老师打手语，有时击鼓，用鼓声振动他们的躯体，指示动作内容。他们唱一段戏，但口型很难掌握，表情也比较呆板。

在"文化大革命"中，对聋哑人进行针灸。针灸对后天性聋哑人有一些效果，对先天性聋哑人没有效果，后来就停止使用这种治疗方法。

他们有数学、语文等课目。校长说他们的数学成绩不错，善于画画儿，有一毕业生目前在电影院做广告画。

是聋子都是哑巴，教员说哑巴和聋子有内在联系。学校学制 8 年，学完小学六年级课程。

这是一个特殊的群体，和他们在一起，并爱护、管理和教育他们的，也是一群充满爱心的团队。衷心祝愿科学界早日找到根治聋哑病的方法，语言学家对此有不可推卸的责任。

到北票，只看到有关尹湛纳希和尹湛纳希博物馆的材料。

5月23日

与朝阳市民委、北票民委通电话，以示告辞。中午离开北票到阜新。

5月24日

今天是星期日，到市场上去转悠。阜新市市面很整洁，从市场情况看，经济实力也在不断增长。在自由市场上看到几位蒙古族妇女用蒙古语交谈，走上去询问，才知道她们是阜新县塔本扎兰乡的农民，到市里来卖自己种的粮食。她们说旁边的几个小摊都是倒腾粮食的，她们只卖自己种的粮食。所谓倒腾粮食，就是一村几户出来卖粮食，把粮食委托给其中一位守摊出售，其他人则干别的营生去。而这几位蒙古族妇女则各卖各的，认为这样做理直气壮，出售的粮食也干净。旁边的人扯着嗓子吆喝，她们却只站着相互聊天或看望来回穿梭的人群。蒙古人历来忠实厚道，不善于做生意，她们能够出来闯市场，就已经很不容易了。我用照相机拍摄她们做生意，并对她们的谈话进行了录音。对蒙古族来说，这毕竟是一个历史性的转变。

市政府招待所服务质量很不好。开饭不到20分钟就没菜了，很多顾客只好买一些咸菜和馒头来充饥。馒头也是凉的，这在各级政府招待所是罕见的。卫生条件很差，找所长，所长先生找借口回避，却让三楼服务员同我说话。

这位服务员态度很好，她反映了不少问题，主要有：

1. 政府机关客人主要到宾馆住，其他客人，或者说什么人都可以住进政府招待所，有些旅客非常不礼貌。

2. 招待所管理不善，三楼自来水有时上不来，给打扫卫生带来困难。三楼服务员工作量大，工资待遇却和其他楼层服务员一样。

我发现她们每天打扫卫生的时间很长，特别是送开水很费劲。

5月25日

与市民委何主任座谈。他大概四十多岁，很有头脑。他认为办好民族事务，必须培养多方面的人才。少数民族干部在民委、统战、文化、教育系统中多一些，但在党政、经济、金融、政法、组织、宣传部门就很少。这些部门没有少数民族干部，要想办好少数民族事务，就很困难。他建议，民族高等学校不要只重视培养语言文学人才，其他方面的人才，也要抓紧培养。对此我完全表示赞同。座谈时，市蒙语办齐主任在座。

下午到阜新县民委，县蒙语办包主任接待。他是1963年从内蒙古大学蒙古语言文学专业毕业的，看起来很精干。阜新最近出版了8本书，他说以后还要出版15本。他也讲到干部培养问题，对此应约个时间专门了解一下。

有一位老同志正在编写《蒙古贞社会与风俗》一书。此书材料丰富，内容广泛，但术语需要加工，章节安排要合理。我们一直谈到晚上9点，县民委用车送我回招待所，并赠送很多书。

5月26日

到文化局。文化局文物科在筹备"辽金元史"学术会议，我准备参加。

下午拓得碑文一通。辽宁省考古所韩宝兴先生提出，对辽金元文物，应进行联合发掘。他补充说，联合，只能是横向联合，可以搞一个小团体，统一做计划，然后在具体项目上进行联合。他说假如有4人，1人出1000元，一年用不完。我觉得他的意见可以考虑，但落实时需要稳妥。总觉得这位先生头脑太精明。那个《耶律仁先墓志》，就是由他控制的，他是仁先墓发掘人之一。

5月27日

上午到文化局，下午报名参加"辽金元史"会议。

5月28日

参加"阜新辽金元契丹女真蒙古族历史考古研究会"成立大会。参加者有阜新市的领导、省考古所人员、金启孮先生、朱子芳先生、巴图先生等。阜新市文化局纪兵局长参加会议，他32岁，很年轻，也是这个研究会的理事长。研究会秘书长是李品清，原来是文物科支部书记。

参加这次会议，收获较大。结识阜新县蒙医研究所的吴占有，他40多岁，精通蒙古文和藏文，熟悉梵文，正在编写《辽宁宗教史》。他提供的信息有：

1. 《西藏研究》1986 年（汉）曾经登载有关巴思八文对联的文章，对联是用巴思八文记藏文的，地点在塔尔寺。

2. 阜新有十三世达赖喇嘛的一封信，信的印章上有巴思八文。

3. 于寺有一口井，井边有"佑安寺"汉文碑文。

彰武县文物所所长叫孙杰，40 多岁，他提供一个巴思八文印章。一看，是"特林百户印"，他说，"特林百户"好理解，但出土地点有些奇怪。他还有两枚印，他答应将拓本寄给我。另外有一个梵文和一枚不知镌刻何字的花押，将来辨认后交给他。

阜新党史办有一位叫暴风雨的同志，40 多岁，据说他很熟悉阜新历史。

阜新县报社有一位同志，叫何峰义，他熟悉彰武锡伯族的情况。

阜新师专有一位教员，叫佟宝山，是政史系的，很热心，希望知道佟姓的来源。

5 月 29 日

会议交流。下午金启琮、朱子芳做元史和辽史的一般性介绍。阜新师专学生也参加会议，奇怪的是，他们只有 5 名男同学，其余都是女同学，一问，他们回答文科专业女同学报考的多。

把拓得的《佑安寺碑文》拓片交给吴占有，但他给弄丢了，说是服务员当废纸给扔出去的，真不可思议。

会上有一位同志介绍，云南有契丹族，昆明市工业学校校长，姓姜，自称契丹族。

从文化局得到一张箭牌上的梵文标志，字为竖写，应转写为：hoñ qa ma la va ra yoñ，译为"十相自在"。标志由 7 个梵文和 3 个图形联合组成，表示密乘本尊及其坛场和合一体的一个图文：va，ra，va，la 四字，顺次表示所依无量房宫房基风、火、水、土四轮。ma 字表示须弥山及无量宫；qa 字表示诸能依者身、语、意本尊；ha 字表示胸轮诸本尊；新月、圆点及竖笔形，顺次表示顶轮本尊之身、语、意。

会议顺利结束。

5 月 30 日

到阜新县，住"蒙古贞宾馆"2 楼 210 房间，每日 10 元。有彩电、地毯、沙发、衣柜，但没有浴室、卫生间，客人很少。全宾馆 200 多床位，有人住的不到 60 个。此地离镇中心远，设备也不配套，加上前些日子收费过高（现我住的房子当时收 20 元），因此客人很少。

服务员大都很年轻，是 86 届高中毕业到此工作的，合同期为 5 年，现工作 6 个月，先借支 300 元，工资还未定。他们服务周到、诚实，但有些服务员不够大方，表情冷淡，主要问题是缺乏职业教育。

下午到民委。有一位姓马的女同志，她关心孩子的教育，也关心自己能否有机会到大学学习，但就是不愿意谈工作。不一会儿，她站起来告辞，说是要回家过节日。接着，由县民委白同志接待。上次过来座谈时，他在座，但他故意要求看我的介绍信，我把介绍信交给他。他说他在介绍信的背面写几个字，转交给乡里。我未同意，因为介绍信是给辽宁省的。他又说因为过节，乡里没人，回家的人多，乘车不方便。我看情况不好，便告辞。出来时看见去他本扎兰的车从街里驶过，里面没多少人。我请求他给乡里打个电话，他很为难，也就没再强求。他下午到宾馆见我，然后匆匆离去。晚上看《许王墓志》。

5 月 31 日

乘早 7:10 的班车到他本扎兰乡。乡政府空无一人，找到炎书记，他 37 岁，人很热情，立即给白玉都村打电话，让村里派车接。他介绍说白玉都是商品生产搞得较好的村。

白玉都村有 200 多户，蒙古族只有 10 来户，书记叫海宝，副书记姓白，60 多岁，已退居二线。据介绍，他们村每个人有 4—5 亩地，多养牛羊等，人年均收入为 800 元。村里没有把树林分下去，村政收入主要靠这片树林。村里有汽车 4 辆，其中包括一辆丰田和一辆 212 吉普车。从居民房屋上林立的电视天线看，该村的经济实力相当可观。

后到哈拉户哨村，找村民白玉亭和白玉堂，了解白氏之由来。白玉亭说白氏来自"古日"，有人用汉字记为"顾"，通辽也有此姓。来此地已有十三代，来自本县阿金台村。阿金台村属于长营子乡锡拉塔拉地方。人们传说自己的祖先来自归化城，自称为蒙古贞。祖父布仁扎布，太爷布尼亚，高祖 urxiyeltu，在道光年间为蒙古贞旗梅林。高祖是大文人。父亲白国盛，蒙古名 ibegeltu，到父亲这一辈，才开始使用汉名。在日伪时，我在王府（noyan ger）国民高等学校读书。家里原来收藏一木柜书，苏联红军进来时全部损毁。白姓分布于吐墨哈达、王四台、哈喇户哨、赵大板、德大板、桃李营子、马蹄营子、阿金台、海州、锡拉塔拉、扣莫等村。阿金台可能有家谱。

白玉堂，蒙古名达力扎布（darijab）。祖先那木斯来，在清宣统年间为本地扎兰。他介绍当地一些地名的蒙古语原名。骆驼山 = temege hada（吐墨哈达），王四台 = onggoqatai，哈喇户哨 = hara-huxigu，赵大板 = jodob-iin ail，德大板 = degdem-iin ail，桃李营子 = taulai-yiin ail，马蹄营子 = matar-iin ail，阿金台营子 = ajindai-yiin ail，海州营子 = hajuu-yiin ail（来自地形，在山侧坡上建营子），锡拉塔拉 = xiratala，扣莫营子 = homoge-yiin ail。

晚上村里派车送。当地人非常重视五月五过节。

6月1日

到县民委告辞。到蒙医所，拜访吴占有。他讲，"文化大革命"中把他关起来了，说他是活佛，属于喇嘛上层。后来放出来了，又有人说他是"假活佛"，处世很难。我开玩笑说：蒙古俗语"佛在生地不受敬"，"树挪死，人挪活"，可以"出家"，动一动嘛。活佛凝视我，很久没有说话。

拜访阜新县政协文史办刘宪国先生。他送我《阜新文史》第二、三、四辑。后到县志办，送我《史料汇编》第二辑。

在阜新县，总的印象是部门之间封锁资料，各自为政，不愿合作。与当地同行谈话，他们很少提供有价值的信息。这可能与他们的个人利益有关，是一种过度的"自我保护"。

政协刘宪国同志讲，本县平安地黑石村满汉屯有一石碑，上有字，无人可识。明天准备去看。县政协和市文化局领导和省社科院巴图先生陪同前往。

6月2日

驱车前往平安地黑石村满汉屯。碑石用于砌一口水井的井口，上用蒙文刻写：光绪五年三月十一日立。两边有蒙古文刻字，为祝文。两块碑石，反面无字，有槽，正面蒙古文，碑文旁有藏文。

该屯后面还有一眼井，砌井石头中有佛像核石一块、碑石若干，由于难于取出，未能看清文字内容。前两块碑石已经运往阜新市文化局。

6月3日

乘公共汽车到北镇。公路从医巫闾山的尾部进入北镇县境，沿途山势逐渐增高，风景优美，特别是绿化工作做得很好，满山翠绿，在道路两边的山上，不时能看见古时修筑的土台。

10点半到北镇招待所，因没有房间，住进武装部招待所。这个招待所是新建的，在政府对面。到民委，受王主任（女）和唐主任的招待。唐主任是1963年中央民族学院历史系毕业的，校友相见，热烈地交谈了学校情况和熟人。

下午到文化局，由萧广普局长接待。萧局长为人热心，记忆力很好，对文物工作很熟悉。

他首先介绍了闾山风景：圣水盆、道隐沟（当地叫大石棚）、观音阁、旷观亭、吕公岩（有刻石）、望海寺（白云观）、耶律楚才读书堂（他是耶律倍第八代孙子）、琉璃寺（右半节碑）。

北镇庙西边有一碑记录了闾山历史。医巫闾山，也叫大山或广宁大山。

富屯满族乡新立村北山坡有瞭望台。1971年富屯乡龙岗村修地道时发现两座墓，墓内有墓志，为耶律宗政、耶律宗允及秦晋国妃墓志。1980年在该村的西山，群众挖猪圈时又发现一座墓，没有墓志，属于早期被盗的辽墓。萧局长认为，新立村附近，就是显陵。（樱桃沟）高起堡有一墓群，可能是天祚墓。南面是闾阳县。

萧局长是山东人，60来岁，他叫来文管所的刘君同志，安排明天与我一起上闾山。

6 月 4 日

乘车上闾山。同去的有民委唐主任、文管所刘君、民委搞宗教的同志和司机。

先到北镇庙，这里有元明清三朝的 57 块碑。对碑文进行拍照，有几个碑因字迹不清，未能拍摄。还拍摄了大堂中的 36 个帝王像。北镇庙是医巫闾山的神庙，建于金代，元、明、清各代多次重修，现存各殿，都是明清时所建。北镇庙建筑群布局深远，规模宏大，蔚为壮观。上闾山。

医巫闾山简介云：医巫闾山古称于微闾、无虑山、六山，今简称闾山，是阴山山脉余脉，峙立于辽宁省北镇县境内，山势自东北向西南走向，纵长 45 里，横宽 14 公里，面积为 6.003 万平方公里，山峰 50 余座，平均海拔 600 公尺以上，最高峰——望海寺海拔 866.60 公尺。

文献记载：医巫闾山是舜封全国 12 大名山之一，也是全国"五岳五镇" 10 大名山之一。《全辽志》载："山以医巫闾为灵秀之最"，誉为东北三大名山（医巫闾山、千山、长白山）之首，受到历代帝王名士所赞誉。

医巫闾山以寺院为中心，有青岩寺、大芦花、接待寺、老爷阁、千家寨、大朝阳、玉泉寺、大阁、琉璃寺、望海寺等 10 个景区，景区内名峰古刹叠连，庙宇碑刻套环，神话传说千古不绝，代代诵传。

进山门，过圣水桥，右边为两座万人碑，左前方为观艺亭。右面有一石台，为戏台。再往前走，右侧有一巨石，上刻觉罗·庆龄"从善如登"字。往上走，就是圣水盆，原水盆被日本人盗走，后又做一个，游人在此洗手。台阶左侧有两个石碑，右侧有断碑倒在地上。圣水盆的东南上方有观音阁，南殿有四大金刚，北殿有十八罗汉，西屋是纪念品商店，左面是冷饮商店。乾隆"圣水盆"题字碑倒在屋内地上。再往上走，就是桃花洞，右上方是望海寺，上有一巨石，有一门，望海寺的左后方是一棵万年松。其他地方未能去。

下午到富屯乡龙岗大地，观看宗政、宗允和秦国妃墓，墓已被盗，只有墓志铭留在墓室内。墓坑很深，本来想攀绳下去，由于体重，一下子出溜下去，双手挫伤。墓室分两间，中间有通道，地面全是淤泥和水。有两块碑石，打手电阅读，证实这就是显陵，萧局长他们的判断不错。确定了显陵位置，就知道北镇庙附近，就是乾陵。从墓室出来时遇到麻烦。因为手有伤，不可能攀绳出来（即使没有伤，就我的体重和体力，也不可能自己爬出来，高看自己了）。最后由刘君他们找村长，在洞口搭一带滑轮的木架，绳子一头拴一个柳条筐，我坐进筐子，才被拉上来。出来时浑身是泥，洞口的泥土不断地往下掉，差一点成为墓主人。萧局长他们面面相觑，紧张气氛总算松懈下来。

这个村有民族幼儿园，叫"满族乐园"，有浴他、食堂，桌椅都是新的。园内有各种玩具和鲜花，是此行见到的最好的村建民族幼儿园。

该村的下方，路边有一铁钟，是民国铸造的，上有刻字。

6月5日

访问北镇县正安满族镇四方台村佟希杰。他至今保存着祖先常寿夫妇画像，两幅，画像高160cm，宽90cm。常寿曾任义州（义县）佐领、青海理事大臣。雍正年间任兵部左侍郎、盛京户部主事、盛京将军副都统等职。由常寿到佟希杰凡十辈，佟希杰以下还有三代人，共见十三辈。

另有拐杖二，男女各一节，男杖长136cm，女杖长123cm，藤条制。男杖上头刻有赤身和尚。

满族在除夕晚祭天地，祭祖先，把祖先名字写在纸上烧。埋葬时，长子靠父辈，依次排列，但女人靠女人坟，即按夫妻、妻夫、夫妻顺序，依次排列。棺木为高低型，但棺盖呈阶梯形。出殡时不哭，回来时哭。儿子、媳妇穿白。佟希杰家还收藏清代青瓷毛弹瓶和两个葫芦。

访问大市乡腰沟村关玉宏。他们家保存着锡伯族本家祭祀祖先（相当于察哈尔蒙古人祭祀的jolig，这是第一次见到这种祖先神的实际物品）。祖先为布制，有两种，用天蓝布制。一种是布佣型，另一种是布做，用毛沾眉毛，用珠子嵌双眼，用小方纸帖为身子。每年祭祀，将一张毛纸放入小盒中。家里还收藏光绪诰奉两卷。锡伯族祭佛，佛像放在屋内西北角，其中有母佛像。据说，有一个下雨天，一位锡伯族人在山下一间房中避雨。突然听到母亲叫他的名字，出去一看，什么人也没有。此时，刚避过雨的那间房子倒塌了，才知道母佛救了他。

锡伯族还有祭祀羊骨头的习惯。把羊的前腿骨固定在布上，布的右方用毛沾出▢（脸谱）形图案，中间有点。左方有一人，两头一身，不知何神。羊骨头常年挂在佛像左面墙上。据说锡伯族的先祖有一次出征，半路上遇到一位老羊倌，给他们杀羊吃。后来他们打了胜仗，于是开始祭祀羊骨，以示纪念。

锡伯族在 10 月 25 日送佛灯。灯是面制的，里面放豆油，点燃后放在佛像前。他们还祭古树。

访问大市乡达子营村佟立新、妻子谭桂英。他们家保存着《捐职守御所千总佟敬业之祖父母》《捐职守御所千总佟敬业父母》诰书，共两卷，后面墨书"智字十一号，千总佟敬业 式"，赐于嘉庆年间，保存完好。他们家有清代青瓷瓶。

6 月 7 日
乘车到沟帮子，换乘火车到沈阳。住辽宁省人大招待所。

6 月 8 日
到民委联系工作，办公室白主任接待，转蒙朝语办。有几个年轻人，一是宝新，刚结婚，夫人是汉族，没有房子，住在办公室里边的水房；二是李国华，未婚。他们都是内蒙古大学毕业的，见到中央民族学院毕业的校友朝鲁。

6 月 9 日
到省博物馆，孙力同志接待。参观古物展览。发现有两枚巴思八文印。看墓志室。下午拜访朝鲁家。

6 月 10 日
到博物馆。博物馆说不允许拓碑文。孙力喝了酒，话也说不清。

6 月 11 日
省民委把我介绍给沈阳市民委，省民委的办公室白主任在介绍信后签批：

沈阳市民委：

中央民族学院宝玉柱同志到新城锡伯乡搞民族语言调查，请协助。

省民委（办公室章）

到市民委，刘同志接待。他说：锡伯族乡没什么特点，老人可能记得一些专用语。过去他们提出请锡伯语教员，我们没同意，已经消失的语言，就没有必要再恢复。他拿起笔在省民委的批示下面批道：

请兴隆台锡伯族镇接待。

市民委（盖章）

这些干部作风很特别。1. 办事不认真，批转时把名字写错了；2. 限制调查范围；3. 介绍信后面乱签字，短短两天，介绍信后面就写满了，没地方写，还得接一段。根据这个情况，我取消了走访锡伯族乡的计划。

6 月 12 日

在辽宁图书馆查阅资料．

1.（满汉合璧）《古文》，16 卷。

2.（满汉合璧）《三字经注解》。

3.《元史演义》，4 册（即蒙文书社出版的《青史演义》）。

4.《初学指南》（用满文转写蒙语白话，研究方言之好材料），4 册。

5.（钦定蒙文）《万金玉匣记》（风水书）。

6.（蒙文）《关帝灵签》，1 册（有出版记、关帝颂，全文抄写关帝颂和出版记）。

7.《八纮译语》（上册，《蒙兀儿译语》一卷，诏书一卷；下册，《畏吾儿译语》一卷，《唐古忒译语》一卷，巴思八字《百家姓》，罗氏撰。这些都是研究蒙古语、维吾尔语、藏语的好材料）。

8.《普济杂方》。

9.《华夷译语》，8 卷。

10.《轩辕使者绝代语释别国方言》（即杨雄《方言》）。

11.（辽）《龙龛手鉴》。

后 3 种书未能找到。

到古宫，由古宫研究室接待。没有蒙古文书，有满汉《实录》。看到天聪年间的几个蒙古文信牌，研究内容已发表在故宫博物院刊物上。

6 月 13 日

到省档案馆。省档案馆在省政府院内、司法厅的后面。服务热情、细心。这个档案馆正在向正规的现代档案馆过渡。

看翁牛特、喀喇沁左右翼旗档案。其中，宣统以前的档案均用蒙古文写，民国以后的档案用汉文或蒙古文书写。共有档案 900 多种（可能不止此数），其中包括康熙、雍正、乾隆、道光、同治、光绪诸朝的文献，来往书信均属民国期间的。查看的资料有：

1999《三官仓事由》，乾隆七年。

2000《台杆王金朝争西北河土地，上诉被罚由》。

2109《围场事件由》，乾隆四十五年。

2386《围场巡狩由》，乾隆五十六年。

2387《围场巡狩由》，乾隆三十二年。

2388《本旗备甲丁送围场人数由》，乾隆二十三年。

2433《三品台吉汉底无子抱养近族巴雅撒呼袭爵三品》。

2444《青海的萨巴达金等骑马来看近处于喀喇沁、翁牛特借蒙古房在乌丹驻》（理藩院公文），康熙五十一年。

2453《巴林旗、翁牛特右旗建设驿站》，康熙四十六年。

2474《公大瓦希立承领诰命》。

2550《来往书信》。

《西夏译莲花经考释》，1 册。

《西夏国书字典音同》，1 册。

《回文书》，1 册。

《爨文丛刻》。

（蒙文）《近士缘》。

《六艺纲目》。

工作人员讲，还有一些清朝以前的蒙古文档案，在后库。档案馆有复印业务。

因档案馆下午休息，11:30 告辞。

6 月 14 日

早晨 5 点多钟到赤峰。赤峰街道开阔、干净。驻赤峰宾馆。上午休息，下午租一辆自行车到大街上转悠。市场上物资比较丰富，服务员也较和气。到咖啡馆喝一杯咖啡。

6 月 15 日

到民委，主任不在，到党校学习去了。到文化局，吴局长热情接待，给文物站打电话，并答应给各旗开介绍信。见到老朋友哈斯其木格，她在文化局工作。引领到文物站，站长叫桑布，是我看到的第一位从事文物工作的蒙古族同志，原来在宣传部工作，爱好文学。

看碑文。有《北大王墓志》（契丹大字）、《故耶律氏墓志》（契丹小字）、清朝《和硕公主墓志》。本地出土的其余墓志都在辽宁博物馆。

见到巴思八文印一枚，金代印一枚，王爷印一枚。

6 月 16 日

住房浴室渗水，加上气温低，感冒且闹肚子。先到市医院看中医，说是感冒，给些药。吃药后感冒好转，但肚子不见好，泻两天两夜，浑身冒虚汗，身体渐弱。再次到市医院看蒙医，吃蒙药，病开始见好，但肚子仍然微微疼痛，身体很弱。原来准备去克什克腾旗，汽车票都买好了，因病不能走，只好退票。老同学白音那给我做病号饭；哈斯其木格给我做西红柿热面，身体逐渐恢复。因病伤元气，厌恶油腻食物，小肚子可能有毛病。

6 月 21 日

身体见好，上南山。南山有果园，还有砖瓦厂。拍两张赤峰全景，一张是钟楼—博物馆方向，另一张是博物馆—赤峰山方向。赤峰东北区似乎有几座工厂，西区比较整洁，通辽至北京的火车正从南山坡下通过。

由哈斯其木格及其母亲和孩子陪同，游红山公园。拍摄风景：1. 钟楼；2. 赤峰医院；3. 白马；4. 博物馆；5. 赤峰山水（从红山公园拍）。

6月22日

乘车到经棚，路上走 8 个小时，非常疲劳。住克旗第一招待所 208 房间。克旗正在召开人民代表大会。民委郭同志接待。他反映，由于没有经费，民族古籍工作很难展开。

6月23日

到民委，拜见语办的巴图、民委主任宝音特古斯、文化局局长东日布、苏局长、博物馆刘馆长。宝主任讲，达儿罕山布儿罕哈达有摩崖字。

下午到博物馆。看到应昌路碑文。碑文字迹清晰，现立于清宁寺中。寺庙旁有《应昌路儒学记》，碑文中间断裂，字迹漫漶不清。寺院有古杨树两棵，可能有几百年历史，寺庙正在修建当中。

观看文物。其中有古代动物化石、铜牛、铜佛、瓷瓶最有价值。此庙有正殿、后殿、东西殿，门额横匾写：《庆宁寺》。

《应昌路碑文》：高 280 cm，厚 24 cm，宽 100 cm。

6月24日

拜访语办主任朝格吉勒。他介绍克什克腾旗蒙古族的主要姓氏和名胜古迹。

主要姓氏：

客列亦特（hereid），平民，汉字用"赫"。

锁儿汉希拉（torgan xira），汉字用"缎"。

达拉特（dalad），平民，汉字用"海"。

达兰撒大哥。

甘珠尔（ganjuur），原收藏《甘珠尔》经，有职业转姓氏。甘珠尔庙，原属巴音查干，现已不存。

嘎吉拉沁（gajirqin），意为"向导"。

塔宾喀尔喀（tabin halaha），由喀尔喀迁来的五十户组成。

查干塔塔尔（qagan tatar，白鞑靼），平民，居达尔罕山。

科尔奇特（horqid），平民，汉字用"高"。

特勒戈德苏（telege gedesu），曾经用吃双母羊奶的羊羔招待成吉思汗，因此得名。

米勒景（miljang），亦叫"马拉沁"。

土默特（tumed），平民，汉字用"万"，来自西土默特。据说，七部土默特背着铁腕从西部迁居灶火河。

孛尔只特（borjiged），自克什克腾札萨克敖齐尔宝乐特到解放初期的阿拉腾敖齐尔，世传十七代。

五大圣山：

（由南至北）赛罕山（saihan hairahan）、陶高山（togoga hairahan）、噶勒得苏台（galdasutai hairahan）、钧山（jegun hairahan）、巴音查干山（bay-inqagan hairahan）。

五大庙：

阿拉善庙（raxiyan sume），汉名"荟祥寺"，旗庙，亦叫葛根庙（gegen sume），原在热水汤，在"牛年骚乱"中被烧毁，后移至巴音吉如合。五十年代被毁，在其废墟上建立了学校。

经棚庙（biragu sume, xabarang sume），汉名"庆宁寺"，蒙古名"巴雅思胡楞阿穆古浪庙"（bayashulang amuhulang sume），现为旗文物保管所。

弥僧庙（misan sume），蒙古名"巴图哈马拉奇庙或喇嘛亥庙"（batu hamagalagqi sume、lamahai sume）。喇嘛亥像活佛那样转世，地位与大喇嘛相当，此庙原在巴音高勒，被毁。

陶力庙（toli-yiin sume），汉名"普宁寺"，蒙古名亦叫"吐格木勒 阿穆古浪庙"，原在达尔罕乌拉。属于大喇嘛庙。

克力更庙（hogorge-iin sume），蒙古名亦叫"eguride hamagalagqi sume"，原在达尔罕乌拉。属于大喇嘛庙。

除此之外，在伯合岱河流域亦有民众所建的"伯合岱庙"（behedai-yiin sume）。

6月25日

语办巴图同志介绍寺庙情况。

蒙古庙：

庆宁寺：在经棚，建于乾隆二十五年，六月十三日有庙会。

荟祥寺：在热水，前清年间建，民国二年毁。

普安寺：在干泡子西，前清时建，民国癸丑年毁。

永保寺：在蒿来库，清末重建于克力更。

达王庙：相传百余年前，阿巴嘎大王任锡盟盟长时，与克旗约年增二岁牛六十头，于曼陀山南麓建庙，民国癸丑年毁于火。

荟宁寺：在西拉木伦河南塔其沟的造化沟庙台。

青龙寺：在苇里沟（uyer-iin guu）。

弥僧庙：在马淀，阿克塔乌尔格湖之西，清朝建，民国癸丑毁于火。

报恩寺：旧址在应昌路故城，元代建。

龙兴寺：旧址在应昌路东南曼陀山东麓，元代建。

汉庙：

关岳庙（关帝庙）：在经棚，清道光壬辰年建。五月十三日，正月初八祭星，俗称九星照命。

关帝：有六处，碧柳沟又称新庙，木石厘沟门，碧柳牌头营子，白音板，白岔川，土城子。

娘娘庙：有四处，伊里库窝图，萨里克，新庙（必如沟），四月初八，祭本年照命之星。

城隍庙：在经棚，清光绪丁未建。

碧霞宫：在经棚，清光绪丁未建。

敦仁镇远山神庙，即赛汗佛：在兴安岭巴桑阿苏极台，俗称铁香炉，在经棚庆宁寺西三楹，民国辛巳年建。

经棚庙：在经棚北部一人胡同处，与庆宁寺同时建筑，为喇嘛藏经之所，故曰经棚。

龙王庙：在经棚河东，字儿山附近，六月十三日有庙会。

玉皇庙：在萨里克河。

九神庙：有三处，白岔、塔其沟、哈拉海沟。

河神庙，又叫石头庙：在必如沟中段，河西岸，现在的文革桥处，清道光癸卯年建。

海神庙：达里湖南曼陀山前麓，民国年间建。

文庙：在应昌路故城。

三官庙：经棚前街灯棚处。

天水观：在县城东，白彦板之天桥山。

清真寺：

其一，在经棚蘑菇街，清咸丰壬子年建。

其二，在土城子北门处，清光绪初年建。

天主教：

在经棚南二百六十里的新开地。1877年始建于天主教公所。

在理教：

乐善堂：在经棚一街西头，本教主张"不吸烟，不喝酒，行善乐道"。

各种庙会：

仙家庙会：九月初九，在经棚及各乡、区，大仙、胡仙、长仙庙等处。

药王庙会：四月二十八，在经棚药王庙。

鄂博会：五月十三日，祭巴彦朱尔克鄂博。

城隍庙会：七月十五日，在经棚城隍庙。

6月26日

到巴林右旗大板镇。住武装部招待所，是一个刚办的机关招待所。三人一间，软床，每晚收3元。我的房间不安排其他人。

先到民委。出车困难，但答应介绍给文化局。旗志办的宝音贺喜格对本旗情况相当熟悉，也很热情。他是内蒙古大学毕业的，原来在文物站工作。据他介绍，庆陵在本旗白塔乡，怀陵在冈根乡，祖陵在怀陵东三十多里。孛头山在旗治西南，黑岭即白塔乡赛含罕乌拉，上有天池、金莲。

6月27日

乘武装部的车到白塔乡。白塔保存完好，在庆州遗址内西北角，高七层，有门神、画像及刻字，《辽史·地理志》载：庆州，玄宁军，本太保山黑河之地，岩谷险峻，穆宗建城，号黑河州……统和八年州废。圣宗秋畋，爱其奇伟，建号庆州。辽国五代祖勃突，貌异常，有武略，力敌百人，众推为王，生于勃突山，故以名，殁，葬山下，在州南二百里。庆云山，本黑岭也，圣宗驻跸，爱羡曰，吾万岁后，当葬此。兴宗遵遗命，建永庆陵，有望仙殿、御容殿，在州西二十里。

其中提到的黑河，即喀喇木伦河，也叫插汉木伦，在州治南。

黑山、黑岭：《辽史·营卫志》曰：道宗每岁先幸黑山，拜圣宗、兴宗陵，赏金莲，乃幸子河避暑……黑山在庆州北十三里，上有池，池中有金莲。按此说，黑山即现在的赛罕乌拉，位于大板北 74 公里，在庆州南，即庆陵则在州北。

去庆州路上，庆陵脚下有山泉，相隔几步，水的味道不同，有酸的，温的，也有苦的，据说喝此水，能治胃病。

6 月 28 日

星期日，无事。上街看，市场上顾客不多，在自由市场，人也很少。饭馆只卖一两种饭菜，说明此地经济比较落后。

6 月 29 日

到巴林右旗民政局。局长叫巴图，购得一本《巴林右旗地名志》，18.00 元。到该旗政协，文史办的木松送一本《巴林文史》。

上午到旗文化局。办公室有一位姓张的女秘书接待。我简单地说明来意，并把赤峰市民委、赤峰市文化局，以及中央民族学院的介绍信交给她。她看完介绍信，给博物馆打电话，并告诉我直接去找博物馆就行。我正要走时，她突然犹豫起来，说："还是我跟您一起去吧。"

巴林右旗的博物馆设在一所大庙里，名叫"荟福寺"，是清朝一位公主投资兴建的。

办公室值班的是一位叫格日勒的中年女同志，中等个儿，穿戴很合体，说话和蔼。张秘书介绍说，她是博物馆的书记。

书记一边倒茶一边叫一位同志去请馆长。那位同志出去不久便回来说：

"馆长说有事，来不了。"我赶紧站起来，说："馆长有事，就不打搅了，我们自己去看吧。"

走到大殿，书记指一位画画儿的黑大个儿，介绍说这位就是馆长。馆长停下笔，同我握手，指了指旁边的电镀椅说："请坐。"然后，聚精会神地画起他的画来了。

过了一会儿，我说："你们真忙啊，连馆长都亲自动笔了。"我讨好地说。"我们下面就是这样，不像你们上边。"馆长头也不抬地说。我笑了笑没说什么，他实在太忙了。过了一会儿，他问："你有什么任务吗？"我说："有的，我是研究契丹文的。""啊，我和刘凤翥认识，我们经常有联系。"刘先生是契丹字专家，他的作品我拜读过。馆长是他的朋友，我对馆长肃然起敬。接着是一阵沉默。

有几位同志正在翻阅我刚从地名办购得的《巴林地名志》，有一位说："这书还有文物古迹部分。"馆长没好气地说："他们乱写，其中也有笑话，'文物'和'荟福寺'部分是我给改的。"我不以为然地说："第一次搞，错误在所难免，我看写得不错。"

馆长继续画他的画，张秘书有些下不了台，说："我还有事。"就告辞了。其他同志，特别是书记，也露出难为情的样子，然而她还是很坦然，毕竟是书记。

快到十一点半了，馆长总算画完了画。把大笔往桌子上一扔，说："对不起，很不礼貌，实在太忙了。你先看看。"我很高兴，两个小时总算没白等。

"这是我们画的地图，没有钱，就将就用广告彩画的，啊，'夏'字少了一笔道。"

"这是辽代的木棺，可能你们还没见过吧。"我确实是第一次见到这种木棺，以往见到的都是石棺。我仔细地观看了这个少有的文物。

"这是我们画的地图，我们是搞北方民族的，所以都包括了，你现在能看到的就是这些。"

我很诧异："就这些？"他重复说："就这些。"

我非常失望，我明白馆长大人和我开了一个大玩笑。

馆长走了。书记把我请到办公室，请我喝茶。她说："我们博物馆曾经得过文化部和自治区的奖。"她说："请您在庆祝'四十大庆'时再来。"我不好说什么，馆长说过，"这是县级博物馆"。我说："希望以后切实搞好文物工作。"就告辞了。

6月30日

上午到林东。找民委联系工作。民委的调研员宝日夫曾经在赤峰宾馆同我住在一起，因而认识我。他一见我，很热情，问我病好了没有，并立即引见民委副主任普力吉同志。

普力吉，四十二岁，刚从承德拉瓦（片）回来，风尘仆仆。他热情地接见我，并让民委负责宗教工作的那仁朝格图与我接洽。

到政协索取一本《巴林左旗文史》第一辑。后到档案馆，结识党史办的道日那、档案馆的赵日格图。他们从民委购得一本《巴林左旗旗志》，并转送给我，是按照普主任的嘱咐办的，普主任不久到中央民族学院学习。

《巴林左旗地名志》还未出版。晚上同那仁朝格图共进晚餐。

7月1日

由政协出车，由民委秘书乌云陪同，到善福寺（格力布尔召）考察。

格力布尔召位于查干哈达公社哈巴气大队的圣水山后。建于"真寂之寺"石窟之前。据庙史记载，早在唐太宗时，有玄奘的一位弟子，从长安游至此地，请石匠在石崖上开凿洞窟，并利用横在洞窟里的一块巨石，雕刻成一尊卧佛，又在洞口刻上他原来在长安时住过的庙名。辽代此地是佛教圣地，清代叫阿贵图庙。至乾隆年间，从西域来了一位葛根（活佛），叫札门史达毕，住此地，至午夜发现桃石山上呈现五彩霞光，认为是圣兆，告知巴林扎萨克。以嘎布加希热格喇嘛为首的二十多个僧人，修建阿贵图庙，初名"塔本五台"，因有彩光，又叫"格力布尔召"。此殿门廊上曾经有过"善福寺"、"慧因寺"两块金字匾额，传为清廷所赐。

新中国成立前，佛堂供桌上有两米高的铜质鎏金观音像，系乾隆年代制品。1935年，该庙有铜佛443尊，有专殿佛龛供拜。还有印度萨其热格佛，名曰召佛，即石窟内释迦牟尼，俗称卧佛（"和布特"，故又称和布特召）。

石窟山顶有一巨石，形如桃，故叫桃山。桃石下有几个马蹄印形状的凹处，传说是格萨尔的马蹄印。山的阳面有一条通山顶的石径，叫"阎王路"。山上有一石洞，叫"乌美哈达"，人可以钻出去。此洞东面有两块大石，一个叫"格图勒"（探子），一个叫"抢怒勒"（偷听的）。山下石壁上有藏文六字咒语，庙门石柱上有蒙文记。

此庙东山有山泉，故叫"圣水山"。西南山叫"巴令"山。西北面有一堆石头，叫"格日哈达"。

现庙区有住民，山上有羊，卫生情况不好。

下午到巴林左旗文物站。文物站坐落在北塔底山上。观看了文物陈列，但馆长不在，未能看到碑文。

7月2日

同武装部的吴根喜政委、军事科科长巴图同志一同去祖州。

祖州城位于哈达英格乡石房子大队西北，距林东25里。祖州，为辽太祖四世先人诞生地。

内城北部有一石房子，用七块大花岗岩石板支盖而成。前有一门，无窗，高3.5米，宽4.8米，长6.7米，石板厚40厘米。相传此石来自格力布尔召，是先在地上浇水结冰，再将石板置于冰上，一步一步滑动而来的。石房内地下铺有一块石板，下空。

祖陵位于石房子村大布拉格峪中。此山即"黎谷"。谷门史称"黑龙门"，今称石门子。

在林东还观看了上京遗址。

7月3日

转至天山，住天山宾馆308房间。下午去看望岳父岳母。

7月4日

到民委联系工作。民委的白彦仓同志接待，民委主任都不在家。访问政协吉木彦（活佛）。他送我《阿旗文史》蒙汉文版各一本，借地图一张。阿旗的地名志、旗志均未脱稿。

文化馆馆长宝音乌力吉送《阿旗民间文学》一本。

找文管所所长马峻山座谈，并观看文物。《北大王墓志》保存完好。马峻山还介绍本旗文物工作的一般情况。

7月5日

上午同民委白彦仓座谈。他谈到阿拉坦额莫勒山（金马鞍山）的传说。据说以前有一小毛贼，叫"灯油贼"（jula hulagaiqi），因为他专门偷佛灯里的黄油。王爷将"灯油贼"提上来，说："你进那个山洞，看看里面究竟有什么，并把看到的东西拿出来给我看看，如你能做到，就免你死罪。""灯油贼"虽然害怕，但也没办法，就想办法进去了。不久他出来，手里拿着灯油，说："里面有一张桌子，桌子后面躺着一个披甲戴盔的将军。桌子上点着佛灯，我从灯油抠出一点，给王爷您送来了。"王爷免了他死罪，但不到一星期，"灯油贼"就病死了。打日本人时，苏联红军也想进那个洞，结果半空中绳子断了，人摔死了。白彦仓不同意我去阿拉坦额莫勒山探险，他说太危险了，出了事，他们负不起责任。民委没有派人陪同前往，显然他们怕承担责任。

下午玩。

7月6日

早6:40乘汽车到白彦温都苏木。半路上，有两位中学生下车，但没有买票，售票员就骂起来，那两个孩子都蒙了。我替他们补票，孩子们被骂傻了，离开时连说声"谢谢"的话也忘记了。

白彦温都距天山北270华里。白彦温都的畜群大部分到北面游牧去了，乡里人不多。由乡长接待，他也不同意我去冒险。不久，来了一位牧民，大约60多岁。他劝说我不要去。那洞口一到冬天就结霜，说明里面有蟒蛇。唯独苏木政府秘书斯琴朝格图很兴奋，并要求陪我一起去。

7月7日

早9点，同斯琴朝格图一起，骑车子上阿拉坦额莫勒山。山在苏木府西北10里，呈环形，向右，右侧半腰有几个山洞，从右面起，小、大、大、小，共有4个洞口。我在山洞对面的山梁上，用高倍望远镜连续观察近两个小时。有成群的小鸟飞进飞出（事后才知道不是鸟，是蝙蝠），洞内有蟒蛇的可能性不大。观察洞口，小洞口呈方形，大洞口呈长方形，显然是人工修筑的。每个洞口上侧中央有类似烟熏痕迹的黑道儿，说明洞内曾经有人住过。既然有人住过，就一定有上山的办法。经过仔细观察，发现有一道细细的绿色线沿着峭壁，弯弯曲曲，直通到洞口。走近一看，是沿峭壁修筑的一条小路，宽不足一尺，上面长满了蒿草等植物。我们沿着小路，小心翼翼地往上爬，终于进到洞口。

洞内空间很大，是几个洞连在一起。右侧洞最大，顶部有一通道通至左侧洞，中间交叉处有一柱形石头。洞内什么也没有，蝙蝠屎堆积成山。周围有一些青砖、红砖碎块，说明洞内过去有人住过。洞的左上方还有一个洞，中间距离约4米，岩石陡峭，无法上去。从洞内向外望去，群山迭起，浪涛澎湃，犹如飞机下流过的茫茫云海。从山右侧由北向南通过的交通要道，尽在洞口的视野内。我从洞内各个角度进行了拍摄。

此洞叫白洞，也叫阿拉坦额莫勒图洞。离山顶不远的地方，还有一个洞，比较小，经过仔细观察，洞内外没有发现字迹摩崖，也没有发现岩画。

7月8日

乘车到罕苏木，受苏木书记、文化站和学校的热烈欢迎。原来他们已经收到旗民委的电话，知道我返回时路过罕苏木。

7月9日

与文化站的七十六、中学书记达格丹、校长八十，一起骑自行车考察插干浩特遗址。插干浩特遗址位于阿巴嘎罕山南面交通要冲，城墙遗址较完整，东门仍然存在。南门外有一小城墙。插干浩特的外城比较大，似乎过去在插干浩特的东西各有一座小城。另外还有一些房屋，比如庙群、军营等。插干浩特内有一方城，其南门也有一堵外墙，其西南角有一大坑。城内建筑有两种，一种是土台式的，位置较高，也比较大，可能属于宫殿；另一种是石垒的，有方形，也有圆形，可能是军队或低层人物住的房子。遗址上有很多烧化的琉璃瓦，宽式的（或辽式的）窄式的砖，白、青磁片，说明此城当时毁于大火。八十曾经从这个遗址上找到一块有跃虎图的琉璃瓦

（已拍照）。

插干浩特南一里多，有两座斗牛式的小山，左边的叫包和哈达，即公牛峰。包和哈达的右南侧是峭壁，从北面的一个洞可以通到峰顶，此洞的出入口过去有过门，洞壁有墨迹，有"云中官员到此一游"题字。峰顶上有几处凹下的小坑，是固定柱子用的，有许多瓦片和碎砖，说明古时有过亭子或哨亭。从这里可以俯瞰两侧的通道。峰顶一块巨石的北侧有一块平坦的石台上刻有一蒙古棋谱，旁边有一小坑，内有积水，是洗手用的，还是放棋子儿用的，不清楚。

棋谱右侧的巨石上有许多墨迹，不知是何人、何时写的。从包和哈达往南走，就是高高耸起的毒蛇舌尖山，斗牛山和毒蛇舌尖山在民间留下美好的传说。

从插干浩特往西走，有一小村，村民大部分是从喀喇沁、敖汗等外地迁来的。村名叫小井子或博日和。小井子西面就是乌兰哈达，乌兰哈达西面就是乌兰哈达村。遗址表明，此地古代有过建筑，年代可能比插干浩特更早些。

乌兰哈达西北角有一环形山，山内有一梁，上有一墓群，已被盗。沟的西边也有一墓，被盗。沟的西北边，沟沿上发现有一陶瓶，内装骨灰。此墓群全都是石砌的，与其左面山沟中的辽墓有所不同，当地人称之为高丽坟。坟上曾经有碑文或墓幢，现仅存碑底和碑头。将来进行挖掘，才能知道墓群的所属年代。

与妻子的同事花瑞、孟和巴图相识。

7 月 10 日

早晨与七十六一起去罕庙。罕庙离巴彦胡硕东南 16 里，附近居民多为汉族。原有寺庙 5 座，故称塔本罕苏莫。现仅存主殿和前殿，由供销社占用。主殿是方形白色藏式建筑，新修的。根皮庙就是依照此殿修的。供销社不久要搬出，并要重新修建此庙。

与花瑞、八十、七十六、孟和巴图、那木吉拉、策布日合影留念。当天返回天山。

7月11日

返回赤峰。中途乘9小时车，因下雨，路不好走，非常劳累。住赤峰宾馆704房间。路上丢失新买的钢笔，晚上丢失手表，是人偷的还是自己不慎丢的，自己也说不清。这手表与我共处20年，记录了我最值得怀念的黄金时代，心里不免难过。

7月12日

休息、洗衣服。晚上拜访赤峰市民委副主任础勒特木。

7月13日

早晨到文化局。上午阅蒙根高勒的四首诗草稿，诗调较低沉，交换对现代诗的看法。服务员在打扫房间时找到我的手表，非常感谢。

7月14日

下午到赤峰市文物馆，与从事民族文物工作的青巴雅尔交谈。

7月20日

返回北京。在调查途中曾经看到一部《格斯尔》。约四指宽，尺余长，上面一行是藏文，下面一行是蒙古文对译。询问收藏者，说是《简写格斯尔》。同贺喜格陶格套教授交谈时，无意中说道此事。他很惋惜，批评我马虎，错过了一个极其珍贵的《格斯尔》版本。于是决定原路返回，进行补充调查。

7月27日

从研究生部借500元，再次北游。因买不到直达平泉的车票，只好绕道四合永、围场，而后到平泉，顺路看围场的碑文。

7月28日

访问民委。民族组的刘国章同志和小刘接待。中午同围场县统战部赫部长（政协主席）和李部长、承德报社的二位共进午餐。下午到政协，得《围场文史资料》一本。赫主席介绍情况。

7 月 29 日

乘车前往庙宫，看庙宫和碑文。

庙宫只剩城墙和院门，碑文保存较好。《入崖口有作》，四种文字，蒙古文翻译得相当好，蒙古文的下部略有损坏。

嘉庆《木兰记》在伊逊河西岸，与《入崖口有作》隔河相望，是汉满文字，碑石几处有枪弹痕迹。拍摄不少碑文。（参见附图 7. 围场县蒙古文碑文，8. 围场县蒙古文碑文）

7 月 30 日

由于方法不当（陪同人员太多），经文收藏人不知道出了什么事，精神过于紧张，矢口否认藏有《简写格斯尔》。无功而返。

第二次调查（2006 年 10 月 12—25 日）

2006 年 10 月 12 日

从北京到赤峰。赤峰民委白主任等接待。当天送至宁城县，住劳动宾馆，每天住宿费 120 元。民委主任叫吴冠玉，不会讲蒙古语，但人很热情，据说为本县蒙古族办事，他哪儿都敢去。民委副主任叫莫德勒图，翁牛特旗人，蒙古语讲得很好，分管蒙语办。这是宁城县的一绝，从外旗调入懂蒙古语的人负责蒙古语文的管理工作。靳堂是一位年轻干部，当地人，自学蒙古语，能够用蒙古语进行交谈，能唱蒙古语歌。

据宁城县民委提供的资料，宁城县总人口数为 59.5358 万人（2006 年），其中蒙古族人口为 7.1579 万人，占总人口数的 12%。蒙古族人口中使用蒙古语的有 9649 人，占蒙古族人口数的 13.5%，占总人口数的 1.6%。宁城县民族中小学学生总数为 1.8004 万人，其中蒙古族学生为 3028 人，占学生总数的 16.8%，蒙古族学生中纯蒙古语授课生为 497 人，学习蒙古语文学生为 1972 人，占蒙古族学生数的 81.5%（前者是 16.4%，后者是

65.1%），占使用蒙古语人数的25.6%。

2006 年 10 月 13 日

到大城子，住法轮寺。大城子镇是这次调查的重点之一，距县府西北50公里，自1737年（乾隆二年）到1945年日本投降，曾经是喀喇沁中旗蒙古族政治中心。大城子境内有煤矿、农贸市场和小加工企业，交通运输比较方便。据2006年的数据，大城子镇人口总数为39193人，其中蒙古族人口数为6691人，占人口总数的17%，学习和使用蒙古语人口为950人，占蒙古族人口数的14%，占人口总数的2.4%。有学生365人（纯蒙古语授课生44人，学习蒙古语文学生321人），占学习和使用蒙古语人口的38.4%。

调查内容有三：记录词语。根据统一的调查词表，让发音人阅读，记音的同时进行录音。共计2412个词，记音、音频文件等数据将嵌入《现代蒙古语词库》数据库中。发音人为索成安，蒙古名朝格图，60岁，教员，在大城子一中工作。家住宁城县大城子镇上五家村七组。

800个基本句式调查。根据统一的调查方案翻译成蒙古书面语句子，然后由大城子齐凤阁先生改写成喀喇沁蒙古语土语句子，并阅读、录音（见附图23.齐凤阁先生在录制喀喇沁土语800句）。齐凤阁，蒙古名查干，男，67岁，宁城县大城子一中教师，对喀喇沁文化研究有重要贡献。

问卷调查。分发问卷50份，调查对象分家长、学生、教师、干部四类。问卷先由教员按调查员的要求指导学生填写，然后学生把家长问卷带回家，由家长填写。教员和干部的卷子由本人填写。收回有效问卷90份。

访谈。寻找熟悉当地蒙古族文化的人进行访谈。不限制话题内容，不过多地干预打断。访谈内容录制成长篇语料，供文本分析用。

晚上，由宁城县蒙中招待，原政协主席何信参加。

2006 年 10 月 14 日

与喇嘛杜田亮交谈。杜田亮，蒙古名：敖日布云登，男，76岁，宁城县三座店乡大金沟村人，法轮寺喇嘛。

时间：2:46

叙述：杜田亮
题目：民国时期宁城县逸事
语言：蒙古语
音质：清晰
时长：23:29 分

被访：以前，我们王爷在自己的旗里自己作主，学校是自己管理的。后来，清朝灭亡了，成立中华民国，王爷也不能很好地管理旗里的事情了。后来，什么，唐突说起来可能不知道，唐大帅呀什么的，这些你们也都应该知道，嗯。这旗，嗨，有点什么啦，（位置）降低了，汉人（地位）上升了。叫做热河省平泉县，以前旗主当家时，平泉和热河是有区别的，（它们）属于河北省。后来，这里的旗，他们也管起来了，王爷地位有点降低了。将平泉的县拨过来，在承德，在 chenghu（城府），soborgan hota，用蒙古语讲就是 soborgon hotnii chengzi（塔子城），在那里建县。后来，在小城子，蒙古语叫做 doo horoo，在那里分设一个县。将那个县，是孟三爷去捣鼓，移到 doo horoo（小城子）来了。那么，在那儿，老哈（河?）吧，还有一个张三爷。张三爷、孟三爷，还有谁……那个，孔，老孔家，据说孔孟一家，这三家合伙，将蒙古人欺惨了。蒙古人不是吃租子嘛。土地多，旗里的土地多，人口少，土地自己经营不了。自己不经营，都是从外面来的汉人给经营。按现在说，就是（将地）租出去，吃租子，当时就那么定的。吃租子，比如，我们这一户有多少地，吃租子，嗯，就靠向汉人收租子维持生活。自己种房子附近的一点土地，就这样，抽租子。蒙古人的事，只讲究吃喝，张嘴吃喝，唱歌（跳舞），就这样生活，活得也很舒服，实际上。到后来，本来生活得这么好，孟三爷和张三爷等捣鼓这个县，掌握在（他们）手里，就不让吃租子了。

吃租子是清代的事，最红火。他们将这个（县）捣鼓过去，谁如果想收租子，就将谁拿到县里来，好好收拾一顿。收拾一顿，就不敢收租了。就这样，蒙古人吃不到租子，就大大衰弱了。课税摊派也加重了，向蒙古人多征税，向外籍人少征税，处处，反正是欺负蒙古人。不单是，更有甚者，孟三爷有点儿这样的意思，想勾结县长，出主意收拾蒙古人。结果，他做不到。即使做不到，坏心眼儿已经有了，照那样计划了。实际上他赢不了蒙古人。嗯，就这样，租子也吃不成了，穷死了，我们蒙古人。就这样，（生活）也改善不了。孟三爷正在这么干，老百姓也恨……

那时候，旗政府有个白旗长，白旗长当旗长，（那时）王爷已经去北京了。中华民国时期，大金沟有一座富饶的山，丛林茂密，金沟嘛，阿拉腾山（金山），阿拉腾山的树林很多。（插入语）说起来有点迟了（插入语结束），日本人进来，大兴砍伐树木，王爷很着急，去北京了，打官司去了："为什么欺负我，把山里的树林都砍伐了？"实际上，日本人进来后，也很尊敬蒙古人，什么人怎么用，但说得好好的，就是王爷的树林砍伐得太多，那时。就这样，王爷很着急，焦虑，到北京去了。不在这里了，即使在这里，旗务都这样了（做不了主），走吧，就走了。他一走，这期间，有个叫白旗长的，也可以叫旗政府，也可以叫王，凡是两者协助的嘛。有叫白旗长的，旗政府啊，喀喇沁嘛，白旗长八成到热河告了，将这孟三爷。啊呀，一去人家就问："嘿，你怎么来了？"做旗长的嘛，在热河省有名气。有名气，所以去了。省长说："你怎么来了？""嗨，不是什么好事，我是送我的脑袋来了，我一来就回不去了。""噢，怎么一回事？你怎么这样？""嗨，我们那儿出了个孟三爷，了不得。现在做县长，将县弄到城府 soborgon hota，现在的 doo horoo 小城子。"实际上，省长还不知道将县弄到小城子去了。因为他们是私底下捣鼓去的，所以才上告。"他们（将县）弄过去以后，我们蒙古人没法生活了。没办法，没辙了。租子，早先是靠收租子生活，现在不让收租子，土地也种不了，吃不到租子，土地也被强占了，我是为这事儿来的。这是我的罪过。如果我说得对……如果孟三爷做得对，就砍我的头，如果孟三爷不对，就砍孟三爷的头，我是为此而来。""噢，是这么一回事，没什么，没什么，我们先喝点茶水，吃饭。"

就这样呱嗒，呱嗒一阵。就像说书，这事，办事有那么快吗？说起来却很快。嗯，就这样，热河省，实际说中华民国不讲理，但那次却讲理了，还真是。好了，没什么，就派人去了，当即派人，差不多派去十几个人，嘱咐："到老百姓那儿询问，将这事到那儿查一查，（是否）真有此事，还是白旗长在说谎，或孟三爷有理。将这事去查一查。"嗯，派人去查，安排人去了，有个十啦八天的。查的（结果），是这样：我们这里，孟三爷可了不得，嚯，前后顶马，前面有两个当兵的，后面有两个当兵的，有枪又有鞭子（笑），轻则鞭挞，重则以枪毙威吓。比如，一到集市那天，不管你什么摆摊子，还是卖碗碟，当兵的劈七啪嚓就踩过去。干什么？这是我的地盘呀。在我的地盘上你们做买卖，摆摊，这是我的地盘，砸就砸了，你们愿去哪儿就去哪儿。谁敢告呀，怕呀，就这么厉害。就这么厉害，白旗长没有办法，太过分了，就这样，到热河告状。就是这么个情况。

这一告状，那边来人一调查，是，孟三爷确实了不得。80 岁、70 岁的老人在路上遇见，必须叫"孟三爷"，并垂手致礼，不然，就用鞭子抽。有黑鞭子，那时候叫做黑鞭子，用鞭子抽。这些人都知道，所以一见面，就行礼。多厉害呀，太过分了，所以白旗长去告了一状。这样才有人来调查，一调查，真是这样。再去查，到省里告诉情况，这么这么厉害。"噢，真的？""真的！""嗨，来，再去几个人？"他们还不信这几个人的（调查），"再去几个人，去几天，问老百姓，是不是这样的"。嗯，再派去几个人，派人去，得用好几天的时间，去问百姓。（百姓说）"啊呀，孟三爷了不得，不但蒙古人，连我们汉人也受不了，税负太重了，狗、鸡都挂牌收税，就这么定的。"于是，给孟三爷捎信，说给官衔。不那样的话，跑了怎么办？带不走怎么办？就骗他去。他也没官，没什么官衔，就是和县长是莫逆之交，不分你我，他说了算。县长只是挂虚名而已。嗯，事情这么一问，情况确实这样，往下就不需要问了，让他喝茶吃饭。

有叫斩将官的，那时候叫，进来的是当兵的呗，从炕上（将孟三爷）拽下来，拉出去了。那时候已经准备好了，在院子里，都是铡刀。那时候是那样，为什么那样用铡刀铡死？（因为）他认为自己是虎，王爷是白虎，他以为自己是黑虎，所以用虎头铡嘛。这是有原因的。虎头铡，嗯，老虎嘛，就用虎头铡。不然那时候枪多去了，乒，一下不就杀了？不，必须用刀杀。就这样，拉出去，这里还有张三爷，也在一起，不是按他的指挥走的吗？张三爷听孟三爷的指使，所以将他也抓走了。拉出去，拉到刀子跟前，将脖子推到刀子底下，一刀就切了。一袋烟的功夫，那半拉还冒烟呢，就那么说的。"将张三爷拉过来"，将他也踢里图鲁，拉出去了。这边有人喊，有人发话了呗，"刀下留人"，就留下了。这就是"铡死孟三爷，吓死张三爷"，就这么一个故事。（张三爷）吓得都拉到裤子里了，吓得："哇呀，真杀呀。"即使给他留一条命，他回去之后不到一个月就得惊煞死了。就这样，后来张三爷也没了。

现在把孟三爷杀了，（插入语）噢，昨天我讲了一半（插入语结束），杀了，那些人能干吗？唔，这不是出大事了吗？（孟三爷）下面的其他人不干啊。怎么办？那时，中华民国时期，天津有一个杨庭长啊，杨庭长坐镇天津指挥。按现在，就像中央法院，有那么个地方。杨庭长住天津，就到那里告状去了。"啊呀，就这样这样，审我们，把人杀了"，就这样告了。那是个管省里的，最大的，像皇帝，是最大的。"唔呀！杀了？杀人为什么不告诉我们？噢，好吧，那去报省。"（插入语）意思就是叫省里的，我这话没文采，是笨话。（插入语结束）"去叫他来，问一问，为什么不告诉我就随便杀人？"嗯，省里去人了，叫他去了。"你是怎么搞的？""啊呀，这是我的过错，我的错。但不快杀不行，对老百姓太狠了，所以我先把他杀了。这是我的错，没有上报。""噢，是那样，对百姓狠，啊？那孟三爷的尸体还在吧？嗯，尸体还在吧？""没了，不行了。"这期间也有十几天了。"那就把孟三爷的头颅给我弄来。我看看他的头。"这里还有这么个（插曲），于是用江米面做孟三爷的头，请手艺人，（嘱咐）必须做得一模一样，是什么样就做成什么样，做得一模一样。这样，用江米面，请艺人做了孟三爷的头。做完了，抬着送到天津。杨庭长端详："啊，那好吧，可以杀。这样的人不快杀不行，多恶呀。唔，啊呀。没有错，你杀得对。"就这样，没事了，杀得对。往上也没有告的地方了，到头儿了。

回来，啊呀，这旗股东（可能指旗长），旗股东将其镇压了。现在要调这个县长，再（将其）调到平泉。县没了，暂时没了，后来再也，就在那儿一直到满洲国进来，县没了，调回去了。即使日本人进来，也是平泉县，我们宁城还是没有县。

这事，（后来）解放了，毛主席来解放，才建立国家，才建立县呀、区呀。这一建国，区长就有杀人的权力，还是没有县，什么法律、法院，文的武的，区长一人管。没有县，建国了，准地（当地方言，意思接近只有）彻底建国后，才在八里罕设县。头一任是乌县长，头一批（县长有），乌县长、金县长。金县长，刚开始乌县长当县长，姓金的，他现在没了，他是法院院长，不定法律行吗？（笑）金县长是法院院长，乌县长是正县长。这是头一批，他们后面有唐县长呀、什么什么的，好像是八里罕的吧？八里罕的那个叫邰县长，乌县长下来，就是邰县长。就这样，一律下来，最后搬到天义。天义不是车站嘛，有火车站简便呀。就这样下来。

孟三爷只有一个儿子，孟三爷，却早于父亲死了。早于父亲死了，有钱的富人，这富人，不是种的庄稼多就富有。各地买卖都是他的，doo horoo 的街里也好，差不多买卖都是他的，他就用买卖，靠收税生活。靠收税生活，有庄稼也不种，人家那个生活全仗其恶霸，意思是。就是这么个情况。就靠别人的供奉生活。儿子先死了，为儿子发葬时，父亲还在。嚯，要饭的，我们蒙古族不是有个下地狱的说法吗？人死了以后。不是那么说嘛，他自己要到阴曹地府，于是雇很多乞丐，建立十八种地狱，将其儿子抬出去时，路上什么路神啊，也说不清楚了，有很多厉害的（神）。净靠人花钱、雇人，才把儿子下葬。就一个儿子，先死了，一杀孟三爷，就没了，县也搬走了，这就到头儿了。往下，他们的亲戚，他们的家族亲属，啥事没有，闹不了啊，没用了。

时间：2:49

叙述：杜田亮

题目：末代王爷的葬礼和汉族移民（参见附图 20. 杜田亮讲述末代王爷的葬礼）

语言：蒙古语

音质：清晰

时长：48:30 分

被访：我是大金沟八家子的。下葬王爷时，我才 9 岁。9 岁以后，11、12、13 岁在庙里，在西拉庙（xira sume）当喇嘛。从那儿回大金沟家，"文化大革命"开始后回的家。回家后，过十、二十几年，再来到这里，呵呵，来这里了。我的名字，俗名叫杜田亮，姓杜啊，喇嘛名叫敖日布云登，今年 76 岁。当年，义气当先（汉语借词，意思是意气用事），小时候，出葬王爷时我都在那里。在那里，那时候小，爱玩耍，从出葬到入土，我全都在那里。那么全地，呵呵……所以大概都记住了。

（王爷）过世，去北京的情况。在这里，清朝灭亡了。到中华民国，王爷在这里有点受气的样子，已经坐不住了，就到北京城了。到那儿，那里还有一个夫人，叫做福晋太太，那是个北京夫人。从北京娶一个夫人，就在那里定居，建了一个王爷府，就在那里定居，没有回来。其间，一直到满洲国，未能回来，就在那里定居，还算可以。后来得病了，得病了，也没能回来。在那里治病，也未能治好，就过世了。

过世后，直接从那里，那时候还有汽车，满洲国时期，日本人占领时期，用三辆汽车送来的。还有十好几个当兵的，（着）黄（色服装的）兵，都带枪，很威风，来的时候很威风。来的时候，到西卧铺，从那里再出葬祭拜，设66个岗。这是王爷葬礼，王爷以外的别人就不能拥有那么多人，呵呵。将王爷出葬祭拜，汉语说就是66岗，蒙古语说就是66人祭祀。祭祀的级别，王爷的祭祀很重，帽子、袍子、鞋子等都不一样。有 xijiling，在上面，像黑帽子，袍子是长的深绿色袍子，上面有这样的 pilou 花（可能是一种类似茶盘的花），这样的 pilou 花，哈，那是很棒的。有这么一套，王爷都有一套，谁死了，都用这个祭祀，让其穿这个衣服。裤子是绿裤，穿着鞋。有那么多人，从大道走，遇见院落、房子，都要拆掉。房子要拆掉，院子如果过不去，就得拆掉，66个人嘛。大多都是祭祀树（？）了，反正，威风得这样。这样行祭已有半拉月了，用蒙古语讲，就是半拉月，听懂了吗？

来访：啊，听懂了。

被访：听懂就行。就这样，停灵半个来月，大办，因为是王爷，必须大办，送他到墓地。准备了，准备了不少东西。从北京，夫人、太太都来了，老爷、舅舅一帮，怎么也有二三十个。还有那些大官，这里衙门的，这里衙门的首领有个叫色老爷的，他最大，其他大员，下面也有十个八个，色老爷是代替王位的。

一（些）年前，有十月一、清明两个节气。在这些节气，也准备好多，十啦八天的东西，准备好东西后，到所有墓地进行祭祀。我们那里，大坝有两个山沟，分东河沟和西河沟。王爷墓地东西山沟都有。早期的，一百二百三百年前的墓地在西山沟。那里山势险峻，前后迭连。在那些山麓半坡上修有一大片圆墓。那大砖院，也不比这法轮寺大院小多少。中间有两三座庙，这些庙并不是真的庙，没有佛尊。即使刮风下雨，没有关系，（祭祀）都在庙里进行。（在庙里）就像今天做买卖的栏柜那样的长条桌上，像这样，用半个月炸出来的炸果子，都是细的、这么长的，像桌子似的方方楞楞的，摞起这么高。摞得很长、很多。（祭祀时）色老爷进里边等着，门口有两个手持黑鞭，持黑长鞭的人，在门口站着，一边一个。后面是蒙古族，那时没有汉族，不让汉族进，都是蒙古族，在院子里等着。大约有，也不少，有二三十人，系着带子。系着带子去，色老爷祭祀坟墓完毕，将果子、酒等献祭王灵。完毕，色老爷从侧旁走下来。一下台阶，持黑鞭的人就躲开，"呼"一声，很尿、很热闹（笑着），在院里系带子的人就"呼"地进去。故意那样出热闹。那么多的果子，众人去抢，有能耐的多得，能耐少的少得，完全没有能耐的反而被霸占（意思可能是反而被人抢了）。因为系带子，拿了就跑，必须带口袋。可以塞到这里（指怀里），塞到怀里，（这是）北方（蒙古）习俗，不带口袋不行。这样，有抢的，有被抢的。一百年、二百年、三百年前的墓地，就这样，建这么大的院，进行这样的祭祀。其他的、散的，没有寺庙的，就放一张桌子，人去了，献点东西，坟墓前献点东西，变得利索（简单）了。

那张桌子就赐给守墓人。都有看墓人，看墓人出问题，那是割脑袋的罪过（笑）。那山啊，很险要，里面有人家，外面看不见，属于王爷，汉名叫做大金沟，是汉名，蒙古名叫做八间房（八家）。阿拉腾山，埋葬王爷墓的，有两座山。

将王爷送到墓地，对他那座墓，也得大兴建造，也用三顷地，建有像寺庙似的三间房，像寺庙一样的轱辘脊房。（墓也）建完了，王爷也下葬了，抬着吃的东西，下葬了。建了套院，套院里建有房子，有很多。有两三间像庙一样的房子，不是一般的，王爷以前怎么生活，（摆设）就那样，（这里）指的是后一个王爷。就那样建造，建造得好好的，只要上漆就可以了，围着涂红的绿的颜色。还没（来得及）涂漆，解放了，八路军解放了，我们的主席来了，就那样了。

从那以后，那墓地，上供的人、祭祀的人就不去了。色老爷待了几个月，三年二年后，被他们赶走，改设旗政府了。先是建旗，建旗后，一律一律，又是这个学校啦，这个啦，那个啦，乱七八糟。大概的，王爷墓地情况就是这样，我知道一个大概，不是那样细致，只是一个大概。王爷下葬，最后是很棒的，下葬得很红火。

就是主席来了以后（指的是解放），什么寺庙啦，什么帮了，这个那个，什么蒙古礼仪、什么汉族礼仪，一律（废除），乱套了（笑）。先前的人讲究三朝元老，我76岁，四朝元老、五朝元老也有了，经历了两三个朝代。实际上，我们是中华民国末季的人，早于满洲国。清朝灭亡，中华民国有十四年吧，唐大帅什么的，我们生于那个（时代的）末季。后来满洲国进来了，我有两三岁了，满洲国时也有十三四岁了。主席将自己的国家收回来了，外国人嘛，将其赶走。将自己的国家收回了，以为这些东西都没用，主席不服气呀，没用，什么佛爷、寺庙、王爷什么的，那些都没用，什么富人、地主富农，闹腾很久，（主席以为）只要让国家繁荣就行了。就是这么一个情况。寺庙、佛塔，没用，都拆掉了，国家占的留下来了，就这么个情况，到这步田地。我们这下方的西拉庙是这个旗的第二大庙，是旗王爷的乡神庙。小城子，蒙古语叫做 doo horoo（下营子，下城子），小城子是驸马府地，所以那边有一个小城子。这是王爷城，因为王爷居住，叫做大城子。doo horoo 指的是小城子，小城子蒙古语叫做 doo horoo，汉语叫做小城子。为什么那个叫做 doo horoo 小城子？因为那时候属于驸马府的地址啊。

来访：驸马府？皇帝女婿的府邸？

被访：驸马，那是皇帝的女婿，比你的王爷还大（笑），是那样。他们都差不多，王爷到朝廷，也有座位。王爷，驸马更甚，有座位。其他人到那里，就没有座位。四大中堂、诸王、驸马等，在皇帝手下，王爷也按大小排列，最大的是喀喇沁王，这北面、坝上那边的（右翼喀喇沁的），那是大王，统管五个旗。那时候，王爷，那时候比较大，温泉的（笑），有除杀人以外的权力。最小的是这里的王，最大的是那里的王，这两个（王）就是这样。比他大的可能也有吧，那个我们这里怎么知道，那时候也没有蒙古文写的历史。这究竟，实际上，我们中国以前经历了48个王，实际上是皇帝。这些不学不行。这里的王，喀喇沁，以前，按一切，（汉语借词，意思可能是一直以来）是喀喇沁中旗马公旗（音译）呀，这里是马公旗。后来正式当王爷，娶福晋太太以后，才正式封王的。就这样，旗最小，现在宁城县的地盘就是原来那个旗的地盘，包括整个宁城县。实际上（地盘）也缩小了，以前王爷占的地盘比现在大一些，一些七零末梢给了别的地方，被减去了。

来访：那时候的区域，您能讲出来吗？那时候的中旗疆界到哪里？如南边。

被访：哦，所处地盘呀？西边到那个，那头到一个叫黄土梁的地方，到那里。平泉这边，过了黄土梁，就是平泉的边界。黄土梁这边，那个叫蒙村的（可能指平泉县蒙和乌苏），也可能被划到那边去了，不知道究竟。那边到那儿，是不是有个叫上海（可能指上海关）的地方？是不是到那里，东边。（右边）那个，有个叫七家的地方，过小城子，走四五里地，那边就是喀喇沁王的地盘了。就是这样，要点是。后来，就这个，喀喇沁王的，大坝这边是这个（旗）王的边界，大坝那边，大山那边是喀喇沁的地方。这一圈就成了宁城县的地盘，就算是。

来访：那时候，您小时候，附近都有哪些蒙古营子？汉族是怎么搬迁而来的？请您讲一讲。

被访：啊，啊。蒙古营子分五个山沟。我们这里，有五个山沟。向东是王爷的地片，是山陵地片，全是这么、这么个五个山沟。东边，不是有个叫巴斯泰的吗，那是头一个蒙古营子，纯粹是蒙古族，那也是这个王爷的地片。过这边，小城子 doo horoo 就不用讲了，单说山沟。大城子，这也是一个山沟，这个叫做 maraatiin horoonii jabe（玛尔图营子山沟），这里（居住的）都是蒙古族。这是王爷地盘，原先不让汉民进入，早期那时候。这就有两个山沟了，向那边过一山梁，就是大金沟，汉语叫做大金沟，蒙古语叫做八家子 naiman ger。这一山沟，全都是蒙古族，（这）也是王爷的山沟，在王爷地片上。再过去，就是 songginiin gol（大葱沟），存金沟，汉语叫存金沟，我们蒙古语叫 songginiin gol，那里（居住的）也是纯蒙古族，是为王爷守山陵的，全都是蒙古族，不让汉人进来。过 songgin，有叫 horho 的地，现在也属宁城县，就是黑城子，辽河的源头。过 horho，才是平泉县的边界。巴斯泰、大城子、大金沟、存金沟，连 horho，共五个。这五个山沟，茂茂密密，那山林，从山沟一进去，狼、虎、黄羊，不可计数。

来访：都是什么样的野兽，就您所知道的，都有哪些野兽？

被访：野兽？我们小时候，老虎什么的就没了。我们小时候，除了老虎，其他都有。动物，怎么也有上百种。

来访：能不能提及这些动物的名字？

被访：啊？名字？大方向是，狼、黄羊，还有什么，狍子，还有……那个，抓狗的那种……

来访：是猞猁吗？

被访：唉？唉，是那么个东西。呵呵，实际上不当，就能抓狗，狗一看见它，就缩起身，不敢动弹了。有那么个东西。除此之外，还有，啊，獾子，獾子吃庄稼。噢，一到这时候，夏天就出来，到冬天，立冬以后，所谓立冬，就是地冻时，钻到石缝里面。这一年，这一秋天吃的东西，一直保存在（它的）肚子里。然后，那玩意儿，弯着身子，将脑袋嘴角伸进屁股里（笑）。这是，就这样，将屁股里的东西，用这种方式……到清明时候再动弹，所有动物都动弹，那种叫入蛰子，冬天不出来吃东西。除那些，还有，比猫大，这么大，这么长的，有很多，各种各样的，名字我……啊，那样的，唉……

来访：野猪有吗？

被访：野猪我们小时候没有。其他的、以外的就不知道了。没了，猪呀，虎呀，没了。

来访：狐狸呢？

被访：啊，狐狸，有，有很多。juur（狍子）、狐狸……

来访：juur 您指的是什么？

被访：不是和黄羊一样的东西吗？

来访：和黄羊有什么区别？

被访：这个（指角）都有叉儿，一样，和黄羊一模一样。什么金钱豹啊，菊花豹啊，这样的都有。王爷那时，在深山老林中，后来那些都没了。我们小时候，老虎就没了，其他都有。狍子很多，狼和狍子。

来访：您说，在汉人进来之前，大概有多少蒙古族，估计？

被访：啊呀，蒙古人，多数都是，这里的八家。所谓的八家，有很多山沟，很多，这里也有八家，叫做八家，大坝八家。巴斯泰好像也有八家，浑地（hundi）什么家的，有那样的地方。这里都是。王爷那时候都有定数，规定哪个山沟应该有多少家。这个坝上八家（baagiin naiman ger）是规定的八家，不能增加其他户。这八家的人口繁衍了，可以在当地落户，还叫八家，有可能是十余家，但是大名还叫八家。以前，规定的就是八家，人口繁衍了，就在那里，不能从（外地）进（人口）。为什么不能进？（是因为）种的地、住的房子，都是王爷（给你）准备的房子，王爷（给你）准备的土地，不是掏钱种地，都是王爷赐给的土地。（他）嘱咐这么大的山陵要好好守护，嗯，谁如果将这山里的松树丢了，就有砍脑袋的罪过。还有，杀老虎，是砍头的罪过，嗯，如果杀虎。山里的树林，像大葱一样，嘿哟，厚厚的，有七八寸（大）的。解放以后，这边那边，也不知道谁规定（说了算）。就这期间，没人管了，没人了，没主人了。这样就变穷了。王爷地，王爷规定的八家，就是这样。看山的八家，看墓、看山，嗯，（qafunoneru-ba，不知何意），吃俸禄钱粮，白给你土地，那山沟里的土地，白给你，好好种，都是好地。唉，不收摊派税收，王爷不跟你收其他税收。只要守好山陵，看好墓地，就没有其他摊派和课税。就这样。可是你守不住，墓坏了，山林丢失了，那儿还有监狱（笑），就获罪。这么个情况。

来访：汉人是什么时候，怎么迁移过来的？

被访：汉人的迁移，也有历史。这八家和各人家，我们蒙古人那时候都吃什么？吃租子。（说）这吃租子，（这里）都是王爷的土地，是我们蒙古人的土地，汉人来了，就经营他们的土地。我们蒙古人（光知道）张嘴，喝酒吃饭，吃现成的，不经营土地。有那么多（土地），就是懒惰，唉，懒惰。我们蒙古人懒惰，张嘴就喝酒唱歌，呃—啊—地唱歌，钻研这些。人家汉人会生活，从远方来，做各种买卖，做酱油、醋。我们这里的蒙古族连酱油、醋都不会做，什么也不会做。（而）汉人什么也会做，所以一来就做各种买卖，制作、出售各种衣服，什么都精打细算。这么大点儿的，（叫）爷爷、大爷、二爷的，如果是喇嘛，就叫喇嘛爷，拍你拍得好好的。待一年，好好种你的地，给你交租子。不是吃租子嘛，按现在，就像是出租，给你吃地税。

一到冬天就赶（他们）走，不让他们在此落户。一到秋天，收完庄稼，就全赶走。那么为什么说是李家卧铺（窝棚）啦、高家卧铺啦，朱家卧铺啦，净卧铺呢？这也是有历史的。这卧铺是，做苦力的、汉人涌进来以后，在地头都要打卧铺的。外边下雨，不煮饭吃行吗？这就需要打卧铺。这一片地，可能有百余亩，你种多少地，就像到黑龙江种多少垧土地，从我们这里去那里。就那样，（根据）你种多少地，上交租子。秋天整完庄稼，交完租子，将所获粮食运往口里，（他们）将卧铺撇在这里，撂了，被赶走了。唉，后年再来，再整饬庄稼，交租。

我们蒙古人，一到那时候，就把现成的粮食运来。唉，吃的粮食也有了，将自家附近的活儿给拾掇一下。我们的人土地多。我们蒙古人地片大，土地多，自己又懒惰，拾掇不了。土地非常多，拾掇不了，又懒惰，爱吃喝，净吃现成的，就这样，都被汉人骗了。

清朝灭亡了，中华民国成立了，这一下，呼地，汉人说了算，他们当家了，嗯。清朝亡了，说话不算数了，那就是国家被推翻了。什么萧太后（慈禧太后之误）来着？谁来着？国家已经被推翻，然后中华民国组织汉人、县什么的，县长说了算，你那个王爷拿一边去。就这样。嗯，汉人交什么租子？谁如果收租子，就缉拿到县里来，还不收拾他一顿。还要想收租子？谁收租子就收拾谁。就这样，吃不到租子，地也被人白白抢了。（汉人）也不离开卧铺了，就在那里落户了。唉，白白种庄稼，又不用交租子，那汉人就这样落户了，大摇了（意思是得势了）。

中华民国时蒙古人穷到底了，课税又重，揭房瓦，交税赋。租子，向蒙古人缴收很重。结果，鸡呀，猪呀，都带牌子，都给带牌子，都有数，都要钱。这样，中华民国对蒙古人记仇了。蒙古人净白白地，将他们……按现在说，呵呵，他们对这收租非常不满，好像（他们觉得）什么也不收才好，就地散财才好呢，就地抄了拿走才好呢（听不清楚）。（可是）王爷不能接受呀，那时候，因为这是蒙古人的地盘呀。一到民国，欺负蒙古族，王爷都没有权力了。这样，王爷生气、着急，就回北京了，没能回来呀。死在那里，从那儿直接拉到大金沟，在那里，入土埋葬了。这里的衙门，没能回来了啊。这里就这样，民国进来了，有这么一种情况。

汉人进来，中华民国时期最为厉害。这样，这也不能全怨汉人，我们蒙古族也有很多错误。什么也不会做，连一个楔子也不会打，木匠什么的完全不会。人家汉人会打车，会打楔子，杂七杂八都会做，（那些从）山东山西进来的。我们这些蒙古人光吃行吗？没有花的（钱）怎么行？汉人做的东西，再贵也得买呀，自己不会做嘛。人家都是手艺人。汉人，就这样："哈，请喝茶。"我们蒙古人一喝茶……自己主动地就（说）："札，行啊，就在这里住下吧。"哦……啊……地。（中间转话题）你看看，倒是年轻人脑子快，我只顾讲，茶也（笑）没有准备。给沏那边的茶。（插话结束）这样，都被汉人骗了。汉人会来事，给你种地，做买卖，什么也会做。到后来，民国时期，我们蒙古人是怎么做的？赊吃人家买卖上的东西，不花钱。赊来赊去，房子就近土地也"札，给不了钱，给地吧，给不了地，给房子吧"。不给，人家不干呐。你白吃人家东西行吗？就像现在从银行贷款一样，借多了，怎么赔付？没有办法，就给土地、给房子。就这样，我们蒙古族都穷了，土地也被剥夺了，旗里的旗也丢了，（笑）什么也没有了。这是大家都知道的事情。

我们蒙古人，就这样，在中华民国时被整了。哎，在民国时期，毒品进来了。以前清朝时期没有毒品，大烟等也没有。在清朝灭亡时，有洋人，在四大中堂中有一个。这个人把我们中国，把清朝搞乱了，进到（政府）里边。这毒品，也不知道他是怎么捣鼓进来的。说这些，还要费些口舌（ba melien guluun）。这毒品进来了，啊呀，（开始）允许种大烟。这回，这回，嘻，让大烟涨价，价钱贵，人们不一会儿就（开始）种大烟。结果是什么？都成了大烟鬼，倒腾自己的乡土，倒腾自己的土地。抽大烟，抽醉了就睡觉，犯瘾了也睡觉。得，不种地了，迷糊了。抽着抽着，瘾大了，治不了，连老婆孩子都卖掉。卖掉土地，卖掉房子。这大烟，主席的一个成绩，就是把这个大烟、毒品禁止了，我们中国变富了。

这个东西，可了不得，是为了毁掉中国而（故意）弄进来的毒品。那时候英国弄进来的，但是把大烟弄进来……啊，这里还有一个勾当，（关系到）这大烟的进来。有一个洋人，在四大中堂中，这萧太后（慈禧太后之误）很支持他，（以为）洋人是一个大好人，很信任他。萧太后信任他。这洋人，呵，嘻，"英国要输入毒品，中国怎么办？不放不行啊。""中国没有枪炮武器，没有炮，制作不了，怎么打？""嗨，我出去给你借来，没钱不要紧。到别的国家给你借来（枪）炮。"那当然好啦，出去弄来枪炮武器，（用汉语讲，插入语）用汉语讲，有点不合适（插入语结束）。这样弄进来，才打英国，仗打起来了。打仗了，还胜了，赢了，把英国打出去了。把大烟倒进了大海，从后面……准备得很有阶段（意思是有计划），用 doho（可能是指生石灰，蒙古语标准语：qohoi）……（因为）将大烟倒进海里，也有水性好的人，将大烟捞出来怎么办？所以将 doho 灌进去，daochengren（不知道是什么人，应该是指林则徐）将大烟烧了。我以前想，可能是用火烧的吧。（结果）不是，将其（大烟）倒进水里，将 doho 捣进去后再烧的。就这样，我们赢了。赢了，回来时，萧太后，呜，满三杯，满两杯，也敬酒了。其元帅，不知道是谁来着，清朝的兵部大元帅，全（忘了）。噢，这是一个大功劳。嗯，这回行了，将他们打胜了，大烟也烧了，这不是大功劳吗？就这样，在朝廷的门口打了棚子，这都是我听说的，迎进来了。后来洋人又说了："这次赢是赢了，（他们）下次不会这样轻易放弃的。嗯，还会进来的，人家损失那么多东西，会罢休吗？人家再进来，人家会加大力量，你们能胜（否）？中国还会遇到困难的。"这都是洋人出的主意，这些都是，（他们）上上下下，这边那边，就这样捣鼓的。啊呀，现在怎么办？"嗨，我们也一样，中国也加大什么（力量），中国要加强（力量），我从哪儿哪儿给你弄来武器和枪炮，给你借来的比上次还要多。"还给赊，还给借，（这是）故意让你负债。但是不要也不行啊。从各国，从那些国家，不知道是从英国还是别的国家，弄来了。弄来了（枪炮），仗打起来了。又去打仗，他们正式地来打仗了。我们打第二次，看谁胜谁负。这打仗的事，中国也增加了多少兵力、多少武器，去打了。这回不中了。这枪炮打得干巴楞登，噼里啪啦，就是杀不了人，一下子就败了。都是假炮弹假子弹。这不是人家把中国坑了，将中国坑了。这样，毒品又进来了，就是这么个历史。种大烟，大烟的历史就是这样。

这样我们中国，清朝灭亡时，这么多枪炮武器还不当说（意思是"不必说"），"嘿，你们中国这么有名，没有游览、参观的地方。这什么呀，一点都没有……""那怎么办？""嘿，要建设很多东西呀？""没有钱啊。""没有钱给你借来。"这又是洋人干的。从很多外国借钱，建造了万寿山，人工啊，那叫。哎，北京城有叫万寿山的，那是用人工建造的。这都是听说的，我听到的就是这样。就这样，让你负很多债，故意让你负债。得，债也负了，建造也完了，负债了，大烟也进来了。就这样，噢，八国联军进北京。八国联军是怎么进北京的？就是这么个背景。很多（国家），八个国家为了追债进来了。中国现在怎么办？为赔付烧大烟的债，割让了香港。赔付其他债，澳门、珍宝岛（讲述者记错了）、台湾，都卖给外国了。不给不行啊，欠了人家的钱嘛。可是，也有什么（暗示"做得好的"）的，卖给有年限，不是给得死死的。还有点德行呢，按活期给的。有百年的合同，年限到了，我们可以要回来。不那样的话，他们就不给，如不打仗，仍没有归还的样子。但是年限到了，不给行吗？有合同嘛，够了年头啦。哎，是那样的。

我们清朝啊，满蒙不争啊。他们不是满族嘛，蒙古人也很受尊敬。在清朝，该说，蒙古人没有受到欺负，也设王爷什么的。就是清朝建造了过多的寺庙和佛塔等。有兄弟俩，就有一人当喇嘛，兄弟三人，就有两个人当喇嘛，就这样规定的，这样人数减少了，这样的事情是有的。我对喇嘛们这样说是不对的（乐了，这是自我嘲讽，因为他自己也是喇嘛）。嗨，不对也（没办法），道理摆在那里。那时候就是那么做的。所以我们蒙古人有点……地片大，人数少，现在的东乌旗、西乌旗，一说一千多里的荒原，一两千里的荒原，就那么几户人家，占地多广？就是大板这个地方，四五百里的荒原，才有多少户？这是以前，现在可能增加了，即使增加，（人口）也比我们这儿少。

有一点不好。这一点主席也没办法，他们（汉地）那儿地多人少（说反了），就出了个迁民的办法："我们这儿人口多、地皮少，哎，谁愿意谁就去。"从那儿以后拨来了（移民）。就这样，连大板都进汉人了。东乌旗、西乌旗都有汉人了。这是迁民，是国家政策，叫做中华民国共和国（应为"中华人民共和国"）。这共和国，不能搞民族分裂，各民族搞到一起，才建立了自己的国家。不能欺负（其他）民族，可也，在蒙古地盘上汉人进来了，你能说不行吗？国家有这样的政策，不能说不行，（对）全民都成好事了。现在哪儿都充斥汉人，反正就是，就那么说去吧。蒙古地方，现在各山沟，都是原来种地的、吃租的（应为缴租的）人，（占山沟）外面还不行，占到里边来了，鼓捣进来了。这样，人就多了。就这么个情况，以下我就不知道了（笑）。我这是捡最主要的说一说，我也不太……所说的都是我听到的，但这些还都是事实。

时间：3:32

叙述：杜田亮

题目：元太子与北京城

语言：蒙古语

音质：清晰

时长：39:50 分

被访：元朝一灭亡，建立了明朝。明朝皇帝名叫朱洪武啊，电视什么的还演呢。朱洪武做皇帝，（插入语）听懂了吗？（插入语结束）朱洪武当皇帝，还得到元朝的一个漂亮皇后，抢到手了。元朝已经灭亡，已经是他们的天下了嘛。得到一个皇后，抢到手了。这个皇后肚子里怀着孩子，即使那样，也抢来了。

抢是抢来了，但是他母亲，这皇后，她肚子里的孩子是我们蒙古人的后代，元朝的后代，她肚子里的（这个孩子）。朱洪武当皇帝，纳元朝的皇后，蒙古人的后代就遗留在她的肚子里。（皇后想）："啊呀，我如果一来到这里就生，（那孩子）还不被摔死呀？"故事中就是这么讲的。母亲（对儿子）说："如果你有福分，就（在那里）多待几个月，在我的肚子里。那样，有可能留你一条命。"（插入语，对在旁的民委主任）如（他）听不懂，您给解释一下。（插入语结束）啊，如多待几个月，（孩子）就有可能留下来。真是按母亲的嘱咐，（孩子）在她肚子里待了 12 个月。实际上怀孕 10 个月，儿子就可以生了。意思是，待了 12 个月，这样，分娩了，生了，不就是他的（儿子）吗？朱洪武以为是自己的儿子。（因为）到他那里月份已经够了嘛，他就以为是自己的儿子，人就这样生下来了，已经 12 个月了嘛。

朱洪武的其他皇后也有孩子，有三个儿子，朱洪武。三个儿子已经八九岁、十来岁了。三个儿子长大，（朱洪武）自己也老了。建国以后，（他）也老了。（他想）："啊呀，我已经上年纪了，治理这个国家，有点力不从心了。究竟我这三个儿子，哪一个能继承我的皇位？"这样，（他）朝思暮想，成了心病。哎，我要……那时，那谁不是他的文书嘛，就是那个刘伯温。刘伯温是先生，用蒙古语讲就是先生，他是一个大星相学家，各军事，什么事情都由他来执行。这刘伯温，他是一个很聪明的人。就请他来，让他算："我有三个儿子，哪一个能继承我皇位，请先生给我好好算一下。"（刘伯温）："啊呀，皇帝，万岁，你这三个儿子，我不敢讲到底是哪一个（能继承皇位），我不敢说，我不敢多嘴。不过皇帝，您可以这么办。哪一天，您出去看一下三个儿子的玩耍。哪一个儿子抱着真龙殿皇帝居住、上班的真龙殿的明珠，手里把握着玩，那他就有可能继承皇位。"有这么一句话。这么一来，皇帝朱洪武今天也看孩子玩，明天也瞧孩子耍，天天看。（结果是）就那个母亲肚子里带来的那个（孩子），（这时）已经长大了，（有一天）抱着明珠转悠着玩呢。这明珠，据说是一个金龙。（皇帝想）："噢，这孩子要继承我皇位。"所以非常溺爱（他），嗯，比其他那两个孩子还要疼爱。

　　想儿子，（转眼）这孩子已经十三、十四五了。那时候有点兵台、点将台。登上那上面，挥动什么，（插入语）等一等啊，我一下说不出来是什么（插入语结束），调动军队。（插入语）等一等，想不起来了，用于点兵，有那么个东西。名字想不起来了，就在这里。（插入语结束）他上那个点将台，招兵。别的人，因为（他）是宠儿，可以随便闹，（因为他是）皇帝的宠儿，才可以胡闹。如果是别的人，还不是掉脑袋的罪过？唔，随便招呼国军行吗？他就这样，没有父亲的命令，没有谁的命令，就上点将台，将军队……有那么一个像旗帜那样的东西，啊（想起来了），叫做令旗令箭，一举这个，军队才开拔。这样，他点了，拨出 3 千兵。拨兵干什么？去征服蒙古人。

　　那时分南朝北国两国，对这北国，哪个朝代，唐朝、宋朝都未能征服。以前，元朝时期蒙古人很兴旺，就记仇了，（他）听信父亲的话，（心想）："咦，什么事，将蒙古人都杀光不就完了？""做不到啊。""什么做不到。怎么就做不到？去，我去。马上发兵，我去。"就这样，（他）发兵去北边，进入蒙古境内，去打仗了。刘伯温说："啊呀，恐怕不行吧？"那叫太子吧？另有一个（名字）……"不行吧？小王您？""嘿，怎么不行？这跟你没关系，我去，有什么了不起的，走。"

　　（他）就这样去了。到那里，开仗了。那边也发兵过来迎战，双方打起来了。打起来了，我们蒙古人人数少，这边兵多，打起来之后，因为兵少，就跑了。当时北国兵也害怕，跑了。（中途）遇到一条江，在这方向上，就是潢水。到那里，这也是迷信，我们蒙古人（祈祷）："啊呀，这后面已经追上来了，如河神保佑我们，就让我们渡过河，如不保佑，渡不了这河，因为这是大江，后面（追上来），我们就没命了。"就这样祈祷、祭拜，（结果）河里出现一座桥，（从水中）浮出来了。所以，汉人说蒙古人的坏话，说蒙古人只剩七个人，七人七马，就是这时期的故事。但是，说七人七马，怎么也有七头八载的人吧，算起来。（当时）说蒙古人的坏话，就是那么说的。依我看……把那个……

就这样，过了桥，走了。过了桥走了，朱洪武的兵，说的是小燕王的兵，因为他是朱洪武的儿子，他的兵追上来了。前面有几个其他兵，他们回来向小燕王汇报说："他们过江去了，我们追不上。""嗨，怎么回事？""出来一座桥，让他们过江了。""嗨，追，桥呢？""桥下去了。""啊，将兵士赶下河去，就是（用人）垫着，也得过江。"（意思是）将兵士赶进水里，当作桥，也得杀蒙古，杀北国之兵。就这样，将兵士赶到江里，没剩下几个，可是差得远着呢，即使赶进几万（兵），也没有被填满的样子。就这样，将几万士兵都赶到河里淹死了。"得，不行了，回兵。"将兵撤到家里。

回来时，刘伯温问："小万岁，我的小王，怎么样？顺利吗？""啊，如果没有那条江（横亘），（杀得）不会留他一个人。（水）太深了，将士兵都赶下去了。嗯，没有兵了。"嗯，他是没兵了。"哎，路上有什么东西鸣叫没有？"刘伯温问。刘伯温问："路上有一座山，山上（是不是）有一个东西在鸣叫。""嗯，是有一个东西，'呜'地鸣叫着。"（刘伯温）："得，如（它）那么鸣叫，你能回来就算幸运了。人家蒙古也有他一省（之地），至今，唐宋元明清（口误），直到元朝，都未能制服北国，你能制服么？你已经负罪了，不行啊。"负罪就负罪呗。

再说，那时没有北京，有南京，（皇帝）住在南京。是刘伯温建造了北京城，在明朝时建立了北京城。就这样，事情到此为止，已过几天的时间，母亲见到儿子。见到儿子，（en qin ba nig con nig cung shu，不知何意），母亲见到儿子后问："宝贝，好几天不见，你去哪儿了？"（儿子）："嗨，我去征服北国去了，（结果）只剩下几个人。追着，追着，他们过河去了，未能追上。我想，我们有很多士兵，（于是）将士兵赶下河，（用人）垫着过河，（还是）没能过河，就回来了。""啊呀！"母亲说："你呀，真是糊涂。你的根子就是蒙古呀。"（儿子）："噢……"（母亲）："你悄悄待着，（这事）不能告诉你父亲，如告诉你父亲，就会要你脑袋。我是想尽办法，才把你留下来的。你怎么那么做？你怎么不告诉我？你那是不对的。你是蒙古人的后代，那样做行吗？"（儿子）："啊呀，妈妈为什么不早告诉我？"（母亲）："嗨，你也不跟我见面，整天在你父亲身边。我怎么，如果这么说，你还不丢掉性命？不行啊。"（儿子）："嗨，既然这样，也罢，我想办法。"

再过几天，（他）又上点兵点将台发兵。大约有几千兵，进入南方，杀戮无数，将汉人。他这是私自捣乱，没有父亲的（旨意），就随便闹事。他这私闯南方，一到南方，都是汉人，杀了很多汉人，回来了。他这一回来，汉人也杀了，蒙古人也杀了，所以获得的是砍头之罪，尽管他是皇子，负罪了。刘伯温说了："你不能到南京皇帝那儿。""那怎么办？现在。"（刘伯温）："你现在犯错了。""那怎么办。"（刘伯温）："你就在这儿建一座城住下吧。"

那时的北京是一片一望无际的湖泊，全是水。地是好地方，就是湖多、水多。这水怎么治？（刘伯温）："嗨，小燕王您修一封书，叫这水搬家，如您有福分，它会搬走，如没有福分，水不会挪走。"嗯，"那有什么不可？"于是修书，上面写道：我要居住这里，请将水挪到别的地方。他把那封书信投入湖中。这水要搬家，故事中就是这么讲的，这水就要搬走了。水要搬走，刘伯温知道了，说："啊呀，这里也需要水呀，水神将它带走，如全带走了，这北京城怎么建？没水怎么建城？""那怎么办？"（刘伯温）："嗨，您派两个士兵，（水神）用车将水拉走时，车的前头，左边是甜水，右边是苦水，你尽可能将这边左边的水箱捅漏。可有一样，他们会追你，你要快跑，往家跑。"

（水神）老人正在推着水车走，他追过去，但怎么也没法靠近左边的水箱。"右边的也行啊，捣鼓一下。"于是就把右边水箱的水捅漏了。"呼"，（水神）他们从后面追来了。刘伯温问："捅了哪边的水箱？""嗨，左边的捅不了，把右边的捅了。"（刘伯温）："唉，北京的水从此要变成苦水了。"所以，（至今）北京的水苦，不甜，甜水都是从远处引来的。北京吃水都是从远处引来的。宫廷的水也不甜，都是湖水。

这样，不建北京城不行了，小燕王就定居在那里了。那里原先也有一个王，（插入语）等一等，叫什么来着，（插入语结束）北京的宫殿原来有一个王。将这个王迁走，才能建北京城。要建城，没有钱财，用什么……这三四十里的荒原。这皇帝的宫苑必须是宽敞的，要建城，没有水，啊，没有钱，怎么建？（刘伯温）："嗨，你要是有福分，这里有两个乞丐，将他们抓来，加刑、揍他，嗯，那样不就有钱了。""咳，一个乞丐，要饭的乞丐有什么钱啊?"(刘伯温):"嗨,你抓来收拾一顿,不就出来了,嗯,那样就有钱了。""啊,那好吧,你就下令吧。"就这样,将那两个乞丐抓来并用刑。他们俩根本就没钱,即使用重刑,也不敢说有钱,不敢胡说。于是天天挨打,身体都受不了了。后来别人给他出主意:"嗨,你也是,怎么这么拙,这么笨。你说有钱不就完了。"(乞丐):"没有,怎么能说有。""咳,就说在这地下,让他们挖,这工夫你不是可以得到歇息吗?就说挖这里,就在这里,这么说,都在这地下,在他们挖地的功夫,你不是可以休息两天?"(插入语)啊,听懂了吗?可能不完全听懂。(插入语结束)就这样挖地,大约挖了一米多两米,就出来了,金银。这事情也是,那些金银为什么存放在那里,金银都是从石头中(提炼)出来的,这故事情节,就是这么简单。这样,出了很多(金银),(建城就)够用了,用这些金银。

就用这些钱,设计周围多长多宽,刘伯温揣摩计算,怎么算也不能成方形,这样也不对,那样也不对。(他)每天早晨都出去转悠,揣摩其地基(奠定之处)。为建造北京城,有一天(他)正出去揣摩,遇见一位红装女子,问:"你们在找什么,为什么在这儿转悠?"(刘伯温):"嗨,想在这里建一座皇城,但总是有碍事,这样那样都不行。"(女子):"嗨,这不很简单,这么这么,这么不就完了,有什么为难的。"(刘伯温):"噢,真是的,对呀。"就这样,按照红装女子的说法,她就是宫殿星座,按迷信说法,按她指挥的去做了,最后成功了。

这样建造了北京城,方方正正,在那墙里还埋了一座写有碑文的石碑。建造完毕,这是后话了,我们中华民国没有火车,都是从外国购进来的火车,负了很多债,购买火车呀,修铁路呀。要修铁路,购进火车,就得修铁路,必须从北京城中穿过。怎么揣摩,也找不准这线路。怎么也得拆迁民户。"现在要修路,所有妨碍物都要拆除。"就这样,中华民国和清朝年间修铁路、拆城墙时,里面出了一座石碑,上面写有碑文。上面写"黑拱门"hara sannii uude,堵着的。(原来)那时候刘伯温就预见到早晚在这里出一道门。

就这样,火车从那里通过。(笑)建造北京城,建完了,这又是一个后来的古董(故事)。建造时聚集了很多专家和星相学家,(问他们)如果居住在这里,究竟是易于积财,还是易于穷困,究竟怎么看这些宫殿?请来很多智人达者先生看（风水）。（他们说）："往这边修，易于积财，但水患多。""咳，水的问题不大，用国家的力量容易治，善于积财就行。"就这样，下了地基，建城准备就绪。下地基了，准备好了，走了，先生们也走了。但其他智者说："啊呀！，不行，单积财，光有有钱人，没有穷人也不行。建这北京城，都是有钱人，那谁来干活？""哎，那怎么办？""将地基往那边挪一点。这样既有很多有钱人，也有没钱人，在这城里（共住）。这样，没钱人做事，有钱人出钱。"这样，北京城是在明朝时期建造的，在那以前，有南京城，在南京（定都）。这一段是明朝时期，接着是清朝，明朝灭亡了。

清朝建国，刚立国，没有有知识的、精通星相学的人行吗？还要利用这样的人，有较高文化修养的人，要利用这样的人。啊呀，怎么找也找不到。明朝有一位先生，刘伯温已经老了，没了，不行了。除他以外还有一个星相学家，名字很尿，我忘了。"将他抓来，看他是否愿意为我朝出力。去把他抓来。"他是明朝人，曾经在朝廷供职，应该拥戴（清朝）才对，已经改朝换代了嘛。不用他不行，因为清朝没有文采绝好的星相家，我就用他。就把他，将那位星相家请来了。请来了，一天、两天、好几个月、一年了，他还是不投降。古代人（的信念）就是那样的坚固："我既然是这个朝廷的，就为这个朝廷出力，'一马不备双鞍，一人不保俩皇'，就这么能耐。要杀就杀，我不会投降的。要杀快杀，要不杀，就这样养着，其他事于我无干。我不会向你们投降，为你们出力，没那个门。"一年、两年、三年多了，伺候得好好的，予以尊敬和高级待遇。为了招降，招待得再好也没用，就是不投降。

后来一看，来软的不行，就来硬的，恐吓他。用硬的恐吓他，他就说："杀吧，你们赶快杀我。"要杀吧，还要惜才，还是不舍得杀。于是大家，就像现在大家商量，四大中堂等聚会协商："啊呀，这个人不投降，使软的不投降，来硬的唬他也不投降，怎么办，大家出出主意。"有一个人说："嗨，我有一个办法。""怎么办？""不用刀子，（我们）没有杀人的权力，（因为）杀上大夫不用刀子，杀平民才用刀子。""那怎么办？""咳，配毒药，给他服毒药。不能用刀子，可以用毒药毒死啊。但是，别用真毒药，用假毒药，死了怎么办？"（他们）还舍不得让他死。

有一天到他那里，就到他那享清福的地方。一进屋，（他）问："喂，干什么？"（使者）："今天皇帝有旨，你说话痛快点，要投降就投降，要不投降，今天就准备送你上路。"（说着）在那里对这个配那个，在碗里配毒药。（他们）在那里配毒药，配完了，拿到（他）跟前，"啪"地放在那里："喝！嗯，你今天说话痛快点儿，想死就喝，不想死就给一句话。"嗯，他们采取了这么一个办法。嘿，他拿起（碗），咕嘟咕嘟（将毒药）喝下去了。按现在的说，他就是一个好共产党员，不怕死（笑），就这么一个人。

嗯，"啊呀！"他们想："多亏配了个假药，如果是真药，还不毒死了。"他们还这么想呢。（药）喝完了，过了一两个小时，死不了，要死的话就会断肠啊。但死不了，什么事也没有，他说："啊呀，啊呀，（这药）让我喝，我就喝了，啥事没有啊。"（使者）："嗨，这不是爱惜你嘛，下次再说吧，爱惜你呗。"（他说）："啊，要是这么说，我就投降吧。得，投降吧。还真是爱惜我呢，如果（给的）是真毒药，现在不就早死了嘛，还是爱惜我呢。那好，也罢，我投降吧。"这样，他就投降了。

（后来）那么多建国大事，都是他辅佐完成的。就这样，按现在的话，简单地说，封48王等，都是他的杰作。王公，有48个。封王了，这么做，那么做，那里怎么做，这里怎么做，（都作了安排）。正因为这样，清朝时期蒙汉不争，汉蒙团结。（他说）："不能欺负蒙古族，必须予以加封。人家有他半个国家，我们不能欺负人家。以前，有过多少国家，唐宋元明清什么的，都想掠夺人家民族，抢占人家的边界，都未能成功。哪能行？所以我们反而需要加封蒙古人，这样他们才不同我们争斗。"这些都是他出的主意，给我们这边很多福利。蒙古人不是乐于享福吗？爱吃爱喝，贪图享受，再加上封王，这里也是王，那里也是王，那些王爷是……

再加上这里也建庙，那里也建庙，（建了）很多（庙）。只要在康熙看来，哪里的山头昂首挺拔，就说那里不建庙不行，说什么那里风水硬。哪里有个小山包，就说这地如何如何，不建庙不行。（这样）清朝修建了很多（寺庙）。（寺庙）以前也有一些，间隔几百里就有一座庙，稀薄伶仃，小小的，一两间，有那么几座庙。到清朝，在我们北国，建造了许多寺庙。实际，佛陀、佛经，早已有之，在历史上三千多年前就有，但到清朝（规模）扩大了。有兄弟仨，须有两个人当喇嘛；独生子不取；兄弟五个，须取三个。总的来说，给你留一个，其他的，除供职，就是当喇嘛。这样一来，南方一个，北边我们这里，（插入语）这都是听说的啊（插入语结束），我们这里出一个喇嘛，南方就少养十个兵。用养兵的力量养喇嘛。这样一来，我们蒙古族人数减少了，力量削弱了。曾经施过这样的坏主意。实际上，佛书、佛经（早就）有，只不过给过度抬高了，将人家。清朝时期就是这样。一个朝代有一个朝代的策略（笑），现在这个国家，说人口多了，要减少人口，搞计划生育。那时候是那么个策略，现在是从肚子里刨去，不让你兴旺，不让你勃兴。一个朝代有一个朝代的办法，清朝有这么个治人的（办法）。

　　这样，对蒙古人，王爷还是王爷，你说了算，你的旗还是归你管。蒙古人呢，有这么多地，你们就别种了，光吃租就行了。嗯，收了庄稼，供你吃，张嘴吃喝享受就得了呗。你们不是喜欢享受吗？嗯，你们的土地，从山东、山西、口里来很多人整饬你们的庄稼，那地方土地少，交一半粮食给你，带走其余一半回家。你们这里不让住，到头来，王爷这里不让住，就拉倒，带着粮食回家吃。后年再来，再给你整饬庄稼，交一半。这样你就不用种庄稼，还吃到现成的粮食，张着嘴，喝着酒，这有多舒服，干吗那么费事？就这样，用舒适、享福（引诱并）治理蒙古，在那个清朝时期。所以，我们蒙古人很富有，爱享受，（眼里）没有什么敌人，反正能舒适地生活、享清福就完了。就这样，我们蒙古人反而穷了，都被汉人整了。汉人多了，一到中华民国，清朝一灭亡，正像前边所说的，变成像朱洪武那样。嗯，元朝时期，我们蒙古人很兴旺，十个汉人放一个蒙古官，骑马时还躬下身，让其踩着背上马，（插入语）听说是这样的（插入语结束）。可是朱洪武一当皇上，汉人当皇上，就要复仇了，要杀绝北国人。就这样记仇，实际也复仇了。民国什么的，也那样。清朝时，用财富养蒙古人，汉人多受累，给种庄稼，积怨颇深。清朝一灭亡，成立中华民国，没有皇帝了，蒙古人该受罪了。（汉人想）："你们吃我们现成的，地也不还给你了，租子也不交了，爱怎么样就怎么样，（不行就）告你的状（jerdej ogne）。"汉人多了嘛。就进入了这么一个阶段。

　　　　时间：4:46

　　叙述：杜田亮
　　题目：喀喇沁婚宴与葬礼
　　语言：蒙古语
　　音质：清晰
　　时长：37:48 分

　　被访：在我们小的时候，凡有宴会，蒙古人举行宴会时，穿漂亮的长袍。那长袍是不一样的，在这里，我们的（长袍）也同那些蒙古老乡穿的那样，（款式）一模一样。都是（穿）这样的，漂亮的，别有特点的，用绸子做的长袍，上面系上带子。

　　迎娶媳妇，到对方家时，（有一种礼仪）叫做"守门"。要带去一罐酒，放在门口的桌子上。置酒献礼后，我们蒙古人有叫"掌印亲家"的跟车首领，这首领到门口，如遇到挡门的，就要唱歌，不唱歌就不让进。置酒献礼后，唱几首动听的吉祥歌曲。然后，（守门）才撤掉高桌，让他们进去。

　　嗯，进去以后，就等宴会开始。有个叫作"上桌"的，摆上桌，上桌坐五人，（顶）两桌，上桌坐十人。桌上置全羊，那时候。所谓的全羊，意思就是整块的带骨头的肉，叫作整羊。将它置于上桌，那是另一个桌子。全摆好后，掌印亲家进来，到上桌敬酒，端酒进来，向上桌首席敬酒，端着酒，唱敬酒歌。唱敬酒歌，唱几巡，那都是有数的，说："请喝一杯。"敬酒，礼毕，再到别的桌子。每桌都去，唱歌敬酒，蒙古人的礼数，还挺复杂的。嗯，这一桌子上唱歌，那一桌子上也唱歌。（每桌）都有整羊，所谓整羊，我看就是圆的带骨头的整块肉。将它端到盘子上，好像有两个盘子，然后用整盘端进来。将酒倒进喜盅子，有一个特别的盅子，将酒倒上，到上桌向首席敬酒。掌印亲家领着，将女婿引进来，介绍并唱歌。这个桌子唱几首，都有数，唱歌，敬酒，唱完歌，说："扎，请享用。"敬完酒，到别的桌子。在上桌和几个其他桌子上，都唱歌，介绍并唱歌。这一节算告一段落。

　　到晚上，要为女婿着装。女婿着装，还要唱歌。还要唱婚宴歌、女婿着装歌。那里有专门的婚宴官，熟悉各种歌，是专门学那个的。嗯，女婿着装，一边唱歌，一边着装，还有同龄将服装……不是有那样的礼节吗？女婿着装完毕，就等出发时刻。吃喝完毕，有规定的出发时间。时间一到，就出发。那边……我知道的就是这样，是个大概，并不全。

将媳妇迎到家，我看到的情况是，选某个时间，要拜天。嗯，要拜天的，我们蒙古人。是不是到外面拜天？还有火神，要拜火神，也有歌。（插入语）我把好大一个骨节，都忘了，年限长了，五六十年前的事情，全忘了，要不还记得拜火神的那一套，还唱来着，现在不中了。（插入语结束）好像是：gal tengrd morguulsen qineeger,

　　　　garaan sajaad garang gesen hanaan sanab daa.

　　　　祭火拜天礼已毕，甩手离别休惦记。

歌词是这样的。

　　　　gejig useen hagalsnaas tesi

　　　　garaan sajaad garang gesen hanaan sanab daa.

　　　　分发开脸婚已成，散手回头悔莫及。

意思就是佛赐的因缘。

这是一个专门歌词，（意思是）不能有其他想法，不能有非分想法，已经拜佛了嘛。歌词比较长，这是最讲礼仪的一句话。

　　　　gal tengerd morguulsen qineeger,

　　　　garaan sajaad garang gesen hanaan sanab daa

　　　　祭火拜天礼已毕，甩手离别休惦记。

有这么一句。还有好多歌，那首歌，我还记得不少，现在全丢了。一是年龄大了，再一个是，这期间，我们主席要求完全取缔这些事，大家就干净彻底地抛弃了。因为不经心，就不存在了，心里不记得了。国家不实行这些，人们就（将它）从心里刨挖出来，彻底抛弃了。是这样一种情况。要是在学知识时，人们在隔月时辰，十天半拉月，常经过这类事，别说忘，反而会主动学习。仅凭听，就能学。这么重要的事，但有六七十年的时间了，心里完全不记得了，只记得一个大概，就像在梦里，只记得大概。就这么个情况。

再说，女婿要骑马，掌印亲家和女婿都要骑着马去（媳妇家），不是徒步去。媳妇，（女婿）去时骑马去，（娶媳妇）回来时有车，叫做轿车，都带篷。那时候有迎娶媳妇的车，是细轿车。嗯，骑马去，带全套马鞍、马嚼，都是好的，不是一般的，不是平民用的那种。经常备有那么一套，在村里，谁娶媳妇就给谁用。女婿穿着漂亮的长袍，在这里带一个什么烟荷包，有那么个方形的烟荷包。还有筷子、刀子和其他佩饰。这是迎娶时都要带的。从那里迎媳妇回来，这儿好像还挂这么大的白毛巾，莫非是礼物？小时候我们见过，有那么个样子。鞋，不是我们穿的普通鞋，都是黑皮靴子，一身蒙古打扮，像早先那样。

过年时，去拜年，也是那样。将炒米用羹匙向碗里放两三勺，再放黄油、砂糖，用开水沏。就这么一碗，多的也没有，就算用茶水招待了。黄油、炒米，这是我们五六岁时的事情，像梦里雾里，模模糊糊地知道一些。春节走访亲戚道里，这也是蒙古礼节。制作炒米，那时候都种（糜子），我也见过制作炒米。有一个大锅，需要有技术的人，不是人人都会，那时，有专门制作炒米的人。需要沙子，（在糜子里）拌进沙子，在锅里炒，等一会儿，啪啪地，出花，出白花。一出花，舀出去，自己制作，有会制作的人。舀出来，再用筛子将沙子筛出去。那炒米，吃时，就（放）这么小小的几勺，加黄油、砂糖，一倒茶，就会涨成满满一碗。就这么小碗，放入三羹匙，就会涨成一满碗，很实惠。咳，现在的炒米，硬邦邦的，没有花，什么也没有，可炒熟了。现在我们这儿也有，（有人说）："简直没法吃。"（我说了）："行了，能看见就行。有那么一个东西就行。"有是有，可是和那个炒米不同了，现在那个，简直没有花，硬硬的。现在也有，赤峰也有卖。嗯，那时候的那个真棒，很香，嗨。

来访：迎娶媳妇以后，接下来怎么办？

被访：迎娶媳妇回来，就拜天地，到那边房间，同龄伙伴还要斗闹一阵、开玩笑。开一会儿玩笑，到后半夜，就散了。到11点，就肃静了，人们都回家睡觉。

来访：是不是有红盖头？什么人揭？

被访：啊，红盖头啊？有，由女婿揭开，别人不能揭。蒙汉都一样。你们那儿，蒙古地方也一样吗？

来访：没有，没有红盖头。

被访：这里也是，小时候有没有，我也不是很懂。但后来，长大以后一看，就有了。实际上蒙古人好像没有，在我们这儿……嗯，红盖头。以前，娶媳妇，就到那个晚上，才认识女婿，在那以前，媳妇、女婿互不认识。

来访：与媳妇开玩笑，都有哪些玩笑？

被访：开玩笑？啊，就是将衣服呀、鞋呀什么的，藏起来，让她说吉利话，这样说，那样说，为难她。也没有（定规），看年轻人自己（的喜好），就是刁难，将东西藏起来，就这么个理儿，我们蒙古人的。其他的，不是懂得很透彻。那时候小，不是懂得很多。

来访：第二天媳妇要干活吗？

被访：三天不干活。下炕，不干活，保胎，不干活。过了三天，就干活。头戴崇头（帽），外面着长马甲，叫做褂拉子，我们这儿叫做褂拉子。里面穿绸子做的，红绸袍子，外面罩红绸（马甲）。那个（指崇头帽）要戴三年。过了三年，那时候（媳妇）不到三年不怀孕，是年龄小还是怎么的，到三四年、五年才生孩子。不像现在，现在是几个月就有孩子了（哄堂大笑）。那时候，不到三年不会有孩子的。

来访：生孩子，有没有满月喜宴什么的？

被访：啊？有的有，有的没有，看个人的工作和能耐。改善的（意思是富裕）话有，不改善的话什么也没有，改善的话另一个样子，不一样。

来访：小孩满月时有没有满月宴？做庆吗？叫什么名字？

被访：有，有周岁宴，有的。大家聚会，等一等，好像另有一个名字。

来访：是不是叫剃头宴？

被访：叫什么来着？那也是，生活好才有，生活不好，什么也没有。生了，就算行了。

来访：生儿子门上挂东西么？生女儿？

被访：挂弓箭，生儿子挂弓箭，生女儿挂红布块，这么宽。别人一看知道（这家）生了女儿，看见弓箭，知道生了儿子。

来访：姑娘嫁出去以后，有没有看望这一说？

被访：有的，看望每年有数，有七个月一次的，有春天看望的，主要这两次。

来访：看望时带什么礼物？

被访：那时候是饽饽，都带饽饽。有时候还要借姑娘（回娘家），同看望一样。借回去,有固定日期,走时问好,行满洲礼。回来时也向母亲行礼。如有几个老人,就跟他们见面,行满洲礼,然后再走。回来时也一样。我们喇嘛们也一样,走时向师傅行礼,回来时再行礼。是这样的。

来访:喀喇沁人有没有寿礼?多少岁以上才有?

被访:我们这儿?六十岁以上。六十岁以上,老人们聚会,儿女们聚会,家族亲戚聚会,不请客。到那天,向自己的女儿、女婿,儿女亲族等告知要做寿。大家带着吃的喝的来到,见面,吃喝,宴会。使做寿人在上座就座,敬酒,唱敬酒歌。就是这么个宴会。

来访:带什么样的礼物?

被访:啊?那,喜欢酒就带酒,不喜欢酒就带果子什么的,带糕点。

来访:人死后,用什么方式下葬?

被访:啊,人死,在我们这里,行蒙古人的礼节,按蒙古人的礼节进行葬礼,大家聚会,戴孝(白的),然后出殡。按我们蒙古人的礼节,人过世时,没有那么多麻烦。

来访:在第几天上出殡?

被访:那不一样。生活可以,季节好,看春天还是秋天。气候凉爽,生活还可以,可以停殡三天。哎,三天。

来访:三天,停放在家里还是外面?

被访:外面。停殡三天,出殡就有讲究。

来访:子女们穿白吗?哭丧时大声哭,还是悄悄地哭?

被访:穿白,生活不改善的只在头上戴孝。大声哭,在这里,但在外边停殡处大声哭。

来访:棺材是什么样子?像柜子一样?还是像汉人的那样,一头高一头低?

被访:啊,和汉族一样,前面高,后面低。

来访:是用原色木,还是刷漆?

被访:刷漆,刷那样的黑红色漆。上那样的漆。哎,我这刚想起来,我这躺柜不是用红色,而是用深色,古物嘛。这是这个王爷内棺的板皮。啊,直到现在,就这样黑不啦叽地保存着。这木材八成我们中国……即使有,也是很贵重的,树高而粗。啊,有松树,有 arjang 树,arjang 树最好,但(王爷的棺材）没有用 arjang 木做。这是南洋木。哎，南洋木。以前，为什么做这样的躺柜？

这个王爷是在我们那儿下葬的，我们是邻居。国家将他挖出来了，别人也去挖了。挖出时，这木板一点儿都没有怎么样（没腐烂）。也有十好几年，二十几年，埋在地下，一点都没坏，这木头。都被扔到坟坑外面，长达几个月，烂器鼓噪（乱七八糟），别人也腻应，不敢拿去烧火。嗯，后来，我们这个国家，到了高级社，都合并在一起了。合并打谷场，土地也收回来，合并后大家一起干活。一起干活，那叫生产队，（插入语）就按我们这里的话讲，要不你听不懂（插入语结束）。就这样组织了，个人的牲畜、土地都收回来了，一起干活。一起干活，牲畜也组织了，饲料没地方放，喂牲畜的饲料，人家不给自己的躺柜，给别的，牲畜、土地，但不给家产和私人的躺柜、炉灶。队里没有放饲料的地方，于是将王爷被弃置的棺木收回来，做这样的躺柜，供放饲料用。

做成柜子，过了二十多年，又要搞包产到户，要散摊，要将集体的东西分给个人。分给个人时，谁掏钱就卖给谁。那时候我也不知道（这棺木的来历），也没人要，剩下了。还欠着钱呢，要什么呢？没有什么好东西，这样的躺柜有两三个，其他的都不值钱。就要这个，这要花 60 元钱，价钱合计，价格都写在那里。60 元就 60 元，买下来吧，就拿回家了。拿回去以后好几天，也不知道其来源。我原来住在 doo horoo，"文化大革命"结束后才回家。回家以后，将这躺柜买下来放在家里，但不知道他的价值。后来，北京的拉师傅要将我调到这里（指法轮寺），说我以前也是喇嘛，到庙上来吧，将佛爷、佛经维护得干干净净，生活也方便有着落。就把我弄到这里。我也从小当喇嘛，也愿意供养佛陀、佛经。来的时候，为放置零散东西，把这柜子也带来了。带到这里，也不知道是什么木头。有一天主持问："这是什么木头？"我也不知道，说松树吧，也不一样，说杨木吧，又不像。他看了看，嗯，这不是南洋木吗？谁知道，我也不知道南洋木是什么样的。后来把左先生请来了，将这前面的老左先生，他是医生，凡是入药的木头，他都认得。他来看了，说："你这绝对（bodom）是，绝对是南洋木。"他看了，我问他："这有什么印象，干什么用的？""嗨，不管做什么，这是贵重木材，我们这儿没有，南方也不一定有。不知道从什么地方弄来的。"也是，王爷的棺木能用劣质木材？这都是进口木材。这木头埋在地里不腐烂，上面倒水不渗透，这么一种木材。质地不是很硬，也不软。性质有点像柏木，但纹路不一样，这么一种木材。就这样，是他看出来的，我们这里的老左先生。就这样，我才知道（其来历），也没有上漆。

我的意思是，我也这么大年龄了，如有人看中，就给了，卖给他。我自己也……如果我死了，也不知道归谁，趁现在健在，有人要就给他，换点钱。如果上红绿各色漆，就不是那个东西了。就这样放着，这是我们王爷的（棺）木，说起来，这是左先生看出来的。我们这里没有，那紫檀木（sitanmu）、铁梨木都是进口的。紫檀木（sitanmu）可能是巴基斯坦的什么地方产的。前年，赤峰有人特意倒腾古物木材。我说了："你来，只要你识货，我就给。"那个人来了，取点样品走了，不是拿去做试验嘛。试验完了，回来了，说是真的，但不给那么多钱。给多少呢？我的要价是 1500 元，左先生就是那么作价的。我让至 1200 元，他只给 1000 元，我不给。（实际上）再挂 200，我就给他了，他不给，就 1000 元。就这样，他没要，走了，再也没有回来。年龄大了，在我手里还知道它是什么，到别人手里就什么都不是了，就这么个东西。

来访：死人埋葬后，在坟头上堆土，还是堆石头？

被访：堆土。里面有这么一间房子大。伐松树，取其红心，这么厚，这么宽，（用于）上下左右，都用方形的湿松木制成一间房子。这边有一个门，建成房，中间才是那个（指棺木）。那也是两层，这是内层，外面还有一层，木板也是厚厚的，质地很好。在那外面有一个叫做 teereng 的，比现在的地毯薄一些的，出自西藏的一种布。用那样的布包裹那存放尸体的棺材。

来访：下葬后的第几年上坟？

被访：上坟每年都去，在清明和十月一日两个节气。春天是清明，秋天是十月一日。那里有一套房子，里边储藏着盘子、香炉等用具。都是这么大这么高的铜碗，这么大的铜盘，专门备有这么一套。在那儿有五间房子，有桌椅板凳，凡是成套儿所用的东西都在那儿收藏。一到时间，拿出来用，用完了，再收回去，是专门准备的。不用这样的瓷器碗等，用的是银碗、银盆，雪白的银盆、银筷子。向王爷献祭时，在坟上，用这么大的银碗、盆子，这里还有漂亮的双翼，还有银筷、酒盅、酒壶，都是银制的。在桌子上摆的，都是铜制的，盘子等，还有不带汤的肉类、海菜，没有其他。碗里也一样，都是熟肉、不带汤的菜，倒了也不洒，是干的。

来访：祭祀上有什么忌讳？

被访：忌讳？没有。没有女的，就是姥爷、舅舅参加，都是男的，没有女的。

来访：祭品里边放盐吗？

被访：是不是放盐？可能放一点？说不清楚，搞不清楚，没吃过。那时看墓的人才能吃到，别人吃不到。抢的哄的是果子，是从家里弄来的干果子、炸果子。早先那时候的果子好吃。那个我们都看见了。

> 时间：23：31
> 叙述：陈德福
> 题目：陈德福与法轮寺
> 语言：蒙古语
> 音质：清晰
> 时长：33：30 分

陈德福，蒙古名希日布尼玛，男，原籍平泉县白池沟乡蒙和乌苏，现为喀喇沁中旗（宁城县）法轮寺主持。

被访：我的名字叫陈德福，从小父母给的，都是汉语。来庙上，起名希尔布尼玛，意思是智慧的太阳。

小时候家里穷，兄弟三人，生活不好。再说，小时候多病，9 岁就给庙里了，9 岁那年 2 月 16 号来到庙上，今年 79 岁，（进庙）到现在已经 70 年了。在这 70 年的历史中，经过了满洲国——日本侵略时期。那时候，我们这个庙占地 136 亩，共有 23 座庙，环围的叫做辅助建筑，周围的辅助建筑，大部分在"文化大革命"中被毁掉。在那以前，满洲时还进行法会。我来时有 300 来个喇嘛，在那以前，据说有 500 多个喇嘛。庙产有 2 万亩，靠其维持生计。每年四五月、十二月有庙会。

19 岁那年解放了，共产党来了。才搞土改，当了民兵，在关押地主富农的地方站岗，轮班。革命后，师傅我们俩也过上幸福生活，分得了土地。那时，两个人给三个人的土地，三个人以上一人一个样，一个人分两个人的土地。土改时我分得15亩土地，三个人的份地。在自己地上务农。解放后，也参加了担架队，也被抓过壮丁。那时候，抓壮丁，不管你那个，农会凡是到年龄的抓去充数。当兵半个月，后来跑回来了。土改时，当民兵，每人发给一个洋炮，进行训练，也就是一两年。分得土地后一边种地，一直到56年合作化，自己种地。

1956年合作化，每人收80元的股份基金。自己用具等都拿去典当，用当钱凑够80元。后来劳动，挣工分，头两年还这80元钱。合作化20多年，近30年，合作化时还当了两年队长，1961年还当过公社管理员，两年，与喇嘛和食堂在一起。其间，师傅喇嘛不行了，不能读经了，什么也不能做了。我身体也不好，将来还要设法养护自己，其间给我请了一个先生，给我教（杨二代?），每月来两次，背着钱沓子来。教（杨二代）的老人是老乌家的一位70多岁的老人，坐一天，给我讲一些。讲什么呢? 他自己也种地，1956年合作化了。他一个钱沓子装本子，另一个钱沓子给装高粱、苞米、小米或稻米，给装满。还怕别人看见，从就近村子、靠山的地方回家，来的时候也从那里来，不从村子中间过，不从大道走，70多岁的老人。就是乌承贵的爸爸，乌承贵你认识吧? 爸爸还是太爷? 乌承贵是坏人，嗨，所以藏着掖着来，这样学了点东西。

合作化以后就不能走了。有时有人来找，晚上悄悄地走，一天挣个三毛五毛的，骗人的。和师傅这样生活，一直到解放，给人分给土地。给人分（土地）的时候已经变成一亩八分地了，最初分地是每人五亩半地，人多了，就（剩）这点地了，合作化时就一亩八分地了。还有自留地二分八，靠这个生活。合作化时自己劳动，人们都一样。

后来1982年，中央十一届三中全会后下19号文件，落实政策，落实宗教政策，有一本。1984年（下发）202号文件，这个我看见了，说是可以找，所以上访，找中央两次。那时候叫中央统战部，没有民委。找内蒙古自治区5次，为了要回这个庙，因为有政策了。不给。找我们县里，我们县只管占。（前后）跑了8年，致书、自己上访共8年。8年中，是怎么走过来的呢? 自己做干粮饽饽，装进钱沓子背着，没有吃的，没人供养，也没有集市，自己又没有钱。只要准备好火车票钱，就背着干粮，背着饽饽走。最后，中央给内蒙古开了条子。那时候是内蒙古统战部（管），民委正在建立。去了三次，第四次时他们说："你不要来了，我们无论如何给你找，不要反复来。"我说："你们说还给找，又不给找，我们等不及，怎么不反复来？"他们说："你先走，我们而后给你办。"我说："不行，我们等不及啊，我们等着，不走。""那你怎么办？""你们下班，锁上门，我睡你们走廊，吃不到饭，到饭店吃别人剩下的。""那怎么行？""怎么办，我也没干粮了，没钱了，也走不了。"（他们）就开了一个条子给赤峰，赤峰给宁城。

因为宁城我去过好几次。白玉堂当书记了。一天白玉堂要召集开会，也叫我们。我们去了 6 个人，包括几个年轻人。粮食局的、统战部的，民委的，那时候邰全胜去民委了，还有宝音图老师也去民委了，他们都在。粮食局的、公安局的、统战部的、县委的、县里的，县五大班子都在，全召集了，白玉堂书记开了一个会。说是 19 号文件，202 号文件（他）没有看到。我说："你们没看到那是假的，我从王爷旗看到了，你们怎么看不到？"最后邰全胜找出文件念了一遍，才知道。开了一个会，也说了，那时候有个合同。1958 年先建粮库，那时候，1958 年，统战部和几个单位订了合同，合同金额是 1581 块 2 毛 8，修庙剩下的归我们，合同内容是这样的。

在"文化大革命"中，杨文一，horhu（地名）的人，那时他在统战部，把合同收回去了，共 5 份。公安局 1 个、粮食局 1 个、我们 1 个、县里 1 个，都没了。找合同，粮库、粮食局不给，说是没了。没办法，找公安局，托了人，在公安局我翻档案，找到了。找到合同，答应还给。"答应还给"，有那么快吗？今年、明年，粮库搬呀不搬……那时候为了搬粮库，内蒙古已经拨给 40 万元，我们找他们的时候，说已经拨 40 万元了。粮库不搬，说是找不到地方。后来粮库搬了，搬到瓦房，我们要回了大庙。1992 年 4 月 22 号，粮库建成，才搬走。我们进来了。

进来时，这庙的门窗，因为做粮库，储存粮食，tanggan 都搬出去了，门窗都改成小的，没有这样的门窗。房子和粮库连着，后来我们交涉，合同开时，合同钱啥的，零钱没给。这钱怎么办？那钱，算起来也有好几万，我们想要，他们不给。后来县长、县委书记，荣泉和白玉堂他们干预，说"不给不行，人家文件上写着呢，不给不行"。这样，10 年的钱，给了一万五千元，不是一次给，分三次，半年一年了，直到给清。粮库建 48 间房子，挖一眼井，一间房，他们是按平方米算的，一平方米多少钱，按当时钱算，合计为 19 万多块钱。我写的东西还保存着，（他们想）跟我们要钱。我想你们要钱，我们也要钱，弄坏我们的 48 间房，48 间房都围着石条，有阡陌，都有坨，二坨、三坨，有阡陌的老白房，都有门窗。一尺石条合三毛钱，我们有 17 课松树，割掉 12 颗，粮库在这 40 年中。我追索这 17 颗松树，他们说每棵树赔一副棺材的钱。我说："我们不是出售棺材，这都是古物、历史。在内蒙古，这样的树每棵 300 多元。我们法轮寺 270 多年的松树，是无价之宝。"我就这样顶着。没办法，后来每棵树折算 1200 元，共 12 棵树。包括这些，每个坨、石条，我合计，合出 21 万多元，粮库算出的才有 19 万元，但他们不付给我们。后来包县长，定完价，没有分晓。张毅，听着听着，说："觉得说的都有道理，但是你也不是为自己家要钱，国家也不是为自己家要。就那么的吧，盖的房子就一个也别拆了，你也别开那个（价）了，钱多少就那样顶上吧。"就这样解决了。但粮库临走时，却把门窗、hayang、罗条都拆走了，我们进来时没有门窗。那不是粮库要走的，而是在粮站干事的工人。一听说粮库要搬走，主任就不管了，因为下面要盖粮库，那些工人（的搬迁），都有规定的日期，张毅来给他们定了日期，哪天搬走，哪天你们进来，等等。但是他们没等到那一天。那一天，这顶棚的电线、门窗玻璃、罗条、hayang hajuus，凡是能要的，都拆走了。我们进来时空空的，没有住的，屋内打地铺住了三个月。那年，内蒙古已经划拨 2 万多块钱。这 2 万多块，民委给我们 8000 块钱，用这 8000 块钱，给昭庙装门窗，先给两三间房，修炕 hayang，修罗条，换门窗，然后才住进来。朱占地走后，到现在，已有 15 年。是 1992 年 4 月 22 号住进来的，今年是 2006 年，15 年，整整 15 年了。

这 15 年之间，算起来，共花了七百多，八百来万元。这些钱是从哪里来的？内蒙古 1993 年拨 30 万元，到我们这里的有 26 万元；2000 年吴局长给跑，给 10 万元，这 10 万元当中，给我们 7 万元，包括买东西、购买衣物、修缮房子、换电线灯线、电话等；今年内蒙古拨 10 万元，给我们 7 万元，对各庙顶层进行加固。连檐什么的都不行了，刷了一层漆，刷了漆就坏得慢一些。修了一夏天，还没有修完，现在等明年春天了。7 万元，花掉 6

万元，只剩 1 万多元，不够，光工钱就两万多三万元。为什么用这么多工钱？原来也修过，都是包工，这样那样应付一下，刷了一层漆，那年下雹子，都碎坏了。这庙多年没维修，200 多年，瓦片下没有土，都空了。今年用日工修，做法是这样的。每片瓦下面都填满土，这石灰（dog），多下一些工夫，多涂一些，才不剥落下来。原来的包工，用塑料布一拉，看得光面，但粘不住。今年这样修，7 万多元就算没了。

　　这七百多万元是怎么来的？我这七百多万元，有叫拉西仁钦的，在雍和宫，我们从小一起长大，他每年给十多万元。给佛尊、佛像，佛灯，钱也给点，这样他给的钱有两百多万了。现在楼上的一千多佛，是他带来的，有93 个唐卡，是他张罗来的，我自己张罗的才有两三个。修庙时，修佛殿时，他给了两万五千元。中间不干了，停工了，停了一年。他说："先修着，我给两万五。"这才接着修完。现在，汉白玉大佛有 10 尊，从河北祁阳请的。每尊都是金箔贴金，这金箔都是拉西仁钦给买来的。再从青海塔尔寺请了18 尊木刻佛，后殿中间的五个佛都是木刻的，没有别的，就这么点木头。大殿大佛后的 beiwang 三个，在北京刻成后请来，花了两万多元。庙前的狮子，花了 2 万块，是拉西仁钦给请来的，就台子上的那个。寺庙的部分修缮费，是从内外化缘而来的。有些庙没有进行装饰，他就说："这座庙也装饰一下，想想办法。"他给钱，进行装饰，算起来，也有两百多万，近 300 万了。他还从西藏请来一部《大藏经》，从拉萨请的。在这座庙里，《大藏经》和《续大藏经》，共有 362 卷，都是他联络请来的。从四川 hanba 州（可能是阿坝州的蒙古语称呼），这是复印的。据说复印的能保存 100 年，木刻的可永存。他说："这种的（指复印的）100 年就不行了，就给请一部木刻的吧。"就请来一部《大藏经》。现在《大藏经》《续大藏经》都有了。前后请来的经文共有 562 卷，在前后庙收藏的一共。这些都是拉西仁钦的钱，八方施主捐献的钱。做衣物、做袈裟，光有架子、桌子行吗？庙里挂的东西，即使制作一次，这么多挂的东西，哪件不是花钱买来的？制作泥佛 37 尊，从祁阳请来师傅制作的。这些都是用八方施主捐献的钱制作的。修缮 9 座庙的顶部，进行装饰、刷新，门窗也都换了。主殿的那三个大门是原来作粮库时留下的，其余的都是新做的。松、柏、银杏各种树，院内外栽培 88 棵，现在都这么大了，在这 10 年当中。实际上，在这院里，粮库留下的，连最孬的歪歪树，总共才有 5 棵松树，其余都是新栽的，现在有 88 棵树，都长起来了。花草、桌椅板凳、大号小号、佛像、佛经、佛灯，都算起来……

盖了一个扇门。大寨北面的，辽代有一座庙，叫做玲珑寺。辽代就在 toolinborahan，现在那个谁家的北面，你老丈家北面，有一个小山包，长这么大的花。清代初期那庙不行了，就搬到这里。乾隆时续建，称作法轮寺。叫法轮寺，是因为刚建完，有一次，第五世班禅来了，王爷提议"将这座庙献给班禅吧"。班禅说："嗨，你献给我，我也带不走它，就是一个名分呗，就命名为 laxiqierling 吧，翻译过来就是'吉祥法轮寺'。"汉名"吉祥"一词给叫丢了，就叫"法轮寺"。取名法轮寺的由来就是这样。辽代先建玲珑寺，后来迁过来再建，原来的有些坏了。后来，十年、八年、几十年后，乾隆爷时再建，续建的称作法轮寺。

真正的原庙建于辽代，原来后山有 maidar（弥勒）庙，有五座大庙。有 20 尺零八的木雕 maidar。那时的人说是檀香木的，有檀香木的，不是没有，但不一定都是檀香木，可能 arjang marjang 都有。1947 年当兵的来了，一个团，1949 年才走的，整整驻两年。喇嘛们有两个炕的，须腾出一个炕。住一个团，庙里都修炕，驻兵，烧火。4 月 16 号晚失火。后来 2000 年重建这座庙。原来的 maidar 五座庙，1947 年正月初三早晨失火，枪打木雕佛，挖出里面藏的东西，卖掉整把香火，那时候的兵啊。正月初三早晨从楼上的窗口冒火，人进不去，烧没了。剩下的"文化大革命"中遭到破坏，小队那时给卖掉了，其余荡然无存，种地了。（这座庙的）历史缘由就是这样。

庙前 800 多平方米的地，上面铺了水泥。哪儿来的钱？是从内蒙古拨款中支出的。那两座大楼，也是从内蒙古拨款中支出的。事情就是这样。这十五年，有人请我念经，有钱的给百八十，三十、五十，没钱的给三块两块。我的一亩八分地，自留地有二亩多地，包给别人了，地亩钱一年得三四百多元。孩子们来，也给点儿钱，让我养护自己。这些钱积攒下来，这十几年，我五年前写的那个上记的是 3 万元，现在算起来，有 6 万多元了，我自己捐给庙的钱。

就这样，我与这座庙走到现在。今年再修缮一遍，再有十年，也不要紧吧，我想。等我死了，就不知道了，也许就拆掉了。但只要我活着，就让他保存完好，有这么个想法吧。前几年，过一会儿去赤峰，过一会儿去天义，冲进县长他们家，找他们。前年我去找赵县长，给了 5000 元。现在走不动了，哪儿都去不了了。80 岁的人了，有心脏病，眼睛也有白内障，看不清楚，不能读经了，不能参加法会了。前几年，还给小喇嘛每天上两节课。自己带头开法会，自己领头诵佛经，亲身参与佛学教育，十几年如此，直到去年春天（法轮寺现状，见附图 53. 恢复后的宁城县城子法轮寺）。

时间：23:48

叙述：陈德福

题目：喀喇沁中旗法轮寺沿革（见附图 19. 陈德福讲述法轮寺沿革）

语言：蒙古语

音质：清晰

时长：8:34 分

被访：我的名字叫陈德福，父母给的，汉语叫做大号。师傅起名希尔布尼玛，蒙古语意思是智慧的太阳。根据历史，根据我所听到的，据年老喇嘛们的传说，说一说这座庙的历史。

从前在 tuullaiinborhan（地名）所建的辽代三间庙，在顺治十几年搬到这个地方。搬到这个地方时从三间变成五间。后墙底有两根柱子，两根柱子上有二龙戏珠（图案），有人便怀疑王爷想当皇上，对王爷不满意，到清廷告状。那时步行到北京，来回步行，那边儿来人调查，得用几个月的时间。过几个月，人来了，却建成一座庙了。"我建庙了，有什么呀？原来的庙被我拆除，建成新庙了。现在那地方砖瓦还在，您不去看一看？"一看，知道确实是将那座庙拆开建庙了，所以（来者）并没有责怪。

过了二三十年，那座辽代庙迁到此地以后，到乾隆时期，乾隆十六年，才重建法轮寺。开始重建时，寺庙庭院有 23 座庙，120 户，500 名喇嘛也都召集到了，直到建完辅助建筑，共用 58 年的时间。嘉庆八年，才举行大型开光仪式，用汉语说，就是大型开光，开了喇嘛聚会。意思是，用 58 年的时间，召集 500 名喇嘛，修建 23 座庙，在辽代寺庙基础上首先建成这座庙。这些都是从已故喇嘛和师傅那里听说的。

后来有一次，班禅活佛来了。他到来时，王爷说："这寺庙已经建成了，喇嘛们也来了，就献给您吧。这寺庙，人是有了，但没有首席喇嘛，怎么办？"班禅说："我从西边派来吧。"第一、第二……到第九任，（派来的）是一个二十多岁的年轻喇嘛。那时派格斯贵——寺庙知事大喇嘛到平泉迎接，也就是八沟。到八沟来迎接，那边接到应聘书以后，来信告诉什么时候来，什么时候到平泉。到平泉去接，即从八沟（迎接）。到八沟迎接时，"这么个二十多岁的年轻喇嘛"，格斯贵喇嘛想："才二十几岁的年轻喇嘛，是否懂事呀？"他拿去一部经文，（让他）翻阅，并说："进庙读这部经。"年轻活佛想："嘿，当我什么都不知道啊。"年轻气盛，就进庙里诵读他的经文。过了五十天，差不多六十天，他说要罢这个格斯贵，并将格斯贵喇嘛罢了。那（格斯贵）喇嘛与王爷有交情，报告了王爷。

王爷说："别这样，为什么罢了呀？"

活佛："你随便任命我庙里的主事喇嘛，那么我也可以任命你衙门里的官员，既然你请我来了。"

这样，两个人闹起别扭。（王爷）给那个格斯贵一个官衔，（因为他）没了官衔，就给了一个官衔。（格斯贵）回去见首席喇嘛。

活佛："这是干什么？"

格斯贵："王爷给的官衔。"

活佛："不要，不要，回去告诉王爷，如此，则王府官员也由我任命。"

这样两个人意见相左。那格斯贵也很有学问，对活佛作蛊，（对那个）年轻的，第九个大喇嘛，作了蛊，那活佛就说："嗨，我走就得了，你也别多此一事。"腊月八日他死了，那活佛，那年轻的活佛。就那天早晨，那时的北京，王爷到清廷，十月初二到北京，二月初二再回来。那时候，正在上朝，早晨，就（活佛）死的那工夫，（活佛）骑着白马到王府门口，（即）现在的十二条胡同，王爷的那个，北京的。（活佛）去那里，门警一看，"哎哟，活佛来了。"（活佛）："我就不进去了，告诉王爷我来了。"王爷急忙出来，（活佛）从马背上鞠一躬："嘛，我要走了，我已经没了。"这是一个（从别人那里）听来的故事。（王爷）回身一看，没了，那骑白马的活佛。（王爷）想："噢，我看错了眼，没有见识，有眼无珠，未能看清（活佛的法力）。"便磕头。向这边捎信一问，（活佛）正好那天早晨没了。这样，王爷（决定）："今后不再请活佛了，从西边也不请了，本庙谁有学问，谁就当大喇嘛。"就这样，直到现在。从第九代开始，从本地选（大喇嘛），就没有活佛了，原先都是从西昭请来的。有这样的历史。那个辽代寺庙，主殿原先有一张桌子，人们经常在那里放供品。据说是乾隆爷来过，有人说是乾隆爷坐过的桌子。是不是真假，就不知道了，有那样的历史或传说。苏联进来那年，都不行了，驻兵，全都给破坏了，什么也没有了，桌子、什么也没了。（这寺庙）佛像的数字、原有的土地数等，都在那里，我都写了，凡我所知道的都写了，原来的情况等，就这样。

参观并拍摄法轮寺大殿、白塔等风景。拍摄蒙古族家庭门口所贴蒙古文对联（见附图 53. 恢复后的宁城县大城子法轮寺，54. 宁城法轮寺白塔）。

2006 年 10 月 15 日

> 时间：13:31
> 叙述：陈光荣
> 题目：法轮寺跳神
> 语言：蒙古语
> 音质：略嘶哑，速度慢
> 时长：7:13 分

被访：我是宁城县人，宁城县大城子，蒙古名 maraat，现在都叫做大城子公社，西五家大队，以前叫做 baruun horoo。我今年 70 岁，蒙古名 gereltu，汉名叫陈光荣。就我所知，讲一讲跳神的事。

开始参加的人有多少呢？随舞有 21 人，领舞需要坐禅，坐禅从腊月三十日延续至正月初八。正月初八早晨开诵经会，从初八至十四日，（十四日）早晨开始跳神。21 个随舞者的领舞叫做 qamban，有 14 个叫做 bituu malag，领舞叫做……qamban，那里边，名字叫做……qamban，是下面的 bituu malag 的领舞，是这个 14 个 bituu malag 的领舞。

这 14 人和 21 人共舞，一对一对的，一出一双。双舞跳完，就是众人的长行舞。有叫 ur goroos（神兽）的一对，ur goroos 跳猛舞（dolguun qamnan)。进入猛舞，跳七凶煞时，大家齐舞，十二跳神和七凶煞一起跳。所谓七凶煞，由 14 个 bituu malag 跳，14 人成 7 对，按 7 种姿势舞蹈，然后是齐舞。长行舞完毕，跳完十二种跳神。跳内向 suihemu，跳完内向 suihemu，一对一对的跳内向舞。跳完内向舞时，在外圈站成一行，齐舞 suihemu。跳完suihemu，跳完一个 suihemu，再一对一对地跳内向舞，向内收，大舞就算跳完。然后是小舞，先跳 wawa。wawa 后头是 hoomai。hoomai 后头是蝴蝶（erbeehei)。蝴蝶后头是 aasar。aasar 有四种，分两种新 aasar 和两种旧 aasar 两个动作。

我说的是一个大概，跳神可长达两三个钟头。在这儿跳完，到 maidar庙，再跳一遍。从东面绕过来，在东面跳一回，寺庙的四边都要跳。在庙南跳完，到西边跳，然后到 maidar 庙，跳七凶煞舞，在东边再跳一次七凶煞舞，这样绕一圈儿回来，一天的跳神会才算结束。以前的跳神就这么复杂。这几年，一说跳神，十分钟、二十分钟，半个小时、一个小时，最多两个小时，早先的跳神都已失传了。没有其他。

与法轮寺喇嘛杜田亮交谈。

时间：13:32
叙述：杜田亮
题目：驸马府的来历
语言：蒙古语
音质：清晰
时长：16:51 分

被访：在 doo horoon 建驸马府的缘由是这样的。康熙爷曾经私访到过那个地方，（那地方）确实是一个好地方。康熙爷有一位干丫头，公主，虽然是干丫头，也是皇帝的女儿，就是公主呗。下嫁到 doo horoon，在驸马府……那也是，从前的什么来着？考什么来着？哎，考状元。从前考状元的，叫做武状元。武状元姓乌，鸟字乌的"乌"。（皇帝）将姑娘给他，将公主下嫁给他，使她定居在 doo horoon。姑娘下嫁时陪送的，在我们院儿里有牡丹花，在王爷府，在那儿也有牡丹花。这牡丹花，皇帝嫁姑娘须陪送一套牡丹花，而且连同经营花儿的人一起陪送，作为礼物。驸马府由此而来。

驸马女婿是武官，是武状元，考的是武官，所以每天随军出征。这公主就待在家里，这么大的家，比王爷府还大，驸马府确实很大。所以，有很多使唤的人，隔月时辰才能回来一趟，这驸马。一到家，夫妻俩就闹别扭。听起来有点像故事。这公主长相不如皇上，差远了。所以，驸马有点看不上。你看不上，为什么还娶？她不是地位高嘛，不管怎么说也是公主嘛，地位高、权力大，所以就娶了。皇帝给的，不要行吗？就这样在家闹别扭。当然（他的家室）不仅一个公主，还有其他夫人，随他身边。（驸马）一回家就吵一次架。但公主这事，是皇帝的女儿，不能揍，不能打，但用木棍打，就不追究打人罪（可能说反了）。他一回家，就将三个元宝装进袜子里，用那袜子揍公主。两个人打架，就是这样。

吵完了，今天、明天，过两天，驸马就走了。走几个月又回来，武官嘛，属于国军，经常打仗。在他出门期间，驸马府遭天火，着火了，呼地全烧了，没法救火。这都烧了怎么办？在 doo horoo 有一户姓赵的蒙古族大富户，到他们家，这么多的佣人、丫鬟，凡有几十个人都到他家暂住。也就是借居他们的房子。这时候公主很不心安，这么多人整天没有住所，借居别人家。那时候朝廷还不知道（失火的事），不像现在，有电话。所以派人去报告朝廷，人去了，还是没有音信，公主心里焦急万分。

有一天下雨了。下雨前……（中间有人进来打断），下雨了，她拿着一个火铲，噢，在此以前（公主）还让人算了一下，为什么我会走到这步田地？我是公主，驸马府的人，怎么会到这一步？她让一个精明的先生算一算："我能不能回府里？朝廷是不是给安排？到底如何安排？"算命先生说："啊呀，公主，你呀，什么时候你走得拖不动靴子，就有可能回到府里。""喂，这不是奇谈一个？我再怎么着，也不至于走到拖不动靴子的地步吧？这真是废话，罢了，别算了。"就这样又不让算了。

一天又下雨了。下雨了，晴了，（公主）待着很苦闷。哎，出去转一圈，出去一趟。要想出去吧，一个公主怎么能随便出去转悠呢？于是向东家，房主人借了一把铁铲，蒙古人叫做 husuur，铁的、挖东西的工具，还借一个篮子，想以挖野菜为名，到野外转一转。就这样，心里苦闷嘛，手持铁铲，提着篮子，在野外逛荡，遇到野菜，就挖一把，遇不着就拉倒，以此作幌子散散心。正走着，有一位老道，有一位上年纪的老道从东边走过来。她在路边捡野菜，那老道一瞥，总觉得这公主眼熟，好像认识，但不敢出声。公主也觉得这老头儿我好像认识，但没出声，不敢出声。（老道开口）："你怎么，下这么大的雨……"那时候（公主的）靴子上粘了很多泥巴，抬不动腿，因为下雨，到处泥泞，腿脚就重了。

老道问："你怎么会在这雨水泥泞中出来捡菜？"

公主回答："唉，不过以捡菜为名，出来转一转，心里不安啊。"

老道："啊呀，怎么一回事？"

公主："我这家府，我对老天爷有罪，老天爷用火灾处罚我，烧了我的府邸。"

老道："噢，有多少天了？"告诉他多少多少天。

老道："为什么不报告朝廷？"

公主："咳，上报了，至今没有音信，一个月了，还没有音信。"

老道："原来如此，就是说有这么个灾难？"

公主："是。"

老道："那你住哪儿？"

公主："在这下面一个富户家，借地住，心烦，所以出来转转。"

老道："噢，那里可有地方？我也今晚到那儿借一宿。我到那儿打听打听。"

公主："咳，你到什么什么地方，到那儿问那里的主人，我们也借居别人家，说了不算。"

老道："好，好。"

就这样，那老道到那儿一问，并住在那里，在一个偏刹（pianshazi）底下过夜。家里客满嘛。就在偏刹底下过一夜，在别人家，他还是算命看卦。他是谁？康熙爷，还在算命看卦。（康熙爷）在此住一夜，知道她们的事实真相，噢，原来如此。但他什么也没说，就回去了。回到朝廷，康熙爷一回到朝廷，将这些事都说了，派来很多车，很多军队，叫他们请公主回来，请公主回朝廷。就这样，来了很多人和车马，将公主连人带家眷迎回朝廷。

回去待了三年。住了三年，公主想："啊呀，将我们接回来，在此住下，也不迎送，也不知道怎样安排我们，住这里，就算完事了？"于是整天心里忐忑不安，就这样住了三年，在北京城。正在此时，有一天突然来信让公主进宫，朝廷有旨。"噢，那还好。"来了很多车，很多护兵，还送来了金钱。毕竟是皇帝女儿，哪能那样随随便便地送回府邸？这样，送回 doo horoon。回来时，从远处一看，嘀，绿树丛荫，同往时一样，厅堂满街，漂亮气派，众人远迎，跪地接驾。公主想："啊呀，这府邸怎么这么快就起来了？是不是看错了？为什么这么多人前来迎接？是不是为我这么成全的？一定是了，看这么多人施礼。"到那儿，有人上来扶公主进府里。（这府邸）比原先还要好，还要漂亮，已经建好了。皇帝有旨，只要有钱就能建造。现在的建设还不一样？

回到府里，但总是没有后嗣，孩子少。我们这里的王爷也一样，两代人都收养老乌家的。这一代还是没有孩子，没有办法，只好那样了。从前那些大官，都是孩子少。就这样，驸马府一代一代没有儿子继承，由一家档户去顶替，去支配其土地，就这样一代不如一代，穷困潦倒，什么都没有了。

什么都没了，没办法。在 doo horoo 庙上，有一座轱辘脊房，很大，像寺庙，我们去的时候还在。这就和我有关系，如果不说，就不符合规矩。我们是四代，有喇嘛太爷、喇嘛爷、师傅和我四代。我问太爷，那是庙还是房子？（那是一个）轱辘脊房，别说俗人，连喇嘛都住轱辘脊房，不应该呀。（这种房子）在清朝，是有一定品级的人居住的。（太爷说）："那是驸马府一家子的亲戚后裔，不知道是叔叔还是什么。所以给他们盖轱辘脊房。"轱辘脊房，就是脊梁像轱辘，扣着筒瓦，我们这儿的菩萨殿都是那样。（太爷说）："（他是）曾经在这么个房子居住的喇嘛，是一个诺彦喇嘛。他们是驸马府家族。""他们为什么，现在还在吗？"（太爷说）："没有了，他们驸马府人口减少，没人了，连喇嘛都招回去占他乡土了。"

这喇嘛也是绝户啊，咳，也是没有孩子儿女。从那以后，倒卖财产，折腾完了。不久，建立中华民国。中华民国以后是满洲国，建立警察署。从警察署变成……像现在，由总校占着，在 doo horoo 的遗址上，总之由国家占着。这驸马府就这样穷得一代不如一代，下面没有继承的孩子，就这样没了。这一段就是这么个情况。驸马府的情况就是这样。

来访：驸马府的主人都叫什么名字？

被访：他们是鸟字"乌"，名字不知道了。这是清朝定的驸马府、公主。

2006 年 10 月 16 日

下午，拜访退休干部齐国祥夫妻。齐国祥，男，79 岁，宁城县大城子镇上五家村六组居民。妻子于彭云，76 岁。

时间：4:07

叙述：齐国祥

题目：大城子鄂博、鄂博祭祀及其他见闻（见附图 24. 齐国祥在讲述鄂博祭祀）

语言：蒙古语

音质：清晰

时长：29:57 分

被访：我的名字叫齐国祥，蒙古人，居住在宁城县大城子公社，现在是上五家六队。我是退伍军人，后来从银行 1981 年 5 月 10 号离休回来的。

我小时候是这样。大城子这个地方过去（祭）鄂博。（鄂博）有两间房子那么大，一丈五六，这么高，堆得整整齐齐的，用大石头砌出来的。那，这鄂博一共有十三个，蒙古人的鄂博叫做十三鄂博。在十三个（鄂博）里边，南边有六个，北边有六个，中间一个最大，砌出来的。中间是一个大的（鄂博），所以叫做十三鄂博。这大城子的，这鄂博，很可能是这样吧，好像是在蒙古人的元朝时期建立的，似乎是那时期建立的，缘由是。以前，蒙古人没有寺庙、佛塔等，如搞迷信，就祭鄂博。

我们这个鄂博不是……我们这个（鄂博）是喀喇沁中旗的，以前叫做马公旗。喀喇沁中旗以前叫做马公旗，到北方一说马公旗，人们都知道马公旗。所以，这鄂博是这样的。这鄂博一般地……这北边有叫鄂博村的，鄂博村的中间，现在是五队。五队原来有一个鄂博，很大，拆掉了。南面是六、七队，有叫唐申庙的，那里后来还有一个鄂博。有叫淖尔村的，淖尔村那边也有一个鄂博。这鄂博的形成，以前（的情况）不知道怎么样，很可能是按村落的什么（方位）建的。这里有一个鄂博，那里有一个鄂博。我们这儿，西边村口六指家那里曾经有过一个鄂博。

有鄂博的地方，五月初二祭鄂博。祭鄂博时，（人们）聚会，青年人摔跤，妇女主任跳舞、唱歌什么的。从村里请一位老人，叫做唐申老人，比较有名望的，请去搞点什么。还要请一个喇嘛，这样在庙上搞那个什么，念太平经。大家还要 shugleng，这 shugleng 好像是队长或者什么似的，蒙古语叫做 shugleng，可能是一个头头。他手里拿个口袋，带一两个人，挨家挨户告知：明天要祭鄂博，你们有钱捐钱，粮食也行，什么都可以，都捐一点。如给肉，就给二斤肉，（或给）五碗、六碗白米。那时候没有大米，是白米，还给粉条、钱等。明天（祭祀）开始时，将这些东西拿去，撑两口锅，用来煮肉，将钱……鄂博也有两亩地，收其粮食，祭鄂博时拿出来作费用。这么一个情况。

再有，男女都穿漂亮的衣服，因为是鄂博祭，像节日似的，去参加。自己带碗，到那儿去跳舞，摔跤，有赏钱，多少有一些，热闹一整天。shugleng 说："现在是唐申，明天是唐申，从今往后鸡要圈起来，猪呀狗呀不要放出去。今后如果放出去，不听我们的话，今后（即使）被打死，（也）不给赔偿。我们都是庄稼人，应该怎么办呢？应该好好保护庄稼，从今往后。"（这话一到）五月初三就管事了，（所以）五月初二就说这么个话。shugleng 说这话时，还让那个老老的唐申老人坐在那里，还要煮一斤多、一斤半、一斤来上等猪肉，还（给他）敬酒。敬酒后他赐福，就是祝福。如祝福"今年庄稼有收成，五畜增多"等，都说一些吉利话。然后，shugleng 拿起肉，从（他）头上这么这么闷下来，最后放到他嘴里，这肉就归他了。除此之外，还有一斤酒。这 shugleng 的事，就这么结束。献祭饭，吃祭饭，送祝福，一整天大家乐乐呵呵的，一天。一到五月初三，也真是的，以前乱放鸡狗的，这回再也不乱放了，比通知还灵呢，有点像什么，有点像禁忌、法律，人们都要遵守。这鄂博是这么个鄂博。

我们大城子的鄂博是全旗（祭祀）的旗鄂博。旗鄂博是七月十三日进行祭祀。七月十三日那天，王公贵族、外来的客人等都要来。将来客都请到鄂博上，请到鄂博上，搭一个帐篷，很大的，带房子的。搭好帐篷，去 13 个喇嘛。喇嘛去那儿，（待）一整天，还有僧班笛箫，兵丁邦当地。王爷和王公贵族，各村落头头，十家长啦，这么些首领和来客、来宾，一起绕鄂博三周，吹吹打打地绕圈。绕完圈，祭祀鄂博。祭祀时，大家，其中的头头脑脑，比如喀喇沁中旗的比较（大的）头头，王爷啦，出来（说话）。意思是："今年是这样，我们在祭祀鄂博，祝风调雨顺，国泰民安。"还要说一切制度，要保护庄稼，如国家有什么，有差事或摊派，就要好好完成，等等。就这样，风调雨顺，乐乐呵呵的。

事情是这样的。来这鄂博上，我们小时候，在那以前的事不知道。我十二三岁，十七八岁时，是伪满时期，从伪满时期开始，日本人也来。头一个是日本人讲话，日本的一个学生代表讲话，还有汉人、蒙古人。蒙古族穿蒙古族服装，到鄂博上，有例行讲话。讲话完毕，有运动会，有摔跤，蒙古人摔跤，还有赏钱，输家有小赏钱，赢家多得赏钱。运动会上还要竞跑。就这样，后来日本人进来，为了（利用）蒙古人的民族（情绪），年年有（祭祀），就这样，一气做到事变（指日本投降）。解放了，就拉倒了，鄂博也没了。

鄂博没了。可是康德七八年，我们这东边瓦房地区，有叫小桥弯子的，中间有座桥。现在的东五家北边的汽车路、公路地势高，南边是洼地。为什么叫洼地？原先叫小桥弯子，一下雨，在那儿，（水）从后头乌兰沟下来，净是泥塘子，人难走。于是修了公路，伪满时期修了公路。修公路时，将南边的鄂博，六个鄂博的这边，两者之间，就在大鄂博的这边，只留一个鄂博，那边全修了公路。修公路，因为地势低洼，地势没法修，需要拉沙子（填平）。而如果不用石头砌，沙子会全（流）走，挡不住。于是就拆除这些鄂博，也不知道是谁的馊主意。拆除鄂博，这西五家、瓦房一带的也来，全都是赶车的。那时候，这里有警察署，因为这里是旗政府，警察不敢不来，都来拆除鄂博。拆除鄂博，在公路这儿，（盖）两道（墙），高高的，中间填满沙子。

公路是修了，可是鄂博没了，鄂博没了，公路却起来了。这样，通了汽车，那时候叫凤山路（音译），通到西寺（音译），再从西寺通到西凤沟（音译），叫做凤山路。就这样，通班车了。这样，日本人来回走，公路比以前好多了。公路形成了，下雨也没事，变成这样。但这个鄂博拆来拆去，按理说，对国家有利，但是把古迹破坏了，破坏又破坏，拆来拆去的。拆完了大鄂博，大鄂博拆完了，石头没了，石头没了，还有人挖，（突然有人）

喊："呼亦，怎么这么软？呼亦！"一看，有一个大蛤蟆、青蛙，在里边躺着的，出来了。可是我们这……下面，青蛙下面，像房子，又像坟墓，是空的。下面的，青蛙，那空间，修的时候没给它留那么个窝窝，慢慢地自己向上什么的，没了。从里面出来了，这青蛙，自己走出来了。

（这青蛙）躺的时候，像圆桌面那么大，扁的，一起来有多大？比 bandu 还大，像 liuyongguo 那么大，怎么也有二尺半，其粗细。出来了，就那么站着，有二尺半三尺来高。出来了，很多人觉得奇怪，（叫嚷）"呼亦，我哈亦"，青年人，"呼亦这家伙……"那时我们这个村有个十家长，叫李东民的，十家长，年事高了，（喊）："说什么！想一想吧（bodojgoo），不说什么吉利话。"这么说着（喊道）："全体跪下！"大家都跪下。十家长领着大家，说道："这是国家派我们来的，我们也没有办法，我们都是黑头百姓。要找，找国家，不要找我们，我们也没办法，才来干这个，这与我们没有关系。大家磕头。"都磕头，其他人也不敢，那时候年轻人听老年人的话，都磕头，嘭嘭地磕头。老人们口念"阿弥陀佛，请饶恕我们吧。"真不知道有多怕。

那么大的的蛤蟆，什么样的蛤蟆呢？它的眼睛像老馒头那么大，嘀溜嘀溜地（转），（它的）双眼。下颚下面是白的，黄白色，身体颜色为深绿色。上面那个蟾酥，就是身上的疙瘩，就像镶进鸡蛋那样，相隔不远有那么多蟾酥，疙里疙瘩的。正在这时，北边有人喊："我他妈，这边也有唉。"又出来两个小蛤蟆。这两个蛤蟆一模一样，一样的一尺半，是它的崽子。嘿，（地点）离这里有一百多米，一百五十来米。哎，好像知道它们的母亲在这里，走过来，站到（大蛤蟆）跟前，那两个小蛤蟆。它俩这么一站，不是更什么吗？所有人都感到奇怪。那两个也是深色，有（大蛤蟆的）二分之一，有一尺半。也是一件奇事。过了二十来分钟、半个小时，还站在那里。人们也不敢惹，也不敢说乱七八糟的话。这时候，那个大蛤蟆领着（小的），向东走去。包括我在内，（大家）从后边跑着追赶，想看（它们）到底去哪里。从这里跑出百十来步、一百多步，十家长喊："回来，跟它们干什么？还不回来干活。"

那时候，是按户派差事，叫做定门户，一户去一个人。我去了，十二岁，但是体格也……小一点的石头，不很大，也能装。做这样的差事。这不是一件奇事吗？事情就这样过去了。

后来我也去参加（修路）了。我去参加了，东五家的赵向荣不是一个模范党员吗？我们这东五家是模范村。他修这条路，让每户、每人出十几块钱，后来又将（钱）退回，他到赤峰借来 18 万元，修这个油漆路。修油漆路时，提出重点保护文物古迹，公社有人提出来了，原来这里是鄂博，应该怎么着，应该……但是解放以来……

后来还有一个佛塔，在公路边，在军用公路边上，这佛塔，在"文化大革命"中推倒了。推倒了，画军事地图的人一看，没了。解放军很不满，问："这里的佛塔呢?"找人一问，才知道是被推倒了，"文化大革命"中被推倒了。（解放军）可不满了，说这是搞破坏。人家这么说，那鄂博、那佛塔，（原来）在人家地图上都有（标记）。所以人们提出来了，应该的，是蒙古人的、以前的古迹，要恢复鄂博，公社有人提出来了。（既然）提出来了，公社的赵相如向上级请示，（上级）答复说可以。就这样，恢复了鄂博。

恢复鄂博时，公社的黑三讲话：各路大仙，原有的客夷（?），你们回来吧，请你们回来（笑），保佑我们大城子公社平平安安，国泰民安。讲话时有这么几句，老百姓对此挺满意。说是请（神），请（神），这么一说，我也想起来了，我亲眼目睹了这个青蛙，思想上去不掉，现在对它还挺重视。但是我也很纳闷儿，那么圆圆的，那么大，怎么进去的？（就算）小时候进去，长大了吃啥、喝啥？怎么就没被压扁了呢？很纳闷儿，这个我搞不通。对这个青蛙来说，足有一千多年的什么了，按历史推，有一千多年了。据说汉朝时，那时候蒙古人（居住时），就形成鄂博了。但这个，也挺纳闷儿，怎么进去的？搞不通。现在，已经什么了，我们公社形成制度了，年年七月十三，整日子祭鄂博。不过，是这样的，以前是三年一祭，现在是一年一祭，一年一小祭，三年一大祭。然而，怎么说呢，这个鄂博，好像有这个，（保佑）咱们那个大城子公社平平安安地，国泰民安，好像有这个似的，也形成了一种娱乐。蒙古人到时候挺重视，（一有）鄂博祭祀，远近都来，好几万人参加，很热闹。北部旗县，人家搞鄂博，有火把晚会，我们这里也搞火把，也形成火把什么的。外地各公社、来宾都来。从去年，敛钱，鄂博的，公社准备了一百张桌子的客位，准备了一百张桌子，准备了一万多块钱的东西，采购。如下雨了（怎么办），明天晴天就好了，（不然）客人不来，不带来礼物，这不白瞎了吗?!（他们）就这样担心。哎，初十那天，初九那天还在下雨，初十那天一下子放晴了，一直到十二三，什么了。这儿是这样的。

来访：那小青蛙是从哪儿出来的?

被访：小青蛙是从北边的鄂博出的，（拆除时）两个都在那里。出来后到这里，好像是找妈妈来了。肯定它们是近亲。所以现在年年有那个什么，挺重视的，老百姓也挺满意。来到鄂博，成这样，好像什么呢? 像个节日似的。一到鄂博祭祀，远近一片，（相互转告）喔，今年是 mahai 年，到鄂博祭祀了，客人什么的要来，庭院什么的要好好清除，房屋要打扫。人家要来，不好好招待行吗? 该准备的准备，该叫的儿女们也叫来，也来，不断地来。这个觉得，这个开支我看不多似的，老百姓特别满意。好像没有节日的平平淡淡当中出来这么个鄂博大会，人们都挺高兴。都是这样。

从这几年来说，我们大城子还挺什么，今年秋季挺旱，也丰收了，棒子有一尺多长。去年别看，去年还是前年? 下了一点雹子吧? 有人还讲迷信，有人生气。为什么呢? 这里原来没有，原来没有，就形成这么个，不知道是谁干的，在鄂博上熬一锅大粥，完了分给贫民吃。原先有粥不? 有粥，（而且是）羊肉粥。羊肉粥，祭鄂博时，是这样的：熬一锅粥，羊肉的，杀羊，杀三只或两只，杀羊做羊肉粥。羊肉粥，来宾一到，连肉先拿给他们。祭鄂博，祭毕，给来宾吃羊肉粥。不去别的地方，就在那里，来宾们吃，有忙活的人，还有服务人员，那么些个人，是这样。可是现在，叫做敖包粥，不知道是谁的馊主意。做敖包粥时煮羊肉，人们乱七八糟，连哄带抢，连碗都有人偷，碗也偷走了，互相间抢羊肉。于是，在鄂博祭祀上，前年下雹子了，正好赶上十日（那天）。十三还是十四? 下雨了，（连续）七天，还夹带着雹子、大风。有时候有这样的情况，人们变得毫无规矩。瓦房的，不管是妇女，这五六个村的妇女，为了抢肉，都跑到鄂博顶上去了。所以，似乎激怒了鄂博神。从今年开始，鄂博祭不让妇女进去了。粥是不是有，不得而知，反正是不让进了，妇女不让进了。（她们）一进去，就随便上鄂博顶。那鄂博比较低矮，（她们）跑到鄂博上边，人家祭祀的东西，她们却跑到上面去或坐或站，这似乎不吉利吧。（见附图 55. 恢复后的宁城大城子鄂博）

时间：4:18

叙述：齐国祥

题目：大城子蟒蛇传闻

语言：蒙古语

音质：清晰

时长：36:18 分

被访：我是从银行退休的干部，1981 年退休的。以前在银行时，经常下乡，做中心工作。在三座店公社大金沟大队，在那儿下过乡。下乡时住在蒙古族老乡家，他母亲年龄很大，比我大，我叫老大娘，有时候（同她）聊天。我说："大娘，你们西院的那个老太太，是不是瞎子？眼睛瞪着看，看起来不像瞎子，但是走路时拄拐杖摸索着走，都说是瞎子。但眼睛瞪着，一点毛病都没有，一看。""嗨，这话说起来就长了，我告诉你吧。"以下是她讲的故事。

年轻时候，二十二三岁时，（她）是一个漂亮的姑娘。这可能是真的，她如今老了，可还是一个干干净净的老婆婆。有一天，外面起雾，是阴天。南面山上有个洞，从那儿下来一个乌黑的蟒蛇，到山下喝水。它下来喝水，村里人聚集了五六十个，都不说话，看着。而这娘们儿、这媳妇抓起石头，（一边）问："这下来的是什么？"（一边）用石头照着蛇打过去。那蛇似乎抬起头，似乎在看谁在打它。它抬起头，停止喝水，抬了一下头。喝完水，回去了。

从那起，这媳妇眼睛干疼，疼得哭起来，号啕大哭。这个按迷信……如不讲迷信，按唯物主义，你看，这蛇的，它的眼睛的这个这个，那个什么，照射，光线很厉害，看那电打火（可能指电焊），眼睛不是很疼吗？那个蛇的那个眼，照这个，与这媳妇的眼光对照，一下子把它打坏了。这是我的分析。当时有迷信说法，说这媳妇骂了蟒蛇，那蛇就将它什么了，惩罚了，教训了。实际上，按科学讲，蛇的那个眼光和人的眼光（碰撞），（人）哪能受得了？根本受不了，所以瞎了。这个蛇然后转过身，回到洞里去了。这事确确实实，千真万确。别看她是一个老太太，她从不什么，她是黄穗儿的母亲，从不说假话，那老太太。说假话的人是看得出来的。这事根本，不是我问的话，我问的时候，她告诉我的。确实有这种事情。

那蛇比大盆子（小），有二盆子那么大，乌黑发亮，头上还有红冠，下来了，那蛇。那蟒蛇，肯定是有来着。（老太太说）："我不会说谎的，孩子。这是真事。"她们（家里）姓黄，是大金沟的，现在老太太没了，肯定没了。孩子们，后代（可能有）。叫作黄穗儿的人的（孩子），孙子是黄闲庭，是煤矿工人。姓黄，家庭成分是富农，是这么一个人。这是一个真事，没有别的，就这么真真切切地发生过。

时间：4:35

叙述：于彭云

题目：满洲国大城子教育

语言：蒙古语

音质：清晰

时长：11:58 分

被访：现在说吗？哎，我的名字叫于彭云，满洲国时，在喀喇沁中旗大城子国民优级学校教书，那时候。事变后做庄稼活儿。我的同学都去工作了，他（指齐国祥）也是我的同班同学。我的同学多数是，都是高级干部，最低级的是县长，我是最软蛋。所以，郭秀珍的父亲来问："于彭云做什么工作呢？""嗨，她在家呢。"国管局，他也是兵役局的局长，现在退休了，在赤峰老干部局。

那时候，我们读书时，教蒙语文、日文、汉文、数学。我们的东院是旗公署。王爷，旗公署的旗长是王爷，叫作 sadarlganji。一星期开一次宣诏会，到旗公署，学生都排队去。早晨去，开宣诏会，开会念诏书，从大堂请来诏书，旗长念诏书。念完诏书，有什么事，向学生说什么事。说完事，学生分班回学校。王爷这边的院子就是我们的学校，分班回学校。

那时候，我刚念书时八九岁，十四岁那年发生了事变。十四岁那年我已经是优二年级，优级学校毕业了，是喀喇沁中旗国民优级学校。那时候多说日语，因为当时日本人正在搞同化。上课时全用日语讲，蒙古人。我们蒙古人经常唱蒙古歌。我说过，为什么不唱成吉思汗的歌，不久前我就说过。那时候，多唱蒙古歌，你看，事变那年我才十四岁。十来岁，十一二岁，会唱很多蒙古歌。去各地，庙会什么的，前面是音乐队，后面是女生，唱得好的一班女生。净唱蒙古歌，那时候唱很多蒙古歌，比现在还要重视，那时候。唱《成吉思汗歌》，也唱《十万军阵》，多数都是蒙古歌。事变以后，哪儿都没去，我们家封建思想很重，不让出门。要出去参加（工作），就说："去哪儿？姑娘人家，哪儿都想去。"不让啊。如果（那时）参加（工作）了，咦，我说过了，我如果参加了、走了，嘿（笑）。

真的，那时候还不如我的学生都……我读书时，是老师的优秀学生，有五好学生称号，开会时在前面领着学生，跳舞，带头报幕，日语说得一流。那时候这么说：（用日语讲）现在，喀喇沁中旗大城子国民优级学校女学生演出 kayaru（从和技学来的）舞蹈。（用汉语翻译）在敖包会上也搞，跳舞，唱歌。在那敖包会上，（插入语）所以我说（插入语结束），王爷前面领着，后面有喇嘛念经，学生跟着，整整齐齐地绕十三敖包。完了，在大房，那时现在的 lindang 是古老的，是王爷的房，在那里开运动会，演节目，搭一个很大的台子，回到那里。（笑）

来访：还记得那些歌吗？

被访：什么歌？

来访：民歌。

被访：民歌，哎。（唱）：qinggis bogdooyin ulus yideen,

qing unen yeer shalamgail do,

qinatu daisuni songeeged,

qinggeltu yortomqugii qogqiljagaya。

erelhe bagatur bideneere,

eres tasurhee geterhei bolju,

ehi ulus yugan habsarajigaad,

ene yehe asiya ban baiguljigaya.

（喘气）唱不了啦。

来访：也有校歌吧？是否唱一下。还有《十万兵阵》那歌？

arban tomen qirgeen daiqilju,

asiya tibiin olon ulsii huriyeen togtooyoo,

honhojirhuu huuqin toboos dorbon bagaataa,

huyag qireg arban tomeneer hurdun baildugtun。

（齐国祥插话）这里是这样的。喀喇沁中旗的学校是康德五年，或四五年建的，日本进来以后。以前全是私学，学私塾，学百家姓，那种的。后来，王爷搞喀喇沁中旗国民优级学校，培养了很多蒙古族人才（于彭云插话：这儿还有一所中学来者，叫作"青年艺术"）。这就是最进步的，同以前的那个……有这么个歌：

harqin dumdadu hobshalt surguulaa,

hamug ulsaan ilgal ugui surgaaya。

下面的我也不知道。喀喇沁中旗有谁，那个谁知道，宁城县的谁，记者站的，热水的那个靳堂，靳堂知道这首歌。这靳堂知道这个歌，如靳堂来……他也有记者的那个。他也采访过我，他搜集了不少，搜集了不少蒙古人的东西，（包括）这里培养了多少学生，都有哪些学生，都到哪里。这王爷的最大贡献是建立这所学校，这是后来建的，王爷学校。在那以前没有别的，我们都是在私校学的，私校的说什么，去官学学不到东西，有星期日，又是礼拜天，又是什么，学不到东西，净学一二一。就这样。我们老家的不让，一般人不让去。去教书的都是进步的，或较进步的。我那时十几岁、十二三……

那时候，满洲国时，我们上学，那时候的老师教得也好，制度也很严，那时候的制度。男女合班，男女生不能这个那个地，净说没用的。书教得很好。我们的老师，那时候的校长是靳齐坤（音译），说错了，是靳福苑（音译）。最初是陈国军，陈老师当校长，后来我们的老师郜登春啦，吴成福等，都是我们的老师。还有，现在的女老师，那时候女教员少，只有靳任农和郭秀英两个女教员。后来，我十四岁时，从兴安南省王爷庙来了几位女高中毕业生，如靳秀英、靳幼株、靳优美、白鲜洁等，将女生分出去，在王府院建立了女子学校。男生在这个院子，女生在那个院子。才成立，刚得到发展，事变发生了。那时候，正准备开敖包会，正在联系，第二天就事变了，老毛子（指苏联红军）进来了，学校也解散了。

时间：5:06

叙述：齐国祥

题目：满洲国大城子教育

语言：蒙古语

音质：清晰

时长：14:30 分

被访：这里的（学校），叫作大城子国民优级学校，是康德二年（所建），那时日本已经侵占东北。这里的王爷，他手下的意思是，（想）怎么办呢？那个，从日本人、旗政府来说，也重视这个事，学校（的事）。为什么重视呢？他也这么宣传，他搞所谓殖民主义，说中国是他的殖民地，可以养兵。他们进来，搞什么殖民地，在学校（将其内容）告诉（学生）、上课。（使他们明白）日本人可以、允许在中国养兵，有人进行指导。在某些行政（岗位）上，都有日本人，叫做参事官，好像现在的第一把手就是参事官。在旗政府，参事官比旗长还说了算呢，旗长还必须，事后（应为事前）经过日本参事官，然后才将其执行。是这样的。所以，日本为了长期占领这个这个东北，他这个，（需要）建立学校。但是这个学校毕竟是先进的。对王爷，那时王爷在北京，他同意也好，不同意也好，对王爷做工作。就这样，谁，他这个什么了，就那样搞了，建立了学校。

学校是国民优级的，四年为国民，（加）优级二年，共六年，六年级，六年的程度，所以叫国民优级。刚入校时为国民学校，从国民学校进入优一、优二，进入优级学校，实际上是一个学校，形成两个什么（级别），就这样培养……

刚培养，建立学校时，人们怎么办呢，对它不认识，没有认识到（其价值）。意思是什么呢？学日文，老百姓也知道啊，这都是侵占我们中国人，这想搞什么（同化）？他们也不愿意，不愿意学日语。就这样。但这个学校，一旦你入校了，你不学（日文）不行。日语、蒙语、汉语，是这样的，主要是汉文、汉语。蒙语是附带的，一星期呀，（上）三次、四次。主要是汉语，还有汉文、算数、日语，日语一个星期上四次或五次。就这么学。特别是在体育课上，老百姓更不明白（其意义）。（他们说）你看，他们想拿（孩子）去当兵，净搞军事训练，实际上是没有名分的军队，一打仗都去当兵。那时候有军事训练、体操、打篮球。打篮球，老百姓也反对，（说）一个球那么多人、十来个人去抢，那么闹腾，你看，到底能学什么？能学什么，真是瞎耽误小孩子。这么一宣传，从反面一宣传，老百姓，顽固一些的，就不愿意让孩子入学。（说）：看看（他们）在干什么，搞军事训练，学日本语。

那时候还要种痘啊。老百姓，我们那时候，日本（侵占的）时候，也种痘啊，就是天花。天花种痘，那玩意儿也是对人民有利，但是（即使）有利也认识不到。（说是）日本人想绝蒙古人的种子，就像绝育，绝其根子。嚯，那时候，村里的小家伙们在种痘之前都跑掉，跑没了。而在学校，既然已经上了，种也得种，往哪儿跑？必须得种。（而在家的）一般青年，小的，十来岁、八九岁的，或家里人让他跑掉，或自己跑，在种痘上特别反对。就这样，（防止）天花，那时候就种痘，还要定期打预防针。特别反对，就说日本人要根绝蒙古人，就这么一说，没听说的也听说了，跑的跑。所以，反对这玩意儿。

这学校头三届（学生），总起来不少。学成的出去，从那儿毕业的，当县长旗长的多了。那个乌尚志（音译），都是当旗长的，都是这个学校头几年的，头二三届、头一二届的学生，都成才了。特别是伪满时期，有进"蒙民艺术署"的，还有兴安学院，蒙古语叫作 hinggan，培养了不少教员。解放初期，蒙古人当中，出了不少教员。各（有）蒙民的县、旗那儿，都有当上县长什么的。我们这里的乌温奇（音译），乌温奇都是从那个……像索悠长（音译）啦，那些成绩不俗的人，都是从这个学校毕业的。都是从学校毕业的，毕业了，培养了不少人才。按现在来说，后来的内蒙古也有不少干部，干部、高干，培养了不少。

后来人们知道（办学的好处）了，私校、私塾，慢慢被取缔了，自然就没人教了。我们小时候的（私塾），只学蒙古文，再就是学百家姓，"赵钱孙李……"《百家姓》倒背如流，没有用。算数啦、日语啦、体操啦，根本不会。自然呀，也不知道（其意义）。后来知道了，人们都知道了。学生从小一长大，娶了媳妇，就知道了，就重视这个学校了。这个学校实际为我们大城子地区的蒙古族和汉族，培养了很多人，是件好事，是王爷的……

王爷那里有一个大院，叫做念黄（音译），在那里建立了学校。那是旗政府建的，王爷建的。在那边，后来男女（分开），（建了）女子（学校），分男女。男女分校，其中女子学校就在那儿，在大富贵居住的地方，在那儿建立了女子学校。但是不法分子进去，强奸了老师，玷污了学生，就这样，（女子学校）被取消了。被取消后，搬到学校的北边。搬迁后，总起来男女搞得（分开）也不那个什么，后来解放时就合并了。合校后，一般都是男女同班。不然，原来（的学校）是封建式的，封建的，女子在别处，与男生分开。（其结果）这不法分子将老师毁了，闹得，将学生也整了，就这样，出事了。所以，后来女校被取消，在解放初期（与男校）合并了，学生都在一起。

就那样，实际后来那个什么了……刚一开始的时候，是困难，赶到最后……可是，那时候日本人重教育，重教育怎么了？对这个学生，不派差事，就国兵啦、警察什么的来检查，没有别的差事。同时对学生很尊重，不能随便对学生……警察什么的，那个学生不怕，不怕警察。那是（因为）上面（有人）在撑腰呢。对学生重视，所以对老师也重视，老师都有……从那时候开始，日本重视教育，可能也有关系。就这样，后来（中旗）也加强教育了。

在大城地区，全仗这个学校。可起作用了，对革命来说，它培养了……知道了，人家有文化知识了，再进一步，懂得了革命的（道理）。已经不是原先似的那个老百姓，啥也不懂，就知道找豆包吃，已经不是那个时候了。所以，有些事情可以接受了，有这个情况，它一定有结业，一定有很大的好处。别的地方，除我们大城子以外，就没有这样的重点学校。大城子的这个（学校），可起作用了，培养人才，培养了很多人才，在蒙古人中间也有，硬起到好的作用了。在这里边，王爷，也有他的贡献。但是，旗政府的，日本人那时候做得有点，他也已经……

日本侵占时期（有）参事官，我们学生听说参事官要来，就出去迎接，等一两个小时，参事官（也不来）。参事官就是一个旗政府的参事官，可是参事官比旗长还大。那时候，日本人，我们明白了，日本人干啥呢？在中国侵占东北，（搞）殖民主义。那时候的学生知道殖民地，养兵什么的，知道那个。不然原先在私学的时候，知道什么是殖民地吗？根本不知道。学生们明白了，日本人占领东北，可以养兵，赋税各方面，都是他们在统治，受他们管辖。知道这些了，如不念书，根本就不知道。假如在私校学习，根本不知道什么叫殖民主义呀。别看在那里，可以学日语，学习，已有相当的程度，（用日语）"家在哪里，做什么"，都知道，也可以讲。从小教育的，就这样，蒙古语"吃饭吗？"说 tabemasuka？tabemasun 是"没吃呢"，tabema-su "吃了"。这些都知道，因为是从小念的，到现在也忘不了，不过多少年了……

　　　　时间：22:07
　　　　叙述：于彭云
　　　　题目：蒙古贞歌
　　　　语言：蒙古语
　　　　音质：清晰
　　　　时长：1:17 分

歌词略。

2006 年 10 月 17 日

到热水镇住一晚上。宁城第二宾馆是宁城民委的关系户，他们有客人，请到这里来，洗澡、休息。晚上吃到他们在热水中养的热水鱼。这个宾馆条件不错，价位也不高，服务人员都很朴实。

2006 年 10 月 18 日

到三座店乡八家村，住格日勒图中学。住处可能是老师值班的地方，有火炕，睡觉很舒服。在此要录制长篇语料，还要跟踪录制祖、父、孙三代蒙古语应用情况。

存金沟乡（现并入三座店乡）是这次调查的另一个重点。距县府以西 55 公里，西与喀喇沁旗交界，历史上属喀喇沁中旗札萨克的墓地，经济和交通相对落后。三座店乡总人口数为 4.6887 万人，其中蒙古族人数为

1.0881 万人，占人口总数的 23.2%，学习和使用蒙古语的人数为 1500 人，占蒙古族人口数的 13.8%，占总人口数的 3.2%。有纯蒙古语授课生 352 人，占学习和使用蒙古语人口数的 23.5%。调查分问卷和访谈两类。

拜访艺人黄廷选。黄廷选，男，70 岁，宁城县存金沟乡格日勒图村十一组居民。几年前患半身不遂，言语行动受到影响。但奇怪的是，从几个月前他的身体奇迹般地得到康复，言语能力得到恢复，也能拿胡琴讲故事了。这次录音是在这十分珍贵的恢复期间录制的。听说宁城县文化馆、民委曾经对他的故事讲述进行过录制，录制时间长，内容较多。黄廷选的故事讲述与科尔沁、锡林郭勒等地不同，明显保留了汉族弹唱艺术的风格。他是宁城县，甚至是喀喇沁胡琴故事讲述者中的最后一位在世者。这次拜访，对汉族本子故事《三门杰》录制三次，时间长达 173:41 分，民歌三首，分别是《十五的月亮》《梁金东》《达纳巴拉》，录音时间长 22:13 分。与黄廷选夫妇及民委莫主任合影留念（参见附图 21. 黄廷选在说书，78. 与黄廷选夫妇合影）。

（此次整理，只登录其所讲题目，省略其讲述内容的文本翻译，待以后有条件时，连同蒙古语转写一起发布。）

时间：18:22

叙述：黄廷选

题目：三门杰 1

语言：蒙古语，胡琴伴奏

音质：清晰

时长：54:51 分

时间：19:23

叙述：黄廷选

题目：三门杰 2

语言：蒙古语，胡琴伴奏

音质：清晰

时长：47:48 分

2006 年 10 月 19 日

已经夜深了，同民委副主任一同拜访宁守业老人。宁守业，男，66 岁，宁城县存金沟乡八家村二组居民。由于他祖父、父亲等都曾从事乡间婚宴司仪工作，宁守业很熟悉喀喇沁民俗、婚礼、祭祀礼仪等。他自己虽然没有提及，但从其知识结构判断，他们家应该是王爷墓地祭祀礼仪的承办者和主要传承者，熟悉当地风土人情、山川地理、风水看相，以及民间医药偏方。他是当地真正意义上的乡绅、先生和本土文化精灵。

    时间：23:44

    叙述：宁守业

    题目：喀喇沁八家的来历及婚俗（见附图 22. 宁守业在讲述喀喇沁婚俗）

    语言：蒙古语

    音质：清晰

    时长：37:26 分

被访：我是宁城县存金沟乡八家村宁氏，名叫宁守业，今年 66 岁。我想，我们这个地区的蒙古族，现在看起来，将蒙古族以前的（文化），有些淡忘了，我有意思使之恢复过来。但是我没有这个能力，尽管如此，我有这个想法。

那几年，搞"文化大革命"，砍掉了我们这里的蒙语课，十来年不让读蒙文书。再说，我们曾经是喀喇沁中旗，原来属于内蒙古，后分属辽宁省，长达十九年。后来再次划归内蒙古，再次学到蒙古文，我从心眼里感到高兴，蒙古人还能学习蒙古文了。此后，因为我们这里居住着使用蒙古语、汉语两种语言的人，有几年只学汉文，不教蒙古文了，下来这样的什么（政策）。所以，我和村里的几个人进行上访，找过宁城县的张中山（音译），也向内蒙古联名上书。后来，县里的五大班子来了。来的是金奇坤、易树泉（音译），还有一个县里的康局长，他也来了。他们一来，允许我们这儿的蒙古族学校全用蒙古语授课。所以，现在这二十家子的格日勒图中学都用蒙古语，纯蒙古语授课。我为什么这么做呢？（因为）我们从祖先起就用蒙古文，我也喜欢它。心里想，既然分民族，我们又是蒙古族，丢掉蒙古族的风俗习惯，像我们现在，蒙古族不像蒙古族，汉族不像汉族，像什么样子？心里有这么个想法，尽管没那个能耐，想法就是这样。我们就随便呱嗒呱嗒（意思是"聊一聊"）吧。

这八家的八姓是怎么来的呢？这八家的八姓，早先这里没有人家、没有人烟。我们这八家，早先跟随清朝的，汉语叫汗王，蒙古语叫努尔哈赤吧，随他出来，随他出兵，这八姓。出兵到现在的 dood horoo 小城子，在那儿留下来了。在那儿留下来，这八姓人在那儿安家落户，经营农业，并定居在那里。

我们中旗旗诺彦的名字叫万丹委征太爷。他死后，遗骨埋葬在我们这儿叫做 hushengtai 的地方，（给他）修了坟墓。修了圆墓，红色的圆墓，直到我们十几岁，那墓还在。前面有石阶，像寺庙的石阶，上面有石造洋楼、石桌。这八姓人家，为了使他们守墓，是从 dood horoo 迁移到这个地方的。刚开始，过着牧民生活，因为都是蒙古人。过牧民生活若干年，人口繁衍，才晓得务农。

这八姓，其中七姓是蒙古姓，一家没有蒙古姓，就是梁老师家，他们姓梁，没有蒙古姓。这些（都记）在我们历史上，我们保存的（历史上），我曾经核对过。这八姓，先从我们家开始说吧。我们的姓，汉字（记为）"宁"，蒙古语叫 ninggan torol，这是一个；还有吴家，写的是口天吴，他们是兀良哈种，这是第二个；还有老白家，据说是察哈台种；还有达赖他们的老龚家，用汉语说，据说他们是 haraldai 种；还有老鲍家，鲍家据说是 ulaidai 种，这些都是蒙古姓，蒙古姓 ulaidai 种；还有一个老侯家，这八姓里，用汉语讲的话这老侯家……说这个不太合适吧？为什么不合适呢？在这儿录音不合适，能讲吗？

来访：没事，讲吧。

被访：他们老侯家隐瞒他们的蒙古姓，为什么呢？据说（他们）是狼种，老人们不让讲，不好听。这就六家。另一个……啊，有老陈家，据说是齐木德种，这就七个了；这老梁家，就是（汉字的）梁，没听说有蒙古姓。守护旗诺彦的陵墓，每年没有其他公差摊派，因为是守墓，所以叫做 julqin

（掌灯人），就这八姓。所以，我们这里以前是 julqin。julqin，huji jula 的 jul（香火、佛灯的佛灯），因为守护诺彦的陵墓，奉香掌灯，所以叫 julqin。

这里的寺庙到底什么时候建造的，不清楚。据祖先们讲，在民国七年曾经大修一次，修得很好。我们这里曾经有过舍利庙，蒙古名叫做 shariliin sume。这舍利庙在"文化大革命"当中被拆掉了。去年民委还几次来人，（了解）这庙到底是怎么拆掉的，怎么个过程。就在"文化大革命"当中拆掉了，好好的一座寺庙。将这座庙拆掉了，那时候也没有办法，曾经是一座漂亮的寺庙。

就这样，这八姓人家就这样生活下来了。这山沟全都属于这八姓，那时候。后来雇农、汉人来了很多，在梁上（joo）现在有好几个大队，都是汉族。在蒙古人里，也有从远方迁徙而来的。凡是除这个八姓，都是从远方迁徙而来的。据祖先们讲，在我们这儿，汉人进来，还不到一百年的历史，也就差不多有七八十年、六七十年的历史。所以，我们这个大队总体上汉族不多，怎么也有百分之八十是蒙古族。因而，过年拜年时按老传统，写蒙古文什么的（指写对联），就这么过来的。

那时候我在学校……现在学校也取消了。村办的有蒙古族学校，却将蒙古文……用蒙古文还写作"八家"。naimen ger 意思倒是"八家"。但是，我们这里搞了好几次（提意见），这八家，"八家"汉语意思是人家先来的（移民）汉语叫八家，而我们是 naiman ger 村。"文化大革命"前就写作 naiman ger gaqaa（八家嘎查），"文化大革命"中改做"胜利大队"。后来这又不行了，再改名，就叫做"八家村"，蒙古语也写作"八家村"。我心里感到别扭，给龚村长也说过，这样做不合适。嘎查就是嘎查，一说村，不就是汉语名称了吗？我们以前就写作 naimen geriin gaqaa，县里应该有底子。这是 naimen geriin gaqaa，叫做 nariin naimen ger，为什么呢？前面流着一条高保坟（音译），人可以跨过去，是一条小河，有山什么的，所以叫 nariin naimen ger，其缘故就是这样，叫做 nariin naimen ger。所以我们这个地方，不过现在还可以，horinger（二十家子），debeen ail 都是蒙古族，蒙古族习惯什么的还保留一半。（参见附图 25. 八家村的来历）

来访：蒙古族大概有多少人？

被访：有七八百人，光我们八家。（村长插话：878 人）

来访：1200 口人中蒙古人有 878 人？

被访：嗯，有这么多蒙古族。但是，我们蒙古人啊，心眼什么的不如汉族聪明，生活什么的不像汉族那样搞得（灵活多样），就看那点土地，靠那点庄稼生活。所以，我这个，赶形势吧，脑子跟不上，不赶吧，落后于人家，就这么个脾气。

来访：这八姓具体是什么意思，能解释吗？

被访：意思不知道。但这是蒙古姓。我们一到北边，说我们宁城蒙古族是"南生蒙古族"，（区别）"主要蒙古族"、"纯蒙古族"等，我们听到后就觉得不对。这怎么不是蒙古族？从沈阳，从 mogden，从现在的辽阳，跟着汗王，为建立清朝（而来），是留在小城子的真蒙古族，为什么叫做"南生蒙古"，看作另外一种蒙古族？这是什么水平？这就是……按从前说，北方的蒙古文化，就赶不上我们宁城。我们宁城的蒙古文化……我现在还保存着记录古老习俗的本子，那本子上都写着呢。拿蒙古语很多东西都不知道，北边的用蒙古语进行翻译，与我们以前学的三合译语书，好多都对不上。以前我们这里的蒙古族，一学就是三种语言，满洲、蒙古、汉语并学，用三种语言翻译得很详细。就拿蒙古族婚宴来说，也是这样。以前，我们这里的婚礼有多棒：赶着轿车，应娶媳妇；到门口，有守门礼仪；到那儿，在灶口拜火；上桌有祝词、唱歌、祝福，宣婚宴词。就这几年间全部丢弃了，这些，在这里已经发展不了了，这些原来都是很棒的。

来访：婚宴礼仪，您知道得很详细吗？

被访：婚宴礼仪，虽然谈不上详细，但知道的不少。因为我爷爷当过亲家，我父亲当过亲家，我也在本村经过了三四十个媳妇过门。

来访：您能不能从说媒开始详细述说？

被访：从说媒开始。蒙古人，我们这里的喀喇沁蒙古族，是这样的。要想为儿子娶某家的姑娘，这边就去媒人说媒。说媒，那时候不像现在，不是父母作主嘛，说好了，说妥了……从前是送两瓶酒，叫做"喝闲酒"；还有哈达，在佛龛前置哈达；然后，什么时候，定日子"开口"（许亲）。这边带肉、酒、毛巾，毛巾是因为我们这里没有哈达，所以代替哈达，到那里。到那儿以后，将一坛子酒送给他们。但他们不收带坛子的酒，将酒倒尽，在坛子里放入白米，叫做"尝鲜"。这是"开口"，叫做 am seheejain。"开口"

了，定什么时候结婚，什么时候参加婚礼，定日子。婚宴日期，还要让看相的选择吉日，确定哪一天，叫做"送日子"，即在红纸上写哪一天，送日子。择日后，婚宴就已经准备就绪。从前，我们这里的蒙古族，没有收彩礼的习惯，不知道这些，都是从娘家送，生活用品等，都是从娘家送，给自己的姑娘，给姑娘陪送。这样定好日期，该要的都要，我们小时候就不知道要，但婚礼还是收的，整猪、还有酒。从女婿那边用车拉着猪、羊，到那边叫做"ihin hurelejiin"，儿子这边叫做"hodood"。

来访：叫什么？

被访：ihin hurelejiin，ihin，ohin，北边也叫做 huuhen，"嫁姑娘"，将姑娘嫁到哪里哪里。第二天是姑娘的婚期，这边套上轿车，女婿、掌印亲家、首席亲家都骑走马。我们小时候，这里都有马鞍、马嚼。套上车，备马鞍、马嚼，首席亲家、掌印亲家、女婿骑着走马，一起到那里。一到那里，在门口要斗嘴。有守门的，那边姑娘请客一方有掌院达官，我们这里娶媳妇一方有叫掌印达官的。门口置一高桌，上面贴上红白纸，置放着茶、果子等。那边的掌院达官问，假装不认识，出热闹嘛，兴问，说的是这样，掌院达官，那时候，那儿都有价码，都是随机创造火头。问：

> 嗨，你们是哪里人？家住哪里？如果是打猎的，为什么不走行猎的山路？如果是行脚的，为什么不走行商的大道？为什么到我们家门口？

就这么说。

我们这边的掌院达官（应该是掌印达官）对词：

> 嗨，听着，我们是最大的曼达杜（mandadu）贝子的喀喇沁中旗的，我们是存金沟乃林奈曼村某某姓，到你们这远方的亲家，敬献婚宴，却被半路拦截，究竟为什么，你们？

就这样继续争词夺理，（内容）包括宇宙的形成，又像历史，这个本子我还保存着。就这么说，我保存着本子，就是这么个事。现在没有守门这一套礼仪，都忘记了。中途还有一个"中途招待"（jamiin joqilag），对车、牲口进行祝福，为到那儿后不出麻烦、争执，做中途招待，让新女婿下跪，从这里带上吃的喝的，一到中途，快到时，在路边让新女婿下跪，唱道：

嘛，从头顶上的银色蓝天开始，向横卧的巨石、飘摇的绿草，日月星空，山水诸神，敬献我们食品的精华，这般拜倒启禀。

就这样禀奏。到那儿以后进屋。一进屋，喝茶聊天，娶媳妇的人们在那儿上座唠家常。那边也有婚礼官。正在交谈，不久进招待茶桌，直到撤走桌子，边喝边谈。到晚上，为女婿着装。为女婿着装时，这些我们都干过，在地下铺一块毡子，让女婿坐在上边。女婿着装前，还要求赐名。求赐名时，那边站着两个新媳妇，准备为女婿着装。她们将姑娘的名字写在红纸上，手里拿着，让亲家求赐名，求名时还要让亲家唱歌、对词：

冰冷地板跪着来兮，腿骨膝盖麻着疼兮。姑娘媳妇赐其名兮，痛痛快快嫁给我兮。

这是求名。那边不马上告诉，糊弄回答：我们姑娘名叫杨吉德玛，属山羊的，出去摘梨去了。

这是要让亲家唱歌。（亲家）开始唱，有各种各样的唱法：

达荆、达荆山上兮，打得一担柴火兮。大爷、奶奶、妞妞兮，哪能赶上姑娘兮。

唐特、唐特山上兮，岂有躺柜材料兮。塔布囊、奶奶、妞妞兮，哪能赶上姑娘兮。

这是为姑娘求名，是在赞美自己的姑娘。

达荆、达荆山上兮，躺柜大的猞猁兮，要抓它呀抓不着兮，不抓它吧不甘心兮。

就这么变法唱着，一到时间，就给（姑娘）赐名。赐名完毕，女婿将包裹、礼品、哈达、毛巾等放到桌上，因为给女婿着装，意思是要点赏钱。首席亲家分发赏钱，为女婿着装。着装完毕，从西房引领到东房，掌印亲家领女婿见客人（唱）：

> 嘛，赐给我女婿的，有勃起的小帽，顶戴的红缨，飘飞的长袍，腰系的宽带……

就这样，奏告其穿戴模样。奏告完毕，再来……蒙古人很敬重火，重视火，祭火。从这边带一帮子祭火酒，还有肉，在火盆上生火，让女婿下跪，掌印亲家（唱）：

> 嘛，光明灿烂的日月，照耀苍穹和宇宙，赐福吉祥的灶火，护佑保全我全家。柴木锦鸡儿虽然贱，来自汗山高峰巅，树墩木柴亲家点，整羊重礼由我献。愿此祭祀造福相，姑娘女婿结良缘，河水清澈长年流，系绳绑固不断弦。

至此，祭火结束，在上桌就座，开始喝酒。喝酒时，亲家也给面子，下来到上桌致祝词。这祝词，全忘了。凡祝福三遍，晚宴才结束，等晚上的（下一个礼仪）时间。期间，还有一个（礼仪），叫做"训女亲家"。如将女亲家弄哭了，以为姑娘入门后不受欺负。于是训女亲家，女亲家有（她的）桌子，给她灌酒，还要拉扯闹腾，弄得女亲家哭了，这才等待晚上的出发时间。一到出发时间，有一个"解酒祝词"，那祝词，本子我保存着，（祝词）全忘了，不常走动嘛。时间到了，将姑娘抱到车上。有一个"动轳祝词"，唱动轳祝词，套上牲口，唱"请亲祝词"：

> 袅袅炊烟，树墩小包，八十而下，八岁以上，所有亲戚，恭请临宴。

就这样，迎娶媳妇回来了。回来后，到灶前祭拜火神，找一对认亲父母。认亲父母让女婿和姑娘在炉灶里添火，使他们拜火。掌印亲家致"祭火颂"，是经文，属于佛经诵唱。需要三块毛巾和用于垫在"祭火颂"经文下面的哈达。新女婿和媳妇将毛巾各角扯紧，由老丈人给倒祭火米。（祭火米是）熬的粥，将肉烤熟，连肉带油浇在上面，如有炒米，则更好。这就是祭火粥，将粥放在毛巾上，拜天时用一头这么长，带七孔九孔的紫檀羹匙（xiba），蒙古人用的，用那羹匙（将米）舀出来，放在毛巾上。然后，致祭火颂的人（喊）"赐一次"，随坐的人往火上浇，拜火（仪式）这才正式结束。

随后进入东房，坐在火炕上，媳妇不再动。动则两边有两个人扶着。（穿的是）水貂皮长袍，外面罩卡拉褂拉（可能指黑色坎肩，略长），元朝成吉思汗的服饰，据说成吉思汗的正后求婚于南宋（误传），所以用那种服式。水貂皮长袍，我们曾经保存着，"文化大革命"中毁掉了。外面罩卡拉褂拉，戴上崇头帽。第二天，先为新媳妇进行诸种打扮，打扮完毕，戴上崇头帽，由两个人扶出来，先拜祖先。进来后，为乡里的，不像现在那样为每个人行礼，而是有叫鼻烟壶的，玛瑙冰壶，用鼻子吸其烟，为乡里父老，有头脸面的人敬献。先拜佛，然后是厨房，从厨房出来，先为生父、叔伯敬鼻烟。他们手接鼻烟壶，吸一点，（然后）进屋落座。并不是降尊落格向每个人行礼，虽然不掌握那么大的权力，但是蒙古人还保持着成吉思汗时期的那个排场，不到每个桌子那么……即使现在也有一半人不到（每个）桌子敬酒。岿然不动，不是为每个人敬酒，蒙古人就这么自大，在元朝时。就这样，婚宴结束，第三天回娘家，第十天回来。第十天日期一到，再回来，干活、歇息。

去年，靳堂他们来，说我这婚宴祝词保存得挺好，有影响，想要复制一份。我还保存着，是我们爷爷、爸爸他们时用过的。现在这些东西（礼仪）全给丢了。我们十来岁时，解放初期还这么做，主要是在"文化大革命"中截然断线。原来我们这里挺好的，有那达慕大会，"四清"那年还召开一次，也是在"文化大革命"中被砍掉，直到现在，寺庙也被拆除。开那达慕那天，庙前聚会好几个村子的人，进行摔跤，还有来做各种买卖的，来几个喇嘛，在庙上诵经，各村自己出钱。

前些时候，从赤峰来了一位叫永新的，据说是赤峰的记者，叫做佟永新，（补充：叫做佟迎春），啊，叫做佟迎春啊，她来过两次，说是给我们恢复。所以，我们龚村长、达赖，我们串通。这要花不少钱，现在不像以往，那时候一到那达慕，每户都把钱准备好了，一到那天一说，人一来，钱就交了。而现在，年轻一些的不懂道理，年纪大一些的要想恢复，可年轻人不认识（其意义），不给钱。净看上级，那上级，这样的钱，没有一点基础，能给你拨那么多钱？就这么个理。人家 jujaan horoo 不是成功了吗？东边人家。我们龚村长去了两三次，jujaan horoo 开始时来请了，我也去了。我们这儿，尤其是毁掉寺庙之后，更加困难了。不这样进行恢复，蒙古族的旧礼俗一年比一年消失得快。如果将此复兴哪怕一点，后人知道蒙古人是什么样的，道理就是这样。所以，我经常到村里说道一些，人们给我起了一个外号，叫作"人民代表"。我这个代表，算什么代表呀？

拍摄文献：婚俗、婚礼歌，祭火书，婚宴对词、观音普济丹、婚宴祝词、玛尼罕布（见附图 26. 婚礼祝词一页，27. 婚宴对词一页，28. 祭火颂一页，29. 婚宴祝词一页，30. 竹笔手写 manihambu 经）。

2006 年 10 月 20 日

凌晨，我们继续在宁守业老人家家里进行访谈。录制喀喇沁民歌《热河歌》，歌词很有意思。

时间：0:39
叙述：宁守业
题目：热河歌（喀喇沁民歌）
语言：蒙古语
音质：清晰
时长：5:42 分

被访：这首歌，自从大清朝始，就在蒙古族婚宴大桌上唱，是古老的祝福歌，叫做《热河歌》，在婚宴大桌上唱，这么唱：

黝黝榆树 林海兮，还有黑旗满洲兵兮，（自言自语：嗓子起不动了，是不是错了？行了，就这样。）

郁郁柳树 林莽兮，还有黑旗满洲兵兮，皇帝军令如山倒，啊呐兮，深夜漆黑出哨位兮。

唱的时候音调要拉长，因为不经常唱……

悠悠松树 波涛兮，又有八旗精兵兮，乃林丞相撑腰兮，啊呐兮，家家户户挂匾额。

高耸山崖 连绵兮，车载满载财富兮，镂空榆树大鼓兮，蓝色琉璃佛塔兮。

斑斓彩石 满山兮，十八尊位神灵兮，金写甘珠经文兮。

（后面写着）mende orxiju bai（蒙古文献后的一句话）。因为不唱，承接不上了。下面读歌词吧，唱不好歌调。

算账造册张喇嘛，算盘拨打桑吉尼尔巴，

这是什么？桑吉？森吉？自己写的字自己都不认识了。

写字记事有敖日布笔帖式，理清官司札萨格喇嘛。

唱不了了，歌词也不认得了。

sume 法会格斯贵，诵经会上职最贵，登堂入室有台阶，冥王显灵力无比。上上下下分阶级，中堂做主明断事。

玛尼紫檀打造身，名为 mahagala 有护神，文殊菩萨居此地……

现在唱不动了，就唱《多伦诺尔歌》两首，这样，大桌（上唱的）的

两首歌都有了。这是《热河歌》。

　　时间：0:54
　　叙述：宁守业
　　题目：婚宴歌（喀喇沁民歌）
　　语言：蒙古语
　　音质：清晰
　　时长：6:56 分

　　被访：我是蒙古族，姓宁，名叫宁守业，从祖先起熟悉婚宴礼仪，当婚宴亲家，我也曾经协助过几次。在上桌唱这么几首歌，名叫"多伦诺尔歌"，现在全遗忘了，我也只唱过一两次，从父亲那儿学到的：

　　　　茫茫金莲川，蒙古都会处，诸帝避暑处，嗨呀，惜哉多伦湖。
　　　　钦名诸皇庙，后封上都河，诸帝避暑处，嗨呀，惜哉多伦湖。

　　这么一唱，桌子上的人就开始划拳：五金魁首，六六六……就这样。下面的也不记得了。
　　来访：能不能说一下歌词？
　　被访：本子上都有，你刚才的录音上也都有。还有一首《敬酒歌》，这么一首歌，在宴会上要敬喜盅，向亲家。

　　　　西山甘泉流水清，心爱的骏马四蹄轻，杯中醇酒精华兮，献给亲家表衷情，
　　　　亲家捧杯饮尽情，亲家呀。
　　　　东山甘泉流水长，奔腾的骏马飞尘扬，喜盅美酒精华兮，献给亲家结良缘，
　　　　亲家举杯喝酣畅，亲家呀。

　　　　我也唱不动了（笑）。

北山甘泉流水远，骏马骋驰过草原，亲手精酿美酒兮，献给亲家喜结缘，

亲家扬杯庆团圆，亲家呀。

南山甘泉流水甜，美丽的骏马骑不厌，银碗琼浆喜酒兮，献给亲家祝美言，

举家捧杯不散宴，亲家呀。

唱毕，两个新媳妇举喜盅，首席亲家接过杯，一饮而尽。是这样的。

再次与宁守业老人访谈。

时间：17:28
叙述：宁守业
题目：喀喇沁民俗
语言：蒙古语
音质：清晰
时长：27:36 分

被访：我的名字叫宁守业。我们这个地方，从出生到年老，说一说我们当地的习俗。我们这个喀喇沁地方是这样的。男孩一到十八九岁，就娶媳妇。女孩和现在不一样，一过 20 岁，一般人就不结婚了，嫌老了，与现在有差距。十七八岁，最重要的事（terguun talaa），十七八岁就嫁给别人了。孩子一娶媳妇，（媳妇）做家务或为父母……我们小时候这个习惯还存在。媳妇一进门，精心伺候父母，不能向父母顶撞一次。一旦顶撞，就按家法，叫进来，质问"你有没有家教，你父母是怎么教育你的?"还要做家务，这孩子媳妇。人手紧缺时父母也帮助做，不能以为做了父母就飞扬跋扈。媳妇准备一日三餐，担水等活儿都是媳妇的事。到晚上，父母在右间房聊天，（媳妇）给盛饭，我们这里现在还部分保留这些习惯。媳妇站在地上，父母坐在炕上，让媳妇盛饭、伺候。（父母）吃完饭，（媳妇）可以斜坐在炕沿

上。洗濯碗筷，收拾完毕，父母从这边房子发话，我们十几岁时还是那样，说："你们也回去睡觉吧。"没有这句话，媳妇不敢回东房睡觉。更聪明的媳妇，不管年龄多大，还要为父母铺褥子，还要用手摸一摸，看冷暖是否适度。做完这一切，才回到自己的房间睡觉。

我们十来岁时，才闹革命，得解放。早晨起来，新媳妇都有崇头帽，分公用（toriin songtou）崇头帽和家用崇头帽两种。公用崇头帽用于出门、过年过节串亲戚。公用崇头帽上有条带花瓣儿、奔拉，用红绿头巾在奔拉上裹着，有五花、九花的分别，是很漂亮。将它裹着，出去见亲戚。家用崇头帽，早晨一起来就戴，大约戴一年多，父母才说："老媳妇了，这崇头帽就免了吧。"这才摘去崇头帽。是这样的。

媳妇怀孕了，父母也多少体贴一点，因为（媳妇）身有喜了。即使那样，也照样做活，照样使唤，照样盛饭。不管怎么说，怀孕五六个月后，用一些药物，因为媳妇身重，起坐不便，这时候也给减轻家务，使之注意保养。到出生那天，要出生，哪里像现在这样有卫生院呀，村里有接生婆，父母去接接生婆。一出生，由接生婆为媳妇做洁身，由母亲伺候媳妇七天。满七天，就说："嘛，孩子满七天，初日上山冈。"媳妇开始下地，做一些轻微的活，可以进出走动。如果事多，还要帮助准备晚饭。到一个月，如果是儿子，将30天的第29天上做（满月），提前一天；如果是姑娘，推后一天做满月。我们这里是这样。另外，（孩子）一出生，如果是男孩儿，门口右侧挂红布，一条红布，这么长的，告知媳妇生孩子了。如果是女孩儿，挂在门口左侧。生儿子，还要给他做弓箭。用木条搋成弓，用绳子作弦，用手夹做 gedel，连弓带箭，挂在那里。现在也这么挂。据祖先传说，之所以做弓箭，是因为我们满洲、蒙古人从元朝到清朝，一生儿子就有义务当兵，那时候的军队使用弓箭，所以（做弓箭）。这事确实有他的道理，没有其他民族嘛，（门口）一挂弓箭，就知道生儿子，旗里就按月多少给点钱粮。清朝时期，一个月有多少钱粮，一生儿子，人家旗里就多少给点。所以，一挂弓箭，就知道生儿子了，是大喜。到后来，即使挂弓箭，谁管你，谁给你，但是仍然不丢那个习惯。至今，我们这儿一生儿子，（门口）还要挂弓箭（笑）。

（孩子）一满月，舅舅家有人来，从前一天起，就为孩子着装。母亲伺候媳妇一个月，还要给母亲带来裤子、鞋或靴子（等礼物）。还有放小孩儿的摇篮，什么都有，摇篮上放的铺垫，做铺垫的口袋里还要装麸子，汉语叫做"糠口袋"。里边装的是hagiin homhoroos，将它装在里边，孩子躺在上面既柔软又冷热均匀。摇篮上还有守护神（haraa），将七个清代铜钱或大钱用红线串起来（挂在摇篮上）。进来时，象征孩子像树木和石头那样茁壮、结实，在摇篮上置一块青色石头，拴在摇篮上，再弄进来。进来后，将青石放在摇篮里，过一天，将青石取下来丢弃，将孩子放在摇篮里。这些东西都由舅舅带来。而后，取下门口的弓箭和红布，那时候没有现在这样的顶棚，就将其夹在（蒙古包）椽木上。这些非舅舅不能做，其他人不能取。这么取，生孩子就是这样。到第三年头，将铁钱、铜钱，说是第三年头是硬坎儿，缝在小孩儿衣服的后背上。

刚生的孩子，不满一百天不给剃头。到一百天上，还要看日子，选择吉日，做第一次剃头。还要找一个"全命人"（togos torson hun），哪能像现在这样用剃头匠去理发，"全命人"，（是）有儿子、有女儿，这样的人，汉语叫做"全命人"。请那样的人（剃头），这里留一束小的saman gejige，后面还要留，跟舅舅要猪的，叫做老毛的头发。噢，这边留一绺头发，在这儿也留一绺，在一百天上。这是saman gejige，这么留的是。那个老毛，即使过一年理发，也给留着，还把它编成长辫子。那是好办法。什么时候，舅舅不给带来大猪仔、小猪仔，小猪仔一只或两只，舅舅或老姨不送一只（猪仔），就不剃（孩子的）留发。怎么也得给一只猪，这才算舅舅批准了，剃掉老毛，一直到七八岁还留着。剃掉老毛，（孩子）也该上学了。上学，看书，长大成人，过自己的生活。不是这样的嘛。

人老了，在我们这里是这样的。人到50岁，叫做"五十岁老人"（tabin obgon），50岁以下不算"五十岁老人"，50岁以上的叫做"五十岁老人"。村上有婚宴也好，大的集会也好，和现在不同，（"五十岁老人"）说话年轻人都听，不听的话，就说："你们年轻人知道什么？我们吃的盐比你们吃的粮食还多。你们怎么也将我们的话……"不像现在这样，年轻人什么都懂，没那事。人当"五十岁老人"，一到50岁，不像现在，干的活儿就轻多了。"五十岁老人"意思是50岁的老人，戴着玛尼珠，不干那么多活儿了。

　　村里接二连三地开玛尼会，今天这儿，明天那儿。请来一个喇嘛，村里的 50 岁以上男女老人一起数玛尼，到中午还要祭太阳，一天就这样（过去）。到夏天做农活儿，玛尼会（减少一些），改在初一和十五。现在我们这儿，那天看见的经文 manihambu 就是玛尼经。喇嘛诵 manihambu，下面的百姓数玛尼，什么五台山玛尼、祭日玛尼、祭马玛尼等，都是玛尼，一整天戴着这么长的玛尼珠。召集玛尼会的家准备和供应上等饭菜和一碗肉汤。整天都是这样。我们这儿一直到"四清"运动，都数玛尼，"四清"以后，玛尼会就断线了。

　　有钱户、富户，到 60 岁或过 60 岁，不严格区分 66、73，只要有能力，量力进行祝寿活动。祝寿，我们这儿的祝寿是这样的。有能力的，我们这儿不是喇嘛多吗，请来这附近的有学问的喇嘛，进行祝寿。在院子里，在东间房念药师佛经，有二三十个喇嘛念药师佛经。这边的房子念诸王经，有叫 hajidma 王的王，那些喇嘛们带着五结帽（taban jidiin malag），听者满院，多远的都赶来，进行祝寿。这一天都念诸王经，上午是曼荼罗，下午念诸王经。有点儿像现在的人际往来（selgiijihu），来者都带礼物，富足的家庭拴着几头活猪，客人一来就杀一头。因为祝寿做喜，不分蒙古人汉人、要饭的或有交情没交情，都给饭吃，吃饱再走。我们这儿东边的常岁爷 60 岁祝寿，人家就是那么做的，乡里乡亲的都来吃喝。梁那边就是汉族，到这里打柴，担着柴禾出来，在那儿休息，一听说在祝寿，将柴禾丢在那里，过来一人吃四碗再走。这是做寿、做喜，就是这样的。当老得不能做寿了，由孩子媳妇伺候着，直到过世。

　　人一过世，和现在的不同，请来喇嘛，开始诵经。诵经时，还要将村里的老人请来，就坐在喇嘛身边。看时间，看什么时间过世，按时间查找，在什么时间过世，在经文上都写着，看此身过世后，走向西南方向或什么地方，都要告诉，还要告诉什么时间出殡，后事如何做等。那时候的蒙古族，不像汉人请尸官会（可能指火葬场），因为都是喇嘛。将喇嘛请来，念药师佛经，在院中搭个棚，将死者装进棺材，使之平卧，一日三次，在出殡前致祭。（用）果子、细点（致祭），哭丧，致祭，磕头，近亲子女等（参加祭祀）。各种牛呀、车呀，都有，准备好，拿来停放在那里。如有要紧的亲戚，在生前没能见面的要想见，就打开棺材，但要挡着太阳，不让死人见太阳。

挡着太阳，见（死者）可以哭，但不能将眼泪，一滴都不能，掉进棺材里，一滴都不能，不允许（眼泪）滴到棺材上。看一眼，盖好棺，然后念经，念药师佛经，那些喇嘛。比起现在的尸官会，那些喇嘛们也够卖劲的，吹吹打打、念经一整天。还要请有学问的首席喇嘛（为死者灵魂）指路径。那个喇嘛，可以说是迷信，也可以说是祖传，（为灵魂）指路径，将（死者）灵魂送往吉祥天国，喇嘛指路径。到晚上，有老人给的，留给的，专门的"老人玛尼"。还有 manihambu，喇嘛念 manihambu，村里的不分老少，连五六岁的孩子都可以数这个玛尼。据说数这个玛尼必有好处，年轻的顺利成长，已经走了的老年人将会到达吉祥福地。还有 moilentei 的玛尼等其他玛尼，都要念一念。怎么也到深夜，念经到深夜。念完经，吃肉粥，吃瘦肉粥。所以我们这里老人相见就（开玩笑）问，你是不是该让我们喝粥啦？反正是念完经，吃肉粥，生活富裕的还要出八碟菜。第二天，全村老少出殡送葬，（将死者）送到墓地。挖坟坑也有时间，提前已经挖好、准备好，有人守着，到时间就下葬。

　　回来后是这样，等七天，在第三天上去填土、立坟堆，在第三天上。七天是一周，请来一个喇嘛，念周期经（honog daah nom）一整天。叫做 honog daajiin，一喇嘛念一天，每七天去烧东西，喇嘛念经。喇嘛念经时，将死者生前穿的衣服和用品等堆放在一条桌子上，当念完经时，拿到墓地焚烧。到七七四十九天，最后七天是四十九天，有钱人家还要大办，招待乡亲，用八碟四碗，做四十九天祭。然后，就等周年祭，一周年祭，二周年祭，三周年祭，过第三周年祭，丧事就算做完。是这么做的。

　　来访：你们这儿有没有尚未结婚的姑娘在家怀孕或生孩子的？如果有，怎么办？

　　被访：那样的事，我们这里名声很坏。在出嫁前怀孕，即使是藏着掖着也要打胎，也要息事宁人，就像压根儿就没这事。这样的事情是有的，哪能没有？如有，从前就悄悄地到野外出生，将孩子弄没了，将孩子搞掉后，假装成没生孩子一样，躲着别人回家来。现在那样也不行啊，悄悄到卫生院，女婿也去，悄悄地活动，然后回来，（对外）矢口否认此事，将事隐瞒过去。将这种事看作很坏，我们这儿就是这样。

　　来访：你们这里新夫妻入洞房，有没有见红习俗？

被访：没有那样的习俗。另外，我们这儿在正月十一日进行那达慕，"五十岁老人"来到那达慕上，放一张桌子，让"五十岁老人"就座。正月十一日进行那达慕，"四清"那年还搞了。这事，县民委伊宝元（音译）在的时候还来过，因为寺庙没了，遗址也没了，想做，但是已经恢复不了了。每年正月十一号，西二十家子是十二号，德波村是十号，都做来着。蒙古族的这些（习俗）就这样断了。我做的那时候，"五十岁老人"，像我这样年纪的，就坐在上座上，指导他们怎么怎么做。

　　时间：17:44
　　叙述：宁守业
　　题目：八家子的蒙汉通婚
　　语言：蒙古语
　　音质：清晰
　　时长：10:10 分

被访：我的名字叫宁守业。我原先以为自己是蒙古族，对这些事，很在乎祖先传下来的这些事，心里想着我们毕竟是蒙古族啊。我们这个地方（蒙古族）与汉族通婚，我今年66岁，还不到30年的历史。在这以前，如果说完全没有，那是瞎话，但是一百户摊不到一户，蒙古人和汉人的通婚。那时候也没有限制蒙古人和汉人通婚的规定，我估计。这里就有一个封建统治思想，按现在的话说。我们家祖先的传说是这样的，认为汉人骨头是黑的，我们蒙古人骨头是白的，与汉人结婚，后代的骨头就会变成黑的，（怕）骨头黑了，所以不（与汉族）结婚。

　　再说，我们这儿是蒙古族地方，套上轿车，骑着走马，隆重地迎娶媳妇。在解放前，我们这儿汉族进来时间不长，（女人）脚丫子就这么点儿，叫做抵地杨（didiyang），嫁出去的（女人）叫做抵地杨，嫁出以前的（女人）叫做大姑娘。用脚跟走路，披上唐纱，现在没死的不是也有嘛，这么点儿小脚。迎娶时（媳妇）骑一头毛驴，纱（陪伴的）老婆骑另一头毛驴，送到家完事，其他啥事也没有。如有能力，请村里人吃一顿饭，没有能力的，就那样，就这么生活。现在汉人都学蒙古人，都套着车前来迎娶（媳妇）。（汉人）以前这么迎娶的有几个？没有一个是迎娶的，都是送去。那个样子，我们蒙古人，即使叫你爷爷，你能娶吗？即使给你，你能要吗？住不到一块儿呀。

到现在这个时代，人们都有自由了，孩子们出去打工，彼此愿意（接受），就和汉人结婚了。我们家三四个侄媳妇都是汉族（笑），都进来了，就是这几年进来的。我们几个侄媳妇都成汉族了（笑个不停）。这是在我们家，其他家也进来了，都（是儿子）出去领进来的（开怀大笑），还能嫌弃汉族什么的？就那么回事了。

来访：你们的汉族媳妇，比起蒙古族的，是不是更贤惠呀？

被访：还行，进我们家门的汉族媳妇还都行。我们亲侄子，这东院的，我们自家的，不是也从山西带来一个嘛。我们亲侄媳妇，这东院的，也是从二十家子娶的，也是汉族。但是那个汉族，从二十家子娶的，叫郭良，她懂蒙古语，和我们蒙古人一模一样，啊，那个媳妇（不）像汉族，和蒙古人完全一样，呱嗒（聊天）什么的都用蒙古语。我们村东的一个叔伯侄子，也从天义镇娶了一个汉族媳妇，过两天就要结婚了。现在对这些，都没法说了（乐个不停）。

来访：人家媳妇进门后叫你叔叔大爷，你心里感觉怎么样？

被访：感觉一样好啊，但是过年时来拜年，即使是汉人，能和从前那样哈腰施礼吗？她过年时来给我拜年，即使汉人，也不和从前那样哈腰、拱手。她也知道，一进来就问好，还磕头，所以我也就高兴了（笑）。心里想：到底是进什么门随什么俗啊（笑）。都是自己的孩子，有什么办法呀？（笑）她们也能入乡随俗。以前是没有的，不让进来呀。

来访：你们这儿有人娶汉族媳妇，周围的蒙古族如何看待？如果看不惯，有什么表现？

被访：不是很明显。虽然不明显，心里也嘀咕：这家伙又娶汉族媳妇了，有这个感觉，但不显露。就那么回事。

来访：在你们村，与汉族结婚的，不管是爷爷奶奶辈，还是别的辈分，如媳妇、侄媳妇等，大概有多少？

被访：哦呀，（回忆）我们这上下村，我们一家就有四户，西院儿也有，赵海晨家也有，东边的邓宝家也有，我们这儿就有十二三户。我们村五十来户，就已经进来十二三个汉族媳妇，都已经结婚了。

来访：这些媳妇进门后生孩子，与孩子讲汉语还是讲蒙古语？

被访：这里有这么个事。有些人对这讲话，我们东院儿全宝叔的媳妇，一要给孩子教蒙古语，这媳妇就不那么愿意，她是从山西娶来的，她主张（给孩子）教汉语。其他的（媳妇）不管，其他的都用蒙古语、民族语，孩子送学校，多数也送蒙古族学校。有两户，德波村的两个孩子是在送汉族学校。

这些人的观点不同。我们这个地方，以前一直到我们十几岁，一直用蒙古文。现在我们这个地方，在婚礼上写礼账，都用汉文写。都以为学蒙古文用不上，很多人执意要学汉文。就这样，学不致用，后来出门在外，到汉族地方，不用蒙语文，所以不少人上汉语学校，不看长远的前途。现在的年轻人，形式也开放了，还分什么蒙古族和汉族啊。而父母则以为，虽然你是汉族，但是属于进我们家门的媳妇，不管怎样根子是蒙古族，所以还得用蒙古族风俗习惯进行教育。我们大爷的三儿子，我们三哥就娶了汉族媳妇。他娶得比较早，在外边的林场干活，就与汉族谈恋爱（结婚了）。他们的孩子现在不怎么会讲蒙古语了，媳妇也都是汉族，但（他们的孩子）一说他是汉族，就立刻翻脸："我父亲是蒙古族，我怎么成汉族了?"就不干了，孩子们不干。别看他讲的是汉语，但一说他是汉族，就不干了。

　　　时间：18:02

　　　叙述：宁守业

　　　题目：四海歌

　　　语言：蒙古语

　　　音质：清晰

　　　时长：3:52 分

被访唱：

西部大海水波中，柳条青青频舞动，
咳，还是得，回家吧，回家吧。

百鸟鹦哥齐歌颂，一片美景天地通，
咳，还是得，回家吧，回家吧。

东部大海水茵茵，百花绿叶繁如锦，
咳，还是得，回家吧，回家吧。
众鸟鸣啭悦耳音，江山如画醉人心，
咳，还是得，回家吧，回家吧。

北部大海水涟涟，吉祥天国人流连，
咳，还是得，回家吧，回家吧。
福鸟珍禽舞翩跹，故乡旧梦催人还，
咳，还是得，回家吧，回家吧。

南部大海水倩倩，繁花茂草绿无边，
咳，还是得，回家吧，回家吧。
百色瑞鸟报团圆，茫茫归途故乡远，
咳，还是得，回家吧，回家吧。

来访：这首歌是什么时候唱？
被访：在宴会上，为女婿着装、乞求赐名的时候唱。

这首歌一定有不凡的来头。很有可能是远征的蒙古军队思念家乡时唱的歌。在和平时期，就变成婚宴歌曲了。

时间：18:38
叙述：宁守业
题目：存金沟地名
语言：蒙古语
音质：清晰
时长：29:06 分

被访：我的名字叫宁守业。先说我们的乃林河（nariin gool）。我们的乃林河，据祖先传说，古代是高丽人居住的地方，从这儿将高丽人赶走，因为没有人烟，将我们八姓迁居此地。在这荒无人烟的地方，因为将旗诺彦的尸首、遗骨埋葬此地，并看守其墓地，所以被命名为 julqin（掌灯人）。不仅如此，我们这个八家还是 julqin 的近亲。是什么出身？据说是大汗的出身。是因为随汗王出来的，所以是大汗出身。跟随汗王出来，留居小城子，那时候叫做七千二百户的档子户啊。不在档子户内的，其他人都是平民（hara）。

我们是正式的，保护汗王的，据说我们祖先是尚书大臣，在汗王手下。所以，建造乃林八家庙，庙东庙西各四家。为什么叫做乃林奈曼河？是因为那条河很细，水流很小。其余的都是草场、大山，（其间）居住着这八家人户。hustain aman（桦树口），这前面的山沟叫做桦树沟，桦树的桦，所以这个山被命名为 hustai（桦树山）。这北山叫做 borhogtei（林荫山）。为什么叫林荫山，是因为在那里松树粗大无比，过北梁，都是日光不透的松树林。毁掉这些松树，（离现在）还不到七十多年，这么好的松树。这衙门的那个谁，末代王爷的管旗章京叫做 talbolgan。这个管旗章京，当时王爷住北京，手头缺钱，就叫他从林荫山边角旯旮的山林往外卖出点松木。这管旗章京就利用这个机会，大砍大伐，将山林破坏惨了。就这样，将这北山给毁掉了。这山叫 borhogtei（林荫山）。

这 hustai（桦树山），据说八家刚到这个地方时，南山上老虎出没，眼睛在黑夜里就像灯笼一样。八家取水，必须敲锣打鼓合伙去，不然老虎下山，（会将他们）吃掉的。这山沟八十户（？），都属于八姓。下面沟门即使现在，也有那么多亩地，有三百多亩地我们不能做主了，在二十家子北面。那地是我们刚来（此地）时衙门赏给我们的，只不过被别人占去了。现在我也保存着地契账号，叫做张家北沟，芦苇丛生，都是八家的版界，都是八家人收租的地方，解放以后被人强占了，就这山沟。

我们八家自从在梁上掏井，每户都有（租地），现在都丢弃了。那梁上很多人都是来我们这儿守墓的。所以往上走，有陶家营子一个大队，再往前走到头，就是南沟门。从南沟门分两个沟岔，北面是程家营子，南面出南沟门，有一个叫 yol（狗鹫）的山沟，还有一个叫做 hutugou（胡睹沟或打井沟？）的山沟。再往上走就是龙潭，那里从县里或更远的地方有人来旅游，别看那是个破地方。那个地方山势陡峭，这时候已经穿上棉袄棉裤了（ogtor omed）。我们前些时候还去看过，很冷。在那山上只种山药，蒙古语叫做tomos吧，还种莜麦，那地方的人。在那儿有住户，还不到六七十年，都是在满洲国时期，为了种鸦片、种大烟而上去的人。那上面平平的，地势很开阔，对养畜来说，是一个很好的草场。没有树林，据说现在已经栽树了，草势有这么高，很宽阔，叫做龙潭。县里不是也来过吗？那叫龙潭，那上面，你去过吗？

还有叫龙潭渠子的（一条河），龙潭渠子流入这个乃林河。那水，从我们这边往山沟看，流经我们这里时，水势还好好的，但是往南一去，就像劈开一座山，冲到八里罕沟，所以叫做龙潭渠子。到那儿，还要带点……那（水）也很尿，你不信不行。闲人去逛荡，到里边找木材、石材什么的，一经受到祸害、侵犯，马上就下雹子。那里还有这么个说法，我们也去看过，你可以进去看，但不能冒犯。一边有很高的柴木场，水也不大，六月份还在结冰呢。唰……流水声很大，向南奔流，出山沟，再转向西边。据说那水如果流经我们这个山沟，那这个山沟就会风光无比。但是那水冲破山梁，向那边流走了。所以，有人传言：仅凭龙潭一沟水，带来酒厂百年盛。汉人还出了一部书，说是全托那条水的福气。有这么一回事。

往上走，就是yol（狗鹫），ashad（峭壁）。我们北面是borhogtei（林荫山），过了borhogtei，那边是aqimag（驮子）。aqimag那边是hushangtai，有hushangtai西河。四家子北面有mohor（秃山），过mohor是boila hushangtai。过boila hushangtai，是shorong（尖山），shorong的上头是haranggui（黑林）。这些都是山和山沟名。

再有，我们这里的五队都是汉族住户，原先没有人户，汉人来居住也就五六十年，现在叫五队，一个小队。其南山叫做xirguiitiin ar。四家子南山叫做mantiin oroi（玛尼山顶）。下面的三家，现在叫做三队，其南山和山沟名叫hundartai。五队的蒙古名叫做narmai。这hundartai现在汉族叫做杨树洼。hundartai有一个小山沟，上头叫做somon yeh，somon yeh下面的山沟叫做洼子，下段叫做jah jabi（边沟），hundartai沟里面还要分几个部分。洼子上头沟门处，有一座小山头，山根底下有一眼清泉。三家子原来有不少人户居住在那里，建立高级社时搬迁下来的。

那山泉，自 jujaan horoo 以上的西部居民都来祭祀这个山泉。有喇嘛的时候，五月初一是龙王祭，从德波村来喇嘛祭祀这个 hundartai 山泉。来七八个喇嘛，一整天在山泉口，手下帮忙的上去清理，挖出山泉的污泥。还有，我们虽然没有亲眼看见，但早先老人们讲，那里有白色龙王，如果给山泉清除污泥，四季将会风调雨顺。过去，我们村宫一全大爷（蒙古）名字叫 aqia，本来是 aqiltu，人们叫做 aqia，他年轻时曾经为山泉清除污泥。（做法是）点香跪下，并祈祷：请龙王先避一避，我们为您清理宫殿。这时候有这么长的白蛇从那儿出来，盘卧在泉水旁。所以，正好每年五月初一清洁山泉。由德波村的喇嘛祭奠，我们这儿的四家子、四队的人管午饭。晚饭由中间各村负责，供饭、布施。jujaan horoo、德波村、二十家子都来祭，每当干旱，也来求雨，从老远处赶来，聚集在 hundartai 山泉上。现在也不去清洁了，也不祭祀了。那泉水甘甜、清凉，汩汩上冒，旱季水不减，雨季水不滥。（其地）从这儿不到三里，很近。去年、前年无雨，也到那边求雨了，这是蒙古人的事。

那边叫做 hundartai，这边叫做 hustai，后山叫做 borhogtei。我们一队下侧的那座山有几个名字，在一队和二队之间的叫做 haranggui，haranggui 下侧、一队边界里的叫做 mori jabi（马沟），从 mori jabi 下来，就是 timurtii，

timurtii 下面是 qigaan jabi（白沟），qigaan jabi 下面还有一条沟，叫做 majiaziin 沟（马家子沟）。再下来 songgin joor（大葱窖），跨山梁的那条沟叫做 dabaan 沟（梁上沟），dabaan 沟下面，东二十家子上头的那个山崖叫做 gegen jiazi，用蒙古语，那山崖就这么叫。gegen jiazi 上风有喇嘛沟。都这样，我们这儿。

现在这些年轻人，已经不知道附近山的蒙古名称呼了，不在山上打柴，也没人告诉他们那些山的名称了。所以，那天我给大队的达赖说，我们一定要（把村名）改回嘎查，现在变成村了。"文化大革命"前就叫做 naiman geriin gaqaa，写也是这么写的。"文化大革命"中"破四旧，立四新"，全部破掉了。拆除寺庙，把我们这儿改成胜利大队，用汉语。十几年，将我们划归辽宁。过十来年，再进行平反，恢复原状，名字也按老名字称呼。就是东边的包玉明，那时候他在大队当会计来着，他也没注意到。不是从县里来

的，还是从民委来的那些人，说是要恢复老名称，问他是按从前叫法叫做
"八家嘎查"，还是叫做"八家村"？包玉明认为，改起来有些困难，"村"
和"嘎查"一个意思，八家村就八家村吧。这么一来，大队前的牌子写作
"八家村"。这也罢了。可是后来要将我们这儿的学校改为汉族学校，我们
上访到自治区，好不容易保住蒙古族学校，后来被上头确认为蒙古族学校。
之后，蒙古文牌子也写作"八家村"，不给写作 naiman geriin gaqaa，这么一
来就成了"八家"。我也给很多人反映，我也知道它们是一个词，"八家"
和 naiman ger 有什么区别？不是都一样？但事情远没有那么简单。naiman ger
历来都是蒙古族地区，再过三四十年，改称"八家村"，取消了 naiman ger，
怎么判定这八家到底是汉族"八家"，还是蒙古族"八家"？这不就被人坑
了。达赖说他也好几次找过民委，为这个事情，那天达赖也说过。所以，那
天我也跟达赖说，我们这儿修桥，跟我们每个人收二十元，不管国家给钱也
好，这是我们自己出的钱。要修这个桥，在"文化大革命"中修下边的灌
渠，上面还用蒙古文写"大海航行靠舵手"，如果在这座桥上再写"八家
桥"，那我绝对不干，你给写 naiman geriin gachayiin hoorgoo。这是凭他一句
话的事。实际上，这事和我没有关系，但我就有这个看法，是我们蒙古族大
家出钱修造这座桥，非得写"八家桥"，写 naiman geriin gachayiin hoorgoo，
就不是八家的了？我说了达赖，他说："哎，哎，那么做合适。"我说："钱
在你的手里，修完桥付钱不就完了。你不给写，就不给你钱。"我们旁边就
有一所蒙古族中学，用蒙古语教授，就这点小事情上也不用蒙古文，这算什
么事？自己会，自己教的，却自己不用，那给谁用啊？我还得找满荣和达
赖。会写的老师就在跟前，一写不就完了？这样，以后这桥不知道用多少
年，上面还用蒙古文写着"八家村修造"。

现在这形势，我们是荒村坝地蒙古族，林东进来的东西，有很多我们都
得不到。上面拨下来的，他不赐给你，把名字一改，转卖到其他地方，我们
这里的蒙古族吃过多少亏呀。后来，我们的内蒙古也不深切关怀，这些都是
大家明明知道的。在分队时，80 年代，上面以为我们这儿是蒙古族地方，
拨下一部分钱。钱一拨下来，这些应该都是有把握的，那时候有伊宝元。伊
宝元，在"文化大革命"中被批斗、平反，后来进民委。他来亲口说："我
们下面的蒙古族不找（政府）嘛。"在县里拨下很多钱，为我们这儿的蒙古

族，拨下来了，拨了很多。我们这儿的蒙古族，在"文化大革命"后期被当作"内人党"，给整惨了。不知道你们锡林郭勒那边怎么样。我父亲（daa）他们（对"内人党"）一无所知，还被当作"内人党"，抓去低头，办学习班，不给工分。我们这儿倒没人遭受毒打，但也办了十天、二十天的学习班。让你，非得让你咬一个人进去，承认是你发展的人，不然就不解放你、不让你出去。

后来没办法了，我们这儿的蒙古族也急眼了，谁挖得厉害，就将谁，就说"我也拉巴过你"，将他也咬进来。他也受不了啊，一进去，就说"你也是啊"，当即就把他弄进去。就这样，有好几个月，有半年啊。那时候我在小队当队长。我们这里只有一家汉族，他还说我："你父亲是'内人党'，你有什么可闹的？"我说："我闹什么了？"我们这个队有三四十个"内人党"，凡是有点文化的都成"内人党"了。和"四类分子"一样看待，不知道城里情况怎么样。早晨一鸡叫，就叫起来扫院子、扫马路。那时候，猪羊、牲畜随便外放，所以让他们捡粪，送到队里的粪肥堆上倒掉。鸡一叫，不起来不行，年轻的还可以，七八十岁的"内人党"受得了吗？

后来平反了，好一点儿了，给县里拨下很多钱，为我们这儿的蒙古族地区。伊宝元，还有王（国庆）、齐某，他们来跟我们开过几次座谈会。伊宝元说："拨给我们县里的钱，你们下边也不找，我们也使不上劲，多少钱都被贪污挥霍了。"建了一座电影院，冠以"民族电影院"，将这钱吞了。现在那里不是有个"民族电影院"吗？建了"民族电影院"，演的不是民族电影，用的不是民族的人，而是把我们的钱吞噬了，就盖了一个"民族电影院"。那么多钱，我们下面的蒙古族一点都没有得到，你有什么办法？人家掌握着权力，我们这些破老百姓，到哪里去找？当你知道了，人家也（把钱）吞进去了。后来，（有一部分）拨到我们公社来了，我们都知道，拨下很多钱，公社的都吞噬了。开了一个"民族贸易货栈"，公社拿这些钱建"贸易货栈"，上面写着"民族贸易货栈"，意思是少数民族的，但他没有用少数民族的人，没有用少数民族的服装，只借了一个名字，叫做"民族贸易货栈"，就这样蒙混过去了。也不是（一点儿都）不给。给我们每口人，钱供销社要了，给我们一丈红布、花布，以布头顶替上面拨下来的钱。想往上找吧，没人能去。

来访：这是哪一年的事情？

被访：这是 1981 年的事情。就这样，这里吃掉不少啊。上面把钱一拨，谁还去过问（这些钱）是否兑现，下面的人又没能力去找。就这样。现在还有记者什么的，在大城市里。我们这个地方谁来呀？这农村的事情就是这样。如果你有幸上访成功了，还算可以。如果不成功，事后一旦盯上你，你也受不了。难就难在这里。

这些都是过去的事了，将这二十家子的，说是要撤掉我们蒙古族学校。我们这里的蒙古族很好，尤其是一、二队的蒙古族，大家聚会（议论）：嗨，为什么说蒙古文没有用，你我都是蒙古族，现在据说不让教蒙古文，要改成二类校。每天晚上，我们都在这里相聚，商量对策。二十家子有杨宝林、包清泉，我们几个大队上下串联。在这里，不是有蒙古族老师吗？那个宫恩西（音译），你不是认识吗？已经死了，和于宝元不是表兄弟吗？他每天晚上过来，告诉我们有哪些情况。这样，我们商量对策，决定上书，是让杨宝林写的。准备上访，要求蒙古人用蒙古文进行教育。书已写好，我们一、二队的蒙古族都自愿来签名、画押。还有两个人说："你们跑你们的，如缺钱什么的，我们负责出钱。"

这事情已经木已成舟，已经下来通知从五年级开始用汉文进行教育，公社已经开会，就这么定了，在我们这儿公布了。定了又怎么样？我们将二十家子杨宝林他们写的上访书寄到内蒙古去了。那时候，县里的张松山是人大主席，我同他不是别人，我弟弟在 horoo 教书时，他就是校长。后来他在县里当人大主席，他也是我的孩子的舅舅。有一次在德波村见到他，我也没有时间去天义，就叫他，并告诉他："张老师，我们这儿出了这么个事，想去上访。"他问："什么事？"我如此这般（照实告诉了）。那个人还行，（表示）支持："好吧，好吧，这事我回去……"那时候在县里，从哲里木盟调来一个叫布赫的副书记。他（张松山）说："他管这个事。你们给他也写一封书。"于是，从我们这儿给他再写了一封信。这时候，用汉语授课已经行不通了。过了两天，我们这儿的村长，他小名叫香，宫香椿："呼亦，宁叔，二十家子的刘知晓叫你去呢。"我有点儿害怕了。那天达赖不是也（跟我）开玩笑吗？我是什么脾气呢？就是有点爱开玩笑，这是跟老年人说话，因为是自家人嘛。但是玩笑归玩笑，是不是有什么事真叫我去呢？反正有点儿害怕，毕竟成年人嘛。

出门到下河，准备过河时出来一辆吉普车，很快就过来了。从吉普车里有人叫我。我的大号叫宁守业，小名叫张全，从车里有人叫我"张全"。我纳闷："我的小名一般人都不知道，谁叫我张全呀？"过去一看，是金奇昆，认识吧？他是我的亲表叔。他姑姑是我的亲奶奶。一直想去看，好多年没去看那表叔了，妻子也过世了。他在叫我的小名，因为他知道（我的小名），他让我上车。上车到刘知晓那里，县里五大班子都来了，要解决这个问题。公社的赵志英书记，他也去了。李树泉也在，李树泉和我二弟在林东读书时就是同班同学。我也认识他，张松山更不用说。张松山的表兄弟是康局长，叫康贤臣吧？还有金奇昆叔，要一起讨论这个事情。我们既然已经上告了，哪管公社级的赵书记在场？现在你不说行吗？害怕不说，那上告有什么用？我们几个都有什么说什么。赵书记还在那里抗辩呢："（不管）你们谁说，我得代表公社。"他讲话："蒙古文在我们这里基本上没什么用。"

拜访退休教师杨留柱。杨留柱，男，55 岁，宁城县三座店乡格日勒图村七组居民。同时全天跟踪录音杨留柱一家祖、父、孙三代语言使用情况。连续录三天，两个工作日，一个周末，考虑到家庭成员工作和休息两个方面。方法是从早晨 4:30 将录音笔打开、锁定按键，并挂在每个人的脖子上，给他们解释清楚录音调查的目的。孩子感到好奇，但一会儿就忘了，该做什么就做什么，录音很自然。杨留柱本身是教员，说话极其谨慎，有些话可能是专门为我讲的。父辈的录音更麻烦，中途可能感到说话有些不方便，他想关掉录音，未成，就将录音笔挂在树枝上或搁在某个清净的地方，有一段时间只有鸟叫声，没有说话声。最大的麻烦出现在电池上。南孚电池只能维持15 个小时的录音。不管怎么说，掌握了一些情况，积累了一定的经验。

时间：3:35
叙述：杨留柱
题目：德波村的来历及其传说
语言：蒙古语
音质：清晰

时长：5:20 分

我的名字叫杨留柱，1950 年 9 月 10 日生，出生于老家二十家子。我讲的故事题为"德波村的来历"。

早在我们出生前，在好几百年前，又叫德波（debee，蒙古语，意为"翻浆地"或"沼泽地"）的人。这个人的名字是怎么来的呢？他原名不叫德波，他迁来初期先在一个沼泽地（namug gajar）落脚。这是一个汉族村，现在叫做南山根，那个沼泽地还在。以这个村的名字，将我们嘎查下游的几个队命名为德波村。德波驻地正好相当于我们格日乐图嘎查的第五队。在这个村上有一户富户，叫做德波，怎么起名的呢？人们不认识他，一个陌生人到此定居，初来乍到，就叫做德波。

德波很富有，牛、马、羊牲畜有万头多。他很富有，我们的西村，格日乐图嘎查的西村，有四个队，六、七、八、九四个队，住在一起。我们村北有一座山，叫作五虎山。最早，这座山有五只虎，德波每天到这座山放自己的牛和马。德波马群里有一匹公马，飞鬃扬尾，威风无比，照看着马群。一到白天，它就和这座山里的老虎争斗，晚上回去时，浑身汗透，湿漉漉的。德波问："呼亦，这马怎么出这么多汗？"放马的马倌巴特尔说："这马一出牧，就和山里的花纹老虎争斗。""什么原因？"德波问。马倌巴特尔告诉："这马鬃毛倒立，咬它脖子时，鬃毛倒立，咬它臀部时，就甩尾巴。"德波自以为聪明，有天晚上剪掉了公马的鬃毛和尾巴。第二天，出去一交手，老虎一口将公马的脖子咬断了。

当时牛群中有一头双角如钢叉的牤牛，为公马复仇，每天和老虎争斗、顶架。老虎扑上来，牤牛顶过去，这牤牛每天挥汗如雨，不吃不喝。德波问牛倌："呼亦，为什么这牛天天出汗？"牛倌回答："嘿，这牛一出去就和公马一样，整天和老虎争斗。""噢，要为公马报仇啊。"德波心里这么想，觉得自己有一个好办法。于是，到铁匠炉打造两把刀子，安插在牤牛头上。第二天，老虎下山来，牤牛就和老虎争斗。这牤牛冲过去，登着双眼，当老虎扑过来时，往上一挑，便将老虎肚子挑破了，老虎死了。

牛倌将老虎驮回家。德波一看："哈，这回可行了。"便将老虎皮剥下来，他院子里有个大碾盘，就像现在碾米面的那种碾子，将虎皮披在那碾盘上。这牤牛毕竟是牲口啊，不知道怎么回事，以为是卧着的老虎，一头顶过去，将头撞到碾石上，牤牛也完了。就这样，本来富足的德波，牛马死尽，生活也衰落了。就这么一部古代神话。

　　时间：3:55
　　叙述：杨留柱
　　题目：孟姜女哭倒万里长城
　　语言：蒙古语
　　音质：清晰
　　时长：7:40 分

　　被访：讲一讲早先在我们嘎查流传的一则故事。我的名字叫杨留柱，故事题目用汉语说就是"孟姜女哭倒万里长城"，这么一节。

　　孟家种一葫芦，长大后其藤叶跨过墙头进到姜家院子里。这是人种的葫芦，南瓜、菱瓜、倭瓜，一年一熟。但是孟家种的葫芦，进到姜家院子结葫芦，已经三年了，成熟了。为这个葫芦，两家还打过官司。孟家说，葫芦根子是我种的，所以应属于我；姜家说，这葫芦结了三年，你没要，所以是我的，因为长在墙根这边。两家打官司，找县太爷去了，让他处理这事。县太爷想了半天，觉得两家说的都在理。说："嗨，你们两家不要为葫芦的事吵架。墙东是孟的根，墙西是姜家的葫芦，将葫芦锯开，一家分一半不就完了。"两个人一想，行吧。拿来锯子，将葫芦放在板凳上一锯开，里边出来一个三岁的女孩。这女孩长得漂亮可爱。为这女孩两家又开始打官司。可一个（活）人怎么分开？这家说这姑娘是我的，那家说这姑娘是他的。县太爷也没有办法，就说："让她取你们两家的姓氏，孟家住高处，比姜家地势高，就叫孟姜女吧，行吗？你们两家要照顾并抚养好这位姑娘。"

　　孟姜女一到七岁，聪明好学，于是两家相助，让她去上学。上学后，到十七岁，文字书艺，样样精通。古代人结婚早，已到十七，就要出嫁。于是托人说媒，决定十七岁那年出嫁。嫁给什么人呢？附近有一个聪明伶俐的小伙子，叫做万喜良，就许诺给万喜良。（当时）为了国防，秦始皇颁谕旨，修建长城，将万喜良派去建造长城。等了一年，没来，等了两年，还是没来。于是孟姜女离开家，去探问丈夫的下落。她沿着长城走，这时万喜良已经死了。怎么死的？遗骨在哪里？知情的人说，将他填埋到长城里，建城墙了。

孟姜女是一位讲义节的女子，一听人们这么说，便到外边哭开了。在哭声中，万里长城顿时坍塌。那时，有一个分管建长城的官吏。这官吏向上禀报这事，向秦始皇禀报。秦始皇问："为什么倒塌，是什么人能让它倒塌？""一个姑娘家，每到哭处，长城就坍塌。"秦始皇下令问："已经埋进那么多的人，你怎么能找到丈夫的遗骨？"孟姜女说："如找到丈夫的遗骨，我将指头咬破，让血滴到骨头上，如果是我丈夫，血会渗进遗骨。"于是她向天地祈祷。所有找到的人骨，哪个都不渗透孟姜女的血。突然（有一天）出来一具白骨，三滴血都渗进去了。孟姜女说："这就是我丈夫的遗骨。"她带着丈夫的遗骨走了。

无论她走到哪里，都找不到埋葬（丈夫遗骨）的地方。孟姜女的事秦始皇也听说了，想："究竟是什么样的姑娘，怎么能哭倒长城？我想看一看。"秦始皇一看，说："这姑娘长得太漂亮了，拿来给我做老婆，行不行？"孟姜女很守节，说："不行，你是这么大的朝廷皇帝，像我这样的平民贱女，怎么能做你的老婆？不行，朝廷里有那么多的漂亮女子，皇后娘娘多了去了。"秦始皇也是一国之主，现在的人都说秦始皇很坏，但根据那时候的传说，实际上并不坏。就这样，秦始皇下令，将孟姜女送回原籍。

他手下有一大臣，名字我说不上来，让他将孟姜女送回老家。（中途）过一条河（口误），正好过海时，送她的大官起了歹心，（那天正是）八月十五，他过来，想在船上玷污她。但是，孟姜女很聪明，说："船上有护兵，你怎么能这样？不管怎么说，让护兵睡觉以后再说。"那个大官很高兴，以为是真的。当船行至一个倾斜处，孟姜女将丈夫的遗骨顶在头上，用长裙蒙着头，跳进海里。她跳海的事谁也不知道。秦始皇问："送到了吗？"一个知情的士兵告诉："没能送到，到海上，孟姜女带着丈夫的遗骨跳海了。""什么原因？"秦始皇亲审送行的大官。这回不说真情不行，（便交代）：我产生了这么这么个坏心眼，孟姜女不从，跳海了。秦始皇感到很惋惜，专门为孟姜女建造一座孟姜女庙。这么看来，可以说古代皇帝秦始皇，建造长城的秦始皇，还有他正直的一面。就这么一段故事。

时间：4:05
叙述：杨留柱
题目：猎虎手的故事
语言：蒙古语
音质：清晰
时长：2:40 分

被访：我是杨留柱。大约在 80 年前，在现今的 maraatu（大城子）有一位王爷。王爷营子的南面有一个动物园，里面有一只黄纹虎，供大家欣赏。据那时的人们传说，我们这个二十家子嘎查有两个人与王爷相善。每天，两个人因为年轻，与王爷的老虎玩耍。一天、两天，日子久了，他们也混熟了，于是想把老虎放出来，看看会是什么样子。可囚笼一打开，这老虎可不是猫，呼地逃走了。

放走王爷的老虎，不给抓一只老虎顶替，能行吗？两个人下午打猎回来了，到哪儿去找老虎呀？来到我们二十家子西沟，（突然发现）有一个家伙呼噜呼噜地睡觉呢，动静很大。两个人从陡坡上悄悄地走过去一看，是一只黑花老虎，在陡坡上睡觉呢。两个人手里拿着双叉，按现在的话说，就是铁叉，手持那样的铁叉，冲下去，按住老虎的脖子，将老虎捆结实，弄到王爷营子，到动物园后，用黑花虎顶替了原来的黄纹虎。

王爷第二天一看，哎哟，我圈养的黄纹虎没了？怎么成了黑花虎？于是叫来营子里的人问个究竟。

"没怎么，那虎不是好好的？"

"我那是黄纹虎，怎么变成黑花虎？你们这不是惹是生非？是不是你们俩宰着吃了？将他们俩抓起来。每个人打四十棍子。"王爷命令。两个人求饶，可是求饶也没用，每人挨了四十棍子。王爷说了："丢虎是小事，要了你们的小命可怎么办？"就这样，用野虎顶替王爷老虎的英雄故事从此传开了。

时间：4:38
叙述：杨留柱

题目：傻子娶媳妇
语言：蒙古语
音质：清晰
时长：11:32 分

被访：我的名字叫杨留柱。故事题目叫《傻子娶媳妇》。

古时候，有两口子，有一个儿子，一家三口一起生活。儿子干活很在行，但笨嘴笨舌，从多少个地方求媳妇，但是没人将自己的姑娘许配给他。母亲是一个聪明伶俐的妇女，能让儿子一辈子当光棍吗？这么想着，她给儿子准备了三十两银子，让他出去转一转，看谁说的话好听，就给二两银子，将它学回来。那儿子，古时候有叫钱褡子的，汉语叫捎马子，两边有口袋，他将三十两银子装在里边，搭在肩上出门去了。

走着走着，正好路过一家门口时，一棵树上有很多百灵鸟鸣叫着。这时有一只鹞子冲下来。家里出来一个粗壮的男子，说："百鸟赛灵叫，一鸟雅音。""嘿，这话说得带劲，您教给我吧。"那男子说："你真是多管闲事，不赶你的路，管这闲事。""嗨，给你二两银子，请你开尊口。"嘿，那还行，就告诉了。他在嘴里嘟嘟念叨着。那个男子得到二两银子也很高兴，大早晨一开门就得到二两银子。

他继续走着，遇到一条河，两个木匠在河边锯木头。这时候，在原野上落下指头厚的小雪，春天的光景。这时一个木匠说："河套要拉树，有站处没有坐处。"（意思是）河滩上锯木头，有站的地方，没有坐的地方。"嘿，这句话真不错，来来，请你告诉我。""你这人真会闹。""嗨，给你二两银子。"就把二两银子交到他们手里。这两个木匠锯一天木头，也挣不到二两银子，说这么一句话，就挣到二两银子。那小伙子听到那句话，嘟嘟念叨着，背诵那句话。

走着走着，遇到一条河。河上只有一根独木，渡河非常困难。这时有一个锅炉匠走过来，推着车子，过不了河，独木桥，怎么过呀？那锅炉匠，钉锅的人说："双桥好走，独木难行。"（再用蒙古语翻译）"嘿，告诉我吧。"锅炉匠告诉他了，他就给二两银子。那锅炉匠说："我不过河了，回家。一天钉锅，才能钉几口锅？"就回家了。

他听到这三句话，继续往前走。正走着，有一家栅栏底下压着一个毛驴，拦腰被压住了，出不来。那家的媳妇手里拿着一根木头，说："毛驴钻杖，进出两难。"毛驴的腰被压住了嘛。这小伙子说："嘿，请你教给我吧，媳妇。""你真会捣乱。""给你二两银子，你也可以购置针线，与其向婆婆要，这不更好？"那媳妇很高兴，就教给他了。他学到了四句话，继续往前走。

继续往前走，忘了再记。这样走着走着，看见一只狗死咬一个人不让进去，这时从家里走出一个老人，（骂道）："老狗老得塞死牙，给你一个掏火棒。"（意思是）这老狗，你就惹麻烦吧，给你一个拨火棍。他就学到第五句话。往前走，走到一个衙门，看见两个人在打官司，两个人说："今日离开你，明日衙门口再见。"（意思是）今天离开衙门，明天再和你打这官司。学到这几句话，他继续往前走。

走着走着，来到老丈人家。老丈人是一家富户，怨不着已经做亲戚了嘛，听说女婿是傻子，背着钱褡子来了，家里有两个人在说媒。（老丈人）到底是秀才，正堂就座，他进到家里，却没人理。不仅没人搭理，而且发呆没人开口，这时小伙子说："百鸟赛灵叫，一鸟雅音。"老丈人是员外，很聪明，知道这是说他们在他进来时叽哩哇啦说话，却不理他。就招呼人们赶紧下来，大女婿来了，赶快给腾地方。人们都走开了，但是也有不挪窝的，叫他们离开，却都懒散地躺在炕上。小伙子接着说："河套里拉树，有站处没有坐处。"老丈人更磨不开了。"刚才被人家说了，还是不让座，人家说什么呢？走开。"就这样，人们都下来了。

嫂子们在堂屋给他做切面汤。做完切面汤，（其他）两个女婿坐在他旁边，让傻女婿坐上座。他们俩就把一双筷子的一只筷子藏起来，只给他另一只筷子。他用一只筷子敲着桌子说："双桥好走，独木难行。"老丈人一看，心想："这傻子要露馅。"从竹帘缝里一看，却只有一只筷子。老丈人气得甩帘子出来，训斥那两个女婿："你们开什么玩笑都可以，但在吃饭的时候怎么能和别人开玩笑？赶紧放筷子。"那两个女婿只好将另一只筷子拿出来。

女婿们吃饭了。其他人吃一半就搁下饭碗，但他却一直吃着。于是他嫂子悄悄地掀开堂子的门帘，半身在内，半身在外，傻女婿就说："毛驴钻杖，进出两难。"嫂子被弟女婿数落得不好意思，（心想）："傻子？这叫傻子呀，这说话多灵巧。"

这时候，丈母娘在堂屋手舞足蹈，一边哭，一边嘻嘻笑。于是傻女婿说："老狗老得塞死牙，给你一个掏火棒。"老丈人想："噢，这是听说我们既许配姑娘，半途又不给了，所以他生气，才这么说的。"于是叫姑娘过来看女婿。姑娘来看女婿，姑娘也不知道说什么。这时候女婿说："这花盛开得骨朵很好看，但不知道开什么花。"姑娘想："噢，这是说我长得好看，但只知道长相，罢了，就随他。"这样就嫁给他了。那员外，让女婿就在那儿成婚，将姑娘嫁给了他。

这么一来，这傻女婿害怕了，以为抓住他，要惩罚他。

在大院里杀猪，大办婚宴准备，雇人很多，来回奔忙，请客也很多。（这时候）这女婿突然跑开了，一边跑一边说："今日离开你，明日衙门口再见。""呼亦，我把姑娘嫁给你，你就别告了。"得，赶紧把姑娘嫁给他，送到他们家里去。于是骑着走马，赶着轿车，很多人前后簇拥着（将姑娘）送来了。

送来一看，（他家）是独门一家，进门上炕，就一间房子。从前的人也讲理，也不问理由，"罢了，这是姑娘的缘分，碰了这么个家，算了。"（娘家）为姑娘陪送不少地，陪送三百来亩地。第二年，因为是南方，想种麦子却找不到犁，找不到种子。姑娘说了："你有那么多的文化，就给老丈家写封信吧。"因为他连信都不会写，还得找一个先生。可是找先生，还要请他吃饭，（他）连一顿饭也管不了啊。傻女婿到外边，双手抱着头，（心想）："我一生没学文化，春天到了，没有种粮，想写信，可又不会写字。"

这时候，有一个种子大的蚊子落到他头上，再落到地上翻滚。"噢，据说你是上天派来的文人，来，进屋吧。"他将这蚊子捏进屋里，刮锅底黑，（他们家）连墨都没有，就把锅底黑刮下来，放进盅子里搅拌好，将那蚊子放到毛头纸上，歪歪扭扭地写开了。老丈人家的老丈人找什么样的文人，都未能读懂这封信的内容。村里有一个聪明人，说："我给看一下。"看了看，说："嗨，这不是五垄吗？这是垧地。歪歪扭扭，意思是播种时候到了，该出苗了，想跟你们要雇农，要种地的人。"于是，就给五个犁，派人帮助种那三百亩地。从老丈人家来的人问："那信是什么先生写的？""嗨，收着呢。""在哪里？""在躺柜里。""呼亦，先生能放到躺柜里？还不闷死？"

拿出来一看，用红布包着。那蚊子半个月没吃到东西，一打开"嗡"地飞
走了。"这是什么？""是天使，飞走了。"

就这样，傻子靠别人的花言巧语，娶到媳妇，又增田亩地产，变成了一
家富户。

2006 年 10 月 20 日

与村民韩凤林、韩国良、齐国忠等人访谈并摄影留念［参见附图 77. 与
韩凤林（右第二）、韩国良、齐国忠合影］。

采访宫宝珠。宫宝珠，男，68 岁，宁城县三座店乡格日勒图村 11 组
居民。

> 时间：18:06
> 叙述：宫宝珠
> 题目：格日勒图村的来历
> 语言：蒙古语
> 音质：清晰
> 时长：2:50 分

被访：我是宁城县……以前叫存金沟公社，现在和三座店乡合并了，我
们这个（村）叫格日勒图村。我的名字叫宫宝珠，原先在乡里工作，已经
退休了，退休已经十几年了，十二年了。既然问二十家子名称的来历，我只
能讲我所知道的，是否正确，我也不知道。

我们这个二十家子是怎么来的呢？这里的人们都说是跟随清朝的汗王出
来的。汗王是清朝的顺治皇帝吧？他的名字叫皇台吉吧？我们村里的人据说
都是随他出来的。这里的人们说是从 yao yongshi 出来的，yao yongshi 在哪里
呢？辽阳南部有过那么个地方，老家是不是在那个地方？估计是，是跟他出
来的。为什么跟他出来呢？以前，清朝借助蒙古人力量的地方不少，清朝取
国，蒙古人帮助很大，所以才能得到国家。于是，互相有来往。就这样，跟
随汗王到这个地方定居。我是这么听说的。之所以叫二十家子，刚来时，分
东二十家子、西二十家子，叫做二十家子。是不是刚来的时候只有二十家子

呀？大概是那么个样子。其他的，我也不知道了。就这些。

时间：18:25
叙述：宫宝珠
题目：存金沟乡的地名
语言：蒙古语
音质：清晰
时长：6:15 分

被访：我的名字叫宫宝珠。我想说一下我们乡名、地名（的由来），据我所知。我们乡，开始叫做二区，在三座店。从三座店分出来，归到八里罕，我们这个地区叫做八里罕公社。什么时候从那里分出来的呢，1961 年分出来的。分出来以后，叫做二瞎子公社吧？二瞎子这个地名这个县有好几个地方，西子（音译）不是有一个二龙二瞎子吗？另外这个名字也不好听，所以，按 songginiin gol（葱河）的（蒙古）地名，命名为存金沟。公社名、地名是这么来的。

其他的，songginiin gol，前面那个沟叫做 nariin jabi，汉语叫做乃林沟，反正是这个沟 songginiin gol 不长嘛，就按这个地名起名了。其他事，没有其他事，不知道了。

我们这里的其他地名，后来汉人来居住的，都起汉名了。原先蒙古人来定居的乃林沟、八家都是蒙古名。再有，往上，从存金沟这么一进去，原先叫做四家子（dorbon ger），现在叫做卢家匠大队、卢家匠村，起汉名了。起汉名的来由是，那里是原先在清朝时候存（挤、省）出来的，叫做二爷府，卢家匠大队的二队不是叫做大爷府吗？大爷、二爷，就这样。所以，上风那座庙汉人叫做三爷庙，（蒙古语叫做）songginiin sume，排老三，（他们的姓氏汉字）是鸟鸟的"鸟"，汉语叫做贵族，属于，蒙古语叫做塔布囊族（驸马族）。这么个样子。往上都变成汉语地名了，后来的人都是花钱……老局子、六指沟、草沟门、小梁子等，汉人来住，都变成汉名了。这边沟门，乃林沟是八家先来定居。后来汉人来，都住上头，曹家营子、南沟门、程家营子等，都是这类地名。

我们这里的 debeen ail，debee 叫做 arliin debee，从前是这么个名字。和东二十家、西二十家有所不同，那个 debee，出来时（他们是）一起出来的，因为定居那里，就叫做 arliin debee。这么个事，乡里的（名字），是这么来的地名。这些地名，我所知道的、我们这里的就这些。

另外，北面有叫喇嘛沟门，那里有个喇嘛沟，山沟的入口处有汉族来住，所以叫做喇嘛沟门。这么个名字。往南、往北，都是后来的汉人，南山根、赵家店、李家窝铺等，都是汉人来住，起了汉名。是这样的。

来访：debeen ail 这个名字是怎么来的？

被访：叫做 arliin debee，是这样的，是那么说的吧？你父亲他们都知道。其他的没有了，其他的就不知道了，我们公社的地名，也就这些。

与韩国良交谈。韩国良，男，66 岁，宁城县三座店乡格日勒图村三组居民。除访谈，他还提供了蒙古文《对字本》，就是当地蒙古族门口贴写的对联。进行了拍摄。

时间：22:24
叙述：韩国良
题目：格日勒图村及其寺庙
语言：蒙古语
音质：清晰
时长：5:02 分

被访：我是宁城县存金沟……现在成了三座店乡，三座店格日勒图村人，我的名字叫韩国良。今年 66 岁。因为住德波村，就讲德波村的历史吧。

德波村是有名的德波百户，一共有一百户，没有一户是汉族。德波百户为什么叫德波村呢？（那时候）不像现在，（那里）都是德波地、沼泽地，现在已经变了。有一大寺庙，有三座庙，前面是老爷庙，中间是主殿，上下共 81 间，北面是十八罗汉庙（蒙古语翻译）。蒙古人比较懒惰，不但懒惰，那时候还种大烟，上了大烟瘾。不少人因为上烟瘾，不愿做活，倒腾土地，来回（奔波），也有蹲监狱的。这么一来，很多汉人进来定居，从那儿以前是没有（汉族住户）的。

蒙古语、蒙古文，现在多数都不愿意学了，都学汉语，说是出门与人接触、与人交谈方便。讲蒙古语……我们两个孩子是从蒙古语授课（学校）毕业的。还有一个小的，六岁，在学前班，原来教蒙古语，现在不教蒙古语，今年（只好）学汉语。上一年级，还是送给蒙语授课（学校），不送给蒙语授课（学校）……送给蒙语授课（学校），蒙语汉语都能学，如（单）学汉语，只会汉语不懂蒙古语了。不管怎么说，自己民族的文字不能忘记，你可以学而不用，但是用的时候再学，就来不及了。

以前蒙古人地位很高，蒙古人出门……嗨，说从前的事，和现在不一样了（笑）。上车都踩着肩膀上车，上马踩着肩膀上马，汉人的。他们都是从口里，从山东、山西请来种地的，叫做庄稼汉，年底收完庄稼还要送回去。听说是送回去。送回去，还要请回来，（蒙古人）懒得来回走，就说："别回去了，就在这儿给你点土地，在这儿盖两间房住下吧。"渐渐地，从口里来了很多汉人，满地都是，占了很多我们蒙古人的地方，据说其缘由是这样的。我从前从老人那里听说的就是这样，我经过的没那么多（笑）。

蒙古人以往比较懒惰，爱吃爱喝，不愿意费力干活，所以生活赶不上别人，原因就是这样。如和别人一样好好干，也是一样的，就是懒，习惯了，从祖先起。我先想到的就这些，其他的再什么（再说）吧。

与齐国忠访谈。齐国忠，男，宁城县存金沟二十家子村三组居民。

时间：22:59

叙述：齐国忠

题目：格日勒图村往事

语言：蒙古语

音质：清晰

时长：31:52 分

被访：我是存金沟二十家子，现在叫做格日勒图乡，德波村人，（过去的）第三苏木人。名叫齐国忠，小名叫气包儿，一说气包儿都知道（笑），

68 岁。从小受气，（因为）我们家穷，我们家姓齐，我不是这个地方的人。从前我听说是从 yong yongshil 沈阳出来的。出来后，留在大双庙，在双庙生活不下去，我父母，叫 nooneng 吧，用扁担将我们担着，担着我哥哥和姐姐，来到 noonenggiin ail 定居。这事吧，可能是 1934 年的事情，就这样一直生活在这里。我出生在这里，1939 年生的，我是满洲国人，我是。土改时 10 岁，土改的事情我知道。在我们这里搞土改了，分到了土地。这样，我们蒙古族、我们的生计好多了，全托共产党的好。以前，前拉后捎，又是国民党，又是满洲国。我们这前营子，有叫张金贵的，大地主，我们一个德波村的地全让他收了，有地的人很少，也就一亩二亩地，都这样。

正在这时，满洲国进来，刚才韩国良说了，让种大烟，这蒙古人又懒惰。以前，蒙古族德波百户，一百户，但并不是一百户都有 shabaa，有个叫 shabaa 的。为什么呢？一个存金沟梁是属于几家的，都是蒙古人的，因为蒙古人居住在这里。这个山沟是这个蒙古人家，那个山沟是那个蒙古人家，就这么生活着。从这山沟收租，意思是，哎，租出去，将山沟。汉人进来时租给他，这个山沟给你种，住这儿，收多少租，收多少钱、多少粮食。我们这里的热水、八里罕梁、存金沟梁，还有这乃林，连那个 horho（黑城），都有我们这德波百户收租的地方。过年什么的，就出去收租，收回来，这么着。渐渐地收不了租了，他们汉人进来，把那个什么了，直到解放，就这个样子。所以，汉族就这样增多了。

根本，那个什么山梁上有啥蒙古族？根本没有蒙古人家。为什么那个山梁、山沟都被汉人占了？（因为）蒙古人懒惰，不会到那个不毛之地去居住。我们这个地方原来是个好地方。德波村，什么德波村，这正是（好地方），水质好，德波是老泥塘子，（人们）居住在平地。这山，（满山）都是够几个人拥抱的大松树，有很多松树，这寺庙就是用松树修造的，所以（这山林）是风烟不透的地方。（蒙古人喜欢）居住在好地、平地，宜于居住、有水的地方，谁到那个山沟啥的居住啊，蒙古人能住那儿？所以，汉人一进来，就说，哎，这山沟给你们吧，你们占着，给（我）多少钱，秋天。就这样，汉人就这样增多了。

后来，满洲国进来了。实际上按道理……日本、日本，日本对我们蒙古人并不坏，我还是说这样的话。当年是日本侵略别人的国家，失败了，那是失败了。在这里日本人并不坏，刚开始的时候。（后来）什么都出来了，妓女窑子的事也出来了，还有洋货、洋托子，一色的洋东西。那时候日本人给白面，给火柴，给粮食，凡是我们所知道的生活费都给，实际上也给了。但是，这甲长什么的，一缕一缕（意思是：层层）吞噬，贪污来贪污去，到我们这一代，什么都没有了。是这样下来的，人家是给（好处）的，对我们蒙古人并不坏，我还是说这话，到现在也这样。日本、日本，当然对我们给过好处。不过历史不能忘，日本人曾经在这里居住过，在这南边。我在村里，南边他们演操，ni、sang、wo，这么敲打，我从远处看，就那么点年纪，（只知道）玩耍，那时候。

就这样，土改了，我父亲当兵了，到朝鲜牺牲了。就剩下我，兄弟三人，（生活）很困难，另一个，因为很困难，另一个给别的地方，还有一个弟弟，也叫人收养，家里只剩下我。就这样，分得了土地。分得土地有什么用，干不了啊。1949 年、1950 年、1951 年，这三年。土改，给你土地了。给土地，那时没有犁铧、没有借赊，你的力量，没有牲口，你能做吗？能生活吗？给土地也不能生活。所以蒙古人的懒惰就如此，但是蒙古人也有志气。嘿，有人出来说："我们蒙古族要好好干。好好干，好好干。"就这么干着，把日本人赶走了，解放了。就这么一缕一缕地，建立了人民公社，情况有所好转。成了集体了，成集体不好吗？不是。有几句话，刚才村长讲了，后来（又一次他）去办事，县里的秘书说什么："这不是毛泽东那个时代。"我说："毛泽东时代（怎么了），这国家是谁给的？你不能问一问，就当了一个破秘书就说'不是毛泽东时代'，你知道什么，别看你年轻，你知道个屁呀。毛泽东时代，你能忘记毛泽东时代吗？哼，说'不是毛泽东时代。'"当然了，他说的话，可能说的是"四清"啦、"文化大革命"啦，是气话还是怎么的。我估计是那么回事，不过他也不一定，这句话也不能那么讲，我还是这么讲。

在德波村，在这庙上，曾经开大庙会。那是正月初八吧，正月初八开大的那达慕会，在这大殿庙，御赐名（？）的庙，讲故事，诵经。那诵经，那么些个，大城子的喇嘛，三座店小洞子（？）的喇嘛，这里的喇嘛，大金沟（daagiin）的喇嘛，凡有七八十个喇嘛，开法会。在前殿，坐在台子上，前面铺开经文，哇啦哇啦的。那经文我们哪能听懂？我们是看热闹的。那经轮，有很多，怎么也有几百个经轮，在这边一间房里有挂着的经轮，在这样的架子上有挂着的经轮。都是金属佛爷，在楼上有四尊。我们在土改时，上到那里，叮叮当当地，想把那个头和指头敲下来。敲不下来，都是铜佛，那座庙里都是那样的铜佛。很棒，那时候有大喇嘛，开盛大的诵经会。初八那天，那时候，游戏什么的，总之耍钱的事不是（禁）死的嘛，但那天是自由的，开放了，随便（玩），掷色子，反正是那时候没有扑克，看牌子，对色子，押宝。那是一个大法会。还有，不知道是哪一天，有一个牤节。牤节上杀几头牛、杀羊，那个大锅现在没了，有一间房这么大的锅。在木桶里盛米粥……

来访：在几月份？

被访：啊？十月十号。嗯，这就是牛肉带骨头剁进去的，这样的米粥。这是蒙古人，凡是来人带着碗去，都给盛一碗，都给喝一碗。是这样的，这是十月十日的牤节。

下面还有一个石头堆（鄂博），在鄂博上焚面塑。那时候有几庹长的铜号，有羊号什么的（笑）"哇……"地，吹着那些号，焚面塑，诵经，哇啦哇啦的，（都是）带着法帽的喇嘛们。（人们）也尽情地吃喝，因为都是蒙古人，还要绕德波村，绕整个村子。男男女女都有，不分大人小孩，围着村庄，诵经，焚面塑，到鄂博上丢弃。那时候是那么做的，这是以前我们知道的事，这都是我们自己知道的。后来，有一个活佛，叫什么活佛来着？请来了，数玛尼，蒙古人不是爱数玛尼吗？上年纪的都有玛尼珠。都是这样的，有玛尼珠。都是，每年有两三次玛尼会。在村玛尼会上，也要绕村子。有钱人，每天要数玛尼，召集人吃饭，这都是蒙古人的礼节。女孩、媳妇戴着崇头帽，她们都有崇头帽，那时候哪有，呃，这样的……戴上崇头帽，裹上红头巾，哼，那样的。那些大户，有些户，嗨，家教也很严，媳妇娶过来，喝茶喝酒到半夜，不睡觉地闹腾，那些媳妇直到他们烂醉，都要伺候父母。原来蒙古人就是这样，家教严，现在这些都没有了，一解放全没了。所以说，这座德波庙，当年是很红火的。就这么红火着，解放后到"四清"，搞"四清"到1966年后半年，将寺庙拆除了。拆除后上交了。那些通天柱都是这么大，一根通天柱做一口棺材还有剩余。就那样撒欢了，卖掉了。那时候有一个贫协主席，我们这里有一个叫刘财的，都是他处理的，据说是贫协主席。1966 年拆掉了。北边那座庙是最后拆的。在那北面的庙里，我还教了两年书，在那里，没有学校，教蒙古文，五年级毕业，教一二年级（笑）。北边那座庙是最后拆的，前面那座庙是 1966 年（拆的）。

我们这个二十家子，实际分四个部分：这是德波村，还有东西二十家子，另有货郎店，货郎店全是汉族，现在叫做十三队，有这么四个部分。德波村现在有五个队，西二十家子有四个队，东二十家子有三个队，十三队是货郎店。这个德波村以前都是纯蒙古族，没有汉族。西二十家子是杂拌蒙古，实际上，老邹家、老杨家是汉族，按祖先说，实际上是汉族。都是从山东那边出来的，跟着汗王出来的，那时候一组一组的，不是那样的嘛，那时候，留在哪里就定居在哪里。实际上老杨家他们都是汉族，按道理说。不过按历史说，这是一百多年前的事情，已经有二百来年，他们学了蒙古语，嗳，汉人也成了蒙古族。就是那样，实际按道理，就是这样。

（在座的插话补充）姓刘的是给（蒙古人）放骆驼的，叫做刘骆驼；姓张的，张碴巴，是出来时给赶车的；姓杜的，杜嘛嘛（可能是嬷嬷的变音）是给哄孩子的；姓高的是高大夫，医生出身，这个地方少……所以这四（户）是这么出来的。刘骆驼、杨 saijuur，姓杨的 saijuur，理发的，杨 saijuur、刘骆驼、杜嘛嘛、张碴巴……（插话结束）

所以，这西二十家子，是那么个，现在全都成了蒙古族。这都一样，有什么区别？就是那样的。他们按历史、习惯，成蒙古族了，现在填表也是。总之说，人家按历史成蒙古族了，现在就是蒙古族。东二十家子，河这边的，东二十家子有所不同。他们是大城子王爷……旗王爷的墓地在东二十家子，有叫黑山头的，（蒙古语叫做）葛根和硕，风面好，那墓地不是尸首，而是像现在，带来骨灰，在围栏里边（tomogon dotor）占了那个风面。所以，东二十家子也叫墓地村。不是在看王爷的墓地嘛，是这么来的，这东二十家子。这就是东二十家子，这是我们一个大队的历史。

货郎店，什么货郎货郎的，原来是 hoolong，可能是一两户 hoolong ting，汉民嘛，hoolongsoo，（那些人）留下来，变成那么多。货郎店、货郎店，hoolongsoo，拨浪拨浪的，从山东出来的 hoolong。就这样，我们大队的四部营子就是这么来的。这是历史传说，这四部营子才是历史的传说。现在谁说那些？反正是团结得一个事了（意思是不分彼此了），大家都一样了。

再说，我们蒙古人，刚才也说了，吃着租子，喝着酒，听故事，讲排场，懒惰，使唤人使惯了。我们这里原来是什么样子呢？原来在我们第四供销社北边曾经有一个大地主，叫做张全，已经死了。他的牛多得没数，北边有哈拉盖套、茅塔拉沟（音译），是用来量他的牛群多少的。有这么多牲畜的人家、这么富的地主，他是蒙古族，派头很大。不是有那样的故事吗？有一天，他的一头牤牛蛋子，每天回来时大汗淋漓。这是怎么了？出去一看，是在和一只老虎争斗。杀虎沟的（名字）就是这么来的，不知道是与虎争斗，牤牛蛋子杀死了老虎，还是顶死了老虎。据说是在牛角上装了两把剑，将老虎杀死了，所以叫做杀虎沟（笑）。曾经是一个大富户，蒙古族大地主。将老虎皮晒在院中的碾石上，牤牛蛋子看见虎皮，一头顶过去，牤牛蛋子也死了（笑）。有那么个大富户。

实际上，叫德波村，德波村实际上是一个老泥塘子，那么个地方。现在为什么还有个南山根？南山根原来根本就不存在，那地方都是水有一个黑山头，黑山头那边下葬王爷尸骨并建造了墓地。下边有一个桃山，叫做三家，三家大队。那两座山原来是不断增长的，黑山头向下长，桃山往上长，这都是古代神话，不知道真假。据说两山相会，就会变成大海什么的，不知道（真假），都是听说的。

所以，从科学上讲，还是从国家来说，总之，我们蒙古人、蒙古族，确实曾经是一个富有者和享受者。为什么懒惰？就是因为享受，惯了，不想受罪，不像人家那样辛苦、干活。所以，在我们街里，现在就是这样，没人做买卖，我们蒙古族，那都是汉族，就这样。到北边去，到克旗（指克什克腾旗）看，下去，在他们街里，也是汉族做买卖的多，蒙古族做买卖的有几个人家？就这样，蒙古族就这样惯了，懒惰。过去，一到晚上，我们这里户户都听故事，刚才你们讲的那个 hongxiang（可能是上面提到的 hoolong，发音有些差异）、胡琴手，现在电视出来了，这故事就断了。嗯，不然，这长期，哪一年，哪一户，都要讲三个晚上的故事，听完故事再走。就这样。喝着酒，召集几个人，扯着嗓子吼叫（指唱歌），就这么干。

现在科学发达了，电视一出来，故事就断了，电视也没了，不对，电影也没了。人家（在家）坐着看电视，谁看电影啊，外边怪冷的。所以，科学发达了，这共产党和国家，不佩服不行。这毛泽东，现在的胡耀邦、胡锦涛，我们不佩服行吗？这改革开放，这个特色，中华人民共和国的这舒适（生活）。得，如果反过来说从前的困难，你这玩意儿就没头儿了。哎，别的不说，就在集体化的时候，1966 年以后，1976 年以前，有什么？国家给二斤白面、一斤酒。哪有喝酒，张嘴就"哦，啊"的（唱歌）？哪有的事，还喝酒。那也是限量的，那也是甜菜酒，哼，大米根本看不到，那时候是凭粮票的。你这玩意儿，说困难，还能说完？现在改革开放，现在自由了，现在连大米，年轻人都不愿意吃了。苞米根本不吃，连猪都不吃了，即使是猪，也不吃了，就这么发达，这个国家。这是天和地（的差别），真是天翻地覆的变化，现在是。不佩服，谁不佩服，说说给我看，中吗，那玩意儿？不佩服？你将共产党的这个，不佩服？这五十多年的变化，谁不佩服？从前有什么？是什么样子？现在没人穿带补丁的衣服。就说穿衣服吧，不穿一年，穿几个月就扔了，光是好赖衣服，在我们家，连我这个老头，都有一大堆。（我这是）因为干活，没办法，才凑合着穿，在地里。这是真的，确实是这么个道理，我们不佩服行吗？不说好行吗？我已经 68 岁了，属兔的，我没想到这个社会会变成这样，根本，我连想都没想到。所以，事情就是这样，归功于共产党的好，归功于大家的好。我们蒙古人也好，汉族也好，多数民族团结起来，总的来说（是为了）过上好日子嘛，不就是一个道理嘛，国强民富嘛。不就是这个道理？

所以说，蒙古人，不能忘记自己的民族，什么时候也不能忘记自己的民族，只要是蒙古人。蒙古文，我们学过蒙古文，后来还改了，叫做新蒙文，像阿拉伯数字似的，新蒙文学了半年，将（老）蒙古文扔了，专门……用新蒙文写过文章，我们。把那个扔了，还出了个新蒙文，这些都知道。

这样，总之，我们都贴对子（指对联），全都是蒙文对子，在我们德波村。哼，现在蒙古族也没有蒙文对子了，就我们几家，一个村，贴蒙文对子的，自己抄写，用蒙文对付（着写）。这玩意儿，我去过克旗，人家河这边，据说都是回民，都用回文对子，一看门口就知道了。蒙古人不用蒙文对子，用汉文对子，你到底是蒙古人还是汉人，蒙古人一看蒙文对子，一看蒙古文，从老远，从大路上就知道，哦，这是蒙古族（人家）。得，你将蒙文字都忘记了，连 a、e、i 蒙文字母都忘记了，这叫蒙古族啊？因为认识不到，所以这样。

与韩凤林交谈。韩凤林，男，71 岁，与韩国良同村、同组。

时间：23:47
叙述：韩凤林
题目：二十家子乡今昔
语言：蒙古语
音质：清晰
时长：12:33 分

被访：我是宁城县……宁城县（过去）叫做喀喇沁中旗，宁城县人，现在叫做宁城县。德波村，原先叫做结巴营子大队，后来觉得不好听，改称二十家子。这么出来的，二十家子大队，现在叫做格日勒图村，是这里的人。我的名字叫韩凤林，今年 71 岁了，当地人。这喀喇沁旗，中旗，在日本（占领）时期，日本人走时还叫喀喇沁中旗，是中旗。

我们中旗蒙古人还是比较多。其他的，凌源是南旗，那个（旗）现在没了，即使有，也都是汉族。这个梁西，是喀喇沁左旗……是喀喇沁右旗吧？喀喇沁，那个别看现在都变成汉人，但人家没有改旗，（叫做）喀喇沁旗呀，而我们这个宁城县却改了，自己。那个梁西，喀喇沁旗，有蒙古族，我们去那里修水库，去那儿，进入梁西版界干啥来着，去打草，在那水库上。到那儿打草，像我们这个年纪的，（蒙古语）讲得好好的，还扎蒙古辫子，女的。她们的孩子就不会讲（蒙古语）了，听都听不懂，就这样了。我们喀喇沁中旗蒙古族还是多，都讲，用蒙古语讲，其他地方即使有（蒙古族），也不讲了。说是蒙古族，但是不讲（蒙古语）了。

我们这德波村，有一百户，从前爱财的人还为这百户点佛灯。为每户，手里提着油，为每户点佛灯。这德波村，在历史上是跟着汗王到这儿定居的。所以我们这里的人，那时候都是当兵的，当兵的不回去了，在哪儿住的，成营子居住的就成（某某）营子，分散住的都变成村子。到南方，就没有营子，都是村、屯。我们这儿的人都是当兵的人，出来以后回不去了，按营子，一营士兵，就是营子，就住在那里。是那么过来的。我们（之所以叫）德波，因为有很多德波地（沼泽地），村子叫德波村。还要叫做 arliin debee，从前面到北面，都是直通的胡同子，像车辕子，两边是两溜胡同，中间是住户，两边也是住户，原来的居住布局就是这样。现在改来改去，都没有了，基本上没有了。

（这里）曾经有一座寺庙，我们这儿有叫金宝仙（音译）的人，有人问他是哪里人，（他回答）："爹报营子的。"（问）："为什么叫爹报营子的?"（答）："嗨，一到正月，是人都到我们那里见父亲。"爹报营子嘛，他是在说笑话（笑），所以那么讲的。是那样的。我们德波村都是蒙古族，正式蒙古族的根子原来就在这里。就是这么回事。这里原来有一座庙，庙很大，是什么样，老齐等刚才都说了。这座寺庙有很多喇嘛，那时候的喇嘛都是蒙古族，所以蒙古人的发展就受到限制。蒙古人当喇嘛，当喇嘛就不能娶媳妇。我们这个宝老师，您回到内蒙古，要为我们做一些详细（介绍），为我们这个蒙古族。不然我们宁城这地方的，这旗里的蒙古族就基本上没了，都会成为汉族。上面关心一些，我们还可以再发展嘛。是这样的。

我有两个孙女，都嫁给了蒙古族，一个大学毕业了，今年去了呼和浩特。另一个也毕业了，到天义，到 sumiin gool，那个地方（蒙古语）叫做 sumiin gool（大庙河），汉语叫做苏木高，实际这就做得不对，将我们蒙古族（的地名），就这样弄没了，不应该的。大城子，那里是中心，这苏木高，往北出去五六里，就是建平，进入其他县的边界了，在那儿建县，来回走很不方便。所以，好好关心我们蒙古族，比什么都强啊。如不关心，我们这个蒙古族，就都会变成汉族，快了。现在的年轻人嫁给汉族的多，不重视蒙古人，再加上人口减少，丢掉蒙古语，学汉语，文字也变成汉文，那还不完了？还有蒙古族吗？所以，将蒙古族……我们那个孙女也这么讲，教蒙古语没有用，考不上（学校），毕业也没地方安排，找不到工作。但是，（即使这样）也要教授蒙古语，将来会有用处的。你别看，蒙古语一直教授下去，汉族中渐渐懂（蒙古语）的人也会多起来。

我们这是，想到的挺多，一说就说不上来了（笑）。这寺庙，寺庙走红火时，汉人就算没有，我们这儿（汉人）并不多。后来汉人增多了，才变成这样。现在这城市……我们这蒙古族不行，懒惰，脑筋也不那么灵活。在这街里，都是汉人做买卖，蒙古族没有一个人（做买卖）。我们那个大儿子，蒙古族，搞（买卖）来着。被汉人……这汉人也欺行（霸市），这事我们的宝老师不（关心）不行。汉人欺行霸市，将你咋呼一顿。就这样，（儿子）不干了，在家待着。就这样，别看他妈不搞民族分裂，但是在细节上，其中就有其道理，还能没有？是这么个事。其中，将我们蒙古族……

我们蒙古族，在大城子有一些，多数的、聚居的，另外我们存金沟公社，现在合并到三座店。三座店蒙古族并不多。jujaan horoo，就是那个马市营子（音译）有蒙古族，就算基本上是纯蒙古族，一个大队。其他的，我们这个大队，你看，八家下半截是蒙古族，罗家店的两个沟塘子，都是公社的。罗家店的下边，整个老大队都是蒙古族，还有我们这个大队是蒙古族。往那边，李家湖（音译）那里也有不少蒙古族，都是比较集中（居住）的，在我们这里。如果不什么（重视），自然都会灭失，都会被灭掉。请您对此多关心点儿，不然我们这个蒙古族，渐渐都变成汉族了。

但是现在不知道是怎么回事，是时代的问题，还是气数问题，变成这样了。我有三个儿子，三个儿子有五个孙子。五个孙子有四个已经说媳妇了，其中只有一个是蒙古族，三个是汉族。就这样，这就出现不少差别，我们蒙古族姑娘嫁到汉地就是汉族，汉人的姑娘到蒙古地方，因为是汉族，不说蒙古语。这不就向那个方向，向各民族联合（本意可能是指民族同化）的方向靠近吗？所以，必须好好关心，您怎么也得好好关心，关心我们宁城县的蒙古族，要不然就会灭亡的。就是这次，你来调查我们这里的（情况），不然谁管呀？没人管。到公社（办事）吧，主要管事的都是汉人，不让用蒙语说，有一两个蒙古族（干部），可那都是病夫子，不管事。就这样，这事。现在不什么一点……你到哪儿办事，都不让你用蒙古语说话，（都说）："我们听不懂啊。"现在就是这个样子。就这样，不知道发生了多少大大小小的矛盾。就这些，我也不会说。

2006 年 10 月 21 日

拍摄杨留柱提供的文献。大部分是清末民初的私塾教科书，包括：对字本，满蒙文名贤集，蒙文孝经，满蒙汉文《三字经》等（见附图 31. 满蒙汉《名贤集》一页，32. 满蒙汉《三字经》一页，34. 蒙古文《对联》，35. 蒙古文《孝经》）。

再次拜访黄廷选，交谈，录制歌曲。

时间：23:08
叙述：黄廷选
题目：梁金东，达纳巴拉（歌）
语言：蒙古语
音质：清晰
时长：22:13 分

歌词略。

时间：0:20
叙述：黄廷选
题目：三门杰3
语言：蒙古语
音质：清晰
时长：71:42 分

说书文本略。

2006 年 10 月 22 日

到大城子。由齐凤阁先生朗读喀喇沁土语 800 句，并进行录制。录制过程有拍摄。

当晚回到宁城县天义镇，住劳动宾馆。下雪，气温下降。在路上拍摄大城子鄂博、法轮寺和雪后立体气候美景，包括三座店北山和南山（见附图 60. 北国风光，61. 宁静的山庄，62. 雪山美景）。晚上县委和政府开招待会。宁城县搜集的书面资料，拜托莫主任寄出。

2006 年 10 月 22 日

去喀喇沁。由语办主任崔俊凤和工作人员萨初仁贵接待。中途拍摄雪中美景，包括：大城子水库秋色，东山云雾，法轮寺钟楼，白音查干山下，大城子白音哈拉山，江山多娇，十月的雪花，雪山美景，雪山深处，阴山翠绿，中京塔等（见附图58. 大城子水库秋色）。

根据喀喇沁民委提供的资料，2006 年，喀喇沁旗总人口为 33.3605 万人，其中蒙古族为 13.6423 万人，满族等其他民族人口为 19.7173 万人。在蒙古族人口中，使用蒙古语言文字的只有 802 人。根据深入访谈了解到，锦山镇蒙古语言文字使用人口为 336 人，其中包括旗实验小学、蒙古族中学的 200 多名学生和机关干部 23 人（多数为外地人）；西桥乡蒙古语言文字使用人口为 200 人，多为学生。

喀喇沁旗直属机关有蒙古族干部 6286 人，其他民族干部（多为汉族）3719 人。使用蒙古族语言文字的干部有 23 人，大都是外地调来的。其学历：中专以下的 9 人，大专 12 人，本科 2 人。其职务均为科级以下，呈现出低学历、低层次特点。

喀喇沁旗王爷府是蒙古族比较集中的地方，约有 2.2653 万人，汉族等其他民族有 1.7220 万人。蒙古族人口中使用蒙古语言文字的有 189 人，主要集中在杀虎营子和大庙两地。

2006 年 10 月 23 日

选择杀虎营子做问卷调查。收回有效问卷 50 份。

与秦国志等人座谈。秦国志，男，喀喇沁旗王爷府镇杀虎营子村人。杀虎营子有 1200 多人，其中，蒙古族占 90%，学校合并于 2003 年，先有 70 多个学生，后减至 40 多人。原来的 5 个年级减至 4 个年级。教员有 7—5 人。内容由谈话人自由选择。

回去途中，给我开车的司机提供了一个重要情况。他姓孟，祖先是清末从山东移民到这个地方。他说：我们汉族有些人很不自觉，经常做出一些出格的事。喀喇沁旗号称蒙古族 13 万，其实，其中的 10 万都是假的。我感到很震惊，不相信。孟师傅说："不信你查一查。"我突然想起日本一个学者提到在内蒙古某宾馆遇到一个假蒙古族服务员的事。决定找时间跟民委的人谈一谈。

时间：11:26
叙述：秦国志
题目：喀喇沁蒙古族小学合并的情况
语言：汉语
音质：清晰
时长：16:02 分

被访：我是喀喇沁旗王爷府镇杀虎营子的，在这里当过老师。下边我主要呢，说说这个我们学校的情况。我们这个学校呢，前期来说呢，民族最集中，蒙古族呢，也是说话意思是讲蒙古语比较多的地方。我主要说说我们学校的教育情况。

从恢复民族教育以来吧，就是开设蒙语文，就是各科，就是各班，母语文授课。党的民族政策下来以后呢，对少数民族特别重视。那么恢复以后，上边，从旗教育局的包局长，包局长当时抓民族教育，在全旗，在我们村咯，就招了四十多个民族教师，就上各乡旗。就是，因为啥招这 47 个蒙语老师呢？就是我们这里规定的是纯蒙语授课。这么，那个 1976 年、1977 年那个功夫，一恢复民族教育以后，有过那个，包局长他们按那个……民委吴林下来以后，恢复民族教育，老百姓听着啊，特别高兴。老百姓听着啊，（说）党的政策好。上级党还记得关心少数民族，还知道少数民族语言还能发展，能学习自己的文字。所以说啊，老百姓特别高兴，在办学校啊，各个方面，这个，我们这个大队的村民都挺支持的。这样到了以后，从 1977 年开始，前期都恢复了民族教育，也就是说各乡各镇基本上恢复了民族教育。这个，没办的是，像实在没有蒙古族的就没办。像牛营子那面，有些学校都办了，像西桥、乃林、咱们这儿旺业甸、王爷府、四十家子，有很多公社和大牛群、小牛群。就是（除了）南台子、永丰太那面没有以外，基本上都恢复了民族教育。这样以后呢，这个老百姓就是从心里乐着呢，（心想）这党中央关心民族教育。这样而后，就是对学校的建设呀，还有地亩，学校征用，那都……实际上啥也没啥（意思是：不成问题）。

现在这个学校撤了，那上面的地是我们三组的地，他们别的小队没掏地，就我们三组掏地了。现在把学校撤了，大队把这个学校卖了。这是个什么来源呢？怎么卖的呢？

　　这就是，从1977年开始办民族教育以后，全体民族教育形式呢，相当稳定，还相当好，那个时候。这样发展得相当不错，考大学，（考）高中啊考大学，出了不少人才。那个功夫，英语呢，还是比蒙语弱，就是蒙语在全体占上风。这样，以后考大学的时候，都考的，以民族分数，这么上去的。上面照顾少数民族嘛，这样考上了很多人才。所以，我们这个大队考上大学的相当不少。这就是到高中以后，高中的校长都隐隐地自豪，他（到）旗里，旗政府那儿开会，开教育会，都在那儿挺吃香。于凤林，他在那儿讲话，那是嗷嗷的，那是。他这不是出现人才，他考得多呀，王府。这样以后，这学校民族教育各（方面），从小学到中学，到高中都有蒙语课。都有蒙语课，而且搞得轰轰烈烈吧，那功夫，抓得。

　　那么最后，这个怎么就不轰轰烈烈，都不走俏，不中了呢？它是，下边，到了下边以后，这个个别的这个汉族领导，他对蒙语有一点这个抵触情绪。好像蒙语没啥用，考大学以后，它这个也没用，到大学不需要（学）蒙语了，学英语。这个更，蒙古族的（学校），他那儿不开设（蒙古语课）了，这样从上边到高中，这样那个民族教育，都有点儿啥了。这么，一点儿一点儿地……（那时候）旗教育局是于局长在那儿。他这个，下边找（他），说哪哪儿民族老师的课都停了，后来找到教育局去了。他说："顺其自然吧。"

　　顺其自然，各总校后来，听了这句话以后呢，逐步地把蒙语给砍了，今天把这个学校砍了，下一年那个学校也砍了，最后导致1998年到1999年，基本上全旗的民族教育都被砍散了。像那个外旗，像阿旗、右旗（指巴林右旗）那边来的，在高中教蒙语的老师被迫提前做好工作，都走了，回老家去了。这时这个蒙语课就完蛋了，是这么个样子。

　　那么，我们这儿的学校给砍了，也是因为，不重视蒙语，就是这样。这学校就合并，合并以后，这个，有个江波，那时江波是民族学校。最后是，我们大队干部也没什么能力，让人家下房争取了。（他们）争取办民族教育，也挂那个蒙古族实验小学这么个名。实际呢，那地方居住的多数是汉族，在下房，可以说蒙古族极少极少。这么办，以后就把学校并掉了。

　　并掉以后，中央去年来检查了。以民族学校（为例），实际上根本蒙语课就不开了，就郭志那儿，那两天开蒙语课，也就学学字头。然后，咱们旗里的那个谁，那个那个记者，谁，包玉兰的对象吧？上那儿录点儿，捎点儿，朝格图介绍说："蒙语课开展得好，好向全旗推……"这不纯粹糊弄人吗？蒙语课都不上了，你还上什么母语课？他在那儿教字头呢。我们原先（上的）都是全天的（蒙古语）课文，都是文章，对吧？短文、长文，这些个，学的都是。现在是，把这个呢，都砍完了，他还表扬这个什么什么。糊弄人呢这是。

那么去年，（分管）民族教育的陈至立（来了）。（听）说有民族教育吧，都来参观，来看，中央的陈至立来看来了。实际是，它蒙语课根本就没有好好搞，那是在糊弄上级。咱们这个纯蒙古族，实际这个纯蒙古族实验小学应当是在我们这个地区，也就是（应设）在杀虎营子。结果是，上边，以总校为主，不，为了并掉你这个蒙古族学校，是吧？不给你派好的老师，是吧？你不是蒙古族吗？蒙古族，你汉语文、数学都不好，把你的蒙文老师都给你集中到那儿，都集中到那儿，看你（怎么）教吧。

最后，欧良知在这儿当校长，没辙了，调不来好老师，使这个营子的很多家长把孩子送到下房。还有一部分（家长）坚持了一年。第二年，上边没人管，大队也不知道找谁，这个民族学校就被迫并掉了。老百姓相当有意见，并校当时，那些一群妇女，那些个（群众）都不让。那个总校的校长又嚷又闹的，把东西都给拉走了，把课桌、把教学仪器，是吧，全部给拉走了。所以说，杀虎营子的群众对这个相当不满意。直到现在，杀虎营子的孩子，数九隆冬，幼儿班的五六岁的小孩，都得上下房。一大早晨，（家长）骑摩托车，没有摩托车的骑自行车，不会骑自行车的，就背着呗，到那儿去。这是对少数民族，从心理上吧……（我们的）意思是，党的政策这个，上边抓得很好，一到下边就落实不了，是吧，闹的群众是……这儿的蒙古族群众相当有意见，对这个。

（我们的）意思啊，要是上边政府，要是能够给恢复（民族学校），社员还是拍手欢迎的，还是能大力支持，要土地，给你土地。办校呢，你既然卖了，你大队负责，你得给买回来。给卖了，没通过教育局，大队就随便卖了，卖给吴玉华的小子了。十亩地的院子，才卖六万。大队卖了，把钱大队都给花了，社员对这个相当有意见。啊，（我们的）意思是，要是能恢复民族教育，给退回六万，我们可以支持你给土地，我们三组还可以支持他给土地，还可以让他办教育。

当时，走的时候，我们这里的学生，有几个老师来着？最后是有70多个学生，啊，有7个老师，这时给并掉了。并掉的原因是……（如果）坚持办，是办得下去的。（因为）上边不重视，正因为上边不重视，这才把学校并掉了。啊，我们这个杀虎营子的村民啊，要求把我们的民族学校给办起来。办起来了，以后还要学习自己的语言文字，还要学蒙古语。即使是你汉语文好，数学也好，我们的蒙古文，我们的子孙后代蒙语不能丢。因为咱们都是蒙古人，我们这个营子的蒙古人一直都是这个样。现在把我们的语言文字给断了，把语言文字都给掐断了，也不知道是哪一级给掐的。不让学了，会说的人，会懂的人，那他以后就是……划归蒙古族的，话也不会说了，文字也不会认了，就形成这样的局面。我们这里还是要求，还得恢复民族教育，还要学我们的民族语言文字。

来访：这里的蒙古族有多少人口？

被访：啊呀，可以说95%（是蒙古族）吧。汉族不多，全是蒙古族，95%是蒙古族。是凡汉族（以外的）都是，（占）90%—95%，还是蒙古族多。准确数字就得问大队。现在全旗民族教育是已经瘫痪了。我们还得恢复民族教育，要求还要学我们自己的语言文字。哪怕家里剩一口人，也要学。

合并那年是，今年是2006年吧，2004年、2003年吗？合并时候还有70多个学生。闹合并的那年还有70多个学生。等到第二年，学生终于被送往下房，不给派好老师。那功夫，还有40多个学生。嗨哟，让我们合并，拉桌椅板凳，后来闹了，又坚持了一年，才合并的，并掉了。合并那个功夫，原先有五个年级，后来变四个年级。到四年级时，先把五年级合并过去，然后把一至四年级到幼儿班一并合并过去的。

来访：教员怎么办？

被访：老师啊？合并那个功夫，老师就不多了，7个呀还是5个？那功夫是。那就是，合并那时（老师）就微微聊聊了（意思是：寥寥无几），已经闹过去一部分了。

老师们啊？民族教师就烧锅炉啦。他有个兄弟烧锅炉，干后勤，给打井。民族老师，还有守大门的，有两个老师到下房，那功夫有病回来了。这看大门的……全旗民族教师搞教学的就没有了，基本上。不是搞后勤，就是守大门，烧锅炉这类的，全旗都这样。

来访：工资怎么办？

被访：工资给，工资和其他老师一样，到涨的时候涨，一样给。（录音总长度16分）

时间：11:50

叙述：秦国志

题目：杀虎营子的蒙古语

语言：蒙古语

音质：清晰，语速较慢

时长：2:31 分

被访：我的名字叫秦国志。我们这个营子都能听懂蒙古语，多数都是蒙古族，所以纯粹用蒙古语交谈，用蒙古文进行写作或进行教学。在"文化大革命"前，这个营子的人都用蒙古语交谈。看看历史，从解放以来，这个营子的人都用蒙古语交谈、说话。这里蒙古族多，多数都是蒙古族，所以讲蒙古语。如数学、语文都用蒙古语。"文化大革命"开始以后，民族学校被取消了，从那儿起，50 岁以下的人蒙古语全丢了。现在，50 岁以上的，可以跟您讲蒙古语，50 岁以下的就不会讲了。到1977 年，中央恢复了民族学校，现在的小青年不怎么会讲，但懂得，知道是什么意思。这几年蒙古语课也被砍掉了，以后的青少年就根本不懂蒙古语了。过程就是这样。

访问鲍淑英一家。鲍淑英，女，75 岁，其丈夫李天明，男，78 岁，喀喇沁旗王爷府镇大庙村三组居民。

时间：12:35

叙述：鲍淑英

题目：大庙村蒙古族及其语言

语言：蒙古语

音质：清晰，语速较慢

时长：7:28

来访：您叫什么名字？

被访：我们的名字呀？名字用蒙古语……汉语叫鲍淑英，我们是阿里马斯图人，我的亲家……

被访丈夫：姓啥？用蒙古语讲。

来访：您讲就可以了。他叫什么？

被访：他的名字，用汉语叫李天明，蒙古名叫什么？78 岁，我 75 岁。

来访：相互间用蒙古语讲吗？

被访：都用蒙古语，以前用蒙古语听课。我亲家也是蒙古族。

来访：有几个孩子？

被访：三个儿子，一个姑娘。

来访：三个儿子会讲蒙古语吗？

被访：那两个一点儿都不会，大的懂一点，但不会讲。娶了汉族媳妇。

来访：今年多大？

被访：今年好像 53 岁吧？

来访：媳妇是汉族？哪儿的？

被访：上边的，叫樱桃沟，不懂蒙古语。

来访：媳妇不讲蒙古语？

被访：她不讲，她是汉族，一点儿都不懂。

来访：二儿子有多大？

被访：二的今年属鸡的，50 岁。

来访：媳妇？

被访：媳妇属鼠。

来访：蒙古族？

被访：汉族，都是汉族，三个媳妇都是汉族（乐了）。那个，三儿子在包头当兵，不会讲蒙语。

来访：姑娘讲蒙古语？

被访：她们一点儿都不讲，最不讲的是她们。

来访：女婿是蒙古族？

被访：都是汉族。

来访：你们村有多少人口？

被访：（问丈夫）问我们大庙村有多少人口？

被访丈夫：现在有多少人口，我还不知道（乐了）。

来访：蒙古族有多少？

被访：我们这个前屯是蒙古族，蒙古族少了。

来访：大概有多少？有五十户？

被访：没那么多，也就是四五户，也就那样。其他的都死了。

来访：您媳妇都讲汉语？

被访：是，媳妇都是汉族，不会讲蒙古语。

来访：你们小时候，小孩时讲蒙古语吗？

被访：那时候都讲蒙古语。父母都是蒙古族。现在娶汉族媳妇了。以前蒙古族村蒙古族多，现在蒙古族少了，全是汉族。我们这个队有十来户？也就是五户。

被访丈夫：这个队呀？咱们队不少。

被访：哪有那么些？老的没有了，少的不会说了，还不白扯？

被访丈夫：汉族不断地从外头来，房子都分给汉族了，汉族多了，蒙古族少了。

来访：你们爷爷辈在家都讲蒙古语？父辈又怎么样？

被访：他们都讲蒙古语，以前都用蒙古语。就是我们这一代，娶汉族媳妇。我们小时候，蒙古族娶蒙古族，汉族娶汉族，现在蒙汉不分了，不管了。

来访：你们这个村会讲蒙古语的有多少？

被访：这个队有几个，李宝玉、白奇、白奇母亲……75 岁了。

被访丈夫：会说的已经是少数了。

2006 年 10 月 24 日

跟民委同志询问那 10 万蒙古族的民族成分改动问题。他们很年轻，一问三不知。我提出到公安局翻阅一下原始档案，他们很紧张。请求先不要去公安局，由他们联系找当时的知情者做一次访谈。

晚上，在宾馆住处接待两位退休老干部。他们同意接受访谈，但不同意照相、录音、记录和透露他们的姓名，显然，他们曾经是领导干部，知道历史事件的内情细节。

根据他们的介绍，喀喇沁旗在 1982 年以前蒙古族有 2 万多人，满族有5000 来人。当时一个很现实的问题是蒙古族比例过低，影响到喀喇沁蒙古族旗的地位能否保住。当时国家对民族自治单位的批准，要求少数民族人口必须占到一定的比例。这就是 80 年代兴起修改民族成分浪潮的主要动因，我在平泉等地调查时也碰到过此类事情，但没有喀喇沁这么严重。当时的领导曾经请示过上级，上级采取睁一眼闭一眼的态度，因为在当时看来，这样做，能保住蒙古族旗的地位，对蒙古族人民有利。

1983 年，喀喇沁旗蒙古族人口猛增至 8 万人。修改民族成分是有手续的，但情况比较复杂。喀喇沁旗从历史上看，蒙汉通婚较多，有蒙古族改汉族的，有汉族改蒙古族的，界线不十分清楚。修改民族成分时，只要有人能够证明祖辈双亲中有蒙古族的，就可以修改民族成分。大队向乡里提出证明，由乡里批准即可。但最重要的诱因是计划生育政策，蒙古族的生育限制宽松一些。当时的农民不像现在，多争取一个生育指标对他们来说至关重要。除此之外，土地分配、上学照顾分、提干优先等对蒙古族的优惠政策也起到一定的作用。

我问他们，电视上正在公示 64 位新提拔干部的基本情况，其中有多少是当地真正意义上的蒙古族？他们回答，没有一个。当然，他们也没有想到会出现这种结果。这是汉族通过改变民族成分争取更多资源的一种策略，策略不是他们提出的，但是当地干部的投机、短见，却给他们提供了机会。汉族为了发展可以修改民族成分，但他们绝对不会轻易修改自己的姓氏，这一点很有意思。民族政策和民族生存资源的稀释，是中国民族问题中出现的值得注意的新倾向。

他们还谈到民族教育问题。1984 年以后，宝音特古斯出任教育局副局长，他死后，民族教育再也没人管了。"文化大革命"后的恢复时期，教育局、民委、统战部联手，做得特别好。为发展民族经济，上面拨给 2 万多元（当时蒙古族人口为 2 万多人），由民委统一掌握。后来，这笔经费就没有了。对蒙古族中学和蒙古族小学，上面都拨款，但学校不教蒙古文，从上面要钱时才打民族的招牌。某些地方居民中只有一小部分是蒙古族，却都变成蒙古族，扶贫持续整整三年。而真正的蒙古族贫民，却得不到这笔宝贵资源。为蒙古族中学争取10万元的经费拨款，当地许诺给上级教育厅某领导的小姨娘分一套房子。钱拨下来了，分的房子却收回去了，但那位亲戚居然找到单位，想把拨款要回去。可见当时民族教育的尴尬局面。

据他们介绍，喀喇沁旗蒙古族人口少，与历史，特别是与日占期有一定的关联。引日本人占领喀喇沁的是金永昌，他在德王时期分管教育和交通。除此之外，还有丁久昌、白海丰、于保衡、乌古廷、杨德林和乌鹤龄。乌古廷分管内务和军事，于保衡就是移居国外的著名学者扎奇斯钦。

解放初期，王爷府地区蒙古族青年的组成情况大致分为四大部分：

1. 崇正国高、崇正优级学校高年级学生150多人。

2. 当国兵、上军官学校或当劳工的约有100余人。

3. 以年轻小喇嘛为主的八路军县支队的蒙古连有100余人。

4. 在伪满政府当警察、特务的，打败日本后当作汉奸处死的一部分人。

由于青年一代在战争中的分离、逃散、牺牲，导致解放初期喀喇沁旗蒙古族人口基数很低。在"文化大革命"中，在喀喇沁旗，蒙古族干部死460来人，伤残700—800人，其中领取伤残证的有300—400人。

综上，喀喇沁旗人口流动包括三层内容。1. 受改朝换代、民族冲突、政治事件的影响，喀喇沁人背井离乡，流散到其他蒙古族地区；2. 汉族移民大量流入喀喇沁地区，在地理和社会两个方面填补了喀喇沁地区的剩余空间；3. 修改民族成分。据核实，1981年，喀喇沁旗的蒙古族仅为2.9469万人，到1982年猛增至8万人，多出的5万人是因修改民族成分而来的。人口流动对喀喇沁旗的蒙古族社会起到稀释的作用。

2006年10月25日

离开喀喇沁回赤峰，住人大招待所。中午由赤峰民委招待，晚上由《赤峰日报》白音那副主编设宴招待。我说不会喝酒，只喝点葡萄酒。白音那说："上本科时，教给我们喝酒的是你，现在又不喝了，搞研究去了，哪有那样的便宜事？"他领来四位女编辑，个个壮实威武，能唱能喝，用八瓶长城干红把我给放倒了。临走时，她们还说："下次来草原，养好身体最重要。"幽默、大度，服了，算是回归一下自己的母文化吧（见附图76. 与宁城民委和《赤峰日报》负责人合影）。下一个调查点是通辽，计划30日离开赤峰。

第三次调查（2007 年 10 月 4—5 日）

2007 年 10 月 4 日—5 日

在存金沟拍摄民间收藏的文献：八家村的来历，五方元音，风水书，符咒，占星术，黄历，汉满蒙三字经，满蒙千字文，手相书，蒙文西汉演义，蒙文水浒传，汉满蒙三合词语，《脉经》，蒙文《三国演义》（见附图25. 八家村的来历，33. 蒙汉《五方元音》一页，37. 汉满蒙《三合译语》，38. 蒙古文《脉经》一页）。所有拍摄文献，原件返回收藏者，回京后每部文献制作一份精美的副本，寄给收藏者留存、使用。

第四次调查（2009 年 7 月 16 日—8 月 23 日）

2009 年 7 月 16 日

乘 2251 快车，晚 11 时到达喀喇沁左旗公营子。住星吉宾馆，每天 120 元，条件还可以。

2009 年 7 月 17 日

坐班车到大城子，住县宾馆，离政府办公楼不远。1987 年我来过这个地方，当时的那座楼还在，但后面增盖了新楼，条件大为改善。宾馆旁边就是乌兰山和乌兰公园。县民委包鹤朋主任和语办梁主任来宾馆看望。午饭由语办副主任何淑萍安排。吃晚饭时，民委主管宗教事务的白主任在座。

据民委提供的资料，2008 年，喀左县总人口数为 42.64 万人，其中汉族人口为 33.7872 万人，占人口总数的 78%，少数民族人口为 9.3528 万人（有十几个少数民族），占总人口数的 21.9%。全县蒙古族人口为 9.0755 万人，占人口总数的 21.3%。根据 2005 年的行政区划，全县设 10 个镇，1 个国营农场，11 个乡。其中，蒙汉杂居的有 6 个镇 4 个乡，总人口为 21.0458 万人，其中蒙古族人口为 4.09 万人，占杂居总人口的 19.4%；汉族人口为 16.9558 万人，占杂居总人口的 80.6%。在蒙古族人口中蒙古语使用者为 1.442 万人，占杂居乡镇蒙古族人口的 35.3%，占全县蒙古族总人口的 15.9%。杂居区 6 个镇的蒙古语使用者比例达到蒙古族人口的 35%（平均数），说明这 6 个镇是分布蒙古族聚居的且保持民族文化的村落。而草场乡是全县蒙古族比例最高的乡（74.6%），但蒙古语使用者比例却只有 17%，民族人口数和民族语言保持者数的反比例显示民族文化的融合度或丧失程度。

与民委协商后，选择南哨镇和草场乡作为调查点，南哨镇蒙古语和传统文化保存较好，而草场乡在民族文化融合或语言转用上有特点。

2009 年 7 月 18 日

由民委语办梁主任陪同，到南哨镇调查。先布置问卷调查。问卷分两种，一种是语言使用情况调查，另一种是异族通婚情况调查，各分发 50 份，由县语办和乡政府协助调查和填写。

南哨镇位于县城南部，距县城大城子镇 7 公里，东接草场乡，西、南接平房子镇，北与坤都营子乡、大城子镇交接。问卷调查点选在白音爱里村。该村是旅游定点村，蒙古族聚居，并在一定程度上保留着蒙古族传统文化和语言。村委会在发展旅游经济时注意挖掘民族文化资源，与县民委关系良好，欢迎学者来访和提供创造文化品牌，发展旅游经济的思路和建议。在村口和道路两旁，可以看到蒙古文标语文字，村委会蒙古族文化展览室也在筹建中。在村里，70 岁以上的蒙古族老人蒙古语讲得很好，他们时常聚在一起打牌、聊天，这是他们至今保持蒙古语的一个重要原因。

异族通婚调查是以蒙古语使用率的高低作为背景展开的，目的在于探索异族通婚对语言使用模式演变的影响。

在本乡一蒙古族农民家发现一个在白布上书写的家谱。落款写：雍正九年从奶牛好的查干赛台迁徙而来的祖先们。此家还收藏约 30 份地契，年代为从光绪年间到伪康德年间。对这些文献进行了拍摄（见附图 44. 蒙古文地契 1）。回京后将副本寄给收藏者作为留念。与南哨乡白音村领导合影，与南哨乡白音村地契提供者合影（参见附图 80. 与喀左南哨乡白音村领导合影，81. 与喀左南哨乡白音村文献收藏人合影）。

草场乡位于县政府驻地大城子南 16.8 公里，东接老爷庙镇，西接南哨镇和平房子镇，南接南公营镇，北靠大凌河。据 2009 年的统计，全乡人口为 8568 人，其中蒙古族 6388 人，汉族 2180 人，蒙古族人口占总人口比例全县最高，为 75%。到蒙古族老人王淑珍家采访。王淑珍，女，蒙古族，92岁，两耳聋，完全听不见别人说话。我在她的耳边用蒙古语喊，她照样用汉语讲她自己的。这说明，也许在她还没有耳聋时当地就已经转用汉语了，所以她想不到还有同胞用蒙古语向她喊话。她的蒙古语算是永远喊不回来了。当地干部引领我去见她，是因为老太太有一副银簪是蒙古族的，至今还插在头上。真让人哭笑不得。

到喀左草场乡云城庄园南山、喀左人民广场、大城子等地观光、摄影（见附图 75. 喀左——云城庄园南山的弥勒佛，73. 喀左——静静的人民广场，79. 与喀左蒙古语文办负责人合影）。

收回两地问卷，回县城。

2009 年 7 月 19 日

到县档案馆。档案馆已经有崭新、气派的办公楼，同 1987 年的那个四合院相比，真是天地差别。对部分文献进行了拍摄，最早为乾隆年间，最晚为民国年间，主要是教育类和历史类〔见附图 50. 喀喇沁左翼自治县档案馆藏关于筹款建学堂的晓谕书（汉文），51. 喀喇沁左翼自治县档案馆藏关于筹款建学堂的晓谕书（蒙古文）〕。档案馆蒙古文文献是从沈阳博物馆转移而来，约有 500 多卷。其中一部分是土地、经济、诉讼类。档案馆给我赠送《喀左县志》《喀左王爷家谱》和《喀左概况》三部书。

2009 年 7 月 20 日

参观喀左康真人庙和喀左多宝佛塔。看元代碑文，其中多次提到霤和白霤。对碑文进行了拍摄。寺庙为汉传佛教的，新建的。古老遗迹有辽代梵文经幢和莲花底座，有新建的宝塔。

拍摄喀左大凌河和喀左高中（见附图 72. 喀左——悠悠的大凌河）。

2009 年 7 月 21 日

上午乘三轮车绕城一周。看看喀左的小学和中学。中学有四所，规模很大，学生公寓楼非常气派（见附图 74. 喀左——气派的学生公寓），远比中央民族大学的学生公寓好。

中午与教育局段锡民、李国林共进午餐，据说"喀左民族教育汉语版"有关于喀左民族教育的详细信息。下午去六间房。

2009 年 7 月 22 日

早晨何淑萍来，简单总结工作。看三本手写文献，其中有一本是《孝经故事》，满文二本，内容类似。

晚上，由县民委设宴招待。总结工作如下：1. 我和喀喇沁有缘，曾多次到喀喇沁各地调查，次数比回老家还多。2. 自从 1987 年初次访问喀左，喀左发生了翻天覆地的变化，民族团结，社会和谐，城镇建设有了飞速发展。3. 此次调查得到民委的大力支持，还有幸看到一些民间收藏的文献和珍贵档案资料。4. 在喀左期间食宿安排周到，工作进程紧凑、有效，表示衷心的感谢。在座的有县民委主任包鹤朋，语办主任梁健、何淑萍，管宗教事务的白同志，县政协副主任白同志（中央民族大学民族学系毕业），民委纪检书记（摄影家）和另一位中央民族大学蒙语系毕业生。纪检书记赠送一本《喀左县摄影家协会会员作品选》，制作精美。

包鹤朋祝酒词：1. 照顾不周，请原谅。2. 要美化喀喇沁，宣传喀喇沁，不能在发表的作品中说喀喇沁丢掉语言、文化之类的内容。3. 喀左人有自信心。

显然，他把严肃的科学研究工作和一般宣传混淆了，研究工作如不触及问题，都说好话，那还叫科学研究吗？但不知者不为怪，隔行如隔山，误解在所难免。

2009 年 7 月 23 日

离开喀左。梁主任、何淑萍到宾馆送行。8 时 40 分到北公营子。火车票 1:20 才开始出售，找临时休息处所，价格 50 元。大连至赤峰的火车只有硬座，在车上补了一个软席，6元。到天义时宁城民委莫主任接站，直接送到热水。由于开会，占用原来预订的房子，转到赤峰通信宾馆。标准间每天152元。

2009 年 7 月 24 日

安排布置宁城县蒙古族"异族通婚调查问卷"的发放、填写工作。

在宁城县，我们选择 3 个点进行调查。第一个调查点是小城子镇柳树营子村，全镇有 525 户，2010 人。第二个调查点是大城子镇，共有居民 2509 户，1.022 万人。第三个调查点是存金沟，共有居民 342 户，1251 人。选点的依据是：小城子镇蒙古语丧失程度较高；存金沟乡蒙古语保存和使用程度较高，并有蒙古语授课的小学和中学；大城子镇居于二者之间，在一定程度上保存和使用蒙古语，有蒙古语授课学校。

在热水街上观光。宾馆很多，客人较少。东北隔一座小山，就是八里罕。西南山上有座金矿，已经卖给个人了。听说热水房子便宜，但没有看到商品房广告。只有一个建筑工地，据说是北京开发商承建。御水花园是最新的宾馆，房价较高，客人很少。

2009 年 7 月 25 日

早晨登后山。拍摄：热水风景，大营子，登象山的路，高粱，热水的早晨（见附图 57. 宁城大城子：远山的呼唤，59. 喀喇沁的山水画，67. 高粱，68. 谷子）。中午转至 201 房间。这是一个大套房，原价每天 320 元，老板听说我住的时间长，打折为 220 元一天。第二天宾馆来人接，没有去，不再折腾了。住房有办公桌，可以上网。下午开始工作，汇总喀左问卷数据。

2009 年 7 月 26 日

工作。宾馆工作人员帮助接通网络。

2009 年 7 月 27 日

汇总南哨数据。

2009 年 7 月 28 日

汇总草场数据。

2009 年 7 月 29 日

莫主任介绍七家子（在热水镇东南）村支部书记康志远和马市营子书记赵联文。

2009 年 7 月 30 日

汇总草场子数据。

2009 年 7 月 31 日

撰写喀左语言调查论文。

2009 年 8 月 1 日

继续写论文。得力来电话索取宾馆电话，因为怕干扰，我让宾馆把内外线都给掐断了。她在东乡语调查点上，很担心她的身体吃不消，建议：1. 不要累。2. 不要生气。3. 不要呕吐。

2009 年 8 月 2 日

下雨。撰写论文。打伞爬后山。

2009 年 8 月 3 日

撰写论文。

2009 年 8 月 4 日

撰写论文。接到通知，《民族语文》学术讨论会月底进行。

2009 年 8 月 5 日

完成喀左论文。停电。

2009 年 8 月 6 日

制作"蒙古族姓氏数据库"。

2009 年 8 月 7 日

伤食，昏睡。

2009 年 8 月 8 日

继续做"蒙古族姓氏数据库"。

2009 年 8 月 9—13 日

做"蒙古族姓氏数据库"喀喇沁部分。做朵颜兀良哈解体后的分布数据库，其中包括一些地方古今地名对比。

调查喀喇沁部人口变化数据，不全。

2009 年 8 月 14 日

做"满洲地名古今对照数据库"。

2009 年 8 月 15 日

停电。爬南山，爬到最高峰。鲜花野草，封山后栽种的小松树，最令人难忘的是野草醉人的芳香。随身带一瓶酒，在最高峰上祭奠群山神灵。真没有想到身体状况这么好，感谢阳光，感谢氧气，感谢热水，感谢喀喇沁的守护神和平民百姓。拍摄：喀左地图，清代蒙古族分布图，热水马鞍山，喇叭花和菊花，无名花，朝霞满天，晨曦，热水蓝色梦，霞光托起的白云，喇叭花，向日葵，蒺藜，路边的喇叭花（见附图 63. 霞光托起的白云，64. 向日葵，56. 宁城热水：朝霞满天，65. 后起之秀——蓬勃的小松树，66. 随风起舞——蒲公英，69. 喇叭花，70. 蒺藜，71. 一岁枯荣，代代相传——野草）。

爬山途中遇到开铁矿废弃的山洞。山洞阴森，从洞壁上嘀嗒着渗水。山上到处是大大小小的坑，可能是淘金者留下的。

从金矿那里下山。山间有流水，渴得很，蹲下去，想喝水。有一位妇女急忙阻拦，说："这水脏，是从金矿流出来的，不能喝。想喝水，前面不远有小卖部。"感谢她，到小卖部买水喝。回宾馆，累得身体都快散架了。

2009 年 8 月 16 日—18 日
"蒙古族姓氏数据库"制作完毕，包括近 800 个姓氏和分布地点。

2009 年 8 月 19 日
去天义取款。天义没有建设银行，一次只能取 2000 元，从人民银行取款。中午，去找民委莫主任，取宁城"异族通婚调查表"，学校调查表没有交上来。

2009 年 8 月 20 日—22 日
汇总喀左和宁城县异族通婚数据。

2009 年 8 月 23 日
回京。由宁城民委帮助购票，上午来车接，并送到长途汽车站。

附录三

田野采撷

附图1 厚重的历史

1. 喀喇沁左翼旗札萨克印　　　　　2. 喀喇沁左翼旗参领印

3. 喀喇沁左翼旗王爷家谱全照（1987）　　4. 喀喇沁左翼旗王爷家谱抄写本（1987）

5. 喀喇沁《格斯尔》上下两函　　　　6. 喀喇沁《格斯尔》的竹笔蒙古文书法

7. 围场县蒙古文碑文

8. 围场县蒙古文碑文

附图 2 多元的民俗

9. 70 多岁老人珍藏结婚时的蒙古袍

10. 蒙古族妇女穿的满式旗袍

11. 喀喇沁九花崇头帽

12. 喀喇沁五花崇头帽

13. 崇头帽与头饰搭配

14. 靓丽的喀喇沁新媳妇

15. 喀喇沁人的绣花枕头　　　　　16. 喀喇沁人的绣花鞋

附图3　贤达的传承

17. 贡桑诺尔布：将光明留传给蒙古民族　　18. 确吉尼玛：将重任委托给后来之人

19. 陈德福讲述法轮寺沿革　　　　20. 杜田亮讲述末代王爷的葬礼

21. 黄廷选在说书

22. 宁守业在讲述喀喇沁婚俗

23. 齐凤阁先生在录制喀喇沁土语 800 句

24. 齐国祥在讲述鄂博祭祀

附图 4　人民的珍藏

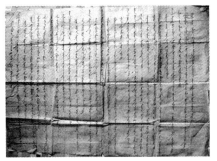

25. 八家村的来历

26. 婚礼祝词一页

27. 婚宴对词一页

28. 祭火颂一页

29. 婚宴祝词一页

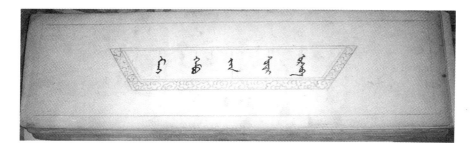

30. 竹笔手写 manihambu 经

31. 满蒙汉《名贤集》一页

32. 满蒙汉《三字经》一页

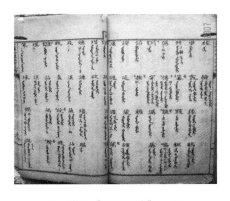

33. 蒙汉《五方元音》一页

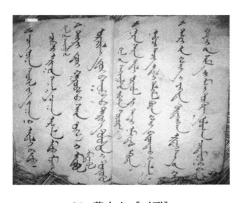

34. 蒙古文《对联》

35. 蒙古文《孝经》

36. 汉满蒙《千字文》

37. 汉满蒙《三合译语》

38. 蒙古文《脉经》一页

39. 蒙古文译本《西汉演义》一页

40. 蒙古文译本《三国演义》一页

41. 蒙古文译本《水浒传》一页

42. 汉蒙混写《黄历》

43. 蒙古文译本《风水书》一页

44. 蒙古文地契 1

45. 蒙古文地契 2

46. 蒙古文地契 3

47. 蒙古文地契 4

48. 蒙古文地契 5

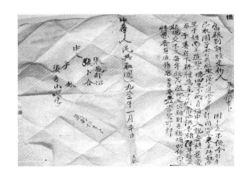

49. 蒙古文地契 6

50. 喀喇沁左翼自治县档案馆藏关于筹款建学堂的晓谕书（汉文）

51. 喀喇沁左翼自治县档案馆藏关于筹款建学堂的晓谕书（蒙古文）

附图5 无限风光

52. "文革"中被摧毁的平泉蒙和乌苏法轮寺

53. 恢复后的宁城县大城子法轮寺

54. 宁城法轮寺白塔

55. 恢复后的宁城大城子鄂博

56. 宁城热水：朝霞满天

57. 宁城大城子：远山的呼唤

58. 大城子水库秋色

59. 喀喇沁的山水画

60. 北国风光

61. 宁静的山庄

62. 雪山美景

63. 霞光托起的白云

64. 向日葵

65. 后起之秀——蓬勃的小松树

66. 随风起舞——蒲公英

67. 高粱

68. 谷子

69. 喇叭花

70. 蒺藜

71. 一岁枯荣，代代相传——野草

72. 喀左——悠悠的大凌河

73. 喀左——静静的人民广场

74. 喀左——气派的学生公寓

75. 喀左——云城庄园南山的弥勒佛

附图6　合作同朋

76. 与宁城民委和《赤峰日报》负责人合影

77. 与韩凤林（右第二）、韩国良、
　　齐国忠合影

78. 与黄廷选夫妇合影

79. 与喀左蒙古语文办负责人合影

80. 与喀左南哨乡白音村领导合影

81. 与喀左南哨乡白音村文献
收藏人合影

82. 在广西第五届国际双语学会议上
介绍喀喇沁

83. 在泰国第九次国际双语学会议上
介绍喀喇沁

索　引

后　记

笔者主持的国家社会科学基金一般项目《蒙古语喀喇沁土语语言接触个案研究》（批准号：07BYY054），于2013年9月3日结题，经专家审核，鉴定等级为优秀。2014年9月18日，该成果经评审并报全国哲学社会科学规划领导小组批准，成功入选2014年度《国家哲学社会科学成果文库》（批准号为14KYY001）。拙著《蒙古语喀喇沁土语社会语言学研究》是该项目的最终成果，由中国社会科学出版社出版发行。书名是根据专家评审意见修改的。

值此书出版之际，首先感谢喀喇沁人民和为此研究的顺利进行提供帮助的所有朋友和同志们。其中，部分贤达同仁未能等到这一成果的问世而乘鹤西去，但他们一定预见到这一天的到来，一定在那吉祥天国因看到亲手培植的幼苗长大结果而会心微笑。

其次，感谢我的恩师戴庆厦教授。是他引领我进入社会语言学的学术殿堂，用严谨科学的治学态度、温文尔雅的诲人风格和宽宏大度的师长风度，使草原儿女走上科学研究的光明之路，并投身到建设现代文明强国的时代洪流中。

再次，感谢社科基金委麾下的众多专家教授们。在成果结题鉴定和入选文库鉴定中得到如此多的专家教授们的肯定和支持，是作者一生当中最大的快乐和幸运。如果没有国家社科基金制度和资金各方面强有力的支持，本研究的最终完成和成果的顺利出版是不可想象的。俗话说"谋事在人，成事在天"，这个天就是当今我们伟大祖国改革开放、日新月异的新时代，身处盛世，东风催帆，喜不自禁。

最后，感谢中国社会科学出版社编辑同仁们的鼎力相助。她们的敬业精神和一丝不苟的工作作风使作者深为感动，由于她们的关爱和辛勤劳动，使

拙著的编校质量日臻完善。作者一生致力于学术和出版事业，看到如此多的
高素质的编辑人才茁壮成长，似乎从她们身上预见到祖国生机勃勃、光明灿
烂的明天。

作者

2015 年 1 月 30 日

图书在版编目(CIP)数据

蒙古语喀喇沁土语社会语言学研究/宝玉柱著.—北京:中国社会科学出版社,2015.4

(国家哲学社会科学成果文库)

ISBN 978-7-5161-5506-6

Ⅰ.①蒙… Ⅱ.①宝… Ⅲ.①蒙古语(中国少数民族语言)—方言—社会语言学—研究 Ⅳ.①H212.7

中国版本图书馆 CIP 数据核字(2015)第 018511 号

出 版 人	赵剑英	
责任编辑	郭晓鸿	
责任校对	郝阳洋	
封面设计	肖 辉 郭蕾蕾 孙婷筠	
责任印制	戴 宽	

出　　版	中国社会科学出版社
社　　址	北京鼓楼西大街甲 158 号 (邮编 100720)
网　　址	http://www.csspw.cn
	中文域名:中国社科网　　010-64070619
发 行 部	010-84083685
门 市 部	010-84029450
经　　销	新华书店及其他书店

印刷装订	环球印刷(北京)有限公司
版　　次	2015 年 4 月第 1 版
印　　次	2015 年 4 月第 1 次印刷

开　　本	710×1000 1/16
印　　张	36.75
字　　数	584 千字
定　　价	122.00 元